Using Spanish Synonyms

Companion titles to *Using Spanish Synonyms*

Using Spanish
A guide to contemporary usage
R. E. Batchelor and C. J. Pountain
[ISBN 0 521 42123 3 hardback]
[ISBN 0 521 26987 3 paperback]

Using French
A guide to contemporary usage
R. E. Batchelor and M. H. Offord
[ISBN 0 521 44361 X hardback]
[ISBN 0 521 44821 2 paperback]

Using German
A guide to contemporary usage
Martin Durrell
[ISBN 0 521 42077 6 hardback]
[ISBN 0 521 31556 5 paperback]

Using French synonyms
R. E. Batchelor and M. H. Offord
[ISBN 0 521 37277 1 hardback]
[ISBN 0 521 37878 8 paperback]

Using Spanish Synonyms

R. E. BATCHELOR

Senior lecturer in the School of Modern Languages,
University of Nottingham

Published by the Press Syndicate of the University of Cambridge
The Pitt Building, Trumpington Street, Cambridge, CB2 1RP
40 West 20th Street, New York, NY 10011-4211, USA
10 Stamford Road, Oakleigh, Melbourne 3166, Australia

First published 1994

Reprinted 1996

Printed in Great Britain at the University Press, Cambridge

A catalogue record for this book is available from the British Library

Library of Congress cataloging in publication data

Batchelor, R. E. (Ronald Ernest)
Using Spanish synonyms / R. E. Batchelor.
   p.   cm.
Includes index.
ISBN 0 521 44160 9 (hardback) ISBN 0 521 44694 5 (paperback)
1. Spanish language–Synonyms and antonyms.   2. Spanish language–Usage.
I. Title.
PC4591.B38   1994
468.1–dc20   93-41035   CIP

ISBN 0 521 44160 9 hardback
ISBN 0 521 44694 5 paperback

Contents

Acknowledgements

A volume of this size and scope would be inconceivable without the full and generous collaboration of numerous Spanish-speaking people whom I have persistently harassed over a period of some ten years. By far the most helpful was Teresa Fuentes who both modified examples, where necessary, and offered an abundance of fresh ones. The University of Valencia provided me with an inexhaustible supply of teachers and students who gave me enthusiastically and liberally of their time. Among the Argentinians, I should like to convey special thanks to Sergio Ochatt and his wife Estela, and to Adriana Walter while the large group of Mexicans consulted includes Federico Salvador, Lilyán de la Vega and Bernardo Garduño. This all amounts to several thousand hours of consulting time.

Mention should be made of Mike McCarthy who read the final print-out and made numerous valuable suggestions, and of Leigh Mueller who was of great assistance at the copy-editing stage. I should also like to thank Judith Hayes for the many hours she gave me in the presentation of the print-out.

Grateful mention should also be made of the University of Nottingham and The British Academy who provided funds for prolonged stays in Spain.

Abbreviations

A	Argentinian
f	feminine
M	Mexican
m	masculine
R	register

Introduction

Word or lexical item

This introduction will use the term 'lexical item' instead of 'word' which normally designates a single item. 'Lexical item' can refer to more than one word, as in the case of **arrojar luz** and **traer a la mente**, but it still suggests a unit of meaning for the speaker. The term 'lexical item' covers the possibilities of both single-word items and those made up of several words.

Vocabulary acquisition

Vocabulary acquisition is considered to be one of the main methods for absorbing and expressing the variety, richness and creative power of a language. The learner of a foreign language needs to be encouraged to build knowledge around lexical items, to create clusters of words, to develop his/her own lexical fields and to see relationships of meaning between words and expressions. This book of synonyms is intended to promote the building process by showing the learner how to operate exclusively in the foreign language. The ultimate objective is the practical and active exploitation of the target language by the student who is enabled to perceive nuances which differentiate synonyms.

What is a synonym?

Synonyms are terms or expressions which have the same or similar meanings. Since in practice total synonymy hardly ever occurs, the study of synonyms involves the examination of shades of meaning and of how these shades of meaning relate to each other in differences and similarities. It also entails the study of the contexts in which they occur, and differing registers.

What is a book of synonyms?

Dictionaries are an indispensable tool in the study of language. They contain a whole range of data from grammatical information to spelling and pronunciation, and are presented in such a way that the learner may find a particular lexical item quickly and conveniently. Yet, they have their limitations in the sense that they can be a kind of linguistic strait-jacket. They can dissuade the learner from approaching a language in other ways. Items such as **fuera**, **fuero** and **fuerte** follow each other in an

1

alphabetically ordered dictionary but their only common feature is their spelling. The traditional dictionary does not point to a dozen other items such as **bragado**, **fornido** and **recio** which have far more in common with **fuerte** than **fuera** and **fuero**. A book of synonyms brings together lexical items connected, not by their spelling, but in a much more organic way, that is through their meaning. It represents an endeavour to explain and illustrate the manner in which these items differ from, and are similar to, each other. Grouping synonyms together helps the learner to develop an awareness of the semantic relationships in language. It is after all a question of improved communication which constitutes the main objective of all language study.

Why a book of Spanish synonyms?

This book of Spanish synonyms is not intended to replace the conventional bilingual dictionary. Neither does it intend to replace dictionaries of Spanish synonyms designed for native speakers of Spanish. It concerns itself with the English-speaking person who cannot cope with lists of undifferentiated items, the meanings of which come easily and naturally to the informed native speaker but constitute a mystery to the non-native speaker. A dictionary of synonyms for the native speaker fails to meet the very special requirements of the non-native speaker, notably with respect to register, or level of language. It usually excludes a wide range of lexical items which would be categorized as 'colloquial', 'vulgar' and 'obscene'. Its tendency is to stress the higher realms of register, the literary, the refined and even the archaic. The present book aims to remedy this deficiency by offering a broad range of items across the lower register scales without neglecting in any way the higher registers.

The choice of the right word

The exactness of choice, the pursuit of the **palabra acertada** can present serious, even unsurmountable problems to the student of the Spanish language when left to his/her own devices. How would (s)he realize that the verb **retornar** is of a much higher register than **regresar** which, although common enough, does not occur as frequently as **volver**, while the noun related to **retornar, retorno** is regularly used? The ubiquitous **dar** could be more than adequately substituted by **entregar (documentos)**, **facilitar (oportunidades)**, **suministrar (víveres)**, **proporcionar (material)**, **deparar (la ocasión)**, **conceder (derechos)** and so on. It is very unlikely that in normal discourse **deparar** would be alongside **documentos** or **víveres**. The choice of a certain synonym is necessarily suggested by association and context, and frequently entails lexical repercussions elsewhere in the text.

Choice of frame titles

The constraints of space entail the inclusion of certain frame titles to the exclusion of others. Certain decisions could seem arbitrary, but most frame titles would appear on anyone's list. Such items would be **decir, bonito, hacer** and **tonto**. Limitless discussion could centre on the choice of **abogado, río** and **dedo**. The criterion for most of the frame titles lies in the range of possible synonyms they give rise to. If it could be argued that the inclusion of some frame titles is idiosyncratic, it is hoped that the criticism would be levelled at a very small number.

Choice of entries

Since a book of synonyms cannot aspire to be exhaustive in the way in which a traditional dictionary can, the choice of entries is of supreme importance. This choice is determined by two principal factors, the first of which is the compiler's experience, subjective reaction and sensitivity to the language concerned. The second factor is the examination of dictionaries of Spanish synonyms which results in the exclusion of the less relevant synonyms and in the retention of the useful and practical ones. For this volume, throughout this process of choice, Spanish speakers were regularly and systematically consulted, and at two levels. At the primary level, Spaniards, Argentinians and Mexicans offered their advice and examples, and once the corpus of material had been gathered in computer form, a second rigorous and formal operation began. This involved the sifting of every single entry and example by a trained Spanish lexicographer whose help has been gratefully acknowledged at the end of this introduction. It should be added that some entries appear in more than one list of synonyms. Indeed, in a few cases, the same entry occurs in four and even five different groupings, proof of the elasticity of many lexical items.

Layout of semantic frames and their use

To facilitate ease of access and understanding, a device called a semantic frame is used. Synonyms are set within a semantic frame as illustrated below:

Frame title (acabar)		English equivalent (to finish)
synonym **register** **level**	**translation of synonym** **with grammatical data** **and comments on** **meaning and use**	**examples**
clausurar 3–2	*to bring to a close*	los médicos clausuraron la sesión; clausurar un congreso

terminar

to end (**terminar** is used   la película (se) termina pronto; he
more than *to terminate*)   terminado de leer el libro

Each semantic frame has a base word referred to as a frame title,
e.g. **acabar** which is a general and neutral term and which can be
applied to a wide range of contexts. In one case, **culo**, the frame
title is not suitable for all registers but it was felt to be the most
common of all the group.

English equivalent of frame title

This appears on the opposite side of the page and, as far as
possible, provides the neutral flavour of the frame title (see
example above).

Synonyms

The synonyms are listed alphabetically but within a register level
grouping (see example above). If the synonym is a noun the
gender is given.

Register

In the first column, the register level of the item is indicated.
Register is conceived as the most important organizing criterion
of the book. Synonyms are grouped according to register, and
examples correspond to their respective register levels. R3
designates a high degree of formality, R2 is neutral, R1 colloquial
and R1★ vulgar, to be used with care. These are not watertight
compartments but helpful indicators. A certain movement
between the levels is noted by R3–R2 and R2–R1 (see example
above).

Translations, grammar, comments, etc

The second column gives a translation of the synonym. Often
more than one translation appears in order to cover the various
usages of the synonym as conveyed by the examples in the last
column. Some grammatical information is also provided, as well
as comments on meaning and usage (see example above). This
second column also contains, where appropriate, indications of
the interchangeability of synonyms, an innovation which students
should find particularly useful. Sometimes a system of numbering
is used. See the frame **incluir**.

Examples

The third column contains examples of synonyms as they occur in everyday usage. They are chosen to illustrate the most typical senses and contexts of a synonym. The examples are of real Spanish checked, and modified where necessary, by a native Spanish-speaking lexicographer. Frequently, a number of examples are listed so that the learner may see the variety of contexts for a given lexical item, as well as its syntactic function in a sentence, that is which preposition, for instance, is used with the verb in certain circumstances. The illustrations of usage often involve examples in the feminine form, both to reflect the sociological changes occurring in the study of modern languages and also to underline grammatical features such as agreements of adjectives with feminine genders, where for instance it is not obvious that the gender is feminine.

Number of entries within a frame

It was decided to establish a ceiling on the number of synonyms within a frame since an excess could discourage the student. Against this fear of being counterproductive had to be balanced the notion of the book as a source of reference which suggests some attempt at comprehensiveness. Some frame titles attract approximately twenty terms and even more in just a few limited cases. **Chica** and **chico** are two good illustrations. The average for a frame is ten. In twelve cases, a frame title is treated twice. This happens when a title contains two different meanings. Lexical items like **comida**, **dejar** and **orden** have two separate headings indicated by (a) and (b), and are entered as such in the indexes.

Indexes

There are four indexes. The Spanish–Spanish index contains both terms associated with Peninsular Spanish generally and Argentinianisms and Mexicanisms. The English-Spanish index operates rather like a conventional dictionary. Two other smaller indexes are provided. They list Argentinianisms and Mexicanisms. A most useful feature of these indexes is the abundance of cross-references.

It is hoped that this book will help the learner to explore the Spanish language with ever-increasing confidence. It is sufficiently complete to make it a useful reference book and should make a significant contribution to better translation work. It should improve the learner's ability to speak and write original and appropriate Spanish. Above all, it aims to show the student how a language can be exciting, active and creative.

abogado

lawyer, barrister, solicitor

letrado m 3	*lawyer*	el letrado leyó el acta
abogado mf 2	*lawyer, barrister, solicitor*	mi hijo quiere ser abogado; la abogado ha pedido la total absolución de sus clientes
fiscal mf 2	*prosecutor, attorney*	el fiscal pidió novecientos años de cárcel para cada uno de los terroristas
jurista mf 2	any person whose profession is directly connected with the law, *lawyer* (used much more than *jurist*)	los abogados y procuradores son juristas
notario m 2	*solicitor*	firmé el contrato en presencia del notario
pasante mf 2	(young) *assistant lawyer*	trabajó como pasante de notario durante dos años
procurador m 2	*attorney*	el procurador actúa entre los jueces y los abogados
picapleitos mf 1	*lawyer* (used pejoratively)	¿abogado ése? no es más que un picapleitos

abrigo

overcoat

gabán m 3	*overcoat*	el caballero llevaba puesto un gabán con capilla hecho de un paño muy fuerte
sobretodo m 3	*overcoat*	el caballero se puso un sobretodo de lana
abrigo m 2	*overcoat* (for a man or a woman)	ponte el abrigo que hace mucho frío
americana f 2	(*sports*) *jacket*	iba vestido con unos vaqueros y una americana
anorak m 2	*anorak*	este anorak no tiene capucha y no te va a proteger contra el viento
bata f 2	*white coat* (as used by a surgeon), *dressing gown*	al levantarse, se puso la bata; el cirujano lleva una bata blanca
campera f A 2	*sports jacket* (usually with a zip)	decidí ponerme la campera para ir a pescar

capa f [2]	*cape* (usually the garment worn in ceremonies)	el rey se puso la capa para ir al teatro; la Reina Isabel llevaba una capa de terciopelo rojo
cazadora f [2]	*jacket* (often with a zip)	viste informalmente, suele llevar cazadoras
chamarra f M [2]	*jacket* (usually with a zip, like **cazadora**)	ponte la chamarra porque hace aire
chaqueta f [2]	*jacket* (of a suit) (only for females in Argentina), *cardigan*	ponte la chaqueta, no salgas así con este frío; una chaqueta de lana
chaquetón f [2]	*short coat* (for women)	con esa falda te queda mejor el abrigo que el chaquetón
chubasquero m [2]	*shower-proof jacket*	coge el chubasquero que está lloviendo
perramus m A [2]	*raincoat*	¿dónde está mi perramus? está lloviendo
rompevientos m A [2]	*windcheater*	me quité el rompevientos porque hacía calor
saco m A [2]	*jacket* (often of a suit), *cardigan*	un traje consta de un pantalón, un saco y un chaleco; un saco sport; un saco de lana
sotana f [2]	*cassock*	la sotana del cura suele ser negra
toga f [2]	*gown* (used in ceremonies by judges, members of universities, etc.)	los profesores universitarios no llevan ahora la toga cuando dan sus clases
trenca f [2]	*duffle coat*	cuando era estudiante solía llevar una trenca
tres cuartos m [2]	*three quarter coat* (longer than **chaquetón** and shorter than **abrigo**)	el soldado llevaba puesto un tres cuartos

---

abstenerse   to abstain

| **abstenerse (de)** [2] | *to abstain (from)* | el médico le recomendó que se abstuviera de beber alcohol / del alcohol; los conservadores votaron a favor, y los comunistas se abstuvieron |
| **contenerse** [2] | *to restrain oneself* | me contuve para no contestarle una grosería; le iba a soltar lo que pensaba de ella, pero me contuve / me contuve la rabia |

pasarse (sin) 2	*to do* (*without*) (**prescindir de** may not be used in 1 but may be used in 2) (see the note below)	no puedo pasarme (1) sin televisión / sin ver la televisión; necesitamos su ayuda, no podemos pasarnos (2) sin él
prescindir (de) 2	*to do* (*without*) (**pasarse sin** may be used in 1 and 2) (see the note below)	no puedo prescindir (1) de su ayuda; es un miembro importante del equipo, no podemos prescindir (2) de él
privarse (de) 2	*to deprive oneself* (*of*)	a veces es necesario privarse de ciertos lujos; no me privo de nada, como de todo; ¿que se ha comprado un chalet? desde luego no se priva de nada
renunciar (a) 2	*to renounce* (used more than *to renounce*), *to give up*	renunció a la idea / a su cargo / a la corona; después de que el Partido Comunista renunciara a su monopolio político …; renunciar a un derecho
pasar (de) 1	*not to want*	yo paso del cine / de ir al cine; yo paso, no me interesa

NB **pasarse sin** is of a lower register than **prescindir de**

---

absurdo   absurd

estrafalario 3–2	*odd, eccentric* (more emphatic than **extravagante**)	es muy estrafalario en su forma de pensar / de vestir
absurdo 2	*absurd, nonsensical* (less emphatic than **disparatado**)	es absurdo intentar correr cien kilómetros; ¡qué ideas tan absurdas se te ocurren a veces!; ¡no seas absurdo! ¿cómo puedes pensar una cosa así?; es absurdo dejarse el curso a medias
disparatado 2	*nonsensical, absurd* (more emphatic than **absurdo**)	nos contó una historia disparatada; se ha debido equivocar en las operaciones, estas cifras son disparatadas
extravagante 2	*outlandish, odd, eccentric* (does not mean *extravagant* in the sense of *wasting money*; slightly less emphatic than **estrafalario**)	mira a esa chica, ¡qué chaqueta más extravagante lleva!; ¡qué mujer más extravagante! ¿has visto cómo se viste?
ilógico 2	*illogical*	ese razonamiento es totalmente ilógico

| **irracional** [2] | *irrational* | su decisión me parece totalmente arbitraria e irracional; es irracional comparar nuestro programa con el de nuestros antecesores |
| **ridículo** [2] | *ridiculous* | hoy es ridículo hablar de monarquía en la URSS; ¡qué situación más ridícula!; está ridícula con ese sombrero; ¡no seas ridícula! ¿cómo le va a decir una cosa así? |

abundancia   abundance

opulencia f [3]	*opulence*	vivir en la opulencia
prodigalidad f [3]	*lavishness*	con este regalo hizo alarde de su gran prodigalidad
exuberancia f [3–2]	*exuberance*	la exuberancia de la vegetación de esta zona
profusión f [3–2]	*profusion*	está escrito con gran profusión de detalles
proliferación f [3–2]	*proliferation*	la proliferación de armamentos / de casos de tifus
abundancia f [2]	*abundance*	la abundancia de recuerdos me hizo llorar; hay gran abundancia de peces / de comida
fertilidad f [2]	*fertility*	la fertilidad de los chinos / de las tierras
plenitud f [2]	*plenitude, fullness* (the example is the most typical)	está en la plenitud de la vida

en abundancia   in abundance

en / con demasía [3]	*too much, too many*	se pidieron becas con / en demasía
a granel [3]	*in abundance*	recibió cartas a granel
en abundancia [2]	*in abundance*	había flores / comida / bebida en abundancia
abundantemente [2]	*abundantly* (the second example is R3)	llovió abundantemente; escudos y cascos representan abundantemente en la exposición esta técnica

demasiado(s) 2	*too much, too many* (used as an adjective or adverb)	estoy cansadísimo, he trabajado demasiado hoy; oye niño, ya has comido demasiados bombones
en exceso 2	*in excess, too much*	no es bueno comer / beber / trabajar en exceso
a porrillo 2–1	*by the ton*	compramos melones a porrillo
a rolete A 2–1	*by the ton*	como chocolate a rolete; gana plata a rolete
para tirar para arriba M 1	*loads of*	tiene dinero para tirar para arriba

---

aburrir   to bore, to tire, to weary (see the note below)

abrumar 3	*to overwhelm, to weigh down*	se sentía abrumada por esta tremenda responsabilidad / por tantos problemas / por el peso de los años
apesadumbrar 3	*to weigh down*	apesadumbrada por la noticia de su muerte
hastiar 3	*to weary*	hastiado por la monotonía de los días / del clima
aburrir 2	*to bore, to tire, to weary*	le aburren las novelas de aventuras; me aburre estar sin hacer nada; sus clases nos aburren muchísimo; él me aburre con sus historias
agobiar 2	*to burden, to weigh down, to weary*	a mi novia la encontré un poco pálida ... parecía como si la agobiase una pena profunda; tanto trabajo la agobia; me agobias con tus preguntas; agobiado por las deudas / por el peso de los años
atosigar 2	*to harass, to weigh down* (the last figurative example is R3)	no me gusta que me atosiguen, ya lo haré cuando tenga un rato libre; no me atosigues, quiero hacerlo con tiempo y bien; un torrente de memorias me atosigaba la memoria
cansar 2	*to tire*	me cansa tanta lectura / leer tanto; viajar cansa mucho
hartar 2	*to weary*	ya me está hartando con sus excusas; me harta tener que esperar tanto

| **dar sueño** M [2] | *to bore* | la película fue tan aburrida que francamente me dio sueño |
| **embolar** A [1] | *to bore* | la película me emboló, no fue interesante en absoluto |

NB **aburrir, cansar** and **hartar** are also very common as reflexive verbs: **se aburre de hacer siempre lo mismo**; **nos cansamos mucho viajando**; **ya me estoy hartando de ti**

---

acabar   to finish, to end

clausurar [3]	*to bring to a close* (often used in a political context)	los diputados clausuraron la sesión / el debate a las siete; clausurar un congreso / una ceremonia
expirar [3]	*to expire*	el plazo / el tratado / el contrato expira a finales de año
tocar a su fin [3]	*to come to an end*	el siglo ya toca a su fin
finiquitar [3]	*to settle, to close* (R2–1 = *to finish*)	el asunto quedó finiquitado; finiquitemos que ya es tarde
llevar a cabo [3–2]	*to carry out, to complete* (see note 1 below)	ha llevado a cabo un estudio sobre el teatro; llevar a cabo un proyecto; se está llevando a cabo una investigación / una encuesta sobre el tema
concluir [3–2]	*to conclude*	el asunto queda así concluido; concluyó su discurso diciendo que … ; el congreso ha concluido hoy en Madrid
desembocar en [3–2]	*to end up in* (R2 when literal; see **desembocar** below)	estos disturbios pueden desembocar en una guerra
llegar a su fin [3–2]	*to come to an end*	el siglo ya llega a su fin
poner fin a [3–2]	*to put an end to* (see note 2 below)	las dos superpotencias tienen interés en poner fin a la guerra fría; hambre y guerra ponían fin a doce años de sandinismo; poner fin a una discusión
finalizar [3–2]	*to finalize, to complete*	los obreros finalizan el trabajo hoy; el congreso finaliza esta tarde; la intervención del representante finalizó con el anuncio sobre …

llevar a término `3–2`	to carry out, to complete (see note 1 below)	ya se ha llevado a término el proyecto
poner término a `3–2`	to put an end to (see note 2 below)	se adoptaron medidas para poner término a las hostilidades
ultimar `3–2`	to conclude	se están ultimando los detalles sobre la liberación de los presos; para ultimar el contrato tuvo que consultar a dos abogados; la retaguardia ultimaba sus preparativos de evacuación de la aldea
vencer `3–2`	to expire, to become invalid (has an official connotation)	la póliza / el contrato / el plazo vence el día 24 de julio
acabar `2`	to end, to finish (very similar to **terminar** but this verb may not be used in the last two examples) (also suggests to have just done something)	no puedo salir, tengo que acabar esto antes; las vacaciones acaban mañana; si sigues así vas a acabar mal; ya se han acabado los bombones; decidió acabar con su vida; acabó por decirnos la verdad; me lo acabo de encontrar en la calle; la idea no me acaba de convencer
completar `2`	to complete	tengo que completar mis estudios en el extranjero; las obras de carretera todavía no han sido completadas
desembocar en `2`	to end up in, to flow into (used of a river) (R3–2 when figurative; see **desembocar** above)	el Nilo desemboca en el Mediterráneo
perfeccionar `2`	to perfect	está en Londres perfeccionando su inglés
rematar `2`	to finish off	estoy rematando mi trabajo sobre Unamuno, sólo faltan unos detalles
terminar `2`	to end (used more than to terminate) (**acabar** may be used in all these examples)	terminé el trabajo a las siete; el trabajo terminó muy pronto; la película (se) terminó muy tarde; hay que terminar con estos abusos; no terminamos de trabajar hasta muy tarde; terminaron de cenar sobre las nueve

NB 1 **llevar a cabo** and **llevar a término** are not complete synonyms. Whereas the former implies that the action can still be taking place, the latter suggests completion. 2 there is very little difference between **poner fin a** and **poner término a**, although the latter is of a slightly higher register

accesible accessible, approachable

accesible 2	*accessible, approachable*	una persona / un precio / un lugar accesible
alcanzable 2	*attainable*	hay que seguir luchando porque es una meta alcanzable
asequible 2	*accessible, approachable* (may not be used of a place)	un precio / una persona asequible

accidente accident

accidente m 2	*accident*	tuvo un accidente laboral / de coche; en caso de accidente avise a Urgencias inmediatamente
contratiempo m 2	*mishap*	tuve un contratiempo y no pude acudir puntualmente; el viaje se desarrolló sin contratiempos
percance m 2	*mishap, setback* (same as **contratiempo** although **percance** may have a much stronger meaning of *serious accident*)	tuve un percance con el coche y al final vine en taxi; a consecuencia del percance, falleció prácticamente en el acto José Manuel Martín
siniestro m 2	*serious accident, disaster, accident* (as used by insurance companies)	en el siniestro murieron cincuenta personas; los bomberos acudieron de inmediato al lugar del siniestro (*scene of the accident*); hay que avisar a la compañía de seguros inmediatamente después de un siniestro
trancazo m 1	*car accident* (suggests a big bang)	choqué con un Mercedes y fue un trancazo fuertísimo

aceptar to accept

acceder (a) 3–2	*to accede (to), to agree (to)*	accedió a contestar a sus preguntas; se resistía a contárselo, pero finalmente accedió
aceptar 2	*to accept*	acepté la invitación; los diputados no aceptan la reforma salarial; acepté el puesto y empecé a trabajar en seguida; no puedo aceptar los términos del contrato
acoger 2	*to welcome, to take in* (the second example is R3–2)	el huérfano fue acogido por la familia; acoger una propuesta

admitir [2]	*to admit, to approve*	no puedo admitir los términos del contrato; no quiso admitir su error / su culpa
aprobar [2]	*to approve, to pass* (a candidate in an examination)	aprobaron la propuesta; los diputados aprobaron el proyecto de ley por unanimidad; ¿te han aprobado?; ¿te han aprobado la física?
conformarse con [2]	*to accept, to agree to*	conformarse con la voluntad de Dios / con su suerte; este niño no se conforma con nada; no estaba muy de acuerdo pero tuvo que conformarse con lo que ofrecían
recibir [2]	*to receive*	recibí su carta ayer; el libro recibió numerosas críticas; la propuesta ha sido muy bien recibida; la Reina Doña Sofía recibió la medalla de oro; recibir un premio / un regalo
reconocer [2]	*to recognize, to admit*	reconoció su error y se disculpó en seguida; reconozco que estaba equivocado
tragar(se) [1]	*to swallow* (usually used reflexively in this meaning)	¿te crees que me voy a tragar esa bola?; ¿cómo se pudo tragar esa historia?

---

acercar   to bring close(r) (see the note below)

acercar [2]	*to bring close(r)* (**aproximar** and **arrimar** may be used in the first and last examples)	acercó el coche a la acera porque obstaculizaba el paso; ¿me acercas la lámpara?; acerca más la silla a la mesa
aproximar [2]	*to bring close, to move up* (**acercar** and **arrimar** may be used in the first example but not in the second)	aproximó la silla a la mesa; es imprescindible aproximar las autovías a los estándares de las autopistas
arrimar [2]	*to bring close(r)* (often with the idea of *putting up against*) (**arrimar** is used more than **aproximar** which, together with **acercar**, may be used in both examples)	arrimó la mesa a la pared; arrima la tabla a la pared para que no caiga
juntar [2]	*to bring together*	juntó las dos mesas para que pudiesen sentarse; juntar las dos tiras de papel por los extremos (in instructions)

unir	*to join, to bring together*	la carretera une Madrid con Alcalá; los
2		lazos de amistad que unen a estos dos países;
		los dos hermanos están muy unidos

NB all these verbs may be used reflexively, i.e. **se arrimó a la pared para dejarlos pasar**; **acércate que te vea mejor**; **no me gustan esos amigos con quienes te juntas**; **se unió a los republicanos durante la guerra.** Note also that **avecinar** is not used transitively with the meaning of *to bring close(r)* but **avecinarse** (R3–2) does have the meaning of *to come closer*, and is usually figurative, i.e. **se avecina una tormenta / el fin del mundo**; **nadie podía calcular la magnitud del problema / del desastre que se avecinaba**

---

aclarar   to clarify, to clear (up)

| **desenmarañar** | *to disentangle* (used literally and figuratively) | desenmarañar el pelo / una madeja de lana; desenmarañó el misterio |
| 3 | | |

| **desenredar** | *to untangle* (used figuratively in R3; see below for the literal use) | desenredó el complot / el misterio / el asunto |
| 3 | | |

| **explicitar** | *to make explicit* | explicite todos y cada uno de los puntos de su demanda, por favor |
| 3 | | |

| **despejar** | *to clear up* (used figuratively in R3–2; see below for the literal use) | lograron despejar las dificultades iniciales; todavía no han logrado despejar la incógnita de este asunto / misterio |
| 3–2 | | |

| **dilucidar** | *to elucidate, to clarify* | no logró dilucidar el misterio / la cuestión / los motivos que la impulsaron a hacerlo |
| 3–2 | | |

| **esclarecer** | *to clarify, to clear up* (**aclarar** may be used in 1 and 2 although **esclarecer**, being of a higher register, is used much more in newspapers) | hasta que no se esclarezcan (1) los hechos …; esclarecieron su intención de permanecer en su país de origen; todavía no se ha logrado esclarecer (2) cuál fue el móvil del asesinato; esclarecer un crimen |
| 3–2 | | |

| **arrojar luz (sobre)** | *to shed light (on)* | su artículo arrojó luz sobre el tema; esta investigación arroja nueva luz sobre el caso |
| 3–2 | | |

| **aclarar** | *to clarify, to clear (up)* (**clarificar** may be used in 1, 2 and 3 but **aclarar** is used much more, and is of a lower register than **clarificar**; **aclarar** is also used literally) | por fin aclaró el malentendido / la cuestión; ¿me podría aclarar una duda?; insistió en que aclarara (1) mi propósito; quisiera aclarar (2) cuál es mi postura a este respecto; aquí hay varios detalles que me gustaría aclarar (3); si no aclaras (*rinse*) la ropa se queda llena de jabón; aclarar un líquido (*to thin down*); aclararse la voz |
| 2 | | |

clarificar [2]	*to clarify* (**aclarar** may be used in this example; **clarificar** is used less and is of a higher register than **aclarar**)	clarificó algunos puntos sobre este asunto
desenredar [2]	*to untangle* (usually used literally in R2; see above for the figurative use)	desenredó la madeja; le desenredó el pelo
despejar [2]	*to clear, to free from obstruction* (used literally; for the figurative use, see above)	depejen la sala que vamos a cerrar; despejen los pasillos que va a pasar el ministro; un cielo despejado (*cloudless*)
explicar [2]	*to explain*	no acabo de explicarme por qué actuó así; no lo entiendo, explícamelo de otra forma

---

acordarse   to remember

rememorar [3]	*to recall*	el escritor rememora en estas páginas aquella época triste y amarga
evocar [3–2]	*to evoke*	Machado evoca el paisaje de Soria
traer a la mente [3–2]	*to bring to mind*	cuando traigo a la mente la experiencia aquella ...
venir a la mente [3–2]	*to come to one's mind*	me vienen a la mente recuerdos de mi juventud
acordarse [2]	*to remember* (**recordar** may be used in 1, 2 and 3) (see the note below)	no me he acordado de traer el libro; ahora mismo no consigo acordarme; ¿te acuerdas (1) de aquel día que ... ?; acuérdate (2) de lo que te decía tu madre; no creo que se acuerde de mí (3)
conmemorar [2]	*to commemorate*	el doce de octubre se conmemora el día de la Hispanidad
recordar [2]	*to remember* (**acordarse** may be used in the first set of examples) (see the note below)	no recuerdo (1) su nombre / su cara / cómo se llama; algunos vuelven aquí a recordar tiempos pasados con los suyos; no recuerdo habérselo mencionado

NB **acordarse** is used more, and is of a slightly lower register, than **recordar**

acostarse   to go to bed, to lie down

tenderse
3–2

to lie down, to stretch out
(**acostarse, tumbarse** and
echarse may be used in 1,
and **tumbarse** may be
used in 2)

se tendió (1) en el sofá y se durmió; se
deslizó entre las piernas de los pasajeros,
tendiéndose en el fondo; se tendieron (2) en
la arena húmeda

acostarse
2

to go to bed, to lie down
(suggests sleeping for a
considerable time) (in the
last example **echarse** and
tumbarse may be used)
(see the note below)

siempre me acuesto a la una de la
madrugada; me quedé acostada todo el día;
acuéstate un rato si te encuentras mal

echarse
2

to lie down (suggests a
short period of time;
acostarse and **tumbarse**
may be used in the
example)

si estás cansada échate un rato

**meterse en la
cama**
2

to go to bed (**acostarse**
may be used in the
example)

tenía catarro y se metió en la cama

tumbarse
2–1

to lie down (**tenderse** may
be used in 1, and **tendido**
and **acostado** may be
used in 2, but **acostado**
implies a bed or sofa)

llegué a la playa y me tumbé (1) al sol;
permaneció tumbado (2), sin atreverse a
mover un dedo

apalancarse
1

to kip down (not used in
Northern Spain)

los viejos se quedaron apalancados en la
hamaca después del cafelito

NB **acostar** may also be used transitively: **voy a acostar a la niña**

actitud   attitude

actitud f
2

attitude

va a ser difícil hacerle cambiar de actitud;
con esa actitud no vas a conseguir nada;
adoptó una actitud de rechazo

comportamiento
m
2

behaviour

esto explica su extraño comportamiento; el
Congreso llevó a cabo una investigación
oficial sobre el comportamiento del senador

conducta f
2

conduct

su conducta en clase deja mucho que desear;
siempre ha mantenido una conducta recta y
honesta

modales mpl
2

manners

no tiene modales, entra sin llamar a la
puerta siquiera; ¡qué modales! ni siquiera
saludó

| **posición** f [2] | *position*, *stance* (see the note below) | ¿cuál es su posición con respecto a … ? |
| **postura** f [2] | *posture* (see the note below) | adoptó una postura negativa; la postura del gobierno con respecto a este tema me parece muy clara |

NB **posición** and **postura** are very similar although **posición** would not be
used in the first example for **postura**

---

actor

comparsa mf [3]	*supernumerary* (for many Spaniards **comparsa** is only feminine)	salió el comparsa a escena, dijo unas palabras y se marchó; antes de ser famoso fue comparsa en algunas películas importantes como *El Cid*
comediante m [3–2]	*actor* (in the theatre) (the feminine form is **comedianta**)	el comediante comenzó a recitar la pieza
figurante m [3–2]	*extra* (in the theatre)	no hacía más que el papel de figurante
galán m [3–2]	*male lead*	Romeo es un galán joven
histrión m [3–2]	*actor* (now used pejoratively and figuratively but not when talking about, or referring to, the **Siglo de Oro**)	ese político es un histrión
actor m [2]	*actor* (in the theatre and cinema)	Fernando Rey es un gran actor
artista mf [2]	*artist*	entre los artistas invitados se encontraban …
cómico m [2]	*comedian*	el cómico hizo reír a todo el mundo
estrella f [2]	*star* (in the cinema) (may be male or female)	Ana Belén es una estrella famosa; es la estrella de la película
extra mf [2]	*extra* (in the cinema)	hizo falta un sinfín de extras en *Quo Vadis*
intérprete mf [2]	*performer*, *artist*	el intérprete de una obra teatral / de una canción
protagonista mf [2]	*leading actor*	todos los actores esperan ser protagonistas; ¿quién es el protagonista de la película?

actuación
performance

actuación f 2	*performance* (often used for an artist's or sportsperson's performance)	la actuación de un equipo / de un grupo musical; la actuación del Presidente en ese foro fue muy criticada; la película cuenta con la actuación estelar de ...
comportamiento m 2	*performance* (of something mechanical) (also used in economics)	con todo eso, el coche tiene un comportamiento excepcional; el comportamiento de una máquina; el comportamiento de los valores / de las acciones
ejecución f 2	*execution, performance, rendition*	la ejecución de este ordenador es muy buena; la ejecución de una pieza musical; una brillante ejecución por el pianista
interpretación f 2	*performance, rendition* (usually associated with the arts)	el actor hizo una excelente interpretación de su papel; la interpretación de una obra teatral
juego m 2	*performance, way of playing* (a sport)	me gustó el juego del Real
prestación f 2	*performance, possibilities, features* (often used in the plural and of something mechanical)	este coche ofrece muchas prestaciones, corre mucho y gasta poco
representación f 2	*performance* (which takes place in a theatre)	una representación teatral

acuerdo
agreement

asentimiento m 3–2	*assent*	el padre le dio el asentimiento a su hija para casarse
beneplácito m 3–2	*consent*	los terroristas fueron extraditados con el beneplácito del gobierno
aceptación f 2	*acceptance, popularity*	la obra ha tenido mucha aceptación por parte del público
acuerdo m 2	*agreement*	se pusieron / quedaron de acuerdo para ... ; hubo un acuerdo entre ellos; se ha llegado a un acuerdo en materia nuclear
aprobación f 2	*approval*	le di mi aprobación para ...

| **consentimiento** m [2] | *consent* | no puede ir / hacerlo sin el consentimiento de sus padres |
| **permiso** m [2] | *permission* | le dio permiso para salir |

de acuerdo   all right, OK

está bien [3–2]	*fine, agreed, all right then* (used by someone who finally agrees to (do) something)	está bien, puedes ir a verlo, si tanto te empeñas
conforme [2]	*agreed, all right*	conforme, entonces quedamos en vernos mañana a las siete
de acuerdo / bien / vale [2]	*all right, OK* (two may be used together)	'nos vemos a las siete.' 'De acuerdo / bien / vale'; 'entonces lo haremos mañana.' 'Vale, de acuerdo.' / 'Bien, vale.'
desde luego / por supuesto [2]	*of course* (**que sí** may be added for emphasis)	'¿me puedes prestar la máquina de escribir?' 'Desde luego (que sí)' / 'Por supuesto (que sí)'

acumular   to accumulate

acopiar [3]	*to collect, to store*	Cervantes acopiaba provisiones para la Armada
cosechar [3]	*to harvest, to collect, to amass* (used figuratively when R3; see below for usage in R2)	el escritor cosechó innumerables galardones / éxitos; la actriz está cosechando una buena colección de premios por su papel como Shirley
acumular [2]	*to accumulate* (used literally and figuratively)	papeles y revistas se iban acumulando en su cuarto; un sinfín de recuerdos se habían acumulado en su memoria; la experiencia acumulada durante años de trabajo
almacenar [2]	*to store*	descargaron las mercancías y las almacenaron en la trastienda; toda esta información está almacenada en el ordenador
amasar [2]	*to amass*	el presidente amasó una fortuna inmensa antes del golpe de estado

amontonar 2	to pile up (suggests disorder) (**reunir** may be used in 1 and **apilar** in 2) (used literally and figuratively)	el fiscal amontonó (1) numerosas pruebas contra el acusado; dejaron amontonados (2) en el rincón una gran cantidad de libros; escombros y basuras han ido amontonándose con los años
apilar 2	to pile up, to stack (often suggests order)	apilaron las sillas y las mesas en el rincón
cosechar 2	to harvest (used literally when R2; see above for usage in R3)	en aquella zona se cosecha la fresa en abril
recaudar 2	to collect (usually used of taxes)	recaudar impuestos
reunir 2	to gather together, to collect	estoy reuniendo datos para la tesis; no consiguió reunir los suficientes votos; bueno, ya estamos toda la familia reunida otra vez en Valencia

---

acusado   (the) accused, defendant

encausado m 3	defendant (during a trial) (used in legal language and newspapers)	el encausado tiene un plazo para contestar a la acusación
inculpado m 3	(the) accused (before a trial)	el inculpado fue trasladado a la cárcel para el interrogatorio
acusado m 2	(the) accused, defendant	la acusada compareció en el estrado; el banquillo de los acusados
procesado m 2	accused and convicted	el procesado fue condenado a tres años de prisión

---

acusar   to accuse

encausar 3	to prosecute, to put on trial (used in legal and newspaper language)	está siendo encausado por delito de estafa
imputar 3	to impute	le imputaron el robo a mano armada; a este grupo terrorista se le imputaron una veintena de atentados
inculpar 3	to accuse, to charge (has a legal connotation and is frequently used in newspapers)	fue inculpado de la muerte de un policía

achacar [3–2]	to blame, to attribute blame (the direct object can never be a person)	le achacaron la sustracción de las joyas; se les achacó la responsabilidad del siniestro
culpar [3–2]	to blame, to accuse (used much less than **echar la culpa**; see **echar la culpa** below)	me culparon del fracaso de la empresa
incriminar [3–2]	to incriminate	fue incriminado por su alevosía; los policías temían que el juez consiguiera un nuevo testimonio para incriminarlos aún más
tildar [3–2]	to accuse, to brand, to label (always followed by the preposition **de**; very similar in use to **tachar**)	el financiero fue tildado de especulador desaprensivo
acusar [2]	to accuse	le acusaron del robo; la acusé de haber hecho público mi divorcio; a los terroristas se les acusó de la colocación de una bomba
echar en cara a [2]	to blame, to reproach	siempre me echa en cara que no soy su verdadero padre
echar la culpa a [2]	to blame (used more than **culpar** which may be used in the second and third examples; see **culpar** above)	le echaron la culpa de la derrota; siempre le echan la culpa al hermano mayor; a mí no me eches la culpa que yo no he sido
denunciar [2]	to denounce, to report	le denunciaron por violación; hasta entonces, nadie se había atrevido a denunciar estos excesos
implicar [2]	to implicate	la implicaron / se vio implicado en el asesinato
procesar [2]	to accuse, to take to court (usually suggests conviction)	fue procesado por malversación de fondos
reprochar [2]	to reproach	le reprochó su mala conducta; la oposición le reprochó el haber abandonado las tradiciones socialdemócratas; no tengo nada que reprocharle
responsabilizar [2]	to accuse, to make responsible	el gobierno responsabilizó al sindicato del fracaso de las negociaciones; responsabilizaron al padre de todos los problemas del hijo

| **tachar** [2] | to *accuse*, to *brand*, to *label* (always followed by the preposition **de**; very similar to **tildar**) | le tacharon de cobarde / de tonto / de ladrón / de avaricia |

---

adaptarse   to adapt (oneself)

acomodarse [3–2]	to *adapt* (*oneself*) (see the note below)	acomodarse a las circunstancias
adecuarse [3–2]	to *adapt* (*oneself*)	prometió adecuarse a la normativa cuando entró en la institución; adecuarse a las circunstancias
adaptarse [2]	to *adapt* (*oneself*) (see the note below)	se adaptó a las circunstancias lo mejor que pudo; no me adapto a este trabajo
ajustarse [2]	to *adjust* (*oneself*), to *limit* (*oneself*) (used literally and figuratively)	ajústense los cinturones al cuerpo (instruction in a plane); en el examen ajústense a lo explicado en clase / al tema
ser apropiado [2]	to *be suitable*	era muy apropiado para el puesto; ese vestido no es apropiado para la ocasión
cuadrar [2]	to *tally*, to *fit* (**encajar** may be used in the first three examples)	su versión de los hechos no cuadra con la tuya; las cuentas no cuadran; en esa historia que nos ha contado hay algo que no cuadra; no cuadra muy bien en mi grupo de amistades
encajar [2]	to *fit*, to *match* (used literally and figuratively) (**cuadrar** may be used in the second example)	estas dos piezas no encajan; lo que dices tú no encaja con lo que dijo él; no puedo dar la clase por que el horario de los estudiantes no encaja con el mío; esta frase encaja perfectamente en el texto

NB **acomodarse** and **adaptarse** are used in the same way when referring to circumstances or a situation. The only difference is one of register

---

adelantarse   to precede, to get ahead, to overtake

anteceder [3]	to *precede*	el rey antecedió a su hermano al trono; anteceder a alguien en un cargo
anteponer [3]	to *put before*, to *give more importance* (to one thing over another) (used literally and figuratively)	en el ejemplo **se lo doy** el **se** va antepuesto al **lo**; está anteponiendo los intereses individuales al bien de la nación
anticiparse [3–2]	to *anticipate*, to *forestall*	se anticipó a su rival / a su época

preceder [3–2]	to precede, to go before (used literally and figuratively)	las oraciones de relativo van precedidas de **que**; la tecnología precede a la época
adelantarse [2]	to precede, to get ahead, to overtake (a car; here the verb is never reflexive)	la tecnología siempre se adelanta al tiempo; he ido a ver si me daban el trabajo, pero ya se me habían adelantado (someone got there before me and they gave it to him / her); me adelantó un Porsche que iba a toda velocidad
ir delante (de) [2]	to go (before)	voy delante de ti en la lista; '¿ya te toca a ti?' 'No, él va delante de mí'; iban delante de nosotros pero los hemos perdido de vista

---

admirable

apabullante [3–2]	marvellous, stunning (**apabullar** is used more)	nuestro safari a través de la selva fue apabullante
portentoso [3–2]	marvellous, extraordinary	el alpinista hizo un esfuerzo portentoso para llegar a la cumbre; una belleza / una inteligencia portentosa
admirable [2]	admirable	fue admirable cómo se tiró al agua para salvar a la niña; desde el punto de vista técnico, el libro es admirable
antológico [2]	prodigious	fue un gol antológico
arrasador [2]	stupendous (very similar to **arrollador**)	es de una belleza arrasadora; el político pronunció un discurso arrasador
arrollador [2]	overwhelming, stunning (very similar to **arrasador**)	el cantante se marchó de la capital después de un éxito arrollador; una belleza / una victoria arrolladora
asombroso [2]	amazing, astonishing	el conductor del coche reaccionó con una rapidez asombrosa al esquivar al ciclista
auténtico [2]	real, authentic (used much more than authentic)	el coche tiene equipamiento de auténtico lujo; '¡mira ése de las patillas!; ¡qué tipo más auténtico!'; ¡qué pinta más auténtica¡
estratosférico M [2]	stupendous	tiene una casa estratosférica con tres cuartos de baño, garaje para cinco coches…
estupendo [2]	amazing, super (used more than stupendous)	fue un viaje estupendo, cruzamos el Sáhara hasta la frontera con Níger; es un chico estupendo, es guapo, listo y simpático

fantástico [2]	fantastic	el tío ése tiene un Mercedes fantástico; me encanta el windsurf, es una experiencia fantástica
increíble [2]	incredible	su interpretación de Hamlet fue conmovedora y francamente increíble
maravilloso [2]	marvellous	la final de la copa de Europa fue un espectáculo maravilloso
milagroso [2]	miraculous	su salvación fue milagrosa
pasmoso [2]	amazing, astonishing	mi padre recibió la noticia con una calma pasmosa
prodigioso [2]	prodigious	tiene una fuerza prodigiosa; este nuevo tratamiento está dando unos resultados prodigiosos
sorprendente [2]	surprising	lo sorprendente del caso fue que llegaron puntuales
alucinante [2–1]	amazing, great (used much more than hallucinating)	mi viaje en el cohete fue una experiencia alucinante
bárbaro [2–1]	terrific	la actuación de Julio Iglesias tuvo un éxito bárbaro; la comida estuvo bárbara
despampanante [2–1]	stunning (often used with belleza)	es de una belleza despampanante
tremendo [2–1]	tremendous	fue un partido tremendo, empataron cuatro cuatro; el profesor ese tiene una cultura tremenda
chévere M [1]	super, great	la música de la fiesta estuvo muy chévere; me caes muy bien porque eres muy chévere
chido M [1]	super	ese carro está bien chido, costó cincuenta mil dólares
mata mil A [1]	(it is) super	esa película mata mil
padre M [1]	marvellous, great (padre in Spain has the meaning of enormous when it is used as an adjective)	el campus de la universidad está padre / padrísimo
cojonudo [1*]	bloody terrific	tiene una moto cojonuda, corre a doscientos cincuenta kilómetros por hora
de puta madre [1*]	bloody terrific (also used as an adverb)	una tía / una moto de puta madre; nos lo pasamos de puta madre

| **de la san puta** A
[1*] | *bloody terrific* | un actor / un partido / una película de la san puta |

---

adornar

to adorn

embellecer [3]	*to embellish* (used less than *to embellish*)	cuadros y plantas embellecen la habitación
engalanar [3]	*to adorn*	en Semana Santa cada pueblo engalana las imágenes a su manera; los prados comenzaban a engalanarse de florecillas de colores
ornar [3]	*to adorn* (often used as a past participle) (has a literary connotation)	con la mirada recorrió el jardín ornado de geranios y adelfas; la mujer llegó a la fiesta, ornada de sus más bellas galas
ataviar [3–2]	*to array*, *to bedeck* (often used as a past participle)	iba ataviada con un mantón de Manila
aderezar [2]	*to season* (see the note below)	aderezó la ensalada
adobar [2]	*to season*, *to pickle*, (used for meat or fish; suggests a special broth or sauce for preserving)	adobó la carne para que se conservara más tiempo
adornar [2]	*to adorn*	la madre adornó la mesa para su cumpleaños; adornar con / de flores; llevaba el sombrero adornado con un alto penacho de flores
aliñar [2]	*to season* (usually salad)	aliñó la ensalada con aceite, vinagre y sal
arreglar [2]	*to smarten up* (often used reflexively)	tengo que arreglar a la niña para la fiesta; siempre tarda horas en arreglarse
condimentar [2]	*to season* (suggests addition of spices, pimentos, vinegar, salt, etc. for flavouring) (see the note below)	eligió pimentos verdes y rojos para condimentar el guiso / la ensalada
decorar [2]	*to decorate*, *to adorn* (does not just mean *to decorate* when referring to a house for it includes furniture, carpets, lamps, plants, etc.)	decoraron la habitación / la ciudad / el escaparate

| **sazonar** [2] | to season (see the note below) | la cocinera sazonó los manjares con especias |
| **emperifollar** [2–1] | to doll up (often used reflexively) | se está emperifollando para ir al baile; iba toda emperifollada |

NB **aderezar**, **condimentar** and **sazonar** are used in the same way

---

adrede   on purpose (see the note below)

deliberadamente [3–2]	deliberately (used much less than deliberately)	me empujó deliberadamente
intencionadamente [3–2]	intentionally	el hincha tiró una botella intencionadamente y le pegó al árbitro
adrede [2]	on purpose	perdona, oye, no lo he hecho adrede
a propósito [2]	on purpose	tiró el bolígrafo a propósito para molestar al profesor
aposta [1]	on purpose	le tiró del pelo aposta para que se enfadase

NB there is no difference between the last three synonyms except one of register

---

afecto   affection

cordialidad f [3–2]	cordiality, friendliness	la entrevista transcurrió en un ambiente de cordialidad
afecto m [2]	affection	tengo especial afecto por mi esposa; fue un amigo de la infancia, por el que sentía un sincero afecto
amistad f [2]	friendship	les unía una gran amistad; existen fuertes lazos de amistad entre los dos países
amor m [2]	love	el poeta tenía / sentía gran amor por su madre / por su patria
apego m [2]	attachment	tiene un gran apego a su ciudad natal / a esta casa
cariño m [2]	affection	le ha tomado mucho cariño al perro / a su sobrina; es un amigo al que tengo mucho cariño

inclinación f [2]	*inclination*	no tiene ninguna inclinación por la literatura / por la política
predilección f [2]	*interest, attraction*	tiene una especial predilección por los libros de jardinería / por su sobrino mayor
berretín m A [1]	*fondness, interest*	tener el berretín con alguien; el berretín del fútbol / del cine / de la equitación

---

afición   liking, interest

ahínco m [3–2]	*effort, interest*	siempre trabaja con ahínco
deleite m [3–2]	*delight*	le escuchaba recitar sus poemas con deleite
afán m [2]	*urge, eagerness*	su afán por ganar dinero le perdió
afición f [2]	*liking, interest*	su afición por la / a la música; su afición por el / al fútbol; tiene afición por la / a la lectura; pinta por afición
apasionamiento m [2]	*passion, enthusiasm* (usually used with **con**; may not be used in the first example of **pasión**)	estudia la música con apasionamiento
entusiasmo m [2]	*enthusiasm*	tiene gran entusiasmo por las lenguas; siempre trabaja con entusiasmo
expectación f [2]	*expectancy, eagerness*	había mucha expectación entre el público
expectativa f [2]	*expectation* (nearly always used in the expression **a la expectativa**)	no sabemos si va a venir, estamos todos a la expectativa
fervor m [2]	*fervour*	rezaba con fervor
frenesí m [2]	*frenzy*	bailaba su música preferida con frenesí
gana(s) f(pl) [2]	*desire, urge* (see the note below)	tengo ganas de ir al cine; le entraron unas ganas de correr … ; lo hizo de buena / de mala gana; no me da la gana; yo hago lo que me da la gana
gusto m [2]	*pleasure* (often associated with expressions of courtesy)	siempre leo a Cervantes con gusto; no me supone ninguna molestia, lo haré con mucho gusto; dígale que venga a verme, lo recibiré con mucho gusto

| **interés** m [2] | *interest* | tiene un interés enorme por / en la literatura |
| **pasión** f [2] | *passion* | su pasión por la arquitectura; pinta con pasión |

NB **tener ganas** often suggests *feeling like* (*doing something*). **Gana** is used much more in the plural than in the singular, except in the set expressions given

---

afirmar   to affirm, to state

puntualizar [3]	*to specify* (has the same meaning as **precisar**) (often used in newspapers)	los terroristas puntualizaron el lugar de la cita con el representante del gobierno
certificar [3-2]	*to certify*	Yo, el abajo firmante, certifico que ...
precisar [3-2]	*to specify* (**puntualizar** may be used in all these examples)	les falta precisar algunos detalles; no precisó la hora / la fecha / el lugar
afirmar [2]	*to affirm, to state*	afirmó lo contrario; afirmaron haberle advertido por escrito; el líder de la oposición afirmó que ...
apoyar [2]	*to support*	sus padres siempre lo han apoyado en todo; el profesor apoyó la candidatura de su alumno; apoyar una medida / una proposición; no tiene suficientes datos en qué apoyar su teoría / su argumento
apuntar [2]	*to point out*	el ministro apuntó la necesidad de ... / que sería difícil ...
asegurar [2]	*to assure* (**garantizar** may be used in all examples)	aseguró que llegaría a tiempo; haré lo posible aunque no te puedo asegurar nada; el éxito ya lo tiene asegurado
garantizar [2]	*to guarantee* (**asegurar** may be used in all examples)	nos garantizó que habría clase; los candidatos tienen garantizada la elección; haré lo posible pero no puedo garantizar nada
mantener [2]	*to maintain* (**sostener** may be used in this example)	mantuvo su teoría hasta el final
sostener [2]	*to sustain* (**mantener** may be used in this example)	es una opinión muy difícil de sostener

Africa del Sur

South Africa

Africa del Sur / Sudáfrica / Suráfrica 2	*South Africa* (see the note below)	han subido las importaciones de fruta de Africa del Sur / de Sudáfrica / de Suráfrica
Africa Austral 2	*Southern Africa*	Africa Austral incluye a varios países tales como Angola, Mozambique y Sudáfrica

NB there is no difference between these three except that **Suráfrica** is preferred by purists to **Sudáfrica**. Note also that the adjectives **surafricano** and **sudafricano** both mean *South African* although the former is preferred to the latter

afrontar

to face (see the note below)

carear 3–2	*to bring face to face* (always used of people; has a legal connotation) (*careo* is used more)	los testigos fueron careados
confrontar 3–2	*to confront, to bring face to face, to compare* (used of people and objects)	confrontaron a la víctima y al delincuente; tengo que confrontar estos datos / estas cifras
afrontar 2	*to face* (rarely has a person as a direct object; very similar to **hacer cara a** and **hacer frente a** when used with objects)	afrontar una situación / un peligro / la muerte / un desafío; los problemas que debe afrontar el presidente son muy complejos; hay que afrontar la adversidad con valor
dar la cara 2	*to answer* (for another)	no te metas con ellos, al final soy yo el que tiene que dar la cara (por ti)
hacer cara a 2	*to face, to stand up (to), to defy* (has the same meaning as **afrontar** and **hacer frente a** but see **afrontar**)	hacer cara a una situación; hizo cara a todo el mundo que le acusaba
plantar cara a 2	*to confront, to face*	los alumnos de quinto son muy difíciles, me plantan cara ante cualquier problema; se nos estropeó el coche y la única forma de plantarle cara a la situación fue hacer autostop
encararse a / con 2	*to face* (very similar to **enfrentarse a** but used less)	se encaró con el / al peligro; se encaró con / a su padre

enfrentarse a / con [2]	*to face* (very similar to **encararse a** but used more)	se enfrentó con el / al peligro; el Ejército Rojo se había enfrentado, prácticamente en solitario y durante dos años, a las hordas nazis; tuvieron que enfrentarse con / a serias dificultades
hacer frente a [2]	*to face, to stand up* (to), *to defy* (has the same meaning as **afrontar** and **hacer cara a** but see **afrontar**)	hizo frente al peligro; tuvo que hacer frente a la situación en que se encontraba el país
apechugar [2–1]	*to face* (suggests *facing up to it*)	si queremos terminar el trabajo con tiempo vamos a tener que apechugar

NB **afrontar, enfrentarse a** and **hacer frente a** are used more than **hacer cara a** and **encararse a**. The last four are very similar to each other and may be used for persons and objects while **afrontar** may only be used with things as direct objects

---

agacharse   to crouch, to stoop

agazaparse [3–2]	*to crouch down* (usually in order to hide)	se agazapó detrás de la puerta para que no le vieran
acurrucarse [2]	*to curl up, to huddle up*	se acurrucó en la cama, de frío que tenía
agacharse [2]	*to crouch, to stoop*	se agachó detrás de la tapia para que no la vieran; tuvimos que agacharnos para poder pasar por la puerta
estar en cuclillas [2]	*to sit on one's haunches* (suggests a state)	es muy difícil estar en cuclillas más de cinco minutos
ponerse en cuclillas [2]	*to sit down on one's haunches* (suggests an action)	para hacer este ejercicio hay que ponerse en cuclillas
encogerse [2]	*to hunch up* (when used with **hombros** it means *to shrug one's shoulders*) (also used figuratively = *to shrink*)	se encogió del frío; se encogió de hombros; al oír aquello se le encogió el corazón

---

agradable   pleasant

| **deleitoso** [3] | *delightful* | había tras la casa un deleitoso jardín repleto de jasmines |

placentero 3	pleasing, agreeable	los árboles hacían de aquel lugar un placentero jardín; tras aquella comida pasamos una placentera tarde paseando por el campo
cordial 3–2	warmhearted, cordial	nos hizo un recibimiento muy cordial; una cordial bienvenida; las entrevistas tuvieron lugar en un ambiente muy cordial; estuvo muy cordial con nosotros
exquisito 3–2	exquisite	un Borgoña exquisito fue la guinda de una comida maravillosa; es una exquisita marca de perfume que no se encuentra en España
grato 3–2	pleasing, welcome	el verla vestida con tanta elegancia me causó una grata impresión; me es grato comunicarle que … (at the beginning of a formal letter = R3)
acogedor 2	welcoming, pleasant	era una familia muy acogedora; los tonos suaves hacían que me sintiera a gusto en aquella habitación tan acogedora
agradable 2	pleasant (does not necessarily suggest you are having a good time; see **ameno**)	el tiempo es agradable; es una ciudad muy bonita y la gente es muy agradable; un vino muy agradable al paladar; una música agradable; un sitio agradable
ameno 2	pleasant (suggests entertainment and *having a good time* when a person is involved; **agradable** does not suggest this idea)	una de las personas más amenas que conozco; un libro ameno; un lugar ameno; una película amena
apetitoso 2	tasty, appetizing	¡qué pintas más apetitosas tiene ese pastel!
delicioso 2	delicious	no puedo resistir las comidas que te ponen allí, son deliciosas
dulce 2	gentle, mild	esas dulces palabras aliviaron la tensión del momento; tiene mucho cariño a los niños, es una persona muy dulce; una música dulce
lindo 2	nice, lovely, fine (used all over Spanish America, and more there than in Spain)	una linda chica; un lindo coche; este lindo país
sabroso 2	tasty	el guiso estaba muy sabroso
simpático 2	pleasant, nice (does not mean *sympathetic*)	es muy simpático, siempre que me ve me saluda / sonríe

macanudo A [2–1]	*super*, *great* (used of people)	mi abuelo es macanudo, siempre nos lleva al cine; ¡qué tipo macanudo!
guay [1]	*nice* (almost anything can be **guay**, just like *nice*)	el tío tiene una casa muy guay con ocho habitaciones, tres cuartos de baño …; una película guay; un coche guay; ¡qué tío más guay!
chingón M [1*]	*super*	pasar toda la tarde en la alberca, eso es bien chingón

---

agradecer   to thank

agradecer [2]	*to thank* (is of a slightly higher register than **dar las gracias**)	mucho agradecería que me mandase información a este respecto; le agradezco mucho todo lo que ha hecho por nosotros
estar agradecido [2]	*to be grateful*	te estoy agradecida por el favor que me hiciste la semana pasada
dar las gracias a [2]	*to thank* (is of a slightly lower register than **agradecer**)	te doy las gracias por el regalo

---

agrandar(se)   to make bigger (to get bigger)

engrandecer [3]	*to enlarge*, *to expand* (only used figuratively)	la lectura engrandece el espíritu; el espíritu se engrandece con la lectura
acrecentar [3–2]	*to increase*	hay que acrecentar la producción industrial
incrementar [3–2]	*to increase*	incrementar el comercio exterior / la producción agrícola; el número de crímenes se ha incrementado en un cuarenta por ciento
multiplicar [3–2]	*to increase in numbers*, *to multiply*	han multiplicado los ingresos; el número de delincuentes se ha multiplicado
recrudecerse [3–2]	*to increase*, *to break out again* (suggests something unpleasant; only used reflexively)	se ha recrudecido la enemistad entre ellos; la violencia en este país se ha recrudecido de manera alarmante; se han recrudecido los enfrentamientos étnicos en la zona
agrandar(se) [2]	*to make bigger*, *to get bigger* (when used reflexively)	agrandar una casa; el microscopio agranda los objetos; las diferencias se siguen agrandando

alargar(se) [2]	*to make longer, to lengthen, to get longer* (when used reflexively)	alargar un vestido / un pantalón / un discurso; ha alargado su estancia en la capital; en marzo los días se alargan
ampliar(se) [2]	*to expand, to enlarge* (a photo)	tengo que ampliar mis estudios / mis conocimientos sobre el tema; han ampliado el local; ampliar una foto; su poder se ha ampliado considerablemente
arreciar [2]	*to get stronger* (used of the wind and rain)	arrecia el viento / la lluvia
aumentar [2]	*to increase* (**crecer** may be used in the last example)	la compañía ha aumentado la producción en un 5 por ciento; le han aumentado el sueldo; el desempleo sigue aumentando
centuplicar(se) [2]	*to increase a hundredfold*	se instaló un centro de investigaciones en el campo y se centuplicó el número de ovejas / y lograron centuplicar el número de ovejas
crecer [2]	*to increase, to grow* (**aumentar** may be used in the second example)	ha crecido mucho la niña, ya es mayorcita; el número de ancianos sigue creciendo; y en los tejados rotos, el musgo crece, alimentado por las nieves ... ; te ha crecido mucho el pelo
cuadruplicar(se) [2]	*to quadruple* (see **duplicarse**)	
dilatar(se) [2]	*to dilate, to expand* (used of a physical property)	el calor dilata los cuerpos; los cuerpos se dilatan con el calor
duplicar(se) [2]	*to double*	la empresa ha duplicado el volumen de ventas; la población argelina se ha duplicado en quince años
engordar [2]	*to make bigger / fatter, to get bigger / fatter*	engordar los prepuestos del estado; se piensa que los sindicatos han engordado las cifras de manifestantes; si sigues comiendo así vas a engordar mucho
ensanchar(se) [2]	*to widen*	han ensanchado el río / la carretera; se está ensanchando el río
expandirse [2]	*to expand*	la empresa se expandió; un gas se expande; la industria se está expandiendo a un ritmo del 8,50 por ciento
extender(se) [2]	*to extend, to stretch out* (the last example is R3)	extender una sábana, un mantel; se está extendiendo la ola de frío / el fuego; colas de personas se extendían frente a las casas de cambio; ante ellos se extendía una inmensa llanura

triplicar(se) 2	*to triple*	han logrado triplicar las ventas; el número de robos a mano armada se ha triplicado en lo que va de año

---

agreste — wild (when used of the countryside) (see the note below)

fragoso 3	*difficult* (used of a terrain with a dense vegetation; also suggests a rocky area)	accedimos a una zona muy fragosa y no pudimos continuar
abrupto 2	*rough, rugged, steep*	un terreno abrupto
accidentado 2	*rough, rugged, uneven*	un terreno accidentado
agreste 2	*wild, rugged*	un paisaje agreste
escabroso 2	*rough, uneven, rocky* (also used figuratively = *tough, risky*)	un terreno escabroso; un asunto escabroso
escarpado 2	*steep, craggy*	un terreno escarpado

NB all these synonyms are very similar and are to some extent interchangeable, particularly **abrupto, escabroso** and **escarpado,** bearing in mind that the second has a figurative meaning

---

agricultor — farmer (see the note below)

labriego m 3	*farmhand, peasant*	los labriegos trabajaban afanosamente la tierra
agricultor m 2	*farmer* (has a more contemporary connotation than **granjero**)	los agricultores franceses incendiaron los camiones españoles
campesino m 2	*peasant* (used much more than *peasant*)	el trabajo de un campesino andaluz tiene que ser muy duro
colono m 2	*settler*	los colonos franceses se asentaron en Africa del Norte a partir del siglo diecinueve
chacarero m A 2	*farmer, owner of a* **charca** (farm or homestead)	el chacarero recorre la llanura, arreando la hacienda rumbo a los corrales
ganadero m 2	*cattle breeder*	los ganaderos crían toros en las dehesas de Andalucía

granjero m [2]	*farmer*	el granjero cuida bien de sus tierras y animales
labrador m [2]	*farmer, labourer, ploughman*	el labrador estaba arando la tierra
ranchero m M [2]	*rancher*	los rancheros tienen que arrear el ganado por la madrugada

NB a **granjero** has land and animals while a **labrador** mainly has land, although he could keep chickens, rabbits and goats

---

agudeza   sharpness, keenness

clarividencia f [3–2]	*clearsightedness*	el escritor da muestras en este ensayo de una gran clarividencia
discernimiento m [3–2]	*discernment*	los hombres de leyes han de tener una gran capacidad de discernimiento
agudeza f [2]	*sharpness, keenness*	los sorprendió la agudeza de sus comentarios
lucidez f [2]	*lucidity*	tenía una lucidez extraordinaria a pesar de su edad avanzada
penetración f [2]	*penetration*	realizó un análisis de los hechos con gran penetración; es un escritor de una gran penetración psicológica
perspicacia f [2]	*shrewdness, perspicacity* (see the note below)	el autor analiza la psicología de sus personajes con una perspicacia inigualable
sagacidad f [2]	*shrewdness* (see the note below)	el detective solucionó el caso con gran sagacidad
sutileza f [2]	*subtlety*	expresó sus opiniones con mucha sutileza
olfato m [1]	*flair*	tiene mucho olfato para descubrir lo que se está cociendo; ése tiene mucho olfato, en seguida se dio cuenta de que ahí había gato encerrado

NB **perspicacia** and **sagacidad** are very similar except that the former suggests the quality of the observer, whereas the latter suggests the quality of someone trying to uncover a deceitful act or some other mystery

agudo

sharp, witty

clarividente `3–2`	*clearsighted*	una mente / un escritor clarividente
afilado `2`	*sharp* (used literally and figuratively)	un cuchillo / un lápiz afilado; tiene la nariz afilada; una voz afilada
agudo `2`	*sharp, witty* (used literally and figuratively) (may not be used of metals)	un dolor / un sonido agudo; tiene una voz muy aguda; una respuesta aguda; una crítica aguda; un comentario agudo; ¡qué agudo eres! me has dado una gran idea
cortante `2`	*cutting, sharp* (only used literally)	heridas producidas por instrumentos cortantes
ingenioso `2`	*ingenious, witty*	una idea ingeniosa; un comentario ingenioso; es muy ingeniosa, se le ocurren unas ideas espléndidas
lúcido `2`	*lucid*	es una persona muy lúcida para su edad; tiene una mente muy lúcida
mordaz `2`	*scathing, biting*	una persona / un comentario / un ataque / una crítica mordaz
penetrante `2`	*penetrating*	una mente / una ironía / un dolor penetrante
perspicaz `2`	*shrewd* (see the note under **agudeza**)	un observador perspicaz
puntiagudo `2`	*sharp-pointed*	no me gustan esos zapatos tan puntiagudos
sagaz `2`	*shrewd* (see the note under **agudeza**)	un detective sagaz
satírico `2`	*satirical*	un escritor satírico; una obra satírica
sutil `2`	*subtle*	la diferencia que existe entre las dos palabras es muy sutil
tajante `2`	*sharp, cutting* (usually used figuratively)	'no vamos a admitir una estrategia sindical que conduzca al desastre', afirmó tajante el líder … ; el ministro ha manifestado su oposición tajante a esta medida

agujero

hole, gap

cavidad f `3–2`	*cavity*	las cavidades naturales de la tierra

hendidura / **hendedura** f `3-2`	*crack*, *split* (**hendidura** is used more and is of lower register than **hendedura**) (neither is used as often as **grieta**)	la tabla / la pared tiene una hendidura
orificio m `3-2`	*orifice*	el orificio nasal
abertura f `2`	*opening* (see the note below)	había una abertura en el muro por donde pasaron todas las tropas
agujero m `2`	*hole*, *gap* (often small and usually goes right through an object)	hay que tapar estos agujeros que tengo un frío de miedo; se me ha hecho un agujero en el pantalón / en las medias; me hizo un agujero en la alfombra con el cigarro; los científicos tratan de explicar la presencia de un gigantesco agujero negro
apertura f `2`	*opening*, *inauguration* (see the note below)	la apertura de Las Cortes / de un certamen / de una sesión; estos hechos motivaron la apertura de expedientes a cuatro policías
bache m `2`	*rut*, *pothole* (in the road)	la carretera está llena de baches, cuidado con el coche
boquete m `2`	*gap*, *hole*, *crater*	hizo un boquete en la pared para disparar contra el enemigo; la bomba abrió un tremendo boquete en el suelo
brecha f `2`	*breach*, *gash*, *wound* (only used in the context suggested by the examples)	el cañón había abierto una brecha en la muralla; le abrió una brecha en la frente con una piedra
desgarrón m `2`	*tear*	tenía un desgarrón en la falda
fosa f `2`	*pit*, *grave*	una fosa común
foso m `2`	*moat*, *pit*, *hole*, *ditch*	el foso de un castillo; el mecánico tiene un foso en su taller; justo detrás del muro hay un foso cubierto de agua
grieta f `2`	*crack* (very similar to **hendidura** but is used more)	las fuertes heladas han abierto profundas grietas en la pared; las hormigas pasaban por una grieta que había en el suelo
hoyo m `2`	*hole* (in the ground but not the floor of a house; is not a very big space)	cuidado que hay muchos hoyos en este campo; un partido de golf consta de dieciocho hoyos
hueco m `2`	*hollow*, *shaft*, *well*	había un hueco en la pared; el hueco del ascensor / de la escalera

| **rendija** f
 2 | *split* (suggests long and narrow), *gap* | la luz entraba por la rendija de la puerta; la vio por la rendija de la ventana |
| **sima** f
 2 | *pothole* | la sima de una montaña |

NB **abertura** suggests the actual gap whereas **apertura** suggests the process of opening

---

ahora   now

en este punto 3	*at this point*	en este punto podemos intuir que ...
en la actualidad 2	*at present* (see the note below)	en la actualidad conviven en este país cientos de sectas religiosas; ¿hay en la actualidad una verdadera crisis en el gabinete?
actualmente 2	*at present* (see the note below)	es, actualmente, uno de los escritores más famosos del país; los miles de jóvenes que actualmente se encuentran sin trabajo
ahora 2	*now*	¿qué hacemos ahora?; ahora mismo voy
por ahora 2	*for now*	por ahora, no haremos nada; por ahora, es mejor no decírselo / dejarlo todo como está
por el / de momento 2	*for the moment*	por el / de momento tengo bastante dinero; por el / de momento no ha surgido ningún problema

NB there is little difference between **en la actualidad** and **actualmente** except that the latter is used more

---

ahorrar   to save (up)

atesorar 3	*to hoard, to store up* (not used with reference to money)	las riquezas que atesora el mar
acumular 2	*to accumulate*	a lo largo de su vida había logrado acumular mucho dinero; montones de trastos viejos se habían ido acumulando con los años
ahorrar 2	*to save (up)*	ha conseguido ahorrar mucho dinero; ahorrar energía / electricidad / agua; estoy ahorrando para irme de vacaciones

| **amasar** 2 | *to amass* | amasó una fortuna |
| **economizar** 2 | *to economize* | tienes que economizar para llegar al fin de mes |

---

alabar   to praise

encomiar 3	*to extol, to praise*	han encomiado mucho su obra / al reciente Premio Nobel
encumbrar 3	*to exalt, to praise* (very similar to **ensalzar** but is used less)	el ministro encumbró a su predecesor
engrandecer 3–2	*to extol, to magnify*	su heroísmo le engrandece a ojos de todos
ensalzar 3–2	*to extol, to praise* (a mixture of **encumbrar** and **engrandecer**)	ensalzaron la figura del difunto alcalde
exaltar 3–2	*to exalt*	exaltó las virtudes / el heroísmo de su colega; en esta obra se exalta el heroísmo
lisonjear 3–2	*to flatter* (see the note below)	no hace más que lisonjear a sus superiores
adular 2	*to flatter* (see the note below)	siempre está adulando al jefe para conseguir sus favores
alabar 2	*to praise*	alabo tu buen gusto; han alabado mucho su obra; alabar a Dios
aplaudir 2	*to applaud* (also used figuratively)	los espectadores aplaudieron a los actores; todos aplaudieron esta decisión
elogiar 2	*to praise* (used like **alabar** except for the religious meaning)	elogió mi trabajo / su obra literaria; en su discurso elogió al homenajeado
halagar 2	*to flatter* (see the note below)	me halaga tu propuesta; me halaga que me hayan elegido a mí como su representante
poner por las nubes 2	*to praise to the skies*	habló muy bien de ti, te puso por las nubes; puso tu libro por las nubes
dar coba a 2–1	*to soft soap* (used like **hacer la pelota a**)	no hace más que darle coba para que le suba el sueldo
hacer la barba a M 1	*to soft soap* (used like **barbear**)	Gutiérrez le estuvo haciendo la barba al jefe todo el día

barbear M 1	*to soft soap* (used like **hacer la barba a**)	el empleado barbeó a su jefe para obtener el fin de semana libre; ése no deja de barbear para conseguir lo que quiere
chupar las medias a M 1	*to soft soap*	aunque le chupes las medias no va a cambiar tu nota
hacer la pelota a 1	*to soft soap* (used like **dar coba a**)	no hace falta que le hagas tanto la pelota al profe, que no te va a aprobar

NB the difference between **halagar**, and **lisonjear** and **adular** is that the first verb suggests *satisfying a person's pride* in a legitimate way, whereas the last two verbs suggest some ulterior motive, like *getting into a person's good books*. **Halagar** has a positive connotation whereas the other two do not

---

alarde   boasting

jactancia f 3–2	*bragging* (**jactarse** is used more)	sus jactancias nos tenían hartos
ostentación f 3–2	*ostentation* (often used with **hacer**)	hizo ostentación de sus bienes
alarde m 2	*boasting* (often used with **hacer**)	hizo alarde de buen gusto / de sus conocimientos
gala f 2	*display* (only used in **hacer gala de**)	hizo gala de su hospitalidad

---

alegrarse   to be happy, to rejoice

holgarse 3	*to take pleasure*	se holgó mucho con mi visita
refocilarse 3	*to enjoy oneself* (suggests vulgar enjoyment)	se refocilaba escuchando aquellas historias masoquistas / sus chistes picantes
deleitarse 3–2	*to take delight*	se deleitaba leyendo novelas / escuchando música
gozar 3–2	*to enjoy* (see the note below)	gozó mucho de su estancia / de las vacaciones; hemos gozado con la película; no goza de buena salud
regocijarse 3–2	*to rejoice*	se regocijaba del éxito de su hijo

alegrarse [2]	*to be happy, to rejoice*	se alegró mucho de la vuelta de su hija; me alegro mucho de saber que … ; me alegré mucho al recibir vuestra felicitación de Navidad; me alegro de veros / de que estéis todos bien
disfrutar [2]	*to enjoy* (see the note below)	ha disfrutado mucho en la playa; lo pasamos muy bien en Holanda, pudimos disfrutar de los niños y la naturaleza; … para que Vd pueda disfrutar de todo tipo de comodidades
divertirse [2]	*to enjoy oneself*	todos se divirtieron mucho en la fiesta; ¡qué te diviertas!

NB **disfrutar** and **gozar** are very similar although **gozar** may not be used in the first example of **disfrutar**. **Gozar** must be followed by a preposition and a noun or pronoun. The use of **de** and **con** varies according to the context

alegre   happy, cheerful

regocijado [3]	*joyous*	cuando se anunció el final de la guerra se sintió regocijado
dichoso [3–2]	*happy*	es muy dichoso en su matrimonio
eufórico [3–2]	*euphoric*	se puso eufórica con la noticia; nos saludó muy eufórico
jovial [3–2]	*jovial*	es una persona jovial; tiene un carácter muy jovial
alegre [2]	*happy, cheerful* (see the note below)	una canción / un carácter alegre; es una persona muy alegre
bromista [2]	*full of fun, funny* (used with **ser**)	es tan bromista que nunca sé cuándo está hablando en serio
cómico [2]	*full of fun, funny*	¡qué cómico estás hoy!; tu hermano es muy cómico, siempre nos hace reír
contento [2]	*happy* (see the note below)	está contentísima porque le han dado el trabajo; se puso muy contento cuando se enteró de que iba a venir su amiga
divertido [2]	*amusing, lively* (also used of things)	es un tío muy divertido, se pasó la tarde contando chistes; nos pasó una cosa muy divertida; ¡qué historia más divertida nos contó!; la película estuvo muy divertida

encantado [2]	*delighted* (the last example is R1)	estaba encantada con su nietecita / con su nuevo piso; si prefieres hacerlo tú, yo encantada de la vida
entretenido [2]	*entertaining, amusing* (used with **ser**)	la novela no es muy buena, pero es entretenida; una persona / una película entretenida
feliz [2]	*happy* (see the note below)	es muy feliz en su matrimonio; desde que nació su hijo se la ve muy feliz; quiere volverse a su patria porque aquí no es feliz; me siento muy feliz con ella; estoy muy feliz con mi nuevo coche; os deseamos Felices Navidades
gracioso [2]	*amusing, witty* (used with **ser**)	tenía un deje muy gracioso; ¡qué niño tan gracioso!; este profesor es muy serio pero, fuera de clase, es muy gracioso

NB **contento** is used with **estar**. **Alegre** and **feliz** may be used with either verb, depending upon the permanent or temporary nature of the feeling

---

alejado   distant

remoto [3]	*remote* (used of place; see below when it is used of time)	un país remoto; llegaban de las Indias, un lugar remoto y repleto de leyendas ... ; visitaron los rincones más remotos del planeta
retirado [3]	*remote, secluded*	vive en un barrio algo retirado; una aldea retirada de la carretera
distante [3–2]	*distant* (also used figuratively)	la China es un país distante; no sé qué le pasa hoy, está como distante
remoto [3–2]	*remote* (used of time; see above when it is used of place)	una época remota; tiempos remotos
alejado [2]	*distant, far away* (often used with **de**)	un lugar alejado de la civilización / del ruido
apartado [2]	*isolated, out-of-the-way*	es muy difícil darle indicaciones muy precisas porque es un sitio muy apartado
lejano [2]	*distant* (used of place and of time) (less distant than **distante**) (the second example is R3–2)	hacia la carretera, cada vez más lejano, se oía el tableteo de las ametralladoras; en tierras lejanas; hay que remontarse a una época lejana para ...

alfombra

carpet

alfombra f ⬚2	*carpet*	une alfombra persa
estera f ⬚2	*mat*	una estera de paja
esterilla f ⬚2	*small mat* (often used for the beach)	cogió las esterillas para la playa
felpudo m ⬚2	*door mat*	se limpió los zapatos en el felpudo
moqueta f ⬚2	*wall-to-wall carpeting*	han puesto moquetas en toda la casa, hasta en la cocina

aliento

breath

hálito m ⬚3	*breath*	el hálito del céfiro
resuello m ⬚3–2	*breathing, breath*	los resuellos del animal la despertaron; me dejó sin resuello
aliento m ⬚2	*breath*	corrió tan de prisa que llegó sin aliento; no puedo ir más de prisa, me estoy quedando sin aliento; le huele el aliento
resoplido m ⬚2	*puffing, heavy breathing*	venía dando resoplidos de puro cansado
respiración f ⬚2	*breathing, respiration*	se oía la quejumbrosa respiración del enfermo; la respiración artificial
soplo m ⬚2	*puff* (of wind and of the mouth)	un soplo de viento / de aire; apagó las velas de un soplo

alimentar

to feed

avituallar ⬚3–2	*to supply with food* (often used for the army)	avituallar a las tropas
nutrir ⬚3–2	*to feed, to nourish*	la madre nutre al niño con su leche; si esta planta nutría al indio, podría nutrir al blanco también
alimentar ⬚2	*to feed* (also used figuratively; has a much wider connotation than **dar de comer a**)	apenas gana lo suficiente para alimentar a toda la familia; es imposible alimentar a tantos refugiados; el musgo crece, alimentado por la nieve del invierno y por el sol; esto no hacía sino alimentar su odio

| **dar de comer a** [2] | *to feed* (always suggests the physical act of eating) (may be used in the first two examples of **alimentar**) | la niña dio de comer al perro; es muy pequeña, todavía hay que darle de comer |

---

alojamiento   lodgings, accommodation

posada f [3]	*lodging* (this general meaning is not used now but the word survives in a specific meaning; see **posada** below)	llegó a la casa y pidió posada al señor; Don Quijote encontró posada en El Toboso
albergue m [2]	*inn*, *shelter*, *hostel* (usually suggests a quite cheap establishment although this is not the case with the second example)	un albergue juvenil / nacional
alojamiento m [2]	*lodgings, accommodation*	voy a tener que buscar alojamiento en Londres; entre la comida y el alojamiento se le fue casi todo el dinero
fonda f [2]	*inn*, *tavern* (more modest than a hotel and is often found in small places like villages)	pasamos la noche en la fonda del pueblo
hostal m [2]	*modest hotel* (same as **hostería**)	los hoteles estaban llenos y tuvimos que conformarnos con un hostal
hostería f [2]	*modest hotel* (same as **hostal**)	los turistas disfrutaron su estancia en una hostería
hotel m [2]	*hotel*	un hotel de tres estrellas
mesón m [2]	*hotel* (with period decor and usually for food); *bar*; pub for drinks and meals	comimos en el mesón
motel m [2]	*motel*	cuando íbamos de camino pasamos la noche en un motel
parador nacional m [2]	(high class, expensive) *state run hotel* (usually located in places of historical or touristic interest)	el parador le ofrece al viajero todo tipo de lujo; hay un parador magnífico en Avila

pensión f 2	*guest-house, lodging house* (including board) (cheaper than **hostal**)	cuando era estudiante viví en una pensión durante tres meses
posada f 2	*inn* (usually for a night's stay, not necessarily for food; see **posada** above)	se nos olvidó la tienda de campaña y tuvimos que dormir en una posada
venta f 2	*inn* (usually found in out-of-the way places, for food and accommodation)	detrás de la venta donde comimos dejaban montar a caballo

---

alojar   to put up, to accommodate

albergar 3	*to admit, to cherish* (used figuratively; see below for the literal use)	ya no alberga ninguna esperanza
albergar 2	*to put up, to house* (used literally; see above for the figurative use)	este hotel albergó a los periodistas durante la visita del ministro; estos campamentos albergan a miles de refugiados
alojar 2	*to put up, to accommodate* (see the note below)	¿me puedes alojar la noche del cinco de agosto?
hospedar 2	*to accommodate* (see the note below)	unos amigos nos hospedaron en su casa durante las fiestas; si vienes de visita a Málaga me gustaría poder hospedarte

NB there is very little difference between **alojar** and **hospedar**

---

alrededores   surrounding area (see the note below)

aledaños mpl 3	*outskirts*	los aledaños de un pueblo
contorno(s) m(pl) 3–2	*surrounding area* (has the same meaning in the singular and the plural)	el contorno / los contornos de Madrid
inmediaciones fpl 3–2	*environs*	las inmediaciones de una población; un pueblo situado en las inmediaciones de Sevilla
afueras fpl 2	*outskirts* (used more than **alrededores** when it means *outskirts*; see **alrededores**)	se compró una casa en las afueras porque le salía más barata; vive en las afueras, a ocho kilómetros del centro

alrededores mpl
2

outskirts, surrounding area (with the first meaning, similar to **afueras**; see **afueras**; similar to **cercanías** in the second meaning; see **cercanías**)

no vive muy lejos del centro, vive en los alrededores; Barcelona y los barrios / los pueblos de los alrededores

arrabales mpl
2

outskirts (usually has the connotation of a poor area of a city)

los arrabales de una ciudad

cercanías fpl
2

outlying areas (very similar to the second meaning of **alrededores** but **alrededores** may not be used in the first example)

los trenes de cercanías; un pueblo en las cercanías de Teruel; un incendio forestal se produjo en las cercanías de esta población

extrarradio m
2

immediate outskirts

el extrarradio madrileño se extiende diez kilómetros

orilla f M
2

outskirts (often used in the plural)

a las orillas del pueblo se encuentran los ranchos

periferia f
2

periphery

los barrios situados en la periferia del casco urbano

proximidades fpl
2

neighbouring areas

el atentado tuvo lugar en las proximidades de la localidad valenciana

suburbios mpl
2

poor district on the edge of a town, *slums* (does not mean *suburbs*)

la película trata el tema de la delincuencia en los suburbios madrileños

NB Spanish-speaking people have great difficulty in distinguishing between some of these nouns, although there is general agreement on their register

---

allá   (over) there

acullá
3

yonder, over there (only used in contrast to other adverbs of place)

acá y acullá

ahí
2

there (see the note below)

no te muevas de ahí; quédate ahí donde estás; ahí es donde pensamos ir de vacaciones

allá
2

(over) there (see the note below)

fui andando hasta allá y resulta que estaba cerrado; vive allá en la otra punta de la ciudad; vio a los jinetes allá a lo lejos

| **allí** [2] | *there* (see the note below) | ¿por qué no te sientas allí?; mira, está allí arriba; vamos a ir allí para las Navidades |

NB **ahí** indicates closeness to the person speaking, and suggests less distance than **allí**. It corresponds to **ese**. **Allí** indicates a certain distance from the speaker and the addressee, and often involves an indication with a finger. It is more precise than **allá** which can be vague

---

amable — kind

afable [3–2]	*affable, good-natured*	es afable con / para todo el mundo
atento [3–2]	*thoughtful, kind*	se mostró muy atenta con sus invitados
cortés [3–2]	*courteous*	muchas gracias, joven, es usted muy cortés
acogedor [2]	*welcoming, kind*	es una familia muy acogedora; tiene una casa muy acogedora
afectuoso [2]	*affectionate*	es una niña muy afectuosa, se hace de querer
amable [2]	*kind*	un señor muy amable me cedió el asiento; gracias, muy amable de su parte; quisiera darle las gracias por su amable carta
benévolo [2]	*kind, benevolent*	una madre muy benévola con sus hijos
bondadoso [2]	*friendly, kind*	es una persona bondadosa que siempre intenta ayudar a todo el mundo; me vino a visitar un curita bondadoso y caritativo
bueno [2]	*kind, nice*	oye, muchas gracias, qué bueno eres; me entiendo muy bien con ella, es muy buena persona; es muy buen chico, sería incapaz de hacer una cosa así
cordial [2]	*friendly, cordial*	gracias por su cordial invitación; nos dispensaron una cordial bienvenida; los dos países mantienen relaciones cordiales
dulce [2]	*gentle*	es una ancianita dulce y cariñosa
obsequioso [2]	*obliging, attentive* (does not mean *obsequious*)	es muy obsequioso, cada vez que vamos a su casa nos colma de atenciones
servicial [2]	*obliging*	es un chico muy servicial, siempre hace lo que le pides

| **simpático** [2] | nice (does not mean sympathetic) | ¡qué profesora tan simpática!; ¡qué nena más simpática! siempre que me ve me sonríe |
| **(muy) buena onda** M [1] | nice | el maestro es muy buena onda, no nos dejó tarea para el fin de semana; su padre no es muy buena onda, nunca le presta el coche |

---

amanecer   dawn

alborada f [3]	dawn	la alborada tenía tonos dorados
alba f [3–2]	daybreak (the first light of dawn)	solía levantarse al rayar el alba; nos levantamos al alba para ver la aurora
aurora f [3–2]	dawn (when the sun appears)	los campos se tornaban dorados con la aurora; al despuntar la aurora
amanecer m [2]	dawn (suggests with or without the sun)	llegamos a Albacete al amanecer
madrugada f [2]	early morning	se levantó muy de madrugada; a las tres de la madrugada
salida del sol f [2]	sunrise	los gallos suelen cantar a la salida del sol

---

ambiente   atmosphere (used figuratively) (see the note below)

atmósfera f [3–2]	atmosphere	se respiraba una atmósfera de amistad; las conversaciones se desenvolvieron en una atmósfera enrarecida
ambiente m [2]	atmosphere	había un ambiente de compañerismo; en Madrid se vive un ambiente de huelga general; la entrevista transcurrió en un ambiente cordial
clima m [2]	climate, atmosphere	en el país reina un clima de tensión / de incertidumbre / de ansiedad; en las calles de la capital se respira un clima de violencia; un clima favorable a la inversión

NB **atmósfera** is used less than **ambiente** and **clima**

América del Sur
South America

América del Sur / Sudamérica / Suramérica 2	*South America* (see the note below)	Colón quería llegar a la India pero llegó a América del Sur
América Latina / Ibero-América / Latino-América 2	*Latin America*	Méjico forma parte de América Latina / de Ibero-América / de Latino-América
Hispano-América 2	*Hispano-America* (excluding Brazil, Guyana and other countries where Spanish is not spoken)	unos veinte países forman parte de Hispano-América

NB all three have the same meaning, although **Suramérica** is preferred by purists to **Sudamérica**
Note also:

sudamericano
South American (adjective and noun)

sudamericano / suramericano 2	*South American* (see the note below)	los países suramericanos; no es español, es sudamericano
iberoamericano / latino-americano 2	*Latin American*	Julio Cortázar es considerado uno de los mejores escritores latinoamericanos; los países iberoamericanos
hispano 2	*South American, Hispanic*	los principales grupos minoritarios de los Estados Unidos los constituyen los negros y los hispanos; la población hispana de Nueva York; un país de habla hispana
hispano-americano 2	*Spanish American*	es imposible hablar de una sola actitud política hispano-americana
sudaca 1	*South American* (used pejoratively)	a ese tío no le entiendo, es (un) sudaca, viene de Venezuela o por allí

NB **suramericano** is preferred by purists to **sudamericano**

In Spain **americano** usually has the meaning of **norteamericano.** In the whole of Spanish America **norteamericano** is used for North Americans. **Estadounidense** is also used in both Spain and Spanish America when referring to North Americans. **Yanqui** is used pejoratively for North Americans in both Spain and Spanish America, while Spanish Americans use **gringo** pejoratively when referring to North Americans and the British

amigo   friend

condiscípulo m
3–2
fellow student / pupil
fueron condiscípulos en la misma
universidad

amigo m
2
friend
es un amigo de la infancia; tiene montones
de amigos; es muy amiga mía

camarada mf
2
friend, comrade (often has a
political, left-wing
connotation, but not
always)
el terrorista y sus camaradas vivían en un
piso franco; son buenos camaradas

compadre m M
2
friend
es muy buen compadre, siempre se acuerda
de mí

compañero m
2
companion, friend (see
compa below for a more
colloquial form)
fue mi compañero de clase; el político había
manifestado a sus compañeros de exilio y
familiares que ... ; fueron compañeros de
armas

confidente mf
2
confidant
era la confidente de la princesa

conocido m
2
acquaintance
es solamente un conocido de la familia; no
es amigo mío, es sólo un conocido

compinche mf
2–1
pal (often has a negative
connotation)
el ladrón y sus compinches desaparecieron
sin dejar rastro

amigote m
1
pal (often used
pejoratively)
no me gustan esos amigotes suyos

cófrade m A
1
pal
los domingos siempre sale con sus cófrades

colega mf
1
friend (does not only mean
colleague) (often used
when one person is
addressing another)
él dijo que prefiere jugar con sus colegas;
¿me das un cigarro, colega?; hola, colega,
¿cómo te va?

compa mf
1
pal (occasionally used by
children as the
abbreviated form of
compañero)
es mi compa de clase

cuate m M
1
pal
me fui a tomar una copa con mis cuates

andar   to walk

deambular 3–2	*to stroll, to wander*	iba deambulando por las calles sin saber adónde ir
errar 3–2	*to wander*	erraba solitario por los campos
andar 2	*to walk*	anduvo cinco kilómetros; no andes tan de prisa; empezó a andar a los once meses
callejear 2	*to stroll around the streets*	a ver si te sientas a estudiar en lugar de andar callejeando todo el día
caminar 2	*to walk* (often suggests a long distance and physical effort)	caminé sin descanso seis kilómetros; caminar es un buen ejercicio
desandar 2	*to retrace one's steps* (used literally and figuratively; both examples may be interpreted both ways)	desandar lo andado / el camino andado
marchar 2	*to march*	los soldados marchaban en columna de a dos
pasear(se) 2	*to (go for a) walk* (suggests pleasure) (sometimes the reflexive and non-reflexive forms are the same)	le gusta pasear(se) por la playa; ¿salimos a pasear un rato por el parque?
patearse 2	*to tramp around* (suggests walking from end to end)	me pateé todo el pueblo buscando unos zapatos

andrajo   rag

guiñapo m 3–2	*rag* (usually used in the plural)	el pobre chico no llevaba más que guiñapos
andrajo m 2	*rag* (usually used in the plural) (same as **harapo**)	el pobre desgraciado iba vestido con andrajos
harapo m 2	*rag* (usually used in the plural) (same as **andrajo**)	el mendigo iba vestido de harapos
jirón m 2	*rag, torn piece of cloth*	tiene un jirón en la chaqueta; llevaba la falda hecha jirones (*in rags*)
trapo m 2	*rag, piece of cloth* (also used in the plural; may be of a lower register with the meaning *clothes*)	limpió el fregadero con un trapo; un trapo de cocina (*tea towel*); le gustan mucho los trapos

garra f M
1
rag
el pordiosero anda vestido con puras garras

---

animado

lively, animated

accidentado 3–2	*eventful*	un día / un viaje accidentado
acalorado 2	*heated*	un debate acalorado
agitado 2	*hectic*	lleva una vida muy agitada
animado 2	*lively, animated*	la fiesta estuvo muy animada; ha estado algo deprimido pero ahora está más animado; me gustan los dibujos animados (*cartoons*)
concurrido 2	*busy* (not used of a person)	el café estaba muy concurrido; las calles estaban muy concurridas
movido 2	*lively* (may also have the negative meaning of *disturbed* or *hectic* and in this meaning it may be used of a person)	una fiesta movida; un debate movido; hemos tenido un día muy movidito; mi papá anda muy movido

---

animal

animal

animal m 2	*animal* (used literally; for the figurative use see below)	el tigre es un animal salvaje
bestia f 2	*wild animal* (for the figurative use see below)	el león es una bestia
bruto m 2	*brute, ignorant person* (used figuratively) (is both an adjective and a noun)	su marido es muy bruto, la maltrata todo el día; es un bruto, no sabe ni escribir; ¡no seas bruto! ¡no ves que lo vas a romper!
animal mf 1	*stupid idiot, brute* (used as an adjective and as a noun) (for the literal use see above) (see the note below)	¡qué animal eres! ¡mira que decirle eso!; el muy animal se ha comido cuatro filetes
bestia mf 1	*stupid idiot, brute* (here used figuratively; for the literal use see above) (see the note below)	qué bestia es conduciendo así por la ciudad; ¡qué bestia! ¿cómo ha podido soltarle una cosa así?; es un bestia, no sabe ni escribir

| **bicho** m
[1] | *unpleasant insect, creepy-crawly* | cierra la ventana que entran los bichos; no me mires como si yo fuera un bicho raro |

NB when used figuratively, **bestia** is much stronger than **animal**

---

animar to encourage

acuciar [3]	*to goad, to press*	lo hizo acuciada por la necesidad; le acuciaba una intensa curiosidad
enardecer [3]	*to inflame, to fire*	la negativa de su padre enardeció su deseo de venganza; sus palabras enardecieron los ánimos de los manifestantes / a los manifestantes
espolear [3]	*to spur on* (used figuratively; for the literal use see below)	la traición de su amiga espoleó en él el deseo de venganza; siempre hay que espolearle para que estudie / trabaje
aguijonear [3–2]	*to goad, to spur on* (used figuratively; for the literal use see below)	la aguijoneó la curiosidad; le aguijoneó para que se lo contara todo
exhortar [3–2]	*to exhort* (usually followed by **a** and an infinitive)	su padre la exhortó a continuar la carrera
incentivar [3–2]	*to give an incentive*	hay que incentivar el desarrollo económico / el consumo de productos españoles
aguijonear [2]	*to goad* (used literally; for the figurative use see above)	el chico aguijoneaba al buey
alentar [2]	*to encourage* (used in the same way as **animar** but is used less)	sus padres le alentaron a seguir por ese camino / a continuar con sus estudios; su padre le alentó a que hiciera el servicio militar antes de …
animar [2]	*to encourage* (used in the same way as **alentar** but is used more)	el capitán animó a los soldados al combate; le animé a proseguir sus estudios / a que prosiguiera sus estudios; la voluntad de resistencia que animaba …
dar ánimos a [2]	*to encourage*	hay que darle ánimos para que siga trabajando
avivar [2]	*to stimulate, to arouse*	aquellas palabras avivaron su curiosidad
confortar [2]	*to strengthen, to comfort*	los vecinos trataron de confortar a la viuda

espolear 2	to spur on (used literally; for the figurative use see above)	el jinete espoleó al caballo
estimular 2	to stimulate	la estimula la competencia
impulsar 2	to urge, to stimulate, to promote	impulsar una política de conjunto; la miseria y la guerra han impulsado a la población a buscar la reconciliación con … ; nuevas medidas para impulsar el desarrollo económico / industrial
incitar 2	to encourage, to arouse (often used with a negative connotation)	el sindicalista incitó a los manifestantes / les incitó a manifestarse contra esta medida
infundir ánimo / valor 2	to encourage	su éxito en el examen le infundió ánimo para seguir adelante; la arenga infundió valor a las tropas
motivar 2	to motivate	hay que motivar a los alumnos si quieres que salgan adelante
reanimar 2	to revive	había perdido el conocimiento, pero la médico consiguió reanimarla

---

ansiedad   anxiety, worry (see the note below)

zozobra f 3	anxiety	vivía en una perpetua zozobra
congoja f 3–2	anguish, pain	le entró una gran congoja al conocer la noticia de su muerte
aflicción f 2	affliction	la noticia le produjo una inmensa aflicción
agitación f 2	agitation, disturbance	el país atraviesa una gran agitación; en las calles se vivieron momentos de gran agitación
angustia f 2	anguish, dread	la angustia de los románticos; le invadió un sentimiento de angustia al enterarse de lo sucedido
ansia f 2	anxiety (often suggests yearning and desire)	el ansia de cambio de un pueblo que ha vivido años de dictadura; el ansia de libertad / de poder
ansiedad f 2	anxiety, worry	esperaba noticias de su hija con ansiedad; toda la humanidad espera con ansiedad una vacuna que pueda eliminar esta enfermedad

desasosiego m 2	*uneasiness*	le sobrevino un gran desasosiego cuando le dijeron que los niños aún no habían aparecido
inquietud f 2	*worry, anxiety*	no sabes la inquietud que hemos pasado sin saber dónde estabas todo el tiempo
intranquilidad f 2	*unease, anxiety*	le entró una gran intranquilidad al enterarse de que su hija iba a participar en la carrera

NB in some cases the corresponding adjective is used as much as, or more than the noun: **agitado, angustiado, afligido, intranquilo, acongojado**

---

antes

before (in time)

a priori 3	*a priori*	no se puede juzgar a priori a un acusado
con anterioridad 3–2	*beforehand* (often used with **a** = *prior to*, in which case it has an administrative connotation and the register is R3)	me avisó con anterioridad que no iba a venir; las solicitudes deberán ser presentadas con anterioridad a esta fecha
en vísperas de 3–2	*on the eve of, just before*	en vísperas de su salida; en vísperas de la llegada al poder de los socialistas
con antelación 2	*in advance* (used more than **con anticipación**)	saqué el billete con mucha antelación
de antemano 2	*beforehand*	no hay que excluir de antemano la posibilidad de …
anteriormente 2	*previously* (is of a slightly lower register than **previamente**)	anteriormente había sido Ministro de Hacienda
antes 2	*before*	antes, todo era distinto; lo hizo antes que yo; arregla la habitación antes de que vuelva mamá; intenta terminar el trabajo antes de salir
con anticipación 2	*in advance* (used less than **con antelación**)	el billete hay que sacarlo con anticipación
previamente 2	*previously* (is of a slightly higher register than **anteriormente**)	previamente había desempeñado otros cargos públicos

anular   to cancel

abrogar 3	to abrogate, to repeal	abrogar una ley / el código
dirimir 3	to annul	dirimir un contrato / un matrimonio
revocar 3	to revoke	el rey revocó el edicto; revocar una orden / una sentencia
derogar 3–2	to repeal	derogar una ley / un contrato
invalidar 3–2	to invalidate	el testamento / el pasaporte ha sido invalidado; invalidar una ley
rescindir 3–2	to rescind	rescindir una ley / un contrato
abolir 2	to abolish (this verb is defective; only those parts with the vowel **i** are used)	abolir una ley / una orden
anular 2	to cancel (same as **cancelar**) (used much more than to annul)	anuló sus reservas en el hotel; hemos tenido que anular el viaje; el proyecto de ley ha quedado anulado; anular una cita / un cheque / un contrato
cancelar 2	to cancel (same as **anular**)	tuvieron que cancelar el viaje / la entrevista; han cancelado varios vuelos; cancelar una reunión / una deuda / un contrato
desconvocar 2	to call off (has an official connotation)	el sindicato desconvocó la huelga / la manifestación
neutralizar 2	to neutralize	las fuerzas enemigas han sido neutralizadas
suprimir 2	to suppress	han suprimido las ayudas del estado; la frontera con Francia por Cataluña y Aragón quedará suprimida a principios de 1996
suspender 2	to suspend, to call off (see the note below)	suspendieron la reunión / el mitín; el partido fue suspendido a causa de la lluvia

NB the last example may mean that the game was abandoned before it started or while it was taking place

aparecer   to appear

aflorar
3
to appear (on the surface as an outcrop) (also used figuratively), *to surface*

yacimientos de carbón afloran a la superficie; ni una sola lágrima afloró a sus ojos; todos los problemas han terminado por aflorar

asomar
3
to appear (used reflexively in a lower register; see **asomarse** below)

ya empiezan a asomar las flores en los campos

despuntar
3
to bud, to appear (also used figuratively)

los naranjos empiezan a despuntar en mayo; no despunta en el partido la figura de una personalidad nacional

manar
3
to gush out

de la fuente manaba un agua cristalina y limpia

personarse
3
to present oneself

Srta González, persónese en el mostrador de Información (heard over a loud speaker)

brotar
3–2
to sprout, to spurt out

han empezado a brotar nuevas hojas; el agua empezó a brotar del manantial; en la sien derecha tenía un agujero por el que brotaba aún la sangre

comparecer
3–2
to appear (usually has a legal connotation)

compareció ante el juez / el comisario de policía; tuvo que comparecer en el juzgado de …

manifestarse
3–2
to appear (used of ideas and feelings, not of a person)

esta idea se manifiesta en todos sus escritos

surgir
3–2
to appear, to arise, to rise up

de momento no han surgido graves dificultades; en los ambientes liberales ha surgido una pregunta de difícil respuesta; el fantasma de la reunificación alemana surgió de las tinieblas

aparecer
2
to appear (used reflexively when it is associated with a vision; the reflexive may also be used in a higher register when used poetically)

apareció bruscamente en la puerta un hombre enorme; el famoso cantante ha vuelto a aparecer en público; por fin han aparecido las llaves / mis gafas (*they had been lost*); se le apareció un fantasma / la virgen; Valdorria se aparece ante los ojos del viajero como un pueblo condenado

asomarse
2
to appear (often at a window or a door) (also used intransitively in a higher register; see **asomar** above)

se asomó a la ventana para mirar el desfile

presentarse 2	*to present oneself, to appear* (also used figuratively)	al final decidió presentarse en la comisaría; haga el favor de presentarse en el despacho del director; se presentó en mi casa a las tres de la tarde / a la hora de la comida; se va a presentar al concurso de belleza / a las oposiciones
salir 2	*to come out, to appear* (also used figuratively)	esta noche no puedo salir; la vi salir corriendo de su casa; su hermano salió anoche por la televisión; está saliendo el sol; están saliendo juntos (*they are going out together*); le están saliendo granos; ¿y tú, de dónde has salido?; empezaron a salir a luz algunos trapos sucios

---

aplastar   to crush

allanar 2	*to flatten, to make level, to clear the way* (also used figuratively)	allanaron el pavimento antes de edificar; con estas conversaciones se pretende allanar el terreno para la próxima cumbre
apisonar 2	*to roll flat, to flatten* (with an **apisonadora** = *steamroller*)	los obreros ensancharon la carretera antes de apisonarla
aplanar 2	*to flatten*	la apisonadora aplanó la calzada
aplastar 2	*to crush* (also used figuratively)	aplastó el plátano con el tenedor; el Valencia aplastó al Real Madrid con un resultado de 5–0
chafar 2	*to flatten, to crush, to trample on* (also used figuratively)	chafó los huevos con el pie; la hierba está toda chafada; la dejó chafada con sus conocimientos
machacar 2	*to crush, to pound, to hammer away* (also used figuratively)	machacó el insecto con una piedra; me fastidia el tío ese con sus puntos de vista, los machaca con tanta insistencia; a mis alumnos se lo tengo que dar todo machacado para que lo entiendan
moler 2	*to crush, to grind*	hay que moler el café / el trigo / los granos antes de …
picar 2	*to grind, to mince*	picar la carne / las aceitunas; me gusta la carne picada
pisar 2	*to tread on, to walk on, to walk all over* (also used figuratively and is here the same as **pisotear**)	me pisó el pie sin darse cuenta; prohibido pisar el césped (on signs); pisar el acelerador; no te dejes pisar por nadie; salió pisando fuerte (*she went out in a temper*)

pisotear 2	*to trample on, to walk all over* (also used figuratively and here is the same as **pisar**)	pisoteó la abeja que le había picado; tiró las flores al suelo y las pisoteó; están pisoteando los derechos humanos
pulverizar 2	*to pulverize* (used more figuratively than literally)	esta máquina sirve para pulverizar las legumbres en la sopa; la crítica ha pulverizado esta obra teatral; pulverizaron al equipo contrario
triturar 2	*to grind, to crunch* (used for food)	trituró todos los ingredientes para hacer la papilla

---

aplazar
to delay, to postpone

diferir 3	*to defer*	el fallo del tribunal ha sido diferido; han diferido la reunión; la asamblea ha sido diferida hasta nuevo aviso
postergar 3	*to postpone, to delay*	postergar una boda / una fiesta / un viaje; la asamblea ha sido postergada; un escritor cuya fama aparecerá postergada (*posthumously*)
demorar 3–2	*to delay*	demoró su llegada hasta la semana siguiente; no puedo demorar más mi regreso
posponer 3–2	*to postpone, to adjourn* (see the note below)	la conferencia se pospondrá hasta la semana siguiente; se pospone la sesión hasta las quince horas
prorrogar 3–2	*to adjourn, to extend* (see the note below)	prorrogaron la fecha de admisión de solicitudes / el plazo de matrícula
retardar 3–2	*to hold up, to delay* (the last example is R2 for it often appears as a sign in banks)	retardar el avance del enemigo / de una enfermedad; la puerta del banco tiene un sistema de abertura retardada
aplazar 2	*to delay, to postpone*	la reunión ha sido aplazada hasta la semana que viene; han aplazado el examen / la fecha de la boda; tuvimos que aplazar el viaje; aplazar un pago
atrasar 2	*to delay, to put back*, (very similar to **retrasar** but this verb may not be used in the first example)	atrasó las manecillas del reloj porque se había adelantado; tuvieron que atrasar el viaje / la fecha de la boda

| **retrasar** 2 | *to delay, to put off* (very similar to **atrasar** but this verb may not be used in the first example) | han retrasado la hora de salida del tren; tuvieron que retrasar el viaje / la boda |

NB **posponer** and **prorrogar** have an administrative connotation. Certain parts of **posponer** like **pospuesto** are rarely used. The noun **prórroga** is more used than the verb, especially for 'deferment' in the military service

---

aprendiz   apprentice, beginner

neófito m 3	*neophyte*	es neófito en el partido
aprendiz m 2	*apprentice, beginner*	es aprendiz de cocinero; Jesús fue aprendiz de carpintero
novicio m 2	*novice* (also used as an adjective)	es (un) novicio en los negocios, se deja engañar fácilmente
principiante m 2	*beginner* (also used as an adjective)	la mayor parte de mis alumnos son principiantes; un curso de español para principiantes
recluta mf 2	*recruit*	el último contingente de reclutas en el ejército
novato m 2–1	*fresher* (usually in a university or a school)	los estudiantes gastaron una broma a los novatos; me lo tendrás que explicar otra vez porque soy novato en estas lides

---

apresurarse   to hurry

acelerar el paso / la marcha 2	*to quicken the pace* (see the note below)	tenemos que acelerar el paso / la marcha para llegar a tiempo
aligerar el paso / la marcha 2	*to quicken the pace* (see the note below)	hay que aligerar el paso / la marcha porque se nos hace tarde
apresurarse 2	*to hurry*	apresúrate que vamos a perder el tren; se apresuró a abrirnos la puerta
apurarse A, M 2	*to hurry* (the second example is Mexican, the third Argentinian)	me apuré a hacerlo; ¡apúrate!; ¡apurate!
correr 2	*to hurry*	cuando contestes a esa pregunta, no corras; debo hacer la maleta corriendo, si no, pierdo el tren

moverse [2]	*to get a move on*	moveos / moveros que ya es hora de salir
apretar el paso [2]	*to walk more quickly*	vamos a tener que apretar el paso si queremos llegar a tiempo
darse prisa [2]	*to hurry*	¡date prisa, que vamos a llegar tarde!
acelerar [2-1]	*to get a move on* (see the note below)	acelera, que si no llegaremos tarde
aligerar [2-1]	*to get a move on* (see the note below)	vamos a tener que aligerar porque ya queda poco tiempo; venga, aligera que tenemos prisa
espabilarse [2-1]	*to look lively*	¡espabílate, que siempre te quedas el último!
mover las tabas A [2-1]	*to get a move on*	¡che, mové las tabas!

NB when **acelerar** and **aligerar** are used transitively they are of a higher register than when used intransitively. There is very little difference between these two verbs

---

apropiado   suitable, appropriate

pertinente [3-2]	*pertinent, relevant*	realizó los trámites pertinentes para comprar la casa; no es pertinente decírselo en este momento
propicio [3-2]	*favourable* (used more than *propitious*)	un clima propicio para la inversión; ahora no es el momento propicio; una situación propicia
acertado [2]	*correct, suitable, sensible* (very similar to **atinado** but suggests more planning and clearsightedness)	consiguió el empleo porque en la entrevista estuvo muy acertado; estuviste muy acertada en tu respuesta; una medida acertada
adecuado [2]	*suitable, appropriate* (does not have the meaning of *adequate* in the sense of *sufficient*) (very similar to **apropiado** which may be used in the first three examples)	tienes que usar el lenguaje adecuado para la ocasión; este libro no me parece el más adecuado para su edad; es el método más adecuado para enseñar a leer; he probado tantas cremas sin resultado, a lo mejor ésta es la adecuada

apropiado
2
suitable, appropriate (very similar to **adecuado** which may be used in both examples)
este vestido no me parece apropiado para la ocasión; es la edad más apropiada para comenzar el aprendizaje de la lectura

apto
2
suitable
películas aptas para todo tipo de públicos / no aptas para menores; es apto para ocupar este cargo / para el servicio militar

atinado
2
accurate, pertinent, sensible (very similar to **acertado** but may suggest a degree of luck as in games and competitions)
una observación / una medida atinada; estuviste muy atinada en tu contestación; fue una respuesta atinada la de Ana en el *uno dos tres* (a television quiz); ha sido un tiro atinado

conveniente
2
correct, suitable (does not mean *convenient* in the sense of *useful*, but *convenient* does translate the last example)
no creyó conveniente decírselo ahora; no sería conveniente darles a entender que ... ; no me parece que ahora sea el momento más conveniente

favorable
2
favourable
los comentarios que hizo sobre el libro son muy favorables; una coyuntura económica favorable; un clima favorable para la inversión; se mostró favorable a esta medida

idóneo
2
fitting, ideal
es la persona idónea para ocupar este puesto; la escuela no es siempre un lugar idóneo para el desarrollo del niño

indicado
2
right, suitable, proper
ahora no me parece el momento más indicado; un tratamiento especialmente indicado para artríticos

oportuno
2
opportune, suitable, convenient (may be used ironically in the last example)
consideró / creyó oportuno advertirle del peligro; hay que adoptar las medidas de seguridad oportunas para ... ; ¡qué oportuno! queríamos ir al cine y tú llegas con el coche; ¡qué oportuno! siempre se presenta en casa cuando estamos comiendo

---

apuntarse   to sign on, to register (see the note below)

alistarse
2
to enlist
se alistó en la mili; es uno de los pocos hombres de color alistados como paracaidistas ...

apuntarse
2
to sign on, to register
voy a apuntarme a un gimnasio / a karate / a clases de francés

enrolarse
2
to enrol, to enlist
se enroló en el ejército

fichar 2	*to sign on* (usually has a sporting connotation)	fichó por el Barcelona; fichó por una compañía argentina
inscribirse 2	*to register*	se inscribió en el campeonato / el concurso
matricularse 2	*to register* (usually for an academic course)	se ha matriculado en la Facultad de Medicina; voy a matricularme antes de que cierren el plazo; matricularse en la Escuela de Idiomas
engancharse 2–1	*to sign on, to enlist* (in an army) (often used with the prefix **re**)	sólo lleva cuatro meses en la Brigada Paracaidista y ya piensa en reengancharse
conchabarse A 1	*to sign on* (for work)	me conchabé en esa oficina

NB most of these verbs may be used transitively: **he apuntado a mi hija a clases de inglés; me matriculó de ruso en la Escuela de Idiomas; fue fichado por Barcelona**; including **contratar: el dueño contrató al dependiente durante las vacaciones**

---

apuro   difficulty, tight spot (see the note below)

contrariedad f 3–2	*obstacle, upset*	fue una contrariedad verla en la fiesta
contratiempo m 3–2	*setback, mishap*	la atleta ha tenido otro contratiempo que le ha impedido participar en … ; tuve un contratiempo con el coche
aprieto m 2	*difficulty, fix*	estamos en un aprieto, necesitamos tu ayuda urgentemente; encontrarse / verse en un aprieto
apuro m 2	*difficulty, tight spot*	estoy en un apuro, no tengo dinero; salir de un apuro; al principio pasó muchos apuros en este país
atolladero m 2	*difficult situation, tight spot*	nos hemos metido en un atolladero; no sé cómo vamos a salir de este atolladero
compromiso m 2	*commitment, awkward situation*	no puedo ir, tengo otro compromiso; no me pongas en el compromiso
dificultad f 2	*difficulty*	no sé si terminaremos a tiempo, se nos están presentando muchas dificultades
obstáculo m 2	*obstacle*	logró vencer todos los obstáculos que se le cruzaron en el camino; salvar un obstáculo (= *to get round an obstacle*)

traba f
2

obstacle, hindrance

me pusieron muchas trabas para darme el pasaporte

broncón m M
1

tight spot (often used with **traer**)

traigo un broncón con el casero porque no le puedo pagar la renta; el gobierno trae un broncón con los partidos políticos sobre las elecciones

NB **aprieto, apuro, atolladero** and **broncón** refer more to being in a difficult situation, which explains the use of **en**, while the others refer to the difficulty in itself

---

árabe   Arab, Arabic

mahometano
3–2

Mahommedan

los mahometanos creen en la existencia de un solo Dios, Alá

árabe
2

Arab, Arabic (used as an adjective and noun) (see the note below)

la lengua / la raza árabe; el mundo árabe; la influencia del árabe en la Península Ibérica; los árabes del norte de Africa

morisco
2

Moorish (of a style), a Moorish convert to Christianity after the **reconquista**

el estilo morisco; muchos moriscos seguían practicando ocultamente el islamismo

moro
2

Moorish, Moor, Arab (used as an adjective and noun) (see the note below)

los moros formaban parte de la guardia de Franco; la playa estaba llena de moros vendiendo baratijas; ¡hay moros en la costa!; hay muchos vestigios moros en España

mozárabe
2

Mozarabic, Mozarab (Christian who lived in Arab territory) (used as an adjective and noun)

el arte mozárabe; los mozárabes vivieron en peligro en el reino de Granada hasta la conquista de los Reyes Católicos

mudéjar
2

Mudejar, Moslem permitted to live under Christian rule

el estilo / el arte mudéjar; los mudéjares no se convirtieron al cristianismo

musulmán
2

Muslim (used as an adjective and noun)

la influencia de la religión musulmana en la política mundial; los países musulmanes; la población musulmana de la India; los enfrentamientos entre musulmanes y cristianos en Líbano

NB **árabe** does not have the pejorative connotation it may have in English.
Moro may be used pejoratively

armario   cupboard, wardrobe

aparador m
2
sideboard
sacó la vajilla nueva del aparador

arca f
2
chest (usually of wood and very large) (also used figuratively)
metió toda la ropa vieja en el arca; las riquezas que llegaban a las arcas del Estado son realmente inimaginables

arcón m
2
large chest
el traje de boda de tu madre está guardado en el arcón de la buhardilla

armario m
2
wardrobe, cupboard (usually the second meaning requires **empotrado**)
tiene el armario lleno de vestidos; pon la maleta encima del armario; tengo un armario empotrado en la cocina; en esta cocina nos van a hacer falta más armarios

cómoda f
2
chest of drawers
guarda los jerseys en el segundo cajón de la cómoda

(armario) ropero m
1
wardrobe
puso la chaqueta en el ropero

---

arreglárselas   to manage, to get by (see the note below)

arreglárselas (para)
2
to manage (to), to get by
arréglatelas como puedas; no sé cómo te las arreglas para tener la habitación llena de trastos; no sé cómo se las arregla para conseguir siempre lo que quiere

componérselas (para)
2
to sort oneself out, to manage (to)
compóntelas como puedas; no sé cómo me las compondré para salir de este apuro

defenderse
2
to get by (in a foreign language)
me defiendo con el chino; '¿hablas inglés?' 'Bueno, me defiendo'

desenvolverse
2
to adapt, to get along (suggests an ease in speech and social behaviour)
se sabe desenvolver muy bien entre la clase alta

(d)espabilarse
2
to sort oneself out, to look lively (used more without the **d**)
a ver si te espabilas, que te vas a quedar la última / sin postre; si no te espabilas, vas a llegar tarde / van a cerrar el plazo de admisión

ingeniárselas (para)
2
to manage (to), to get by, to wangle (it)
me las voy a tener que ingeniar para conseguir ese dinero; no sé cómo me las voy a ingeniar para acabar a tiempo

apañárselas (para)   *to manage (to)*, *to get by*   se las apañó para salir del apuro; apáñatelas
2–1   como puedas

NB the four verbs ending in **selas** are pretty well interchangeable, except that
arreglárselas is the most common and **apañárselas** is of a lower register

---

arrepentimiento   repentance

compunción f   *compunction*   sintió gran compunción ante el pecado
3   cometido

arrepentimiento   *repentance*   el arrepentimiento del reo hizo cambiar la
m   decisión de la jueza
2

atrición f   *contrition* (used more than   sintió atrición por haber pecado
2   *attrition*)

contrición f   *contrition*   iba a la iglesia todos los días como acto de
2   contrición

penitencia f   *penitence, penance*   en Semana Santa los creyentes suelen llevar
2   las andas como acto de penitencia; como
                                                    penitencia tuvo que rezar tres padrenuestros

remordimiento m   *remorse* (often used in the   tener remordimientos (de conciencia); sintió
2   plural)   remordimientos por haber contestado así a
                                                    su madre

---

arrogante   arrogant

imperioso   *imperious*   me habló en un tono imperioso; en aquella
3–2   confusión sonó, imperiosa, la voz del
                                                    sargento

altivo   *haughty*   me humilló con su aire altivo; siempre se
2   muestra altiva con sus subalternos

arrogante   *arrogant*   adoptó una actitud arrogante; es muy
2   arrogante, se da unos aires de gran señora

desdeñoso   *disdainful*   se mostró desdeñoso, queriendo mostrar su
2   clase superior; rechazó su oferta / su ayuda
                                                    con ademán desdeñoso

despectivo   *contemptuous*   habló con / en tono despectivo; se reían del
2   pobre aprendiz, y lo señalaban con gesto
                                                    despectivo

despreciativo [2]	*scornful*	el líder del partido, despreciativo, pasó por delante del de la oposición, sin siquiera mirarlo; le hablaba con / en un tono despreciativo
orgulloso [2]	*proud* (see the note below)	estoy muy orgullosa de ti; la chica contestó que estaba / se sentía muy orgullosa de lo que había conseguido; es tan orgulloso que nunca habla conmigo
soberbio [2]	*haughty* (suggests lofty circumstances)	la reina la despidió con un gesto soberbio y la sirvienta se retiró humillada
culo parado mf A [1*]	*stuck up, toffee-nose(d)* (often used as a noun)	es un culo parado, ni nos saluda
nariz parada mf A [1*]	*toffee-nose(d)* (often used as a noun)	es un nariz parada, nunca habla con nadie

NB **orgulloso** may have a favourable connotation, in which case **estar** is used, suggesting temporary satisfaction. An inherent quality requires **ser**. In this second meaning, **orgulloso** is very similar to **altivo** and **soberbio**

---

ascendencia

ancestry (see the note below)

extracción f [3]	*extraction*	es de humilde extracción
abolengo m [3–2]	*ancestry, lineage*	una familia de rancio / antiguo abolengo; Cuenca cuenta con un patrimonio histórico de alto abolengo
alcurnia f [3–2]	*lineage*	es una familia de alcurnia
cuna f [3–2]	*family, stock*	se nota que son gente de alta cuna
estirpe f [3–2]	*lineage*	es de estirpe real; su estirpe está relacionada con la familia de los Duques de Alba
árbol genealógico m [2]	*genealogical tree*	el árbol genealógico de esta familia está compuesto por ciento cincuenta personas
ascendencia f [2]	*ancestry*	son de ascendencia noble
cepa f [2]	*stock* (suggests affection, closeness to one's home)	es un vasco de pura cepa
familia f [2]	*family*	su familia se remonta al siglo catorce; es de familia noble / aristocrática

linaje m 2	*lineage*	es de ilustre linaje; en las fachadas campean escudos de los más preclaros linajes
origen m 2	*origin*	es de origen noble / humilde
sangre f 2	*blood, stock*	es de sangre azul / real / noble

NB it is very difficult to distinguish between **abolengo, alcurnia, estirpe** and **linaje** except through context and register

---

asco   loathing, disgust

repugnancia f 3–2	*repugnance*	siente gran repugnancia por los insectos; aquella comida le produjo repugnancia
asco m 2	*loathing, disgust*	este bar está cochambroso, me da asco; ¡una rata! ¡qué asco!; le da asco el queso; le ha cogido asco a las zanahorias; no sabes el asco que le tengo
aversión f 2	*aversion*	sentía aversión por / hacia los cangrejos; siente aversión por / hacia los políticos que se aferran al poder
náuseas fpl 2	*disgust*	ver como tocas el bicho ése me da náuseas; he comido tanto que sólo de pensar en comida me entran náuseas
repulsión f 2	*repulsion*	siente auténtica repulsión por el fascismo / por esa clase de gente
repelús m 1	*loathing, disgust*	las arañas me dan repelús

---

así   in this way, thus (see the note below)

a la americana / inglesa 2	*in the American / English way*	me encanta comer a la americana
a su manera / modo 2	*in her / his way*	siempre lo hace a su manera / modo
así 2	*in this way, thus*	si lo coges así se te va a caer

por el estilo 2	*similar*	he visto un libro por el estilo del tuyo; sus amigos son todos por el estilo; quieren organizar un baile de disfraces o algo por el estilo
de esta forma / de esta manera / de este modo 2	*in this way* (there is little difference between these three expressions)	si lo haces de esta forma / de esta manera / de este modo acabarás antes
en plan (de) 2	*in the style (of), as*	salieron a cenar en plan de reyes; están saliendo en plan serio (*they are going steady*); lo dijeron en plan de broma (*for a laugh*)

NB **la manera como / en que lo hace** = the way in which she does it

---

asistir   to be present

concurrir 3	*to come together*	a las entregas de los Oscars concurrieron famosas personalidades
personarse 3–2	*to present oneself*	Señor Andrés Meliá, persónese en el mostrador de Información; se personó en las oficinas de la editorial
presenciar 3–2	*to be present at, to witness*	presenció el accidente y tuvo que dar un informe a la policía; había presenciado una escena desoladora
acudir 2	*to come / to go along*	acudieron todos los vecinos a la reunión; la conferencia tuvo un gran éxito pero yo no pude acudir
asistir 2	*to be present (to assist =* R3–2)	no es obligatorio asistir a clase; a la conferencia asistieron unos veinte países del mundo entero
presentarse 2	*to present oneself*	tienes que presentarte en la oficina a las nueve; se presentó en mi casa con dos maletas, dispuesto a quedarse
estar presente 2	*to be present*	estaba presente cuando ocurrió el accidente

---

aspecto   aspect, appearance

| **semblante** m 3 | *appearance, face, aspect* (often used of a face) | al escuchar aquellas palabras, le mudó el semblante |

cariz m 3-2	*look* (often used figuratively)	la cosa ha tomado un cariz tan serio que … ; no me gusta nada el cariz que está tomando este asunto / que están tomando los acontecimientos
empaque m 3-2	*look, appearance* (used of a person with the idea of fine presence or distinction)	tenía un empaque señorial
porte m 3-2	*bearing*	tiene un porte muy elegante
presencia f 3-2	*presence* (the second example is used in advertisements)	me impresionó su presencia distinguida; una chica de buena presencia (*a good-looking girl, a girl of pleasant appearance*)
aire m 2	*air, appearance*	entró con un aire de ingenuidad; tiene un aire de intelectual
apariencia f 2	*appearance*	las apariencias engañan; no juzgues por las apariencias; hay que guardar las apariencias; tiene apariencia de gran señor
aspecto m 2	*aspect, appearance*	tenía un aspecto pálido y demacrado; el pastel tiene un aspecto muy apetitoso; nació en una casa de noble aspecto y bella presencia
exterior m 2	*outside* (often used of a building)	el exterior de la Casa de las Conchas en Salamanca es muy hermoso
fachada f 2	*facade, outward show*	este edificio tiene una fachada moderna; la fachada de la escuela estaba oculta bajo un manto de yedra; tiene una fachada de intelectual
fisonomía f 2	*physiognomy, appearance* (used much more than *physiognomy*)	tiene la fisonomía de una persona nórdica
look m 2	*appearance, look* (pronounced as in English)	¿te gusta mi nuevo look?; el look de una actriz
lejos m M 2-1	*appearance*	el paisaje / esa mujer tiene muy buen lejos
facha f 1	*look* (always has a negative connotation)	¡qué facha tienes! se nota que no has dormido toda la noche; ¡qué facha tiene con esos pantalones!

pinta f 1	*look, appearance* (see the note below)	¡qué (buena) pinta tiene este pastel!; ¡qué pinta(s) tiene el tío con esos pelos!; no me gusta(n) nada la(s) pinta(s) que tiene ese amigo tuyo

NB when **pinta** refers to a person's appearance it may be used in the singular or the plural. Sometimes, **pinta** is not qualified with **buena** or **mala**. They are understood

astucia

cunning, astuteness

ardid m 3–2	*trick*	siempre se vale de ardides para conseguir sus fines / lo que se propone
maquiavelismo m 3–2	*Machiavellian ways*	el maquiavelismo de este político me hace sospechar su mala fe
marrullería f 3–2	*cunning (trick), wheedling ways* (suggests a quality and the trick itself)	usa su marrullería para sonsacarle dinero a su padre; no vengas con marrullerías, que no conseguirás que te deje salir
sagacidad f 3–2	*astuteness* (suggests the positive qualities of cleverness and awareness)	es una persona de gran sagacidad, se dio cuenta en seguida de lo que se proponían
artificio m 2	*cunning trick*	usa unos artificios muy hábiles para convencer a la gente
artimaña f 2	*cunning trick*	siempre se vale de artimañas para salirse con la suya
astucia f 2	*cunning, astuteness*	actuó con astucia, para que nadie advirtiera el engaño
estratagema f 2	*stratagem* (especially with reference to war)	los generales siempre usan diferentes estratagemas
habilidad f 2	*skill*	tiene una habilidad extraordinaria para convencer al público; habilidad manual
picardía f 2	*cunning (trick)* (suggests a quality and the trick itself)	esta niña no tiene picardía, su hermana es más lista y siempre sale ganando; este niño tiene mucha picardía
treta f 2	*artifice, trick*	se valió de una treta para conseguir dinero
truco m 2	*trick, dodge*	no es más que un truco para engañar a la gente
piolada f A 1	*trick, dodge*	está siempre haciendo pioladas; el nuevo impuesto es una piolada

astuto   clever, smart, crafty

ladino 3–2	*wily*	el muy ladino se valió de todo tipo de ardides para robarle su fortuna
taimado 3–2	*cunning* (suggests malice and deceit)	era un hombre con ojos brillantes y taimados; el muy taimado no se lo dijo a nadie para quedarse con las ganancias
agudo 2	*sharp, smart*	eres muy aguda por tener esa idea; una idea aguda
astuto 2	*clever, smart, crafty*	una idea astuta; un comentario astuto; es muy astuto, se le ocurre cada cosa … ; tenías que haber sido más astuta, en seguida se han dado cuenta del engaño; el ladrón fue muy astuto, no dejó ninguna huella
perspicaz 2	*shrewd* (same as **sagaz**; used more than *perspicacious*)	un observador perspicaz
pícaro 2	*sly, naughty* (may also be used as a noun) (see the note below)	es muy pícaro, con el dinero de su madre compra chucherías; se ha cogido el pastel más grande, el muy pícaro
sagaz 2	*shrewd* (same as **perspicaz**)	un detective sagaz; es muy sagaz, con sólo mirarle a los ojos se dio cuenta de sus intenciones
socarrón 2	*cunning* (often suggests mocking)	un humor socarrón; me contestó con una sonrisa socarrona
pillo / pillín 2–1	*crafty* (used with affection with children) (also used as a noun)	el muy pillo / pillín se ha comido todo el chocolate y no nos ha dejado nada; ¡qué pillo eres! te lo has comido todo sin decir nada a nadie
zorro 2–1	*crafty, foxy* (often used as a noun)	es muy zorro, no te puedes fiar de él; es una zorra, siempre se está inventando excusas para no pagarme las clases
canchero A 1	*clever, crafty* (also used as a noun)	es (un) canchero, siempre se las arregla para …
piola mf A 1	*clever, cunning* (also used as a noun)	es un(a) piola, siempre encuentra una solución; no seas piola y ponete a la cola como todo el mundo
cuco 1	*crafty*	que cuco que eres, no nos has avisado

NB **pícaro** is losing its original strength of *sly*, and is weaker than **taimado** for instance. It is often used of children

asustar

to frighten

amedrentar [3]	*to frighten*	los gritos amedrentaron a los vecinos
atemorizar [3–2]	*to frighten* (often used as a past participle)	atemorizada, abrió la puerta y se precipitó escaleras abajo
sobrecoger [3–2]	*to startle, to scare*	aquella tormenta en medio de la noche sobrecogió a toda la familia; me sobrecogí al enterarme de su muerte
acobardar [2]	*to daunt, to frighten* (used more reflexively)	cuando se ve con tanto trabajo por delante en seguida se acobarda; la idea de la soledad la acobarda
alarmar [2]	*to alarm*	esta nueva serie de atentados ha alarmado a las autoridades; el golpe de estado ha alarmado a los gobernantes del mundo entero
asustar [2]	*to frighten*	los ruidos anoche me asustaron; perdona, no quería asustarte; los niños habían abandonado el lugar, asustados por lo irreparable de su crimen; no me asustan los fantasmas; soy yo, no te asustes
aterrorizar [2]	*to terrorize*	las tropas aterrorizaron a la población
espantar [2]	*to scare* (*away*)	no corras, que vas a espantar a las palomas; con esas pintas vas a espantar a todas las chicas; los caballos se espantaron al oír los disparos
intimidar [2]	*to intimidate, to bully*	no creas que me vas a intimidar con tus amenazas; el mayor siempre está intimidando a los pequeños
dar miedo a [2]	*to scare*	me da miedo la oscuridad
dar pánico a [2]	*to frighten, to cause panic*	me da pánico encontrarme sola en el ascensor
sobresaltar [2]	*to startle*	me sobresaltaron aquellos gritos a las dos de la madrugada; se sobresaltó al oír aquellos gritos
dar un susto a [2]	*to give a fright to*	qué susto me has dado al abrir la puerta; me dio un susto de muerte
achantar [2–1]	*to scare*	no se deja achantar fácilmente; no se achanta fácilmente

| acojonar
1* | *to put the wind up* | no se dejó acojonar por el sargento; es un miedica (*he's a cowardly character*), en seguida se acojona |

---

atacar   to áttack

acometer 3–2	*to tackle, to attack*	el gobierno acometió una reforma agrícola; acometer al enemigo; la fiera quedó inmóvil, próxima a levantarse y acometer
agredir 3–2	*to assault*	el árbitro fue agredido por los hinchas; la víctima fue agredida con una navaja
arremeter 3–2	*to attack, to rush at* (usually followed by **contra**) (see the note below)	arremeter contra el enemigo; el toro arremetió contra el torero; arremetió contra el presidente con todo tipo de acusaciones
atentar 3–2	*to attack* (usually followed by **contra**) (often has a political connotation and suggests violence) (see the note below)	los terroristas atentaron contra el primer ministro / contra la vida de … ; el consumo de tabaco atenta contra la salud pública
atacar 2	to attack (also used figuratively)	el ejército atacó la ciudad con artillería; el diputado atacó al gobierno, acusándole de …
embestir 2	*to rush at* (often used in the context of the example)	el toro embistió al torero

NB the last example of **arremeter** and **atentar** respectively is of a higher register because they are figurative

---

atar   to tie (up), to bind

anudar 3–2	*to knot, to tie* (**atar** is used more in the example for shoes)	anudar una cinta / una corbata; ¡anúdate los zapatos!
ligar 3–2	*to bind* (also used figuratively)	le ligó las manos a la espalda; ligó el paquete con una cuerda; estar ligado por una promesa
vincular 3–2	*to bind, to link* (always used figuratively)	los campesinos están vinculados a la tierra; se ha descubierto que estaba vinculado a grupos ultra-derechistas; enfermedades vinculadas con el consumo de tabaco
amarrar 2	*to moor*	amarraron el barco con cuerdas

atar [2]	*to tie (up), to bind* (also used figuratively)	lo ató a un árbol / de pies y manos; ató la gavilla; ata la caja con una cuerda; ven aquí que te ate los zapatos; estos compromisos me atan; está muy atado, trabaja casi doce horas al día; los hijos atan mucho
encadenar [2]	*to chain, to shackle*	encadenaron al preso y se lo llevaron
unir [2]	*to bind* (used figuratively)	mi madre y yo estamos muy unidos; los lazos de amistad que unen a estos dos países

---

atractivo   attractive, pleasant

placentero [3]	*pleasant*	pasar toda la tarde en un jardín placentero es mi ideal
atrayente [3–2]	*attractive* (has the same meaning as **atractivo**)	una persona / una idea atrayente
carismático [3–2]	*charismatic*	Gorbachov es una de las figuras más carismáticas del siglo veinte
grato [3–2]	*pleasant* (the second example is R3)	tengo recuerdos muy gratos de mi estancia en Argelia; me es grato comunicarle que ... (in a letter)
atractivo [2]	*attractive* (has the same meaning as **atrayente**), *pleasant*	es un hombre muy atractivo; tiene una sonrisa muy atractiva; me parece una propuesta / una oferta muy atractiva; han subido las retribuciones de los jueces porque no eran muy atractivas
encantador [2]	*charming*	su esposa es una mujer encantadora; una niña / una voz encantadora
fascinante [2]	*fascinating*	la película de Bergman *El Rostro* fue una película fascinante
llamativo [2]	*attractive, flashy, showy*	colores llamativos; un Porsche rojo es muy llamativo; un vestido llamativo; no te pongas esa minifalda, que vas demasiado llamativa
seductor [2]	*attractive, seductive*	es muy seductora, no puedo resistirla
chulo [2–1]	*smart, flashy* (very similar to **fardón** and **molón**; see these two below)	mira que chula va con su vestido nuevo; ¡qué bolso / qué sombrero más chulo! ¿dónde te lo has comprado?

| **churro** m A [1] | *attractive, dishy person* (usually used as a noun; the gender is invariable) | su novia es un churro |
| **fardón / molón** [1] | *stylish, flashy* (very similar to **chulo** but more slangy; used frequently by teenagers) | qué fardón que vas a ir con tu chaqueta nueva; se ha comprado una moto muy molona |

---

atreverse   to dare

aventurarse [3–2]	*to venture, to risk*	se aventuró a conducir por una calle muy estrecha; él que no se aventura no pasa el mar (*nothing ventured, nothing gained*)
osar [3–2]	*to dare*	¿cómo osó contestar así?; pasaba por lugares de barro movedizo donde nadie osaba aventurarse
arriesgarse [2]	*to risk, to run the risk* (has the same meaning as **correr el riesgo** which may be used in the second example)	se arriesgó a subir por el acantilado; si seguía jugando podría perder todo el dinero, así que prefirió no arriesgarse
atreverse [2]	*to dare*	no me atrevo a nadar sin flotador / a tirarme del trampolín; ¿a qué no te atreves a decírselo?; no se atreven a manifestar sus opiniones; con él no se atreve porque es mucho mayor
aventarse M [2]	*to take the risk*	el negocio tiene buenas perspectivas, aviéntate, te va a venir bien
correr el riesgo [2]	*to run the risk*	no le preocupaba correr el riesgo de perder el tren; hay mucho en juego, pero vamos a tener que correr el riesgo

---

atrevido   bold, daring, unseemly

denodado [3]	*dauntless*	Don Quijote salió denodado contra los gigantes
arrojado [3–2]	*bold*	el arrojado héroe se metió en mitad de las llamas para …
audaz [3–2]	*audacious*	lo habían visto audaz, lanzándose ciegamente al peligro; la fortuna es de los audaces (*fortune favours the brave*)

intrépido	*intrepid*	Magallanes era un intrépido aventurero
3–2		
osado	*bold, audacious*	¡qué desfachatez! ¿cómo se le ha ocurrido una idea tan osada?; fue lo suficientemente osada como para negar lo que había dicho
3–2		
resuelto	*resolute*	es una chica muy resuelta, cuando se decide a hacer algo nunca vacila
3–2		
arriesgado	*risky* (used more than **aventurado**)	fue arriesgado de tu parte jugar a la ruleta; la tarea ha sido arriesgada y difícil; no me quiero meter en un negocio tan arriesgado
2		
atravancado M	*rash*	Julio es muy atravancado para tomar decisiones; es tan atravancada que siempre se cae y tira todo
2		
atrevido	*bold, daring, unseemly*	una política atrevida; un hombre atrevido con las mujeres; ¿has visto qué vestido tan atrevido lleva?
2		
aventado M	*bold, daring*	mi hermana es muy aventada, sale sola de noche
2		
aventurado	*risky* (used less than **arriesgado**)	llevar a cabo un proyecto aventurado; una empresa aventurada
2		
aventurero	*adventurous*	es muy aventurera, la encanta ese tipo de viajes
2		
decidido	*resolute, determined*	es muy decidida, nunca pide consejos
2		
valiente	*courageous* (used much more than *valiant*)	hay que ser valiente y hacer frente a la adversidad; ha sido muy valiente plantándole cara así
2		

---

atrevimiento

daring, audacity

denuedo m	*boldness*	con gran denuedo y valor Don Quijote arremetió contra los molinos
3		
audacia f	*audacity*	tuvo la audacia de pedirme dinero prestado
3–2		
impavidez f	*fearlessness*	el reo escuchó con impavidez su sentencia de muerte
3–2		
intrepidez f	*intrepidity*	se lanzó con gran intrepidez al río para salvarla
3–2		

osadía f 3–2	*boldness*	tuvo la osadía de llamarme mentiroso
temeridad f 3–2	*temerity*	salir a nadar con este tiempo es una temeridad
arrojo m 2	*daring, dash*	hace falta mucho arrojo para actuar de esta manera
atrevimiento m 2	*daring, audacity*	tuvo el atrevimiento de pedirme dinero prestado / de echarme de su casa
caradura f 2	*cheek* (is of a slightly lower register than **descaro**)	tuvo la caradura de negar que estuvo allí pese a que yo le vi
descaro m 2	*cheek, brazenness* (is of a slightly higher register than **caradura**)	tuvo el descaro de contestarle a su madre; no mires con tanto descaro
desfachatez f 2	*brazenness, cheek*	¡qué desfachatez! ¿cómo se atreve a hablarme así?
desparpajo m 2–1	*nerve* (may also suggest a free and easy manner = *confidence*)	en el mercado se regatea con mucho desparpajo; me parece una entrevistadora muy buena, habla con mucho desparpajo
frescura f 2–1	*cheek*	¡vaya una frescura que tienes! siempre gorreando tabaco
morro m 1	*cheek*	¡qué morro tienes!; ¡tienes un morro que te lo pisas, macho!; hoy te toca pagar a ti, majo, no tengas tanto morro

---

aumento   increase, growth

medra f 3	*increase, growth*	la medra de un sistema económico
auge m 3–2	*growth*	el auge económico; en período de pleno auge; la televisión ha tenido un auge extraordinario
desenvolvimiento m 3–2	*development, unfolding* (**desenvolverse** is used more)	el desenvolvimiento de los acontecimientos
incremento m 3–2	*increase* (see the note below)	los estudiantes se oponen al incremento de las tasas académicas; un incremento salarial
plusvalía f 3–2	*added value, appreciation* (used of capital)	el financiero obtuvo una plusvalía de seis mil millones de pesetas

recrudecimiento m [3–2]	*increase, upsurge* (often used of something unpleasant)	el recrudecimiento de la violencia / de la enfermedad / de la criminalidad / del frío / de los combates / de las tensiones nacionalistas
adelanto m [2]	*advancement*	la maquinaria supone en el siglo veinte todo un adelanto; los adelantos de la ciencia
ampliación f [2]	*expansion, enlargement*	la ampliación del plan de estudios / de una casa / de una foto
aumento m [2]	*increase, growth*	un aumento de sueldo; el aumento de la población / del desempleo / de los precios; el número de enfermos de cáncer / de la población va en aumento
avance m [2]	*growth, development, advance*	el sida continúa su avance incontenible; este coche incorpora todos los últimos avances tecnológicos; retardar el avance de las tropas enemigas
boom m [2]	*boom*	el boom económico / inmobiliario
crecida f [2]	*rise* (of a river)	la crecida de las aguas
crecimiento m [2]	*growth*	el crecimiento de los niños depende de una buena alimentación; el crecimiento de la economía
desarrollo m [2]	*development*	el desarrollo físico e intelectual; el desarrollo de la personalidad; el desarrollo industrial; una industria en pleno desarrollo; los países en vías de desarrollo
duplicación f [2]	*doubling*	se ha constatado una duplicación de las importaciones
ensanche m [2]	*widening* (used literally)	el ensanche de la autovía
expansión f [2]	*expansion*	es un país en plena expansión económica
progreso m [2]	*progress* (often used in the plural with **hacer**)	la empresa ha hecho muchos progresos; el progreso del enfermo es lento

NB with respect to a salary, **incremento** means a single increase, and does not correspond to *increment* on a salary scale

averiguar   to find out, to check

auditar
[3–2]

to audit

el perito mercantil auditó las cuentas de la empresa

constatar
[3–2]

to find, to notice, to establish
(has an administrative connotation)

el corresponsal pudo constatar la preocupación del gobierno en torno a los rehenes; yo hago constatar que el alumno Juan Moreno asistió a clases durante …

hacer indagaciones
[3–2]

to investigate (same as **indagar**)

se están haciendo indagaciones sobre el crimen

indagar
[3–2]

to investigate (same as **hacer indagaciones**)

el gobierno está indagando las causas del accidente ferroviario

informarse
[3–2]

to find out (in the last example **de** may not replace **sobre**)

quiero informarme sobre el / del precio de los coches; compré el periódico para informarme; veo que estás muy informado sobre el tema

sondear
[3–2]

to sound out (usually used for public opinion)

el periódico sondeó la opinión pública acerca de las elecciones generales

averiguar
[2]

to find out, to check

tengo que averiguar a qué hora sale el tren; averiguar la verdad de los hechos; los chicos treparon hasta la cumbre para averiguar lo sucedido

comprobar
[2]

to check

oye Pablo, comprueba si Francisco se ha puesto los zapatos; comprueba que esté todo en orden

checar M
[2]

to check (see note 1 below)

hay que checar la tarea antes de entregarla; checa que el niño se haya dormido

chequear
[2]

to check (see note 1 below)

tengo que chequear mi cuenta, he sacado bastante dinero últimamente; estas traducciones todavía hay que chequearlas; la médico chequeó a la paciente porque no respiraba bien; chequear datos / cuentas

hacer / realizar una encuesta
[2]

to carry out an opinion poll
(see note 2 below)

el reportero hizo una encuesta sobre el feminismo

enterarse
[2]

to find out, to know (only used reflexively or as a past participle) (**averiguar** may be used in the first example)

tengo que enterarme de los horarios de las clases; no estaba enterada, así que no pudo venir; ¿en qué mundo vives? nunca te enteras de nada

explorar 2	*to explore*	la médico le exploró los pulmones al enfermo para detectar el cáncer; la mejor manera de explorar este valle es montando a caballo
investigar 2	*to investigate, to research* (may be followed by **sobre**) (used in the same way as **hacer investigaciones**)	se sigue investigando sobre el sida; investigar los móviles de un crimen; la policía francesa está investigando la desaparición de la pequeña Ana
hacer investigaciones 2	*to investigate, to research* (used in the same way as **investigar**)	se están haciendo investigaciones sobre el cáncer; la policía está haciendo investigaciones sobre el caso
hacer un sondeo 2	*to carry out an opinion poll, to make a survey* (see note 2 below)	el periodista hizo un sondeo sobre las actitudes del ...
realizar un sondeo 2	*to carry out an opinion poll, to make a survey* (see note 2 below)	según un sondeo realizado el pasado jueves, el partido conservador sigue a la cabeza

NB 1. although **chequear** was once restricted to Spanish America, it is now frequently used in Spain. **Chequear** is not used in Mexico 2. **realizar una encuesta / un sondeo** is of a higher register than **hacer una encuesta / un sondeo**

---

avisar   to inform, to warn

comunicar 3	*to communicate* (the first example is in a formal letter)	me complace comunicarle que ... ; nos comunicó su intención de ... / su decisión de ... ; siento tener que comunicarle que no nos va a ser posible
poner en conocimiento 3	*to inform* (often used in official documents)	se pone en conocimiento de los alumnos que, a partir de mañana, la hora de la clase ...
notificar 3	*to notify*	la embajada notificó al gobierno que ...
participar 3	*to inform* (used in a formal way in letters)	en relación con su escrito de fecha 8 de los corrientes le participamos que ...
hacer saber 3	*to inform, to let know*	hizo saber a su cliente que no le sería posible mandarle el paquete antes de fines de mes
significar 3	*to point out, to inform*	yo quisiera significarle mi decisión de ... / que no comparto su opinión a este respecto

manifestar 3–2	*to inform* (appears in official documents and letters), *to declare*	me refiero a su carta del 15 de los corrientes en la cual nos manifiesta que … ; el presidente ha manifestado la intención de su Gobierno de … / ha manifestado que …
advertir 2	*to warn, to inform*	la advirtieron del peligro ; yo ya le he advertido que no va a ser fácil
anunciar 2	*to announce*	todavía no han anunciado nuestro vuelo ; ese producto que anuncian en / por la radio / la televisión ; el plan anunciado por los Estados Unidos es claro
avisar 2	*to inform, to warn*	le avisé (de) que no podía venir ; el banco me ha avisado (de) que no me queda dinero en mi cuenta corriente ; si su salud sigue empeorando vamos a tener que avisar al médico ; tenías que haberme avisado a tiempo
poner al corriente 2	*to keep up to date*	me puso al corriente de los acontecimientos
declarar 2	*to declare*	me declaró su intención en público ; el Primer Ministro ha declarado a este periódico que … ; dos de las repúblicas acaban de declararse independientes
enterar 2	*to inform* (only used reflexively, or as a past participle)	me he enterado de que te casaste ; no estaba enterada de lo que había pasado
informar 2	*to inform*	informó a las autoridades de su decisión / (de) que … ; hay que tener informada a la población ; según informan fuentes oficiales …
pregonar 2	*to proclaim, to disclose* (the second example is of a lower register)	los vendedores pregonaban sus mercancías ; iban pregonando a los cuatro vientos que se casaban
prevenir 2	*to warn*	me previno de su carácter para que no me asustara ; es un trabajo difícil, te lo digo para que vayas prevenido
proclamar 2	*to proclaim*	tanto Polonia como Hungría proclamaban el fin de la era comunista ; proclamar la independencia ; proclamarse campeón

ayuda | | help, support

amparo m 3–2	*help, protection*	con el amparo de nuestro Señor Jesucristo; ofrecieron amparo a los refugiados; al amparo de la legislación vigente
auxilio m 3–2	*aid, assistance*	¡auxilio, socorro que me ahogo!; prestaron los primeros auxilios a los náufragos; al oír los gritos del enfermo acudió en su auxilio
apoyo m 2	*support*	el partido no tiene suficiente apoyo popular; quería hacer carrera pero no contaba con el apoyo de sus padres
ayuda f 2	*help, support*	lo puedo hacer yo sola, no necesito tu ayuda; no tengo mucho tiempo para terminar el libro, pero con tu ayuda quizás lo consiga; recibieron una ayuda de dos millones de dólares
protección f 2	*protection*	se han adoptado nuevas medidas para la protección ciudadana; esta nueva crema ofrece mayor protección contra el frío / el sol; se encuentra bajo protección oficial
respaldo m 2	*backing, support*	es casi seguro que puedo contar con el respaldo del director
socorro m 2	*help, assistance*	¡socorro que me caigo!; pidió socorro a los coches que pasaban; Casa de Socorro (establishment where free emergency help is given)
enchufe m 2–1	*connection*, influence by a person who pulls strings	es casi imposible aprobar las oposiciones si no tienes enchufe / un buen enchufe

ayudante | | helper, assistant

adjunto m 3–2	*assistant* (also used as an adjective) (not used in same context as **auxiliar**) (see the note below)	es el adjunto del catedrático; un profesor adjunto
agregado m 2	*attaché, assistant* (not used in the same context as **auxiliar**) (see the note below)	un agregado cultural / de facultad; un profesor agregado
asistente social m 2	*social worker*	la asistenta social dedicó su vida entera a los marginados
asociado m 2	*associate* (only used in the context of the example)	he trabajado como profesora asociada durante cuatro años

auxiliar mf [2]	*assistant* (not used in the same contexts as **adjunto** and **agregado**) (the last example is of a higher register than **azafato**)	un auxiliar administrativo / de clínica / de vuelo (*flight steward*)
ayudante mf [2]	*helper, assistant*	el investigador tiene varios ayudantes
colaborador m [2]	*collaborator*	encontró a un colaborador para terminar el libro
dependiente m / **dependienta** f [2]	*shop assistant*	un dependiente / una dependienta de Galerías Preciados
socio m [2]	*partner* (as in finance)	son socios en el negocio

NB the difference between **profesor adjunto** and **profesor agregado** is that, while the former suggests a temporary appointment for a term or a year, the latter suggests a permanent post, as *associate* would in English

---

ayudar   to help

amparar [3–2]	*to aid, to help* (usually the poor and needy)	¡Dios le ampare!; amparar a los necesitados
asistir [3–2]	*to assist* (usually a sick person)	la asistieron en el hospital más cercano; los dos coincidieron en la necesidad de crear instituciones asistidas por científicos
auxiliar [3–2]	*to assist* (someone in need)	el ejército auxilió a los necesitados
socorrer [3–2]	*to assist* (someone in need)	las religiosas socorrieron a los pobres, repartiendo entre ellos comida y vestidos
apoyar [2]	*to support* (used more than **respaldar**)	la apoyaron en su candidatura pero no consiguió el puesto; no existen suficientes datos que apoyen esta hipótesis; apoyar una moción
prestar ayuda a [2]	*to help* (has a more formal connotation than **ayudar**)	los países desarrollados deberían prestar más ayuda a los países del tercer mundo
ayudar [2]	*to help* (has a less formal connotation than **prestar ayuda a**)	la ayudaron a hacer el trabajo; esta reunión ha ayudado mucho al proceso de deshielo en el campo internacional; ¿te puedo ayudar en algo?
favorecer [2]	*to favour*	consiguió el puesto porque tenía amigos en el Ministerio que la favorecieron

dar una mano a A, M ⬚2	*to give a hand to*	tengo un problema, dame una mano; dame una manita para arreglar el carro
proteger ⬚2	*to protect*	esta crema protege la piel contra el sol; intentó protegerla contra el peligro que la amenazaba
respaldar ⬚2	*to support, to back up* (used less than **apoyar**)	no tenía nadie que la respaldara en la empresa; respaldar una propuesta
secundar ⬚2	*to support* (something that is suggested or proposed) (**apoyar** may be used in the last example)	los obreros han secundado la huelga de los estudiantes; nadie secundó su iniciativa / su propuesta
enchufar ⬚2–1	*to pull strings* (for someone)	lo ha enchufado un amigo suyo que tiene en el Ministerio
echar una mano a ⬚2–1	*to give a hand to*	tengo que lavar el coche, ¿puedes echarme una mano?

ayuntamiento town hall

cabildo m ⬚3	place where the town council used to meet	los terratenientes se reunían semanalmente en el cabildo
casa consistorial f ⬚3–2	*civic centre, town hall* (still found on plaques but is now replaced by **ayuntamiento**)	la casa consistorial se encuentra en la plaza
alcaldía f ⬚2	*mayor's office* (in a small town)	cada municipio tiene una alcaldía
ayuntamiento m ⬚2	*town hall*	el alcalde trabaja en el ayuntamiento
diputación f ⬚2	*county hall* (like the French *préfecture*)	la diputación valenciana engloba los pueblos de Cullera, Calpe, Denia, etc.

azar chance, fate

hado m ⬚3	*fate*	el hombre no puede esquivar las leyes del hado
sino m ⬚3	*destiny* (always has a negative meaning)	¡qué sino es mío! se lamentaba; su sino es que se case con ella

ventura f 3–2	*good fortune, luck*	tuvo la ventura de volver a encontrarse con ella después de tantos años; en la tarjeta navideña, me deseó todo género de venturas
azar m 2	*chance, fate* (is almost always used in the examples given)	nuestro encuentro se debió al azar; los azares de la vida; nos encontramos allí por puro azar; juegos de azar; fueron elegidos al azar (*at random*)
buenaventura f 2	*fortune* (only used with the verbs and context in the examples)	la gitana le echó / dijo la buenaventura
casualidad f 2	*chance, coincidence* (used in a more comprehensive way than **azar**)	fue una casualidad comprar el mismo disco que ella; la vi por casualidad; ¡qué casualidad! ¡mira que encontrarnos aquí!
destino m 2	*destiny, fate*	el hombre siempre tiene que luchar contra el destino; nadie sabe lo que le depara el destino
estrella f 2	*good luck* (except when qualified)	es una persona con estrella; ha nacido con estrella / con buena estrella; mi mala estrella parece que me persigue
fortuna f 2	*fortune* (**fortuna** alone is favourable)	le sonríe la fortuna
suerte f 2	*luck* (**suerte** alone is neutral or favourable)	tuve la mala / buena suerte de encontrarla; un pueblo que acaba de salir de la dictadura y que ha sido abandonado a su suerte; ¡qué suerte!
negra f 2–1	*bad luck* (always used with **tener** or **llevar**)	últimamente yo tengo / llevo la negra, todo me sale muy mal
mala pata f 2–1	*bad luck* (always used with **tener**)	qué mala pata tuve al romperme la pierna antes de las vacaciones
chamba f 1	*fluke, luck*	me pegué una torta con el coche y mi padre no se enteró de pura chamba
china f 1	*bad luck* (always used with **tocar**)	cuando te toca la china no hay más remedio que fastidiarse
chiripa f 1	*luck, jam*	aprobé el examen de / por chiripa porque no estudié nada
chiripazo m M 1	*luck*	de chiripazo pasé (*I got through*) el examen
chorra f 1	*luck*	qué chorra tiene el tío

potra f [1]	*luck* (of any kind) (usually used with the verb **tener**)	qué potra tuviste cuando te tocó la lotería; qué mala potra perder el tren
culo m / **ojete** m / **orto** m A [1*]	*luck*	no sabía nada y aprobé el examen de culo / de ojete / de orto; ¡qué ojete! consiguió aumento
leche f A [1*]	*luck*	tener buena leche; ¡buena leche!

---

bacilo   bacillus

bacilo m [2]	*bacillus*	el bacilo de Kock produce tuberculosis
bacteria f [2]	*bacterium*	los científicos lograron aislar una bacteria en el microscopio
germen m [2]	*germ*	este detergente elimina todos los gérmenes del inodoro
microbio m [2]	*microbe*	no le des el chupete al niño después de caerse al suelo que está lleno de microbios
virus m [2]	*virus*	hay diferentes tipos de virus que originan la gripe; el virus del sida; hay que vacunarse contra ese virus

---

baile   dance

baile m [2]	*dance*	el baile duró tanto tiempo que me quedé hecho polvo
ballet m [2]	*ballet*	estudiar el ballet clásico
danza f [2]	*dance* (suggests a more formal activity than **baile**)	la danza contemporánea; la danza macabra
danzón m M [2]	typical Mexican dance	si ponemos un danzón la fiesta se va a poner de ambiente
jota f [2]	Aragonese dance	la jota se baila en Aragón
muñeira f [2]	Galician dance	aprendí a bailar la muñeira en Galicia
sardana f [2]	Catalan dance	los catalanes bailan las sardanas en cada celebración

sevillana f
2

dance (typical of Seville)

estoy aprendiendo a bailar sevillanas

tango m
2

tango

el tango es un baile bonaerense

zapateado m
2

typical Mexican dance

voy a bailar un zapateado en la fiesta
internacional

---

bajar   to go down, to get down, to get off, to take down (used literally and figuratively)

descabalgar de
3

to dismount from

el caballero descabalgó de su blanco corcel

abaratar
3–2

to make cheaper, to lower

la compañía ha abaratado los precios

arriar
3–2

to lower, to haul down (a
sail or a flag)

arriaron la vela / la bandera

**descender de /
por**
3–2

to descend

el rey descendió de la carroza real; la reina
descendió por la escalera; a medida que
descendían por la vertiente, el sendero se
hacía más abrupto

desvalorizar
3–2

*to devalue, to reduce the
value of* (not used of
currency)

han desvalorizado las acciones; las acciones
de esta empresa se han desvalorizado

apearse (de)
2

to get off (a vehicle, a
horse)

se apeó del tren / del autobús / del caballo;
el caballo se detuvo ante la puerta y el viejo
se apeó

bajar(se)
2

*to get off, to go / get / bring
/ take down* (when used
reflexively suggest greater
resolution)

(se) bajó del automóvil; bajó la escalera;
¡bájate los pantalones!; está bajando la
marea; le ha bajado la fiebre; ha bajado el
valor del peso; han bajado los precios

desmontar (de)
2

to dismount (from)

el jinete desmontó (de su caballo)

devaluar
2

to devalue (used especially
of currency)

el gobierno ha vuelto a devaluar la peseta a
causa de una inflación galopante

rebajar
2

*to lower, to bring down. to
lose*

la tienda ha rebajado los precios; estaba
rebajada de cinco mil a cuatro mil pesetas;
me he puesto a régimen, tengo que rebajar
cinco kilos

bajo
low, wretched

abyecto [3]	*abject*	están viviendo en condiciones abyectas, sin agua ni luz
ruin [3]	*low*, *wretched* (usually used of a person)	es tan ruin que trataría con el propio Diablo / que sería capaz de traicionarte por dinero
vil [3]	*vile* (the strongest of all these synonyms) (often used with **despreciable**)	es una persona tan vil que sería capaz de robar a su propia madre; es un hombre vil y despreciable
indigno [3–2]	*unworthy*	me parece una acción / una conducta indigna de una persona tan respetada
infame [3–2]	*infamous*, *vile* (also used as a noun and often used in an informal way when figurative)	no sé como pudo cometer un acto tan infame; es un infame, sería capaz de engañar a su mejor amigo; hace un tiempo infame
bajo [2]	*low*, *wretched* (used of actions but not of a person)	robar las preguntas del examen fue una acción tan baja que le expulsaron del colegio
despreciable [2]	*contemptible* (used of actions and persons, and often used with **vil**)	traicionar a sus amigos así es un gesto despreciable
miserable [2]	*vile*, *despicable* (does not usually mean *miserable* or *unhappy*) (also used as a noun)	Judas fue tan miserable que vendió a Cristo por unas pocas monedas; es un miserable capaz de cualquier vileza
cochino [1*]	*foul* (sometimes is not very emphatic as when used of children)	tiene el cochino vicio de hurgarse la nariz; ¡cochina! te has ensuciado todo el vestido
de la chingada M [1*]	*foul*	es de lo peor, es un hijo de la chingada

baldosa
floor tile, paving stone, flagstone

azulejo m [2]	*tile* (glazed, ornamental) (very similar to **baldosín**)	la pared de la cocina estaba cubierta de azulejos; un suelo cubierto de azulejos
baldosa [2]	*floor tile*, *paving stone*, *flagstone*	el suelo de la cocina está cubierto de baldosas; la acera esta cubierta de baldosas
baldosín m [2]	*tile* (glazed, ornamental) (very similar to **azulejo**)	la pared estaba cubierta de baldosines
losa f [2]	*large slab* (usually for paving an area)	era un pueblecito muy bonito, con una plaza toda de losas

bandera

oriflama f 3	*banner, pennant* (big or small flag) (has an archaic connotation)	la oriflama flotaba al viento
pabellón m 3	*flag* (see **pabellón** below)	el pabellón nacional no faltó en aquella batalla
pendón m 3	*banner, pennant* (has two tapered points at the top) (used by churches, guilds or any group for a procession)	los romanos coleccionaban los pendones de sus enemigos vencidos
bandera f 2	*flag*	el soldado izó la bandera; jurar bandera (act of allegiance required of conscripts)
banderín m 2	*pennant*	tenía la habitación llena de banderines
banderola f 2	*pennant, small flag*	había muchas banderolas en el desfile / en la manifestación
cruz gamada f 2	*swastika*	una inmensa cruz gamada ondeaba en el estadio de Nuremberg
estandarte m 2	*banner, standard*	el estandarte de la infantería
ikurriña f 2	*Basque flag*	izaron la ikurriña en lo alto del ayuntamiento
pabellón m 2	*flag of convenience* (also used figuratively) (see **pabellón** above)	un barco con pabellón panameño; el equipo jugó muy bien, dejando el pabellón muy alto
pancarta f 2	*banner* (as in a street demonstration)	los manifestantes llevaban pancartas en contra del aborto
svástica f 2	*swastika*	los ultras arriaron la svástica

barco

nave f 3–2	*vessel* (usually of wood, propelled by the wind) (suggests space for storing) (the last example is R2)	cargaron el trigo en la nave; quemar las naves; una nave espacial
navío m 3–2	*ship* (usually of wood with a sail) (has a naval connotation)	un capitán de navío; un navío de guerra

barca f 2	*small boat* (often for rowing, fishing and sailing)	una barca a motor; pasé dos horas remando en la barca
barcaza f 2	*barge*	las barcazas llevaban el carbón hasta los barcos
barco m 2	*boat, ship*	un barco de vapor / de vela; un barco mercante; allá en el horizonte se divisaban varios barcos
barquichuela f 2	*small* **barca**	cruzaron el pantano en una barquichuela de madera
bote m 2	*small boat* (often with oars although it may have a motor)	un bote salvavidas; un bote de carrera; un bote de remos
buque m 2	*large boat* (with an engine)	un buque mercante / de guerra
canoa f 2	*canoe*	la canoa era un importante medio de transporte para los indígenas
chalupa f 2	*small boat* (with a sail), *narrow canoe*	los mejicanos usan chalupas
embarcación f 2	*craft*, any floating vessel (big or small)	el capitán divisó una embarcación en el horizonte; la embarcación empezó a hundirse con el peso de la carga
ferry m 2	*ferry boat*	al llegar a Algeciras metimos el coche en el ferry para ir a Tánger
lancha f 2	*inflatable boat* (with an engine)	me gustaba salir cada día en la lancha; una lancha motora
motora f 2	= **lancha**	vinieron los socorristas con su motora
petrolero m 2	*tanker*	un petrolero de quinientas mil toneladas
piragua f 2	*canoe* (often for racing)	una carrera de piraguas
porta(a)viones m 2	*aircraft carrier*	el portaaviones transporta cincuenta aviones de combate y diez helicópteros
transatlántico m 2	*liner*	ya ha pasado la época de los transatlánticos
transbordador m 2	*car ferry*	el transbordador llevaba los coches de Algeciras a Tánger
vapor m 2	*steam boat*	antiguamente había un vapor desde Santurce hasta Bilbao

velero m 2	*sailing boat*	el duque de Cádiz botó su velero con el nombre de …
yate m 2	*yacht*	Onassis tenía los yates más lujosos del mundo
cascarón m 1	(old broken-down) *boat*	un viejo cascarón

barranco ravine

abismo m 3–2	*abyss, chasm* (often used figuratively)	el sumarino se sumergió en el abismo del mar; estaba al borde del abismo de la desesperación; el abismo entre ricos y pobres se ha hecho más profundo
sima f 3–2	*abyss, chasm* (used literally and figuratively)	resbaló y rodó por la sima de la montaña; contempló la profundidad de la sima
barranco m / **barranca** f 2	*ravine* (**barranca** is used less than **barranco**)	el coche se cayó al / por el barranco; la isla Gran Canaria está llena de barrancos
despeñadero m 2	*cliff, precipice*	nació en Ayacucho, una vieja ciudad en los despeñaderos de la cordillera
precipicio m 2	*precipice* (used literally and figuratively) (**abismo** may be used in the first example)	estaba al borde del precipicio; el autocar cayó por el precipicio

barrera barrier

cerco m 3–2	*siege*	levantar el cerco a una ciudad
estacada f 3–2	*fence, stockade*	construyó una estacada para delimitar sus tierras
alambrada f 2	*wire netting, barbed wire fence*	el campo de concentración estaba rodeado de gruesas alambradas
barrera f 2	*barrier* (also used figuratively)	bajaron la barrera del paso a nivel; pasé una barrera muy fuerte; la barrera del tiempo / del sonido
barricada f 2	*barricade*	los estudiantes levantaron una barricada para impedir el paso a los policías

cerca f [2]	*fence, hedge* (made of any material and encloses a piece of land)	construyó una cerca alrededor del campo; la cerca rodea el jardín
empalizada f [2]	*fence, palisade*	una empalizada protegía sus cultivos contra el viento
seto m [2]	*hedge*	hay que podar el seto que ha crecido mucho
valla f [2]	*fence, hurdle* (as in a sports competition)	la valla del jardín se vino abajo con el viento; los cien metros vallas
vallado m [2]	*enclosure with a fence*	el toro está encerrado en el vallado
verja f [2]	*railing(s)*	una verja circunda los terrenos del parque; la desaparición de la verja en la frontera con Austria fue algo más que un símbolo

---

barriga   belly, paunch

abdomen m [3]	*abdomen* (has a medical connotation)	la médico le hizo una radiografía del abdomen
vientre m [3–2]	*stomach, womb* (only used in limited contexts) (the second example is of a higher register)	' ... y bendito sea el fruto de tu vientre' (in the *Ave María*); hacer de vientre (*to move the bowels*)
estómago m [2]	*stomach*	tengo el estómago revuelto; me duele el estómago
barriga f [2–1]	*belly, paunch*	¡mira qué barriga tiene ése!; si comes tantos pasteles te va a hacer daño la barriga; este vestido me hace mucha barriga
panza f [2–1]	*paunch, belly* (is of a slightly lower register than **barriga**)	deberías hacer más ejercicio, cada día tienes más panza; me duele la panza
tripa f [2–1]	*belly* (is of a slightly lower register than **barriga**)	tengo dolor de tripa; me duele la tripa; con esta falda se me nota la tripa
busarda f A [1]	*paunch, gut*	tiene una busarda enorme
panceta f A [1]	*paunch*	¡qué gordo está! ¡qué panceta!

barro   mud

cieno m 3	*slime*	al fondo del río había mucho cieno
limo m 3	*slime* (has a technical connotation)	en el estudio de esa montaña se descubrieron varias capas de limo; removió el limo buscando su reloj; sus botas se hundían en el limo
fango m 3–2	*mud* (see the note below)	los toros estaban hundidos en el fango hasta el vientre
lodo m 3–2	*mud* (see the note below)	el perro estaba sucio porque se había revolcado en el lodo; estaban cubiertos de lodo hasta las rodillas
barro m 2	*mud*	tenía el vestido manchado de barro; cada vez que salen de casa vuelven con los zapatos llenos de barro

NB **fango** and **lodo** are used in a similar way. They are found in the same places, such as at the bottom of wells, and where there is stagnant water. **Lodo** is used slightly more than **fango**

---

base   basis, base, foundation

base f 2	*basis, base, foundation* (used literally and figuratively; when used figuratively same as **fundamento**)	el pan es la base de la alimentación; esta teoría carece de base; esta idea constituye la base de su pensamiento
cimiento(s) m 2	*foundation* (used literally and figuratively and in the plural) (when used figuratively = R3)	los cimientos del edificio se vinieron abajo con el terremoto; esta nueva manera de pensar iba a socavar los cimientos de la sociedad
fundamento m 2	*foundation* (used figuratively) (same as **base** when used figuratively)	el fundamento del pensamiento de Unamuno; su hipótesis carece de fundamento
pedestal m 2	*pedestal*	el pedestal de una estatua
zócalo m 2	*plinth, skirting board*	la pared estaba en muy mal estado y el zócalo totalmente desprendido

basura

rubbish

detrito / detritus m ⟦3⟧	*waste, rubbish* (often used in the plural)	el nuevo sistema recoge los detritos de la ciudad de forma limpia y barata
inmundicias fpl ⟦3⟧	*rubbish, filth*	el campo estaba lleno de inmundicias
desperdicios mpl ⟦3–2⟧	*rubbish* (suggests both what is unusable and what you do not want to use)	tira todos los desperdicios a la basura; durante la invasión se acumularon en las calles montones de desperdicios
basura f ⟦2⟧	*rubbish* (may also mean *rubbish bin*) (also used figuratively = R1)	cierra la bolsa para que la basura no huela; los productos químicos, alquitrán y basura que se echan al vertedero suponen un grave peligro para la salud; tira esos papeles a la basura; este tío es una basura
cascote m ⟦2⟧	*rubble* (of a building) (although a collective noun it is used more in the plural)	una semana después de la catástrofe, las palas mecánicas retiraban todavía cascotes
desecho m ⟦2⟧	*waste* (often used in the plural)	los desechos animales en el matadero; desechos radiactivos; los desechos de una tela
escombrera f ⟦2⟧	*slag heap*	había varias escombreras cerca del pozo
escombros mpl ⟦2⟧	*rubble, debris*	'prohibido tirar escombros'; después del bombardeo las calles quedaron llenas de escombros
porquería f ⟦2⟧	*filth, muck* (also used figuratively = *rubbish*) (in the case of **revista** = *pornography*)	limpia esa porquería del lavabo; esa comida / esa revista es una porquería
residuo m ⟦2⟧	*residue* (often used in the plural)	los gobiernos no saben qué hacer con los residuos radiactivos; en esta falda todavía quedan residuos de suciedad
restos mpl ⟦2⟧	*remains, leftovers* (the last example is R3)	los restos de la tela / de la comida; el nuevo detergente elimina todos los restos de la suciedad; sus restos mortales recibirán sepultura en …
sobras fpl ⟦2⟧	*leftovers*	dale las sobras al perro
suciedad f ⟦2⟧	*dirt(iness)*	la suciedad cubría las paredes

vertedero m [2]	(town) *rubbish dump*	se ruega verter los escombros en el vertedero municipal
vertidos mpl [3]	*waste* (the second example refers more to the action of dumping the waste)	vertidos nucleares; la fábrica realizaba vertidos ilegales en el río
basurero m [2–1]	*rubbish dump* (smaller than **vertedero** and not official)	estos botes los puedes echar en el basurero

---

beber   to drink

consumir [3–2]	*to drink* (used on packets, bottles etc = *sell by*, *use by* …)	consumir preferentemente antes de …
beber [2]	*to drink* (see note 1 below)	pasa todo el día bebiendo en un bar; se bebió toda la leche; si bebes, no conduzcas (advertisement)
sorber [2]	*to sip, to suck up*	oye niño, tómate la sopa sin sorber; le gusta sorber la horchata con una pajita
tomar [2]	*to drink, to take* (the second example is a question by a waiter)	¿te apetece tomar un coñac?; ¿qué van a tomar?
empinar el codo [2–1]	*to booze*	a ése le gusta mucho empinar el codo
chupar(se) A, M [1]	*to knock back, to booze* (see note 2 below)	se chupó dos botellas de vino; el día de mi cumpleaños lo pasamos chupando toda la noche
remojar el gaznate [1]	*to wet one's whistle*	venga, vamos a remojar el gaznate
echar un trago [1]	*to have a quick one*	vamos a echar un trago antes de comer
trincarse [1]	*to guzzle* (always suggests speed and a great deal of liquid)	me trinqué un litro de leche / un buen litro

NB 1 **beber** may mean *to drink alcohol*, and when it has this meaning it is usually intransitive. When it is used reflexively, it suggests a lot of liquid and quickly
2 **chupar** does exist in Spain but is used much more in Argentina and Mexico. There is no difference between the reflexive and non-reflexive forms

beneficio

profit, benefit

fruto m 3–2	*fruit* (used figuratively)	el fruto de su labor / de una mala educación
plusvalía f 3–2	*appreciation, added value*	vendió la empresa con una plusvalía de 600 millones de pesetas
beneficio m 2	*profit, benefit*	las ventas han producido grandes beneficios; pudo convertir la operación en beneficios de casi cuatro billones; un margen de beneficios; esto redundaba en beneficio del pueblo
ganancia f 2	*gain, earnings* (often used in the plural)	el negocio ha producido considerables ganancias este año; pérdidas y ganancias (*profit and loss*)
provecho m 2	*profit* (often used with **sacar**) (**obtener** may be used in the last example)	para sacar provecho de su estancia en Estados Unidos … ; hay que intentar sacar el mejor provecho posible de la situación; si no inviertes ese dinero no vas a sacar ningún provecho
recompensa f 2	*reward* (also used figuratively)	ofrecen una buena recompensa a quien lo encuentre; le dieron cincuenta mil pesetas de / como recompensa; ésta es la recompensa de tantos años de trabajo
rendimiento m 2	*output, performance*	el rendimiento de una máquina / de un motor / de un trabajador

bienes

wealth, possessions

heredad f 3	*property, estate*	el caballero fue expulsado de su heredad
caudal m 3–2	*wealth* (see note 1 below)	sus caudales ascienden a cien millones de dólares; caja de caudales; su caudal se ha visto mermado en los últimos años; tiene un inmenso caudal de conocimientos
bienes mpl 2	*wealth, possessions*	dejó sus bienes a sus hijas; bienes inmuebles (*real estate*); bienes muebles (*movables, personal estate*)
capital m 2	*capital*	se le calculó un capital de veinte millones
finca f 2	*(country) estate, piece of property*	tiene una finca en la Mancha

fortuna f [2]	*fortune*	a la muerte de su madre heredó una inmensa fortuna
hacienda f [2]	*estate* (all the money and wealth belonging to a person) (in South America = *ranch*)	la hacienda donde vive la heredó de sus padres; embargaron su hacienda; el Ministerio de Economía y Hacienda
herencia f [2]	*inheritance*	hubo problemas con la repartición de la herencia
posesiones fpl [2]	*possessions*	esas tierras forman parte de sus posesiones
propiedad f [2]	*property*	este parque es propiedad del Ayuntamiento; propiedad privada (on signs)
riquezas fpl [2]	*wealth, riches* (see note 2 below)	a lo largo de su vida había amontonado grandes riquezas; las riquezas que esconde la tierra

NB 1 **caudal** is often used in the plural and refers mainly to money. It is also used in the singular, and here it may be used figuratively, in which case the register is higher
2 **riquezas** may refer to money but has a wider connotation than **caudal** for instance. It is also used figuratively, in which case the register is 3

---

billete   ticket

albarán m [2]	*delivery note, invoice*	el cliente le pidió al vendedor que le hiciera un albarán
billete m [2]	*ticket*	un billete de autobús / de avión / de barco / de metro / de tren / de lotería
boleto m A [2]	*ticket* (a plane ticket in Argentina is a **pasaje** while **ficha** is used for the underground)	un boleto de autobús / de tren
boleto m M [2]	*ticket*	un boleto de autobús / de avión / de tren
entrada f [2]	*ticket* (**billete** may not be used in these examples)	una entrada para el teatro / para el cine / para la ópera
etiqueta f [2]	*label, price tag*	no pierdas la etiqueta de la falda por si quieres cambiarla
papeleta f [2]	*slip of paper, voting slip*	una papeleta de examen; el ministro introdujo su papeleta en la urna

recibo m [2]	*receipt*	cuando pagues el cheque, acuérdate de guardar el recibo
resguardo m [2]	*receipt* (for an article of clothing or piece of luggage)	cuando llevé el traje a la tintorería no me dieron resguardo
talón m [2]	*counterfoil*	un talón bancario
ticket m [2]	*ticket* (usually limited to the contexts of the examples)	un ticket de compra; tome su ticket (at a motorway toll gate)
vale m [2]	*voucher*	tengo un vale para ir a la discoteca; un vale de descuento

---

boda

marriage, wedding

ceremonia nupcial f [3]	*wedding ceremony*	la ceremonia nupcial tendrá lugar en la parroquia de ...
desposorios mpl [3]	*marriage* (the singular also exists but is little used)	los desposorios de las monjas con Cristo
enlace m [3]	*marriage, union* (often used on invitation cards)	el enlace Ana-Raúl se celebrará ... ; en la basílica de San Miguel se celebró el enlace matrimonial de ...
alianza f [3–2]	*alliance*	la alianza matrimonial
casamiento m [3–2]	*marriage* (suggests the actual uniting)	su familia quiere que haga un casamiento ventajoso
boda f [2]	*marriage, wedding* (suggests a day with pomp)	la boda se celebró en la iglesia de Nuestra Señora de Carmen; han aplazado la fecha de la boda; no pudieron asistir a la boda
matrimonio m [2]	*marriage*	ha descendido el número de matrimonios este año; una cama de matrimonio
nupcias fpl [2]	*wedding* (often used with **segundas**)	se casó en segundas nupcias con ...
unión f [2]	*union*	el sacerdote bendijo su unión
casorio m [1]	*wedding* (may suggest that the wedding is ill-conceived or financially advantageous)	en el casorio hay poca comida; ha hecho un buen casorio

bolsa

espuerta f [3]	*basket, panier* (made of esparto grass or palm leaves, not made of wicker)	metió el trigo en la espuerta
alforja f [2]	*saddle bag* (for a horse) (often used in the plural)	el caballo tenía las alforjas llenas
bolsa f [2]	*bag* (in Mexico it is the usual word for *pocket*)	esta comida hay que meterla en la bolsa; una bolsa de plástico
bolso m [2]	*lady's handbag*	le robaron el bolso
botiquín m [2]	*first aid kit*	es recomendable llevar un botiquín si se sale de viaje
canasta f [2]	(*big, wide*) *basket*, (with two handles), *basket* (as used in basket ball) (see the note below)	llevaba canastas repletas de naranjas; metió el balón en la canasta
canasto m [2]	*basket* (see the note below)	metió toda la comida para la excursión en el canasto
capazo m [2]	(*large*) *basket* (often with a wide flat bottom and with two handles) (made of the same material as **espuerta**)	el albañil se llevó todas sus herramientas en el capazo; un hombre muy fuerte arrojaba capazos de tierra desde su barca
cartera f [2]	*satchel, briefcase* (in Argentina it means *lady's handbag*)	metió los libros en la cartera y se fue al colegio; metió los documentos en la cartera; le regaló a su madre una cartera en cuero
cesta f [2]	*basket* (not made of cloth but of wicker)	cogió la cesta y se fue a hacer la compra; la cesta de la compra
cesto m [2]	*basket* (usually bigger than **cesta** and made of wicker)(the last example is figurative)	pon los pantalones en el cesto de la ropa sucia; el cesto de los papeles; veinte años de socialismo pasaban de un plumazo al cesto de los papeles
hatillo m [2]	bag or piece of cloth for carrying, making a *bundle*	el vagabundo llevaba todas sus cosas en un hatillo; se echó el hatillo al cuello y emprendió la marcha
macuto m [2]	*knapsack*	el soldado llevaba el rancho en el macuto; está de moda llevar los libros en un macuto
mochila f [2]	*rucksack*	los excursionistas llevaban ropa de invierno en las mochilas

morral m [2]	knapsack, gamebag	volvió con dos perdices en el morral
neceser m [2]	toiletry bag, sponge bag, bag (for sewing materials)	metió el cepillo y el peine en el neceser
saco m [2]	bag, sack	se cargó a la espalda un saco lleno de cereal; un saco de patatas
talego m [2]	(big) sack	el talego está lleno de patatas

NB **canasta** and **canasto** are very similar except that the former has a wider opening and is not so tall. **Canasto** may be used in the first example of **canasta** which may be used in the one example for **canasto**

---

bonito

pretty, nice-looking

agraciado [3]	graceful, attractive	tiene un rostro agraciado
bello [3]	beautiful	el bello sexo; una mujer bella
chic [3–2]	chic (contains an element of snobbery)	es muy chic, siempre va muy elegante
fino [3–2]	fine, attractive, delicate, distinguished	es una porcelana muy fina; tiene las facciones muy finas; es una señora muy fina
primoroso [3–2]	exquisite, elegant	¡qué ramo más primoroso!
atractivo [2]	attractive	no es guapa, pero es atractiva
bonito [2]	pretty, nice-looking	una chica bonita; ¡mira qué flores tan bonitas!; unos pendientes muy bonitos; es un pueblo muy bonito
guapo [2]	good-looking	¡qué chico tan guapo!; ¡qué chica tan guapa!
hermoso [2]	beautiful	un hermoso día; una mujer hermosa
lindo [2]	lovely (often used in Spanish America)	una linda casa; ¡qué linda es esa chica!
mono [2]	lovely, nice-looking	su novia es muy mona; ¡qué niño más mono!

precioso 2	*lovely, nice-looking*	tiene un niño precioso; un paisaje precioso; gracias por la blusa, es preciosa; su novia es preciosa
bueno 1	*good-looking*	esa tía está muy buena; ¿quién es ese tío bueno?
camandulero A 1	*flashy, stylish*	te vetiste muy camandulero hoy
chido M 1	*nice*	el coche está bien chido; la casa está bien chida
petitero A 1	*stylish*	¡qué pantalón más petitero te compraste!

borde

edge

confines mpl 3–2	*confines, limits* (sometimes used in the singular)	viajó hasta los confines del mundo; venían del Perelló, último confín de la Albufera ...
linde mf 3–2	*edge, boundary* (the feminine form is used more) (see the note below)	llegaron al linde del bosque; se hallaba en las lindes de los sesenta y dos años
lindero m 3–2	*edge, boundary* (see the note below)	llegaron al lindero del bosque; se hallaba en los linderos de los sesenta años
margen f 3–2	*bank of a river* (see **margen** below)	la margen de un río; las márgenes del canal estaban cubiertas de barracas y viveros
ribera f 3–2	*bank, beach*	la ribera de un río / de un mar
arcén m 2	*hard shoulder*	está prohibido aparcar en el arcén de la carretera
borde m 2	*edge* (also used figuratively)	al borde del acantilado / del río; el borde de una mesa; llenó la copa hasta el borde; está al borde de la ruina / de la locura
canto m 2	*edge* (of a drinking glass, table or coin) (often suggests a thin object)	el canto de un vaso / de una mesa / de una moneda
costa m 2	*coast*	la costa sur es el lugar preferido de los turistas
extremo m 2	*end*	vive al / en el otro extremo de la ciudad

límite m ☐2	*limit*	este pueblo está justo en el límite de dos provincias; el presidente trató de alterar los límites territoriales fijados por el tratado
litoral m ☐2	*coast, seaboard*	en el litoral cantábrico se pesca mucho atún; el litoral marítimo
margen m ☐2	*margin* (see **margen** above)	debes dejar un margen de dos centímetros
orilla f ☐2	*bank of a river, coast*	los niños jugaban a la orilla del río / del mar; viven a orillas del mar

NB **linde** and **lindero** are used in exactly the same way, but the former is of a slightly higher register. The figurative example in both cases is of a higher register than the literal examples

---

borracho   drunk (see the note below)

beodo ☐3	*drunk*	cada vez que volvía del bar estaba beodo
ebrio ☐3	*inebriated*	cuando pegó a su mujer estaba ebrio
embriagado ☐3	*inebriated* (often used figuratively)	embriagado por la gloria
bebido ☐2	*drunk* (is of a slightly higher register than **borracho**)	no hagas caso de lo que dice, está bebido
borracho ☐2	*drunk* (also used as a noun) (is of a slightly lower register than **bebido**)	estaba borracho perdido; no sé cómo aguanta a ese borracho
estar como una cuba ☐2	*to be blind drunk*	al salir del bar estaba como una cuba
achispado ☐2–1	*tipsy* (used less than **alegre** and **contento**)	todo el mundo estaba achispado después del banquete
alegre ☐2–1	*merry* (has a gentle, humorous connotation, like **contento**)	sólo necesita una copa para ponerse alegre y empezar a hablar
contento ☐2–1	*merry* (has a gentle, humorous connotation, like **alegre**)	a la segunda copa de champán ya se pone contenta

hasta las chanclas M [2–1]	*pissed, sozzled*	los compadres salieron del bar hasta las chanclas
coete M [1]	*drunk, sozzled*	los invitados de la fiesta se pusieron coetes
chupado A [1]	*tight*	tomó mucho, está chupado
mamado [1]	*tight*	se bebió diez cervezas y acabó totalmente mamado
piripi [1]	*merry* (like **alegre** and **contento**) (often associated with older people)	la abuela contaba que se puso piripi en su boda con el vino de la comunión
teporocho M [1]	*sozzled*	con bebidas no muy finas salió teporocho de la cantina
estar en pedo A [1*]	*to be pissed*	tomó mucho, está en pedo

NB among the range of common expressions signifying *to be drunk* are the following: **estar cogorza / mamado / pedo / trompa** (**mamado** and **pedo** are used more than the other two, and all are R1). **Tener / llevar / una castaña / una cogorza / una curda / una merluza / una trompa / un pedo / una mierda** (the last one is R1★ while the others are R1). Of all these expressions, **estar pedo** and **llevar / tener un pedo** suggest the most unpleasant and unruly state, vomiting and uncontrollable behaviour. See **emborracharse** for verbs signifying *to get drunk*

---

borrar   to rub out, to erase

borrar [2]	*to rub out, to erase* (with a rubber) (the last figurative example is R3–2)	borró lo que había escrito en la pizarra; ¿tienes una goma? he de borrar esto que está mal; aquello se había borrado completamente de su memoria
cortar [2]	*to cut out* (as of a censor)	cortaron las escenas escabrosas de la película
suprimir [2]	*to suppress*	suprimió varios capítulos de la novela
tachar [2]	*to cross out* (either with a cross or a line)	en el examen tienes que tachar la respuesta incorrecta; si te parece que está mal táchalo

bosque
forest, wood

floresta f 3	*grove*	el pastor se paseaba por una placentera floresta
jungla f 3–2	*jungle* (used much less than **selva** when used literally; used more figuratively)	los cazadores se internaron en la jungla; la jungla del asfalto / de la ciudad
alameda f 2	*poplar grove* (nowadays it usually means *tree lined avenue*, and not necessarily of poplars)	los enamorados paseaban por la alameda
arbolado m 2	*woodland*	el incendio arrasó cien hectáreas de arbolado
arboleda f 2	*grove, wooded area* (often found near a river)	la gente se paseaba por la arboleda buscando refugio del sol; cien mil hectáreas de arboleda
bosque m 2	*forest, wood*	cerca del pueblo había un bosque de pinos; los osos están desapareciendo de los bosques españoles; un bosque de alcornoques
bosquecillo m 2	*small wood, copse*	en el bosquecillo de pinos crecen helechos y variedades de hongos
chopera f 2	*poplar grove / wood*	cruzaron la chopera antes de subir al monte
encinar m 2	*holm-oak wood*	vamos a coger bellotas al encinar
hayada f 2	*beech wood / grove*	se adentraron en la hayada antes de subir a la Cola de Caballo en los Pirineos
monte m 2	*wooded area*	han ardido cincuenta mil hectáreas de monte
pinar m 2	*pine grove*	había un camping en el pinar
selva f 2	*jungle* (used much more than **jungla**)	la selva virgen; la ley de la selva; los monos de la selva; *El Libro de la selva* de Kipling

---

bosquejo
outline, sketch

apunte m 2	*sketch* (suggests a small drawing of a natural object or a person) (**boceto** may be used here)	el retratista hizo un rápido apunte de la modelo

boceto m [2]	*outline*, *sketch* (often used of the plastic arts) (**bosquejo** may be used in these examples)	el boceto de un retrato / de un proyecto; el boceto de la escultura / de la pintura
bosquejo m [2]	*outline* (**boceto** may be used in the second example)	el bosquejo de la filosofía de Nietzsche; el bosquejo de una pintura
croquis m [2]	*sketch*, *rough drawing* (especially related to machines and architecture)	trazó un croquis del motor del coche para explicar su funcionamiento; el ingeniero hizo un croquis del solar
diagrama m [2]	*plan*, *diagram* (has a geometrical connotation)	el matemático representó los números en un diagrama
dibujo m [2]	*drawing*	hizo un dibujo del árbol; está tomando clases de dibujo
diseño m [2]	*design*, *drawing*	el diseño de muebles; un diseño gráfico
esbozo m [2]	*sketch*, *outline* (also used figuratively of a smile and suggests *a slight smile*)	el esbozo de un avión / de un proyecto / de una sonrisa
esquema m [2]	*diagram*, *outline* (the second example suggests a synthesis of the most important points or ideas)	hizo un esquema del corazón humano; antes de empezar a estudiar se hizo un esquema de la lección
plano m [2]	*plan*	si no sabes dónde vivo te hago un plano; el plano de un edificio / de una casa
trazo m [2]	*outline*	hizo los primeros trazos del dibujo

---

bote   can, tin, jar

bote m [2]	*can*, *tin*, *jar* (of glass or metal)	un bote de mermelada / de leche condensada / de aceitunas / de tomates / de pastillas
lata f [2]	*tin*, *can*	una lata de sardinas / de atún; compraron latas de conserva para el picnic; una lata de coca-cola / de cerveza
tarrina f [2]	(very small) *plastic container* (for individual portions of jam)	los restaurantes usan cada vez más tarrinas de mermelada porque son mucho más higiénicas
tarro m [2]	*pot*, *jar* (often of earthenware)	compré unos tarros para poner la cuajada

botella
bottle

bombona f [2]	*gas cylinder*	una bombona de gas
bota f [2]	*leather wine bottle*	compró una bota de vino como recuerdo de su visita a España
botella f [2]	*bottle*	una botella de agua / de leche / de vino
botellín m [2]	*small bottle*	un botellín de cerveza
botijo m [2]	*earthenware jug*	en el rincón siempre había un botijo lleno de agua
brik m [2]	*carton*	un zumo de naranja en brik
cantimplora f [2]	(metallic) *water bottle*	los excursionistas llevaban las cantimploras colgando de las mochilas
casco m [2]	(returnable) *bottle*	no tires los cascos que son retornables; un casco de cerveza
envase m [2]	*container* (which may be returnable) (whereas a **casco** is always a bottle an **envase** is any sort of container and can be a *tin*)	un envase retornable / no recuperable; un envase a presión
frasco m [2]	(*small*) *bottle* (**botella** may not be used in the first and last example)	un frasco de perfume / de colonia / de jarabe / de pastillas
garrafa f [2]	*very large water container of plastic or glass with one or two handles*	cortaron el agua en el pueblo y tuve que comprarme una garrafa; fueron a la fuente a llenar las garrafas de agua
litrona f [2]	*litre bottle* (usually for beer)	una litrona de cerveza
porrón m [2]	*wine jar* (with long spout)	levantó el porrón muy alto y el vino le salpicó en la cara
termo m [2]	*Thermos flask*	llenó el termo con café muy caliente

brillante
brilliant

centelleante [3]	*sparkling, flashing*	el caballo enjaezado en oro mostraba un aspecto centelleante al sol; una sortija centelleante

fulgurante 3	*bright, shining* (see the note below)	le despertó un sol fulgurante que le daba en la cara
refulgente 3	*brilliant* (see the note below)	en el aparador había unas copas de plata refulgente
rutilante 3	*shining, sparkling* (see the note below)	tiene una colección de candelabros rutilantes; las calles estaban adornadas con cientos de bombillas rutilantes
esplendoroso 3–2	*brilliant* (**resplandeciente** may be used in this example)	un sol esplendoroso
lustroso 3–2	*glossy, bright*	he dado brillo a mis zapatos y han quedado lustrosos
radiante 3–2	*radiant* (used figuratively) (for the literal use see below)	está radiante de felicidad / de alegría
brillante 2	*brilliant* (also used figuratively)	unos ojos brillantes; un sol brillante; Rumanía vive un brillante renacimiento cultural; una chica brillante; has tenido una idea brillante
luminoso 2	*luminous, shining* (suggests *giving off light*) (may be used figuratively, as of ideas)	un astro luminoso; una idea luminosa
radiante 2	*radiant* (used literally) (for the figurative use see above)	hace un sol radiante
reluciente 2	*shining*	la vajilla ha quedado reluciente; se veía una gran extensión de agua reluciente, de un azul blanquecino
resplandeciente 2	*gleaming, resplendent*	un sol / una belleza resplandeciente

NB there is very little difference between the second, third and fourth in this list. They all signify *very bright*

---

broma   joke

| **bufonada** f 3 | *buffoonery, jest* (often used figuratively) | no me divierten sus bufonadas |

chacota f / **chirigota** f 3	*joke* (when used in the expression **a (la) chacota / chirigota** = R1)	los comensales creyeron sus palabras dignas de la chacota y de la broma; no se puede hablar en serio contigo, todo te lo tomas a chacota / a chirigota
chanza f 3	*joke* (suggests words)	su hermana estaba harta de las chanzas de Juan
humorada f 3	*joke, pleasantry*	la señora condesa soportaba mal las humoradas de mal gusto de su marido
chocarrería f 3–2	*coarse joke* (suggests words)	son unos groseros, se pasan todo el día contando chocarrerías
broma f 2	*joke* (suggests acts or words) (the act can be a practical joke)	bromas aparte, no podemos ir hoy; gastar bromas; no estoy para bromas; no te ofendas, era sólo una broma; lo ha dicho en / de broma; me gastó una broma de muy mal gusto
chiste m 2	*joke* (suggests words)	le gustaba contar chistes verdes; lo ha contado tantas veces que el chiste ya ha perdido su gracia
gracia f 2	*joke* (suggests acts and words) (often used ironically for things which end up being tiresome)	ya ha vuelto a hacer otra gracia de las suyas; no le rías las gracias al niño (*don't laugh at him*) (or he'll go on doing it)
guasa f 2	*joke, joking*	pero, ¿vas / estás de guasa o hablas en serio?; está siempre de guasa
botana f M 1	*good fun*	¡qué botana con Jorge! es vaciadísimo (*he's really terrific*)
cachada f A 1	*joke* (suggests acts and words)	no te enojes, es una cachada, nada más
cargada f A 1	*joke* (suggests an act)	le hicieron una cargada y se ofendió
joda f A 1*	*joke, trick*	fuera de joda, puedo decir que …

---

brotar

to sprout, to spring forth, to gush out

manar 3	*to pour out*	del manantial manaba un agua pura y cristalina; la sangre manaba de una herida muy profunda que tenía en el brazo

surtir 3	*to spurt forth* (often used of water which shoots upwards)	el agua empezó a surtir de la fuente
germinar 3–2	*to germinate* (used figuratively) (for the literal use see below)	una idea germinó en su mente
brotar 2	*to sprout, to spring forth, to gush out*	las semillas brotan en primavera; lágrimas empezaron a brotar de sus ojos; la sangre empezó a brotar de la herida
chorrear 2	*to gush forth, to pour*	se cortó la mano y estaba chorreando sangre; el sudor le chorreaba por la frente
salir a chorro 2	*to squirt out*	la sangre le salía a chorro de la nariz
germinar 2	*to germinate* (used literally) (for the figurative use see above)	el calor y la humedad harán que germinen las semillas
salir 2	*to come out*	la gasolina salió tan de prisa por la manguera que me manchó toda la chaqueta
surgir 2	*to arise, to gush forth* (used more figuratively than literally)	han surgido algunos problemas / algunas dificultades; un manantial surgió del valle

---

buhardilla   loft, garret

ático m 2	*penthouse*	los yuppies han puesto de moda los áticos
buhardilla f 2	*loft, garret*	la cama de la abuela ocupaba toda la buhardilla
desván m 2	*loft*	metieron los trastos en el desván

---

burlarse de   to make fun of

escarnecer 3	*to scoff at* (suggests scorn like **mofarse de**)	los extranjeros fueron escarnecidos por su peculiar forma de comportarse
burlarse de 2	*to make fun of* (used in the same way as **guasearse de** although with suggestion of malice)	siempre se está burlando de mí

mofarse de [2]	*to scoff at* (suggests scorn)	no es agradable que se mofe constantemente de la gente
tomar el pelo a [2]	*to rag, to pull* (someone's) *leg*	no te lo creas, nos está tomando el pelo
reírse de [2]	*to laugh at*	no te rías de mí; ¿de qué te ríes?
ridiculizar [2]	*to ridicule*	en esta novela ridiculiza las costumbres de su época / a la clase aristocrática
satirizar [2]	*to satirize*	Quevedo satirizaba la sociedad de su tiempo
tomar el tiempo a A [2]	*to trick* (often used of children with wheedling ways)	cuidado con ese vendedor, te puede tomar el tiempo; los niños le tomaron el tiempo y ya no le hacen caso
guasearse de [2-1]	*to make fun of* (used in the same way as **burlarse de** but does not suggest malice)	siempre se guasea de todo el mundo
cachondearse de [1]	*to make fun of*	mi hermano siempre se está cachondeando de lo que dicen los políticos
pitorrearse de [1]	*to make fun of* (suggests making fun of someone in that person's presence)	deja de pitorrearte del pobre chico

---

burro   donkey, ass

asno m [2]	*donkey, ass* (also used figuratively = R1)	*El asno de oro* de Apuleyo; ese hombre es un asno
burro m [2]	*donkey, ass* (used as an adjective and noun) (also used figuratively = R1)	el burro es todavía muy típico en España; es un burro / es muy burro, por más que se lo explico no lo entiende
borrico m [2-1]	*donkey* (used as an adjective and noun) (also used figuratively = R1)	¿ves allí al campesino con su borrico?; ¡no seas borrico, hombre!; eres un borrico

---

buscar   to look for

escudriñar [3]	*to scrutinize*	escudriñaba el horizonte en busca de algún barco
inquirir [3]	*to enquire* (*into*)	la jueza inquirió todas las pruebas antes de proceder al sumario

pesquisar ③	*to investigate* (used much less than **pesquisa**)	la policía ha estado pesquisando las razones del robo
huronear ③–②	*to pry (into), to look around* (see the note below)	siempre anda huroneando por ahí para ver si logra enterarse de algo
indagar ③–②	*to investigate, to enquire into*	la policía ha estado indagando las causas del robo
buscar ②	*to look for*	estoy buscando mi bolígrafo, lo he perdido; la policía todavía está buscando a los ladrones / a los niños perdidos
curiosear ②	*to look around, to snoop*	fuimos a las tiendas sólo a curiosear, no compramos nada; la vecina de arriba siempre anda curioseando detrás de la cortina
explorar ②	*to explore*	exploraron la selva en busca de la chica extraviada; explorar con la vista
investigar ②	*to investigate, to research*	la policía está investigando las causas del accidente; están investigando las causas del sida; todavía se está investigando sobre este tema / sobre este caso / sobre los móviles del crimen
rebuscar ②	*to look for* (often used with **buscar**) (suggests great care)	he estado buscando y rebuscando por toda la casa pero no he encontrado mi anillo; rebuscar información
registrar ②	*to search* (has an official connotation)	los policías registraron el barco y encontraron dos mil kilos de heroína pura
fisgar ②–①	*to pry, to snoop* (see the note below)	mi vecina siempre está fisgando para ver si logra enterarse de algo
fisgonear (en) ②–①	*to pry (into), to snoop* (see the note below)	deja de fisgonear en mis asuntos
hurgar (en) ②–①	*to rummage (in), to feel (around)*	¿qué haces hurgando en mi bolso / en mis papeles?; el mendigo estaba hurgando en la basura
husmear ②–①	*to pry* (see the note below)	deja ya de husmear, siempre te quieres enterar de todo
meter las narices en ①	*to poke one's nose into*	siempre anda metiendo las narices en todo; deja de meter las narices en donde no te importa

NB **huronear, fisgar, fisgonear** and **husmear** have pretty well the same meaning. The only difference is one of register. The second and third are of a slightly lower register than **husmear**, although they are all R 2–1

búsqueda   search

busca f 2	*search* (usually appears in the expression **en busca de**)	iban en busca del tesoro escondido; más de dos millones de germano-orientales pasaron a Occidente en busca de nuevos horizontes; una orden de busca y captura
búsqueda f 2	*search*	la búsqueda de la niña perdida se inició hace diez horas
investigación f 2	*investigation, research* (used in the singular or plural)	la policía lleva la investigación / las investigaciones para encontrar al asesino; la investigación / las investigaciones en química orgánica está(n) muy avanzada(s)
pesquisa f 2	*police search*	la policía está realizando una pesquisa para descubrir las causas del accidente
registro m 2	*search* (has an official connotation)	los aduaneros realizaron un registro del coche; una orden de registro; un registro domiciliario

caballo   horse

corcel m 3	*charger, steed*	el Cid cabalgó por la llanura castellana en su brioso corcel
jamelgo m 3	*poor horse, nag* (same as **rocín**)	cabalgaba un escuálido jamelgo
rocín m 3	*poor horse, nag* (same as **jamelgo**)	cabalgaba un escuálido rocín
Rocinante 3	*Don Quixote's horse*	Rocinante era un caballo de mala traza y de poca alzada
cabalgadura / **caballería** f 3–2	*mount, horse* (**cabalgadura** is used less than **caballería**)	el paso de las cabalgaduras / caballerías fue un gran espectáculo
caballito m 2	*little horse, rocking horse*	le he comprado un caballito de madera a mi hijo
caballo m 2	*horse*	me gusta montar a caballo
cuaco m M 2	*horse*	el charro ha amarrado su cuaco fuera del corral
jaca f 2	*pony, small horse*	mi jaca galopaba a rienda suelta

matungo m A [2]	(old, broken down) *horse*	el carro del lechero era tirado por un pobre matungo
pingo m A [2]	*racehorse* (suggests a horse of good quality)	le gusta jugar a los pingos
potro m [2]	*colt* (sometimes the diminutive **potrillo** is used)	intentó domar al potro / al potrillo
semental m [2]	*stallion*	todos esos potros son del mismo semental
yegua f [2]	*mare*	la yegua parió un potro negro
penco m [1]	*poor horse*	es un penco, no sirve para nada

---

cabaña   cabin, hut

barraca f [2]	*shed*, *shack*, *farmhouse* in the Valencia area (especially **la Albufera** but few are left now)	esta casa es una verdadera barraca; *La Barraca* es una novela de Blasco Ibáñez; las barracas estaban desparramadas en el borde del canal
barracón m [2]	*stall*	nos veremos en la feria en el barracón de tiro
cabaña f [2]	*cabin*, *hut* (same as **choza**)	el leñador vivía en una cabaña
caseta f [2]	*stall*, *booth*, *changing room* (on the beach, not at a swimming pool)	deja el bañador en la caseta; los hinchas le gritaban al futbolista '¡a la caseta!'
casilla f [2]	*hut* (used for special purposes as indicated in the examples)	la casilla de un guarda / de un peón caminero / de un carabinero
casucha f [2]	*broken down house*	vive en una casucha vieja y medio derruida
cobertizo m [2]	*hut* (only partly enclosed by walls)	dejé mis herramientas en el cobertizo del jardín; encontraron un cobertizo para protegerse de la lluvia
covacha f M [2]	*shack*	es imposible vivir allí, no es más que una covacha
chabola f [2]	*shack* (always associated with a shanty town)	el arrabal está lleno de chabolas; muchos gitanos todavía viven en chabolas

choza f 2	*hut, cabin* (same as **cabaña**)	encontraron una choza de paja en el bosque y pasaron la noche allí
rancho m A 2	*cabin, hut* (does not mean *ranch*)	son muy pobres, viven en un rancho
tapera f A 2–1	*shack, hut* (usually of adobe)	nació en una tapera y llegó a millonario

---

cabeza

head

cabeza f 2	*head* (see the note below)	le cayó una teja en la cabeza; me duele la cabeza; a ver si te metes eso en la cabeza; debe estar mal de la cabeza (*he must be mad*); un cabeza de familia
jefe m 2	*head* (used figuratively)	un jefe de departamento
crisma f 2–1	*nut, bonce* (used literally with **romper**)	bájate de ahí si no quieres romperte la crisma; si vuelvo por aquí le rompo la crisma
testa f 2–1	*head* (used literally)	iba con la testa descubierta
azotea f 1	*nut* (only used in the example)	ése está mal de la azotea (*he's nuts*)
coco m 1	*nut, bonce* (used literally and figuratively)	le cayó un ladrillo en el coco; a ver si te entra eso en el coco
mate m A 1	*bonce* (used literally and figuratively)	me duele el mate; tener el mate lleno de ilusiones
melona f 1	*nut* (often suggests a big head) (used literally)	quita la melona que no me dejas ver; asoma la melona por la ventana a ver si lo ves

NB **cabeza** is used literally and figuratively. When it is used figuratively with the meaning of *leader* it is masculine or feminine

---

caer(se)

to fall

hundirse 3	*to collapse* (used literally; for the figurative use see below)	tras el terremoto se hundieron algunos de los edificios
colapsar 3–2	*to collapse* (used figuratively), *to cause to collapse, to bring to a standstill*	la bolsa / el mercado colapsó; el intenso tráfico colapsó el centro de la ciudad

desmoronarse 3–2	to collapse (also used figuratively) (often used of a wall)	el malecón se desmoronó por influjo del oleaje; el imperio / el proyecto se desmoronó; la dictadura se está desmoronando
desplomarse 3–2	to collapse, to come crashing down (used figuratively; for the literal use see below)	aquello hizo que se desplomaran sus ilusiones / sus esperanzas
hundirse 3–2	to collapse, to cave in (used figuratively; for the literal use see above)	se hundió la bolsa / el imperio; el régimen se está hundiendo tras quince años de dictadura
venirse abajo 2	to collapse (also used figuratively)	el edificio se vino abajo después de la fuerte explosión; todos sus planes se han venido abajo
caer(se) 2	to fall (see the note below)	el niño (se) cayó al río; caer(se) en una trampa / en una emboscada; caer(se) de cabeza / de espaldas; (se) cayó cuan largo era; el valor del dólar cayó en picado
derrumbarse 2	to fall headlong, to collapse (used of a wall or buildings, not of a person) (also used figuratively)	el muro / el edificio se derrumbó a consecuencia del estallido; se derrumbaron sus esperanzas / sus ilusiones
desplomarse 2	to collapse, to crash down (used of a person) (for the figurative use see above)	después de sufrir un ataque al corazón se desplomó
estrellarse 2	to crash (used of a plane) (when used of a person = R2–1)	un motor prendió fuego y el avión se estrelló; iba corriendo tan de prisa que se estrelló contra la pared
ponerse un fregadazo M 2–1	to come a cropper	se cayó y se puso un fregadazo
irse a pique 2–1	to sink, to founder (also used figuratively = to be ruined)	el barco se fue a pique; sus ilusiones / sus esperanzas se fueron a pique; su matrimonio / el proyecto del negocio se fue a pique
darse un guarrazo / un porrazo 1	to come a cropper	se cayó de la bici y se dio un guarrazo / un porrazo

NB in some cases **caer** and **caerse** may be used in exactly the same way, and when this is so, **caerse** is used more. **Caerse** may not be used in the last example which is figurative

café

café, bar (see note 4 below)

bar m
2

bar (like **café** where food and non-alcoholic drinks are served but not quite so up-market)

te invito a una copa en el bar

bodega f
2

bar, wine cellar

esa bodega es muy típica y tiene el mejor vino del pueblo

café m
2

café, bar (slightly more up-market than **bar**)

fueron a desayunar a un café; *café — bar* (sign outside a café)

cafetería f
2

café (does not mean a self-service cafeteria)

nos tomamos un café con leche y un pastel en la cafetería de la esquina

cafetín m
2

low-class bar, small café

los escritores tenían su tertulia semanal en el cafetín

cantina f
2

buffet, refreshment room (see note 1 below)

el tren para en Burgos y podemos comprar algo en la cantina; pasaron toda la tarde tomando tequila en la cantina

cervecería f
2

bar, public house (specializing in beer) (can be more up-market than **bar**)

tomamos una copa en la cervecería

chiringuito m
2

bar, café in recreational spot (see note 2 below)

¿tomamos una copita en el chiringuito cerca de la playa?

merendero m
2

= **chiringuito** (see note 2 below)

comimos en un merendero en el campo / en la playa

taberna f
2

bar, pub (like **tasca** but suggests an older establishment)

tomo el café todos los días en una taberna

tasca f
2

bar, pub (see note 3 below)

esas dos calles están llenas de tascas

NB 1 **cantina** is often associated with a railway station or a university, although in Mexico it has the more general meaning of *bar* or *saloon* 2 **chiringuito** and **merendero** suggest a small stall for selling quick snacks, and are often found in the open air, as near a beach. **Merendero** is being supplanted by **chiringuito** in some areas 3 **tasca** suggests a small, informal establishment where people stand, even on the pavement outside. Many are often found together. **Tapas** and alcoholic drinks are available here 4 the differences between **tasca, taberna** and **bar** are no longer clear since many bars call themselves **tasca**, etc. on a sign outside

caja   box, tin, can

ataúd m [2]	*coffin*	bajaron el ataúd en la fosa común
baúl m [2]	*trunk*	metieron toda la ropa en el baúl
bidón m [2]	*drum, can, petrol can*	depositaron en instalaciones subterráneas numerosos bidones de residuos nucleares; un bidón de gasolina / de líquido inflamable
caja f [2]	*box, tin, can*	compré una caja de cerillas / de zapatos / de bombones; una caja de cartón / de madera
cajón m [2]	*large box, crate*	me regalaron un cajón de naranjas; los mercaderes iban cargados con cajones de fruta
cajuela f M [2]	*car boot*	está muy cargada la cajuela
cofre m [2]	*chest, jewel case*	el cofre estaba lleno de joyas
joyero m [2]	*jewel case*	guardaba las joyas en un joyero
maletero m [2]	*car boot*	metió la rueda en el maletero

calcular   to calculate, to work out, to reckon

conjeturar [3]	*to conjecture (upon)*	conjeturar el futuro de una nación
computar [3–2]	*to compute, to count*	computar los votos emitidos; los años trabajados sin plaza fija no se computan para la jubilación
contabilizar [3–2]	*to count, to calculate*	ya tenía ganadas las elecciones cuando aún no estaban contabilizados todos los votos
cuantificar [3–2]	*to quantify*	cuantificar el costo del puente
calcular [2]	*to calculate, to work out, to reckon*	tenemos que calcular cuánto nos va a costar todo / cuánto tiempo vamos a tardar; le calculo unos cincuenta años

hacer conjeturas [2]	to make conjectures	no tenemos datos fiables, estamos haciendo conjeturas; hacer conjeturas sobre el futuro de un país
contar [2]	to count (up)	¿sabes contar hasta diez?; hay que contar a los niños por si alguno se pierde
cronometrar [2]	to time (as in athletics)	el entrenador cronometró todas las vueltas del atleta; cronometrar una carrera
deducir [2]	to deduce (the first example is very typical)	de estos datos podemos deducir que ... ; deduzco que no has tenido suficiente tiempo para ...
estimar [2]	to estimate	estimar una sortija en su justo valor / en seiscientas libras
medir [2]	to measure	mide la superficie de esa mesa
pesar [2]	to weigh (with a machine)	¿me puede pesar la fruta, por favor? (in a shop)
presupuestar [2]	to budget	presupuestó en cien millones la construcción del puente
sopesar [2]	to weigh (with a hand) (also used figuratively)	entre estos dos pesos sopesa cuál pesa más; hay que sopesar las ventajas y desventajas del viaje y después decidir

---

caliente   hot

acalorado [2]	hot, heated (the figurative use is more typical)	un debate acalorado; después de la carrera el atleta estaba acalorado
ardiente [2]	burning (the figurative use is more typical = ardent)	un ardiente defensor de la democracia; una barra de hierro ardiente; la zarza ardiente (witnessed by Moses)
caldeado [2]	warm (used of a room)	una habitación caldeada
cálido [2]	warm, hot (also used figuratively) (**caluroso** may be used with **día, tiempo** and **acogida**)	un clima / un día / un país / un tiempo / un viento cálido; una acogida cálida; colores / tonos cálidos; una voz cálida
caliente [2]	warm, hot (also has a sexual connotation = R1)	un café caliente; la sopa todavía está demasiado caliente; no te fíes de las apariencias, es un tío muy caliente

caluroso 2	*hot, warm* (also used figuratively) (**cálido** may be used in the figurative examples) (note the position of the adjective in the examples)	un día / un verano caluroso; le brindaron una calurosa acogida / una calurosa bienvenida
candente 2	*red hot, glowing* (also used figuratively = *burning*)	un metal candente; una cuestión candente
hirviendo 2	*boiling* (used of a liquid)	un cazo de agua hirviendo
tibio 2	*warm, luke-warm*	comprueba que el biberón está ya tibio para el bebé
tórrido 2	*torrid*	el clima tórrido de los trópicos

---

calmar   to calm (down)

acallar 3	*to assuage, to calm down*	acallar los malos instintos / las críticas / los rumores
templar 3	*to temper, to moderate, to calm down*	la proximidad del mar templa las temperaturas; templar la luz / el color; sus palabras lograron templar los ánimos de la muchedumbre
apaciguar 3–2	*to pacify, to calm down*	estaba muy enfadada, pero logré apaciguarla prometiéndole que ... ; el Ayuntamiento anunció nuevas medidas de sanidad para apaciguar los ánimos
aplacar 3–2	*to placate, to soothe, to relieve*	aplacó su ira disparando contra el enemigo; aplacar el hambre / la sed; aplacar los ánimos
desdramatizar 3–2	*to dedramatize*	después de un debate tan acalorado, el presidente hizo lo posible por desdramatizar la situación
aliviar 2	*to relieve*	la aspirina me alivió el dolor de cabeza; aliviar una pena; intenta aliviarse con baños de agua caliente
calmar 2	*to calm* (*down*) (see the note below)	tómate esta tila, te calmará los nervios; cálmate, mujer, estás muy nerviosa; le recetó un medicamento para calmar el dolor; lloró mucho pero después se calmó

moderar [2]	to moderate	moderar el tono de voz / las pasiones / la marcha; ten más cuidado con lo que dices, has de moderarte un poco
serenar [2]	to quieten, to calm down (often used reflexively) (see the note below)	serenar los ánimos; después de llorar durante largo rato logró serenarse
sosegar [2]	to quieten, to calm down (often used reflexively) (see the note below)	esta buena noticia la sosegó; tardó mucho tiempo en sosegarse después de enterarse de lo del accidente; el corazón le latía con violencia y aguardé unos segundos a que se sosegara
tranquilizar [2]	to calm down, to reassure (see the note below)	esta noticia me ha tranquilizado; no tardó mucho en tranquilizarse tras lo sucedido; tienes que tranquilizarte, estás muy excitada

NB **serenar(se)** and **sosegar(se)** are very similar, and are used like **calmar(se)** although **serenar(se)** suggests much more the ability to regain one's self-control. The reflexive forms of **calmar** and **tranquilizar** are also very similar. This is much less true of the non-reflexive forms

calzado   footwear

abarca f [3]	sandal	tras la dura jornada se despojó de sus abarcas
alpargata f [2]	rope-soled sandal	los campesinos suelen llevar alpargatas
bota f [2]	boot	el terreno está todo embarrado, es mejor ponerse las botas; botas de fútbol; los electricistas deberían llevar siempre botas de goma en el trabajo; unas botas de agua (*Wellington boots*)
botín m [2]	bootee, high shoe	llevaba una falda larga y unos botines de piel
calzado m [2]	footwear	la industria del calzado; **Calzados** (a shop sign)
guarache m M / **huarache** m M [2]	sandal	usó unos guaraches en la playa
ofota f A [2]	flip-flop	a la playa llevo ofotas
playera f [2]	plimsol, tennis shoe	se puso las playeras para jugar al tenis / para correr

sandalia f [2]	*sandal* (but in Mexico the type of sandal with straps up to just below the knee, as in antiquity)	perdió las sandalias en la playa
zapatilla f [2]	*slipper, sports shoe*	al llegar a casa se puso las zapatillas; necesito unas zapatillas para correr
zapato m [2]	*shoe*	un par de zapatos; unos zapatos de piel
zueco m [2]	*clog*	la gente sigue llevando zuecos en el campo
chancla f / **chancleta** f [2–1]	*light shoes* (for beach), *flip-flop*	las chanclas / las chancletas son muy prácticas para la playa

---

callado   quiet (see the note below)

taciturno [3–2]	*taciturn*	es un hombre taciturno, no le gusta hablar mucho
callado [2]	*quiet* (**estar** must be used with **callado**)	estuvo callada todo el rato, no dijo ni una palabra
discreto [2]	*discreet*	sé discreto, ten cuidado con lo que dices
mudo [2]	*dumb, silent* (**ser** must be used with the second example)	pareces mudo, no has dicho ni una palabra; es mudo de nacimiento; ¿no ves que es / está muda?
reservado [2]	*reserved*	es muy reservado en sus juicios; los británicos tienen fama de ser muy reservados
retraído [2]	*reserved, shy*	era un niño tímido y retraído
silencioso [2]	*silent*	no se les oye nunca, son muy silenciosos

NB all these adjectives are used with **ser** except for **callado**

---

cama   bed

| **lecho** m [3] | *bed* (has a restricted use) | en su lecho de muerte le confesó que ... ; el lecho nupcial |
| **tálamo** m [3] | *marriage bed* | el tálamo nupcial |

catre m 3–2	*folding bed, camp bed* (also used pejoratively; see **catre** below)	tuvo que dormir en un catre
cama f 2	*bed* (the last example is used of a sick person)	me pasé todo el día en la cama; ¡a la cama, niños, que ya es tarde!; tiene que guardar cama durante una semana
camastro m 2	*rickety old bed*	dormimos muy mal en aquel camastro
cuna f 2	*cradle, cot*	la madre le está cantando una canción al niño junto a la cuna
hamaca f 2	*chaise longue, deck chair, hammock*	se tumbó en una hamaca para tomar el sol; colgó la hamaca de los dos árboles
litera f 2	*bunk, berth*	mi hermana y yo dormimos en literas; siempre reservo una litera cuando viajo en tren / en barco
moisés m 2	*Moses basket*	durmió en un moisés hasta los tres meses
tendido m M 2	(poor quality, uncomfortable) *bed*	no duermo en el tendido ese, es muy incómodo
tumbona f 2	*chaise longue, deck chair* (stretches out horizontally)	se echó en la tumbona para tomar el sol
catre m 1	(*rickety*) *bed* (for a more restricted use see above)	estoy que me muero de sueño, me voy al catre
catrera f A 1	*bed*	se tiró en la catrera

---

cambiante   changing, inconstant

mudable 3	*changeable, fickle*	la novelista ha creado un personaje mudable / de carácter mudable y de personalidad compleja
veleidoso 3	*capricious, inconstant*	Lope de Vega escribió sobre la corte de su época y sus veleidosas damas
antojadizo 3–2	*capricious* (like **caprichoso** except for the register)	es difícil la convivencia con Margarita porque es una persona sumamente antojadiza
inconsecuente 3–2	*inconsistent*	es muy inconsecuente, nunca se atiene a lo que dice / a lo que promete

lunático
3–2
unpredictable (often used as a noun) (does not usually mean *lunatic*)
es una lunática, no sabes a qué atenerte con ella; la mentalidad lunática de Einstein

precario
3–2
precarious
su precario estado de salud no le permite viajar como antes; sus medios económicos son muy precarios

voluble
3–2
changeable, fickle
es muy voluble / tiene un carácter muy voluble, cambia continuamente de parecer

cambiante
2
changing, inconstant
no sé qué ponerme por las mañanas, el tiempo está muy cambiante; tiene un humor muy cambiante; la realidad social es compleja, cambiante

caprichoso
2
capricious (like **antojadizo** but **antojadizo** may not be used in the second example)
este niño es muy caprichoso, cada vez que salimos quiere que le compre algo; la violencia puede considerarse tal vez de manera caprichosa, como aspecto de una filosofía de la agresión

frívolo
2
frivolous
no soy el tipo de hombre al que le gustan las chicas frívolas, soy demasiado serio

inconstante
2
inconstant
es una persona muy inconstante, cada día quiere una cosa distinta

inestable
2
unstable
en la zona donde vivo el tiempo es muy inestable; es una persona emocionalmente inestable

variable
2
variable, unstable
prefiero el clima mediterráneo al clima inglés, no es tan variable; nunca sé cómo va a reaccionar, tiene una personalidad muy variable

ligera de cascos
2–1
frivolous (only applied to females)
es muy ligera de cascos, cada semana sale con uno

---

cambiar   to change

demudar
3
to change (only the past participle is used) (often used with **rostro**)
tenía el rostro demudado por la rabia

metamorfosear
3
to transform (often used reflexively)
el ogro se metamorfoseó en príncipe

transmutar
3
to transmute
el poeta transmutó el borrador en una epopeya

conmutar 3–2	to *commute* (has a legal connotation) (often used as a past participle)	el magistrado conmutó la pena de muerte por treinta años de cárcel; el autor disidente vio en mayo de este año conmutada su pena de prisión
mudar 3–2	to *change* (see below for when it means to *move*)	mudó de color al oír la noticia; mudarse de ropa
trocar 3–2	to *change, exchange*	trocó el perro en rana por arte de magia; trocar armas por joyas
cambiar 2	to *change* (means to *move house* when used reflexively) (the reflexive must be used in the penultimate example)	tuve que cambiar una rueda en la autopista; cambiar francos en pesetas; ¿me puede cambiar cinco mil pesetas?; hemos cambiado de traje / de idea / de planes; cambiar de trabajo / de novio; se han vuelto a cambiar de casa; se cambió de ropa porque quería hacer un poco de futín; ha cambiado mucho en los últimos años
canjear 2	to *exchange*	los gobiernos canjearon prisioneros en la frontera; tengo que canjear este vale
convertir 2	to *change, to convert* (used much more than to *convert*)	convirtió el agua en vino; Francia propone convertir la Antártida en una reserva natural; la soledad la ha convertido en una persona muy egoísta; sus sueños se convirtieron en realidad; la convirtieron al cristianismo
corregir 2	to *correct*	tienes que corregir tu conducta si quieres salir adelante; tienes que corregirla cada vez que dice algo mal
modificar 2	to *modify*	modificó la propuesta / las estructuras del poder / sus planes
mudar 2	to *move* (**mudarse** always means to *move house*) (the reflexive is used much more than the non-reflexive) (see above for when it means to *change*)	al nacer el cuarto hijo se tuvieron que mudar de casa; nos han mudado de oficina
reformar 2	to *reform, to alter*	han reformado algunos artículos de la ley; van a reformar la casa, el cuarto de baño es demasiado pequeño
transformar 2	to *transform*	transformó el cuento en una novela magnífica; el matrimonio la ha transformado; la manifestación se transformó en protesta contra … ; desde que nació su hijo se ha transformado por completo

| **variar** 2 | *to vary* | si quiere ganar, el equipo tiene que variar su juego; la universidad pagaba un tanto por conferencia que variaba según la relevancia y fama del interesado |
| **virar** 2 | *to veer, to turn* | el barco viró hacia la costa |

---

caminante   traveller, wayfarer

caminante mf 3–2	*traveller, wayfarer*	el caminante pernoctó en una fonda
transeúnte mf 3–2	*pedestrian, passer-by* (has a wider meaning than **peatón**)	varios transeúntes se congregaron en el lugar del accidente; cinco transeúntes resultaron heridos a consecuencia de la explosión
nómada mf 2	*nomad* (also used as an adjective = *nomadic*)	los nómadas del desierto; los pueblos nómadas
peatón m 2	*pedestrian*	el peatón no debe cruzar la calle cuando el semáforo está en rojo; peatón, en carretera, circula por la izquierda (on road signs)
peregrino m 2	*pilgrim*	los peregrinos tardaban tres meses en ir de París a Santiago
vagabundo m 2	*tramp*	había un vagabundo durmiendo en un banco del parque
viajero m 2	*traveller*	es una viajera empedernida; una inmensa llanura se extendía ante los ojos del viajero; se ruega a los señores viajeros que ...

---

camino   way (to somewhere)

vereda f 3	*path, lane*	cogimos una vereda para llegar a la granja
vericueto m 3	*rough track* (often used in the plural) (also used figuratively = *meanderings*)	un camino con muchos vericuetos; le gustaba perderse por los vericuetos de la imaginación
callejuela f 3–2	*alley-way*	Sevilla está llena de callejuelas
ronda f 3–2	*ring road* (has a less official connotation than **carretera de circunvalación**)	la ronda de Toledo en Madrid

senda f 3–2	*path* (also used figuratively) (same meaning as **sendero**)	puedes seguir esta senda para atravesar el bosque; seguir la senda de la verdad
atajo m 2	*short cut*	si cogemos este atajo llegaremos en seguida
autopista f 2	*motorway*	si conduces por la autopista ahorrarás tiempo
autovía f 2	*dual carriageway*	entre Huelva y Sevilla hay una autovía
avenida f 2	*avenue*	estaban paseando por la avenida del mar
bulevar m 2	*boulevard*	son preciosos los bulevares de París
calle f 2	*street, road*	ésta es la calle del Conde de Orgaz; cruzar la calle; ¿en qué calle vives?
calle peatonal f 2	*pedestrian precinct*	afortunadamente han construido una calle peatonal, era horroroso antes con tantos coches
callejón m 2	*alley-way*	el ladrón se escondió en un callejón
callejón sin salida m 2	*cul-de-sac* (also used figuratively)	no te metas por ahí, es un callejón sin salida; el primer ministro se encuentra en un callejón sin salida
camino m 2	*way, path* (also used figuratively)	si vas por este camino, llegarás antes; iba camino de su casa / de Madrid; me lo encontré en el camino de mi casa; se pusieron en camino al amanecer; consiguió abrirse camino entre la multitud; tiene un hijo y otro en camino; el país va camino de la democracia
camino de herradura m 2	*bridle path*	el jinete cogió el camino de herradura
carretera f 2	*main road*	esta carretera general es la N-7; la carretera de Valencia
carretera de circunvalación f 2	*ring road* (**carretera de** may be omitted, but is of a lower register)	para dar la vuelta a la ciudad coge la (carretera de) circunvalación
desvío m 2	*diversion*	la carretera estaba cortada por las obras y tuvimos que seguir por un desvío

pista f
2
track
los excursionistas tomaron la pista que cruzaba el bosque de hayas

ruta f
2
route (in Argentina it is a road; see the second example)
los peregrinos siguen anualmente la ruta de Santiago; pararon varias veces en la ruta 2

sendero m
2
path (also used figuratively) (same meaning as **senda**)
seguimos un sendero para salir del bosque; el sendero de la humanidad / de la perfección

variante f
2
bypass
no pasé por el centro, cogí la variante

vía f
2
road, route, way (see the note below)
está prohibido arrojar papeles en la vía pública; mandaron el paquete por vía aérea; la vía férrea; la Vía Láctea (*Milky Way*); la Gran Vía; un país en vías de desarrollo

NB the literal use of **vía** as a *way* is now out-of-date but it survives in certain expressions. It may be used figuratively. The penultimate example is often used for an important and wide road in a town and may be translated by *high road*. Note also that **vía crucis** = *way of the cross* is masculine

---

campana   (small hand) bell

campana f
2
(*small hand*) bell
las campanas tocaban a muerto; *Por quien doblan las campanas* de Hemingway; el maestro tocó la campana para que se callaran

campanilla f
2
(*small hand*) bell
la campanilla del comedor sonó para que fuésemos a comer

cascabel m
2
(*very small*) bell (as for a domestic animal)
le he puesto un cascabel al gato para saber por dónde anda

cencerro m
2
bell round the neck of goats, cows, etc.
se oían los cencerros de las cabras

sonaja f
2
small bell (often used in the plural when it means *tambourine*)
las sonajas de los vascos

sonajero m
2
(*child's*) rattle
el niño siempre deja de llorar cuando le doy el sonajero

camping camping, camp site

acampada f
2
camp (suggests something less official than the other synonyms in this group) (often refers to the act of camping)
el verano pasado hicimos una acampada de cinco días en los Pirineos; hemos pasado una semana de acampada en la sierra; este fin de semana nos vamos de acampada

campamento m
2
camp
un campamento militar; un campamento de verano para niños

camping m
2
camping, camp site
hicimos camping cerca del lago; un camping para turistas

colonia f
2
children's camp belonging to a specific institution
la colonia del colegio está en los Pirineos

---

campo country(side), field

campiña f
3
countryside, stretch of farm land (has a poetic connotation of beauty)
el poeta contemplaba la verde campiña

campo m
2
country(side), field
los agricultores trabajan en el campo; un campo de maíz

cultivos mpl
2
sown fields
no se sabe cómo se va a regar los cultivos si no llueve antes de septiembre

pradera f
2
meadow, prairie (bigger than **prado** and may suggest a group of **prados**)
en Canadá hay muchas y grandes praderas

prado m
2
meadow (smaller than **pradera**)
en Galicia la lluvia beneficia la existencia de prados; las vacas pastaban en el prado

sembrados mpl
2
sown fields
el granizo ha dañado los sembrados

---

cansado tired (see the note below)

derrengado
3
worn out, aching all over
había pasado todo el día andando y estaba derrengada

extenuado
3
exhausted
tras tantos días de marcha, los soldados llegaron extenuados

fatigado
3
tired (has a genteel connotation)
¿está fatigada la señora?

agotado
[2]
   exhausted
   después de haber andado veinte kilómetros estaba agotada; después de tener que lidiar con las niñas todo el día una está agotada

cansado
[2]
   tired
   he trabajado mucho y estoy cansado; me voy a la cama, estoy cansadísima

deslomado
[2]
   shattered
   cinco días en el puerto descargando y acabas deslomado

exhausto
[2]
   exhausted
   estoy exhausta de tanto trabajar

rendido
[2–1]
   exhausted
   cuando llegué a mi casa estaba rendido, no hubiera podido dar un paso más; estoy rendido, me he pasado todo el día limpiando

hecho bolsa A
[1]
   worn out (often suggests emotional exhaustion)
   estuve todo el día tomando los exámenes finales y ahora estoy hecha bolsa

hecho migas / polvo / trizas
[1]
   worn out, whacked
   no puedo más, estoy hecha migas / polvo / trizas

molido
[1]
   all in
   después de la caminata llegamos molidos

muerto
[1]
   worn out, dead beat
   estaba muerto de cansancio; estoy muerta, he pasado el día trabajando como un burro

hecho pomada A
[1]
   worn out
   he manejado toda la noche y estoy hecha pomada

hecho puré
[1]
   shattered
   he conducido diez horas y estoy hecha puré

hecho pelota A
[1*]
   shattered
   pasé toda la noche en vela y a esta altura del día estoy hecho pelota

NB many of these synonyms are very similar in meaning, particularly in the lower register

---

cantante   singer

diva f
[3]
   (female) opera singer, diva
   La Callas fue una gran diva

cantante mf
[2]
   singer
   José Luis Perales es mi cantante favorito; Monserrat Caballé es una gran cantante de ópera

cantaor(a) m (f) [2]	*Flamenco singer*	la niña de la Puebla era una gran cantaora
cantatriz f [2]	*singer* (in the opera mode)	Carmen Sevilla es una gran cantatriz en su género: la zarzuela
cantor m M [2]	*singer* (exists in Spain but is rarely used)	es un cantor excelente
mariachi m M [2]	*folk singer*	los mariachis cantaron las mañanitas
tornadillero / a m / f [2]	*singer* (of light lyrical songs) (used more in the feminine)	Sara Montiel, la famosa tornadillera, canta preferentemente cuplés

cantar   to sing

arrullar [2]	*to lull to sleep* (by singing)	la madre arrullaba al bebé
cantar [2]	*to sing*	canta como un ruiseñor; cantar una canción
canturrear [2]	*to hum, to sing softly*	la criada no ha parado de canturrear en toda la mañana
hacer gorgoritos [2]	*to gurgle*	los alumnos de tercero no paraban de hacer gorgoritos en la sala de música
gorjear [2]	*to gurgle, to burble* (often used of babies)	el bebé gorjeaba en la cuna
tararear [2]	*to hum*	tarareaba una canción de cuna; le oí tarareando en el baño

capricho   caprice, sudden desire, fad

humorada f [3]	*caprice*	fue una humorada pasajera querer comprar un Rolls-Royce
antojo m [2]	*whim, caprice* (may be associated with pregnancy in women = *craving*)	siempre tenemos que hacerlo todo a su antojo; durante el embarazo tenía el antojo de comer huevos fritos
capricho m [2]	*caprice, sudden desire, fad*	esta niña tiene demasiados caprichos; satisfacer un capricho; hacer algo por puro capricho; el último capricho son las motos náuticas

| **deseo** m
2 | *desire* | espero que se cumplan sus deseos |
| **fantasía** f
2 | *fantasy* | todo ese dinero que tiene es pura fantasía; a veces, fantasía y realidad se confunden en sus poemas |

---

cara   face

faz f 3	*face* (also used figuratively)	desaparecieron de la faz de la tierra; la faz de Cristo; en los últimos meses la faz del mundo ha cambiado totalmente
fisonomía f 3	*physiognomy*	no podía recordar la fisonomía del acusado
rostro m 3–2	*face*	su rostro reflejaba la inquietud; un rostro sonriente; *El Rostro* del cineasta Bergman utiliza sobre todo la técnica del contraste
semblante m 3–2	*face, appearance* (often reflects different states of mind)	tenía el semblante risueño / demudado
cara f 2	*face*	este niño tiene la cara sucia, no sé dónde se ha metido; me recibió con buena cara; tiene cara de haberse pasado toda la noche de juerga; ¿qué te pasa? tienes mala cara
pinta f 2–1	*face, appearance*	tiene pinta de pícaro; tener buena / mala pinta
jeta f 1	*mug, phizog*	como no te calles te parto la jeta; ¡qué jeta tienes, chaval!
trucha f A 1	*mug*	¡qué trucha más sucia! andá a lavártela

---

carácter   character

disposición f 3–2	*disposition* (often used with **de ánimo**)	tiene muy buena disposición de ánimo
índole f 3–2	*character, disposition* (often used with the idea of *nature*)	son personas de la misma índole; no me gusta mezclarme con gente de esa índole; han surgido varios problemas de índole administrativa; una visita de índole privada
natural m 3–2	*disposition*	tiene un natural generoso; es de natural precavido, nunca corre ningún riesgo

temple m 3–2	disposition, *state of mind* (mainly used with **bueno** and **malo**)	hoy no le preguntes nada que está de mal temple; estar de buen temple
carácter m 2	*character* (may have the idea of *nature*)	tiene un carácter muy fuerte / simpático; es una mujer de mucho carácter; tiene muy buen carácter; su visita fue de carácter privado
genio m 2	*disposition* (often used pejoratively and suggests *bad temper*)	tiene muy mal genio el tío; ¡vaya genio que tiene!; tiene mucho genio; tener el genio fuerte
humor m 2	*mood*	estar de buen / de mal humor
personalidad f 2	*personality*	tiene una fuerte personalidad
temperamento m 2	*temperament*	tiene un temperamento muy cambiante y es imposible prever como va a reaccionar
mala leche f 1*	*nasty temperament*	el tío ese tiene una mala leche …

---

cárcel
prison (see the note below)

penitenciaría f 3	*penitentiary*	la penitenciaría de Alcalá se encuentra en muy mal estado
penal m 3–2	*prison*	hay que mejorar las condiciones en los penales
centro penitenciario m 3–2	*prison* (euphemism for **cárcel**)	ingresó en el centro penitenciario de Cuenca uno de los delincuentes más peligrosos del país
presidio m 3–2	*prison*	pasó un año en presidio por sus ideas radicales; pasó cinco años de presidio
cárcel f 2	*prison*	el ladrón pasó tres meses en la cárcel; al disidente le quedaban aún por cumplir ocho meses de cárcel; por esto te pueden mandar a la cárcel
correccional m 2	*detention centre*	cuando tenía quince años pasó seis meses en un correccional
prisión f 2	*prison*	el juez dictó diez años de prisión; pasó seis meses en prisión; una prisión de alta seguridad; al autor checo le conmutaron este año su pena de prisión y fue liberado en enero

bote m M [1]	*jug*	metieron al ratero al bote
cafúa f A [1]	*nick*	lo metieron en cafúa
cana f A [1]	*nick*	lo metieron en cana
chirona f [1]	*jug, nick* (only used in certain expressions)	lo metieron en chirona; estuvo dos años en chirona
tambo m M [1]	*nick* (usually for an overnight stay)	lo metieron al tambo por emborracharse en la calle

NB a number of synonyms are translated by *prison*. The examples illustrate the differences in usage. For instance, it would not be possible to say: **le condenaron a cinco años de penal**. One would never speak of **una / la chirona**. In the first and last examples of **prisión** the use of **cárcel** would not be normal. Compare also usage in the first example of **cárcel** and the second example of **prisión**

---

cargo   duty, responsibility, post

deber m [2]	*duty*	es mi deber decírselo; los deberes y derechos de los ciudadanos
cargo m [2]	*duty, responsibility, post*	un cargo que goza de mucho prestigio; ha desempeñado el cargo de ministro; ocupa un importante cargo en la empresa; hacerse cargo de un negocio
función f [2]	*function* (often used in the plural)	fue relevado de sus funciones de secretario; presidente en funciones (*acting president*)
responsabilidad f [2]	*responsibility*	su responsabilidad consiste en dirigir la sección de perfumería; tiene un cargo de mucha responsabilidad

---

caro   dear, expensive

dispendioso [3]	*expensive*	tuvo gastos dispendiosos
oneroso [3]	*heavy* (of a price)	la minuta del médico resultó muy onerosa
inasequible [3–2]	*too high, unattainable*	un precio inasequible
costoso [3–2]	*costly* (also used figuratively)	este tratamiento está resultando muy costoso; un trabajo muy costoso; una labor costosa

caro [2]	*dear, expensive*	la vida está muy cara; no lo voy a comprar, es demasiado caro
(estar) por las nubes [2]	*(to be) sky high* (also used with **poner**)	la carne aquí está por las nubes; el precio del petróleo se ha puesto por las nubes
salado A [2–1]	*pricy*	'¡qué lindo anillo!' 'Sí, pero muy salado'

carta — letter

esquela f [3]	*billet doux*	una esquela amorosa
misiva f [3]	*missive, letter*	recibió una misiva en la que se le comunicó que …
carta f [2]	*letter*	voy a escribir una carta; ¿has recibido mi carta?; una carta certificada
epístola f [2]	*epistle*	las epístolas de San Pablo contienen unas recomendaciones muy difíciles de seguir
esquela f [2]	*note, short letter* (announcing someone's death)	recibimos la esquela de su defunción
unas letras fpl [2–1]	*a few words*	si tienes tiempo escríbeme unas letras

casa — house

caseta f [3]	*small house, cottage* (in the country)	tiene una segunda vivienda, es una caseta en el campo
morada f [3]	*dwelling* (the second example is a legal term)	Don Quijote descansó en la morada de Tomelloso; allanamiento de morada (*burglary*)
domicilio m [3–2]	*residence* (has an administrative connotation; often used in forms)	desde el pasado día 15 falta de su domicilio la niña … ; el señor Raimundo Suárez, con domicilio en … ; no tiene domicilio fijo; entrega a domicilio (*home delivery*)
apartamento m [2]	*apartment, flat* (usually smaller than **piso**) (may have a *tourist* connotation)	tiene un apartamento en la Costa Blanca; cuando se casaron se compraron un apartamento cerca del centro; es un apartamento con una habitación

bungalow m [2]	*bungalow* (see the note below)	tengo un bungalow en la playa
cantón m M [2]	*house* (does not have the meaning of *flat*)	tenemos un cantón en el campo
carmen m [2]	country house in Granada	Pepillo trabajaba en el carmen del señorito
casa f [2]	*house* (the first example suggests a *house* while the other two suggest a *house* or *flat*)	vive en una casa particular con huerto y jardín; ya es hora de volver a casa; se quedaron a dormir en mi casa
casería f / **caserío** m [2]	isolated house in the country with outhouses (very common in the Basque area)	las vacas salían de la casería / del caserío hasta los prados
cigarral m [2]	country house on the banks of the Tagus, near Toledo	tenía un cigarral a orillas del Tajo
colegio mayor m [3]	*hall of residence* (for students)	pasé todo el curso en el colegio mayor
chabola f [2]	*shack* (in a shanty town)	muchos gitanos viven todavía en chabolas; un poblado / un barrio de chabolas
chalet / **chalé** m [2]	*chalet* (see the note below)	tiene un precioso chalet en las afueras de Madrid
choza f [2]	*hut, shack*	vivía en una choza cerca del bosque; encontraron una choza de paja y pasaron la noche allí
duplex m [2]	house among others of the same kind, flat on two floors, *duplex*	me he comprado un duplex en una urbanización
hogar m [2]	*home*	hogar, dulce hogar; en este país sólo un once por ciento de las mujeres casadas trabajan fuera del hogar
mansión f [2]	*mansion, elegant abode*	tiene una lujosa mansión en el campo
masía f [2]	farm house in Catalonia, Valencia	tenía una masía de doscientas hectáreas
palacete m [2]	*mansion, small palace*	es un palacete lujoso en las afueras de Madrid

piso m 2	*flat* (generally larger than **apartamento**) (may mean the whole storey of a building)	un piso de cinco dormitorios; un piso franco; un piso de estudiantes; en un piso puede haber tres pisos (*flats*)
residencia f 2	*residence*	la residencia de la presidenta está en la capital; una residencia de estudiantes; una segunda residencia
vivienda f 2	*dwelling, house* (often has an official connotation and is more formal than **casa**) (sometimes used as a collective = *housing*)	tenemos una segunda vivienda en el campo; el Ayuntamiento de Getafé aprobó ayer la construcción de seiscientas viviendas; los precios de la vivienda se han duplicado en los últimos cinco años; el Ministerio de Vivienda; viviendas de protección oficial (*council houses / flats*)
bulín / bulo m A 1	*bed-sitter* (can be very chic; suggests an illicit rendez-vous)	él se citaba con sus amantes en el bulín / en el bulo de la calle X

NB **bungalow** and **chalet** mean different things according to the region. For example, **bungalow** is often more primitive than the English *bungalow*. It is often associated with a beach. It hardly exists in Northern Spain where **caserío** is prevalent. The English *bungalow* often corresponds to the Spanish **chalet**, although the latter may have two floors like the English *chalet*

---

no hacer caso de   to ignore, to pay no attention to

postergar 3	*to ignore, to pass over* (usually for promotion)	la compañía no ascendió al empleado, le postergaron
desatender 3–2	*to ignore, to neglect*	últimamente está desatendiendo mucho su negocio / su trabajo / sus estudios
desinteresarse (de) 3–2	*to lose interest* (*in*)	se desinteresa completamente de su hija / de su trabajo
desoír 3–2	*to disregard* (advice or warning)	vas a lamentar haber desoído mis consejos / mis advertencias
despreocuparse (de) 3–2	*not to worry* (*about*)	lo mejor es despreocuparse de este asunto y dejarlo correr
no hacer caso de 2	*to ignore, to pay no attention to* (less strong than **hacer caso omiso de**)	nunca hace caso de lo que le digo
hacer caso omiso de 2	*to ignore, to pay no attention to* (stronger than **no hacer caso de**)	siempre hacen caso omiso de mis indicaciones

despreciar [2]	*to scorn*	desprecia todas las ofertas de trabajo que le hacen
hacer la vista gorda [2]	*to turn a blind eye*	el municipal vio el coche mal aparcado, pero hizo la vista gorda
pasar de [1]	*not to bother about*	yo paso de política; María está loca por Felipe pero él pasa totalmente de ella
valer(le a alguien) M [1]	*not to bother*	'si sigues reprobando, te castigo'. '¡Ah! ¡me vale! yo hago lo que quiero'

castigo   punishment

punición f [3]	*punishment* (used much less than *punishment*)	la punición de un delito
castigo m [2]	*punishment* (also used figuratively, and here = R3–2)	les impuso un severo castigo; la maestra le puso un castigo por hablar en clase; *Crimen y castigo* de Dostoievski; el terremoto ha infligido un duro castigo a esta zona
escarmiento m [2]	*punishment* (by way of warning = *lesson*)	este castigo le servirá de escarmiento (*let it be a lesson to him*); para escarmiento de los culpables / de los malhechores
multa f [2]	*fine*	le pusieron una multa de veinte mil pesetas
pena f [2]	*penalty*	la pena de muerte / la pena capital está abolida; el fiscal pidió una pena de cuarenta años de cárcel para el acusado
penalización f [2]	*penalty* (often used in sport)	el futbolista recibió una tarjeta de penalización (*the yellow or red card*)
penalty m [2]	*penalty* (as in sport)	el árbitro pitó penalty; esa falta era un penalty como una copa en pino (*a glaring penalty*)
sanción f [2]	*sanction*	le impusieron una sanción económica por no haber pagado dentro del plazo

castillo   castle, fortress

| **acrópolis** f [3–2] | *acropolis* | la acrópolis de Atenas / de Sagunto |
| **ciudadela** f [3–2] | *citadel* | era difícil apoderarse de la ciudadela situada en la colina |

fortaleza f 3-2	*fortress*	los moros no pudieron tomar la fortaleza
alcázar m 2	*fortress, royal palace*	la brigada roja se lanzó a la conquista del alcázar de Toledo
castillo m 2	*castle, fortress*	el gobierno español ha transformado varios castillos en paradores; en Segovia hay un castillo
fuerte m 2	*fort*	era fácil divisar al enemigo desde la alta torre del fuerte
palacio m 2	*palace*	el palacio real ha sufrido algunas reformas
plaza fuerte f 2	*stronghold, fortress*	Melilla y Ceuta son plazas fuertes en Africa del Norte

---

casual   fortuitous (see the note below)

contingente 3	*contingent* (often used as a noun)	Sartre es un filósofo de lo contingente
eventual 3-2	*chance* (does not mean *eventual*)	estaba en la ciudad de manera eventual
fortuito 3-2	*fortuitous*	un encuentro fortuito
accidental 2	*accidental*	nuestro encuentro / su muerte fue totalmente accidental
casual 2	*chance* (does not mean *casual*)	nos encontramos allí de manera casual
(de) milagro 2-1	*(by) chance*	le encontré de milagro
(de) pura chorra 1	*(by) chance, fluky*	acertaste de pura chorra
(de) puro churro 1	*(by) chance, fluky*	le encontré de puro churro

NB the last three are adverbial, and not adjectival, forms

---

causa   cause, reason

| **porqué** m 3-2 | *reason* | los niños siempre preguntan el porqué de las cosas; intentó explicarle el porqué de su conducta |

causa f 2	*cause, reason*	se desconoce la causa de su muerte; la policía está investigando la causa del accidente; éstas son algunas de las causas que desencadenaron el conflicto
motivo m 2	*motive, reason, cause* (used much more than *motive*)	el motivo de mi visita ha sido … ; no le des motivos para que hable mal de ti; si no quiere verle sus motivos tendrá
móvil m 2	*motive* (often for a crime)	la policía no pudo descubrir el móvil del crimen
pretexto m 2	*pretext*	no te inventes más pretextos para holgazanear
razón f 2	*reason*	no acabo de explicarme la razón de su salida; tengo razones para estar disgustado con él; lo hice por una razón muy simple, porque …

a causa de   because of

con motivo de 3–2	*on the occasion of, owing to*	con motivo de la llegada de los reyes se dará una recepción; con motivo del atasco / de la niebla llegué tarde
a causa de 2	*because of*	tuvieron que suspender el partido a causa de la lluvia
por culpa de 2	*owing to* (with a negative idea)	llegó tarde al examen por culpa del tráfico
debido a 2	*owing to*	el partido ha quedado suspendido debido al mal tiempo
por 2	*because of*	no fuimos al cine por falta de dinero; por eso precisamente no quiero que se entere

causar   to cause, to provoke, to produce

acarrear 3–2	*to entail* (often with a negative idea)	su comportamiento acarreó muchos sinsabores / muchas desgracias
crear 3–2	*to create*	no quisiera crearte falsas expectativas pero creo que el examen no será demasiado difícil
determinar 3–2	*to determine*	los factores que determinan el carácter; la salud de su esposa determinó su salida al extranjero

motivar 3–2	*to motivate, to cause*	la muerte de su hermano motivó su vuelta a Gerona
ocasionar 3–2	*to occasion, to cause*	no quisiera ocasionarle ninguna molestia; estas reformas políticas están ocasionando numerosos problemas internos; la niña falleció a consecuencia de las lesiones ocasionadas por los golpes
originar 3–2	*to give rise to*	el relajamiento de las costumbres originó la caída del imperio romano; un abuso en el consumo de tabaco puede originar enfermedades cardiovasculares graves
suscitar 3–2	*to provoke, to raise* (the third example is especially used)	este tema puede suscitar un gran interés; este fracaso suscitó muchas dudas sobre … ; la polémica suscitada por la aparición de este libro
causar 2	*to cause, to provoke, to produce*	el accidente causó la muerte de dos personas; tu amiga me ha causado muy buena impresión; esta vacuna amenaza con causar una auténtica guerra comercial; el terremoto ha causado importantes pérdidas materiales y humanas
producir 2	*to produce, to cause*	la inflación siempre produce problemas económicos; el accidente produjo un ruido ensordecedor; esta noticia me produjo una gran tristeza; sus palabras no produjeron el efecto esperado
provocar 2	*to provoke, to cause*	el ponente provocó una reacción inesperada cuando … ; el ajuste económico está provocando un terremoto social en este país; su comentario irónico provocó la risa de los allí presentes; una fuga de gas provocó la explosión

---

cerca de   about (with reference to time) (see the note below)

a eso de / alrededor de / aproximadamente / cerca de / hacia / sobre 2	*about, approximately*	ella llegará a eso de / alrededor de / cerca de / aproximadamente a / hacia / sobre las tres

NB all these expressions mean more or less the same. **A eso de** is of a lower register than, and **aproximadamente** is of a higher register than the others

cercano   close, nearby (used as an adjective)

aledaño
3
adjoining
el contrato indicaba que debía respetarse el campo aledaño

anexo
3
annex (has exactly the same meaning as **anejo**)
el hotel tiene varias habitaciones anexas

adyacente
3–2
adjacent
esta calle es adyacente a la que llega hasta el centro; ángulos adyacentes

anejo
2
annex (has exactly the same meaning as **anexo**)
se alojaba en una habitación aneja al hotel

cercano
2
nearby, close
el pueblo más cercano está a dos kilómetros; una casa cercana al río; la inversión extranjera en España suma ya una cantidad cercana a los cuatro billones de pesetas

colindante
2
adjoining (see **lindante**)
estos dos campos son colindantes

contiguo
2
contiguous
vivían en habitaciones contiguas

limítrofe
2
bordering, neighbouring
Francia y España son dos países limítrofes

lindante
2
adjacent (always followed by **con**; this is the difference from **colindante**)
un terreno / un campo lindante con el río

próximo
2
next
el próximo pueblo se llama Nerja; yo me bajo en la próxima estación

vecino
2
neighbouring
tienen discusiones con el país vecino

cerebro   brain, mind

cerebro m
2
brain, mind
el cerebro está dividido en dos partes; el cerebro humano es capaz de … ; un cerebro electrónico

mente f
2
mind
el poder de su mente es pasmoso; me vienen a la mente recuerdos de mi niñez; tengo en la mente salir para los EE.UU.

seso(s) m
2
brains (see the note below)
se compró sesos para comer; no pienses tanto que te van a estallar los sesos; no te calientes los sesos por esa tontería; le hizo saltar la tapa de los sesos

coco m [1]	*brains*	esta mañana estoy como dormida, no me funciona el coco
croqueta f A [1]	*nut*	anda mal de la croqueta
materia gris f [1]	*grey matter*	a ver si haces funcionar la materia gris

NB when used literally, **seso** may used in the singular or the plural although the plural is used more. When used figuratively, which is more frequent, it may be used in the singular or the plural. It depends on the context

---

cerrar to close, to shut

cegar [3–2]	*to stop up, to cover* (does not suggest permanence as with **condenar**) (often used with **pozo**)	cegar un pozo / una ventana / una puerta
clausurar [3–2]	*to close* (used figuratively)	los diputados clausuraron el debate; el discurso del presidente clausuró el acto
condenar [3–2]	*to block up, to wall up* (permanently)	condenar una pared / una ventana / una puerta
atrancar [2]	*to bar, to block up*	los presos atrancaron la puerta con tablas
bloquear [2]	*to block (up)* (used literally and figuratively)	la muchedumbre bloqueaba la salida del cine; las negociaciones han quedado bloqueadas
cerrar [2]	*to close, to shut* (also used figuratively) (in the penultimate example **se** may not be used)	cerró la ventana porque hacía un frío de miedo; han cerrado el tráfico en varias carreteras; cerrar un sobre; las tiendas cierran a las ocho; ya han cerrado el plazo de admisión de solicitudes
obstaculizar [2]	*to block, to hinder* (often used figuratively, as opposed to **obstruir** which may be used literally)	el mal tiempo está obstaculizando las tareas de rescate; este incidente puede obstaculizar el progreso de las conversaciones de paz
obstruir [2]	*to obstruct* (often used literally, as opposed to **obstaculizar** which is often used figuratively)	las tuberías están obstruidas por el barro; estas cajas están obstruyendo el paso
tapar [2]	*to block, to cover up, to put the top on*	vamos a tapar ese agujero en la pared; le tapó la boca con la mano; tapa la botella para que no se vaya el gas; los apartamentos que han construido nos tapan el sol

certificado   certificate

certificado m [2]	*certificate*	un certificado de asistencia / de ausencia / de defunción / de matrimonio
diploma m [2]	*diploma* (see the note below)	un diploma de mecanografía / de educación / de física / de francés
escritura f [2]	*deeds* (for property)	cuidado si te compras un piso en el extranjero, siempre hay problemas de escritura
partida f [2]	*certificate* (for a birth, baptism or death)	una partida de nacimiento / de bautismo / de defunción
título m [2]	*diploma* (suggests a greater value than **diploma**)	un título universitario / de propiedad

NB **diploma** suggests less value than a university degree, so that the last
example for **diploma** would be associated with the **Escuela Oficial de
Idiomas** = Institute of Linguists

---

científico   scientist

biólogo m [2]	*biologist*	este biólogo está investigando sobre el ácido de sosa de Ribonucleico
botanista mf [2]	*botanist*	los botanistas están mostrando un gran interés en la flora del Amazonas
científico m [2]	*scientist*	Einstein fue un gran científico
físico m [2]	*physicist*	Rutherford fue un físico muy notable; el premio Nobel fue adjudicado al físico canadiense por su trabajo sobre la capa de ozono
investigador m [2]	*researcher*	hay varios investigadores estudiando sobre el tema del sida
matemático m [2]	*mathematician*	Pitágoras fue un matemático famoso
químico m [2]	*chemist*	Pastor fue un gran químico
zoólogo m [2]	*zoologist*	el principal interés de este zoólogo son los elefantes

cierto certain

auténtico [2]	*authentic, real*	este violinista es un auténtico genio; es una joya auténtica
cierto [2]	*certain* (never applied to a person; see **seguro**)	lo cierto es que no me interesa; esa afirmación no es cierta
incuestionable [2]	*unquestionable*	es el mejor futbolista del país, eso es incuestionable
indiscutible [2]	*undeniable*	es indiscutible que es una persona muy influyente; una prueba indiscutible
indudable [2]	*unquestionable*	es indudable que fue el verdadero autor del delito
innegable [2]	*undeniable*	es innegable que es la persona más idónea para este puesto; sus grandes dotes son innegables
real [2]	*real*	se trata de una historia real; la película está basada en hechos reales
seguro [2]	*sure* (unlike **cierto**, may be used for a person)	lo más seguro es que no vengan; estoy segura de que ...
verdadero [2]	*real, true*	es una historia verdadera; se desconoce su verdadera identidad
verídico [2]	*certain, factual* (often used with **cuento, historia** and **relato**)	es una historia verídica; un cuento verídico

cigarro cigarette, cigar (see the note below)

cigarrillo m [2]	*cigarette*	he comprado un paquete de cigarrillos; veinte cigarrillos (on a packet)
cigarro m [2]	*cigarette, cigar*	fumar un cigarro; un paquete de cigarros
colilla f [2]	*cigarette end*	el cenicero está lleno de colillas
puro m [2]	*cigar*	un puro habano
tabaco m [2]	*cigarette(s)*	¿tienes tabaco?; voy al estanco, necesito tabaco
pitillo m [2-1]	*cigarette*	dame un pitillo, tío

pucho m A   *cigarette*   un paquete de puchos
2–1

NB the distinction between **cigarro** and **cigarrillo** is not clear. For some
Spanish speakers **cigarro** is only a **puro**, a *cigar*. For others it is only a
cigarette. Yet again, **cigarro** may be a *cigarette* or a *cigar*. It depends upon the
region and age of the speaker. One thing is certain. A *cigar* is a **puro**, a **puro
habano** or a **habano** for the majority of Spanish speakers

---

cima	**peak (used literally and figuratively)**	
punto álgido m [3]	*highest point* (used figuratively) (like **punto culminante**)	las negociaciones han alcanzado su punto álgido
cénit m [3–2]	*zenith* (used literally and figuratively)	el sol alcanzó su cénit; Dostoievski alcanzó su cénit al publicar *Los Hermanos Karamazov*
cúspide f [3–2]	*summit, apex* (used literally and figuratively)	la cúspide de la pirámide; alcanzaron la cúspide al atardecer; alcanzar la cúspide del poder; está en la cúspide de su carrera artística / de la gloria
pináculo m [3–2]	*pinnacle* (used literally and figuratively)	el pináculo del edificio / del templo; el artista alcanzó el pináculo de la gloria
lo alto [2]	*top point* (only used literally)	desde lo alto de la collada; un camino de herradura bajaba desde lo alto de los cerros
apogeo m [2]	*apogee, peak* (used figuratively and used much more than *apogee*)	el apogeo de la gloria; está en el apogeo de su carrera política
auge m [2]	*peak* (used figuratively)	en el auge de la gloria / del poder / de su carrera
cima f [2]	*peak* (used literally and figuratively)	les costó mucho a los alpinistas alcanzar la cima; con esta novela llegó a la cima de la popularidad
cresta f [2]	*crest* (used literally)	la cresta de una ola / de una montaña
punto culminante m [2]	*culminating point*	la crisis alcanzó su punto culminante con la dimisión del Ministro de Hacienda
cumbre f [2]	*summit* (used literally and figuratively)	la cumbre de una montaña; la cumbre de los parlamentarios europeos tendrá lugar en …
pico m [2]	*peak* (only used literally)	los picos están rodeados de niebla; los Picos de Europa

tope m [2]	*top, highest point* (used literally and figuratively)	llenar hasta el tope; el coche está cargado hasta los topes; el precio tope; una ambición sin tope

---

claro

clear, obvious

cristalino [3]	*crystalline*	agua cristalina; un manantial cristalino
acusado [3–2]	*clear, well-defined* (used literally and figuratively)	contornos acusados; perfiles acusados; una acusada tendencia al alza / a la baja
diáfano [3–2]	*diaphanous, transparent* (used literally and figuratively)	un día diáfano; una conducta diáfana
manifiesto [3–2]	*manifest, obvious* (used literally and figuratively)	vio en el terreno los signos manifiestos de una huida; su afición por los deportes es manifiesta
nítido [3–2]	*clear, with well-defined features* (used literally)	es una foto nítida, destacan muy bien los colores
claro [2]	*clear, obvious* (used literally and figuratively) (the last example is R1)	el agua clara de la fuente; un día claro; con sus palabras ha mostrado una clara voluntad de respeto a la legalidad del país; yo aquí no me quedo a vivir, eso lo tengo muy claro
despejado [2]	*bright, clear* (used literally and figuratively; when used literally often describes the sky)	el cielo estaba despejado cuando amaneció; tiene una mente depejada
evidente [2]	*obvious, evident*	es evidente que no tiene experiencia en este trabajo
limpio [2]	*clear, clean* (used literally and figuratively) (in the last example **limpio** is an adverb)	dejó la cocina limpia como los chorros del oro; tener la conciencia limpia; juego limpio; jugar limpio
obvio [2]	*obvious*	es obvio que no le interesa el tema / que no está diciendo la verdad
patente [2]	*patent*	su interés por la literatura es patente
puro [2]	*pure* (used literally and figuratively)	un aire puro; oro puro; ésa es la pura verdad
transparente [2]	*transparent* (used literally and figuratively)	una tela / una persona transparente; el significado de este poema es transparente

clase   class, type

laya f 3	*class*, *kind* (never qualified as in the last example of **índol**e)	gentes / libros / discos de toda laya
suerte f 3	*sort*, *kind*	había allí toda suerte de libros / de personas
índole f 3–2	*class*, *kind*	son personas de la misma índole; a la manifestación se unieron descontentos de toda índole; es un problema de índole administrativa; una visita de índole privada
calidad f 2	*quality*	la calidad de una tela; un producto de calidad superior; un vino de muy mala calidad
categoría f 2	*quality*, *category*, *class*	una persona / una revista de mucha categoría; un hotel de primera categoría
clase f 2	*class*, *type*	a la reunión asistieron toda clase de personas; el presidente del centro le dirigió toda clase de elogios; no me gusta esa clase de gente; la clase de los vertebrados; se les considera ciudadanos de segunda clase; la clase media / política; las clases sociales; es una chica de mucha clase
especie f 2	*species*, *kind*	la especie humana; hay varias especies de este molusco; estos animales son de la misma especie; llevaba puesto una especie de turbante
familia f 2	*family*	la familia de los felinos incluye el gato, el tigre …
género m 2	*kind*, *genus*	el género humano; cada género incluye una o varias especies; nos deseó todo género de venturas; esta legislación suiza es pionera en su género
orden m 2	*order*	un escritor de primer orden; el orden de los mamíferos
pedigree m 2	*pedigree*	este perro / este caballo tiene muy buen pedigree
tipo m 2	*type*	nos hizo todo tipo de preguntas; le dirigió todo tipo de amenazas; existen varios tipos de virus

clérigo

priest, clergyman

eclesiástico m 3–2	*priest, clergyman*	los eclesiásticos han manifestado su rechazo a esta medida
arzobispo m 2	*archbishop*	el arzobispo de Toledo es uno de los más importantes de España
canónigo m 2	*canon*	un canónigo penitenciario / doctoral
capellán m 2	*chaplain*	es capellán en el ejército
clérigo m 2	*priest, clergyman* (suggests the opposite to a lay person)	esta nueva ley afecta tanto a clérigos como a laicos
fraile m 2	*monk* (like **monje** but suggests particularly the mendicant orders)	el monasterio de Puig aún está habitado por frailes
hermano m 2	*brother*	el hermano Luis ha celebrado la misa hoy
monje m 2	*monk* (like **fraile** but suggests particular orders)	los monjes de la orden cisterciense / cluniacense
obispo m 2	*bishop*	la sagrada misa fue celebrada por el obispo de Barcelona
padrecito m M 2	*priest* (suggests affection)	el padrecito va a la iglesia todos los días
párroco m 2	*parish priest*	el párroco es el sacerdote que está a la cabeza de la iglesia; el cura párroco (*the parish priest*)
religioso m 2	*priest, monk*	estudia en un colegio de religiosos
sacerdote m 2	*priest* (usually more polite than **cura**)	siempre me confieso con el mismo sacerdote
cura m 2–1	*priest* (may be used pejoratively)	un colegio de curas; meterse a cura
cuervo m 1	*priest* (used pejoratively and in **pueblos**)	guarda el vino que está saliendo el cuervo de la iglesia

cobarde   cowardly

pusilánime [3]	*pusillanimous*	Augusto Pérez, en *Niebla* de Unamuno, no realiza nada concreto por ser tan pusilánime
apocado [2]	*timid*	era una joven apocada y tímida, apenas se relacionaba con la gente
cobarde [2]	*cowardly* (also used as a noun)	es muy cobarde, siempre intenta evitar los problemas; no se va a atrever a decírselo, es un cobarde
miedoso [2]	*fearful* (also used as a noun)	es muy miedoso / es un miedoso, nunca abre la puerta a nadie
coyón M [1]	*cowardly*	es muy coyón, no se atreve
gallina [1]	*yellow, chicken* (also used as a noun) (may also suggest *effeminate*)	no seas gallina; es un gallina, sólo se atreve con los que son más pequeños que él
miedica [1]	*yellow, chicken* (used as an adjective and noun)	no seas miedica, que no te va a hacer daño; es un miedica
rajado [1]	*yellow* (used more as a noun)	no se atrevió porque es un rajado
cagón / cagueta [1*]	*yellow* (used more as a noun)	es un cagón / un cagueta, en seguida se asusta por nada

cobrar   to earn, to gain, to receive (money)

allegar [3]	*to collect* (especially funds or resources)	allegaron fondos tras el terremoto para repartirlos entre los perjudicados
devengar [3]	*to earn, to gain, to collect* (often used of bank interest)	ese dinero no devenga intereses; hay que declarar los ingresos devengados de intereses personales; los impuestos devengados por el Ayuntamiento
percibir [3–2]	*to receive* (*money*) (has an administrative connotation)	aquellas personas que perciben un sueldo inferior a las cincuenta mil pesetas … ; percibe una pensión de viudedad; los altos cargos de la Administración percibirán un aumento salarial a partir de …
cobrar [2]	*to earn, to gain, to receive*	cobro el sueldo a finales de mes; ¿cuánto cobras por mes?; cobrar un cheque; camarero, ¿se cobra, por favor? (*how much?*)

embolsar [2]	to *pocket* (often used in betting or in business) (the reflexive is used more)	se embolsó casi cinco millones en el sorteo; se le acusó de haberse embolsado el dinero contraviniendo las normas parlamentarias
ganar [2]	to *earn*, to *win*	gana doscientas mil pesetas al mes; gané un premio en la lotería nacional
recaudar [2]	to *collect* (*taxes*)	el ayuntamiento ha empezado a recaudar los impuestos de la propiedad urbana
recibir [2]	to *receive* (used more than **percibir**)	recibió diez millones de dólares en herencia; recibí montones de regalos por Navidad
recoger [2]	to *collect* (suggests gathering together)	se pasó el día en la calle recogiendo dinero para el tercer mundo
recuperar [2]	to *recover*, to *recoup*	perdió dinero en las carreras pero lo recuperó en las quinielas
sacar [2]	to *draw out*	voy al banco a sacar dinero

---

coger   to pick, to catch, to take

adueñarse (de) [3]	to *take possession* (*of*) (used figuratively; also used literally; see below) (used in the same way as **apoderarse de** except that it is used with a wider meaning when figurative)	se iba adueñando del niño un pavor helado e impalpable; no dejes que los celos se adueñen de ti
enseñorearse (de) [3]	to *take possession* (*of*) (suggests *exclusive possession* but does not suggest violence) (not used figuratively)	al morir sus padres se enseñoreó de la finca
adueñarse (de) [3–2]	to *take possession* (*of*) (used literally) (may suggest violent or illegal means) (for the figurative use see above)	se adueñó de sus bienes / de sus tierras; un sopor suave se adueñaba de todos sus miembros
agarrar [3–2]	to *catch*, to *take* (used like **coger** but is used less) (also used figuratively) (see the note below)	agarró su sombrero y se fue; si sales así vas a agarrar una pulmonía
aprehender [3–2]	to *apprehend*, to *seize*	la policía aprehendió dos kilos de heroína

apropiarse de 3–2	to appropriate	el terrateniente se apropió de las tierras de los campesinos
asir 3–2	to grip, to seize (used literally) (used much less than **coger**)	asió al niño con fuerza, impidiéndole caer al agua; la asió por los brazos y la ayudó a levantarse
asirse a / de 3–2	to seize (used figuratively)	se asió del / al primer pretexto
incautar 3–2	to confiscate, to impound	la policía incautó un importante arsenal de armas / cincuenta kilos de heroína; los aduaneros se incautaron de un alijo de armas / de más de cien kilos de cocaína
intervenir 3–2	to confiscate, to impound	se intervino gran cantidad de joyas durante el registro del piso
agarrarse a / de 2	to take hold of, to cling to (also used figuratively but only with **a**)	se agarró a / de la barandilla para no caerse; se vio sola y sin dinero, sin tener a dónde agarrarse
apoderarse (de) 2	to take possession (of) (sometimes suggests in a violent or illegal way) (also used figuratively and here is often used with **miedo**; see **adueñarse** (R3) above)	los revolucionarios se apoderaron de los principales centros de comunicación; el miedo se apoderó de ellos
atrapar 2	to trap, to catch (much more precise than **coger** which may be used in the first two examples)	atrapar mariposas; la policía consiguió atrapar al ladrón; lo único que le interesa es atrapar un buen marido; algunas de las víctimas quedaron atrapadas entre los hierros del tren; no te dejes atrapar por sus falsas promesas
coger 2	to pick, to catch, to take (also used figuratively) (see the note below)	cogió la manzana del árbol; ¡coge la pelota!; los policías le cogieron en un coche robado; coger el autobús; coger una pulmonía / un resfriado
empuñar 2	to grip, to seize (usually a weapon)	empuñar una espada
hacerse con 2	to take hold of, to seize, to get (also used figuratively)	al final se hizo con el libro que buscaba; el coronel se hizo con el poder; no he conseguido hacerme con su número de teléfono
tomar 2	to take (**coger** is used more for a bus)	toma el lápiz y ponlo en la mesa; tomar un taxi / el autobús; toma, aquí tienes lo que te debo

cazar [1]	to catch, to get (also used figuratively)	cazar a un ladrón / un buen empleo / un buen marido; cacé algunas palabras en la conversación
pescar [1]	to catch, to get	pescar novio / un resfriado / una pulmonía; lo pescaron robando en un supermercado
pillar [1]	to nab, to catch	¡cuidado! que te van a pillar los bofios; lo pillaron con las manos en la masa / robando en un supermercado; el profe pilló a los alumnos copiando

NB care should be taken in some Spanish American countries, like Argentina and Mexico where **coger** has the meaning of *to screw, to fuck*. Its register is R1★ in such countries. **Coger** does not have this meaning in Columbia, Peru, Chile or Nicaragua. In Argentina and Mexico **coger** is replaced by **tomar** or **agarrar** when it means *to catch* or *to take*. **Tomó un autobús** is therefore used much more in Mexico than in Spain

---

colección   collection

compilación f [3–2]	compilation (very similar to **recopilación**)	una compilación de filosofías medievales
recopilación f [3–2]	compilation (very similar to **compilación** although **compilación** is not used with **leyes**)	una recopilación de datos / de documentos; una recopilación de leyes
antología f [2]	anthology	una antología de poemas
catálogo m [2]	catalogue	el catálogo de libros
colección f [2]	collection	una colección de sellos / de discos / de mariposas; el museo ha revalorizado su colección entera de obras; sólo me falta un cromo para completar la colección
gama f [2]	range	una gama de colores; la empresa ofrece la más extensa gama de modelos
retahíla f [2]	string, stream	le soltó una retahíla de insultos
selección f [2]	selection	una selección de libros; la selección nacional (national team)
serie f [2]	series	le formuló una serie de preguntas con relación a este tema
surtido m [2]	selection (often of articles sold in shops)	hay un buen surtido de vestidos / de caramelos / de galletas / de corbatas

colegio   school

academia f [2]	*private college* / institution offering specialized courses in any subject	una academia de idiomas / de música / de peluquería; va a una academia a aprender mecanografía
colegio m [2]	*school* (not *college*)	aún no va al colegio, es demasiado pequeño; ¿a qué hora sales del colegio?
escuela f [2]	*school* (used less than **colegio**) (suggests a state school)	una maestra de escuela
guardería (infantil) f [2]	*nursery school, creche* (of a slightly lower register than **jardín de infancia**)	como los padres trabajan llevan a los niños a una guardería; una guardería municipal
instituto m [2]	*state high school* (for pupils of between fourteen and eighteen years of age)	un profesor / un catedrático de instituto
jardín de infancia m [2]	*nursery school* (of a slightly higher register than **guardería**)	lleva a los pequeños al jardín de infancia
parvulario m [2]	*nursery school* (covers the period from four to six years)	antes de ir al colegio los niños pasan dos años en el parvulario
cole m [1]	*school*	mamá, me voy al cole

colina   hill

altozano m [3]	*small hill* (same as **collado** except for the register)	los soldados montaban guardia en el altozano sobre la llanura
eminencia f [3]	*height, eminence*	construyeron su casa sobre una eminencia del terreno
otero m [3]	*knoll*	desde el otero divisó la disposición de las tropas enemigas
cerro m [3–2]	*hill* (same as **colina** except for the register)	El Cerro de los Angeles es el centro geográfico de España; al otro lado del cerro comenzaba un panorama de viñedos
collado m [3–2]	*small hill* (same as **altozano** except for the register)	se destacaban los collados en el horizonte; los soldados treparon a lo alto del collado
loma f [3–2]	*hillock, low ridge*	subimos al castillo por la loma de la montaña

montículo m 3–2	*hillock*	cerca de la cumbre del montículo se alzaba un molino de harina
prominencia f 3–2	*rise*	una prominencia de terreno
colina f 2	*hill* (same as **cerro** except for the register)	la ciudad estaba rodeada de colinas; las colinas, redondas como senos, estaban cubiertas de viñedos

---

colocación   building, placing, positioning, putting (see the note below)

colocación f 3–2	*building, placing, positioning, putting*	se ha iniciado la colocación de bancos en el paseo; la colocación de un marco / de la primera piedra
disposición f 2	*layout*	la disposición de los muebles / de las camas
instalación f 2	*installation*	la instalación eléctrica / de tuberías / de una bañera
puesta en cultivo f 2	*growing, cultivation*	la puesta en cultivo de los cereales
puesta al día f 2	*bringing up to date*	la puesta al día de un diccionario
puesta en escena f 2	*theatrical production*	no me gustó la puesta en escena de la obra de Calderón
puesta en marcha f 2	*setting in motion*	la puesta en marcha de un motor / de un sistema / de un plan / de un proyecto
puesta en órbita f 2	*putting into orbit*	la puesta en órbita de un cohete / de un transbordador
puesta a punto f 2	*tuning, final preparation*	la puesta a punto de un coche / de un motor; mil trabajadores apuran la puesta a punto de la Exposición que se abre hoy
puesta en servicio f 2	*putting into service*	la puesta en servicio de una máquina

NB the reason for this list is the very common use of **puesta** with a preposition and noun, and there is no straightforward or obvious equivalent in English. **Colocación** appears as the frame title although it is R3–2 since it corresponds most closely to the idea of *putting* and *placing*

color   colour

coloración f 3–2	*coloration, markings*	el sol ayuda en la coloración de las plantas
color m 2	*colour (also used figuratively)*	el arco iris tiene siete colores; me gusta el color de tu vestido; todas las habitaciones tienen televisión en color; es de color verde; un cantante de color (*coloured*); un espectáculo lleno de luz y de color; se le subieron los colores a la cara (*she blushed*); lo ve todo de color de rosa
colorido m 2	*colouring, mixture, liveliness*	el colorido de ese cuadro me encanta; son unas fiestas de gran colorido
matiz m 2	*shade (of colour) (also used figuratively)*	varios matices de azul; un texto rico en matices; había un matiz de ironía en sus palabras
tinte m 2	*tint*	prefiero los tintes naturales a los artificiales; el tinte de estas dos madejas de lana es algo distinto
tonalidad f 2	*shade, colour scheme*	la tonalidad en pintura es importante
tono m 2	*tone*	me gustan los tonos fuertes

---

combustible   fuel, anything that burns

crudo m 3–2	*crude (used in the media)*	el precio del crudo ha aumentado en un tres por cien
aceite m 2	*oil (for cooking)*	usamos aceite para freír; aceite de oliva / de girasol
alcohol de quemar m 2	*methylated spirits*	este hornillo funciona con alcohol de quemar
carbón m 2	*coal*	una mina de carbón
carburante m 2	*fuel, petrol*	ha subido el precio de los carburantes
combustible m 2	*fuel, anything that burns*	los derivados del petróleo se emplean como combustibles
fuel m / **fueloil** m 2	*domestic heating fuel*	el fuel / el fueloil se usa para la calefacción doméstica

gas m [2]	*gas*	hubo una fuga de gas; nuestra calefacción funciona con gas ciudad; prefiero las cocinas de gas a las eléctricas
gasóleo m / **gasoil** m [2]	*diesel*	este coche es de gasóleo / de gasoil, por eso no arranca bien
gasolina f [2]	*petrol*	tengo que llenar el tanque de gasolina; es mejor usar gasolina sin plomo para el medio ambiente
petróleo m [2]	*crude oil, petroleum, paraffin*	un pozo de petróleo; el petróleo puede emplearse como combustible; uso petróleo para el hornillo

---

comer   to eat, to have lunch

yantar [3]	*to replenish oneself*	el caballero, tras un largo recorrido, dispúsose a yantar en el mesón
consumir [3–2]	*to eat* (used on packets, containers = *sell by, use by* …)	consumir preferentemente antes de …
desayunarse [3–2]	*to breakfast* (the non-reflexive form is used more: see **desayunar** below)	aún no me he desayunado
ingerir [3–2]	*to ingest, to take, to eat* (has a medical connotation)	no está permitido ingerir alimentos cinco horas antes de la intervención; ingerir bebidas alcohólicas
almorzar [2]	*to lunch* (in some regions it suggests *to have a mid-morning snack*)	generalmente almorzamos a las dos; todavía no hemos almorzado
cenar [2]	*to dine, to have dinner*	fuimos a cenar a un restaurante; solemos cenar a las diez
comer [2]	*to eat, to have lunch* (note the specific meanings and also the difference between **comer** and **comerse**; see **comerse** and the note below)	me gusta comer sin prisa; esta niña no come nada; siempre estás comiendo, te vas a poner muy gordo; tengo hambre, ¿hay algo para comer?; en mi casa se come a las tres; después de comer le gusta tomarse un café
comerse [2]	*to eat hurriedly, to knock back, to eat up* (see **comer** above and the note below)	me comí una pizza entera; se comió cinco pasteles él solo; cómetelo todo, no quiero que te dejes nada

desayunar [2]	to have breakfast (used more than the reflexive form; see **desayunarse** above)	desayuno a las nueve
despachar [2]	to despatch, to see off	despacharon la cena en cinco minutos
devorar [2]	to devour	tenía tanta hambre que devoró la comida
engullir [2]	to gobble up	engulló toda la comida en treinta segundos
masticar [2]	to chew	mastica bien la carne antes de tragar
merendar [2]	to have an afternoon snack	meriendo a las seis; se comió un bocadillo de chorizo para merendar
mordisquear [2]	to nibble (used less than **picar**)	mordisqueaba una manzana / una corteza de pan
tragar [2]	to swallow (when used reflexively it suggests swallowing in an accidental way)	me duele la garganta cuando trago; mastica bien antes de tragar; se tragó un hueso de aceituna
atracarse de [2–1]	to shovel in (always used with **de**)	se atracó de pasteles / de bombones y ahora le duele la barriga
picar [2–1]	to nibble (used more than **mordisquear**)	se pasa el día picando y después nunca tiene hambre a la hora de comer; ¿cómo vas a adelgazar si te pasas el día picando?
botanear M [1]	to eat (usually a snack before the main meal, as with Spanish **tapas**)	estuvimos botaneando con queso y galletitas
jalar [1]	to wolf, to knock back (see the note below)	el muy pillo se jaló tres bistecs
lastrar A [1]	to eat (suggests a lot of food eaten quickly)	se lastraron todo lo que había
morfar A [1]	to eat	morfamos a las dos
papear [1]	to have a nosh, to knock back (see the note below)	¿qué hay para papear?; se papearon cuatro platos de tocino
zamparse [1]	to gobble up (always used reflexively) (see the note below)	se zampó dos platos de macarrones; se ha zampado todos los bombones ella sola

NB the reflexive forms **comerse**, **jalarse**, **papearse** and **zamparse** all suggest eating quickly and greedily

comerciante

trader, dealer

mercader m 3–2	*merchant*	*el Mercader de Venecia*; los mercaderes del templo en la Biblia
bodeguero m 2	*owner of a wine cellar* (**bodega**)	los bodegueros jerezanos
comerciante m 2	*trader, dealer*	es comerciante de pieles; un comerciante al por mayor / al por menor; algunos comerciantes abren sus negocios los domingos
concesionario m 2	*dealer* (in cars, domestic appliances)	un concesionario de automóviles
detallista mf 2	*retailer* (same as **comerciante al por menor**)	el detallista vende géneros al por menor
estanquero m 2	*tobacconist*	el estanquero de la esquina no abre su estanco hasta las cinco
financiero m 2	*financier*	el financiero italiano tiene empresas en España como Hispano-Olivetti ...
hombre de negocios m 2	*businessman*	los hombres de negocios suelen viajar con frecuencia
inversor m 2	*investor*	encontró a un grupo de inversores españoles interesados en el proyecto
magnate m 2	*magnate*	es un magnate del petróleo; otros empresarios europeos, como el magnate holandés de la cerveza Alfred Heineken ...
mayorista mf 2	*wholesaler*	el mayorista vende géneros al por mayor
mujer de negocios f 2	*business woman*	'ayer vi a tu corredora de bolsa.' 'Es una estupenda mujer de negocios'
negociante mf 2	*businessman / woman, dealer*	una negociante al por mayor; un negociante en coches; es una negociante muy avispada
tendero m 2	*shopkeeper*	un tendero de ultramarinos
traficante mf 2	*trader, dealer* (suggests illegal dealings)	una traficante de drogas
tratante mf 2	*dealer* (often in animals)	un tratante de caballos / de ganado

| **vendedor** m [2] | *seller, dealer* | un vendedor de vino / de periódicos |
| **harbano** m M [2–1] | *businessman* | es un harbano muy bueno y tiene una fortuna grandiosa |

---

cómico   comic, funny

jocoso [3]	*jocular*	una obra de teatro jocosa
risible [3–2]	*laughable, funny*	una historia / una situación risible
cómico [2]	*comic, funny*	un libro / un actor cómico
chistoso [2]	*amusing, witty*	es muy chistosa, nos lo pasamos muy bien con ella
divertido [2]	*funny, amusing*	un juego divertido; una situación / una persona divertida
gracioso [2]	*witty*	un chiste gracioso; una persona graciosa
humorístico [2]	*humorous*	un periódico humorístico
payaso [2–1]	*clownish* (used more as a noun) (may be used pejoratively)	¿cómo han podido nombrar jefe a ese payaso?; eres un payaso, deja de ponerte la ropa al revés; ¡qué payaso eres!
de risa [2–1]	*really funny*	su manera de hacer el windsurf es de risa, cada vez que se sube se cae al agua
cachondo [1]	*bloody funny*	es una tía muy cachonda
cagado M [1]	*funny*	la profe de inglés se pone cagadísima cuando se pone cuate
vaciado M [1]	*funny*	el profe de química es vaciadísimo, siempre nos hace reír

---

comida (a)   food (see the note for comida (b))

| **pábulo** m [3] | *food* (only used figuratively = *fuel, encouragement*) | la vieja iglesia fue pábulo de las llamas; la novela dio pábulo a todo tipo de críticas |

yantar m 3	*food, sustenance*	el diario yantar; el yantar era hacia la hora nona
producto alimenticio m 3–2	*food product* (often used in the plural)	el precio de los productos alimenticios ha subido en un cinco por ciento
vituallas fpl 3–2	*provisions* (same as **víveres** but used less) (often has a military or travel connotation)	llegaron las vituallas al ejército
víveres mpl 3–2	*provisions* (same as **vituallas** but used more) (often has a military or travel connotation)	a los exploradores les quedaban pocos víveres
alimento m 2	*food* (has a more technical connotation than **comida**)	hay que conservar los alimentos en el frigorífico; el pescado es un alimento nutritivo; alimentos perecedores; habían ingerido alimentos en mal estado; las importaciones de alimentos han quedado suspendidas; la patata es un alimento básico
comida f 2	*food* (has a more general connotation than **alimento**)	la comida en este restaurante es muy buena; compramos latas para no tener que gastar en comida; no me gusta tirar la comida; comida rápida (*fast food*)
pasto m 2	*food for cattle* (means both fodder and any food) (also used figuratively = *fuel*)	el granjero echó el pasto a los animales; el viejo caserón fue pasto de las llamas
provisiones fpl 2	*supplies*	al ejército le hacen falta más provisiones para esta campaña; fueron al supermercado a comprar provisiones para toda la semana
rancho m 2	*soldier's food* (the example is very typical and would be used by a soldier)	¿qué hay de rancho?
bazofia f 1	*lousy food*	yo no me como esa bazofia
botana f M 1	*grub* (but often a snack before the main meal as in Spanish **tapas**)	prepara la botana para los invitados
morfi m A 1	*grub*	el morfi en Inglaterra es fulero
papeo m 1	*grub*	¿qué hay de papeo hoy?

comida (b)   food (meal) (see the note below)

almuerzo m
2
lunch (in some regions =
mid-morning snack)
en este restaurante se puede tomar el
almuerzo a partir de las dos; la hora del
almuerzo

aperitivo m
2
snack (before a meal)
(mainly the drink which
accompanies **tapas**)
se sirvió un aperitivo antes de la cena

banquete m
2
banquet
ofrecemos un banquete después de la boda

barbacoa f
2
barbecue
la barbacoa se suspendió debido a la lluvia

bocadillo m
2
sandwich (but with French
style bread)
un bocadillo de tortilla

cena f
2
evening meal
no pude dormir, la cena fue demasiado
fuerte

comida f
2
(any) *meal*, *lunch* (the first
two examples are for
meal, and the second two
are for *lunch*)
mi madre hace dos comidas al día; tengo
que tomar una pastilla después de cada
comida; después de la comida siempre se
acuesta un rato; la hora de la comida

desayuno m
2
breakfast
el desayuno se sirve a partir de las ocho

merienda f
2
afternoon snack, tea
tomamos la merienda a las seis de la tarde

piscolabis m
2
snack (same as **tentempié**)
sobre las once de la mañana se tomaba un
piscolabis en el bar

sandwich m
2
sandwich (with thin slices
from **pan de molde** = *tin
loaf*)
el sandwich se hace con pan de molde; un
sandwich de jamón y queso

snack m
2
snack, nibbles (like potato
crisps and nuts) (only used
in marketing) (when
pronounced it is preceded
by an **e**)
el mercado de snacks está creciendo mucho
/ es muy dinámico; un snack bar

tapa f
2
snack (taken at the bar
counter with drinks)
(often used in the plural)
vamos a tomar unas tapas; se han ido de
tapas

tentempié m
2
snack (same as **piscolabis**)
tomó un tentempié a media tarde porque
tenía que seguir trabajando

atracón m
2–1
blow-out, a lot to eat
estas Navidades nos pegamos / nos dimos
un atracón de turrón

comilona f
2–1
big meal, blow-out
después de la reunión nos fuimos de comilona

NB the word **comida** can be confusing. It means *food* (any kind), *lunch* or *mid-day meal*, and any meal

---

comisión   committee, board

comisión f
2
committee, board (same as **comité**)
la comisión del senado debatió el asunto; la comisión del sindicato; las obras fueron seleccionadas por una comisión de asesores

comité m
2
committee, board (same as **comisión**)
el comité de organización preparó la bienvenida; un comité de empresa

coordinadora f
2
co-ordinating committee
la coordinadora se puso en contacto con el ministro

delegación f
2
delegation
el gobierno mandó una delegación a China

junta f
2
committee, junta
una junta militar / de facultad; la junta de Andalucía

tribunal m
2
committee, board (for judging performances in examinations and competitions)
el tribunal estaba constituido por dos catedráticos de física y uno de química

---

compensación   compensation

resarcimiento m
3–2
compensation (for an expense or a loss) (similar to **compensación** but note the construction)
recibió la suma de dos millones de dólares como resarcimiento de los daños que le habían ocasionado

compensación f
2
compensation (similar to **resarcimiento** but has a wider connotation)
en la política, siempre hay compensaciones; recibió esta medalla en compensación a los servicios prestados a la patria

indemnización f
2
compensation (usually has a financial connotation)
van a dar una indemnización a los propietarios del terreno expropiado; una indemnización de despido; el abogado intentó conseguir las mayores indemnizaciones posibles para sus clientes

recompensa f
2
recompense, reward
ésta es la recompensa de tantos años de trabajo; se ofrecen diez mil pesetas de recompensa al que encuentre al perro perdido

complicar   to complicate

dificultar 3–2	*to make difficult*	este nuevo planteamiento dificulta la solución del problema; la lluvia está dificultando la labor del rescate
enmarañar 3–2	*to entangle, to complicate* (often used as a past participle)	este asunto está muy enmarañado, no entiendo nada
enredar 3–2	*to entangle* (often used reflexively)	se enredó en un mal negocio
complicar 2	*to complicate*	¿por qué complicas una cosa tan sencilla?; no te compliques la vida de esa manera
confundir 2	*to confuse*	he confundido las fechas / los nombres; no confundamos la carrera espacial con la guerra de las galaxias; me confundí en el examen y contesté lo que no era; no confundamos, son dos cosas muy distintas
entorpecer 2	*to clog up, to jam*	el desfile militar entorpeció la circulación
obstaculizar 2	*to hinder*	la burocracia obstaculizó los trámites; el mal tiempo está obstaculizando las tareas del rescate
poner obstáculos 2	*to hinder* (used literally and figuratively)	los obreros pusieron obstáculos en la carretera; pusieron muchos obstáculos al proyecto de ley
poner trabas 2	*to hinder* (used figuratively)	no para de poner trabas a mi proyecto
embrollar 2–1	*to muddle, to confuse* (used less than **liar**)	no digas nada o vas a embrollar este asunto todavía más; no entiendo nada, me estás embrollando
liar 2–1	*to involve, to embroil, to muddle* (used more than **embrollar**)	no me líes en ese asunto; se lió con espías extranjeros; no entiendo nada con tus explicaciones, me has liado todavía más; me estoy liando con tantas fechas y nombres

composición   essay

composición f 2	(*school*) *essay*	tuve que escribir una composición sobre los medios de comunicación
memoria f 2	*report, memorandum*	el Defensor del Pueblo ha presentado la memoria al Parlamento; el jefe de la sección presentó la memoria al director

proyecto m 2	*project*	escribió un proyecto muy detallado sobre la economía de ... ; un proyecto de ley
redacción f 2	*school essay*	la maestra nos ha pedido una redacción sobre la primavera
tesina f 2	*small thesis, dissertation*	después de terminar la carrera decidió hacer una tesina
tesis f 2	*thesis*	una tesis doctoral sobre la economía peruana
trabajo m 2	*piece of work*	tengo que entregar mi trabajo de filosofía / de geografía a la profesora

---

concurso   competition, contest

certamen m 3–2	*competition* (in the arts)	un certamen literario / de música / de poesía
campeonato m 2	*championship*	tuvo lugar un campeonato de ajedrez en Sevilla
competición f 2	*competition* (usually has a sports connotation)	una competición de natación / de fútbol / de baloncesto
concurso m 2	*competition, contest*	un concurso literario / de belleza
oposición f 2	*competitive examination* (often used in the plural)	se va a presentar a las oposiciones de magisterio

---

conducir   to drive, to ride

circular 2	*to ride* (also has the general idea of *moving about* when applied to pedestrians)	en Gran Bretaña se circula por la izquierda ; peatón, en carretera circula por tu izquierda (road sign)
conducir 2	*to drive, to ride*	no sé conducir ; si bebes, no conduzcas ; mi ambición es conducir un tren
manejar A, M 2	*to drive* (a car)	aprendí a manejar cuando tenía diez y seis años ; manejar un carro
montar 2	*to ride*	montar en bici / en burro / a caballo
navegar 2	*to navigate*	el barco navegaba en aguas poco profundas
pilotar 2	*to pilot*	pilotar un avión

confirmar   to confirm

sancionar 3	to sanction, to allow (but R2 = to punish)	el gobierno sancionó el envío de mercancías a los rebeldes
aseverar 3–2	to assert	el ministro aseveró que no iba a producirse ningún cambio a este respecto
avalar 3–2	to guarantee, to confirm	años de experiencia avalan la calidad de nuestros productos; avalar un documento
convalidar 3–2	to validate (often used of studies, diploma)	convalidar una asignatura / un diploma
corroborar 3–2	to corroborate	el científico tuvo que corroborar su teoría / su hipótesis
homologar 3–2	to validate (often used of a sports record)	homologar un récord; los congresistas homologaron el convenio
ratificar 3–2	to ratify	el gobierno ratificó el proyecto de ley
refrendar 3–2	to confirm, to ratify (often has a political connotation)	los parlamentarios votaron unánimemente para refrendar la ley sobre el aborto; el pueblo refrendó la constitución a través de un referéndum
revalidar 3–2	to ratify, to confirm	el político revalidó sus afirmaciones
asegurar 2	to assure	me aseguraron que me devolverían el dinero
confirmar 2	to confirm	si puedes, confirma tu llegada; el corresponsal confirmó la muerte del diplomático con un telegrama; los recientes acontecimientos han confirmado mis temores; tengo que confirmar el vuelo

confundido   perplexed, confused (see the note below)

aturdido 3–2	bewildered	su respuesta la había dejado aturdida
perplejo 3–2	perplexed	al oír aquello se quedó muy perpleja, sin saber qué decir; su contestación me dejó muy perplejo
asombrado 2	dazed	su reacción me dejó asombrada; se quedó asombrada al ver lo rápido que se había hecho

confundido 2	*perplexed, confused* (same as **confuso**)	la película me ha dejado confundido; estoy confundida, realmente no sé qué pensar
confuso 2	*confused* (same as **confundido**)	no sé qué hacer, estoy muy confusa; su partida tan imprevista los dejó confusos

NB these adjectives are frequently used with **dejar** and **quedarse**

---

confundirse to get confused, to make a mistake

errar 3	*to err, to miss* (used literally and figuratively)	erró en sus sospechas / en sus conclusiones; errar es humano; errar el camino; el que mucho habla mucho yerra (*it is wiser to keep quiet*)
confundirse 2	*to get confused, to make a mistake*	me confundí en el examen y contesté lo que no era
despistarse 2	*to go off the track*	ten cuidado, a ver si te despistas y te vas por donde no es; me he despistado, ya no sé dónde estoy
equivocarse 2	*to make a mistake*	se equivocó de puerta y fue al dentista en lugar de … ; nos hemos equivocado de camino; me equivoqué al hacer la suma
colarse 2–1	*to blunder, to make a mistake*	me he colado, he contestado mal la pregunta
meter la pata 1	*to put one's foot in it* (same as **pifiarla**)	ya has vuelto a meter la pata, tenías que haberte callado
pifiarla 1	*to blunder* (same as **meter la pata**)	cuando le dijo que estaba gorda la pifió
regarla M 1	*to mess up*	contesté 'A' en vez de 'B', la regué
cagarla 1*	*to boob, to make a balls up*	ya la has cagado, ¿para qué se lo has tenido que decir?

---

conmover to move, to affect

aturdir 3–2	*to bewilder* (often used as a past participle) (often suggests something sudden like a blow or a noise)	se quedó aturdida al recibir la noticia; el golpe la dejó aturdida; la explosión nos aturdió

conmocionar 3–2	to move, to upset (see the note below)	su belleza y la fuerza de los personajes que interpretó conmocionó a una generación; la noticia de la muerte del Papa conmocionó a todo el mundo católico; este acto terrorista ha conmocionado a la opinión pública
desgarrar 3–2	to break (someone's heart)	sus desgracias me desgarraron el corazón
enternecer 3–2	to move (to pity)	el verla llorar así me enterneció
turbar 3–2	to upset, to disturb	la noticia del accidente la turbó
afectar 2	to affect, to move	su enfermedad / la noticia de su muerte me afectó profundamente
alterar 2	to upset, to disturb (often used reflexively)	esta mujer me altera los nervios; se alteró al enterarse del diagnóstico
conmover 2	to move, to affect (see the note below)	la muerte du su hijo les conmovió; su desgracia me conmueve; se conmovió al ver la miseria de aquella gente
emocionar 2	to excite, to move (see the note below)	el discurso de apertura les emocionó hasta tal punto que casi se les saltaban las lágrimas; se emocionó al oírle hablar de él
impresionar 2	to impress	la película me impresionó mucho, sobre todo la escena de la ejecución
trastornar 2	to upset, to disturb (refers to the mental state of a person)	la pérdida de su fortuna / de su hijo la había trastornado; tiene el juicio trastornado; se trastornó a raíz de aquel accidente

NB **conmocionar** is similar to **conmover** but has a wider connotation and is related to news and happenings. **Conmover** suggests therefore a more intimate feeling than **conmocionar** which may not be used in any of the examples for **conmover**. **Emocionar** is stronger and more positive than **conmover**

---

conocedor   expert, connoisseur

| **perito** m 3–2 | qualified person, technician, expert (also a technical title of lesser value than **ingeniero**) | un perito agrónomo / industrial / forense / mercantil / en contabilidad; el juicio se reanudó con los informes de los peritos sobre explosivos; Escuelas de Peritos |
| **conocedor** m 2 | expert, connoisseur | es un buen conocedor de vinos / de caballos |

especialista mf 2	*specialist, consultant* (see the note below)	ha tenido que ir a un especialista del corazón
experto m 2	*expert*	experto en cine / en gastronomía / en matemáticas; experto jurídico
técnico m 2	*technician, trainer* (in sport)	técnico de sonido / de televisión; el técnico del equipo
especialista mf 1	*specialist, expert* (humorous as in English; see **especialista** above)	el chico ése es especialista en hacerte enfadar / en paellas

---

conocimiento   knowledge

saber m 3	*knowledge, learning*	es una persona de gran saber; el saber no ocupa lugar (*you can go on gaining knowledge, it'll always benefit you*)
erudición f 3–2	*erudition*	es un hombre de gran erudición
conocimiento m 2	*knowledge* (often used in the plural) (**saber** may not be used in any of these examples)	el alumno tiene muy buen conocimiento del chino; sus conocimientos de alemán son muy buenos; hay que tener mayores conocimientos técnicos para usar este nuevo ordenador
sabiduría f 2	*wisdom, learning*	tiene una sabiduría universal

---

conseguir   to get, to obtain, to succeed

adquirir 3–2	*to acquire* (is of a slightly higher register than **obtener**)	este sistema está adquiriendo cierto prestigio en España; el museo ha adquirido cien nuevas obras de arte; ha adquirido el arte de ...
granjearse 3–2	*to gain, to earn* (may be used pejoratively)	se granjeó la amistad de todos; granjearse una buena / una mala reputación / el desprecio general / la confianza de ...
obtener 3–2	*to obtain* (**conseguir** may be used with all examples except with the last one)	obtener buenos resultados / un cargo importante / una beca / un premio / el Premio Nobel
procurarse 3–2	*to procure*	se procuraron un piso con todo tipo de comodidades
alcanzar 2	*to reach, to get* (**conseguir** and **obtener** may not be used here)	alcanzar la cima de una montaña / el poder; no nos va a ser imposible alcanzar esta meta

aprobar 2	*to pass* (an examination) (see the note below)	aprobé el examen de alemán / de física; '¿qué tal el examen?' 'Aprobé'
conseguir 2	*to get, to obtain, to succeed* (**obtener** may be used in 1 and 2; **lograr** may be used in 1 but not with **mayoría**, and also in 3 and 4)	le he conseguido una buena colocación; conseguir (1) la victoria / la mayoría (en una votación); los terroristas lamentan el resultado porque no era lo que intentaban conseguir; ¿dónde puedo conseguir (2) este libro?; consiguió (3) lo que se proponía; he intentado convencerla, pero no lo he conseguido (4)
ganar 2	*to win, to earn*	ganar dinero / un premio / una oposición
lograr 2	*to win, to earn* (is of a slightly higher register than **ganar**) (**conseguir** may be used in 1 and 2, and **obtener** may be used in 1)	lograr (1) la victoria; logra (2) todo lo que se propone
pasar 2	*to pass* (an examination) (see the note below)	pasó todas las asignaturas; pasé el examen de conducir; '¿qué tal el examen?' 'Pasé'
sacar 2	*to obtain, to get*	sacar buenas notas / entradas para un espectáculo / un pasaporte; me estoy sacando el carné de conducir

NB **aprobar** and **pasar** are used in the same way although **aprobar** is of a slightly higher register, and would not be used in the second example of **pasar**

---

conseguir + infinitive		**to succeed in** + present participle
atinar a + infinitive 3–2	*to succeed in (strengthening / threading / finding)*	algunos soldados atinaron a reforzar la puerta principal por dentro; no atino a pasar la aguja / a encontrar una solución
conseguir + infinitive 2	*to succeed in (doing / making / convincing / reaching)* (**lograr** may be used in all these examples)	ha conseguido hacer todo lo que quería; por más que lo intento no consigo hacérselo entender; no vas a conseguir convencerme; no consiguió llegar a la meta
lograr + infinitive 2	*to succeed in (reading / understanding / getting / mastering)* (**conseguir** may be used in the first two examples but not in the last two)	logré leer el libro entero en dos horas; no logro entender esto; realizó su ambición, logrando hacerse elegir presidenta de la república; una acción más enérgica del Ejército logró dominar la situación
llegar a + infinitive 2	*to succeed in (becoming)*	llegó a ser primer ministro

por consiguiente   consequently

por ello
3
therefore (suggests *that's why*) (same as **por eso** apart from the register)
es una persona muy sensible, por ello decidí no decírselo

así pues
3–2
thus
así pues, éste es uno de los mayores riesgos que comporta el proyecto

por (lo) tanto
3–2
so
no se pusieron en contacto conmigo, por (lo) tanto decidí no ir

así que
2
with the result that, so
estaba lloviendo, así que nos quedamos en casa; aún queda mucho por hacer, así que date prisa

en consecuencia / por consiguiente
2
in consequence, consequently
volví a las cinco, en consecuencia / por consiguiente no pude ...

por eso
2
so (suggests *that's why*) (same as **por ello** apart from the register)
pensaba que te ibas a enfadar, por eso no te lo dije

---

constipado   cold (as an illness) (see the note below)

catarro m
2
cold
si sales sin abrigo seguro que vas a coger un catarro

constipado m
2
cold (does not mean *constipated*)
cogí / pesqué un constipado de miedo

gripe f
2
flu
Juan no puede ir al cine porque tiene la / está con gripe

resfriado m
2
cold (has a slightly higher register than the above two)
abrígate bien, no vayas a coger un resfriado

resfrío m A
2
cold
si sales sin campera te vas a pescar un resfrío; me agarré un resfrío

costipado m
1
cold
coger un costipado

NB there is no difference between the first four, except that the register of **resfriado** is slightly higher. **Costipado** is a colloquial form of **constipado**. Note also the following: **acatarrarse / co(n)stiparse / resfriarse** = *to catch a cold*, and: **estar acatarrado / co(n)stipado / resfriado** = *to have a cold*

ponerse en contacto   to contact

comunicarse con 3-2	*to communicate with*	los humanos se comunicaron con los extraterrestres
conectar con 2	*to connect with* (used by newsreaders on the television or radio)	ahora vamos a conectar con Málaga / con nuestro corresponsal en Málaga para ...
contactar con 2	*to contact* (same as **ponerse en contacto** but the register is slightly higher)	el presidente contactó con la embajada
ponerse en contacto con 2	*to contact* (same as **contactar con** but the register is slightly lower)	te voy a dar su número de teléfono si te quieres poner en contacto con ella
relacionarse con 2	*to mix with*	se relaciona con gente de la alta sociedad

contar   to relate, to tell

dar cuenta de 3	*to give an account of*	varios manuscritos de esta época dan cuenta de la existencia de ...
referir 3	*to narrate, to relate*	el autor refiere los hechos acaecidos durante el reinado de ... ; los hechos referidos durante la declaración del acusado ...
relatar 3-2	*to relate*	relatar un cuento; en esta novela se relata el viaje emprendido por ... ; la autora relata los hechos con gran realismo
contar 2	*to relate, to tell*	me contaron la historia de su huida; cuéntame un cuento; nos contó cómo cruzaron el río a nado; no sabe contar chistes
narrar 2	*to narrate*	el libro narra las aventuras de ... ; la escritora narra la historia de unos niños que ...

contestar   to answer

espetar 3-2	*to rap out, to retort*	'pero no lo hiciste', espetó el capitán; nos espetó un sermón
replicar 3-2	*to reply*	'no estoy de acuerdo', replicó

| contestar
2 | *to answer* (see the note below) | contestó que no podía venir; contestar (a) una carta / (a) una pregunta; me escribió hace tiempo pero todavía no le he contestado; ¿puedes contestar el teléfono?; me contestó una grosería |
| responder
2 | *to reply* (used less than **contestar**) | respondí a todas las preguntas del examen; responder a una carta; todavía no me has respondido |

NB purists prefer **a** with **contestar** but for most Spanish-speakers there is no difference

contrario   contrary, opposite

antagónico 3–2	*antagonistic, conflicting*	estos países tienen intereses antagónicos; expresaron ideas / opiniones antagónicas; la división de Europa en dos bloques antagónicos
antitético 3–2	*antithetic*	se trata de dos conceptos antitéticos / de dos ideas antitéticas
encontrado 3–2	*opposing, conflicting*	manifestaron intereses encontrados; opiniones / ideas encontradas
refractario (a) 3–2	*refractory, of opposite mind (to)* (usually followed by **a**)	son refractarios a cualquier tipo de cambio / de reforma
adversario 2	*opposite, opposing*	el equipo adversario hizo lo posible por meter un gol pero no tuvo suerte; el bando adversario fue conquistado
adverso 2	*adverse, unfavourable* (also used figuratively)	una situación adversa; un ambiente adverso; condiciones climáticas adversas; entre las reacciones adversas al indulto figura el escritor Ernesto Sabater; soplan vientos adversos
contradictorio 2	*contradictory*	su obra está llena de ideas contradictorias; las declaraciones que hizo a la prensa resultan contradictorias
contrario 2	*contrary, opposite*	lo contrario de blanco es negro; el equipo contrario fue abucheado; empezaron a correr en sentido contrario
incompatible 2	*incompatible*	tienen caracteres totalmente incompatibles; estos métodos de enseñanza son incompatibles

| **inverso** [2] | *inverse, opposite* | en sentido / en orden inverso; si no lo puedes hacer así hazlo a la inversa (*the other way round*) |
| **opuesto** [2] | *opposite* | las ideologías de estos dos partidos son totalmente opuestas; durante la guerra luchó en el bando opuesto; el vehículo circulaba en sentido opuesto |

convencer   to persuade, to convince

decidir [3–2]	*to decide*	las circunstancias la decidieron a pasar a la acción
determinar [3–2]	*to determine*	esto me determinó a renunciar a la propuesta
inducir [3–2]	*to induce*	aquello me indujo a pensar que ...
persuadir [3–2]	*to persuade* (used less than *to persuade*)	me persuadieron para / de que les acompañara; no logró persuadirlo con sus razones; la persuadí de la necesidad de ...
convencer [2]	*to persuade, to convince*	me convencieron para que viniera; la convencí de la verdad / de que no tenía razón; no pienso ir, no me vas a convencer
meter en la cabeza [2–1]	*to put it into (someone's) head*	me metió en la cabeza la idea de estudiar inglés; se le mete algo en la cabeza, no hay quien le convenza de lo contrario

convenio   agreement, accord

concierto m [3]	*concert, agreement* (used in the set expression given in the example)	actuó de concierto con su colega
acuerdo m [2]	*agreement, accord*	firmaron un acuerdo; los dos gobiernos llegaron a un acuerdo sobre el conflicto fronterizo; lo hicieron de común acuerdo
alianza f [2]	*alliance*	establecieron una alianza contra su enemigo común; la Alianza Atlántica; la Santa Alianza
arreglo m [2]	*settlement, arrangement* (not usually used with a political connotation)	podemos llegar a un arreglo: tú te encargas de la compra y yo hago la comida

contrato m [2]	*contract* (the indefinite article is not used in the last example)	firmar / anular un contrato; un contrato de compraventa / de trabajo / de alquiler; fue acusado de incumplimiento de contrato; no es un trabajo fijo, sólo le han dado contrato para seis meses
convenio m [2]	*agreement, accord*	los sindicalistas firmaron un convenio; un convenio comercial; un convenio colectivo entre los sindicalistas y la patronal
pacto m [2]	*pact*	los alemanes y rusos firmaron un pacto de no agresión
tratado m [2]	*treaty*	los países beligerantes firmaron un tratado de paz; firmaron un tratado de protección del medio ambiente

---

convenir (en) (a)   to agree (to)

asentir (a) [3–2]	*to assent (to)* (used with a following noun)	asintieron a la realización del proyecto
consentir (en) [3–2]	*to consent (to)* (used with a following verb)	no consintió en dejarla salir
acordar [2]	*to agree* (used with a following noun or verb) (see the note below)	el gobierno ha acordado los presupuestos del estado; acordaron venir juntos
estar de acuerdo [2]	*to agree, to be in agreement* (see the note below)	estoy de acuerdo con ella
ponerse de acuerdo [2]	*to come to an agreement, to agree*	nunca se ponen de acuerdo, siempre están discutiendo; se puso de acuerdo con su esposa para recoger a la niña
coincidir (en) [2]	*to coincide (on), to agree (to)* (used with a following noun or verb)	ambos ministros coincidieron en la necesidad de ... / en señalar que ...
conformarse (con) [2]	*to agree (to), to resign oneself (to)*	se conformó con lo que le había dejado su padre en la herencia; me conformo con un 'notable'; me conformo con salir una vez a la semana
estar conforme (con) [2]	*to be in agreement (with)*	no estoy conforme con la política del gobierno
convenir (en) [2]	*to agree (to)* (see the note below)	todavía no han convenido el precio; hemos convenido en irnos manaña; se dirigió al hotel y esperó allí a su colega, tal como habían convenido

dar luz verde 2	to give the green light (often used in the media)	el gobierno dio luz verde al proyecto
quedar 2	to agree (**en** is not always necessary) (often suggests the idea of agreeing to meet)	quedamos en vernos a las nueve; hemos quedado en la puerta del cine; ¿a qué hora quedamos?
dar el visto bueno 2–1	to give the green light, to give one's approval	dio el visto bueno a mi sugerencia

NB **convenir** is of a slightly higher register than **acordar** and **estar de acuerdo**

convenir (b)   to suit (see the note below)

concordar (con) 2	to agree (with), to tally (with)	lo que dice no concuerda con los hechos; el verbo concuerda con el sujeto; el optimismo del presidente no concuerda con la reciente intervención del secretario de Estado
convenir 2	to suit	no me conviene aceptar este trabajo; hazlo según te convenga
corresponder a 2	to become, to correspond to	este comportamiento no corresponde a una persona de su clase; el individuo correspondía a la descripción de la policía
corresponderse con 2	to correspond with	sus palabras no se corresponden con los hechos
cuadrar (con) 2	to suit, to fit, to tally (with) (**cuadrar** is used more figuratively than **encajar**)	su carácter no cuadra con el mío; esto no cuadra con lo que dijo ayer; aquí hay algo que no cuadra; las cuentas / las dos versiones de los hechos no cuadran
encajar (con) 2	to fit (into) (**encajar** is used more literally than **cuadrar**)	estas piezas no encajan; la puerta no encaja bien; mi horario no encaja con el de los estudiantes; Pedro no encaja en el grupo de amigos que tengo
estar 2	to suit, to fit	esos pantalones tan estrechos le están horribles; ¿qué tal me está el sombrero?
ir 2	to suit, to fit (may correspond to to get on)	este traje te va muy bien; trabajamos con un sistema parecido, y la verdad es que nos va de maravilla; ¿cómo te fue el examen?; ¿cómo te va en el nuevo trabajo?
quedar 2	to suit, to fit	esa chaqueta le queda muy bien; ¿qué tal me quedan los zapatos?

| **sentar** | *to suit, to fit* | este color / este vestido te sienta muy bien |
| 2 | | |

venir	*to suit, to fit*	el pantalón te viene a las mil maravillas; el
2		nuevo horario no me viene nada bien, me
		vendría mejor ir por la mañana; este dinero
		me va a venir de maravilla

| **caer** | *to suit, to fit* | ese peinado le cae fatal; te cae muy bien la |
| 2–1 | | falda |

NB **estar, ir, quedar, sentar**, **venir** and **caer** are all used with reference to
clothes, shoes, hairstyles, etc.

---

conversación   conversation

| **plática** f | *discussion* | sostuvieron una plática acerca de la política |
| 3 | | extranjera |

coloquio m	*conversation, conference*	después de la conferencia se inició un
2		coloquio sobre ... ; en la universidad se
		celebra un coloquio internacional sobre la
		economía de mercado

conferencia f	*telephone call, conference,*	acaba de subir la tarifa de las conferencias
2	*lecture*	urbanas / interurbanas / internacionales; esa
		asociación celebrará en breve su primera
		conferencia nacional; dio una conferencia
		sobre la literatura hispano-americana; una
		conferencia de prensa

| **congreso** m | *conference* | un congreso de medicina |
| 2 | | |

conversación f	*conversation*	tuve una interesante conversación con ella
2		ayer; le cuesta mucho trabar conversación
		con la gente

charla f	*chat, talk, lecture* (on a	estuvieron de charla toda la tarde; hubo una
2	relatively unimportant	charla sobre la cocina india
	topic)	

| **debate** m | *debate* | en las cortes se ha desarrollado un debate |
| 2 | | sobre ... |

| **diálogo** m | *dialogue* | se espera solucionar este conflicto por la vía |
| 2 | | del diálogo |

| **discusión** f | *discussion* | se entabló una discusión sobre la novela de |
| 2 | | vanguardia |

entrevista f 2	*interview* (suggests more formal circumstances than **interviú**)	el primer ministro mantuvo una entrevista con su homólogo francés; le hicieron una entrevista a la famosa cantante
interviú m 2	*interview* (suggests less formal circumstances than **entrevista**; does not have a political connotation)	los reporteros tuvieron un interviú con la actriz
negociación f 2	*negotiation* (usually used in the plural)	han concluido las negociaciones entre los ministros de asuntos exteriores
cháchara f 1	*chat* (often used in the set expression as in the example)	estuvieron de cháchara mucho rato
palique m 1	*chatter* (often used in the set expression with **estar**)	siempre está de palique con los vecinos; ¡qué palique tiene esta mujer!

---

convertirse — to become, to change, to be converted (see the note below)

metamorfosearse (en) 3	*to be metamorphosed* (*into*), *to change* (*into*)	el ogro se metamorfoseó en un príncipe
tornarse (en) 3	*to change* (*into*), *to become*	su duda se tornó en admiración; su respiración se había tornado ansiosa
convertirse (en) 2	*to become, to change, to be converted* (*into*) (has a more general connotation than *to convert*)	con el tiempo se ha convertido en una persona muy egoísta; se convirtió en un hombre de negocios / un tirano; el agua se convirtió en vino; se convirtió al Islam / al cristianismo
hacerse 2	*to become*	se hizo médico / ingeniero; nos estamos haciendo viejos; se ha hecho rica en poco tiempo
llegar a (ser) 2	*to become* (with **ser** the expression is of a slightly higher register)	ha llegado a (ser) ministro / ser médico / presidente
ponerse 2	*to become* (often used with an adjective)	se puso roja / triste; el asunto se está poniendo feo; te vas a poner enferma si no te cuidas más; se puso hecha una sopa (*she got drenched*)
quedarse 2	*to end up* (*becoming*)	se quedó sorda / boquiabierta; se quedó paralítico a consecuencia del accidente; al oír aquello se quedó de una pieza (*dumbfounded*)

ser 2	*to become* (but only used in one very fixed expression)	¿qué ha sido de tu amigo?
transformarse (en) 2	*to be transformed (into)*	el hombre se transformó en un monstruo; la manifestación se transformó en protesta contra ...
volverse 2	*to go, to become*	si sigues preocupándote así te vas a volver loca; este color se vuelve azul; el tiempo se ha vuelto lluvioso; el asunto se vuelve trágico; te has vuelto muy egoísta

NB the reflexive form in Spanish frequently corresponds to the idea of *becoming*. Thus: **aburrirse, cansarse, enfadarse, interesarse, involucrarse,** etc.

---

copiar　　　　　　　　　　　　　　　　　　　　　　　　to copy

trasuntar 3	*to copy*	al trasuntar la traducción de la Biblia al castellano se cometieron muchos errores
emular 3–2	*to emulate, to rival*	el escritor emuló a Cervantes; la burguesía emula a la aristocracia
parodiar 3–2	*to parody*	los actores parodiaron *Romeo y Julieta*
plagiar 3–2	*to plagiarize*	el artista / el escritor plagió la obra de ...
remedar 3–2	*to copy, to imitate* (especially someone's gestures and way of speaking)	remedaba sus gestos y su manera afectada de hablar
calcar 2	*to trace, to copy*	calcó el mapa con el papel carbón; la historia que narra es casi calcada de la del famoso escritor
copiar 2	*to copy*	copió en el cuaderno lo que había en la pizarra; copiar del natural / al pie de la letra; se copió el examen de su compañero
falsificar 2	*to falsify, to fake, to counterfeit*	los delincuentes falsificaron billetes / pasaportes
imitar 2	*to imitate*	el pintor imita el estilo de Picasso; el cómico imitó a Felipe González
pasar a limpio 2	*to make a clean copy*	paso los apuntes a limpio todos los días

| **reproducir**
2 | *to reproduce* | reprodujo un cuadro de Goya |
| **seguir**
2 | *to follow* | la novelista sigue la tendencia de su generación |

---

corresponder   to be (someone's) responsibility

ser de la competencia de 3–2	*to be in (someone's) province*	ese ámbito de actuación es de la competencia del gobierno central
competer 3–2	*to devolve (upon)*	esa medida compete al ayuntamiento, no al individuo
corresponder 3–2	*to be (someone's) responsibility*	a mí no me corresponde decírselo; corresponde a los mandos de las fuerzas armadas decidir si … ; a quien corresponda (*to whom it may concern*)
incumbir 3–2	*to be incumbent (upon) (the second example is R2 = to be (someone's) business)*	no le incumbe tratar ese asunto, es la responsabilidad del juez; esto a ti no te incumbe, así que no te metas
tocar 2	*to be (someone's) turn*	¿a quién le toca hacer la comida hoy?; a usted le toca tomar la palabra; ahora te toca jugar a ti, yo ya he jugado

---

cortar   to cut (off)

cercenar 3	*to cut off / away / out (also used figuratively)*	el cadáver tenía las piernas cercenadas; cercenar un gasto / un presupuesto
segar 3	*to cut off, to ruin, to destroy (for the R2 use see below)*	el pedrusco le había segado la oreja; un accidente de automóvil segó su juventud
sajar 3–2	*to cut open, to lance (used in surgery)*	le sajaron un grano (*a boil*)
amputar 2	*to amputate*	le amputaron una pierna para evitar la gangrena
cortar 2	*to cut (off)*	el carnicero cortó tres kilos de carne; córtame un trozo de queso; cortó el pastel en cuatro partes iguales; le cortaron la cabeza al rey; ten cuidado, te vas a cortar un dedo; cortar un árbol; se ha cortado el pelo (*she cut her own hair / had her hair cut*)
disecar 2	*to dissect*	disecaron el cadáver

esquilar [2]	*to fleece, to shear*	el granjero esquilaba a sus ovejas
guillotinar [2]	*to guillotine*	durante la revolución francesa guillotinaron a muchos aristócratas
podar [2]	*to prune, to lop*	podar un árbol / un seto vivo
recortar [2]	*to cut out / away*	recorté un artículo del periódico / el borde de la tela
seccionar [2]	*to cut up / through* (the second example is R3)	el médico seccionó el cadáver; el avión cayó en picado y seccionó un cable
segar [2]	*to reap, to mow* (for the R3 use see above)	los labradores segaron el trigo
talar [2]	*to cut down, to hack down* (usually trees) (implies indiscriminate activity)	la empresa constructora taló centenares de árboles para construir un complejo de chalets

---

corto   short, brief

huidizo [3]	*fleeting*	casi todos los poemas de este escritor expresan la impresión huidiza de la realidad
lacónico [3]	*laconic*	el ensayista tiene un estilo clásico y lacónico muy lejos del romanticismo
lapidario [3]	*lapidary*	un estilo / un lenguaje lapidario; una frase lapidaria
conciso [3-2]	*concise*	escribió un ensayo conciso sobre Baroja; el escritor utiliza un lenguaje claro y conciso
efímero [3-2]	*ephemeral*	un sentimiento efímero; una moda efímera; su éxito fue sólo efímero
fugaz [3-2]	*fleeting, shooting* (used of a star = R2)	la atracción por aquella mujer fue sólo un sentimiento fugaz; una estrella fugaz
momentáneo [3-2]	*momentary*	un enfado momentáneo
transitorio [3-2]	*transitory*	el carácter transitorio de la vida
breve [2]	*short, brief* (often placed before the noun)	aquí te mando unas breves palabras en contestación a tu carta; tras una breve pausa continuó su discurso; sea breve, por favor, no tenemos mucho tiempo; tuvo un breve encuentro con ... ; hizo un breve viaje a Holanda

corto 2	*short, brief*	una colección de relatos cortos; ponte el pantalón corto que hace tanto calor; este vestido se me ha quedado corto; el viaje fue mucho más corto de lo que pensábamos; una calle muy corta; este negocio va a reportar grandes beneficios a corto plazo
pasajero 2	*passing*	conoció a una chica guapísima en Madrid, pero fue sólo una aventura pasajera; una moda pasajera
provisional 2	*provisional*	le pusieron en libertad provisional; un arreglo provisional; desvío provisional
relámpago 2	*lightning, quick* (used invariably since it is a noun)	una guerra / una visita relámpago; un viaje relámpago
temporal 2	*temporary, temporal*	un cargo / un trabajo temporal; la existencia temporal del hombre

---

cosa   thing

cachivache m 2	*trinket, piece of junk*	¿dónde quieres que ponga estos cachivaches?; un vendedor ambulante vendía montones de cachivaches en una esquina
cosa f 2	*thing*	en esa tienda venden cosas muy bonitas; ¿qué es esa cosa que tienes ahí?
chisme m 2	*thingummy*	¿para qué sirve este chisme?
chismes mpl 2	*odds and ends*	quita todos esos chismes de encima de la mesa
trastos mpl 2	*things, clothes, belongings* (always suggests that they are in the way, or are untidy)	siempre tiene la habitación llena de trastos
bártulos mpl 2–1	*belongings, clothes*	cogió todos sus bártulos y se fue de casa
cacharro m 2–1	*(old) thing* (often out of order) (used pejoratively as in *jalopy*) (when used in the plural = *pots and pans*)	este cacharro de despertador no funciona; este coche es un cacharro; todavía tengo que fregar los cacharros
petates mpl A 1	*things, belongings* (same as **trastes**)	se vino con todos los petates

trastes mpl A [1]	*things, belongings* (same as **petates**)	junto mis trastes y me las pico

---

cosecha   harvest

cosecha f [2]	*harvest* (same as **recolección** except that **cosecha** is only the produce)	la cosecha del trigo / de la aceituna / de la naranja / del azafrán / del algodón
pizca f M [2]	*harvest* (strictly of maize but generally applied to coffee, grapes, etc.)	la pizca del café / del cacao / del maíz / de la uva se lleva a cabo por los campesinos
recolección f [2]	*harvest(ing)* (same as **cosecha** except that **recolección** is both the produce and the process)	la recolección de la aceituna / del azafrán / del algodón
siega f [2]	*reaping, harvesting*	este año va a trabajar en la siega
vendimia f [2]	*grape-harvest*	muchos trabajadores van todos los años a Francia a la vendimia
zafra f [2]	*sugar beet harvest*	la zafra de la remolacha es en octubre

---

coste   cost

importe m [3–2]	*amount, cost*	el importe del recibo sube a cuatro mil quinientas pesetas
coste m [2]	*cost* (same as **costo** except that **costo** is used more in Spanish America)	ha subido mucho el coste de la vida; habrá un coste adicional de un quince por ciento
costo m [2]	*cost* (same as **coste** except that **costo** is used more in Spanish America)	han valorado el costo de la autopista en cien millones
gasto m [2]	*expense* (often used in the plural)	últimamente he tenido muchos gastos; me parece un gasto innecesario; reducir los gastos públicos
precio m [2]	*price*	el precio de este artículo es de dos mil pesetas

criada   maid, servant

doncella f [3]	*servant* (often lives in but does not prepare meals)	la doncella bajó a abrir la puerta
ayuda de cámara f [3–2]	*servant* (used by royalty)	el rey tiene tres ayudas de cámara
moza f [3–2]	*servant* (only used in **pueblos** now)	me ayuda una moza en las faenas de la casa
asistenta f [2]	*daily help*	tiene una asistenta que va a limpiar todas las mañanas
camarera f [2]	*(chamber) maid*	durante el verano trabajó como camarera en un hotel
criada f [2]	*maid, servant* (may be used pejoratively)	dile a la criada que prepare el desayuno; hazlo tú, yo no soy tu criada
empleada de hogar f [2]	*maid, servant* (used euphemistically for **criada**)	trabaja como empleada de hogar en las afueras de Madrid
interna f [2]	*servant* (who usually lives in) (often used in adverts)	se busca interna
mucama f A [2]	*maid, servant*	los señores de la casa buscan una mucama trabajadora
sirvienta f [2]	*servant* (often used pejoratively)	no voy a permitir que se case con una sirvienta; estoy harta de que me trates igual que a una sirvienta
chacha f [2–1]	*maid* (same as **criada** except for the register) (has a pejorative connotation)	en mi casa todo lo hace la chacha
muchacha f [2–1]	*maid, servant* (does not have a pejorative connotation)	dile a la muchacha que haga las camas

crisis   attack, fit (see the note below)

acceso m [3–2]	*attack, fit*	un acceso de tos / de epilepsia / de ira / de cólera / de celos
paro cardíaco m [3–2]	*cardiac arrest*	murió de un paro cardíaco
arrebato m [2]	*fit, attack*	un arrebato de nervios / de ira / de cólera

ataque m [2]	*attack, fit*	sufrió un ataque cardíaco / epiléptico; un ataque de nervios / al corazón; le ha dado un ataque de tos / de risa
crisis f [2]	*attack, fit*	una crisis cardíaca / nerviosa / de llanto
infarto (de miocardio) m [2]	*heart attack*	sobrevivió a un infarto (de miocardio)

NB **infarto** is of a slightly lower register than **infarto de miocardio** which, in turn, is of a higher register than **ataque al corazón**. **Sufrir** may be used with all these nouns

---

cruce   crossroads

encrucijada f [3–2]	*crossroads* (used literally and figuratively; not used for towns)	llegaron a una encrucijada de caminos; el presidente se encuentra en una encrucijada y va a tener que tomar una decisión
bifurcación f [2]	*fork*	cuando llegues a la bifurcación coge la calle de la derecha
cruce m [2]	*crossroads* (only used literally)	en el cruce hay un semáforo
empalme m [2]	*connecting road*	el empalme con la autopista
glorieta f [2]	*roundabout* (same as **rotonda**)	tienes que dar la vuelta a la glorieta para coger la calle …
media luna f [2]	in Spain a small *slip road* off to the right enabling the driver to cut across the traffic to do a U turn	para cambiar de sentido en esta avenida da la vuelta a la media luna
rotonda f [2]	*roundabout* (same as **glorieta**)	cuando llegues a la rotonda tienes que coger la primera calle a la izquierda

---

crujir   to crunch, to creak, to gnash, to rustle (see the note below)

crujir [2]	*to crunch, to creak, to gnash, to rustle*	se oía el crujir de las ramas / de las tablas del suelo / de la leña ardiendo / de las hojas secas; los muelles del colchón crujían; le crujen los dientes / las articulaciones
chasquear [2]	*to creak, to crack* (used of a whip)	la vieja cómoda chasqueaba bajo el peso de la lámpara; se oía chasquear un látigo

| **chirriar** [2] | to squeak, to screech | la puerta chirrió al abrirse; las ruedas del carro chirriaban |
| **rechinar** [2] | to creak, to clank, to gnash | la máquina rechinaba; se oía el rechinar de las cadenas; le rechinaban los dientes |

NB it is extremely difficult to separate these synonyms. Some are interchangeable in certain contexts. The examples speak for themselves

---

cruzar   to cross

franquear [3]	to go through, to cross, to overcome (also used figuratively)	ne se atrevía a franquear la puerta; franquear una cadena de montañas; franquear un obstáculo
traspasar [3]	to go through, to cross (see below for a more common use)	traspasar un río
salvar [3–2]	to go over / through, to negotiate (often refers to an obstacle, and is used figuratively)	todavía les queda por salvar el principal obstáculo
transitar [3–2]	to go along / through	los camiones transitaban por la calle / por la ciudad; la gente transitaba por las calles
atravesar [2]	to cross, to go across / through (also used figuratively)	atravesaron el río / la frontera / el bosque / la ciudad de lado a lado; la bala atravesó la mesa / le atravesó el cuello; la vía férrea atravesaba el valle de norte a sur; el país atravesaba dificultades económicas
cruzar [2]	to cross (not used figuratively)	cruzaron la calle / el puente / el Canal de la Mancha / la frontera / por el semáforo; cruzó el río a nado
pasar por [2]	to go through, to pass through / over	para ir de Madrid a Valencia pasamos por Cuenca; este autobús no pasa por el centro; por aquí no se puede pasar, está lleno de barro; la explosión impidió a las tropas pasar por el puente
traspasar [2]	to go through (see above for a literary use)	la bala le traspasó el brazo

---

cuaderno   notebook, exercise book

| **agenda** f [2] | diary (for future dates) | apunté en mi agenda el día en que tenía que ir |

bloc m 2	(thick) pad (does not usually have lines)	se compró un bloc para la clase de dibujo; un bloc de anillas
cuaderno m 2	notebook, exercise book (see the note below)	estaba copiando los apuntes en el cuaderno; un cuaderno de espiral (spiral notepad)
libreta f 2	notebook (see the note below)	arrancó una hoja de su libreta para darle su dirección

NB a **cuaderno** usually has rings while a **libreta** suggests that the pages are sewn together

---

cuadro   painting, picture

lienzo m 3–2	canvas	en el palacio se pueden admirar numerosos lienzos
cuadro m 2	painting, picture	me gustan mucho los cuadros de Velázquez
pintura f 2	painting (also used figuratively)	las pinturas de este museo son muy valiosas; a ese hombre no lo puedo ver ni en pintura
retablo m 2	altar piece	El Entierro del Conde de Orgaz es un retablo muy famoso

---

cuarto   room

alcoba f 3	bedroom	se retiró a su alcoba a descansar
aposento m 3	room (often used in the plural)	la reina se retiró a sus aposentos
bufete m 3–2	lawyer's office (often includes the practice) (**te** is not pronounced)	un bufete de abogados
ambiente m A 2	room	este departamento tiene cuatro ambientes
aula f 2	lecture room, classroom	la conferencia tuvo lugar en el aula; ¿en qué aula es la clase de alemán?
cámara oscura f 2	darkroom	las fotos se revelan en la cámara oscura
camarote m 2	cabin (on a boat)	el barco tenía cuarenta camarotes
camerino m 2	dressing room (in a theatre)	la actriz estaba en su camerino

clase f 2	*classroom*	no caben todos los alumnos en la clase
cuarto m 2	*room*	está leyendo en su cuarto; el cuarto de la lavadora / de la plancha; un cuarto de baño
cuarto m M 2	*(hotel) bedroom*	el hotel cuenta con cincuenta cuartos; nosotros estamos en el cuarto treinta y tres
despacho m 2	*bureau, study, office*	mi padre está escribiendo cartas en su despacho; ¿dónde está el despacho del profesor de Historia?; haga el favor de ir al despacho del director
dormitorio m 2	*bedroom*	este piso tiene cuatro dormitorios
escritorio m A 2	*office*	llevé la máquina de escribir al escritorio
gabinete m 2	*office, study, consulting room*	el abogado trabaja en su gabinete; un gabinete de consulta
habitación f 2	*room, hotel bedroom* (in a house it excludes the kitchen and bathroom; **habitación** is R3–2 in Mexico)	un piso de cinco habitaciones; el hotel tiene treinta habitaciones
oficina f 2	*office*	no me gustaría trabajar en una oficina
recámara f M 2	*bedroom* (usually in a house)	hace falta una recámara para el bebé
sala f 2	*(living) room* (for receiving visits) (see the note below)	hizo pasar a las visitas a la sala; una sala de espera / de fiestas / de lectura; la jueza mandó desalojar la sala
sala de estar f 2	*living room* (see the note below)	tomamos el café en la sala de estar; estaba viendo la tele en la sala de estar; la casa tiene una sala de estar y un comedor
salita f 2	*living room* (see the note below)	estaba escuchando la radio en la salita
salón m 2	*living room* (see the note below)	la mansión tenía un lujoso salón
secretaría f 2	*secretaries' office, faculty office* (in a university)	fui a la secretaría a buscar el formulario
trastero m 2	*junk room, lumber room*	mete todos los libros en el trastero

trastienda f [2]	*back room* (of a shop)	el tendero desayunaba en su trastienda cuando …

NB **sala, sala de estar, salita** and **salón** all mean *living room*. However, **sala** may be a room for public use as in **sala de espera,** and is less luxurious than **salón. Sala de estar** is the same as **salita** but is used in a more formal context, and may suggest luxury and comfort like **salón**

---

cubo   bucket

jofaina f [3–2]	*bowl, wash basin*	cogió la jofaina y la jarra para lavarse
bandeja f M [2]	*bowl* (usually of plastic)	metió los platos en la bandeja para lavarlos
barreño m [2]	(small metal) *bath*	metió la ropa sucia en el barreño
cubeta f M [2]	*bucket*	llenó la cubeta de agua
cubo m [2]	*bucket*	coge el cubo y la fregona y empieza a fregar el suelo; lléname el cubo de agua, tengo que lavar el coche
palangana f [2]	(plastic) *bowl*	tráeme la palangana que quiero lavarme los pies; ¿tienes una palangana para lavar el coche?

---

cuchillo   knife

cortaplumas m [2]	*penknife*	abre la carta con el cortaplumas
cuchillo m [2]	*knife*	saca los cuchillos y tenedores a la mesa
faca f [2]	*knife* (with curved blade)	el carnicero corta la carne con la faca
navaja f [2]	*flick-knife*	fue agredido con una navaja
puñal m [2]	*dagger*	el bandido sacó un puñal

---

cuesta   hill, slope

bajada f [2]	(downward) *slope*	una bajada muy pronunciada

cuesta f 2	*hill, slope* (both ways) (also used figuratively)	una cuesta muy empinada; cuesta arriba / abajo; esta asignatura se me está haciendo muy cuesta arriba
declive m 2	*slope, downward trend,* *decadence*	este terreno está en declive; el declive era muy pronunciado y bajaron a gran velocidad; el partido socialista tuvo su fulgor y declive a finales de los años 70
falda f 2	*slope, hillside*	la falda de una montaña
inclinación f 2	*incline*	una ligera inclinación en el terreno
ladera f 2	*slope* (both ways)	la ladera de una montaña / de una colina
pendiente f 2	*slope, gradient*	una pendiente muy suave / pronunciada / del dos por ciento
rampa f 2	*ramp*	subieron los bultos por la rampa
repecho m 2	*upward slope* (often short and steep)	el ciclista tuvo que hacer un último esfuerzo para remontar el repecho
subida f 2	*upward slope, rise* (often used figuratively)	tras la larga subida, después una hora de penosa ascensión … ; la subida de los precios; una subida brusca de la temperatura
vertiente f 2	*downward slope* (usually where water flows)	la vertiente de un río / de un tejado; la vertiente sur de la montaña

cuidado   care

escrupulosidad f 3	*scrupulousness*	su gran escrupulosidad le permitió encontrar lo que buscaba
aplicación f 3–2	*application*	trabajan con aplicación y siempre consiguen buenos resultados
cautela f 3–2	*caution*	le recomendaron que actuase con cautela
celo m 3–2	*zeal*	guardaba aquellas cartas con celo
detenimiento m 3–2	*thoroughness*	examinó con detenimiento todos los detalles
diligencia f 3–2	*diligence*	era una empleada muy atenta y realizaba su trabajo con gran diligencia

esmero m 3–2	*care(fulness)*	realizaron la limpieza con gran esmero; pone mucho esmero en su arreglo personal
pulcritud f 3–2	*neatness, tidiness* (always suggests cleanliness when referring to a person)	siempre va vestida con pulcritud
tiento m 3–2	*wariness* (often used with **andarse**)	ándate con tiento cuando se lo digas, no se vaya a ofender
atención f 2	*attention*	siempre pone mucha atención en su trabajo; nunca prestan atención en clase
cuidado m 2	*care*	ve con cuidado si coges la moto; ten cuidado, te puedes hacer daño; anda con cuidado que hay cristales por el suelo
prudencia f 2	*prudence*	hay que conducir con prudencia

---

cuidadoso careful

concienzudo 3–2	*conscientious*	siempre hace su trabajo de forma concienzuda; es un hombre muy concienzudo, siempre mira mucho todos los detalles
esmerado 3–2	*careful, neat*	el esmerado acabado de la escultura impresionó al público; es un estudiante muy esmerado, sus trabajos siempre son perfectos
exhaustivo 3–2	*exhaustive*	un estudio / un registro exhaustivo
fiel 3–2	*faithful, accurate*	hizo un relato fiel de los hechos
minucioso 3–2	*thorough*	realizaron un minucioso registro en el apartamento; un estudio minucioso
pulcro 3–2	*neat, tidy* (always suggests cleanliness when referring to a person)	las obras de reconstrucción se realizaron de manera pulcra; es una persona muy pulcra, siempre va vestida de manera impecable
cuidadoso 2	*careful*	es muy cuidadosa en su trabajo y nunca comete errores
detallado 2	*detailed*	publicó un estudio muy detallado de su trabajo; hizo una descripción detallada de los hechos
escrupuloso 2	*scrupulous*	una persona escrupulosa; un trabajo / un registro escrupuloso

exacto 2	*exact*	un cálculo exacto
preciso 2	*precise*	nos dio una descripción precisa del lugar; no se conoce todavía la hora precisa de su llegada
puntual 2	*punctual*	llegaron puntuales a la cita; no llegues tarde, intenta ser puntual

cuidar   to look after, to be careful

custodiar 3–2	*to look after*	custodiar la entrada de un edificio / un tesoro / a un preso
cuidar 2	*to look after, to be careful* (**a** is used more than **de** but only **de** may be used in the last example)	no se puede quedar nadie a cuidar a / de la niña; cuidar a / de un enfermo; si quieres cuidar de tu salud, tienes que comer mejor; cuida de que no se entere nadie
supervisar 2	*to supervise*	supervisó el trabajo / la instalación del frigorífico
velar 2	*to watch over, to sit up with* (a sick person; note the use of **a** here)	la madre vela por la salud de su hijo; velar a un enfermo; pasar la noche velando
vigilar 2	*to watch over, to invigilate*	no había nadie vigilando a los niños; vigilar a un preso; dos policías vigilaban la entrada del edificio; los dos profesores vigilaban a los alumnos durante el examen

culo   behind, arse (see the note below)

nalga f 3–2	*behind, bottom, cheek* (usually used in the plural = *buttocks*)	el practicante le puso una inyección en la nalga derecha; le dolían las nalgas de montar a caballo
trasero m 2	*behind*	le dio una patada en el trasero
asentaderas fpl 2–1	*bottom* (has a humorous connotation)	ten cuidado dónde pones tus asentaderas
cabuz m M 1	*bottom*	engordé y me creció el cabuz
culo m 1	*behind, arse*	te voy a dar en el culo si te portas mal; con esa minifalda casi se le ve el culo

pompis m [1]	*bottom* (has a humorous connotation)	con estos pantalones no se te va a notar el pompis
posaderas fpl [1]	*bottom* (has a humorous connotation)	te voy a calentar las posaderas si no te portas bien; levanta las posaderas del sillón, ya has hecho bastante el vago
traste m A [1]	*bottom*	este pantalón no me cae bien de traste
ojete m A [1*]	*arse*	la comida estaba tan picante que me quedó el ojete a rojo vivo; tomá la plata y metétela en el ojete
panocha f M [1*]	*arse*	la chica tiene muy buena panocha

NB although **culo** is R1 it forms the frame title since it is very common and is not very vulgar. It is much more vulgar in Mexico. **Nalga** and **trasero** are the two most neutral nouns here

---

curiosear   to look around, to nose about

huronear [3–2]	*to snoop*	siempre anda huroneando para ver si puede enterarse de algo
curiosear [2]	*to look around, to nose about*	la vecina siempre anda curioseando detrás de la cortina
fisgar (en) [2–1]	*to pry (into)*	mi vecino siempre está fisgando para ver si logra enterarse de algo; fisgar en asuntos ajenos
fisgonear (en) [2–1]	*to pry (into)*	la mujer ésa no para de fisgonear en asuntos ajenos
husmear [2–1]	*to pry, to sniff*	deja ya de husmear, siempre te quieres enterar de algo
meter las narices en [1]	*to poke into, to nose around*	se pasa la vida metiendo las narices en todo
chismosear A [1]	*to nose around, to pry into*	¿por qué me chismoseás?; visita las casas para chismosear
chusmear A [1]	*to nose around*	¿por qué chusmeás los cajones?; siempre está chusmeando

curvo
curved

corvo [3]	curved and hooked (used of the nose)	tiene la nariz corva
arqueado [2]	arched, bow-legged	tiene las piernas arqueadas
curvo [2]	curved (usually used in geometry)	dibujé una línea curva con el compás
doblado [2]	bent	tenía el dedo doblado
encorvado [2]	curved, bent (often of the back)	mi abuelo ya es muy viejo y anda encorvado
enroscado [2]	curled up	la serpiente estaba enroscada en el arbol

chica
girl

doncella f [3]	damsel, maiden	Don Quijote salía siempre en defensa de doncellas
adolescente f [3-2]	adolescent, teenager (also used as an adjective)	a las adolescentes se les plantea un sinnúmero de problemas; una muchacha adolescente
damisela f [3-2]	damsel	¡tan temprano y tan arreglada! ¡menuda damisela!
chica f [2]	girl (same as **muchacha** but used more; see the note below)	un instituto de chicas; nosotros somos cinco, tres chicas y dos chicos; está saliendo con una chica de León
hembra f [2]	female, daughter (used in specific contexts) (see **hembra** below)	tienen tres hijos, dos hembras y un varón
joven f [2]	young girl, adolescent (often used when addressing someone) (also used as an adjective)	una joven preguntaba por ti; ¿me podría decir la hora, joven?; una muchacha joven
moza f [2]	girl, lass (has a comely, rural connotation)	las mozas del lugar se distinguen por su hermosura
muchacha f [2]	girl (same as **chica** but used less; see the note below)	es muy buena muchacha; acércate, muchacha, no tengas miedo

piba f A 2	*girl*	¡qué linda piba pasó recién!
señorita f 2	*young lady* (has a polite connotation)	¿me permite, señorita?
chamaca / chava f M 2–1	*girl*	salimos a pasear con las chamacas / las chavas
chavala f 2–1	*girl* (has a slangy connotation)	nos vamos a la playa con las chavalas
lindura f M 2–1	*good-looking girl*	la chica aquélla es una lindura; salí con una lindura de mujer
mina f A 2–1	*girl, chick* (may have an immoral connotation)	la mina del cuarto piso cambia de compañero cada semana
pimpollo f 2–1	*chick* (young and good-looking) (only used in certain contexts)	¡cómo ha cambiado! está hecha un pimpollo
chorba f 1	*dame, chick* (used pejoratively) (gipsy slang but common)	¡vaya una chorba!
gachí f 1	*chick, dame* (used in Madrid)	esta noche salgo con la gachí
hembra f 1	*good-looking dame* (stresses physical qualities and has a 'macho' connotation) (see **hembra** above)	¡qué buena hembra!
naifa f A 1	*girl* (Buenos Aires slang)	la naifa del carnicero se compró un pulóver nuevo
paica f A 1	*girl*	¡qué linda paica!
pebeta f A 1	*girl*	¡qué linda pebeta!
pollita f 1	*chick, dolly-bird*	salí anoche con una pollita muy guapa
tía f 1	*dame, chick*	¡qué tía más buena!; venga, tía, dame un cigarro
tipa / tipeja f 1	*chick* (always used pejoratively)	¿quién era esa tipa / esa tipeja que iba contigo?

NB **chica** and **muchacha** may be interchangeable but **chica** is the generic word for *girl*. **Muchacha** may have a rural connotation and may not be used in the first two examples of **chica**. These comments also apply to **chico** and **muchacho**. See also **mujer**

chico
boy, lad

adolescente m 3–2	*adolescent, teenager* (also used as an adjective)	todo esto pasó cuando yo era sólo un adolescente; un muchacho adolescente
chico m 2	*boy, lad* (same as **muchacho**; see the note under **chica**)	un instituto de chicos; son cuatro hermanos, dos chicas y dos chicos
joven m 2	*young person, lad* (often used as an adjective and when addressing someone)	hay un joven que pregunta por ti; un chico joven; ¿tiene la hora, joven?
mozalbete m 2	*lad* (often used by older people)	'no me seas respondón, mozalbete', le dijo el abuelo
mozo m 2	*lad, fellow, porter* (has a comely, rural connotation)	los mozos del pueblo; el mozo le subió las maletas; ya han sorteado a los mozos para la mili
muchacho m 2	*boy* (same as **chico**; see the note under **chica**)	es muy buen muchacho; ten cuidado, muchacho, te puedes hacer daño
pibe m A 2	*boy*	¡qué pibe travieso!
varón m 2	*male, boy, son* (also used as an adjective)	tiene dos hijos, una hembra y un varón; tiene dos hijos varones
zagal m 2	*lad* (restricted to northern Spain, particularly Asturias)	el zagal ha salido con las ovejas
chamaco m M 2–1	*lad, chap, guy*	el chamaco de a lado quebró el vidrio; ¡chamacos! ¡vámonos!
chaval m 2–1	*lad, fellow*	date prisa, chaval, que vamos a llegar tarde
chavalo / chavo m M 1	*lad*	ese chavalo / ese chavo trabaja como un condenado
chorbo m 1	*bloke* (gipsy slang) (has a pejorative connotation)	no me fío del chorbo ése
gachó m 1	*bloke*	mira por dónde nos sale el gachó
pebete m A 1	*boy*	¡qué pebete travieso!
pollo m 1	*young man, lad*	no me hable así, pollo

| **tío** m [1] | *bloke* | ¡qué tío más pesado! / más feo! |

---

chisme   (piece of) gossip

comadreo m [3]	*gossip*	llevan siempre un comadreo entre ellos ... ; siempre andan con comadreos
dimes y diretes mpl [3]	*gossip*	está habiendo muchos dimes y diretes sobre la pretendida amante del presidente
cotilleo m [2]	(action of) *gossiping* (often used in the plural = a piece of gossip)	una revista de cotilleo; estoy harta de tanto(s) cotilleo(s); siempre andan con cotilleos
chisme m [2]	(piece of) *gossip*	siempre anda contando chismes
chismorreo m [2]	*tittle-tattle*	me molesta tanto chismorreo
habladurías fpl [2]	*scandal, gossip* (has a more formal connotation than **chisme**: used more than **murmuraciones**)	no hay nada de verdad en eso, son todo habladurías
murmuraciones fpl [2]	*scandal, gossip* (has a more formal connotation than **chisme**; used less than **habladurías**)	nada de eso es cierto, sólo son murmuraciones
rumor m [2]	*rumour*	corre / circula el rumor de que se van a divorciar
chimento m A [2–1]	*piece of gossip*	me contó los últimos chimentos
mitote m M [2–1]	*gossip*	le armaron un mitote porque le dio un aventón a la secretaria
viboreo m M [1]	*gossip*	el viboreo se puso de a peso cuando salió con la mujer du su compadre

---

chispa   spark

| **centella** f [3–2] | *spark, flash of lightning* (the second example is R1) | rápido como una centella; ¡truenos y centellas! |
| **chispa** f [2] | *spark* | el cable empezó a echar chispas; una chispa eléctrica |

| **rayo** m
2 | *(flash of) lightning* | durante la tormenta cayó un rayo y destruyó una casa |
| **relámpago** m
2 | *flash of lightning* | le asustan las tormentas con truenos y relámpagos |

---

hacer daño a   to harm, to hurt

lastimar 3	*to hurt* (used literally and figuratively)	cayó al suelo y se lastimó la pierna; aquellas palabras la lastimaron profundamente
vulnerar 3	*to harm* (often used figuratively)	la crisis no vulnera la popularidad de la presidenta; vulnerar la honra de una dama
deteriorar 3–2	*to deteriorate, to make worse* (often used reflexively)	todo se deteriora con el tiempo; el nuevo sistema deteriora las relaciones entre médico y paciente
herir 3–2	*to hurt* (used figuratively with a high register; see **herir** below)	perdona, no quería herir tus sentimientos
menoscabar 3–2	*to harm, to impair* (used figuratively)	los resultados de las elecciones menoscabaron su imagen / su prestigio; tantos años de trabajo habían menoscabado su salud / su belleza
dañar 2	*to harm, to hurt* (used literally and figuratively) (**hacer daño a** may be used in the second example)	el granizo ha dañado las cosechas; este acuerdo puede dañar nuestra imagen electoral
hacer daño a 2	*to harm, to hurt* (used literally and figuratively; often used reflexively and for people)	me he hecho daño en el tobillo; no te subas ahí que te vas a hacer daño; suéltame, me estás haciendo daño; haz el favor de dejarla en paz, ya le has hecho suficiente daño
estropear 2	*to damage* (often used reflexively = *to break down*)	se nos estropeó el motor en medio de la carretera; se ha estropeado la lavadora / el televisor; ha estropeado el tren eléctrico
herir 2	*to wound, to hurt* (used literally; for a higher register see above)	fue herido por una bala; le hirieron con un palo
lesionar 2	*to injure* (has a sports connotation) (the past participle is especially used)	el futbolista se ha lesionado una pierna / está lesionado

lisiar [2]	to *hurt* (often used as a past participle)	se ha lisiado el brazo; quedó lisiada después del accidente
maltratar [2]	to *ill-treat*	fue acusado de maltratar a sus hijos
perjudicar [2]	to *harm* (used figuratively)	las pérdidas perjudicaron la economía familiar; esta medida va a perjudicar a las pequeñas empresas; no voy a decir nada que pueda perjudicarte
sabotear [2]	to *sabotage* (used literally and figuratively)	el espía saboteó el proyecto; sabotear un puente / una empresa
joder [1*]	to *bugger up* (often used reflexively)	el accidente me jodió las vacaciones / el coche; me he jodido una rodilla

---

dar   to give, to make

conferir [3]	to *confer, to award*	el ministro le confirió nuevas responsabilidades; la presencia del Rey confirió solemnidad al acto
deparar [3]	to *present, to provide*	no sabemos lo que nos depara el destino; este viaje nos ha deparado la oportunidad de …
impartir [3]	to *give* (usually classes)	las clases se impartirán en este centro tres veces a la semana
prodigar [3]	to *lavish*	cuando estuvo enferma, le prodigó todo tipo de cuidados / de atenciones
brindar [3–2]	to *offer, to afford, to dedicate*	se brindó un homenaje al famoso actor; le brindaron la oportunidad de dar la vuelta al mundo; brindar el toro
donar [3–2]	to *donate, to grant*	el centro hospitalario pide a todos los vecinos que donen sangre cada año; los Amigos del Museo del Prado han donado las obras adquiridas a los fondos del Museo
dotar [3–2]	to *give funds, to equip, to endow* (**con** is used for money and **de** for equipment)	dotaron al hospital con cien millones de pesetas; este centro ha sido dotado de un nuevo gimnasio; dotaron al hospital de un segundo quirófano; dotado de mil cualidades
legar [3–2]	to *bequeath*	legó una fortuna a su hija

adjudicar [2]	to *award* (usually a prize) (does not mean *to adjudicate*)	el premio Nobel fue adjudicado al físico japonés
conceder [2]	to *award*, *to grant* (often a prize or an award)	el jurado le concedió el premio Nadal; el Gobierno le ha concedido una beca de investigación; le fue concedido un indulto
dar [2]	to *give*, *to make*	tengo que darte una buena noticia; dar una propina / un consejo / un golpe; le dio un beso; ¿me das cinco duros?; dame un cigarro, anda; me da lástima / pena verla sufrir tanto; nada le da miedo
entregar [2]	to *hand over*, *to hand in*, *to give up*	los alumnos entregaron los exámenes / el ejercicio a la profesora; le entregó la carta en propia mano; entregar el alma al diablo; lo entregaron a la justicia; se entregó a la política
ofertar [2]	to *offer*, *to tender* (has a commercial connotation)	todas las empresas interesadas en ofertar el servicio de limpieza pueden dirigirse ...
ofrecer [2]	to *offer*, *to give*	se le ofreció la posibilidad de ascender en la empresa; el socialismo puede ofrecer un mayor sentido social de responsabilidad; el ministro ofreció una rueda de prensa
otorgar [2]	to *grant*, *to award* (often used with **premio**)	el premio de la paz fue otorgado al escritor ... ; les fue otorgado el indulto
prestar [2]	to *give* (used in specific contexts = *to pay*, *to provide*)	prestar ayuda / auxilio / protección; hagan el favor de prestar atención; le fue concedida una medalla por los servicios prestados; el preso tuvo que prestar juramento (*swear an oath*)
proporcionar [2]	to *provide*	fue un amigo suyo que le proporcionó el trabajo; este banco de datos proporcionaría a sus usuarios un importante caudal de información

---

debajo de   under, beneath (used as a preposition)

bajo [3–2]	*under* (used literally)	leía bajo una higuera
bajo [2]	*under*, *below* (used figuratively)	el país estaba bajo un régimen militar; guarda el dinero bajo llave; cinco grados bajo cero
debajo de [2]	*under*, *beneath* (used literally)	el niño se escondió debajo de la mesa

débil   weak

debilitado 3–2	*debilitated* (the verb **debilitarse** is used more)	está muy debilitada debido a su enfermedad
demacrado 3–2	*emaciated, wasted away*	rompió a llorar al verle tan viejo y demacrado
débil 2	*weak* (used literally and figuratively)	no había comido durante una semana y estaba muy débil; tiene un carácter muy débil; era una débil protesta, pero sobre todo un toque de alerta ...
delicado 2	*delicate*	el pobre tiene una salud muy delicada / está muy delicado, no sé si aguantará un viaje tan largo
endeble 2	*weak, feeble* (used literally and figuratively)	está muy endeble, no va a poder resistir la operación; me parece un argumento muy endeble
enfermizo 2	*sickly, unhealthy* (same meaning as **canijo**)	un hombre joven, de apariencia enfermiza
flojo 2	*weak* (does not necessarily suggest *unhealthy*)	me siento muy flojo porque no he tomado el desayuno todavía
frágil 2	*fragile, delicate* (used literally and figuratively)	su salud es muy frágil; tiene un aspecto muy frágil; este cristal es muy frágil; los estudiantes levantaron un frágil símbolo de resistencia
raquítico 2	*weak, stunted, skinny*	si sigues comiendo tan poco te vas a quedar raquítico
canijo 2–1	*frail, sickly* (same meaning as **enfermizo**) (also used as a noun)	el pobre tenía unas piernas muy canijas; ¿cómo se pudo casar con ese canijo?
enclenque 2–1	*weak, feeble*	estaba tan enclenque que de un puñetazo lo tiró al suelo
esmirriado 2–1	*weak, sickly* (**desmirriado** also exists = R3)	tiene una apariencia muy (d)esmirriada; Rosario se nos crió siempre debilucha y esmirriada
poquita cosa 1	*very thin and small*	su novio es muy poquita cosa

decaer   to decay, to decline, to lack interest

declinar 3	*to decline, to decay* (used much less than *to decline*)	el imperio romano declinaba ya en el siglo tercero; al declinar el día; su belleza empezaba a declinar; el interés por el cambio político ha empezado a declinar
decrecer 3	*to decrease*	la demanda de profesores ha decrecido en los últimos años
menguar 3	*to wane, to decrease*	la luna está menguando; han menguado mucho sus fuerzas
caer en desuso 3–2	*to become obsolete*	una palabra / una costumbre / una tradición que ha caído en desuso
degenerar 3–2	*to degenerate* (often followed by **en**)	el mitín degeneró en una batalla campal
desacelerar 3–2	*to decelerate* (often used in economics)	el ritmo económico ha desacelerado
agravarse 2	*to worsen* (**empeorar(se)** may be used in these examples)	se han agravado las relaciones entre los dos pueblos; se agrava la situación / su salud
bajar 2	*to decline, to go down*	el nivel de vida / la calidad ha bajado mucho; ha bajado mucho en mi estima
decaer 2	*to decay, to decline, to lack interest*	esta industria ha decaído mucho; una costumbre que ya está decayendo; estas fiestas han decaído mucho
descender 2	*to descend, to drop away*	la renta per capita ha descendido considerablemente
deteriorarse 2	*to deteriorate* (**agravarse** and **empeorar(se)** may be used in these examples)	la situación / su salud se ha deteriorado; las relaciones entre los dos países se han deteriorado
disminuir 2	*to diminish*	el rendimiento económico ha disminuido en un diez por ciento; el número de parados ha disminuido en los últimos cinco meses
empeorar(se) 2	*to worsen* (see the note below)	su salud / la situación económica (se) está empeorando
flaquear 2	*to weaken* (used literally and figuratively)	me flaquean las piernas; le flaquean las fuerzas; ya le va flaqueando la imaginación
flojear 2	*to weaken, to ease off* (used literally and figuratively)	el temporal / el viento flojea; me flojean las piernas; ya le va flojeando la memoria

NB there is little difference between the reflexive and non-reflexive forms, although the former may have more emphasis

decepción

disappointment, disillusion

desaliento m 3–2	*discouragement, dejection, despondency* (same meaning as **desánimo**)	experimentaron un gran desaliento cuando vieron que habían perdido la primera ronda
desencanto m 3–2	*disappointment, disenchantment*	sufrió un gran desencanto al verlo tan viejo y demacrado; la huida de los republicanos le había producido un verdadero desencanto
revés m 3–2	*setback* (same as **contrariedad** but used less)	su partido sufrió un duro revés electoral
sinsabor m 3–2	*unhappy moment* (often used in the plural)	este trabajo tan agobiante me ha causado un sinfín de sinsabores; esa relación amorosa le ha causado muchos sinsabores
contrariedad f 2	*setback* (same as **revés** but used more, but not with **sufrir**)	han surgido algunas contrariedades que pueden retrasar el progreso de las obras
chasco m 2	*disappointment* (almost always used with **llevar(se)**)	si te crees que te van a aprobar te vas a llevar un chasco
decepción f 2	*disappointment, disillusion* (same as **desilusión**) (does not mean *deception*)	tuvieron una gran decepción cuando se enteraron del fracaso; ¡qué decepción! en la foto parecía más alto
desánimo m 2	*discouragement, dejection, despondency* (same meaning as **desaliento**)	si quieres trabajar a gusto tienes que levantar ese desánimo
desengaño m 2	*disillusion, disappointment* (see the note below)	un desengaño amoroso; ha sufrido muchos desengaños en la vida; me he llevado un desengaño con ella, no sabía que fuese tan egoísta
desilusión f 2	*disillusion, disappointment* (same as **decepción**)	¡qué desilusión me llevé cuando abrí el regalo!

NB **desengaño** is the strongest of all the nouns meaning *disappointment*

---

decepcionar

to disappoint

desencantar 3–2	*to disenchant, to disappoint* (often used as a past participle)	muchos jóvenes están desencantados de la política
decepcionar 2	*to disappoint*	me decepcionó mucho su comportamiento

defraudar [2]	to disappoint, to let down	se sintió muy defraudada al conocer el resultado de las elecciones; me has defraudado, no esperaba esto de ti
desengañar [2]	to disappoint (**desengaño** is used more)	este chico me ha desengañado, no esperaba eso de él; la vida la había desengañado
frustrar [2]	to disappoint, to thwart	estudiar tanto para luego suspender me frustra bastante; el mal tiempo frustró nuestros planes

---

decidir(se)   to decide

cortar [3]	to cut (used in a few expressions)	está vacilando entre ir y quedarse, va a tener que cortar el nudo gordiano
decidir [3–2]	to decide (someone to do something) (see below for R2 usage)	eso me decidió a marcharme en seguida
decretar [3–2]	to decree	el gabinete decretó una ley para frenar el éxodo hacia el Occidente
deliberar [3–2]	to deliberate	en la asamblea se deliberó acerca del problema vasco
determinar [3–2]	to determine	determinaron acabarlo cuanto antes; esto me determinó a hacerlo
fallar [3–2]	to make a judgement	el juez falló a su favor
resolver(se) [3–2]	to resolve (see the note below)	se resolvieron a salir de allí lo antes posible
zanjar [3–2]	to resolve, to clear up (often used with **dificultad**)	hay que zanjar esta dificultad cuanto antes
decidir(se) [2]	to decide (see the note below, and above for R3–2 usage)	(me) decidí (a) hacerlo al día siguiente; se decidieron por la otra casa
disponerse [2]	to prepare	se disponía a regresar junto a sus compañeros / a leer la carta cuando...

NB the reflexive form is much stronger than the non-reflexive form

---

decir   to say, to tell

| **aseverar** [3] | to assert | el científico aseveró que iba a ser necesario investigar más sobre... |

enterar 3	*to inform* (only used reflexively and in the passive)	fui enterado del resultado / de que vendrían …
referir 3	*to relate* (a story)	refirió un cuento de hadas
aludir 3–2	*to allude*	en la conferencia no aludió a su enfermedad
divulgar 3–2	*to divulge* (often used reflexively)	la noticia se divulgó rápidamente
manifestar 3–2	*to point out, to state*	el ministro manifestó que no habría acuerdo
proferir 3–2	*to utter* (often used in a negative way as with **insultos**)	durante el debate se profirieron insultos / amenazas contra …
señalar 3–2	*to point out*	en su discurso señaló la importancia de …
significar 3–2	*to indicate*	yo quisiera significarte que tu hija es bienvenida
sostener 3–2	*to support, to sustain*	a lo largo del debate sostuvo este punto de vista
anunciar 2	*to announce*	el futbolista anunció su salida para el Real; anunciar una nueva; anunciaron su boda a bombo y platillo
comentar 2	*to comment, to say* (used more than *to comment*) (usually means *to say*)	coméntaselo a ver si le parece una buena idea; me han comentado que es muy buena estudiante; comentar un poema / un texto
confirmar 2	*to confirm*	le confirmé mi llegada por teléfono; confirmar un vuelo
decir 2	*to say, to tell* (see the note below)	me dijeron que no podía venir; se dice que … ; es mejor decir la verdad; le dije que volviera al día siguiente; le dije de que no podía acompañarlo
exclamar 2	*to exclaim*	'¡yo no lo hice!' exclamó
explicar 2	*to explain*	le expliqué la situación / que no me iba a ser posible
expresar 2	*to express*	expresó su satisfacción / su decepción con respecto a este punto; le resulta muy difícil expresar sus sentimientos; expresar una opinión

informar [2]	to inform	me informaron de sus planes / (de) que … ; les seguiremos informando en próximos Telediarios
mencionar [2]	to mention	mencionaron la posibilidad de … ; es mejor no mencionar este tema delante de ella
opinar [2]	to give an opinion (used much more than to opine)	todos opinaron que el proyecto podría resultar muy costoso ; en estos casos es mejor no opinar
ordenar [2]	to order	me ordenó hacerlo inmediatamente ; le ordeno que se vaya de aquí
recitar [2]	to recite	recitar un poema

NB **decir de** is becoming increasingly common in Peninsular Spanish but is considered 'incorrect' by many Spaniards

---

dedo   finger

dedo – mano izquierda, el dorso visto desde la izquierda a la derecha :
meñique m **anular** m **corazón** m **índice** m **pulgar** m
NB all these terms may be preceded by **dedo**, although it is usually omitted
except in the case of **dedo anular**. A **pulgar** is classified as a **dedo,** although
of course it is translated as *thumb*. A toe is **un dedo (del pie)** while **el dedo
gordo** is the *big toe*

---

defecar   to defecate

defecar [3]	to defecate	la médico le preguntó si había defecado últimamente
hacer de vientre [3–2]	to go to the toilet (has an old-fashioned connotation)	por culpa del cólico he ido muchas veces a hacer de vientre
hacer caca [2–1]	to go to caca (used with, and by children)	oye papá, tengo que hacer caca
zurrar M [1]	to have the shits (often from an emotional disturbance)	cuando saltamos del avión, casi me zurro del miedo
cagar / giñar [1*]	to shit, to crap (**cagar** is often used reflexively)	se ha ido a cagar / giñar y todavía no ha vuelto ; me estoy cagando

defecto

defect

lacra f 3–2	*blot, blemish*	las lacras de la sociedad; la miseria es una lacra que traspasa todas las fronteras
defecto m 2	*defect* (used literally and figuratively)	un defecto físico; es muy amiga suya y le cuesta trabajo reconocer sus defectos; la campaña ha tenido algunos defectos de organización
deficiencia f 2	*deficiency*	sufre de una deficiencia mental
deformidad f 2	*deformity*	el bebé nació con una deformidad
error m 2	*error*	este libro está lleno de errores, no sé cómo pudieron publicarlo; un error de imprenta / de cálculo; yo a Vd no le conozco, debe tratarse de un error
falta f 2	*error, defect, foul* (in sport)	este dictado no tiene ninguna falta; una falta de ortografía; una falta personal; el árbitro pitó falta
fallo m 2	*weakness, failure, error*	es un buen método de enseñanza, aunque tiene algunos fallos; el accidente fue debido a un fallo técnico / humano
imperfección f 2	*imperfection, fault* (often in clothes)	este tejido tiene imperfecciones
vicio m 2	*vice, mistake, incorrect form* (in a language)	yo no bebo, pero tengo otros vicios; **decir de que** es un vicio para algunos españoles
pifiada f A 1	*error, bloomer, miss* (often used in sport), (exists in Spain but more often as **pifia**)	jugando a los dardos me mandé una pifiada

defender

to defend

abogar 3–2	*to plead*	la política abogó a favor del refugiado; no tuvo más remedio que abogar por la reunificación del país
amparar 3–2	*to assist, to help* (usually the poor and needy)	amparar a los necesitados; ¡Dios le ampare!
guarecer 3–2	*to shelter, to protect* (often used reflexively)	se metieron en una cueva para guarecerse de la lluvia

preservar 3–2	*to protect* (from danger or harm)	la vacuna preserva el organismo contra la tuberculosis
propugnar 3–2	*to defend, to plead*	propugnar una idea / una postura; este proceso de negociaciones que propugna el partido ...
cobijar 2	*to shelter, to protect*	el campesino cobijó al bandido para evitar que se lo llevaran las autoridades
defender 2	*to defend* (used literally and figuratively)	defender una ciudad / una idea / la democracia; siempre han defendido sus intereses; lo defendió en el juicio; su hermano siempre le defiende; defender los derechos humanos
justificar 2	*to justify*	el ayuntamiento justificó su actuación, alegando que ...
mantener 2	*to support*	el consejo de ministros siguió manteniendo el concepto del mercado libre
proteger 2	*to protect*	esta crema protege la piel contra el sol; proteger el medio ambiente
resguardar 2	*to shelter, to protect* (often used reflexively)	la montaña resguarda el pueblecito contra el mal tiempo; se refugiaron en el portal para resguardarse contra el frío; los manifestantes se resguardaron de los disparos tras un camión
sostener 2	*to support*	sigue sosteniendo la misma opinión / el mismo argumento

---

dejar (a)   to leave, to drop off

cejar 3	*to slacken, to ease off, to desist* (usually preceded by **no** and followed by **en**)	no cejó en su empeño / en sus esfuerzos
dejar 3–2	*to leave* (a place) (when used for a person see **dejar** below)	tuvo que dejar el país por razones políticas; tenemos que dejar la habitación del hotel antes de las doce
desistir 3–2	*to desist*	desistieron de su intento de hallarlos con vida; al final tuve que desistir, me resultó imposible convencerla
abandonar 2	*to abandon, to leave* (does not necessarily have the force of *to abandon*, as in the last example)	decidió abandonar su trabajo; abandonó el hogar paterno / a su mujer y a sus hijos; es mejor abandonar esa idea; abandonaron la aldea al amanecer

apartarse [2]	*to leave, to move away / aside*	nos estamos apartando mucho de la carretera principal; apártense a un lado, dejen pasar; la película no se aparta mucho del texto de la novela
dejar [2]	*to leave, to drop (a person) off (when used of a place see* **dejar** *above)*	llevé a mi madre al centro del pueblo y la dejé en la estación; dejé el bolso en una silla y cuando volví no estaba
renunciar a [2]	*to renounce (always followed by* **a***)*	renunció a su trabajo y se marchó a Italia; no quiso renunciar a esta idea; a la gente le cuesta trabajo renunciar a ciertos lujos; el partido comunista tuvo que renunciar a su monopolio político
dejar plantado [2–1]	*to leave in the lurch, to jilt*	su novia le ha dejado plantado y tiene la moral por los suelos

---

dejar (b)   to allow, to permit, to let

despenalizar [3–2]	*to legalize*	despenalizar el aborto; los anticonceptivos ya están despenalizados
autorizar [2]	*to authorize*	el gobierno autorizó la liberación de los rehenes; el reglamento no autoriza saludar sin el gorro; la manifestación no estaba autorizada; le han autorizado para dejar el país
consentir [2]	*to consent, to allow*	no te consiento que me contestes así; no voy a consentir que le ridiculicen
dejar [2]	*to allow, to permit, to let*	su padre no la deja salir; déjeles que se marchen; dejó caer sobre el pantalón la ceniza del cigarrillo; ¿me dejas hablar a mí ahora, por favor?
legalizar [2]	*to legalize*	el gobierno no va a legalizar la eutanasia; legalizar el aborto libre y gratuito
dar luz verde [2]	*to give the go ahead*	el gobierno dio luz verde al nuevo proyecto
permitir [2]	*to permit*	no está permitido fumar en el aula; no les está permitida la entrada a aquellas personas; ¿me permite que le haga una pregunta?
tolerar [2]	*to tolerate*	no voy a tolerar esta conducta en mi casa
dar el visto bueno [2–1]	*to give the green light, to give one's approval*	dio el visto bueno a mi sugerencia

delante de   in front of, opposite

ante 3–2	*before*	comparecieron ante la jueza; se encontraba sola ante el peligro
frente a 3–2	*opposite, facing, off* (as with the coast)	el edificio que está frente al ayuntamiento; la isla frente a la costa
delante de 2	*in front of, opposite*	se sentó delante de mí
al frente de 2	*in front of* (suggests the idea of leading)	el capitán marchaba al frente de sus tropas; representantes sindicales iban al frente de la manifestación
enfrente de 2	*opposite*	enfrente de mi casa hay una pastelería
delante 1	*in front of* (when used with a possessive pronoun)	estaba delante mío / suyo

delgado   slim, thin

enjuto 3	*thin, wiry*	era un hombre alto, enjuto y de tez cobriza
seco 3	*dried up, skinny*	la mujer era una vieja muy seca
demacrado 3–2	*emaciated, wasted away*	tenía el rostro / el aspecto demacrado
esbelto 3–2	*slim, slender* (suggests grace and elegance)	me imagino una castellana típica alta y esbelta
escuálido 3–2	*skinny*	imágenes de niños escuálidos que llevan tanto tiempo sin comer; el escuálido gato reposaba junto a la puerta
huesudo 3–2	*bony*	el rostro huesudo de Don Quijote
delgado 2	*slim, thin*	es alta y delgada; se puso a régimen y ahora está muy delgada
flaco 2	*thin, skinny*	si no comes más te vas a quedar muy flaca; no come nada, cada día está más flaca
birria 1	*skinny* (used only as a feminine noun)	el pobre está hecho una birria
chupado 1	*skinny, thin*	tiene la cara chupada; está chupado, no pesa más que cuarenta kilos

escuchimizado [1]	*skinny* (has a humorous connotation)	el pobre está escuchimizado, parece que no ha comido desde hace semanas
espigado [1]	*slim*, *slender* (suggests grace and elegance; used for children and young people)	es una chica muy espigada
en los huesos [1]	*very skinny*	si sigues comiendo así te vas a quedar en los huesos
larguirucho [1]	*lanky* (also suggests slovenliness)	es un chico larguirucho y desgarbado

---

delito crime, offence

fechoría f [3–2]	*misdeed* (suggests a mischievous act by a child)	el niño no quiso confesar su fechoría
asesinato m [2]	*murder*, *assassination* (has more than a political connotation)	fue acusado del asesinato de una anciana; el asesinato del presidente McKinley
atentado m [2]	*crime*, *outrage* (usually committed by terrorists)	a este grupo terrorista se le imputaron una veintena de atentados con explosivos
crimen m [2]	*murder*, *crime* (nearly always suggests murder)	fue inculpado de un crimen pasional; la policía lleva años intentando resolver este crimen
chantaje m [2]	*blackmail*	su secretaria guardaba fotografías comprometedoras para hacerle chantaje
delito m [2]	*crime*, *offence*	la violación es un delito mayor; el fiscal pidió novecientos años de cárcel para cada uno de los terroristas por delitos de asesinato, lesiones y estragos; un delito de estafa; un delito fiscal
encubrimiento m [2]	*receiving of stolen goods*	fue acusada de encubrimiento
falsificación de moneda f [2]	*counterfeiting*	lo condenaron por falsificación de moneda
fraude m [2]	*fraud*	un fraude fiscal / electoral
homicidio m [2]	*murder*, *homicide*	la pena de homicidio es la más severa

homicidio involuntario m 2	*manslaughter*	fue acusado de homicidio involuntario porque no había cometido el crimen intencionadamente
perjurio m 2	*perjury*	el testigo cometió perjurio
robo m 2	*theft, robbery, burglary*	el robo fue planeado por el propio director del banco; un robo a mano armada; ha habido un robo en la casa de enfrente
alta traición f 2	*high treason*	un delito de alta traición
violación f 2	*rape*	según las estadísticas, el número de violaciones crece cada año

---

demostrar   to demonstrate, to prove

evidenciar 3	*to prove, to show*	todo ello evidencia que lo que dijo no es cierto; en estas obras se evidencian sus grandes dotes de novelista
manifestar 3–2	*to reveal, to manifest*	el primer ministro manifestó su clara intención de … / la necesidad de …
ostentar 3–2	*to show (off)*	ostentaba su riqueza / su condecoración / sus joyas
señalar 3–2	*to point out*	señalaron la importancia de aprender idiomas
demostrar 2	*to demonstrate, to prove*	el científico demostró su teoría; no pudo demostrar su inocencia / que no había cometido el crimen; esto demuestra que no estaba diciendo la verdad
enseñar 2	*to show, to teach* (see the note below)	enséñame las fotos; ¿me enseñas cómo se hace?; enseña (matemáticas) en el Colegio Luis Vives
exhibir 2	*to show, to exhibit* (used like **exponer** but is always transitive when it means *to exhibit paintings*)	esta película se exhibirá en … ; la famosa actriz exhibía un traje de terciopelo negro; el museo exhibe cuadros impresionistas; la casa exhibe modelos de alta costura
exponer 2	*to show, to exhibit* (used like **exhibir** but **exhibir** may not be used in the second and fourth examples)	expusieron casi todos los cuadros de Goya en el museo del Prado; el físico expuso perfectamente su teoría revolucionaria sobre los orígenes del universo; el famoso pintor hace varios meses que no expone; exponerse al sol

hacer gala (de)
2
to show (off)
hace gala de su hospitalidad

indicar
2
to indicate (when used figuratively the register is slightly higher)
un viejo les indicó el camino / cómo llegar allí; todo parece indicar que se van a producir pocos cambios

mostrar
2
to show (see the note below)
te puedo mostrar dónde está; me mostró las fotos; con sus palabras ha mostrado una clara voluntad de … ; se mostró algo reacio a hablar del tema

probar
2
to prove
probaré que lo que digo es cierto; nunca se pudo probar que fuera culpable

NB **enseñar** is used more in Spain than **mostrar** in the sense of *to show* when used literally. This is not the case in Spanish America. However, when **mostrar** is used figuratively, it is commonly used with the meaning of *to reveal* as in **muestra signos de cansancio**

---

denunciar   to denounce, to report

delatar
3–2
to betray, to denounce
delató a sus cómplices

acusar
2
to accuse
lo acusaron del / de robo

denunciar
2
to denounce, to report
los voy a denunciar a la policía; muchas violaciones no se denuncian

descubrir
2
to betray, to disclose
sus mismas palabras la descubrieron / descubrieron su delito

revelar
2
to reveal
revelaron el secreto; reveló a la prensa que …

traicionar
2
to betray
traicionar a un amigo / a la patria

---

depresión   depression (see the note below)

abatimiento m
3
dejection
desde después del accidente se encuentra en un estado de abatimiento total

descorazonamiento m
3
despondency
el descorazonamiento que se siente al ver tanta miseria

desaliento m
3–2
discouragement
aquel nuevo fracaso fue el principal motivo de su desaliento

languidez f
`3–2`
languor
la languidez de los poetas románticos

depresión f
`2`
depression (the second example is sufficient for the intonation stresses the depth of depression)
sufre de depresión nerviosa; desde que la dejó su novia está con una depresión …

desánimo m
`2`
despondency
tras darse a conocer los resultados cundió un gran desánimo

depre f
`1`
depression, blues
está con una depre, no va a clase desde hace una semana

pálida f A
`1`
depression
lo dejó su esposa, y ahora está con toda la pálida encima

NB there is little difference between **descorazonamiento, desaliento** and **desánimo** except for the register

---

derribar   to knock down, to knock over

abatir
`3`
to knock down
abatieron el viejo teatro para construir un rascacielos

demoler
`3–2`
to demolish
tuvieron que demoler el edificio después de la explosión

derruir
`3–2`
to knock down (a wall or building)
derruir un edificio / un muro

desmantelar
`3–2`
to dismantle
desmantelar una base militar

arrasar
`2`
to raze to the ground, to devastate
Atila arrasó Europa; las tropas enemigas arrasaron la ciudad

atropellar
`2`
to knock over
le atropelló un coche

derribar
`2`
to knock down, to knock over
el coche derribó a un transeúnte; con un puñetazo tremendo, el boxeador derribó a su adversario; derribar un muro / un edificio / un árbol / una estatua

derrocar
`2`
to overthrow (as a king)
derrocaron de su trono al rey; derrocar el régimen dictatorial / a un tirano

derrumbar
`2`
to knock down (often used reflexively and figuratively = to collapse)
derrumbar un edificio / un muro; el muelle se derrumbó debido a los fuertes huracanes; el imperio se derrumbó; todas sus ilusiones / sus esperanzas se derrumbaron

desmontar 2	*to take down, to dismantle*	su hermano desmontó el motor del coche para ver por qué no arrancaba
echar abajo 2–1	*to demolish*	van a echar abajo el viejo museo para construir uno nuevo
tumbar 2–1	*to knock over, to knock down*	el campeón del mundo tumbó a su adversario en el primer asalto; el camión chocó contra un poste de teléfonos y lo tumbó
tirar 1	*to knock down*	tuvieron que tirar algunos edificios de interés nacional

desacuerdo　　　　　　　　　　　　　　　　disagreement

disentimiento m 3	*dissent*	expuso su disentimiento cuando aprobaron el proyecto de ley
desavenencia f 3–2	*disagreement*	debido a una desavenencia no pudimos llegar a ningún acuerdo
disconformidad f 3–2	*dissension*	manifestó su disconformidad con lo acordado
discordancia f 3–2	*discordance*	ha habido discordancia de opiniones en la reunión
disensión f 3–2	*dissension* (often used with a political connotation)	esta medida ha causado disensión en el seno del partido
desacuerdo m 2	*disagreement*	hubo cierto desacuerdo entre los miembros del partido
desunión f 2	*disunity*	la desunión de las parejas
discordia f 2	*discord*	la manzana de la discordia; sembrar la discordia

desanimar　　　　　　　　　to discourage (see note 1 below)

| **abatir** 3 | *to depress, to discourage* | está muy abatida por la muerte de su hija |
| **descorazonar** 3 | *to dishearten* (see note 2 below) | está descorazonado porque su novia le ha dejado; se descorazonó al ver que después de tanto esfuerzo no había conseguido nada |

desalentar 3–2	to *discourage* (see note 2 below)	está desalentado porque no aprobó los exámenes; no debemos desalentarnos, hemos de seguir luchando por conseguirlo
decepcionar 2	to *disappoint*	está muy decepcionada, esperaba obtener resultados mejores
desanimar 2	to *discourage* (see note 2 below)	el gol del equipo contrario los desanimó mucho; no debes desanimarte, la próxima vez seguro que apruebas; está muy desanimada porque no le han dado el puesto
desmoralizar 2	to *demoralize*	todo el mundo está desmoralizado por la situación política; ha vuelto a suspender y está desmoralizada

NB 1 all these verbs are often used as past participles
2 **descorazonar, desalentar** and **desanimar** have the same meaning but
descorazonar is used less than **desalentar** which is used less than **desanimar**

---

desaparecer   to disappear

desvanecerse 3	to *vanish* (when used as a past participle = *made invisible by*)	su voz se desvanecía en la distancia; el humo se iba desvaneciendo con el viento; había alguien, desvanecido por el humo, encima de la muela del molino
difuminarse 3	to *fade away* (used like **esfumarse** but see the note to **esfumarse**)	los colores naranjas se difuminaban en el horizonte
esfumarse 3	to *fade away* (used like **difuminarse** but **difuminarse** may not be used for a person)	su recuerdo se fue esfumando gradualmente; después de haber pegado fuego al molino, los chiquillos se habían esfumado
desdibujarse 3–2	to *become blurred, to fade* (used like **borrarse**)	los contornos se desdibujan con la bruma; sus rasgos se me desdibujan en la memoria
disiparse 3–2	to *dissipate, to clear up*	la niebla / el humo se disipó con la salida del sol
borrarse 2	to *become blurred, to fade* (used like **desdibujarse**)	aquel recuerdo se borró con el paso de los años
desaparecer 2	to *disappear*	la mancha ha desaparecido; una costumbre / una tradición que está desapareciendo; desapareció durante la guerra; dejé las gafas aquí y han desaparecido

desasosiego

disquiet, unease

desazón f
3–2
worry, slight trouble

la noticia le produjo cierta desazón

psicosis f
3–2
psychosis

el conflicto fronterizo creó una psicosis de guerra

agitación f
2
agitation, upset

sus declaraciones sembraron agitación en los ánimos de los presentes

alteración f
2
upset, disturbance

en los últimos días ha habido disturbios y alteraciones del orden público

ansiedad f
2
anxiety

esperaban con ansiedad los resultados de la operación / las noticias sobre su paradero

desasosiego m
2
disquiet, unease

no puedo dormir con ese desasosiego

disturbio m
2
disturbance (often used in the plural)

en mayo del sesenta y ocho hubo varios disturbios estudiantiles / callejeros

inquietud f
2
worry

esta alarmante subida de los precios ha supuesto un motivo de inquietud para la población

inseguridad f
2
uncertainty, anxiety, lack of safety (often used in the context of the example)

la inseguridad ciudadana es un tema obsesivo en la actualidad

intranquilidad f
2
unease

no pudo disimular su intranquilidad al ver partir a su hijo hacia el campo de batalla

malestar m
2
uneasiness

siento como un malestar por todo el cuerpo; el anuncio del fracaso en la Bolsa creó un malestar tal en los inversores que … ; un período de malestar social

nerviosismo m
2
nervousness

antes de hacer el examen su nerviosismo era evidente; el nerviosismo de la Bolsa

preocupación f
2
worry

el líder manifestó su preocupación por el resultado de las elecciones / por el futuro del país; la salud del presidente ha sido motivo de preocupación; estos hijos míos sólo me traen preocupaciones

trastorno m
2
upset, disturbance (also used of a mentally sick person)

este país está sufriendo unos trastornos políticos tan profundos que … ; las mudanzas siempre causan trastornos; sufre trastornos mentales

turbación f
2
disturbance, worry

cuando su jefa le reprendió su turbación era tal que no pudo decir una sola palabra

descanso   rest

alto m
3–2
halt (usually on a journey and with **camino**; same meaning as **parada** but suggests shorter stop)

hicimos un alto en el camino después de trescientos kilómetros

descanso m
2
rest (less strong than **reposo**)

necesitas un descanso, has estado trabajando muy duro estos meses; después de dos horas de descanso, volvieron a emprender la marcha

parada f
2
halt (same meaning as **alto** but suggests longer stop)

decidieron hacer una parada en Valladolid y pasar la noche en un hotel

pausa f
2
pause, rest (often during a discussion or a speech, lecture)

hicimos una pausa para tomar un café; tras una breve pausa continuó con su discurso

relax m
2
relaxation

no puedes estar tantas horas en la oficina, tómate un relax

reposo m
2
rest, repose (stronger than **descanso**)

la médico le mandó que hiciera reposo / que hiciera media hora de reposo después de comer

---

descarado   shameless (person), brazen, daring (see the note below)

atrevido
2
daring (person)

un chiste atrevido; una película atrevida; llevaba un escote atrevido; un atrevido subiría a esa montaña sin dudar

descarado
2
shameless (person), brazen, daring

¡qué minifalda tan descarada lleva!; no seas descarada, no le contestes así; eso es una mentira descarada

deslenguado
2
foul-mouthed (person)

un hincha deslenguado; le propinó una bofetada al niño, gritando: 'Toma, deslenguado, para que aprendas…'

desvergonzado
2
brazen, shameless (person)

es un desvergonzado, tuvo el valor de venir a mi casa después de lo que pasó; en la playa actuó como un desvergonzado

insolente
2
insolent (person)

eres un insolente, a ver si aprendes a no contestar a los mayores; no seas tan insolente

descocado
2–1
shameless, brazen (especially used of the way people dress)

¡qué descocada! ¿has visto cómo va vestida?; va un poco descocado con estos pantalones

fresco
[1]
*fresh, cheeky (person) (may
have a sexual connotation)*
oye, no seas fresco, ahora te toca pagar a ti;
esa tía es fresca, cada día va con uno

NB all the words in this list may be used as adjectives and nouns

---

descaro

shamelessness, cheek

caradura mf /
cara dura mf /
carota mf
[2]
cheeky person, cheek
¡qué caradura tienes, chaval!, a ver cuándo
pagas tú; es un cara dura / un carota,
siempre está pidiendo dinero

caradurez f A
[2]
cheek
¡qué caradurez! se ríe del maestro

descaro m
[2]
shamelessness, cheek
tuvo el descaro de pedirme el coche después
del accidente

desfachatez f
[2]
impudence
tuvieron la desfachatez de irse sin decírmelo

deshonestidad f
[2]
*indecency, impropriety (does
not mean dishonesty)*
lo que más me hirió fue su deshonestidad

desvergüenza f
[2]
effrontery
tuvo la desvergüenza de venir a pedirme
dinero después de lo que hizo

desparpajo m
[2-1]
cheek, effrontery
el desparpajo con que habla me pone
furioso

frescura f
[2-1]
cheek
¡qué frescura! se han ido sin pagar

cara f
[1]
*cheek (used with **tener**)
(the second example
suggests a rising
intonation)*
tienes mucha cara, siempre vas gorreando
dinero; ¡tiene una cara ... !

chantada f A
[1]
cheek
¡qué chantada! Salir sin decir nada

---

desconfiado

distrustful (see the note below)

escéptico
[3-2]
sceptical
se mostraron escépticos respecto al éxito de
esta medida

desconfiado
[2]
distrustful
no seas tan desconfiado, que no voy a leer
tus cartas

incrédulo
[2]
*incredulous, disbelieving
(used also as a noun)*
se mostró incrédulo ante el relato de los
hechos; es una incrédula, no la vas a
convencer de que es cierto

| **receloso** [2] | *suspicious* | es receloso y desconfiado, siempre cree que lo van a engañar; estaba muy receloso, pensaba que lo iban a traicionar |
| **suspicaz** [2] | *suspicious* | es muy suspicaz, siempre se cree que le están tomando el pelo |

NB **receloso** and **suspicaz** are very similar except that the latter is only used with **ser** while the former may be used with **ser** or **estar**

---

descuidado   careless, negligent

desaliñado [3]	*careless, slovenly*	sin la corbata, tenía el aspecto muy desaliñado
abandonado [3–2]	*negligent*	el viejo es muy abandonado, desde que murió su esposa no come, no se afeita ...
negligente [3–2]	*negligent (used less than negligent)*	es muy negligente en sus estudios; no seas tan negligente y ocúpate de tus negocios
dejado [2]	*negligent*	desde que se casó se ha vuelto muy dejada, ya ni se pinta
desaseado [2]	*slovenly, unkempt*	es muy desaseada, nunca arregla su cuarto; es demasiado desaseado para ir a un concierto de música clásica
descuidado [2]	*careless, negligent*	intenta no ser tan descuidado, te has saltado varias líneas al escribir esto; no seas tan descuidada, lo vas a perder / vas a tener un accidente conduciendo

---

descuido   carelessness, slip, lapse

inadvertencia f [3]	*inadvertence (used with **por**)*	causó el accidente por inadvertencia
abandono m [3–2]	*abandon*	la casa estaba en un estado de abandono total
desidia f [3–2]	*neglect, carelessness*	desde la muerte de su esposa trabaja con desidia y dejadez; el drogadicto es un prodigio de desidia, desdén y falta de respeto hacia sus semejantes
despreocupación f [3–2]	*sloppiness, unconcern*	muestra una despreocupación total por su trabajo
negligencia f [3–2]	*negligence (used less than negligence)*	la negligencia de algunas industrias provocó la contaminación

dejadez f 2	*untidiness, neglect*	hace las cosas con mucha dejadez; criticaba la dejadez de algunas mujeres después de casarse
descuido m 2	*carelessness, slip, lapse*	en un momento de descuido le robaron el bolso / se le escapó el niño; un descuido de ese tipo puede provocar un accidente
desliz m 2	*slip, lapse* (used especially of young people = *indiscretion*)	has tenido un desliz imperdonable al escribir / decir esa palabra; 'se casó a los diez y seis años.' 'Sí, fue un desliz'
indiferencia f 2	*indifference*	la trata con indiferencia; la indiferencia de los gobernantes hacia los problemas de este sector de la población

desde   from

de 2	*from* (with reference to time and place)	de junio a septiembre; de Madrid a Zaragoza
desde 2	*from* (with reference to time and place; is more clearly defined than **de**)	desde abril hasta mayo; desde Sevilla hasta la costa; desde aquí se ve el castillo
a partir de 2	*from* (with reference to time; also used figuratively)	a partir de mañana; a partir de enero hasta julio; a partir de esta premisa se puede afirmar que ...

deseo   desire, wish, urge

hambre f 3	*hunger* (used figuratively)	el hambre de inmortalidad; bienaventurados los que tienen hambre y sed de justicia (from the Bible)
sed f 3	*thirst* (used figuratively)	la sed de inmortalidad / de justicia / de venganza
anhelo m 3–2	*longing, desire*	su anhelo por superar la plusmarca mundial animó al atleta a tomar drogas; el anhelo de inmortalidad
apetito m 3–2	*appetite* (used figuratively)	el apetito de poder / de riqueza
avidez f 3–2	*avidity, eagerness* (used more than *avidity*)	comía con avidez
afán m 2	*desire, urge*	aprecio mucho su afán de superación; el afán de venganza; su afán de hacerse perdonar por los otros le llevaba a ...

afición f 2	*fondness, liking, keenness*	su afición es tan grande que no se pierde un partido; tener afición por los toros / por la lectura; pintar por afición
ambición f 2	*ambition*	su ambición es ser presidente
ansia f 2	*longing, yearning*	su ansia de riqueza la destrozó; la matanza en Pekín supuso el final de las ansias reformistas de la población; el escritor se refirió a la imparable ansia de libertad
antojo m 2	*whim, sudden urge*	cada uno a su antojo; las mujeres embarazadas tienen antojos
aspiración f 2	*aspiration*	su mayor aspiración en la vida es dirigir una orquesta
capricho m 2	*caprice*	se lo compró por puro capricho
codicia f 2	*greed, covetousness*	la codicia de ganancia / de saber; la codicia rompe el saco (*greed is our downfall*)
comezón f 2	*itch, desire* (suggests uneasiness)	tenía / sentía tal comezón por dentro que no me pude callar
deseo m 2	*desire, wish, urge*	finalmente vio cumplidos sus deseos / logró satisfacer sus deseos; ardía en deseos de volver a verla; lo enterraron en su ciudad natal, como había sido su deseo

---

desfiladero   defile, gorge

angostura f 3	*narrow gorge*	los caballos no pudieron pasar por la angostura
garganta f 3	*gorge*	los pieles rojas atacaban en las gargantas
quebrada f 3	*gorge, ravine* (the second example is R2)	las tropas estaban apostadas en lo alto de la quebrada; la quebrada de Acapulco
hoz f 3–2	*gorge* (often used with a river and with proper names)	la hoz del río Tajo / Huécar
cañada f 2	*gully*	entre dos altas montañas había una cañada por donde pudieron pasar
cañón m 2	*canyon*	visitamos el gran cañón del Colorado

desfiladero m 2	*defile, gorge*	este desfiladero es muy peligroso
puerto m 2	*pass*	pasamos por el puerto de los Leones de Castilla; un puerto de montaña
tajo m 2	*gorge, ravine* (suggests a river)	el tajo del río Júcar

---

desfile   procession, parade

cabalgata f 2	*mounted procession, cavalcade, ride*	la cabalgata de los Reyes Magos; la cabalgata de las Walkirias
comitiva f 2	*procession, retinue*	el señor obispo iba acompañado de una comitiva
cortejo m 2	*procession*	detrás del féretro iba todo el cortejo; un cortejo fúnebre / nupcial
desfile m 2	*procession, parade*	un desfile militar; un desfile de carrozas; un desfile de modelos
parada f 2	*parade* (only used with **militar**)	en una parada militar espectacular desfilaron cientos de soldados, caballos, tanques …
procesión f 2	*procession* (often has a religious connotation)	una procesión religiosa
romería f 2	*pilgrimage* (to a local shrine)	la Romería del Rocío tiene lugar en la provincia de Huelva
séquito m 2	*retinue, entourage*	el rey iba acompañado de su séquito

---

desgana   indifference, disinterest

abulia f 3	*chronic lack of will*	los médicos no pudieron curar su abulia
apatía f 3	*apathy*	daba muestras de gran apatía y no parecía interesarse en nada
desidia f 3–2	*indifference*	su gobierno ha sido acusado de actuar con desidia en la lucha contra el terrorismo
desmotivación f 3–2	*disinterest*	a todos los enseñantes les cuesta mucho combatir la desmotivación de los alumnos
impasibilidad f 3–2	*impassiveness*	mostró una gran impasibilidad, en ningún momento le fallaron los nervios

indolencia f 3–2	*indolence*	la indolencia de este estudiante le va a llevar por mal camino
dejadez f 2	*abandon*	criticaba la dejadez de algunas mujeres después de casarse
desgana f 2	*indifference, disinterest*	hizo el trabajo con desgana; come con desgana; el sargento se aproximó con desgana y comenzó a cachear al fugitivo
desinterés m 2	*disinterest*	mostraba un desinterés total por los estudios
de mala gana 2	*unwillingly*	siempre toca el piano de mala gana; todo lo hace de mala gana
indiferencia f 2	*indifference*	no sabes el daño que le estás haciendo con tu indiferencia; contestó / la miró con indiferencia; la indiferencia de algunos por el sufrimiento que hay en el mundo
pasotismo m 2–1	*indifference*, attitude of *could not care less*	mucha gente se llama apolítica pero en realidad es puro pasotismo; el pasotismo de la juventud
a regañadientes 2–1	*reluctantly*	no quería hacerlo, lo hizo a regañadientes

---

desgracia   misfortune (see the note below)

infelicidad f 3	*unhappiness, misfortune*	en su vida ha tenido muchos momentos de infelicidad
adversidad f 3–2	*adversity*	a pesar de las adversidades logró lo que se proponía; hay que hacer frente a la adversidad con valor
desdicha f 3–2	*misfortune, setback*	por desdicha no pudo visitarnos; aquel matrimonio iba a ser la causa de su desdicha
desventura f 3–2	*misfortune*	las desventuras de Don Quijote / del joven Werther
infortunio m 3–2	*misfortune, setback*	aquel encuentro iba a ser la causa de muchos infortunios
desgracia f 2	*misfortune* (only means *disgrace* in a few set expressions)	para colmo de desgracias tuvieron un accidente en el viaje; por desgracia no llegamos a tiempo; las desgracias nunca vienen solas; tuvo la desgracia de perder a sus padres de pequeño

| **mal** m 2 | *misfortune* (only used in a few contexts) | para colmo de males se ha roto una pierna; no hay mal que por bien no venga (*a blessing in disguise*) |

NB there is very little difference between **desdicha, desventura** and **infortunio**

---

desgraciado
unfortunate, unlucky (see the note below)

infortunado 3	*hapless, unfortunate*	los infortunados niños fueron arrastrados por la corriente; un suceso infortunado
malhadado 3	*ill-fated*	la malhadada mujer perdió a toda su familia
desafortunado 3–2	*hapless, unfortunate*	siempre ha sido desafortunado en amores; me parece una elección / una decisión muy desafortunada; este desafortunado suceso puede traer graves consecuencias
desdichado 3–2	*luckless, unlucky*	es muy desdichado en su matrimonio; fue una decisión desdichada; ¡desdichada de mí!
desventurado 3–2	*luckless, unlucky*	un suceso / un hombre desventurado
desgraciado 2	*unfortunate, unlucky* (also used as a noun)	ocurrió un desgraciado accidente; un suceso desgraciado; deja que se marche, es un pobre desgraciado
infeliz 2	*unhappy, unfortunate* (also used as a noun)	se ha muerto su esposa y ahora es muy infeliz; ¡lo que ha tenido que pasar en la vida, la pobre infeliz!

NB **infortunado, desafortunado, desdichado** and **desventurado** all have a very similar meaning

---

desmayarse
to faint

desvanecerse 3–2	*to swoon*	se desvaneció al ver aquel horrible espectáculo
desmayarse 2	*to faint*	había perdido tanta sangre que faltó muy poco para que se desmayara; se me nubló la vista y pensaba que me iba a desmayar
perder el conocimiento 2	*to lose consciousness*	se dio un golpe y perdió el conocimiento

desnudo   naked

como Adán y sin la hoja A [2]	*in one's birthday suit*	entré al baño y lo encontré como Adán y sin la hoja
en cueros [2]	*naked*	salió del cuarto de baño en cueros sin ni siquiera ponerse la bata
en carnes vivas/en cueros vivos [2]	*naked*	le quitaron toda su ropa y se quedó como cuando nació, en carnes vivas / en cueros vivos
descalzo [2]	*barefoot*	es peligroso ir descalzo por la carretera
desnudo [2]	*naked*	el siglo veinte está obsesionado con los cuerpos desnudos
encuerado M [2]	*naked*	este niño está encuerado, tápalo
bichi M [1]	*starkers (can also mean with little on)*	¡tápate! no puedes andar bichi por la casa; hacía tanto calor que todo el mundo andaba bichi
en bolas / en pelotas [1*]	*starkers*	todos los jugadores estaban en bolas / en pelotas en el vestuario; se le cayeron los pantalones y se quedó en bolas

desobediente   disobedient

recalcitrante [3]	*recalcitrant*	los políticos más recalcitrantes del régimen
díscolo [3–2]	*rebellious*	una joven díscola
amotinado [2]	*mutinous*	presos / soldados amotinados
desobediente [2]	*disobedient*	una hija desobediente; no seas desobediente y haz lo que te dice tu madre
indisciplinado [2]	*undisciplined*	un alumno / un soldado indisciplinado
insubordinado [2]	*insubordinate*	un preso / un soldado insubordinado
rebelde [2]	*rebellious (also used as a noun)*	es un niño muy rebelde; los rebeldes ignoraron las órdenes de su superior

desorden
disorder

desarreglo m 3–2	*disorder* (**desorden** is used more in the first example)	la casa estaba en el más completo desarreglo; desarreglos intestinales
desconcierto m 3–2	*disorder, confusion*	las noticias que nos llegan son confusas, mientras en el país sigue reinando el desconcierto
turbación f 3–2	*upset* (often used of a person)	cuando le reprendieron delante de todos sintió gran turbación
alboroto m 2	*uproar*	¡qué alboroto están armando en la clase de al lado!
anarquía f 2	*anarchy*	el país se encuentra en un estado de anarquía total
caos m 2	*chaos*	el último día de clase fue un caos; su cuarto era un caos; el país está en el caos / en un caos económico total
confusión f 2	*confusion*	se produjo gran confusión cuando sonó la alarma de incendios; tras este frustrado golpe en el país reina una gran confusión
desbarajuste m 2	*confusion, disturbance*	el país atraviesa un período de desbarajustes económicos; ¡qué desbarajuste hay en esta habitación! todo está por medio
descomposición f 2	*upset* (has a medical connotation)	sufre de una descomposición intestinal
desorden m 2	*disorder*	tenía todos los papeles en desorden; en esta casa siempre está todo en desorden; reinaba un gran desorden en la administración; hay muchos desórdenes en el país
desorganización f 2	*disorganization*	¡qué desorganización hay en esta oficina! es imposible encontrar nunca nada
disturbio m 2	*disturbance* (often used in the plural)	disturbios callejeros / políticos
trastorno m 2	*upset, disturbance*	un trastorno estomacal / mental; la nación ha sufrido grandes trastornos a causa de la guerra
desbole m A / **despelote** m A / **despiole** m A 1	*mess, shambles* (all three are the same)	entró en la habitación y gritó: '¡qué desbole!' '¡qué despelote!' / '¡qué despiole!'
desmadre m 1	*shambles, mess*	¡esto es un desmadre!, a estas alturas y todavía no sabemos las fechas de los exámenes

follón m [1]	*right mess, uproar* (often used with **montar** and suggests shouting and a lot of noise)	¡menudo follón se montó en el bar!, hasta tuvieron que llamar a la policía; los fans montaron un follón en el estadio
lío m [1]	*mess, muddle, scrape*	estoy hecha un lío, no entiendo nada; este ejercicio no lo entiendo, es un lío; ¡menudo lío!, no hay quien se aclare; ese tío siempre anda metido en líos con la policía
kilombo / **quilombo** m A [1*]	*mess*	¡qué kilombo!

---

desordenado   disorderly, confused

desaliñado [3]	*unkempt, untidy, dishevelled*	tenía el aspecto desaliñado; una persona desaliñada
desmelenado [3]	*dishevelled* (see the note below)	tenía el semblante pálido y el cabello desmelenado
desarreglado [3-2]	*untidy*	la mujer / la habitación estaba muy desarreglada; llevaba el pelo desarreglado
descompuesto [3-2]	*broken down, upset*	el reloj está descompuesto; tenía el aspecto descompuesto
desestabilizado [3-2]	*destabilized* (used of a society or a country)	todos los países de esta zona han quedado desestabilizados
despeinado [3-2]	*dishevelled* (see the note below)	no salgas así a la calle, vas toda despeinada
alterado [2]	*upset, disordered, shaky*	tenía la voz alterada / el semblante alterado / los nervios alterados
anárquico [2]	*anarchic*	un estado anárquico siguió a la revuelta
caótico [2]	*chaotic*	la actual situación en el país es caótica
confuso [2]	*confused*	no sé qué pensar, estoy algo confuso; un recuerdo confuso
descuidado [2]	*neglected, careless*	no seas tan descuidada, siempre lo pierdes todo; una mujer de aspecto descuidado; tiene sus libros / los negocios descuidados / la casa descuidada

desordenado [2]	disorderly, confused	una habitación / una vida desordenada; los papeles estaban desordenados encima de la mesa; ¡qué desordenada eres!; la huida desordenada de las tropas
desorganizado [2]	disorganized	yo no podría cocinar para tanta gente, soy muy desorganizada; nos acabamos de instalar aquí y de momento estamos algo desorganizados; la retirada del ejército fue tan desorganizada que ...
trastornado [2]	upset, disorganized	tiene el estómago / el juicio trastornado; tiene los nervios trastornados; desde que perdió su fortuna anda algo trastornada
desastrado [2–1]	shabby, disorganized (suggests something dirty) (note the use of **ser** and **estar**)	¡qué desastrado eres! siempre tienes todos los libros por el suelo; la habitación estaba muy desastrada
desgreñado [2–1]	dishevelled (see the note below)	nunca se peina, siempre va toda desgreñada
desbolado A / **despelotado** A **despiolado** A [1]	messed up (all three are the same)	la cocina está desbolada / despelotada / despiolada
patas (para) arriba [1]	upside down	la casa estaba patas arriba; siempre tiene el cuarto patas para arriba
hecho un desmadre A [1*]	mucked up	el cuarto estaba hecho un desmadre
enkilombado / **enquilombado** A [1*]	messed up	¿qué hicieron aquí? está todo enkilombado / enquilombado

NB **desmelenado, despeinado** and **desgreñado** have the same meaning and only differ in register. However, **despeinado** really describes a person who has not combed his / her hair

---

despedir   to dismiss, to sack

cesar [3–2]	to dismiss (usually a civil servant or minister)	Singh fue ministro de Finanzas en el gobierno de Gandhi, quien lo cesó por insubordinación
destituir [3–2]	to dismiss (usually from high office)	el ministro fue destituido a causa de sus relaciones con una prostituta; ha sido destituido de su cargo

despedir 2	to dismiss, to sack	el empleado fue despedido por insubordinación
expulsar 2	to expel	la expulsaron del colegio por mala conducta; varios miembros han sido expulsados del partido
despachar 2–1	to fire, to send packing	despachó a la sirvienta porque se pasaba todo el santo día leyendo y telefoneando a sus amigas
echar 2–1	to kick out, to dismiss	le han echado del colegio porque nunca iba a clase; le han vuelto a echar del trabajo
enviar / mandar a paseo 2–1	to send packing	la próxima vez que venga a pedirme dinero la voy a enviar / mandar a paseo
botar 1	to expel, to kick out (from school)	el alumno es tan perezoso que le han botado
poner de patitas (en la calle) 1	to kick out	si sigues llegando tarde te van a poner de patitas en la calle

---

después   afterwards (used as an adverb) (see note 2 below)

a posteriori 3	a posteriori	su acto fue interpretado a posteriori como un intento de ...
a renglón seguido 3	immediately afterwards (implies inconsistency in one's actions)	le pidió perdón por lo ocurrido y a renglón seguido empezó a meterse con ella otra vez
acto seguido / seguidamente 3–2	immediately afterwards	el Papa visitó la iglesia y acto seguido / seguidamente dijo unas palabras
posteriormente 3–2	afterwards	los reyes visitaron el museo y posteriormente se dirigieron a la catedral; posteriormente se supo que él había tomado parte en el atentado
en lo sucesivo 3–2	immediately after	le comunicaron que en lo sucesivo personal especializado se ocuparía de este asunto
a continuación 2	below, later, immediately	a continuación se reproducen algunos fragmentos del libro, ilustrados por fotografías ... ; el Rey visitó el museo y, a continuación, pronunció un discurso

al poco rato
2

a little later

al poco rato volvieron cargados de paquetes; regresaron al poco rato de marcharse

dentro de un rato
2

soon

déjamelo aquí, dentro de un rato le echo un vistazo

después
2

afterwards (see note 1 below)

terminemos con este trabajo primero y después tomamos un café

luego
2

then, afterwards (see note 1 below)

luego lo haré, ahora estoy ocupada; ahora luego hablamos, deja que termine esto antes

más tarde
2

later

¿te puedo telefonear más tarde? ahora estoy trabajando

a los diez / quince (etc.) minutos
2

ten / fifteen minutes (etc.) *later*

salió a hacer futin y a los diez minutos ya estaba de vuelta

NB 1 there is no difference between **después** and **luego** 2 **después** used as a conjunction: **llegaron después que yo / tú; después de escribir la carta fui en seguida a Correos; después de que se fuesen / se hubiesen ido las visitas me acosté**

---

después de

after (used as a preposition)

posterior a
3–2

following on

la política española posterior a la guerra civil

a raíz de
3–2

(immediately) after, in the wake of (**a consecuencia de** may be used in both examples)

su dimisión se produjo a raíz de estas acusaciones; a raíz de estas investigaciones han sido detenidas cinco personas

tras
3–2

after (**después de** may be used in 1 and 3 but not in 2)

tras (1) dos meses de ausencia; uno tras (2) otro salieron del edificio; tras (3) intensas gestiones diplomáticas las autoridades cambiaron su inicial orden de detención

a consecuencia de
2

as a consequence of, following

quedó paralítica a consecuencia de un accidente laboral; la niña falleció a consecuencia de las lesiones ocasionadas por los golpes

después de
2

after

regresó al país después de diez años de exilio; después de la adopción de la convención, Alemania anunció que no la refrendaría

destacar(se)   to stand out, to excel

acusarse 3	to stand out (used figuratively)	se acusa en las obras de Lorca un fuerte sentimiento socialista
descollar 3–2	to stand out, to be outstanding (used figuratively)	descuella entre todos por su inteligencia
perfilarse 3–2	to stand out in profile (used literally)	los peñascos se perfilaban en el horizonte
destacar(se) 2	to stand out, to excel (used literally and figuratively) (see notes 1 and 2 below)	se destacaban los contornos de las montañas en el horizonte; (se) destaca de las demás por su belleza
distinguirse 2	to be distinguished, to stand out (used literally and figuratively) (see notes 1 and 2 below)	a lo lejos se distinguían las casitas blancas del pueblo; se distingue por su valor / entre todos por su inteligencia
sobresalir 2	to stand out, to excel (used literally and figuratively) (see note 2 below)	una roca sobresalía por encima del agua; sobresale de entre los demás alumnos de la clase

NB 1 when used literally **destacar** is used reflexively. When it is used figuratively there is a choice 2 when the last three synonyms in this list are used literally, they are of a higher register than when they are used figuratively

destrozar   to destroy, to ruin, to break

quebrar 3	to break (used more figuratively than literally)	se le quebró la voz de la emoción; el sistema de partido único que en la URSS ... , se quebró el 7 de febrero
quebrantar 3–2	to break (used figuratively)	quebrantar una ley / el valor / la moral
cascar 2	to break (open), to crack, to shake (used literally)	cascar un huevo / una nuez; tenía la voz cascada por la emoción
demoler 2	to demolish (used literally and figuratively)	demolieron el edificio; el crítico demolió la novela
deshacer 2	to break up, to undo, to unmake, to shatter, (used literally and figuratively)	deshizo un terrón de azúcar en la taza; esta orilla hay que deshacerla y coserla otra vez; deshacer un nudo; no deshagas la cama; está deshecha desde que se enteró de lo de su marido

destrozar [2]	to *destroy*, to *ruin*, to *break* (used literally and figuratively)	las fuertes tormentas han destrozado las cosechas; saquearon las oficinas y destrozaron todos los libros; desde el accidente está destrozada; el accidente le destrozó el corazón
destruir [2]	to *destroy* (used literally and figuratively)	los aviones destruyeron la ciudad; decidieron destruir los documentos porque los comprometían; en Rumanía hay una fuerte tradición cultural que veinte y cinco años de dictadura no consiguieron destruir
quebrar M [2]	to *break* (used much more in Mexico than in Spain and used more there than **romper**)	el chamaco quebró el vidrio
rasgar [2]	to *tear*	rasgaron la tela / la cortina
romper [2]	to *break* (used literally and figuratively; often used reflexively)	ten cuidado que vas a romper la silla / el jarrón / el espejo; ha roto con su novio; romper con una tradición; el plato cayó al suelo y se rompió; se ha roto una pierna
torpedear [2]	to *torpedo*	el submarino torpedeó el buque de guerra
hacer añicos [2–1]	to *smash*, to *break* (used literally)	el jarrón se cayó al suelo y se hizo añicos; hicieron añicos la vajilla
hacer pedazos [2–1]	to *smash up* (used literally)	hizo pedazos el jarrón; el·plato se cayó al suelo y se hizo pedazos
hacer bolsa A [1]	to *shatter*	se me hizo bolsa el jarrón
descuajaringar [1]	to *smash up* (often suggests something mechanical; used especially in southern Spain)	el niño dejó descuajaringado el juguete; se me ha descuajaringado la bici
hacer pomada A [1]	to *smash up*	choqué y se me hizo pomada el capot del carro
hacer puré [1]	to *smash up*	tuve un accidente y está hecho puré el coche; los gamberros hicieron puré toda la casa
joder [1*]	to *bugger up*	deja de jugar con el reloj que lo vas a joder
hacer pelota A [1*]	to *bugger up*	los gatos me hicieron pelota el jardín

destrucción   destruction

aniquilación f 3–2	*annihilation*	la aniquilación de los rebeldes condujo al final de la guerra
devastación f 3–2	*devastation*	el desbordamiento del río causó la devastación del bosque
estrago(s) m(pl) 3–2	*havoc* (often used in the plural with **hacer** and **causar**; see **hacer / causar estragos** under **devastar** below)	los estragos de la guerra
achaque m 2	*havoc* (used of old age and often used in the plural)	los achaques de la vejez
daño m 2	*harm, damage* (used literally and figuratively)	los daños ocasionados por el terremoto fueron calculados en dos mil millones de pesetas; los casos más difíciles son los de quienes sufrieron daños psicológicos
destrucción f 2	*destruction*	la destrucción del Partenón en la primera guerra mundial; la contaminación está causando la destrucción de nuestros ríos y mares
ruina f 2	*ruin* (used in the plural when used literally; also used figuratively)	el ataque del enemigo dejó la ciudad en ruinas; este hijo va a ser la causa de mi ruina; lo he tenido que vender todo, estamos en la ruina

devastar   to devastate

arrasar 3–2	*to lay waste*	el bombardeo / el terremoto arrasó la ciudad
asolar 3–2	*to devastate*	los españoles asolaron los pueblos aztecos; diez años de guerra civil han asolado el país; el terremoto / el huracán asoló la región
hacer / causar estragos 3–2	*to cause havoc* (also used figuratively)	la epidemia hizo / causó estragos en la población; la crisis económica está haciendo estragos en el país
devastar 2	*to devastate*	los aviones devastaron la ciudad soltando miles de toneladas de bombas; la guerra / el terremoto devastó la región
talar 2	*to cut down* (trees)	talaron un bosque de pinos para construir viviendas

devolver
to be sick, to vomit

devolver [2]	to be sick, to vomit	no me sentó bien la comida, la devolví toda; se pasó toda la noche devolviendo
vomitar [2]	to vomit (is of a higher register than **devolver**)	la niña estuvo vomitando toda la noche y tuvimos que llamar al médico
echar las tripas [1]	to throw up, to puke	¡qué comida más asquerosa! casi me hace echar las tripas
guacarear(se) M [1*]	to puke	se tomó el pulque y luego (se) guacareó

día
day

| día m [2] | day | el día veinticinco de julio; fue aquel día cuando ... ; ¿a qué día estamos?; al día siguiente; a los diez días; volveré dentro de quince días |
| jornada f [2] | day (suggests work and duration) | después de una intensa jornada de trabajo ... ; la séptima jornada de la liga; una jornada de huelga; ¡feliz jornada! |

diente
tooth

canino m [3–2]	canine	tuvieron que extraerle los dos caninos
colmillo m [2]	canine, fang	el perro tenía unos colmillos muy afilados
diente m [2]	tooth (usually front)	le están saliendo los dientes al bebé; le duelen los dientes al niño
muela f [2]	tooth (strictly back tooth, molar, but is often used of any tooth when pain occurs)	tengo dolor de muelas; me duele una muela

diferencia
difference

| discrepancia f [3–2] | discrepancy | el debate puso de manifiesto que hay una discrepancia de ideas / de opiniones; han surgido discrepancias en el seno del partido |
| disparidad f [3–2] | disparity | ha habido disparidad de criterios / de opiniones con respecto a este tema; hay varios elementos que pueden explicar estas disparidades de precios |

divergencia f [3–2]	*divergency* (**discrepancia** is used more)	se detectó una divergencia entre sus posiciones
diversidad f [3–2]	*diversity*	existe diversidad de opiniones entre miembros del mismo partido
diferencia f [2]	*difference*	hay una gran diferencia entre esta tela y aquélla; entre Londres y Madrid hay una diferencia de una hora; apenas hay una diferencia de precios entre los dos

---

difícil   difficult

arduo [3–2]	*arduous* (often used with **tarea**)	vamos a tener que unir nuestros esfuerzos para llevar a cabo tan ardua tarea
dificultoso [3–2]	*difficult* (same as **difícil** but sounds more impressive) (used in newspapers)	encontró la tarea tan dificultosa que … ; fue un trabajo dificultoso, además de complicado, nos llevó mucho tiempo
espinoso [3–2]	*awkward, knotty* (often used with **asunto**) (suggests that care is needed)	es un asunto muy espinoso, hay que andar con cuidado
laborioso [3–2]	*difficult, tough*	fue un parto laborioso que casi le costó la vida a la madre; ha sido una tarea muy laboriosa, nos ha llevado varios años de trabajo
trabajoso [3–2]	*hard, laborious* (suggests real physical effort)	resulta muy trabajoso montar esta obra de teatro; hacer una estadística de este tipo es una tarea trabajosa
complicado [2]	*complicated*	no pude resolver el problema de matemáticas, es muy complicado
difícil [2]	*difficult*	no me sale este ejercicio, es muy difícil; un problema de difícil solución; es un idioma muy difícil de aprender; tiene un carácter muy difícil
duro [2]	*hard* (often used with **trabajo**)	el trabajo de los pescadores es muy duro
enrevesado [2]	*involved* (often used with **problema** and **asunto**)	este problema matemático es muy enrevesado, no me sale; se trata de un asunto muy enrevesado
peliagudo [2]	*awkward, tricky*	es un asunto / un tema peliagudo

rebuscado [2]	*involved, far-fetched* (used of a style or an idea)	este autor tiene un estilo muy rebuscado; usa un lenguaje muy difícil y rebuscado
jodido [1*]	*bloody difficult*	'¿resolviste el problema?' 'No, era muy jodido'

---

dificultad   difficulty

atolladero m [3–2]	*difficulty, tight spot*	tengo que resolver el problema y salir de este atolladero
contencioso m [3–2]	*contentious issue* (has a legal connotation but not necessarily connected with the law)	resolver un contencioso
enredo m [3–2]	*tangle* (often used of a love affair), *muddle*	tiene un enredo amoroso; se ha metido en un enredo; una comedia de enredo
problemática f [3–2]	group of ideas related to an idea or activity (used in newspapers)	la problemática de la vida moderna / de la droga / del pensamiento de Machado
trance m [3–2]	*difficult / awkward situation*	está pasando por un mal trance
complicación f [2]	*complication*	iban a operarla pero han surgido algunas complicaciones
confusión f [2]	*confusion*	después del golpe de estado reinaba una gran confusión en el país
dificultad f [2]	*difficulty*	han surgido algunas dificultades; el motor funciona bien a pesar de algunas dificultades mecánicas; el diputado subrayó las dificultades socio-económicas
problema m [2]	*problem*	el problema es que aún no nos ha pagado; plantear / resolver un problema
quebradero de cabeza m [2]	*problem, headache, puzzle*	por más vueltas que le doy no encuentro ninguna solución, esto es un quebradero de cabeza
tinglado m [2]	*muddle, mess* (often used with **montar**)	menudo tinglado han montado para librarse de pagar impuestos; el partido encargó al financiero que organizara el tinglado empresarial socialista
papeleta f [2–1]	*tough, awkward situation*	¡vaya una papeleta! me va a tocar decírselo a mí

broncota f M [1]	*right mess*	tuve un accidente y estoy metido en una broncota
follón m [1]	*mess, trouble* (see the note below)	a la salida del estadio siempre se arma follón; montaron tal follón que hasta tuvo que venir la policía
lío m [1]	*mess* (see the note below)	¡vaya lío que se ha montado!; se ha metido en un lío
mogollón m [1]	*mess, muddle* (see the note below)	no encuentro nada en este mogollón de papeles

NB the last three are very similar to each other, except that **follón** has a slightly lower register. They can also suggest noise, shouting and fighting

---

dinero   money

(en) efectivo m [3–2]	*cash* (always preceded by **en**)	abonó el pago en efectivo
capital m [2]	*capital*	su capital asciende a cien millones de pesetas
(pagar al) contado m [2]	*(to pay) cash* (always used with **pagar**)	si quiere recibirlo mañana tiene que pagar al contado
dinero m [2]	*money*	me he gastado todo el dinero, no me queda nada para ir al cine; dinero suelto; poderoso caballero es Don dinero (*money buys everything*)
divisas fpl [2]	*(foreign) currency*	el mercado de divisas; han suspendido las importaciones de alimentos por falta de divisas
duro m [2]	*five peseta coin*	sólo me quedan cinco duros; estoy pelada, no tengo ni un duro
(en) metálico m [2]	*cash* (always preceded by **en**)	le entregué cincuenta mil pesetas en metálico
moneda f [2]	*coin, currency*	tengo una moneda de quinientas pesetas; la moneda española es la peseta
plata f A [2]	*money* (used all over South America and is now appearing in Spain)	se me acabó la plata y no puedo ir al cine
dineral m [2–1]	*fortune* (always preceded by **un**)	se ha comprado un coche que le ha debido costar un dineral

soltar la mosca ⌷2-1⌷	*to give money, to fork out*	otra vez tengo que soltar la mosca
biyuya f A ⌷1⌷	*dough, bread* (used mainly by the older generation)	no me queda biyuya, acabo de comprarme un carro
calderilla f ⌷1⌷	*small change*	le pregunté a la cajera si le importaba que yo le pagara en calderilla
cobre m A ⌷1⌷	*cash* (often used in the negative)	no tengo un cobre
firullila f M ⌷1⌷	*dough, bread*	azótense con la firullila para comprarle el regalo al padrecito
guita f ⌷1⌷	*cash*	esa gente tiene mucha guita
kilo m ⌷1⌷	*one million pesetas*	ojalá yo ganara cinco kilos al año
lana f M ⌷1⌷	*cash, bread*	no tengo lana, no puedo ir al cine
luz f M ⌷1⌷	*cash*	¿tienes luz? he gastado todo mi dinero
marmaja f M ⌷1⌷	*cash, bread*	si puedes, te traes la marmaja y lo compramos
money m ⌷1⌷	*cash, dough, bread* (used especially among young people) (pronounced **mónei**)	no puedo ir, no tengo money
pachocha f M ⌷1⌷	*cash*	no puedo comprarlo. No tengo pachocha
pasta f ⌷1⌷	*cash, lolly*	esa gente tiene mucha pasta; ¡vaya pasta gansa me ha costado la casa!
pelas fpl ⌷1⌷	*cash, pesetas*	me ha costado cien mil pelas
talego m ⌷1⌷	*thousand pesetas*	esta bici vale veinticinco talegos
tela f ⌷1⌷	*cash, dough*	esto nos va a costar mucha tela

¡ Dios mío!

heavens above! (expressing surprise)

¡caramba! ⌷2⌷	*my word!*	¡caramba! ¡qué mala pata tengo!

¡ah, Chihuahua! M `2`	*good heavens!* (used in northern Mexico)	¡ah Chihuahua! no pensé que París fuera tan interesante
¡no me digas! `2`	*you don't say!, my word!*	¡no me digas! la señora de al lado se embarazó; 'ayer, me encontré a Ramón con una mujer que no era la suya.' '¡No me digas!'
¡Dios mío! `2`	*heavens above!*	¡Dios mío! casi tenemos un accidente
¡madre mía! `2`	*good heavens!*	¡madre mía! ¡cómo ha crecido esta niña!
¡caray! `2–1`	*heavens above!*	¡caray! qué mal genio tiene
¡ostras! `2–1`	*hell!* (used by young people)	¡ostras! se me ha caído un vaso de cristal; ¡ostras! casi me pilla el profe copiando
¡qué barbaridad! / ¡qué bárbaro! / ¡bárbaro! A `1`	*hell's bells!* (only the last one is Argentinian)	¡qué barbaridad! / ¡qué bárbaro! / ¡bárbaro! metieron seis goles
¡jo! / ¡jolín! / ¡jolines! `1`	*wow!, gee!*	¡jo! / ¡jolín! / ¡jolines! siempre me toca a mí
¡a la Madonna! A `1`	*heavens!*	¡a la Madonna! ¡qué vestido te pusiste!
¡a su mecha! M `1`	*heavens above!*	¡a su mecha! ¡el cielo está precioso!
¡qué lo tiró! A `1`	*heavens!*	¡qué lo tiró! ¡cómo llueve!
¡uta! M `1`	*good grief!*	¡uta! el carro nuevo está carísimo
¡coño! / ¡joder! `1*`	*bloody hell!*	¡coño! / ¡joder! a ver si tienes más cuidado

---

dirección   direction (see the note below)

dirección f `2`	*direction*	iban en dirección a Vigo; dirección única / obligatoria; hay que moverlo en la dirección de las agujas del reloj
itinerario m `2`	*itinerary*	mi itinerario incluye la visita de la Alhambra

recorrido m [2]	*journey, distance covered, route*	el recorrido de un autobús / de una procesión / de una carrera
rumbo m [2]	*direction*	salimos (con) rumbo a Madrid; zarparon rumbo a Brasil; andar sin rumbo fijo
trayecto m [2]	*journey, distance covered*	el final del trayecto de un autobús; ya casi estamos llegando al final del trayecto

NB **recorrido** and **trayecto** are entirely interchangeable in all examples

---

dirigir   to manage, to run, to conduct

gestionar [3–2]	*to manage, to arrange*	el municipio gestionó tan mal el asunto que … ; gestionar un pasaporte / un permiso
regir [3–2]	*to govern, to rule*	el rey rigió los destinos de la nación durante más de treinta años
administrar [2]	*to administer*	administrar una hacienda / los bienes de una persona
controlar [2]	*to control*	a los gobernantes les está resultando casi imposible controlar la situación
dirigir [2]	*to manage, to run, to conduct*	dirigir una orquesta / una empresa
gobernar [2]	*to govern*	gobernar un país
manejar [2]	*to handle, to manage*	no me gusta la manera en que está manejando este asunto; no acabo de entender cómo maneja tanta información
manipular [2]	*to manipulate* (suggests devious manoeuvring)	no debemos dejar que nos manipule a su antojo; ciertos políticos manipulan el proceso legislativo de la forma que más les favorece

---

discurso   speech

disertación f [3]	*speech* (on a very specialized topic)	pronunció una disertación sobre la literatura de vanguardia
arenga f [3–2]	*harangue* (often given by a military leader to his troops)	la arenga había levantado los ánimos de los soldados
alocución f [2]	*short speech*	el político pronunció una alocución en televisión

discurso m [2]	*speech*	el director pronunció un discurso sobre el tema de … ; un discurso de despedida / de apertura
intervención f [2]	*contribution, participation*	durante su intervención el diputado explicó que … ; la intervención del conferenciante fue aplaudida
oración f [2]	*oration, speech* (always for a funeral)	su colega pronunció una oración fúnebre
perorata f [2–1]	(long-winded) *speech*	la perorata resultó tan pesada que casi me duermo
parrafada f [1]	*spiel* (often suggests moralizing)	su padre nos echó una parrafada sobre los peligros del tabaco
rollo m [1]	*spiel* (suggests something boring)	el profesor soltó el rollo y se fue de clase; deja de soltarme el rollo, que yo ya sé lo que tengo que hacer

disgustado — displeased, annoyed

quejumbroso [3]	*plaintive, querulous*	siempre adopta este tono quejumbroso cuando está enfadado; se oía la quejumbrosa respiración del enfermo
contrariado [3–2]	*vexed*	se quedó contrariada al ver que no aceptaban su proyecto
enojado [3–2]	*annoyed, angry*	está enojado conmigo porque no he llegado a la hora prevista
insatisfecho [3–2]	*dissatisfied*	la mala representación de la obra me dejó insatisfecha
quejoso [3–2]	*complaining*	estoy quejosa de tu comportamiento
descontento [2]	*unhappy, dissatisfied*	estoy descontenta con tu rendimiento en los exámenes
disgustado [2]	*displeased, annoyed* (does not mean *disgusted*)	Papá está disgustado contigo porque has roto un plato
enfadado [2]	*angry*	están enfadados con ella porque no cumplió su promesa
malhumorado [2]	*bad-tempered*	respondió con tono malhumorado
mosqueado [1]	*peeved*	no la invitamos a la fiesta, por eso está mosqueada

emputecido A   *pissed off*   el director está emputecido porque no han
1*   terminado el trabajo

puteado   *pissed off*   los trabajadores de la fábrica están muy
1*   puteados, los hacen trabajar mucho

---

disminuir   to diminish, to slacken, to decrease

aminorar   *to reduce, to lessen*   aminoraron el paso / la velocidad
3

mermar   *to decrease, to reduce, to*   este imprevisto ha mermado
3   *undermine*   considerablemente su fortuna; en su
      discurso mermó el prestigio del colegio; ha
      mermado la calidad del vino

abreviar   *to abridge, to shorten*   este libro no es la versión íntegra, lo han
2   abreviado; trate de abreviar, no disponemos
      de mucho tiempo

acortar   *to shorten, to reduce*   acortar una clase / un relato; en septiembre
2   los días empiezan a acortarse

amainar   *to abate* (often used of the   según el hombre del tiempo, el viento va a
2   weather)   amainar; si las lluvias no amainan, seguro
      que habrá inundaciones

disminuir   *to diminish, to slacken, to*   ha disminuido el número de espectadores /
2   *decrease*   la población; el nivel del agua está
      disminuyendo

minar   *to undermine* (health or   su excesiva actividad está minando su salud;
2   authority)   minar la autoridad del gobierno

reducir   to reduce   hemos reducido el tamaño del producto / el
2   precio; reducir la velocidad; el edificio
      quedó reducido a escombros; reducir el
      gasto público

suavizar   *to tone down*   suavizar los colores / las condiciones; las
2   temperaturas se están suavizando

---

disparate   silly act, foolish remark (see the note below)

desatino m   *foolish act / remark*   cometer / decir desatinos
3–2

despropósito m   *absurd remark*   deja de decir despropósitos
3–2

necedad f 3–2	*silly act / remark*	es pura necedad intentar conseguir ese trabajo; lo que ha dicho me parece una necedad
sandez f 3–2	*stupid remark*	ya está bien de decir sandeces
disparate m 2	*silly act, foolish remark*	salir ahora con este tiempo es un disparate; ¡no digas disparates! ¿cómo va a ser eso verdad?
estupidez f 2	*stupid act / remark*	lo que estás proponiendo me parece una estupidez; no digas estupideces, claro que va a ganar
locura f 2	*crazy act*	es una locura bañarse después de comer / salir con este tiempo
tontería f 2	*foolish act / remark*	no hagas tonterías, que luego te vas a arrepentir; para mí los políticos sólo dicen tonterías
barbaridad f 2–1	*stupid act / remark*	nadar lejos de la costa es una barbaridad; decir barbaridades
bobada f 2–1	*silly remark*	no digas bobadas, claro que te quiere
idiotez f 2–1	*idiotic act / remark*	no hagas / digas idioteces
burrada f 1	*stupid act / remark*	¡qué burrada! escribir 'hacer' sin 'h'; eso que has dicho es una burrada, claro que el hijo es suyo
chorrada f 1	*stupid remark*	deja de soltar chorradas
boludez f A 1*	*bloody stupid act / remark, anything stupid*	las leyes de tránsito en este país son una boludez
gilipollez f 1*	*bloody stupid act / remark*	es una gilipollez eso que has hecho / dicho
güevada f A 1*	= **boludez**	esta materia es una güevada; ¡callate la boca y no digas más güevadas!
pelotudez f A 1*	= **boludez**	¡callate la boca y no digas más pelotudeces!

NB many of these synonyms may be used in the same way, except for register considerations. The four strongest are **disparate**, **locura**, **barbaridad** and **burrada**. The examples would probably not be translated by, for instance, *silly act* or *silly remark*, but rather by *silly thing to do* or *a silly thing to say*

disparo
shot

disparo m [2]	*shot* (usually from a gun)	la mataron con un solo disparo; oyeron disparos a lo lejos
lanzamiento m [2]	*shot* (also used in games), *throw*, *launch*	fue un gran lanzamiento que consiguió la victoria para el equipo; el lanzamiento de jabalina / de un misil
tiro m [2]	*shot*	le mató de un tiro; marcó un gol con un tiro auténtico

---

dispersar
to disperse, to scatter

propalar [3]	*to disclose, to reveal* (used figuratively)	propalar un secreto / un rumor / una noticia
diseminar [3–2]	*to disseminate, to scatter* (used literally and figuratively)	diseminar las semillas; diseminar ideas / información
sembrar [3–2]	*to spread* (used figuratively; see below for the literal use)	los terroristas están sembrando el pánico; sembrar la discordia; quien siembra recoge (*you reap what you sow*)
ahuyentar [2]	*to chase away, to disperse, to cause to disappear* (used literally and figuratively)	los zorros ahuyentaron a los conejos; ahuyentar un pensamiento triste; el vino ahuyenta las penas
derramar [2]	*to scatter, to pour out, to spill* (used literally) (often used of a liquid)	derramó un vaso de agua y se extendió por el suelo; el cubo volcó y la arena se derramó por el suelo
desparramar [2]	*to scatter, to diffuse* (used literally and figuratively)	desparramar las flores por el suelo; a lo lejos se divisaban las barracas desparramadas al borde del canal; la familia estaba desparramada por el mundo entero; las ventanas estaban abiertas y la luz se desparramaba por toda la casa
difundir [2]	*to spread, to scatter* (used figuratively)	difundir una doctrina
dispersar [2]	*to disperse, to scatter* (the first example is frequently used)	la policía dispersó a los manifestantes; oyó aún los gritos lejanos dispersándose en todas direcciones
divulgar [2]	*to divulge*	divulgar una noticia / una doctrina
esparcir [2]	*to scatter* (used literally and figuratively)	tenía los papeles esparcidos sobre la mesa; esparcir las semillas; el rumor se esparció por todo el pueblo

| **propagar** [2] | *to spread, to propagate* (used literally and figuratively) | el fuego se propagó a todos los pisos del edificio; la epidemia se había propagado por toda la ciudad; propagar ideas / una doctrina / una noticia |
| **sembrar** [2] | *to sow* (used literally; for the figurative use see above) | el agricultor sembró los campos de trigo; el terreno estaba sembrado de granadas |

---

disputa   dispute, quarrel

contienda f [3]	*contest, fight, war*	una contienda electoral; hubo miles de víctimas en aquella contienda
rencilla f [3]	*quarrel* (suggests words) (often used in the plural)	estaba al tanto de sus rencillas familiares
altercado m [3–2]	*altercation*	los dos políticos tuvieron un altercado
batalla f [2]	*battle, fight*	la batalla de Las Navas de Tolosa tuvo lugar en 1212; una batalla campal; se está librando una batalla contra la delincuencia
combate m [2]	*fighting* (usually used in the plural)	anoche volvieron a recrudecerse los combates en la zona
disputa f [2]	*dispute* (suggests words), *quarrel*	en estas reuniones siempre surge alguna disputa
escaramuza f [2]	*skirmish*	hubo algunas escaramuzas entre las dos hinchadas; una escaramuza entre los rebeldes y el gobierno central
guerra f [2]	*war*	estalló la guerra en 1914
lucha f [2]	*struggle, wrestling* (also used figuratively)	la lucha libre; la lucha de clases; la lucha contra el cáncer / contra el narcotráfico / por la libertad
pelea f [2]	*fight, quarrel* (used literally and figuratively)	los chavales tuvieron una pelea y uno de ellos acabó con el ojo morado; ha vuelto a tener una pelea con su novia
refriega f [2]	*skirmish*	hubo una refriega entre la policía y los manifestantes
riña f [2]	*quarrel*	ha habido una riña callejera
gresca f [2–1]	*row, brawl*	esa panda siempre arma gresca

bronca f [1]	row, scrap, ticking off	se armó una bronca cuando llegaron los polis; mi padre me echó una bronca porque volví tarde
leña f [1]	scrap, set to	hubo / se repartió leña en la manifestación
leches / ostias fpl [1*]	helluva row / scrap	¡cuidao, que va a haber leches / ostias!

---

distinto   different

desemejante [3]	dissimilar	sus caracteres no son del todo desemejantes
discrepante [3]	different (**discrepancia** is used much more)	los dos ministerios propugnan opiniones discrepantes
discordante [3-2]	discordant	una voz discordante; su discurso fue la nota discordante de la reunión
dispar [3-2]	different, disparate	el orador habló sobre temas muy dispares; tienen caracteres muy dispares
diverso [3-2]	different, diverse	es un escritor muy versátil, escribe sobre temas muy diversos
heterogéneo [3-2]	heterogeneous	elementos homogéneos y heterogéneos
desigual [2]	unequal, uneven	un terreno / una superficie desigual; cuidado, que las baldosas son desiguales
diferente [2]	different (see the note below)	tienen caracteres totalmente diferentes; sus costumbres son muy diferentes de las / a las del resto del país
distinto [2]	different (does not often mean distinct) (see the note below)	se trata de una cultura muy distinta de la / a la nuestra; expresaron opiniones muy distintas; sin la patata, la historia contemporánea hubiera sido distinta

NB purists do not accept **diferente / distinto a**

---

divertirse   to enjoy oneself

| **recrearse**
[3] | to enjoy, to take pleasure | se recrea leyendo poesía; se recreaban con el hermoso espectáculo |
| **gozar**
[3-2] | to enjoy (see the note below) | gozar de buena salud / de un derecho; goza de una buena posición social; gozó mucho con su visita |

disfrutar 2	*to enjoy, to have a good time* (see the note below)	disfrutaron mucho con la película; ¡que disfrutes!; esperamos que disfrute de este premio; disfrutar de buena salud / de un derecho / de una buena pensión
distraerse 2	*to amuse oneself* (very similar to **entretenerse**)	se distraían leyendo revistas; el niño se distrae mucho viendo la tele
divertirse 2	*to enjoy oneself*	se divirtieron mucho durante el carnaval; ¡qué te diviertas!
entretenerse 2	*to enjoy, to entertain oneself* (*very similar to* **distraerse**)	el niño se entretenía jugando con el tren
pasarlo bien 2–1	*to have a good time*	¡que lo pases bien!; ¡a pasarlo bien!
pasársela bien / bien padre M 2–1	*to have a good time* (note that in Mexico **la** is used, and not **lo** as in Spain)	fuimos a casa de Pedro y nos la pasamos bien/padre/bien padre
pasarlo bomba / fenomenal / genial / en grande / guay / pipa / super 1	*to have a tremendous time*	lo hemos pasado bomba / en grande / pipa / super (etc.) estas vacaciones / en la fiesta
pasarla mil (puntos) A 1	*to have a splendid time*	anoche la pasamos mil (puntos)
pasarlo de puta madre 1*	*to have a helluva time*	'¿qué tal el crucero?' 'Lo pasamos de puta madre'

NB **gozar** and **disfrutar** are often used in the same way and are often, but not always, followed by the same preposition. It is impossible to give reasons why **gozar** and **disfrutar** are followed by **con** in some cases and by **de** in others

---

doblar   to fold, to bend

doblegar 3	*to yield*	aunque te presionen no te doblegues
doblar 2	*to fold, to bend*	dobló las camisas y las guardó; doblar un periódico / el dedo / la rodilla / las sábanas / un mantel / la página / una barra de hierro
plegar 2	*to fold* (often suggests a mechanism)	plegar una silla / una mesa / una cama

| **plisar**
2 | *to pleat* | una falda plisada; plisar la tela |

---

dócil

docile

apacible 3–2	*quiet, gentle* (same as **sosegado** although **sosegado** may not be used with **vida**)	una vida / una niña / un carácter apacible
dulce 3–2	*gentle* (suggests affection)	los niños le tienen mucho cariño, es un viejecito muy dulce; tiene una voz muy dulce
manso 3–2	*meek* (may have a pejorative connotation)	manso como un cordero
sosegado 3–2	*quiet, calm* (see **apacible**)	una persona sosegada; un carácter sosegado
sumiso 3–2	*meek*	un marido / un carácter sumiso
dócil 2	*docile*	se adapta a todo lo que le pide su mujer, es muy dócil
obediente 2	*obedient*	un niño obediente; sé obediente y haz lo que te dice tu madre
suave 2	*gentle, mild* (see the note below)	tiene unos modales muy suaves; daba gusto oírlo con esa voz tan suave que tiene
tranquilo 2	*quiet*	una vida / una persona tranquila

NB **suave** is especially used with **clima, viento, temperaturas, colores** and **piel**

---

documentación

personal documents

cartas credenciales fpl 3–2	*credentials*	la embajadora presentó al rey sus cartas credenciales
carné de identidad m 2	*identity card* (see the note below)	he perdido el carné de identidad
documentación f 2	*personal documents* (see **documentos**)	los policías le pidieron la documentación

documento (nacional) de identidad m 2	*identity card* (see the note below)	¿me deja el documento de identidad? (in a hotel)
documentos mpl 2	*documents* (has the same meaning as **documentación**)	consiguió huir del país utilizando documentos falsos
papeles mpl 2	*papers*	me temo que mis papeles no están en regla

NB **carné** (also **carnet**) **de identidad** is used more than **documento (nacional) de identidad**

---

dolor   pain, grief

calvario m 3–2	*calvary*	ha sido un verdadero calvario atender a su marido enfermo durante diez años
dolor m 2	*pain, grief* (see note 1 below)	tengo un dolor de cabeza increíble; ¡qué dolor de muelas!; le dieron un calmante para aliviarle el dolor; sintió un gran dolor al ver partir a su hijo
molestia f 2	*discomfort*	siente molestias en el estomágo
padecimiento m 2	*suffering* (used literally and figuratively) (see note 2 below)	no pudo aguantar tanto padecimiento y terminó suicidándose
sufrimiento m 2	*suffering* (used literally and figuratively) (see note 2 below)	la indiferencia de algunos gobernantes ante el sufrimiento que hay en el mundo; no va a poder soportar tanto sufrimiento

NB 1 *I have a headache* is usually **me duele la cabeza**. **Dolor** is used in the example because it is qualified by an adjective 2 when used figuratively, **padecimiento** and **sufrimiento** are used in the same way

---

dormir   to sleep

| **adormecerse**
 3–2 | *to become sleepy* | a la una de la madrugada aún seguían hablando, pero yo empecé a adormecerme |
| **adormilarse**
 2 | *to become dozy* (same meaning as **amodorrarse**) (often used as a past participle) | se quedó adormilada en el sillón después de la comida |

echar una cabezada [2]	*to have a nap*	estoy tan cansada esta tarde que voy a echar una cabezada
dormir [2]	*to sleep*	he dormido como un lirón / a pierna suelta; dormir al raso; dormir de un tirón
echarse la siesta [2]	*to have a siesta*	me echo la siesta todas las tardes
amodorrarse [2–1]	*to become drowsy* (same meaning as **adormilarse**) (often used as a past participle)	hacía tanto calor que me quedé amodorrada
apolillar A [2–1]	*to sleep*	'¿qué tal apolillaste anoche?'; 'Apolillé toda la noche'
echar la mimi / hacer la meme M [2–1]	*to go to bye-byes* (child language)	la madre le dijo a la niña: 'Echa la mimi'; vamos a hacer la meme
echar un sueño [2–1]	*to have a nap* (often used in the diminutive form)	estoy hecho polvo, me voy a echar un sueñecito
jetear M [1]	*to hit the hay*	estoy cansado, tengo ganas de jetear
planchar la oreja [1]	*to sleep* (has a humorous connotation)	¿todavía está planchando la oreja?
sobar [1]	*to sleep*	después de la comida, sobaré durante media hora

droga   drug

estupefaciente m [3–2]	*drug, narcotic*	se les acusó de traficar con estupefacientes; la Brigada Central de estupefacientes
narcótico m [3–2]	*narcotic*	esta clase de narcótico puede ser dañino para los enfermos; traficar con narcóticos
anestésico m [2]	*anaesthetic*	¿qué anestésico han usado?
calmante m [2]	*tranquillizer* (for pain)	le dieron un calmante para aliviarle el dolor
cocaína f [2]	*cocaine*	la policía se incautó de un alijo de cocaína

droga f
2

drug

el tráfico de drogas; la lucha contra la droga; el problema de la droga; está prohibida la venta de drogas duras y blandas; la brigada antidrogas

hachich / hachís m
2

hashish (the second spelling is used more)

los aduaneros incautaron trescientos kilos de hachís

heroína f
2

heroin

murió tras una fuerte dosis / una sobredosis de heroína

marijuana f
2

marijuana

si fumas marijuana, alucinas

morfina f
2

morphine

tuvieron que inyectarle morfina para calmarle los dolores

sedante m
2

sedative

le dieron un sedante / un tranquilizante después del accidente

somnífero m
2

sleeping pill

se está tomando somníferos porque no duerme bien

tranquilizante m
2

tranquillizer

le dieron un tranquilizante después del accidente

maría f
1

marijuana

en ese bar venden maría

pasto m A
1

drug

está prohibido fumar pasto

porro m
1

reefer, joint

se estaba fumando un porro

---

duda   doubt

precarización f
3

precarious nature (often with respect to work and the trades unions)

la precarización del trabajo / en el empleo ha provocado una reacción muy fuerte de parte de los sindicalistas

incertidumbre f
3–2

uncertainty

no puedo seguir con esta incertidumbre, tengo que averiguar qué ha pasado

inseguridad f
3–2

uncertainty, lack of confidence

muestra mucha inseguridad a la hora de utilizar la lengua; la inseguridad ciudadana

irresolución f
3–2

irresolution

su irresolución en el momento de decidir casi hizo fracasar el plan

perplejidad f
3–2

perplexity

aquella respuesta la llenó de perplejidad

vacilación f 3–2	*hesitation*	hubo una gran vacilación en el momento de escoger
duda f 2	*doubt*	sin duda alguna es uno de los mejores escritores del país; esto me parece fuera de duda; aclarar una duda
indecisión f 2	*indecision*	su indecisión ante varias opciones la condujo al desastre

dudar

to doubt, to hesitate

dudar 2	*to doubt, to hesitate* (**vacilar** may be used in the first example)	dudaba entre ir y no ir; dudaron en salir; dudo de / sobre / acerca de su honradez; no dudo de ello
titubear 2	*to hesitate* (not followed by a preposition)	titubeó un momento antes de contestar; sólo faltaba fijar la fecha y no titubear
vacilar 2	*to hesitate* (**titubear** may be used in the third example)	vacilaba entre dos posibilidades; vacilaron en aceptar la oferta; vaciló antes de hablar

durante

during, for

en el transcurso de 3–2	*in the course of*	en el transcurso de este año
durante 2	*during, for*	durante mi estancia visité el museo; estuve allí durante una semana
a lo largo de 2	*in the course of*	a lo largo de estos años
por 2	*for, through*	me quedé allí por tres días / por algún tiempo
a través de 2	*throughout*	a través de los siglos
cuando 2–1	*during*	cuando la guerra civil

duro

hard, tough (used literally)

consistente 2	*firm, tough*	un material / una masa consistente

duro 2	*hard, tough*	la carne estaba dura; un metal duro; está duro como una piedra
fuerte 2	*strong, tough*	necesito una cuerda más fuerte, ésta se va a romper en seguida
resistente 2	*resistant, tough*	una tela / un cristal resistente

---

echar	to throw, to knock down, to pour (see the note below)	
arrojar 3–2	*to throw, to cast, to shed* (also used figuratively) (**tirar** and **echar** may be used in 1 and 2)	Adán y Eva fueron arrojados del Paraíso; arrojaron (1) los sacos al agua; arrojar (2) algo por la borda; no arrojar papeles al suelo (on a sign); prohibido arrojar escombros (on a sign); he tenido que soportar muchas cosas aunque no voy a arrojar la toalla
emitir 3–2	*to emit, to broadcast*	este programa se emitirá el próximo viernes a las dos de la tarde
botar 2	*to launch* (a boat)	botar un barco/un yate
despedir 2	*to release, to give off* (a smell)	la flor despedía un aroma muy agradable
disparar 2	*to shoot*	los soldados habían recibido la orden de no disparar; se disparó un tiro en la cabeza
echar 2	*to throw* (not used for a ball; also used figuratively), *to knock down, to pour* (**arrojar** and **tirar** may be used in 1, and **tirar** may be used in 2)	le echaron (1) agua desde una ventana; le echaron a puntapiés de la sala/a la calle; echaron (2) abajo el edificio; echar agua/té en un vaso; siempre me echan la culpa por todo
lanzar 2	*to launch, to throw, to kick* (**arrojar**, **echar** and **tirar** may be used in 1 and 2)	el ejército lanzó un cohete al espacio; la atleta lanzó la jabalina a cien metros; el futbolista lanzó el penalty; lanzar el balón; se lanzaron (1) al agua para salvarla; lanzaron (2) por las ventanas archivos enteros... ; lanzar una campaña contra el paro
tirar 2	*to throw* (away), *to dive* (**echar** may be used in 1 and 2 but not **arrojar**)	¡tírame la pelota!; tiraron los libros al suelo; tíralo (1) a la basura; no tires (2) papeles al suelo; tirarse del trampolín; ¿sabes tirarte de la cabeza a la piscina?; se tiró al tren

NB the differences between **arrojar, echar, lanzar** and **tirar** are very
complex. For instance, in sport, **lanzar** is used but children in the street
would readily say **tírame la pelota**. Again, demonstrators would **lanzar
piedras. Tirar** would not be used here, at least not in reputable newspapers.
However, you would say **no tiréis piedras, que os podéis hacer daño.
Arrojar** and **echar** are not used in sport, neither is **arrojar** used as an
imperative by children in the street as in **tírame la pelota**

---

edificio   building

inmueble m ③	*large block*	la entidad bancaria invertirá mil millones de pesetas para la rehabilitación de varios inmuebles
construcción f ②	*building* (has a functional connotation)	esta construcción está bien acabada/es muy poco sólida
edificio m ②	*building* (usually more elegant than **construcción**)	el edificio tiene veinticinco plantas; el incendio se propagó a los últimos pisos del edificio; la policía registró minuciosamente el edificio
finca f ②	*high building, tower block* (especially in southern Spain)	esta finca tiene veinte pisos
local m ②	*premises*	los sindicalistas suelen reunirse en aquel local; se vende un local comercial en la avenida Gabriel Miró
rascacielos m ②	*sky-scraper*	este rascacielos tiene una altura de trescientos metros
torre f ②	*tower block*	una torre de veinte pisos

---

educación   education

escolarización f 3–2	*education, schooling*	este año se ha llevado a cabo la escolarización de doscientos mil niños
pedagogía f 3–2	*pedagogy*	la pedagogía es una rama de la psicología
educación f ②	*education*	los padres se preocupan de la educación de sus hijos; la educación siempre ha sido inútil en términos utilitarios
enseñanza f ②	*teaching*	la enseñanza primaria/secundaria/superior; no me atrae la enseñanza como profesión

| **instrucción** f
2 | *instruction* | han reducido el período de instrucción militar; la instrucción convierte a la gente en ejecutivos e ingenieros pero no los hace más educados |

---

educar   to educate, to train

adiestrar 3–2	*to train* (suggests a practical skill)	adiestrar a los alumnos en el arte de la defensa personal; adiestrar a un perro/a un caballo
adoctrinar 3–2	*to indoctrinate*	los nazis adoctrinaban a la juventud alemana
aleccionar 3–2	*to instruct, to train*	aleccionar a un aprendiz en el uso de una máquina
escolarizar 3–2	*to provide schooling*	en el país todavía hay miles de niños sin escolarizar
formar 3–2	*to educate, to train*	el deber del colegio es no sólo instruir sino formar al individuo
instruir 3–2	*to instruct* (in a practical skill and intellectually)	la instruyeron en el arte de las armas; la lectura instruye mucho
amaestrar 2	*to train* (animals) (may have a humorous and figurative connotation)	están amaestrando focas en la piscina; tiene a su marido muy bien amaestrado
criar 2	*to bring up* (used of children)	le costó mucho criar a este hijo; ha criado a cinco hijos
dirigir 2	*to direct, to supervise*	el profesor Martínez me dirigió la tesina
educar 2	*to educate, to train*	lo educaron para el sacerdocio; se ha educado en muy buenos colegios; educar la voz/el oído
enseñar 2	*to teach*	la maestra les enseñó a hablar griego; les ha enseñado muy buenos modales a los niños
pulir 2	*to polish, to refine* (often used as a past participle and often refers to a way of dressing)	era una persona muy pulida y de apariencia muy elegante
refinar 2	*to refine* (often used as a past participle)	es una chica muy refinada/de modales muy refinados

eficaz   efficient, effective

efectivo	*effective* (see the note below)	el programa/el cambio propuesto por el gobierno fue muy efectivo; mientras la ciencia no descubra una vacuna efectiva … ; un remedio muy efectivo
2		
eficaz	*efficient, effective* (see the note below)	es un quitamanchas muy eficaz; una medida/un remedio muy eficaz
2		
eficiente	*efficient* (often used of a person)	es una trabajadora muy eficiente
2		

NB there is very little difference between the first two synonyms

---

elegante   elegant

airoso	*graceful* (especially the way one walks)	una mujer esbelta y de andar airoso
3		
gallardo	*of fine breeding, elegant*	era un jinete/un torero gallardo
3		
distinguido	*distinguished*	una persona distinguida; ademanes distinguidos
3–2		
gracioso	*gracious, elegant* (especially the way one walks or moves)	tiene un andar ágil y gracioso
3–2		
elegante	*elegant*	la dama llevaba un traje muy elegante; una chica elegante
2		
garboso	*graceful* (especially the way one walks)	una mujer esbelta y de andar garboso
2		
petitero A	*elegant* (suggests pretentiousness)	un traje petitero
2		

---

elegir   to choose, to elect

optar	*to opt* (always followed by **por**)	opté por la segunda casa/por la alternativa; optó por no decirle nada del asunto/por esperar a que volviera
3–2		
decidir	*to decide, to choose*	decidieron acoger a los refugiados después de un larguísimo debate
2		
elegir	*to choose, to elect* (**escoger** may be used in the first example) (see the note below)	elige tú la camisa que prefieras; todavía no han elegido al presidente de la junta; fue elegido por mayoría absoluta
2		

escoger 2	to choose (**elegir** may be used in this example)	escoge el que más te guste
preferir 2	to prefer	haremos lo que tú prefieras; ¿cuál prefieres, la azul o la rosa?; prefirió quedarse en casa
seleccionar 2	to select	no fue seleccionado para jugar en la final; un centenar de cuadros han sido seleccionados para esta exposición
quedarse con 2–1	to decide on, to choose	me quedo con la falda roja, la verde no me gusta

NB **elegir** is used much more frequently than *to elect*. It may have the very general idea of *to choose*, apart from the specific idea of *electing* a person to a post

---

elocuencia eloquence

facundia f 3	gift with words, gift of the gab (has a pejorative connotation)	es increíble la facundia de este orador
grandilocuencia f 3	grandiloquence	el orador se expresó con una grandilocuencia imponente
charlatanería f 2	gift of the gab, glibness	vendió sus artículos por medio de la charlatanería
elocuencia f 2	eloquence	su elocuencia siempre convence a la gente
facilidad de palabra f 2	facility/ease of speech (always followed by **de palabra**)	su gran facilidad de palabra sorprendió a los asistentes
labia f 2	gift of the gab, blarney	el político se sirvió de su labia para convencer al público
soltura f 2	ease of speech	se expresa con mucha soltura
rollo m 1	gift of the gab	el comerciante tiene muy buen rollo

---

emborracharse to get drunk (see the note below)

alumbrarse 3	to become tipsy	se alumbra en seguida cuando toma dos copas de champán

embriagarse 3	*to become inebriated* (often used as a past participle) (often used figuratively)	volvió a casa embriagado; embriagarse de felicidad/de placer
emborracharse 2	*to get drunk*	bebieron hasta emborracharse
achisparse 2–1	*to become tipsy*	cuando se achispa se pone a cantar
empedarse M 1	*to get sozzled*	se fueron de pachanga y se empedaron

NB the following expressions are used to signify *to get drunk*: **agarrar/coger una borrachera/una castaña/una cogorza/una curda/una trompa/un pedo/una mierda** (the last one is R1★ while the rest are R1 except the first which is R2).
See **borracho** for adjectives signifying *drunk*

embotellamiento   traffic jam

congestión f 3–2	*congestion*	para evitar la congestión se les recomienda a los conductores que ...
retención f 3–2	*hold-up* (used in the media)	la radio informó de una retención en la autopista
atasco m 2	*traffic jam, tail back* (in a town or on the open road)	un atasco tremendo a la entrada de la ciudad/en la autopista
caravana f 2	*long succession of cars*	¡no vamos a llegar nunca, mira qué caravana hay!
congestionamiento m M 2	*congestion*	hubo un congestionamiento en el centro de la ciudad
embotellamiento m 2	*traffic jam* (usually in a town)	el embotellamiento colapsó el centro de la ciudad
galleta de tráfico f A 1	*traffic jam*	no pude llegar a tiempo por la galleta de tráfico

emergencia   emergency

| **emergencia** f 2 | *emergency* | tenemos algún dinero guardado por si surge una emergencia; salida de emergencia; llamada de emergencia; en caso de emergencia; proclamar el estado de emergencia |

| **urgencia** f [2] | *urgency, emergency* | hay que hacerlo con toda urgencia; lo necesito con urgencia; se rompió la pierna y le llevaron a 'Urgencias' (*Accident and Emergency*) |

---

emoción   excitement, emotion

conmoción f [3–2]	*shock, emotional upheaval*	aquella pérdida le produjo una gran conmoción ; el asesinato del Presidente ha causado una fuerte conmoción en el país
exaltación f [3–2]	*exaltation*	no te puedes imaginar su exaltación al recibir los resultados
excitación f [3–2]	*excitement* (used much less than *excitement*)	la excitación que siguió a la actuación del torero fue extraordinaria
turbación f [3–2]	*upset, disturbance*	la noticia de la enfermedad de su padre le causó gran turbación
agitación f [2]	*agitation, excitement*	en las calles de la capital se vivieron momentos de gran agitación; la publicación de su obra provocó una gran agitación entre el público
alteración f [2]	*upset, disturbance*	aquella noticia le produjo una alteración del ánimo; alteraciones del orden público
emoción f [2]	*excitement, emotion* (note the two different meanings)	lloraba de emoción; ver a su hermano después de tanto tiempo le causó gran emoción; su voz expresaba una emoción muy fuerte
impresión f [2]	*impression*	la película/aquel espectáculo le produjo una gran impresión
trastorno m [2]	*upset, disorder*	este país está sufriendo unos trastornos políticos tan profundos que …; un trastorno mental
filing m M [1]	*feeling* (used in northern Mexico)	el mariachi le echa mucho filing a esa canción

---

emocionante   moving, thrilling, exciting

| **conmovedor** [3–2] | *moving* | una novela/una escena/una actuación conmovedora |
| **excitante** [3–2] | *exciting* (used much less than *exciting*) | el final de la película fue excitante |

apasionante [2]	*thrilling*	una película/una novela/un partido apasionante
dramático [2]	*dramatic*	fue una despedida dramática; el presidente tomó la dramática decisión de ...
emocionante [2]	*moving, thrilling, exciting*	el momento del reencuentro fue emocionante; un partido/un gol/una carrera emocionante
espectacular [2]	*spectacular*	un gol/una carrera espectacular; el jinete tuvo una caída espectacular
impresionante [2]	*impressive* (usually has a positive connotation)	un discurso/un partido impresionante; el impresionante paisaje que se domina desde la explanada de la ermita ...; presenciamos un espectáculo impresionante
acojonante [1*]	*bloody exciting*	un partido/una carrera acojonante
de puta madre [1*]	*bloody exciting*	una película de puta madre; una tía de puta madre

---

empeñarse   to insist, to persist

empecinarse (en) [3]	*to be bent (on)*	se había empecinado en conseguir el puesto
obcecarse [3–2]	*to persist, to cling stubbornly* (not usually used with a preposition)	se obcecó de tal manera que me resultó imposible hacerle cambiar de idea
obstinarse (en) [3–2]	*to persist (in)*	se obstinaba en seguir viviendo pese a su enfermedad; se obstinó en su decisión
empeñarse (en) [2]	*to insist (on), to persist (in)*	se empeñó en ir a estudiar a la capital/en que quería ser jugador de baloncesto; 'anda, deja que pague yo'. 'Bueno, si te empeñas ...'
encapricharse (con) [2]	*to become infatuated (with), to become very keen (on)*	se ha encaprichado con ese chico/con ese vestido
insistir (en) [2]	*to insist (on)* (**sobre** may be used in the first example instead of **en**)	el partido de la oposición sigue insistiendo en este tema; insistió en venir/en que fuera yo en su lugar; insistió tanto que al final le hicieron caso; no hace falta que insistas, no van a cambiar de opinión
persistir (en) [2]	*to persist (in)*	persiste en hablar demasiado rápidamente; persistir en una idea/en una opinión

| **emperrarse (en)**
2–1 | *to persist (in)* | se emperró en irse a vivir por su cuenta/en que quería ir y nadie le pudo quitar la idea de la cabeza |

---

empeño		insistence, determination
tesón m 3	*tenacity, firmness*	sostuvo sus ideas con tesón
ahínco m 3–2	*earnestness*	estudiar con ahínco; siempre trabaja con ahínco
ardor m 3–2	*ardour*	defendió la causa de la libertad con ardor
diligencia f 3–2	*diligence*	trabajar con diligencia
fervor m 3–2	*fervour*	rezaba con fervor; defendió la causa de la democracia con fervor
tenacidad f 3–2	*tenacity*	trabajó con una tenacidad admirable para terminar …
ansia f 2	*yearning, longing*	el ansia que tenía por sobrevivir a la muerte le salvó; la imparable ansia de libertad
determinación f 2	*determination*	gracias a su gran determinación logró superar todos los obstáculos
empeño m 2	*insistence, determination*	puso gran empeño en hacerlo bien; su empeño constante para/en mejorarse
entusiasmo m 2	*enthusiasm*	siempre empieza el nuevo curso con entusiasmo; ha realizado el trabajo con gran entusiasmo
firmeza f 2	*firmness*	afrontó el asunto con firmeza
insistencia f 2	*insistence*	finalmente consiguió que se lo dieran por la insistencia con que lo pidió
persistencia f 2	*persistence*	la persistencia del tiempo frío y lluvioso

empeorar(se) — to worsen

agravarse 2	*to get worse* (suggests that things are already very bad) (see note 2 below)	se agrava la situación política; el enfermo se ha agravado considerablemente
degenerar 2	*to degenerate*	la situación ha degenerado en violencia
deteriorarse 2	*to deteriorate*	se ha deteriorado la situación política/su salud; sus relaciones con el partido socialista se han deteriorado
empeorar(se) 2	*to worsen* (see notes 1 and 2 below)	(se) ha empeorado el tiempo/la situación; el enfermo ha empeorado
ir a peor 2	*to get worse* (see note 2 below)	el tiempo cada día va a peor; '¿qué tal el catarro?' 'Bueno, no va a peor'; en otoño el tiempo cada día va a peor
ir de mal en peor 2	*to go from bad to worse*	la calidad de este producto va de mal en peor; las relaciones políticas entre los dos países van de mal en peor
ponerse peor 2–1	*to worsen* (see note 2 below)	no hay remedio, su enfermedad se pone peor; la situación política se pone peor cada día
joderse 1*	*to get ballsed up*	si sigue lloviendo se nos va a joder los planes

NB 1 there is little difference between the reflexive and non-reflexive forms
except that the former may suggest more emphasis
2 there is very little difference between **empeorar(se), ir a peor** and **ponerse peor**. **Agravarse** is stronger than any of these three, is often used for a situation, but not for the weather. **Empeorar** would be used here

empezar — to begin

principiar 3	*to commence*	estaba lloviendo cuando principió el mitín
abordar 3–2	*to start* (often used with **tema** or **asunto**)	el profesor abordó el tema diciendo …
comenzar 3–2	*to commence*	comenzaron la discusión a las nueve; BMW ha comenzado la comercialización de una nueva versión de su atractiva serie; acababan de salir de casa cuando comenzó a llover

dar comienzo 3–2	*to commence* (often used in the media)	el ministro dio comienzo a su discurso/a la lectura de su alocución; ha dado comienzo la segunda ronda de negociaciones
emprender 3–2	*to undertake, to set out*	los policías emprendieron la caza del malhechor; al amanecer emprendieron la marcha; el pájaro emprendió el vuelo; en el libro relata el viaje emprendido por el autor en ...
entablar 3–2	*to start, to embark upon* (often used with the nouns in the first two examples)	entablaron una discusión sobre ...; es difícil entablar una conversación con ella; se ha entablado una polémica sobre ...
entrar en 3–2	*to embark upon* (has a restricted use)	la profesora entró en el tema expresando su deseo de ...; para entrar en materia, el presidente de la junta aludió a ...
iniciar 3–2	*to begin* (often used in the media)	inició la lectura del texto; se acaban de iniciar las negociaciones; en el juicio que se inició el lunes 9 en la Audiencia Nacional ...; se estaba iniciando una nueva época
romper a 3–2	*to start to* (used especially with **llorar** and **reír**; the last example = R3)	romper a llorar/a reír; los estudiantes rompieron a hablar cuando salió del aula
trabar 3–2	*to strike up* (often used with **amistad**)	Juan trabó amistad con ella; trabar una conversación/una discusión con alguien
(tomar la) alternativa 2	to become a fully qualified bullfighter (at a first fight)	Paquiri tomó la alternativa en la plaza de Huelva
debutar 2	*to make one's debut*	debutó en el teatro con la obra de Buero Vallejo; debutó con el Atlético
echar a 2	*to begin to* (used with a few restricted verbs)	al ver a los polis echaron a correr; echar a llorar
empezar 2	*to begin*	no empieces el pastel que lo guardamos para el domingo; el partido empieza a las cinco; ¿a qué hora empiezas a trabajar?; empezar a correr
estrenar 2	*to present/to put on for the first time*	el espectáculo fue estrenado el 16 de febrero; estrenó el vestido y los zapatos nuevos para la fiesta
lanzar 2	*to launch*	lanzar una idea/una campaña/un programa; lanzar un producto al mercado
ponerse a 2	*to begin to*	se pusieron a reír/a hablar/a correr

| **meterse a** [2–1] | *to start, to become* (often used with jobs and professions) | se metió a músico/a escritor; meterse a monja |
| **liarse** [1] | *to begin* (has a very restricted use) | se lió a puñetazos/bofetadas con él |

---

empleado   employee

responsable mf [3–2]	*person in charge* (**encargado** is used more)	el responsable del servicio de limpieza; el responsable del taller
agente mf [2]	*agent*	un agente inmobiliario/de seguros/de ventas/de bolsa
asalariado m [2]	*wage earner*	el gobierno está estudiando la subida de las retenciones en las nóminas de los asalariados
dependiente m/**dependienta** f [2]	*salesman/woman, shop-assistant*	un dependiente de Galerías Preciados; trabaja de dependienta en un supermercado
empleado m [2]	*employee*	un empleado de banco/de la factoría
encargado m [2]	*representative, person in charge* (usually in business)	el encargado de ventas/de relaciones públicas/del taller; el encargado del servicio de limpieza
funcionario m [2]	*civil servant*	trabajó de funcionario en el Ministerio de Defensa
interino m [2]	person temporarily occupying a post (may be *non-resident maid* when used in the feminine)	al ponerse enferma la maestra, tuvieron que mandar a una interina; antes teníamos una chica fija, pero ahora, tenemos una interina
obrero m [2]	*worker* (see the note below)	los obreros de la construcción están en huelga; el sueldo de los obreros no es muy alto
oficinista mf [2]	*office worker, clerk*	es oficinista, trabaja en una compañía de seguros
operario m [2]	*worker* (see the note below)	se ha ralentizado la producción, hay tres operarios enfermos
trabajador m [2]	*worker* (see the note below)	los trabajadores de la fábrica se declararon en huelga
currante mf [1]	*employee, worker* (of a manual kind and suggests physical effort)	no hacen más que explotar a los pobres currantes

chupatintas m
☐1
penpusher

se pasa todo el día escribiendo cartas, es un pobre chupatintas

gato m M
☐1
worker (has a pejorative connotation)

es un gato de la compañía, ¡qué él vaya por los refrescos!

NB **trabajador** is the general word for *worker* and may even include the Prime Minister, for instance, while **obrero** is limited to manual workers, especially in the building industry, road works and agriculture. **Operario** is used for industrial processes, as in the car industry or the production of newspapers

---

empleo   work, job

labor f
3-2
task, work

ha desempeñado una importante labor en el campo de la ciencia

ocupación f
3-2
occupation (often appears in forms)

¿cuál es su ocupación?; ocupación: secretaria

cargo m
☐2
duty, responsibility

tiene un cargo de gran responsabilidad; es el primer portugués que ostenta un cargo realmente importante con la comisión europea

colocación f
☐2
work, post

un tío suyo le consiguió una buena colocación en el Ministerio; está buscando colocación como empleada de hogar

destino m
☐2
post, posting (see note 1 below)

se tuvieron que mudar otra vez porque a su padre le dieron destino en Canarias; tengo que empezar la mili en enero, pero aún no me han dado destino

empleo m
☐2
work, job (see note 2 below)

tiene un empleo muy bueno; una petición/una solicitud de empleo; el pleno empleo; oficina de empleo

laburo m A
☐2
work, job

voy a cambiar de laburo

oficio m
☐2
work, job (usually suggests manual work)

está aprendiendo el oficio de zapatero/de carpintero

profesión f
☐2
profession (often appears in forms)

¿cuál es su profesión?; es abogado de profesión; las profesiones liberales; profesión del padre: médico

puesto m
☐2
post

la creación de nuevos puestos de trabajo

tarea f
☐2
task

esta mañana se han iniciado las tareas de rescate; la ardua tarea de reconstruir la economía del país

trabajo m [2]	*work* (see note 2 below)	es un trabajo agotador; está buscando trabajo; ha vuelto a cambiar de trabajo; el Ministerio de Trabajo; el mercado de trabajo
conchabo m A [1]	*job*	me conseguí un conchabo en la compañía Ford
currelo m [1]	*job*	ha conseguido un currelo muy bueno
chamba f M [1]	*job*	tengo una chamba muy buena ahorita
chollo m [1]	*cushy number*	¡vaya un chollo! no hace nada todo el día y cobra un montón
tajo m [1]	*job, work*	no voy al tajo hoy

NB 1 **destino** suggests both the place where one is sent as well as the actual work. It is used especially for civil servants and the military
2 the general difference between **empleo** and **trabajo** is that the latter suggests both a specific job and work in general, and that the former suggests a specific job. **Empleo** is sometimes used in formal contexts

---

empresa   company, firm

cadena f [2]	*chain*	una cadena hotelera/de supermercados
casa f [2]	*firm, business, house*	una casa de alta costura/de seguros; una casa editorial; la casa matriz está en Nueva York
compañía f [2]	*company*	una compañía constructora/inmobiliaria/petrolífera/ de seguros
cooperativa f [2]	*co-operative*	una cooperativa agrícola
empresa f [2]	*company, firm*	una empresa textil/eléctrica/constructora/de automóviles/de construcción; el gobierno tiene que proteger las pequeñas y medianas empresas (PME, PYME)
explotación f [2]	*company, concern*	una explotación agrícola/agraria/ganadera/minera/petrolífera
firma f [2]	*firm*	una firma de automóviles/de alta costura
holding m [2]	*holding*	el holding Rumasa fue expropiado por el gobierno español

multinacional f [2]	*multinational*	es difícil competir con una multinacional
mutua f [2]	*insurance company* (often used without **seguros**)	la mutua acaba de mandarme la póliza
negocio m [2]	*business*	un negocio de automóviles; tiene un negocio en la calle Goya
sociedad f [2]	*society*	una sociedad de accionistas/dedicada al turismo; una sociedad mercantil/industrial; la Sociedad Protectora de Animales

---

en   in (used of a place)

en el seno de [3]	*within* (always used figuratively)	fue acogido en el seno de la familia; han surgido algunas divergencias en el seno del partido; hizo hincapié en los valores morales en el seno de la sociedad
en el interior de [3–2]	*in, inside*	hallaron tres diamantes en el interior de la caja fuerte; habían escondido la droga en el interior del depósito de gasolina del camión
dentro de [2]	*within, inside*	la joya está dentro de la caja; se encerró dentro del cuarto de baño
en [2]	*in*	mi padre está en casa; guárdalo en el cajón; en la calle; en Alemania; en Segovia

---

encaminar   to guide, to direct

encarrilar [3–2]	*to direct, to put on the right track* (also used figuratively)	encarriló a sus hijos por el buen camino; un asunto mal encarrilado
canalizar [2]	*to channel* (also used figuratively)	tuvieron que canalizar las aguas después de las inundaciones; canalizaron las conversaciones hacia un consenso de paz
conducir [2]	*to lead, to drive* (also used figuratively)	conducir un coche; las drogas no pueden conducir a nada bueno
destinar [2]	*to assign, to direct*	el gobierno destinó cien millones de pesetas a la construcción del puente; estos fondos han sido destinados a ayudar al Tercer Mundo
dirigir [2]	*to direct, to run, to conduct*	dirigir un debate/un proyecto/una tesis/una orquesta/una empresa; dirigió la mirada hacia el horizonte

encabezar 2	*to head*, *to lead* (often used of a group of people, a document or list)	la delegación iba encabezada por la primera ministra; los líderes sindicales encabezaban la manifestación; no sé cómo encabezar la carta; su nombre encabezaba la lista
encaminar 2	*to guide*, *to direct* (also used figuratively)	encaminó sus pasos/se encaminó hacia la puerta; medidas encaminadas a la creación de empleo
encauzar 2	*to channel*, *to guide* (also used figuratively)	para evitar inundaciones hay que encauzar las aguas por este valle; encauzaron la conversación hacia la política
guiar 2	*to guide* (also used figuratively)	el perro guiaba al ciego a través del parque; puede llegar a ser un buen escritor, pero necesita a alguien que le guíe por este camino
orientar 2	*to guide*, *to give direction* (*to*) (also used figuratively)	ven conmigo hasta la plaza y desde allí te puedo orientar mejor; desde el principio orientó el debate hacia la enseñanza media

encanto   charm, attraction

donaire m 3	*charm, elegance*	contaba estas anécdotas con mucho donaire; anda con mucho donaire
hechizo m 3–2	*enchantment, fascination*	el hechizo de su encanto me persigue
incentivo m 3–2	*incentive, attraction* (very similar meaning to **aliciente**)	este trabajo no tiene ningún incentivo para mí
aliciente m 2	*attraction* (very similar meaning to **incentivo**)	este viaje no tiene ningún aliciente para mí
atracción f 2	*attraction*	el Alcázar es un importante punto de atracción turística; un parque de atracciones; un líder que ejerce gran atracción sobre el público
atractivo m 2	*attraction* (stresses the physical aspect of a person)	aún conserva un cierto atractivo sexual que sabe cómo utilizar
cebo m 2	*bait, attractiveness*	usó sus encantos como cebo para atraparle
encanto m 2	*charm, attraction*	este bebé es un encanto; ¡qué encanto tiene esta mujer!

gracia f 2	*gracefulness, attractiveness*	no es guapa pero tiene cierta gracia
sex-appeal m 2	*sex appeal*	la cantante tenía mucho sex-appeal
salero m 2–1	*charm, allure*	el actor tiene mucha gracia y salero

---

encender (a)   to light, to set light (to)

encender 2	*to light, to set light (to)*	enciende la hoguera/el fuego/una vela/un cigarrillo
prender fuego a 2	*to set light to*	el pirómano prendió fuego al edificio
incendiar 2	*to set fire (to)*	incendiar una casa
pegar fuego a 1	*to set light to*	pegó fuego a la casa

---

encender (b)   to turn on, to light up (see the note below)

alumbrar 2	*to light up*	cuatro farolas alumbraban la plaza; esta calle no está bien alumbrada
encender 2	*to turn on, to light up*	enciende la luz, por favor; encender la televisión/la radio
iluminar 2	*to illuminate, to light up*	enciendió la luz para iluminar el cuarto; toda la plaza/la ciudad estaba iluminada
poner 2–1	*to turn on* (not used with **luz**)	pon la radio/la televisión, por favor
enchufar 2–1	*to turn on* (in R2 it means *to plug in*)	enchufa la televisión/la radio

NB **encender, poner** and **enchufar** suggest the act of *turning on* while
alumbrar and **iluminar** suggest *giving light* after a switch, for instance, has
been turned on

---

encontrar(se)   to meet, to find

hallar 3–2	*to find* (see notes 1 and 2 below)	en el interior del edificio fueron hallados veinte kilos de cocaína; los niños desaparecidos han sido hallados con vida

chocar con/contra 2	*to bang into*	el coche chocó con/contra la valla; chocar con/contra un Mercedes
dar con 2	*to find*	por fin he dado con el libro/con el chico que buscaba
descubrir 2	*to discover*	todavía no ha sido descubierto el virus causante de la enfermedad; Cristóbal Colón descubrió América; la policía está intentando descubrir los móviles del crimen
detectar 2	*to detect*	no detecté el menor signo de temor en su rostro; fue en el hospital San Pedro donde se detectaron los primeros portadores del VIH 2
encontrar(se) 2	*to meet, to find* (see note 2 below)	no encuentro las gafas por ninguna parte; al no encontrar al periodista, registraron el edificio; me he encontrado mil pesetas en la calle; me la encontré en el cine; me encontré con ella en el parque
hallar(se) M 2	*to find* (see notes 1 and 2 below)	si hallo mi monedero te pago; me hallé un monedero en la calle y lo entregué a la policía
localizar 2	*to locate, to find, to track down* (used more than *to locate*)	he localizado la calle en el plano; he pasado una hora buscando a mis compañeros, pero no los localizo
pillar 2	*to find, to catch, to nab*	la policía le pilló robando un coche
toparse con 2	*to encounter, to run into* (see note 3 below)	me topé con él al salir del cine
tropezarse con 2	*to bump into* (see note 3 below)	fui a la piscina y me tropecé con Marta

NB 1 **hallar** is used much more in Mexico than in Spain 2 when **encontrar** and **hallar** are used non-reflexively they suggest foresight and planning. When they indicate discovery by accident they are used reflexively
3 there is no difference between **toparse** and **tropezarse**, and they are always followed by **con**

---

enfadarse   to become angry (see the note below)

| **airarse** 3 | *to get angry* (only used as a past participle and here = R3–2) | se levantó, airada, y salió de la habitación |
| **encolerizarse** 3–2 | *to become irate* | se encolerizó cuando le dije que no le pensaba pagar los daños |

enojarse [3–2]	*to become angry*	mis padres se enojaron porque rompimos el cuadro
incomodarse [3–2]	*to become annoyed* (often suggests an awkward situation)	se incomodaron por nuestra presencia inesperada
irritarse [3–2]	*to become irritated* (used more non-reflexively = *to irritate*)	se irritó por la filtración de esta noticia a la prensa; me irrita que se tomen decisiones sin consultarme
molestarse [3–2]	*to get cross*	se molestó porque no llegamos a la hora prevista
disgustarse [2]	*to become angry/displeased/upset* (often used as a past participle)	tu madre está muy disgustada contigo por lo que has hecho
encoraginarse M [2]	*to get angry*	cuidado, que papá se puede encoraginar
enfadarse [2]	*to become angry*	no te enfades, hombre, ha sido sólo una broma; se enfadó por una tontería; se ha vuelto a enfadar con su novio
enfurecerse [2]	*to get furious*	se enfureció cuando se dio cuenta de que le habían robado el coche
indignarse [2]	*to become indignant*	uno no puede menos que indignarse al ver tanta injusticia
ponerse hecho una fiera [2–1]	*to lose one's temper, to get flaming mad*	se puso hecha una fiera cuando los niños le rompieron el cristal
ponerse furioso [2–1]	*to get furious*	se puso furiosa cuando le dijeron que tenía que repetir el examen
mufarse A [2–1]	*to get mad*	se mufa cuando tiene que esperar
cabrearse [1]	*to get cross, to lose one's cool*	no te cabrees, tío, que no lo ha hecho con mala intención
enchincharse A [1]	*to get mad*	se enchincha siempre si vuelvo tarde
ponerse negro [1]	*to get steamed up*	se puso negra cuando se dio cuenta de que la habían engañado
encabronarse M [1*]	*to get flaming mad*	me estuvo molestando hasta que me encabroné

hinchársele (a alguien) los cojones ☐1*	*to get flaming mad*	¡ya se me están hinchando los cojones! el día menos pensado dejo el trabajo
estar hasta los cojones/hasta los huevos/hasta las pelotas ☐1*	*to be bloody angry*	estoy hasta los cojones/hasta los huevos/hasta las pelotas de tanto lío/de él

NB **encolerizarse, enfurecerse, ponerse hecho una fiera, ponerse furioso, ponerse negro, encabronarse** and the last two sets of R1★ expressions are the strongest while the weakest verbs are **molestarse** and **disgustarse**

---

enfermedad illness, sickness

afección f ☐3	*disease* (which affects an organism) (rarely means *affection*)	sufre una afección pulmonar/circulatoria
achaque m 3–2	*ailment, infirmity* (often used in the plural) (associated with old age)	son achaques de la vejez
dolencia f 3–2	*ailment, affliction*	padece una dolencia cardíaca
padecimiento m 3–2	*suffering* (also suggests difficulties)	la guerra trajo innumerables padecimientos
enfermedad f ☐2	*illness, sickness*	una enfermedad crónica/contagiosa; la enfermedad del sueño
mal m ☐2	*disease, sickness*	los males debidos al tabaco
sufrimiento m ☐2	*suffering*	la indiferencia de algunos gobiernos al ver el sufrimiento que hay en el mundo

---

enfermo ill, sick

achacoso 3–2	*ailing* (used of elderly people)	no puede hacer muchos esfuerzos, está ya achacosa
indispuesto 3–2	*indisposed*	el ministro no acudió, se encontraba ligeramente indispuesto
desahuciado ☐2	*terminally ill*	el paciente está desahuciado, no tiene remedio

enfermo 2	*ill, sick*	está enfermo del corazón; cayó enfermo de tuberculosis; la semana pasada no fui a clase porque estaba enferma
mal 2	*ill, upset* (see the note below)	la abuela está mal, no durará mucho tiempo; estoy mal, me he peleado con mi novia
malo 2–1	*unwell* (see the note below)	ayer estuvo muy mala, se pasó todo el día en la cama
malucho/ **pachucho** 2–1	*unwell, off colour* (**pachucho** is used more than **malucho**)	está pachucho/malucho y no quiere comer
jodido 1*	*buggered up* (has a strong or weak connotation)	estoy jodido de la rodilla y no puedo jugar al fútbol; he tenido la gripe y he estado muy jodido

NB **mal** suggests either a physical or psychological state. **Malo** only suggests the former. If there is a difference between **mal** and **malo**, referring to the physical state, it is because **mal** suggests a deep seated physical illness, as in the first example. For some Spaniards, however, **malo** also has this meaning

---

engañar   to deceive

burlar 3–2	*to outwit, to throw off the track*	los ladrones burlaron a la policía; los contrabandistas burlaron la vigilancia policial
embaucar 3–2	*to deceive, to trick*	la embaucó con sus promesas
falsear 3–2	*to falsify* (see the note below)	falsear información/la verdad; han falseado los datos/ los hechos
copiar 2	*to cheat* (in an exam)	lo suspendieron por copiar
poner los cuernos **a** 2	*to deceive* (used in a conjugal situation)	mi esposa me puso los cuernos con mi mejor amigo
defraudar 2	*to defraud*	al contribuyente medio le resulta muy difícil defraudar a Hacienda
engañar 2	*to deceive*	te han engañado, esos billetes son falsos; que te pesen bien la carne, no te vayan a engañar; la engañó con otra mujer; las apariencias engañan

enredar 2	to confuse, to trick	quiso enredarme con su palabrería para que gastara todo el dinero que llevaba
estafar 2	to swindle (usually involves money and suggests more than **timar**)	el empresario estafó varios millones de pesetas; tuvo que marcharse del país porque había estafado a muchos de sus clientes
falsificar 2	to forge (see the note below)	había falsificado la firma/los documentos; se dedicaban a falsificar billetes; falsificar su fecha de nacimiento
jugar una mala pasada/hacer una mala jugada (a) 2	to play a (dirty) trick (on)	no me fío de él, me jugó una mala pasada/me hizo una mala jugada; le jugó una mala pasada/le hizo una mala jugada, dejándole en la calle y sin un duro
traicionar 2	to betray	el agente traicionó a su colega; traicionar a la patria/a un amigo
hacer trampa 2	to cheat (usually in games) (also used in the plural)	tiene cartas escondidas, está haciendo trampa(s)
dar gato por liebre 2–1	to deceive	pensaba que era de muy buena calidad, pero le habían dado gato por liebre
taimar A 2–1	to trick, to cheat	jugando al truco gané por taimar
timar 2–1	to swindle (often involves money but less than with **estafar**)	le timaron mil pesetas; ten cuidado que no te timen en el mercado; me han timado
cuentear M 1	to tell stories, to have (someone) on	lo que me dijiste no es cierto, me estás cuenteando
dársela (a alguien) 1	to pull a fast one (on someone)	te crees muy listo pero a mí no me la vas a dar
liar 1	to do the dirty on	a mí no me vas a liar con esos negocios
pegársela (a alguien) 1	to deceive (someone) (used in a conjugal context)	al año de casados se la pegó con otra
quedarse con 1	to deceive (suggests not telling the truth)	eso no puede ser verdad, te estás quedando conmigo
verle la cara (a alguien) M 1	to trick (someone)	me vieron la cara con esas escrituras, son falsas

chingar M
1*
to swindle, to cheat
Juan chingó en el negocio a su hermano

NB **falsear** and **falsificar** are not used in the same way. The former suggests
making something appear different by changing it. The latter suggests
inventing something that previously did not exist. **Falsificar** may have the
meaning of **falsear** but it is rarely used

---

enorme   enormous

descomunal
3–2
huge, colossal
un edificio de proporciones descomunales

desmedido
3–2
excessive (often used with **ambición**)
tenía una ambición desmedida por el poder

desmesurado
3–2
inordinate, excessive
una ambición desmesurada; no vamos a
admitir reivindicaciones desmesuradas que
conduzcan al desastre

ingente
3–2
huge (usually used before a noun)
el país tiene ingentes recursos mineros; llevó
a cabo una ingente labor en el mundo de la
ciencia

colosal
2
colossal
un edificio colosal; el colosal enigma de
China

enorme
2
enormous (when used literally often follows the noun; when used figuratively often precedes the noun)
un pastel enorme; tiene unas orejas
enormes; tiene una enorme capacidad para
el trabajo; su encarcelamiento había sido un
enorme error

excesivo
2
excessive
estas medidas han resultado excesivas; sus
críticas me parecen excesivas

garrafal
2
monumental (often used with **error**)
cometió un error garrafal

gigantesco
2
gigantic
una estatua gigantesca dominaba el pueblo
desde lo alto de una colina

grandioso
2
imposing
una mansión grandiosa; el espectáculo
grandioso de las cataratas del Niágara

inmenso
2
immense
las inmensas llanuras de Rusia; tiene una
cultura inmensa

monumental
2
monumental, very big
se ha comprado una casa monumental; un
error/una injusticia monumental

titipuchal m M
2–1
enormous quantity (used as a noun)
lo que ha cobrado es un titipuchal

tremendo 2–1	*tremendous*	le dieron una paliza tremenda; una injusticia tremenda; hacía un frío tremendo; ¡me has dado un susto tremendo!
alucinante 1	*tremendous, magnificent*	las dimensiones del avión son alucinantes; un espectáculo alucinante
ganso 1	*huge, whacking great* (always used with **pasta** and in an exclamation)	¡vaya pasta gansa me ha costado el coche!; ¡menuda pasta gansa habrás pagado por el piso!
de locos A 1	*mega* (suggests luxury)	un coche de locos
morrocotudo 1	*tremendous*	fue un error/un accidente morrocotudo
padre 1	*tremendous*	se armó un lío padre; se pegó un trompazo padre
de la gran puta A 1*	*bloody enormous* (suggests the idea of luxury)	un edificio de la gran puta; se compró un carro de la gran puta

---

ensancharse to widen (used intransitively)

explayarse 3	*to expatiate*	el conferenciante se explayó sobre el tema
agrandarse 3–2	*to get bigger*	el edificio se había agrandado con las reformas
expandirse 3–2	*to expand, to spread*	el gas se expandió por todo el edificio; la ciudad se está expandiendo; el rumor/la noticia se había expandido por todo el pueblo
dilatarse 2	*to dilate*	el metal se dilata con el calor
ensancharse 2	*to widen*	la carretera se ensancha en el kilómetro cincuenta; el río se ensanchó peligrosamente
extenderse 2	*to spread, to stretch, to speak at length*	el líquido se extendió por el suelo; las lluvias se extendieron al norte del país; la noticia no tardó en extenderse; el profesor se ha extendido en exceso sobre este punto
hincharse 2	*to swell, to inflate*	se le había hinchado la herida
inflarse 2	*to swell, to become inflated* (used figuratively)	se inflaron de orgullo

ensuciar   to make dirty, to sully

mancillar ⒊	*to stain, to sully*	aquellos rumores habían mancillado su honor/su reputación
ennegrecer ⒊₋₂	*to blacken*	el humo de la calefacción ennegreció las paredes
enturbiar ⒊₋₂	*to muddy, to stain* (used more figuratively)	las continuas lluvias enturbiaron las aguas; no han desaparecido todos los fantasmas que enturbian la relación entre ambos
contaminar ⒉	*to pollute, to contaminate*	la mayor parte de las playas están contaminadas
empañar ⒉	*to steam up* (with condensation), *to stain* (see the note below)	el frío ha empañado los cristales; se me han empañado las gafas; no voy a permitir que esas habladurías empañen su buen nombre
enroñar A ⒉	*to make dirty, to mess up*	en dos días enroñaron toda la casa
ensuciar ⒉	*to make dirty, to sully* (see the note below)	¡cuidado!, ¡te vas a ensuciar!/¡te vas a ensuciar la camisa!; quítate los zapatos, no quiero que ensucies la moqueta; es el caso clásico del político que ensucia la reputación de su adversario
manchar ⒉	*to stain* (see the note below)	¡cuidado!, ¡te vas a manchar!/¡te vas a manchar el vestido!; aquellos comentarios habían manchado su reputación
salpicar ⒉	*to stain* (by *splashing*)	le salpicó la camisa de tomate; el gorro del coronel estaba todavía salpicado de sangre
embadurnar ⒉₋₁	*to daub, to smear* (often used reflexively)	la niña se embadurnó la cara con pasta de dientes
pringar ⒉₋₁	*to make dirty* (with grease), *to splash*	oye, niño, cuidado con las manos que vas a pringar el mantel; se pringó todas las manos de aceite

NB when used figuratively, **empañar, ensuciar** and **manchar** are of a higher register

---

entender   to understand

penetrar ⒊	*to penetrate*	el investigador consiguió penetrar en lo más hondo de aquel misterio
asimilar ⒊₋₂	*to assimilate*	a algunos alumnos les cuesta trabajo asimilar esta idea/esta teoría

comprender 3–2	*to understand* (used less than **entender**)	no comprendí lo que me dijo; ahora comprendo por qué no quiso decírmelo; no comprendo, lo dejé aquí mismo y ahora ya no está
tomar conciencia de 3–2	*to realize*	tomaron conciencia de sus responsabilidades
concienciarse (de) 3–2	*to realize* (see note 1 below)	el Gobierno tiene que concienciarse de este problema y adoptar medidas al respecto; tras numerosos suspensos, el alumno se concienció de la necesidad de estudiar
entrever 3–2	*to glimpse*	entrevieron la necesidad de convocar la reunión
percatarse (de) 3–2	*to notice*	me percaté de que nos estaba mirando; no me había percatado hasta ahora de la gran semejanza que existía entre ambos
caer en la cuenta (de) 2	*to realize* (see note 2 below)	ya caigo en la cuenta de cómo funciona este aparato; no había caído en la cuenta de que era extranjero
darse cuenta (de) 2	*to realize* (see note 2 below)	no me di cuenta de que se habían marchado; salieron sin que yo me diera cuenta
descifrar 2	*to decipher*	descifrar un mensaje/un código
entender 2	*to understand* (used more than **comprender**)	no entiendo el japonés; no entiende nada de matemáticas; no entiendo cómo ha podido pasar una cosa así; a ti no hay quien te entienda
caer 2–1	*to cotton on* (only used in the first person)	¡ah! ¡ya caigo!/¡no había caído!
seguir 2–1	*to follow*	¿me sigues?, ¿o voy demasiado de prisa?

NB 1 purists do not accept this verb. Nevertheless, it is used in the media and in daily discourse
2 **caer en la cuenta** suggests realizing something that you had not understood before. **Darse cuenta** suggests something that you realize on the spur of the moment

---

entendido   skilled, trained (see the note below)

docto en 3	*learned in*	es docto en la materia

erudito 3	*erudite*	era un profesor erudito en temas de caballería; un estudio erudito
ilustrado 3	*well-educated, enlightened*	es una mujer muy ilustrada, sus conocimientos son inmensos; el Despotismo Ilustrado
letrado 3	*learned*	era una mujer muy letrada
versado en 3	*well-versed in*	está muy versada en temas de pintura
cultivado 3–2	*cultured*	háblale de lo que quieras, es una mujer muy cultivada
instruido 3–2	*well-educated, well-informed*	es una persona muy instruida, ha leído y viajado mucho
culto 2	*cultured*	es muy culta, ha leído mucho
entendido en 2	*skilled in, trained in*	el tipo era muy entendido en motores
enterado de 2	*well-informed of* (always used with **estar**)	están enteradas de la situación; no está enterado de lo que ha pasado
sabio 2	*learned*	es un hombre muy sabio; Alfonso X el Sabio

NB the adjectives followed by a preposition and noun are almost always used in this way

---

entero   entire, complete, whole

absoluto 2	*absolute*	la verdad absoluta; en la sala reinaba el más absoluto silencio; tengo la absoluta certeza de que no miente
completo 2	*complete, full*	el motor estaba completo, no faltaba ninguna pieza; ha realizado un estudio muy completo sobre el tema; el hotel está completo; las obras completas de Cervantes
consumado 2	*complete, consummated* (has a very restricted use)	un hecho consumado = *a fait accompli*; el matrimonio no estaba consumado
cumplido 2	*completed, reached* (used of a person's age)	tiene diez años cumplidos
entero 2	*entire, complete, whole*	el pastel estaba entero; ¿quiere la pechuga entera o se la parto en trozos?

intacto [2]	*intact*	después de su muerte dejaron la habitación intacta
integral [2]	*wholemeal* (used of food)	alimentos/cereales integrales; pan integral
íntegro [2]	*complete, unabridged*	un texto íntegro; una versión íntegra
plenario [2]	*plenary* (has a very restricted use)	una sesión plenaria; una indulgencia plenaria
total [2]	*total*	el proyecto ha sido un fracaso total; su carácter había sufrido un cambio total

---

enterrar   to bury

inhumar [3–2]	*to bury* (has a legal connotation)	sus restos fueron inhumados
sepultar [3–2]	*to bury, to entomb*	la avalancha sepultó al alpinista; las fuertes nevadas habían sepultado los restos del avión; murió hace una semana, acaban de sepultarlo
enterrar [2]	*to bury*	se enterró al cadáver sin que nadie supiese quien era; encontraron un tesoro enterrado en la playa

---

entrada   entrance, entry

ingreso m [3–2]	*entry* (used figuratively)	tiene que hacer el examen de ingreso a la Universidad; el día de su ingreso en la Real Academia de la Lengua
zaguán m [3–2]	*vestibule, hallway*	nos refugiamos en el zaguán porque estaba nevando
acceso m [2]	*access*	los accesos al recinto están cerrados; las carreteras de acceso a la capital
entrada f [2]	*entrance, entry* (see the note below)	la entrada principal es por aquí; la puerta de entrada; había dos policías apostados a la entrada; nos hicieron esperar en la entrada (*in the hall*)
hall m [2]	*hall, vestibule*	el hall de la facultad/de la estación

porche m
2

porch, verandah

se refugiaron de la lluvia en el porche

portal m
2

porch, doorway

estuvieron casi media hora despidiéndose en el portal

puerta f
2

door, gate

están llamando a la puerta; abrir/cerrar la puerta; la puerta del jardín

vestíbulo m
2

hall

al llegar tuvimos que esperar en el vestíbulo

NB **entrada** also means *the act of entering* as in **le prohibieron la entrada en el local**

---

entrar (en)   to enter, to fit (into)

adentrarse en
3

to enter, to go deeply into (also used figuratively) (see the note below)

se adentraron en la selva; adentrarse en un misterio

ingresar en
3–2

to enter (often with the idea of starting something like a career)

ingresó en la Real Academia de la Lengua; ingresar en la universidad/en la marina; ingresó cadáver en el hospital

insertarse en
3–2

to be inserted into, to enter (used figuratively)

insertarse de nuevo en la sociedad

integrarse en
3–2

to becomed integrated into

se integraron fácilmente en la sociedad

internarse en
3–2

to enter, to penetrate, to go deeply into (also used figuratively) (see the note below)

se internaron en el bosque/en la cueva; internarse en un estudio

introducirse en
3–2

to get into, to slip into (suggests theft and cunning)

el ladrón se introdujo en el piso por una ventana

irrumpir en
3–2

to burst into

dos jóvenes enmascarados irrumpieron en la oficina

penetrar en
3–2

to penetrate, to go deeply into

penetraron en la estancia/en el bosque

caber
2

to fit into, to be contained in, to have enough room

este mueble no cabe en el rincón; el coche está lleno, no cabe nadie más; apretaros un poco que no quepo

| **entrar (en)** [2] | *to enter, to fit (into)* | entraron en la habitación; el piano no va a entrar por la puerta; no la dejaron entrar en el país; este anillo no me entra; la era de las nuevas tecnologías ha entrado de lleno en la vida cotidiana |
| **meterse (en)** [2] | *to get (into)* (the last example = R 2–1) | se metieron en el armario para que no los vieran; el conejo se metió en la madriguera; ¿dónde te habías metido?, no te encontraba por ningún sitio; se me ha metido un mosquito en el ojo |

NB **adentrarse** and **internarse** are very similar except that the former is used more figuratively

---

entrevista   interview

cita f [2]	*rendez-vous, appointment*	esta tarde tengo cita para ir al médico; me han dado cita para las once; se dieron cita a las cinco
encuentro m [2]	*meeting*	el ministro tuvo un encuentro con la prensa
entrevista f [2]	*interview, job interview*	mantuvo una entrevista con el primer ministro; este trabajo recoge una de las últimas entrevistas del escritor y académico; una entrevista de trabajo
interviú m [2]	*interview* (used by the media)	la cantante concedió un interviú a la periodista
reunión f [2]	*meeting*	se celebró una reunión con la prensa; una reunión de trabajo

---

entusiasta   enthusiast

adepto m [3–2]	*devotee*, person who is keen, *addict* (may be used pejoratively)	un adepto a la lectura/al cine; un adepto a la droga
secuaz mf [3–2]	*follower, underling* (often used pejoratively)	Al Capone y sus secuaces
admirador m [2]	*admirer*	es un admirador de los Beatles
aficionado m [2]	*enthusiast, lover*	los aficionados al arte/al espectáculo/a los toros

apasionado m 2	*devotee*	es un apasionado del deporte/de la música
devoto m 2	*worshipper*	es devoto de la Virgen del Carmen
entusiasta mf 2	*enthusiast*	es un entusiasta de la Opera/de la literatura/del ballet
fanático m 2	*fanatic* (used with a political or religious connotation)	la policía arrestó a un grupo de fanáticos ultraderechistas; murió asesinado por un fanático religioso
forofo m 2	*enthusiast, fan*	es un forofo del Real Madrid/del golf/de los toros; es una forofa de los Beatles/de la música
partidario m 2	*supporter, follower*	los partidarios de las reformas/del cambio; soy partidario de que se den clases en catalán/de que se prohíbe fumar en lugares públicos
seguidor m 2	*follower*	los seguidores de un cantante/de una doctrina
simpatizante mf 2	*sympathiser*	es un simpatizante del comunismo
fan mf 2–1	*fan* (often used of pop stars)	las fans de Julio Iglesias
hincha mf 2–1	*supporter* (usually has a sporting connotation)	los hinchas del Barcelona

---

enviado   envoy

embajada f 3–2	*ambassadorial delegation*	vino una embajada cultural soviética a la capital de España
legado m 3–2	*legate*	el César recibió a dos legados cartaginenses; el legado del Papa en Francia
delegado m 2	*delegate*	ha llegado el delegado del gobierno para la negociación sindical
diputado m 2	*member of parliament*	en las elecciones salió diputada
embajador m 2	*ambassador*	el embajador presentó sus cartas credenciales al rey
enviado m 2	*envoy*	la reina recibió al enviado; les informa ahora nuestro enviado en Túnez (on the news)

mensajero m 2	*messenger*	el mensajero le entregó el paquete
misionero m 2	*missionary*	se fue de misionero a la India
nuncio m 2	*nuncio*	el nuncio del Papa
representante mf 2	*representative*	la representante de una casa comercial

---

enviar   to send

expedir 3	*to send, to despatch* (has a commercial connotation)	la empresa tuvo que expedir diez mil paquetes; expedir un visado/un carné de identidad; con pasaporte número ... expedido en ... (on a form)
hacer llegar 3–2	*to have sent*	me hizo llegar la solicitud por mediación de un mensajero especial
despachar 3–2	*to despatch*	despacharon un buen número de paquetes/una partida de chorizos
remitir 3–2	*to send, to remit*	el director le pidió a la secretaria que remitiera la carta a la empresa de inmediato
enviar 2	*to send* (see the note below)	enviar una carta; enviar un cohete a la luna; me envió a comprar leche
mandar 2	*to send* (see the note below)	mandar un paquete/una carta; manda al niño a por el pan
remitir 2	*to send* (only used for letters)	¿quién remite la carta?; Remite/Rmte: Andrés Moreno (on the back of an envelope)

NB **enviar** and **mandar** are usually used in the same context, although the latter would not be used for a **cohete**. In everyday language, **mandar** is used more than **enviar**, especially in idioms like **me mandó a freír espárragos/a paseo**. In more formal contexts, on the other hand, **enviar** is preferred, as in **el Gobierno ha enviado una delegación a Madrid**

---

envoltura   cover, wrapping

cobertura f 3–2	*cover(ing)* (may suggest a large area)	la cobertura de una máquina/de un coche
cubierta f 3–2	*(outer) cover*	las cubiertas de un libro; la cubierta de un neumático/de una cama

embalaje m 3–2	*packing*	el embalaje de la mercancía es de madera/de cartón
caja f 2	*box*	una caja de zapatos/de cerillas; la caja de las herramientas; una caja de cartón/de madera
corcho m 2	*cork*	ponle el corcho a la botella
cubrecama m 2	*coverlet*	el cubrecama es de ganchillo
envase m 2	*packing, wrapping, container* (usually for food and liquid)	la leche viene en envases de plástico; envase no retornable
envoltura f 2	*cover, wrapping*	la envoltura de un caramelo/de un paquete
funda f 2	*cover, sheath, case*	la funda del paraguas/de una espada/de una almohada/de las gafas
papel m 2	*wrapping (paper)*	el papel del caramelo; necesito papel de envolver para el regalo
tapa f 2	*lid, cover, top*	la tapa de una caja; las tapas de un libro; la tapa de un cacharro de cocina/de un bote; la tapa del wáter
tapadera f 2	*lid, top* (for a kitchen pot) (also used figuratively = *cover*)	¿dónde está la tapadera de la olla?; la tiendecita que han abierto es una tapadera para sus negocios ilegales
tapón m 2	*stopper, cap, cork*	ponle el tapón a la botella

época
epoch, era

edad f 3–2	*age*	la edad del bronce/del hierro
era f 3–2	*era*	estamos en la era de la nueva tecnología; la era glacial/terciaria
momento m 3–2	*moment*	en este momento aparece la Biblia
período/periodo m 3–2	*period, era* (the form with the accent is used more but the other is accepted)	el período carbonífero es parte de la prehistoria; éste fue un periodo de esplendor para nuestra literatura
época f 2	*epoch, era* (used more than epoch)	la época isabelina; llevaban trajes típicos de la época

estación f [2]	*season* (of the year)	esta planta crece durante la estación de las lluvias; el año tiene cuatro estaciones
fecha f [2]	*time* (often used in the plural)	en aquellas fechas no existía el coche
siglo m [2]	*period, age*	el Siglo de las Luces; el Siglo de Oro
temporada f [2]	*season* (especially used of sport and entertainment)	la temporada futbolística/turística/de Opera; temporada alta/baja
tiempo m [2]	*time* (usually used in the plural)	en aquellos tiempos nació Cervantes; aquéllos eran tiempos felices

equipaje   luggage

bagaje m [3]	*baggage* (used figuratively)	tiene un bagaje cultural inmenso
efectos mpl [3–2]	*personal belongings/effects* (the example is the most typical)	la policía puso todos sus efectos personales en una bolsa
enseres mpl [3–2]	*goods, goods and chattels* (like furniture, utensils)	desalojaron la vivienda, llevándose consigo todos los enseres
pertenencias fpl [3–2]	*belongings*	tuvo que salir corriendo del país, ni siquiera pudo llevarse sus pertenencias
ajuar m [2]	*bride's trousseau*	está cosiendo un mantel para el ajuar
equipaje m [2]	*luggage*	metieron todo su equipaje en el maletero

equipo   team (in sport)

alineación f [2]	*line-up*	la alineación del equipo fue Maradona ...
combinado m [2]	*national team*	el combinado alemán
conjunto m [2]	*squad* (contains more than the actual team, like **plantilla**)	el conjunto madridista
cuadrilla f [2]	*squad, quadrille* (only used in bull-fighting)	la cuadrilla de un torero

equipo m 2	*team*	un equipo de tenis/de baloncesto
formación f 2	*team*	la formación nacional jugó muy bien
once m 2	*eleven* (that is the eleven players making up a team for association football)	el once blanquiazul
plantilla f 2	*squad* (like **conjunto**)	la plantilla de un equipo
selección f 2	*team*	la selección nacional

---

erótico   erotic

libidinoso 3	*libidinous, lewd* (used more than **lúbrico)**	una persona/una mirada libidinosa
lúbrico 3	*lewd* (used less than **libidinoso)**	una mirada/una persona lúbrica
libertino 3–2	*libertine*	Don Juan era un personaje altamente libertino
liviano 3–2	*frivolous*	es una mujer muy liviana, cada día se la ve con un hombre distinto
lujurioso 3–2	*lustful*	le dirigió una mirada lujuriosa
erótico 2	*erotic*	un cuento erótico; la diferencia entre lo erótico y lo pornográfico es muy difícil de definir
frívolo 2	*frivolous*	tiene una personalidad frívola y es muy difícil fiarse de ella
pornográfico 2	*pornographic*	una novela pornográfica
sensual 2	*sensual*	un poema sensual; tiene unos labios muy sensuales
mujeriego 2–1	*fond of women, womanizer* (used more as a noun)	ése es un mujeriego, no te fíes mucho de lo que te prometa
verde 2–1	*blue* (of a joke), *pornographic*	me han contado un chiste muy verde; una película verde
sexy 1	*sexy*	un/una cantante muy sexy

cachondo	*randy*	ponerse cachondo
[1*]		

---

escalón   step, rung

gradas fpl [3]	*flight of steps*	subió majestuosamente las gradas del palacio
escalera(s) f(pl) [2]	*steps, stairs* (see note 1 below)	bajaron corriendo la(s) escalera(s); cogió la escalera para alcanzar el libro; escalera mecánica
escalinata f [2]	*flight of steps* (outside or inside a building) (suggests elegance and artistic design)	una amplia escalinata conducía a la puerta de entrada; la reina descendió por la escalinata al salón de baile
escalón m [2]	*step, rung* (used literally and figuratively) (same as **peldaño** in the literal sense) (see note 2)	al subir tropecé con el escalón; subieron rápidamente los escalones; dentro del ejército hay varios escalones o gradas; escalón lateral
grada f [2]	*tier(s), row(s), stand* (of a stadium), *grade* (used literally and figuratively) (see note 3 below)	las hinchas de la(s) grada(s); la grada derecha ocupada por la afición madridista, la grada izquierda ...; hay varias gradas en el ejército
gradería f/**graderío** m [2]	*tiers, rows* (see note 3 below)	la gradería estaba llena de aficionados; el graderío vibró de emoción
grado m [2]	*degree*	la víctima presentó quemaduras de primer grado; veinte grados centígrados
peldaño m [2]	*rung, step* (same as **escalón** in the literal use)	subía los peldaños de dos en dos
tendido m [2]	*rows/tiers of seats* (at a bull-fight)	el tendido de sol pasó mucho calor
travesaño m [2]	*step* (of a ladder), *bar* (of a chair)	no puedo subir, se han roto dos travesaños de la escalerilla; el travesaño de una silla

NB 1 **escalera** may be used in the singular or the plural meaning *stairs*. When
it is singular, it may mean a *ladder* or a *pair of steps*
2 **escalón lateral** appears on a road sign indicating a drop of a few inches
along the side of a road which has recently been made up
3 there is little difference between **grada, gradas, gradería** and **graderío,**
when they mean *rows* or *tiers* for spectators. Spaniards do not differentiate
between a standing area (*ground*) and sitting area (*stands*). The plural form of
grada in R3 may suggest a flight of steps leading to an imposing building. In
this meaning it is very similar to **escalinata**

escapar(se)   to escape

escapar 3–2	to escape (see the note below)	escapó de la cárcel; después del movimiento reformista, miles de alemanes escaparon de su país; escaparon de una muerte cierta/del peligro
esquivar 3–2	to dodge	esquivó el golpe; trató de esquivar a la policía/a los periodistas
evadirse 3–2	to escape	se evadieron de una prisión de alta seguridad
desbandarse 2	to run away (suggests disorder = to stampede)	las tropas/los animales se desbandaron
escaparse 2	to escape (see the note below)	se ha vuelto a escapar de casa; se escapó de la cárcel; me escapé de una buena/por los pelos
evitar 2	to avoid	es mejor evitar ese tipo de situación; no se lleva muy bien con ella, siempre intenta evitarla; evitaba encontrarse con él porque todavía le debía dinero
fugarse 2	to escape, to flee	el condenado se fugó de la cárcel con la ayuda de un cómplice
huir 2	to flee	lograron huir antes de que llegara la policía; cientos de refugiados huyeron del país; intentó huir de la cárcel; es una pesada, todos la huyen como a la peste
escabullirse 2–1	to slip away, to sneak away (also used figuratively) (**escurrirse** may be used in the first example)	el ladrón se escabulló entre la gente y no pudimos encontrarlo; nos escabullimos de la conferencia porque era un rollo; me debes veinte mil pesetas, y esta vez no intentes escabullirte
escurrirse 2–1	to slip away, to sneak away (**escabullirse** may be used in both examples)	el caco se escurrió por la ventana al entrar yo por la puerta abajo; el ladrón se escurrió por entre la multitud
rajarse A 2–1	to get away, to escape	el preso se rajó de la cárcel
jullarse M 1	to get away	el atorrante se julló con la billetera

NB **escapar** is of a slightly higher register than **escaparse**. Both may be used figuratively although the former is preferred when used in this way. **Huir** and **fugarse** may replace both forms of the verb with reference to a prison

escapatoria escape (route)

evasión f 3–2	*escape, flight*	habían planeado la evasión de la cárcel de estos terroristas; evasión de capitales
éxodo m 3–2	*exodus, departure*	el éxodo de los israelitas; al inicio de las vacaciones comienza el éxodo de los veraneantes; el fracaso del comunismo acabó con el éxodo hacia el oeste
escapatoria f 2	*escape (route)*(often with the idea that no escape is possible) (used literally and figuratively)	estaba acorralado y no tenía escapatoria
escape m 2	*escape* (also used figuratively = *solution*)	hubo un escape de gas/de líquido; encontraron un escape a sus problemas
fuga f 2	*flight, escape, drain* (see the note below)	los prisioneros habían preparado la fuga varios meses antes; fuga de capitales/de cerebros; una fuga de gas
huida f 2	*flight, escape* (see the note below)	al ver llegar a la policía emprendieron la huida
salida f 2	*exit, escape* (also used figuratively)	salida de emergencia; se encontraba en un callejón sin salida

NB **fuga** and **huida** are both used for escaping from a prison but **huida** is not used for gas and flight of capital. **Fuga** may suggest an escape from a prison or a building where one is held. **Huida** suggests more the action of escaping and is often accompanied by **emprender**

esconder to hide (see note 1 below)

disimular 3–2	*to hide, to cover up*	se disimula la cicatriz con el maquillaje; aunque intentó disimular la voz igual la reconocí; disimuló sus intenciones con gran éxito
embozar 3–2	to cover up the lower part of the face as with a cape, *to conceal* (usually used reflexively)	se embozó en la capa para pasar desapercibido; tenía el rostro embozado
encubrir 3–2	*to conceal, to hide, to harbour* (stolen goods)	fue acusado de encubrir a su hermano/las joyas robadas; las autoridades trataron de encubrir la verdad de los hechos
ocultar 3–2	*to hide* (**esconder** may be used in all examples)	ocultaron el coche robado en el garage; se ocultaron entre los matorrales; el sol acababa de ocultarse tras un racimo de nubes; me estás ocultando la verdad

camuflar 2	*to camouflage*	los soldados camuflaron el tanque con tanta habilidad que no se veía en la llanura; se camuflaron detrás de unos arbustos; camufló su falta de sinceridad
disfrazar 2	*to disguise* (see note 2 below)	se disfrazaron de monjas para pasar la frontera; ¿de qué te vas a disfrazar para la fiesta?; no intentes disfrazar tus sentimientos
enmascarar 2	*to mask, to disguise* (see note 2 below)	se enmascararon para pasar desapercibidos; los atracadores no iban enmascarados; intentó enmascarar sus intenciones
esconder 2	*to hide* (see note 2 below)	escondieron el dinero robado en el monte; los terroristas se escondieron en un piso franco; escondió sus intenciones hasta el final

NB 1 all these verbs may be used literally and figuratively, except **embozar**
2 **disfrazar**, **enmascarar** and **esconder** are often used reflexively, particularly the last verb. When the first two are used figuratively they are of a higher register

---

escondido   hidden

furtivo 3	*furtive*	me dirigió una mirada furtiva; … y súbitamente una mano furtiva la cogió por detrás; un cazador furtivo
oculto 3–2	*hidden, concealed, occult* (see the note below)	las casas del pueblo quedaban ocultas tras una peña; por alguna razón oculta no volvió a aparecer por allí; ciencias ocultas
secreto 3–2	*secret*	tenemos una llave secreta; lo guardó en un lugar secreto
escondido 2	*hidden* (see the note below)	la mujer estaba escondida detrás del árbol; no encuentro el dinero, no sé dónde lo tiene escondido; un pueblecito escondido entre las montañas; un tesoro escondido

NB **escondido** often suggests the voluntary action of hiding whereas **oculto** suggests that something has been covered up, accidentally or in the natural order of things, so that it cannot be seen. They are not always interchangeable. **Oculto** is often used with **quedar**

---

escritor   writer

| **hombre de letras** m
3–2 | *man of letters* | la biblioteca pertenecía a un gran hombre de letras |

literato m/**literata** f 3–2	*man of letters/woman of letters*	la última obra de esta literata fue una comedia
autor m/**autora** f 2	*author*	es autora de cinco novelas y dos obras teatrales
copista mf 2	*copyist*	la copista realizó una magnífica reproducción
dramaturgo m 2	*dramatist*	Buero Vallejo es un gran dramaturgo moderno
escritor m/**escritora** f 2	*writer*	es una escritora polifacética
novelista mf 2	*novelist*	Galdós era un magnífico novelista
poeta mf 2	*poet*	Lorca fue un gran dramaturgo y poeta
prosista mf 2	*prose writer*	es un prosista con un estilo insólito

esfera   sphere

esfera f 2	*sphere*	la profesora nos mandó hacer una figura con forma de esfera
globo m 2	*balloon*	atravesó el Atlántico en un globo; el niño empezó a llorar porque se le reventó el globo
globo terráqueo m 2	*globe*	sobre el escritorio había un globo terráqueo
mundo m 2	*world*	dar la vuelta al mundo
planeta m 2	*planet*	la Tierra es un planeta
Tierra f 2	*Earth*	la luna gira alrededor de la Tierra

espada   sword

| **tizona** f
 3 | *sword* | el caballero se defendió con su tizona |

Tizona f [3–2]	*sword* (of El Cid)	la Tizona del Cid
cimitarra f [2]	*scimitar*	los árabes blandieron sus cimitarras
espada f [2]	*sword*	la espada de Damocles
estoque m [2]	*sword* (used in bull-fighting to kill the bull)	el estoque del torero
florete m [2]	*foil*	en los Juegos Olímpicos se esgrime con floretes
sable m [2]	*sabre*	el sable del coronel

espectáculo   spectacle, show

actuación f [2]	*performance* (may suggest the way a person performs)	la actuación de las cantantes atrajo gran cantidad de público
espectáculo m [2]	*spectacle, show* (see the note below)	el espectáculo se componía de una comedia y dos entremeses
función f [2]	*show, performance*	la función comenzó a las nueve de la tarde; una función teatral
representación f [2]	*performance, production*	montar una representación dramática/teatral
revista f [2]	*review*	una revista musical/de variedades
show m [2]	*show* (see the note below)	el show presentaba gran cantidad de artistas populares

NB **espectáculo** has a wider meaning and is used more than **show**. The latter is often restricted to singers like variety artists

espía   spy

| **agente (secreto/a)** mf [2] | *(secret) agent* | un agente secreto de los servicios de inteligencia |
| **confidente** mf [2] | *informer* (usually associated with the police) | un confidente de la policía |

contacto m [2]	*contact*	nuestro contacto en El Cairo ha sido asesinado
delator m [2]	*informer*	los delatores pagaron cara su infidelidad
espía mf [2]	*spy*	trabajó tres años como espía de un país hostil
infiltrado m [2]	*infiltrator*	hemos descubierto que hay varios infiltrados entre nuestros agentes/en el partido
topo m [2]	*mole*	algunos amigos del topo policial reconocen que pudo pasar varios años en … sin ser detectado
chivato m [1]	*telltale, informer, grass* (see the note below)	el chivato de la clase/de la policía
esbirro m [1]	*grass* (see the note below)	le escupieron como si fuera un esbirro de la Securitate
soplón m [1]	*grass* (see the note below)	hubo que eliminarlo porque era un soplón

NB **chivato** is the weakest of these last three, while **esbirro** is the strongest, suggesting threats, torture and death. **Esbirro** suggests that the person belongs to some grisly organization. This is not the case with **soplón**

---

esposa   wife

cónyuge f [3–2]	*spouse, partner* (has a legal connotation)	Luisa Rodríguez, cónyuge de Emilio Sánchez
esposa f [3–2]	*wife* (has a more polite connotation than **mujer**)	¿cómo se encuentra su esposa?
compañera f [2]	*companion, partner*	de momento no puedo decirte, antes tengo que hablar con mi compañera
mujer f [2]	*wife* (has a less polite connotation than **esposa**)	se ha separado de su mujer
media naranja mf [2–1]	*better half* (also means *husband*)	tengo que consultarlo con mi media naranja

---

esquina   corner

| **ángulo** m [3–2] | *angle, corner* | el arquitecto evitó los ángulos en el exterior de la casa |

arista f 3–2	*jutting part, line on a corner* (used in geometry)	las aristas de un cubo; los dos muros forman una arista
córner m 2	*corner* (in football)	la falta se produjo cerca del córner
esquina f 2	*corner* (outside a building)	al doblar la esquina se encontraron con ella de frente; cuando llegues a la esquina, gira a la izquierda; me están esperando en una esquina
rincón m 2	*corner* (inside a building)	pon este sillón en el rincón; había plantas en todos los rincones de la habitación

establo   cowshed, stall

aprisco m 3–2	*sheep fold* (same as **redil** but only used literally)	condujo a las ovejas al aprisco
caballeriza f 3–2	*stable*	estaba al cuidado de las caballerizas del palacio
redil m 3–2	*sheep fold* (same as **aprisco** but also used figuratively)	el pastor conducía a las ovejas al redil; hacer volver al redil a una oveja descarriada
cuadra f 2	*stable*	está en la cuadra, dando de comer a los caballos
establo m 2	*cowshed, stall*	estábamos en lo que fue un establo de una granja rodeados de pastos y vacas
pocilga f 2	*sty* (also used figuratively = R 2–1)	la pocilga de los cerdos; esta habitación parece una pocilga
vaquería f 2	*dairy* (where cows are kept)	compramos leche en una vaquería del pueblo

estantería   shelving, bookcase

anaquel m 3	*shelf*	los anaqueles estaban cargados de viejos tomos de historia
balda f 3–2	*shelf* (used less for books, more for clothes)	el armario tenía cuatro baldas
estante m 2	*shelf, shelving*	los libros de inglés están en el estante de abajo
estantería f 2	*shelving, bookcase*	en la sala había una estantería llena de libros

estar

to be

quedar(se) 3	*to be* (see **quedarse** below)	(se) quedó lisiada a consecuencia del accidente; (me) quedé sorprendida al oír que …
(estar) sito 3	*(to be) situated*	es propietario de un negocio sito en la calle …
alzarse 3–2	*to stand, to rise up* (same as **levantarse**)	en medio de la plaza se alza una estatua a la memoria de …; en la lejanía se alzaba un molino de harina
hallarse 3–2	*to be, to find oneself* (see note 1 below)	se hallaba en la casa cuando …; se hallaba en estado de buena esperanza
levantarse 3–2	*to stand, to rise up* (same as **alzarse**)	se levantaba ante ellos la magnífica figura de un caballo
permanecer 3–2	*to remain* (see note 2 below)	los reyes permanecieron cinco días en este país; al oír aquello permaneció inmóvil durante unos segundos
(estar) situado 3–2	*(to be) situated*	el nuevo centro hospitalario está situado en las afueras de esta localidad
(estar) ubicado 3–2	*(to be) situated*	el Miguelete está ubicado en la Plaza de la Virgen de Valencia
(estar) ambientado 2	*(to be) situated/set* (only used of a film or play)	la escena está ambientada en Nueva York
encontrarse 2	*to be, to find oneself* (see note 1 below)	no se encuentra en la oficina; las obras se encuentran en un estado muy avanzado; no se encuentra muy bien; dos de los heridos se encuentran en estado crítico
estar 2	*to be* (suggests a place and lack of permanency) (see note 1 below)	estuvo aquí pero ya se marchó; el suelo estaba húmedo; la puerta está cerrada; estar de viaje/de paseo/de exámenes/de vacaciones; está enferma; no estoy para salir/para bromas; estuvimos durmiendo/esperando dos horas; está casado; está cerca/lejos
existir 2	*to exist*	esa palabra no existe en español; dice que es un cantante muy conocido. Yo no sabía ni que existía
haber 2	*to be* (always used with the idea of *there is/there are*)	¿hay un supermercado por aquí?; no había nadie en casa; no ha habido víctimas mortales

ir 2	*to be* (used for emotional, moral or physical states) (often used with a present participle)	¿cómo vas?; ¿cómo te va?; se van acumulando las dificultades; su salud iba empeorando; va haciendo calor; iba anocheciendo
quedarse 2	*to remain* (see **quedar (se)** above) (see note 2 below)	me quedé todo el día en casa; puedes quedarte a dormir aquí si quieres
sentirse 2	*to feel*	no me siento bien; se sintió muy halagado; se sentía muy a gusto en su compañía; entonces me sentí realmente feliz
ser 2	*to be* (suggests essence, permanence, belonging, place or status)	soy de Montevideo; soy argentina; la mesa es de madera; este libro es mío; ¿quién ha sido el que ha roto el cristal?; la toma de Granada fue en 1492; es casado
vivir 2	*to live*	viven en San Sebastián; viven en unas condiciones infrahumanas
andar 2–1	*to be* (only used of states of emotion)	¿cómo andas?; andaba muy triste/preocupada

NB 1 **hallarse, encontrarse,** and **estar** are used for both '*being in a particular place*' and '*being in a particular emotional, moral or physical state*'
2 **permanecer** and **quedarse** have exactly the same meaning but are different in register. For instance, **permanecer** may not easily be used in the first example of **quedarse**

---

estéril   sterile (see the note below)

yermo 3	*barren*	una mujer yerma; un terreno yermo
árido 3–2	*arid* (see below for the literal use)	un trabajo árido; la lectura del texto me resultó árida
infructuoso 3–2	*fruitless*	un trabajo/un esfuerzo infructuoso
vano 3–2	*vain, empty*	todos sus esfuerzos/sus intentos fueron vanos
árido 2	*arid* (see above for the figurative use)	un terreno árido
estéril 2	*sterile*	un terreno/un hombre/una mujer estéril
improductivo 2	*unproductive*	un terreno/un negocio/un esfuerzo improductivo
ineficaz 2	*ineffective*	las medidas que tomaron fueron ineficaces

| **infecundo** | *infertile* | un terreno infecundo; una mujer infecunda |
| 2 | | |

| **insuficiente** | *insufficient* | las ayudas que nos llegan son insuficientes; los esfuerzos que se hicieron fueron insuficientes |
| 2 | | |

| **inútil** | *useless* | todo este trabajo ha sido inútil; intentaron salvarlo pero fue inútil; sus esfuerzos fueron inútiles |
| 2 | | |

| **pobre** | *poor* | un terreno pobre; una región pobre |
| 2 | | |

NB **yermo, árido, estéril, improductivo, infecundo, insuficiente** and **pobre** are used literally and figuratively. **Infructuoso, vano, ineficaz** and **inútil** are used figuratively

---

estrecho   narrow, too tight (see the note below)

| **angosto** | *narrow* | apenas se podía pasar por aquella angosta calle con el carro |
| 3 | | |

| **ajustado** | *close-fitting, just right* | la falda me queda demasiado ajustada; este vestido me va ajustado |
| 3–2 | | |

| **ceñido** | *tight-fitting, close-fitting* (especially around the waist) | no me gustan las faldas tan ceñidas/los pantalones tan ceñidos |
| 3–2 | | |

| **reducido** | *reduced, tiny* (used of a space) | no pudieron llegar hasta aquí porque el reducido espacio impedía el paso |
| 3–2 | | |

| **apretado** | *tight-fitting, too tight* | este pantalón me queda un poco apretado |
| 2 | | |

| **estrecho** | *narrow, too tight* (also used figuratively = *close*) | no me queda muy bien este pantalón, es demasiado estrecho de cintura; atravesaron un pasillo estrecho y sombrío; las investigaciones se están llevando a cabo en estrecha colaboración con … |
| 2 | | |

| **justo** | *a bit tight, just right* (also used for time and money) | me queda un poco justo de cadera; este vestido me va justo; el coche puede pasar pero es un poco justo; voy un poco justo de tiempo; ando muy justo para llegar a final de mes |
| 2 | | |

NB **justo** is used more than the other synonyms when they refer to clothes. **Apretado** and **estrecho** usually suggest that the garment is too tight and uncomfortable. **Apretar** is more common than **apretado,** as in **me aprieta este pantalón.** All the adjectives referring to clothes may be used with **ir** and **quedar**

estropear   to damage, to spoil, to ruin

desbaratar 3–2	to ruin, to spoil (also used figuratively)	las inundaciones habían desbaratado los muebles; la lluvia desbarató los planes
deteriorar 3–2	to damage (often used reflexively) (also used figuratively)	la madera se ha deteriorado con el tiempo; el paso del tiempo ha deteriorado los cimientos del edificio; no hay que deteriorar el clima de confianza
estropear 2	to damage, to spoil, to ruin (often used of a machine) (also used reflexively)	no metas la blusa en la lavadora, la vas a estropear; las especias han estropeado el guiso; se ha estropeado la lavadora/el televisor; tiene el cutis muy estropeado; la lluvia estropeó nuestros planes
maltratar 2	to damage, to mistreat	no maltrates los juguetes; maltratar a una mujer
echar a perder 2	to ruin	la helada ha echado a perder la uva
descuachalangar/ **descuacharrangar** 1	to mess up (often used as a past participle)	no funciona esta máquina, ha sido descuacharrangada; fájate la camisa porque te ves descuachalangada
cagar 1*	to bugger up	he cagado la pregunta del examen/la máquina
cagarla 1*	to bugger it up	ya la has cagado, ¿para qué se lo ha tenido que decir?

evidente   obvious, clear

axiomático 3	axiomatic	algunos autores plantean la existencia de Dios como axiomática
visible 3	visible, obvious	el Ministro dio visibles muestras de insatisfacción
tangible 3–2	tangible	una prueba tangible
claro 2	clear	está claro que tiene razón; no tengo las ideas claras
elemental 2	elementary	por ese camino no vamos a conseguir nada, eso es elemental
evidente 2	obvious, clear	era evidente que había salido; es evidente que no tiene experiencia en este trabajo

incontestable 2	*incontestable*	su interés por el tema es incontestable
incuestionable 2	*unquestionable*	es el mejor pianista del país, eso es incuestionable
indudable 2	*undoubted*	es indudable que fue él el verdadero autor del delito
innegable 2	*undeniable*	es innegable que es la persona más idónea para el puesto; sus grandes dotes artísticas son innegables
obvio 2	*obvious*	es obvio que no le interesa estudiar
palpable 2	*palpable*	es una necesidad/una verdad palpable
de cajón 2–1	*clear, obvious*	claro que te van a pagar, hombre, ¡eso es de cajón!

evitar — to avoid

eludir 3–2	*to elude*	eludió la pregunta; intentó eludir aquella situación embarazosa
sortear 3–2	*to dodge, to dribble* (as in football) (also used figuratively) (suggests a series of manoeuvres)	el coche avanzaba lentamente, sorteando los baches; hemos tenido que sortear numerosos obstáculos; el delantero sorteó al defensa con facilidad
esquivar 2	*to dodge* (in a single manoeuvre) (suggests a danger or an obstacle)	esquivar un golpe/un ataque; no quería de ninguna manera encontrarme con ella, así que intenté esquivarla
evitar 2	*to avoid*	evitar el peligro/la situación; el político utilizó todos los medios posibles para evitar oponentes a derecha y a izquierda; intenté evitar mirarla a la cara

exagerar — to exaggerate

desmedirse 3	*to go too far*	se desmidió en su discurso, proponiendo que ...
extremar 3–2	*to carry to extremes* (the example is very typical)	extremar las precauciones

abusar (de) 2	*to overindulge, to presume, to take advantage (of)* (usually used with **de**)	no hay que abusar del alcohol; abusan de su autoridad/de su confianza; siempre abusan de nuestra hospitalidad
exagerar 2	*to exaggerate*	el retratista ha exagerado mucho los rasgos; no exageres, hombre, no es tan alta
excederse 2	*to overdo, to go too far*	siempre se exceden en los precios; excederse en sus funciones; te has excedido un poco en la propina
pasarse 2–1	*to overdo it*	te has pasado un pelo en la propina; puedes beber un poco de vino, pero no te pases; el precio es exorbitante, se pasa de la raya

---

examen   (academic) examination

control m 2	*(periodic) test* (carried out in school) (more important than **ejercicio**)	esta mañana tuve un control de matemáticas
convocatoria f 2	*summons, call to an examination* (by extension = *examination*)	si no apruebo en junio, me tendré que presentar a la convocatoria de septiembre
ejercicio m 2	*test* (less important than **control**)	los alumnos tuvieron un ejercicio de química
examen m 2	*(academic) examination*	aprobar/suspender un examen; un examen de conducir
oposición f 2	*(competitive) examination* (often used in the plural)	se presentaron a las oposiciones de Hacienda
prueba f 2	*test, examination* (not necessarily of an academic nature)	esta tarde tuve una prueba escrita y otra oral de ruso; tuvimos que hacer unas pruebas para ser admitidos
test m 2	*test, exam* (often suggests *multiple choice, intelligence test*)	cada pregunta del test presentaba cuatro opciones

---

examinar   to examine

ahondar en 3	*to go deeply into* (see the note below)	vamos a tener que ahondar más en este tema
escudriñar 3–2	*to scrutinize*	el pirata escudriñó el horizonte

inspeccionar 3–2	*to inspect*	los policías inspeccionaron la caja fuerte/el local
profundizar en 3–2	*to go deeply into* (see the note below)	profundizar en un tema/en una investigación
auscultar 2	*to sound* (has a medical connotation)	el médico le auscultó; el médico me auscultó los pulmones
cachear 2	*to search, to frisk*	dos policías estaban cacheando a los detenidos contra un coche
examinar 2	*to examine*	el médico examinó al paciente; ésa es la profesora que me examinó de física
probar 2	*to try out, to check*	probaron el coche en cuanto lo compraron para ver si tenía defectos
registrar 2	*to search*	los aduaneros registraron las maletas; al no encontrar al periodista, registraron minuciosamente el edificio; el fugitivo se dejó registrar pacientemente
revisar 2	*to check, to service*	revisar la documentación/las cuentas/los billetes/ el coche

NB **ahondar en** and **profundizar en** have the same meaning and are used in exactly the same way, except for their register difference. They are always followed by a noun or pronoun

---

excepcional   exceptional

inopinado 3	*unexpected*	su llegada fue tan inopinada que no halló a nadie en casa; se quedó sorprendida ante aquella inopinada pregunta
inaudito 3–2	*unheard of, outrageous*	la boda entre el príncipe y la corista fue una noticia inaudita; se quedó estupefacta ante aquella inaudita corpulencia
insólito 3–2	*unusual* (suggests something unique = remarkable)	los insólitos récords españoles de Guinness; la aparición del cometa fue un hecho insólito
insospechado 3–2	*unsuspected*	que se dedicara a la medicina fue de lo más insospechado
inusitado 3–2	*unusual* (suggests surprise and excitement)	el actor tuvo una actuación inusitada; aquella aparición inusitada nos cortó la respiración
singular 3–2	*strange, singular*	es un personaje muy singular; tiene una habilidad singular para este tipo de trabajo

excepcional
2

exceptional

el cantante tuvo una actuación excepcional;
un libro/una película excepcional; este
motor tiene un rendimiento excepcional

extraño
2

strange (**raro** may be used
in the first three examples)

fue una experiencia muy extraña; ¡qué
extraño! juraría que lo había dejado aquí; es
extraño que no hayan llegado todavía; tiene
un carácter muy extraño

extraordinario
2

extraordinary

tiene una memoria extraordinaria; una
aptitud extraordinaria para los idiomas

imprevisto
2

unexpected, unforeseen (see
the note below)

siempre surgen gastos imprevistos

inesperado
2

unexpected (see the note
below)

su llegada fue totalmente inesperada; el
resultado fue inesperado

raro
2

odd, strange, rare (used
more for *odd* than *rare*)
(**extraño** may be used in
the first three examples)

¡qué raro! no lo encuentro; ¡qué tipo más
raro!; es raro que no nos haya llamado
todavía; rara vez viene por aquí; anda
metido en negocios raros

NB **imprevisto** and **inesperado** have exactly the same meaning, and are
almost completely interchangeable, except that **imprevisto** does not fit with
resultado as easily as **inesperado**

---

excremento   excrement

boñigo m
3

dung (of a cow/horse)

un boñigo de caballo/de vaca

cagarruta f
3

droppings (of small animals
like sheep)

el campo estaba lleno de cagarrutas de oveja

deposición f
3

stool

tuvieron que analizar las deposiciones del
enfermo

heces (fecales) fpl
3

fecal matter

examinaron las heces fecales para averiguar
la causa de su muerte

boñiga f
3–2

dung (of a cow/horse)

una boñiga de caballo/de vaca

excremento m
3–2

excrement (of an animal)
(often used in the plural)

la tierra exhalaba un vaho a humedad y a
excremento de vaca; este abono está hecho
con excrementos de animales

popó m
2–1

caca (used by or with
children)

niño, avísame cuando tengas ganas de hacer
popó; anda, mi niño, haz popó

caca f
1

caca (used by, with or
about children)

la niña se hizo caca encima

cagada f/**mierda** f   *shit, crap, turd*   no pises esa mierda/esa cagada
1*

zorete m A   *shit, crap, turd*   estos perros están dejando zoretes por todos
1*   lados

---

experimentado   experienced

avezado (a)   *experienced (in)* (something   está avezada a toda clase de trabajos
3   difficult)

diestro (en)   *skilled (in)*   es un hombre muy diestro en el manejo de
3–2   las armas de fuego; un diestro cirujano

curtido   *experienced, hardened*   un soldado muy curtido
2

ducho (en)   *skilled (in), well-versed (in)*   es muy ducho en la materia
2

experimentado   *experienced* (not usually   es un abogado muy experimentado
2   followed by a preposition)

---

explotar   to explode (used intransitively) (see the note below)

hacer explosión   *to explode*   ayer hizo explosión una carga de goma 2 en
3–2   estos almacenes

explosionar   *to explode* (used in   dos personas resultaron heridas al
3–2   newspapers)   explosionar una bomba en ...

estallar   *to explode, to burst* (also   la bomba estalló al caer; la mujer estaba a
2   used figuratively)   punto de estallar en sollozos

explotar   *to explode* (also used   la bomba explotó; no pudo aguantar más y
2   figuratively)   al final explotó y les dijo todo lo que
   pensaba de ellos

reventar   *to burst* (also used   el globo/la botella de agua reventó; el
2   figuratively = *to annoy*)   neumático se ha reventado; me revienta
   tener que hacer este tipo de trabajo

NB in the literal sense, the first four are used in a very similar way, apart
from their register differences. **Estallar** and **explotar** are very similar when
used figuratively

exposición   exhibition, exposition

exhibición f [2]	*exhibition* (suggests a live performance)	una exhibición de perros/de caballos; los gimnastas están haciendo una exhibición
exposición f [2]	*exhibition, exposition*	una exposición de pinturas/de escultura/de libros; la exposición de los hechos; la Exposición de Sevilla de 1992
desfile de modelos m [2]	*fashion show/parade*	acudieron al desfile de modelos importantes diseñadores
pase de modelos m [2]	*fashion show/parade*	en la calle los estudiantes presentaron un pase de modelos a la occidental

---

extranjero   foreign, foreigner

extraño [3–2]	*foreign*	una persona extraña
forastero m [3–2]	*stranger* (does not suggest from another country)	hay un forastero fuera preguntando por la calle …
extranjero m [2]	*foreign, foreigner* (usually suggests from another country)	es un producto extranjero; ¿hablas idiomas extranjeros?; la décima parte de España está ya en manos extranjeras; *El Extranjero*, novela de Albert Camus
foráneo [2]	*foreign* (from other countries)	el capital foráneo ha hecho en pocos años grandes negocios, comprando empresas, especulando …; cinco pesetas que los españoles pagan por cualquier tipo de servicios van a parar a arcas foráneas
turista mf [2]	*tourist* (usually from a foreign country)	a los turistas les gusta España
guiri mf [1]	*foreigner, tourist* (may have a pejorative connotation)	los guiris no se aclaran con el idioma; ¡cómo toman el sol las guiris!

---

extraño   strange

| **peregrino** [3–2] | *odd, strange, wild* (used pejoratively) | un planteamiento peregrino; una idea peregrina |
| **curioso** [2] | *curious* | lo curioso es que esto ocurrió a pesar de que una semana antes …; fue una curiosa coincidencia; es un tipo muy curioso |

desconocido [2]	*unknown*	un personaje desconocido en el mundo literario
estrafalario [2]	*odd, eccentric* (see the note below)	siempre va vestido de manera muy estrafalaria; es muy estrafalaria en su forma de vestir/de pensar
estrambótico [2]	*odd, eccentric* (see the note below)	tiene unas costumbres muy estrambóticas; se le ocurren unas ideas muy estrambóticas; tiene un peinado/un sombrero estrambótico
extraño [2]	*strange*	aquélla fue una experiencia muy extraña; las extrañas circunstancias que rodean su muerte; un dragón devoraba una extraña criatura verde
extravagante [2]	*odd, outlandish* (usually used of clothes) (does not mean *extravagant*)	llevaba un sombrero muy extravagante; ¡qué extravagante!, ¡mira qué vestido se ha puesto!
raro [2]	*strange* (used less for *rare*) (**extraño** may be used in these examples)	se comportó de una manera muy rara; es un individuo muy raro
especial [1]	*odd, strange* (used of a person)	tiene un carácter muy especial, no sabes cómo va a reaccionar; tiene un sentido del humor muy especial, nadie entiende sus chistes

NB **estrafalario** and **estrambótico** are used in the same way for customs and dress

---

fácil easy

muelle [3]	*easy, soft* (has a pejorative connotation)	llevaba una vida muelle, llena de lujos y comodidades
cómodo [3-2]	*comfortable, easy*	al Real Madrid le tocó una eliminatoria muy cómoda
holgado [3-2]	*easy* (suggests a life free from financial difficulties)	lleva una vida holgada; disfruta de una posición holgada
regalado [3-2]	*comfortable, pleasant*	llevaba una vida muelle y regalada
fácil [2]	*easy*	eso es fácil, se puede hacer en cinco minutos; es fácil cometer ese tipo de error
sencillo [2]	*simple* (see the note below)	el examen fue sencillísimo; una comida muy sencilla; es muy sencillo, sólo tienes que apretar aquí; un estilo muy sencillo

simple 2	*simple* (see the note below)	la solución al problema no es simple; es la verdad pura y simple
chupado 1	*easy, a cinch* (used with **estar**) (same as **tirado**)	pero hombre, hacer windsurf está chupado; el examen estuvo chupado
tirado 1	*dead easy* (used with **ser**) (same as **chupado**)	el examen fue tirado; montar en bici es tirado

NB **sencillo** has a much more positive meaning than **simple** which suggests lack of depth. **Sencillo** may be used in the first example of **simple**. **Simple** may be used in the first two examples of **sencillo**

---

factura   invoice, bill

minuta f 3–2	*bill, fees* (for certain professions)	la minuta del notario/del abogado/del médico
adición f A 2	*bill* (as in a restaurant)	mozo, la adición por favor
albarán m 2	*invoice* (containing the details of a sale), *delivery note*	ha llegado el albarán de los muebles
cuenta f 2	*bill* (in a bar, restaurant or hotel)	¿me trae la cuenta, por favor?
factura f 2	*invoice, bill*	he pagado la factura del gas/del teléfono/de la electricidad
nota f 2–1	*bill*	¡oiga camarero, tráigame la nota!

---

falsificar   to falsify, to fake, to counterfeit, to forge

alterar 3–2	*to change, to adulterate*	alteraron la composición química del producto y centenares de personas se pusieron enfermas
amañar 3–2	*to rig*	el equipo amañó el partido; amañar las elecciones
desnaturalizar 3–2	*to alter the nature of* (used negatively and usually applied to food)	usaron este producto para desnaturalizar los alimentos
falsear 3–2	*to falsify* (see the note below)	falsearon la información/la verdad/los hechos/los datos

adulterar [2]	*to adulterate*	adulteraron los alimentos/el aceite/la leche; la heroína estaba adulterada
corromper [2]	*to corrupt*	corromper a la juventud; el mismo gobierno del país estaba corrompido
deformar [2]	*to deform, to twist*	el gobierno ha deformado la información/la verdad/los hechos
falsificar [2]	*to falsify, to fake, to counterfeit, to forge* (see the note below)	falsificar documentos/pinturas/cuadros/billetes/monedas

NB for further information on **falsear** and **falsificar** see the note to **engañar**

---

falta   lack, shortage

carencia f [3–2]	*lack, shortage* (**falta** may be used in the first example)	la carencia de leche en los países africanos; muchos de estos niños sufren carencias alimenticias
deficiencia f [3–2]	*deficiency*	en la reunión se discutieron las deficiencias del sistema de salud; una deficiencia física
insuficiencia f [3–2]	*insufficiency, failure*	insuficiencia de alimentos/de libros; insuficiencia cardíaca/renal
penuria f [3–2]	*penury*	el país pasaba por unos momentos de penuria económica
crisis f [2]	*crisis*	sufrir una profunda crisis económica/alimenticia
déficit m [2]	*deficit*	un déficit presupuestario; un déficit de cien millones de dólares
escasez f [2]	*scarcity, shortage* (**falta** may be used in the first two examples)	el gran problema en Etiopía es la escasez de alimentos; una enorme escasez de libros; las empresas constructoras se quejan de la escasez de suelo en Madrid
falta f [2]	*lack, shortage* (**carencia** may be used in the first example)	el principal problema ha sido la falta de recursos técnicos/ económicos; el texto peca de una falta de coherencia total; si a esto le sumamos la falta de control sanitario ...
necesidad f [2]	*need, necessity*	la necesidad de más harina y azúcar era patente; artículos de primera necesidad; subrayó la necesidad de acelerar las negociaciones
sequía f [2]	*drought*	la sequía persistente en el Sahel

fallo   error, mistake, weakness, failure

aberración f   *aberration, stupid error*   esto que has escrito aquí/lo que acabas de
3   decir es una aberración

desacierto m   *mistake*   no haberle invitado a la ceremonia fue un
3–2   desacierto; hacer comentarios de ese tipo ha
                                                               sido un desacierto de tu parte

disfunción f   *malfunction, dysfunction* (has   una disfunción sexual
3–2   a medical connotation)

gazapo m   *misprint*   ciertos periódicos tienen montones de
3–2   gazapos

laguna f   *gap, loophole, lacuna*   las lagunas de la legislación; sus
3–2   conocimientos sobre el tema son inmensos,
                                                               aunque tiene algunas lagunas

negligencia f   *negligence* (less used than   es sospechoso, por negligencia o por interés,
3–2   *negligence*)   de haber autorizado el pago de ...

culpa f   *fault, guilt*   por tu culpa no nos van a dejar salir;
2   siempre le echa la culpa a su hermana;
                                                               siento lo que ha pasado, pero no ha sido
                                                               culpa mía

descuido m   *negligence*   el accidente fue debido a un descuido del
2   conductor

equivocación f   *mistake*   fue una equivocación, no debí aceptar su
2   oferta

error m   *error*   cometer un error; fue un error dejarla ir
2   sola; un error garrafal; un error de
                                                               ortografía

fallo m   *error, mistake, weakness,*   ha cometido un fallo imperdonable; el
2   *failure*   accidente fue debido a un fallo
                                                               técnico/humano; es un buen método de
                                                               enseñanza aunque tiene sus fallos

lapsus m   *lapse, slip*   tuve un lapsus y escribí 'hacer' sin 'h';
2   sufrió un lapsus de memoria a mitad del
                                                               examen

metedura de pata   *blunder*   ¡qué metedura de pata! le pregunté si era su
f   madre y resulta que era su hermana
2–1

cagada f   *blunder, balls–up*   ¡qué cagada! ¿cómo se te ha ocurrido
1*   decírselo?; ¡vaya cagada de examen!

fama
fame

nombre m 3	*renown*	tiene mucho nombre entre la población gitana
boga f 3–2	*fashion, popularity*	la boga del bikini; las chaquetas entalladas vuelven a estar en boga
celebridad f 3–2	*celebrity*	debe su celebridad a sus obras sobre el siglo de oro
notoriedad f 3–2	*renown* (does not necessarily mean *notoriety*)	es un escritor/un delincuente de gran notoriedad
fama f 2	*fame*	tiene una fama mundial; tiene fama de duro; un bar de mala fama
gloria f 2	*glory*	alcanzó la gloria merced a su actuación en aquella batalla
moda f 2	*fashion*	la minifalda está de moda/pasada de moda/se ha vuelto a poner de moda; una casa/una tienda/una revista de modas
popularidad f 2	*popularity*	su popularidad se debe a su actuación en esta serie televisiva
renombre m 2	*renown*	goza de gran renombre entre la juventud; un abogado de mucho renombre
reputación f 2	*reputation*	disfruta de una reputación mundial; aquellos comentarios habían manchado su reputación

familiar
family relation

deudo m 3	*relation* (often used in the plural)	el notario consultó a sus deudos acerca de la herencia
allegado m 3–2	*relation* (often used in the plural)	al entierro sólo asistieron los allegados del difunto/sus allegados más cercanos
familiar m 2	*family relation* (same as **pariente**)	sus familiares no le visitan nunca; el político había manifestado a sus compañeros de exilio y familiares que ...
pariente m 2	*relation* (same as **familiar**) (does not mean *parent*)	los dueños del estanco son parientes míos; sólo tenía algunos parientes lejanos; heredó algunas tierras de un pariente rico

famoso   famous

afamado 3	*notable, famous*	un afamado autor/novelista
celebérrimo 3	*very famous*	Cervantes, autor celebérrimo por su obra …
insigne 3	*famous, distinguished*	un insigne novelista
preclaro 3	*illustrious*	un preclaro pensador/filósofo
acreditado 3–2	*reputable*	un pintor acreditado
ilustre 3–2	*illustrious*	un personaje ilustre; una familia de linaje ilustre/de ascendencia ilustre
notable 3–2	*notable*	un arquitecto notable
notorio 3–2	*famous* (does not necessarily mean *notorious*)	un escritor/un delincuente notorio; un suceso notorio
prestigioso 3–2	*prestigious*	un prestigioso autor; un prestigioso trofeo de tenis; todas las encuestas hechas en los Estados Unidos por las más prestigiosas firmas …
renombrado 3–2	*renowned*	el renombrado artista dio una conferencia sobre …
reputado 3–2	*highly reputed*	a este reputado autor le acababa de ser adjudicado el Premio Nobel
célebre 2	*famous*	un compositor célebre; un célebre pensador
conocido 2	*well-known*	Pablo Casals, el conocido músico, dará un recital en …; un escritor universalmente conocido; los vinos de esta región son conocidos en todo el mundo
distinguido 2	*distinguished*	acogemos a nuestro distinguido colega el Dr …
famoso 2	*famous*	*El Murciélago* es una ópera famosa; un suceso famoso; una victoria famosa; es un cantante/un actor famoso
glorioso 2	*glorious*	una gloriosa batalla; un héroe glorioso
influyente 2	*influential*	es un político muy influyente en los países latinoamericanos

sobresaliente 2	*outstanding*	un pensador/un escritor/un académico sobresaliente
sonado 2–1	*famous, much talked of* (often used of things, events)	fue un escándalo/un suceso sonado; una noticia muy sonada

fantasma   ghost, phantom

alma f 3	*soul, spirit*	el alma en pena del padre de Hamlet
aparecido m 3–2	*ghost*	a su abuelo le gustaba contar historias de aparecidos
quimera f 3–2	*chimera*	aquella visión no era más que una quimera
aparición f 2	*apparition*	se quedó estupefacta, como si hubiera visto una aparición
espectro m 2	*spectre* (often used figuratively)	esto no ha servido para alejar todos los espectros que enturbian la relación entre ambos; cada día está más flaco, parece un espectro
espíritu m 2	*spirit*	se sentía un espíritu en la casa después de su muerte
fantasma m 2	*ghost, phantom*	el fantasma de la Opera; el barco fantasma; dicen que el castillo está lleno de fantasmas
imagen f 2	*image*	a Bernadette se le apareció la imagen de la virgen
visión f 2	*vision*	la visión de Bernadette atrajo a miles de fieles a la gruta de Lourdes

fase   phase, stage

estadio m 3–2	*stage, phase* (**fase** and **etapa** may be used in these examples)	la construcción está en un estadio decisivo; el primer estadio de un proceso/de una enfermedad
etapa f 2	*stage, phase* (**estadio** and **etapa** may be used in the first example; **fase** may be used in the last)	la enfermedad está ya en una etapa avanzada; la segunda etapa de la Vuelta a Francia (del Tour); el Papa inició así la tercera etapa de su viaje en el Oriente Medio

fase f 2	*phase, stage* (**estadio** and **etapa** may be used in the first and last examples)	la enfermedad está en fase de incubación; los estudios acerca del sida atraviesan todavía una fase de muchas dudas; las fases de la Luna; las distintas fases de desarrollo de un organismo
período m/ **periodo** m 2	*period*	un período/un periodo de prosperidad económica; otros escritores de este período/de este periodo son ...

---

fatal   fatal, inevitable (see the note below)

infausto 3	*unlucky, ill-fated*	recibieron la infausta noticia de la catástrofe; Electra, hija de la infausta familia de Agamemnón; un día/un suceso infausto
aciago 3–2	*ill-fated, ill-omened*	con el empate a cero fue una tarde aciaga en el estadio; un día/un suceso aciago
fatídico 3–2	*fateful* (often used of a day)	por fin llegó el día fatídico; si estamos como estamos, no es porque la historia tenga un curso fatídico ...; un suceso fatídico
funesto 3–2	*baneful*	aquel funesto acontecimiento impidió su recuperación; un torrente de funestas ideas me atosigaban la memoria; ejercer una influencia funesta; un día funesto
nefasto 3–2	*inauspicious, ill-fated*	aquel suceso fue nefasto para el desenlace de la guerra; estas declaraciones pueden tener consecuencias nefastas; ejercer una influencia nefasta; ha sido un día nefasto
fatal 2	*fatal*	esta decisión puede tener consecuencias fatales; la muerte avanza, fatal, incansable, pero lenta, despaciosa ...
inevitable 2	*inevitable*	el fracaso/la victoria era inevitable

NB all these synonyms, except **inevitable** are very often interchangeable, bearing the register in mind

---

por favor   please (see the note below)

sírvase 3	*kindly*	sírvase elegir el coche que más le guste
tenga a bien 3	*kindly* (often used in letters)	tenga a bien contestar cuanto antes a mi carta

¿tendría Ud la bondad/la amabilidad? 3–2	*would you kindly?*	¿tendría la bondad/la amabilidad de enviármelo lo antes posible?
tenga la bondad/la amabilidad 3–2	*kindly*	tenga la bondad/la amabilidad de pasar a la sala
hágame el favor/hazme el favor/¿podría hacerme el favor? 3–2	*would you kindly?*	hágame el favor de abrir la puerta; hazme el favor de aguantarme esto un momento
¿puedes? 2	*can you?*	¿puedes abrir la puerta?
por favor 2	*please*	una cerveza, por favor

NB all these expressions, except the last, are followed by an infinitive. **Por favor** is less frequent in Spanish than *please* in English. Thus, one would be more likely to hear in Spanish '**dame el pan**', '**pasa la toalla**' without the addition of **por favor**, although formal circumstances would require it

---

favorito   favourite

predilecto 3–2	*favourite*	el vino añejo es el predilecto de los entendidos; es su hijo predilecto
favorito 2	*favourite* (also used as a noun)	¿cuál es tu comida favorita?; es mi cantante favorito; era la favorita de la reina
preferido 2	*preferred, favoured* (also used as a noun)	es mi blusa preferida; mi cantante preferida; era el preferido de mis abuelos

---

fe   faith

credo m 3–2	*creed*	el credo socialista; a la manifestación acudió gente de todos credos
confianza f 2	*confidence, trust*	tiene plena confianza en el Señor; no se lo he dicho, no le tengo demasiada confianza
convencimiento m 2	*conviction* (**convicción** may be used here)	tengo el convencimiento de que la película va a ser un éxito

convicción f 2	*conviction* (**convencimiento** may be used in the first example)	tengo la plena convicción de que vamos a ganar; poder de convicción; convicciones religiosas/políticas/morales
crédito m 2	*credit, belief*	no daba crédito a sus ojos/a sus oídos
creencia f 2	*belief*	una creencia religiosa
doctrina f 2	*doctrine*	una doctrina religiosa/filosófica; la doctrina socialista
fe f 2	*faith*	tener fe en Dios
ideología f 2	*ideology*	una ideología religiosa/política

---

fértil   fertile

feraz 3	*fertile* (only used with **tierra**)	una tierra feraz
copioso 3–2	*copious*	una cosecha/una comida copiosa
fecundo 3–2	*fertile, fecund* (usually used literally)	una tierra/una mujer fecunda
fructífero 3–2	*fruitful* (also used figuratively)	un terreno fructífero; ha sido una experiencia muy fructífera
prolífico 3–2	*prolific*	un autor prolífico; una familia muy prolífica
abundante 2	*abundant* (often followed by **en**)	una tierra abundante en fosfatos
fértil 2	*fertile* (also used figuratively) (sometimes followed by **en**)	una tierra/una mujer fértil; un pensador fértil en ideas; tiene una imaginación muy fértil; estar en edad fértil
productivo 2	*productive*	una tierra productiva; un negocio productivo
rico 2	*rich* (also used figuratively) (sometimes followed by **en**)	una tierra/una región muy rica; son gente muy rica; un texto rico en metáforas

fiero
fierce, cruel

bárbaro 3–2	*barbarous* (also used as a noun)	los bárbaros soldados lo arrasaron todo; son unos bárbaros, han arrasado con todo
indómito 3–2	*untamed*	una persona indómita; un animal indómito
animal 2	*brutish* (also used as a noun)	no seas animal, ¿por qué te portas así?; eres un animal, ¿cómo le has podido decir eso?
cruel 2	*cruel*	ha sido una matanza cruel; fue un gobernante cruel y despiadado
feroz 2	*ferocious*	el lobo feroz se le apareció a Caperucita Roja en el bosque; el niño los miraba con ojos feroces
fiero 2	*fierce, cruel*	el león es un animal fiero; la miraba con ojos fieros; aquel ropaje le daba un aspecto fiero
fogoso 2	*fiery*	un temperamento fogoso
indomable 2	*unruly*	los niños de mi clase son indomables; ese chico tiene un carácter indomable
inhumano 2	*inhuman*	los prisioneros recibieron un tratamiento inhumano
salvaje 2	*savage* (also used as a noun)	¿cómo han podido cometer semejante crimen? son verdaderos salvajes; el tigre es un animal salvaje

fijar
to fix, to stick, to stare (used literally and figuratively)

consolidar 3–2	*to consolidate*	con la victoria del partido socialista se consolidaban las bases de la democracia
determinar 3–2	*to determine*	no han logrado determinar las causas del accidente; la ley/el contrato determina que en estos casos ...
establecer 3–2	*to establish*	establecer la fecha/las bases para un tratado; el reglamento establece que ...
asegurar 2	*to secure*	aseguraron la barca para que no se la llevara la corriente
clavar 2	*to nail, to stare at*	clavaron las estacas en el suelo; clavó los ojos/la mirada en ella

colocar [2]	*to fix, to place*	colocaron la mesa en el centro de la habitación; coloca cada casa en su lugar
fijar [2]	*to fix, to stick, to stare*	fijamos la fecha para el día veintidós; ¿tienes un destornillador? hay que fijar estas estanterías; no fijar carteles; fijar un precio/un sueldo; fijar los ojos/la mirada en una persona
pegar [2]	*to stick*	pegaron los sellos en los sobres

---

fila   row, line, file

hilera f [3–2]	*row, line* (has a more restricted use than **fila**: often used with **árboles**)	una hilera de árboles/de casas/de soldados
retahíla f [3–2]	*series, stream*	nos soltó una retahíla de insultos
cadena f [2]	*chain*	formaron una cadena humana para salvarla
caravana f [2]	*caravan, line* (of cars)	una caravana de camellos; se ha construido una carretera de circunvalación para evitar las caravanas de coches en verano
cola f [2]	*queue*	hicieron cola a la entrada del cine; enormes colas de personas se extendían frente a la embajada china
columna f [2]	*column*	una columna de soldados
convoy m [2]	*convoy*	de madrugada, un convoy de camiones militares cruzó el pueblo rumbo a la frontera
fila f [2]	*row, line, file*	una fila de soldados; los alumnos se pusieron en fila; los niños iban en fila india; el coche se puso en doble fila; estábamos sentados en primera fila; larguísimas filas de vehículos y peatones esperaban su oportunidad de …
línea f [2]	*line*	hay una errata en la tercera línea; atravesó las líneas enemigas
ristra f [2]	*string*	una ristra de salchichas/de cebollas/de ajos

fin   end

colofón m ③	*end* (often suggests success)	el brillante colofón de una carrera; fue un espectáculo espléndido que tuvo como colofón la actuación de Plácido Domingo
desenlace m 3–2	*ending* (often of a novel or play)	la novela tiene un desenlace feliz; su viaje a la India tuvo un trágico desenlace
término m 3–2	*end, term*	llegó al término de su carrera/de su viaje
conclusión f ②	*conclusion*	todavía no se ha llegado a ninguna conclusión sobre este tema; como conclusión se podría afirmar que …
destino m ②	*destination*	llegaron a destino sin demasiados problemas; el tren con destino a Segovia tiene su salida en vía número 3
extremo m ②	*end, extremity*	vive en el otro extremo del pueblo; el barquero fue de un extremo al otro del barco; los extremos se tocan; llegó a tal extremo que quiso suicidarse
fin m ②	*end* (see the note below)	el fin del mundo; el juicio llegó a su fin; el fin justifica los medios; el siglo ya tocaba a su fin; aquella batalla puso fin a la guerra; ¿qué haces este fin de semana?; a fines de mes/de septiembre/de año; una asociación con fines ilícitos/benéficos; fin (at the end of a film)
final m ②	*end* (see the note below)	al final de la calle/del pasillo; al final de sus días; lucharon hasta el final; al final del combate; a finales de mes/de año; no vimos el final de la película; con esta noticia ponemos punto final a nuestro Telediario de hoy
meta f ②	*end, goal, finishing line*	el corredor ciclista no logró llegar a la meta; no parece tener ninguna meta en su vida
objetivo m ②	*objective*	éste había sido el principal objetivo de su política; no consiguió su objetivo de …; perseguir un objetivo
objeto m ②	*object*	el objeto de mi viaje es …; este manual tiene por objeto poner al alcance del alumno …
punta f ②	*end, (sharp) point*	la punta del bolígrafo/del pie; vive en la otra punta de la ciudad; se limpió los labios con la punta de la servilleta

NB it is difficult to establish clear differences between **fin** and **final. Fin** is more abstract than **final** which often refers to space as for a street. They may both be used for the end of a week, month etc. As indicated, **fin** appears at the end of a film but you say **el final de la película. Final** is also used in the feminine as in **la final de la Copa del Rey**

---

por fin   finally, at last (see the note below)

a la postre   *in the end, after all*   los ciudadanos somos, a la postre, quienes
3   tenemos que pagar las consecuencias

para concluir   *to conclude*   para concluir, yo quisiera proponer un
3–2   brindis por ...

en definitiva   *finally, in short*   en definitiva, estamos en la misma situación
3–2   que antes

finalmente   *finally*   finalmente llegaron al pueblo
3–2

por último   *finally (often to end an*   por último quisiera subrayar que ...
3–2   *explanation or speech)*

en último lugar   *ultimately*   y, en último lugar, yo quisiera expresar mi
3–2   gratitud a ...

después de todo   *after all, everything*   después de todo tampoco ha sido tan difícil
2   *considered*   como pensábamos

a fin de cuentas   *after all, in the last analysis*   a fin de cuentas el amo es él
2

al fin/al final   *in the end, finally*   al fin/al final aprobé después de dos
2   convocatorias; al fin/al final decidieron
                                                           quedarse

por fin   *finally, at last*   por fin hemos terminado; ¿ya han llegado?
2   ¡por fin!

en el fondo   *at bottom*   en el fondo es muy tímida/muy buena
2   persona

mirándolo bien   *all things considered*   mirándolo bien, no es una mala idea
2

en una palabra   *in a word*   en una palabra este proyecto no es viable
2

pensándolo bien   *all things considered*   pensándolo bien, es mejor que lo dejemos
2   hasta mañana

en resumen   *to sum up, after all*   éstas son, en resumen, algunas de las noticias
2   más destacadas de esta jornada; en resumen,
                                                           no vamos a poder comprarlo

| **para terminar** [2] | to end, to conclude | y ya para terminar, les dejamos a Vds con la música de ... |
| **total** [1] | in short | total, que al final no pudimos ir |

NB **acabar/concluir/terminar** often reflect the same idea:
acabó/concluyó/terminó su conferencia diciendo que ...; acabaron por rechazar el proyecto

---

finca   farm

alquería f [2]	farmstead	en esa alquería venden huevos frescos
cortijo m [2]	large estate (in Andalusia)	un cortijo andaluz
finca f [2]	farm	tenemos una finca de diez hectáreas de naranjos
granja f [2]	farm	mi tío tenía una granja donde criaba vacas, cerdos y gallinas
hacienda f [2]	estate, large farm	hay gran número de haciendas en Andalucía
masía f [2]	farm (in Catalonia, Aragon and Valencia)	se crían vacas y cabras en las masías de Aragón
rancho m M [2]	ranch (note that in Argentina **rancho** means shack)	en el rancho criamos borrego (lambs)

---

folleto   brochure, booklet

cuadernillo m [2]	booklet	la facultad distribuye cuadernillos para la normativa de matrículas
folleto m [2]	brochure, booklet	un folleto turístico/informativo
formulario m [2]	form (with questions)	rellenar un formulario
fotocopia f [2]	hand out (as for students)	la profesora repartió las fotocopias a todos los estudiantes
hoja f [2]	leaflet (may be more than one sheet)	los sindicalistas distribuyeron hojas sobre la situación de la huelga

impreso m [2]	(official) *form*	un impreso de matrícula
octavilla f [2]	(political) *leaflet*	desde el coche arrojaron octavillas a la calle
panfleto m [2]	*pamphlet* (usually has a political connotation)	los comunistas estaban repartiendo panfletos en la plaza

---

fomentar   to promote, to encourage

impulsar [3–2]	*to foster*	impulsar el desarrollo industrial
propiciar [3–2]	*to favour* (see note 1 below)	la empresa propicia el estudio de las artes/la colaboración entre …; la inminencia de un conflicto armado propició una aceleración del éxodo
desarrollar [2]	*to develop*	el gobierno ha tomado medidas para desarrollar el comercio/la industria/el turismo
favorecer [2]	*to favour* (**propiciar** may be used in the second example)(see note 1 below)	la humedad favorece el desarrollo de estos organismos; el ministro favorece el uso del diálogo
financiar [2]	*to finance*	la fundación financió el programa/el comercio; el objetivo es financiar las inversiones privadas; había publicado un libro financiado por un grupo de presión
fomentar [2]	*to promote, to encourage* (see note 2 below)	el gobierno tiene que fomentar mucho más interés por los deportes; el objetivo es fomentar la creación artística
promocionar [2]	*to promote* (see note 2 below)	el cantante realizó una gira para promocionar su nuevo disco; promocionar la educación de los adultos/las lenguas autóctonas
promover [2]	*to promote* (see note 2 below)	promover el turismo/el intercambio comercial entre …; la gran ambición del general fue promover una identidad panárabe

NB 1 **propiciar** and **favorecer** are used in a very similar way, apart from the difference in register
2 the last three verbs are very similar to each other. However, **fomentar** is of a slightly higher register than **promover**, and **promocionar** is often used of commercial activities, but not exclusively

forma
way, manner

guisa f
3
way, guise
y de esta guisa resolvieron el problema; lo hizo de tal guisa que nadie notó la diferencia

estilo m
3–2
style, way (used in set expressions = *in the style of*)
su marido cocina al estilo de los franceses

estilo m
2
style, way (used in set expressions = *something like that*)
busco azafrán o algo por el estilo

forma f
2
way, manner
su forma de ser/de escribir/de vestirse; de todas formas no estoy segura de si viene

manera m
2
manner, way
de todas maneras no vamos a ganar; me gusta hacerlo a mi manera; se viste de una manera muy rara; no me gustó la manera en que me contestó; de esta manera se intenta conseguir que …

método m
2
method
no estoy de acuerdo con su método de combatir el crimen; métodos anticonceptivos/de enseñanza

modo m
2
way
de todos modos no nos van a dar permiso; no me gusta su modo de comportarse/el modo en que habla a la gente; de cualquier modo yo voy a estar allí

fórmula
formula

canon m
3–2
canon
las mujeres gustan de seguir los cánones establecidos por la moda

fórmula f
2
formula
el gobierno está intentando encontrar la fórmula para salir de la crisis; una fórmula química

modelo m
2
model
siguiendo el modelo fabricaron cien mil coches

patrón m
2
pattern (in dress making)
he de tomarte medidas para hacer el patrón de la falda; el patrón oro (*gold standard*)

receta f
2
recipe, prescription
me salieron unos sabrosos pastelillos con la receta de mi abuela; para comprar estas píldoras necesitas receta (médica); la receta del éxito

fracasar   to fail (see the notes below)

marrar 3	*to fail, to miss*	marrar el blanco/tiro; marraron en su intento de montar una nueva compañía
naufragar 3	*to fail, to collapse*	su negocio/su iniciativa había naufragado
frustrarse 3–2	*to fail, to come to nothing*	se han frustrado nuestros planes/nuestras esperanzas
incumplir 3–2	*to fail to fulfil* (has a legal connotation)	fue acusada de incumplir el reglamento/el contrato
malograr(se) 3–2	*to waste, to fail* (often used reflexively and of an endeavour)	se malograron nuestros esfuerzos/nuestros intentos
no aprobar 2	*to fail* (an examination) (is of a slightly higher register than **no pasar**)	no aprobaron el examen de ingreso
no tener éxito (en) 2	*not to be successful (in)*	no tuvo éxito en el mundo artístico
faltar 2	*to fail* (in a commitment), *to miss* (an appointment)	siempre falta a sus compromisos; si falta alguien me lo dices; su amigo les recordó: 'No faltéis a la práctica de tiro, el lunes'; nunca falta a clase
fallar 2	*to fail, to miss*	me fallaron los frenos; si no me falla la memoria …; le fallaron las fuerzas; confiamos en tu ayuda, así que no nos falles
fracasar 2	*to fail*	fracasaron en su tentativa de …; había fracasado como actor; el socialismo ha fracasado de manera rotunda en este país
no pasar 2	*to fail* (an examination) (is of a slightly lower register than **no aprobar**)	no he pasado el examen de francés
perder 2	*to miss* (a train, a bus)	perdieron el autobús/el tren y tuve que esperar media hora más
reprobar M 2	*to fail* (an examination)	el estudiante reprobó dos asignaturas
suspender 2	*to fail* (an examination)	le han vuelto a suspender; suspendí el examen de química
catear 1	*to fail* (an examination)	cateó tres asignaturas; volvieron a catear el inglés; me han cateado

irle a alguien como la mona A 1	*to fail, not to suit (someone)*	'¿cómo te fue en el viaje?' 'Como la mona'
regarla M 1	*to mess up*	la regué con mi proyecto final y me reprobaron
tronar(la) M 1	*to fail* (an examination), *to mess up*	me fue muy mal, troné matemáticas; me salió muy mal, la troné
valer M 1	*to mess up, to blow (it)*	si no mejoro mi tiempo en pista, ya valí, me sacan del equipo
irle a alguien como la mierda A 1*	*to fail, not to suit (someone)*	el vestido se achicó al lavarlo y ahora me va como la mierda

NB 1 **no dejar de** = *not to fail to*. Thus: **no dejes de venir** = *don't fail to come*
2 **fallido** = *unsuccessful* from the rarely used defective verb **fallir**. It is often used with **esfuerzo** or **intento**: **el fallido esfuerzo del gobierno llevó al país al borde de la catástrofe; un fallido golpe de estado**

---

fracaso   failure

malogro m 3	*loss, failure*	aquella guerra supuso el malogro de muchas vidas
aborto m 3–2	*abortion* (used figuratively)	la falta de dinero produjo el aborto del proyecto
crac m 3–2	*crash, financial failure*	el crac del veintinueve provocó una multitud de quiebras
descalabro m 3–2	*setback, blow*	sufrir un descalabro económico
revés m 3–2	*setback*	la empresa ha sufrido varios reveses financieros
aborto m 2	*abortion* (used literally)	el número de abortos ha subido dramáticamente
bancarrota f 2	*bankruptcy* (same as **quiebra**)	el país ha entrado en bancarrota; se declararon en bancarrota
caída f 2	*fall*	la caída del imperio británico
chasco m 2	*failure, let-down* (usually used with **llevarse**)	me llevé un (gran) chasco, esperaba que la película iba a ser mejor
fracaso m 2	*failure*	su actuación fue un fracaso rotundo; todos los profesores tienen que enfrentarse al fracaso escolar

| **quiebra** f [2] | *bankruptcy* (same as **bancarrota**) | gran número de pequeñas empresas se han declarado en quiebra |
| **ruina** f [2] | *ruin* | la compra de esta empresa ha sido una ruina, nos quedan muy pocos fondos |

---

frigorífico   refrigerator

refrigerador m [3–2]	*refrigerator* (used less than **frigorífico**, but is common in Mexico)	pon los huevos en el refrigerador
congelador m [2]	*freezer, freezer compartment* (of fridge)	ayer compramos medio cordero y lo metimos directamente en el congelador; el congelador de la nevera se nos ha quedado pequeño
frigorífico m [2]	*refrigerator* (see the note below)	estos alimentos deben conservarse en el frigorífico
heladera f A [2]	*refrigerator*	nuestra heladera es muy vieja, y no tiene freezer
hielera f M [2]	*ice-box*	metieron los refrescos en la hielera antes de ir al campo
nevera f [2]	*refrigerator, ice-box* (see the note below)	pon la leche en la nevera; llevaban la comida del picnic en una nevera
frigo m [1]	*fridge*	oye Papá ¿pongo la leche en el frigo?
refri m M [1]	*fridge*	mete la carne al refri, si no se va a estropear

NB **nevera** is used more in daily discourse but **frigorífico** appears more in adverts and shops

---

frío   cold

álgido [3]	*accompanied by extreme cold* (may have a medical connotation)	una fiebre álgida; un clima álgido
gélido [3]	*freezing*	un viento gélido
congelado [2]	*frozen, deep-frozen, frost-bitten*	alimentos congelados; hace un frío … estoy congelada; tengo las manos congeladas; le amputaron dos dedos congelados

fresco 2	*fresh, cool*	coge un jersey, que con este aire tan fresco vas a coger un resfriado
frío 2	*cold*	la sopa estaba fría, y le pedí al camarero que la volviera a calentar; sírvase frío (for a drink)
glacial 2	*icy, glacial*	un frío/un viento glacial
helado 2	*frozen*	tengo los pies helados/las manos heladas; pon la estufa, estoy helada; no me bañé, el agua estaba helada
ultracongelado 2	*deep-frozen* (used of food)	carne ultracongelada
tieso 2–1	*stiff with cold*	hacía tanto frío que casi nos quedamos tiesos

---

frotar   to rub, to scrub

friccionar 3–2	*to rub, to massage*	el masajista le friccionó la espalda
frotar 2	*to rub, to scrub*	se frotó las manos; frotaba la sartén con un estropajo; dejar a remojo unos minutos y después enjuagar. No frotar (instructions on a fabric)
restregar 2	*to scrub* (suggests more force than **frotar**)	este niño tiene sueño, mira cómo se restriega los ojos; me he pasado toda la mañana restregando el suelo, pero no sale la mancha

---

fuego   fire

llamarada f 3–2	*flare-up,* (sudden and short-lived) *burst of flames*	los bomberos penetraron en la habitación pero una llamarada les obligó a echarse atrás
fuego m 2	*fire*	prendieron/pegaron fuego a la casa; un fuego de campamento; ¿tienes fuego? (to have a smoke); fuegos artificiales
hoguera f 2	*bonfire, stake* (for punishment)	los niños cantaban alrededor de la hoguera; Giordano Bruno fue quemado en la hoguera en mil seiscientos
incendio m 2	*large fire*	un incendio forestal; este incendio fue provocado; el incendio se declaró en el ático del edificio

| **llama** f
[2] | *flame* (often used in the plural) | el molino ardía envuelto en llamas |

---

fuerte		strong (see the note below)
recio [3]	*robust, thickset*	'Castilla, Castilla, Castilla, madriguera de recios hombres' escribió Unamuno; un hombre de musculatura recia arrojaba tierra desde su barca
bragado [3–2]	*tough, strong*	está bragado de hacer pesas; ¡qué bragado está el muchacho!
fornido [3–2]	*lusty*	un hombre alto y fornido descargaba cajones del barco
vigoroso [3–2]	*vigorous* (also used figuratively)	tenía un aspecto sano y vigoroso; finalmente, una acción más vigorosa del Ejército logró dominar la situación; pronunció un vigoroso discurso sobre ...
enérgico [2]	*energetic* (also used figuratively)	tiene un carácter enérgico y decidido; en un enérgico discurso sobre la libertad de la prensa
fuerte [2]	*strong* (also used figuratively)	es un chico alto y fuerte; hay que ser fuerte y hacer frente a las adversidades; una tela muy fuerte; hacía un viento muy fuerte; no me gusta el té tan fuerte
macizo [2]	*solid, stout, thickset*	no está gordo, está macizo
potente [2]	*powerful* (often used of an engine) (also used figuratively)	una máquina/una moto/un coche/un motor muy potente; un grupo político muy potente
resistente [2]	*tough, resistant*	una materia/una tela resistente
robusto [2]	*robust*	un joven de aspecto sano y robusto; una construcción robusta
sólido [2]	*solid*	esta pared es muy sólida; una construcción sólida
fortachón [2–1]	*strong*	necesitan a un chico fortachón como tú para talar árboles
forzudo [2–1]	*tough*	los vascos tienen fama de ser forzudos

NB apart from the register differences, **recio, fornido** and **robusto** are very similar when applied to persons. Of these three, only the latter is applied to things like walls and buildings

fuerza   strength

tesón m 3	*firmness, tenacity*	trabajó con ahínco y tesón por la consecución de este objetivo
coraje m 3–2	*fighting spirit*	pelearon con coraje hasta el final
dinamismo m 3–2	*dynamism*	es una chica muy emprendedora, tiene un gran dinamismo
entereza f 3–2	*firmness, strength of mind*	hizo frente a la enfermedad con entereza
tenacidad f 3–2	*tenacity*	su gran tenacidad le permitió seguir adelante a pesar de las dificultades
ánimo m 2	*spirit, nerve* (often used in the plural)	no tuvo el ánimo necesario para superar la situación; hay que darle ánimos para que siga adelante
energía f 2	*energy*	trabajaban con energía todo el día; estos niños están llenos de energía
fortaleza f 2	*strength, toughness*	una mujer de una gran fortaleza física; su gran fortaleza espiritual le permitió afrontar …
fuerza f 2	*strength* (used literally and figuratively)	su fuerza excepcional le permitió levantar el coche; la fuerza de sus argumentos
potencia f 2	*power* (usually physical)	la potencia de un atleta/de un motor/de una máquina
voluntad f 2	*will* (*power*)	no tiene voluntad para quedarse en casa estudiando; tiene mucha fuerza de voluntad

funda   cover, sheath

cubierta f 2	*cover, tarpaulin*	compró una cubierta de lona para proteger el coche de la arena
estuche m 2	(small) *cover, case*	metió las gafas en el estuche; un estuche para lápices
funda f 2	*cover, sheath,* (pillow) *slip*	metió el paraguas en la funda; cubrieron la silla/la máquina de escribir con una funda; la funda de la almohada; la funda de las gafas
preservativo m 2	*condom*	se recomienda el uso de preservativos para evitar cualquier tipo de infección

vaina f   *shell, pod, scabbard*   una vaina de guisantes/de judías; enfundó la
2   espada en la vaina

NB it should be pointed out that **condón** (m) has now found its way into
the Spanish language and is frequently used

---

funeral   funeral (see the note below)

exequias fpl   *funeral*   las exequias de la reina
3

funeral   *funeral*   el funeral/los funerales del Presidente
m/**funerales** mpl   tendrá(n) lugar en ...
2

NB there is no difference between these three synonyms, save that of register

---

fusil   rifle, gun

ametralladora f   *machine gun*   una ráfaga de ametralladora; se oía a lo lejos
2   el tableteo de las ametralladoras

carabina f   *rifle (same as **fusil**,*   la carabina es más corta que el fusil
2   *although shorter and little*
                            used now)

cetme m   *automatic rifle*   los guardias iban armados con cetmes
2

escopeta f   *shot-gun*   cogieron sus escopetas y salieron de caza
2

fusil m   *rifle, gun*   le apuntaron con un fusil
2

fusil ametrallador   *automatic rifle*   en la película *Rambo* el héroe disparaba con
m   dos fusiles ametralladores
2

metralleta f   *sub-machine gun*   los policías iban armados con metralletas
2

pistola f   *pistol*   sacó su pistola para defenderse
2

rifle m   *rifle*   armaron a todos los soldados con un rifle
2

revólver m   *revolver*   en el local fueron incautados treinta kilos de
2   explosivos y cinco revólveres

futuro
future (used as a noun) (see the note below)

mañana m 3–2	*future, tomorrow*	no pensar en el mañana es la mejor forma de combatir el pesimismo; estos estudiantes son los médicos del mañana
tiempos venideros mpl 3–2	*future times*	los tiempos venideros serán mejores si se difunden más los ideales democráticos
futuro m 2	*future* (used more than **porvenir**)	el futuro de la raza humana queda incierto con el calentamiento global; en un futuro no muy lejano
porvenir m 2	*future* (used less than **futuro**)	los jóvenes tienen que pensar en su porvenir; casándose con él ya tiene el porvenir asegurado

NB the difference between these synonyms is one of context. For instance, **porvenir** may not be used in the last example of **futuro**. Do not confuse **mañana** (m) = *future* with **mañana** (f) = *morning*

---

gafas
glasses, swimming goggles

anteojos mpl 3	*spectacles* (but R2 in Argentina)	mi abuelo usaba anteojos
lentes fpl 3	*spectacles*	necesito lentes para ver de cerca
lente de contacto f 3	*contact lens*	las lentes de contacto son sumamente útiles para el deporte
catalejo m 2	*telescope* (for short distances as from a belvedere)	escudriñaba el horizonte con un catalejo
cristal m 2	*lens*	se ma ha roto un cristal, no veo nada
espejuelos mpl 2	*glasses*	pásame los espejuelos
gafas fpl 2	*glasses, swimming goggles*	mi padre lleva/usa gafas; verás el fondo mejor con gafas
lente mf 2	*lens*	la lente de la cámara fotográfica
lentilla (de contacto) f 2	*contact lens* (the full expression is more formal)	no te bañes con tus lentillas; se me ha perdido una lentilla

lupa f [2]	*magnifying glass*	se estaba quedando ciego y tenía que leer con lupa
objetivo m [2]	*lens*	el objetivo de una máquina fotográfica
prismáticos mpl [2]	*binoculars*	el capitán observó la operación con sus prismáticos desde el avión
telescopio m [2]	*telescope (for long distances, i.e. for stars)*	se puede alquilar un telescopio en el mirador

ganador   winner

galardonado m [3–2]	*prize winner (in the field of arts or sciences)*	la galardonada recibió el premio de cien mil pesetas
acertante mf [2]	*winner (usually of lottery or football pools)*	no ha habido ningún acertante de catorce resultados
ganador m [2]	*winner*	el ganador de los cien metros ha sido Carl Lewis; el ganador de la lotería nacional

ganar   to win, to beat

dominar [3–2]	*to master, to overcome, to dominate, to control*	domina el inglés y el alemán; los territorios dominados por el imperio romano; al Gobierno le está resultando difícil dominar la situación
triunfar [3–2]	*to triumph*	ha triunfado en su propósito/sobre su rival
valer [3–2]	*to earn, to win*	esta novela le valió el Premio Nobel al escritor checo
alcanzar [2]	*to reach, to gain*	alcanzar una meta/un acuerdo; alcanzar la cima de una montaña/el poder
conquistar [2]	*to conquer, to defeat*	el poeta conquistó el corazón de la dama; conquistar un pueblo/un mercado
conseguir [2]	*to win, to obtain*	consiguieron la victoria; le he conseguido una buena colocación
derrotar [2]	*to defeat*	tras derrotar a la Contra, Daniel Ortega ha cambiado de imagen; el Barcelona ha conseguido derrotar a su rival el Real Madrid

ganar 2	to win, to beat	ganar un premio/un partido/al adversario/las elecciones/la confianza de alguien; el Real Madrid ha ganado la Copa de Europa; siempre me gana al ajedrez; ganarás el pan con el sudor de tu frente
vencer 2	to defeat	vencieron al enemigo/al equipo contrario
chingar M 1*	to win, to beat	jaque, mate, ya te chingué

gasolinera   petrol station (see the note below)

estación de servicio f 2	service station (usually suggests more than petrol)	hay una estación de servicio en la autopista
gasolinera f 2	petrol station	podemos repostar en la gasolinera
puesto de gasolina m 2–1	petrol station	la gente del pueblo acudía al puesto de gasolina una vez por semana

NB **garage/garaje** only means the place where you put your car

generalmente   generally, as a rule (see the note below)

usualmente 3	habitually	usualmente no se acostaba antes de las once
por lo común 3–2	generally	por lo común vamos al dentista cada seis meses
habitualmente 3–2	habitually	habitualmente como a las tres
generalmente/en general/por lo general/por regla general 2	generally, as a rule	generalmente/en general/por lo general/por regla general no se acuesta antes de las once
normalmente 2	normally	normalmente no llega hasta las diez de la noche

NB the following verbs: **soler: suelo acostarme a las once; suele haber mucha gente a esta hora; acostumbrar: acostumbran (a)** (R3–2) **comer fuera los domingos; estoy acostumbrado** (R2) **a levantarme a las seis**

generoso   generous

dadivoso   *generous*   se muestra dadivoso con la gente pobre
3

magnánimo   *magnanimous*   el rey se mostró magnánimo para con sus
3   súbditos; un gesto magnánimo

desprendido   *generous*   es muy desprendida, seguro que te da el
3–2   dinero que necesites

espléndido   *lavish, liberal*   es una persona espléndida, ha regalado una
3–2   casa para hacer un hospital

pródigo   *generous, lavish*   se muestra pródiga con todos
3–2

rumboso   *generous* (in a spectacular se mostró muy rumbosa, invitándonos a
3–2   way)   todas a cenar; una boda rumbosa; un regalo
                                                    rumboso

generoso   *generous*   es muy generosa con sus amigas, siempre las
2   invita a comer; un generoso regalo

---

gesto   gesture

ademán m   *gesture, movement* (often   sus ademanes eran pausados
3–2   used in the plural)

gesto m   *gesture*   hizo un gesto de aprobación
2

mueca f   *grimace*   hizo una mueca de dolor
2

---

glotón   greedy, gluttonous (see the note below)

glotón   *greedy, gluttonous*   no seas tan glotona, ya has comido bastantes
2   pasteles; el glotón de mi hermano come a
                                                    todas horas

comilón   *greedy*   es tan comilón que no deja nada sobre la
2–1   mesa; es un comilón, acaba de zamparse un
                                                    melón entero

tragón   *greedy*   ¡qué tío más tragón, no para de comer!; es
2–1   un tragón de dulces

tragaldabas   *greedy* (same as **tragón**) el tragaldabas éste se ha vaciado todo el
1   plato

NB all these synonyms are used as adjectives and nouns

golfo
gulf, bay

bahía f [2]	*bay*	la bahía de Cádiz
cala f [2]	*creek*	hay calas por toda la costa mediterránea
caleta f [2]	*inlet, cove*	encontraron una caleta preciosa para bañarse
concha f [2]	*bay*	la concha de San Sebastián
golfo m [2]	*gulf, bay*	el golfo de Vizcaya

golpe
blow

impacto m [3–2]	*impact, blow*	recibió el impacto de una piedra; un impacto de bala
azote m [2]	*spank*	su padre le dio un par de azotes
bofetada f/**bofetón** m [2]	*slap* (in the face)	a mí no me contestes así o te doy una bofetada/un bofetón
golpe m [2]	*blow*	le dio un golpe en la cabeza
golpecito m [2]	*tap*	el alumno daba golpecitos en la mesa para incordiar a la maestra
mazazo m [2]	*blow* (with a cudgel)	le dio un mazazo tremendo
portazo m [2]	*bang* (of a door)	salió de la habitación dando un portazo
puñetazo m [2]	*blow* (with the fist), *punch*	le dio un puñetazo en el estómago; le derribaron a puñetazos; repartir puñetazos
manotazo m [2–1]	*slap*	le dio un manotazo en la espalda
porrazo m [2–1]	*blow* (with a truncheon or when falling)	el poli le pegó un porrazo; resbaló y se dio un porrazo de miedo
torta m [2–1]	*slap, sock*	le pegó (R1)/arreó (R1)/dio una torta
coscorrón m [1]	*bump on head* (more the result of a blow)	se cayó y se dio un coscorrón

galleta m ☐1	*wallop*	como sigas incordiando te voy a dar una galleta
golpazo m M ☐1	*(enormous) blow*	le dio un golpazo tal en la nariz que se la rompió
mamporro m ☐1	*blow*	le dio un mamporro en las narices
sopapo m ☐1	*slap*	como no te calles te voy a arrear un sopapo
chingadazo m M ☐1*	*thump, bloody good hiding*	cuando me caí de la escalera me di un chingadazo; basta o te doy un chingadazo
hostia f ☐1*	*right belting*	¡vaya hostia que te ha dado!

---

golpear

to hit, to strike (see the note below)

flagelar ☐3	*to whip*	a los delincuentes se les flagelaba antes de ponerlos en la picota
fustigar ☐3	*to whip* (used of horses)	fustigar a un caballo
tundir ☐3	*to thrash*	si vuelves a repetirlo, te voy a tundir
asestar ☐3–2	*to deliver* (often followed by **golpe**, **bofetada**) (same as **propinar**)	le asestó un golpe tremendo en la cabeza
golpetear ☐3–2	*to tap*	los niños golpeteaban las mesas para molestar a la profesora
retorcer el pescuezo a ☐3–2	*to sort out, to wring (someone's) neck*	no me molestes o te retuerzo el pescuezo
hacer picadillo a ☐3–2	*to make mincemeat (of)*	como no te calles te hago picadillo
propinar ☐3–2	*to hand out* (same as **asestar**)	le propinó una bofetada/un puñetazo
vapulear ☐3–2	*to thrash*	el boxeador vapuleó a su adversario
abofetear ☐2	*to slap* (in the face)	el sargento abofeteó al recluta
apalear ☐2	*to beat*	apalear a una mula; le quitaron todo lo que llevaba encima y después le apalearon

aporrear [2]	to bang (with a cudgel/truncheon)	los policías aporrearon la puerta/a los manifestantes
azotar [2]	to whip	los romanos azotaban a los condenados
dar un azote a [2]	to spank	estate quieta o te doy un azote
desollar [2]	to flay	le desollaron vivo
dar un golpe a [2]	to hit	le dieron un fuerte golpe en la cabeza
golpear [2]	to hit, to strike	los ladrones le golpearon repetidas veces; golpeó la puerta varias veces
machacar [2]	to pound	le machacaron a golpes hasta que cayó al suelo
pegar [2]	to hit	le pegó una torta/una bofetada; si te portas mal, te voy a pegar
dar una paliza [2–1]	to give a wallop	te voy a dar una paliza si no te vas a la cama en seguida
zurrar [2–1]	to spank	te voy a zurrar si no haces lo que te digo
dar un guantazo a [1]	to slap (with the open hand)	como no te calles te doy un guantazo
repartir leña [1]	to dish (it) out	la policía repartió leña
caerse el pelo [1]	to catch a packet	como se entere tu padre se te va a caer el pelo

NB **girar/partir/romper la cara** = *to bash (someone's) face in* (all R1)

---

gordo   fat (see the note below)

obeso [3–2]	obese (has a medical connotation)	está demasiado obeso, no debería fumar tanto
gordo [2]	fat	está gorda de comer tanto; ese vestido te hace muy gorda; ponerse gordo
grueso [2]	thickset, heavy (also a euphemism for **gordo**)	es tan grueso que no se mueve con facilidad
regordete [2]	chubby (suggests affection and small stature)	una chica bajita y regordeta

rollizo 2	*plump* (used of a small child)	¡qué bebé tan rollizo!; ¡qué piernas tan rollizas tiene!
gordinflón 2–1	*podgy*	¡vaya gordinflón! no cabe en el coche
mofletudo 2–1	*chubby* (used of cheeks)	es un niño gordo y mofletudo
panzón M 2–1	*fat*	es un niño panzón que tiene que adelgazar
rechoncho 2–1	*tubby* (suggests a small stature)	es baja y rechoncha
bachicha m A 1	*very fat person*	no comas tanto pan, estás hecho un bachicha
bola f 1	*hefty great person* (rounded like a ball)	sólo piensa en comer y beber, está hecho una bola
cerdo m 1	= **bola**	come tanto que está hecha un cerdo
vaca f 1	= **bola** (often used for girls)	no para de comer, está hecha una vaca

NB the last four (nouns) are used with **estar hecho**

---

gratitud gratitude

reconocimiento m 3–2	*recognition, acknowledgement*	en reconocimiento de su ayuda; mencioné mi reconocimiento por su colaboración
agradecimiento m 2	*gratitude* (same as **gratitud**)	quisiera expresar mi agradecimiento por la ayuda que nos ha prestado
gratitud f 2	*gratitude* (same as **agradecimiento**)	quisiera expresar mi gratitud por su colaboración

---

gritar to shout

clamar 3–2	*to clamour* (often used figuratively)	no se cansaba de clamar por la justicia; miles de mineros claman por más comida y jabón ...
vociferar 3–2	*to scream*	los huelguistas vociferaron una retahíla de insultos; vociferar como un energúmeno
dar alaridos 2	*to howl* (often followed by **de dolor**)	el pobre animal, cogido en la trampa, daba alaridos de dolor

aullar [2]	*to howl* (used of dogs, wolves)	se oía aullar a los lobos a lo lejos
chillar [2]	*to scream, to shout*	¡a mí no me chilles!; 'quíteme las manos de encima', chilló la chica
gritar [2]	*to shout*	gritaba pidiendo ayuda; '¡eh, tú, pequeño!' gritó el cabo
berrear [2–1]	*to howl* (often used of children)	el crío se pasó toda la noche berreando
ladrar M [1]	*to bawl, to holler*	ya tranquilízate y deja de ladrar

---

grosero   vulgar

descomedido [3]	*disrespectful*	es descomedida con sus superiores
zafio [3–2]	*uncouth*	¡qué hombre más zafio!, ni siquiera habla de Vd al director
basto [2]	*rough*	¡qué basta es! siempre soltando tacos
burdo [2]	*coarse*	tiene unos modales muy burdos; no lo soporto, es tan burdo
descortés [2]	*discourteous, ill-mannered*	me parece muy descortés de su parte que no se haya ofrecido a ayudarnos
grosero [2]	*vulgar* (also used as a noun)	me dijo que yo estaba muy gorda, ¡qué grosero!; no seas grosero/eres un grosero, ¿cómo te atreves a contestar así?
impertinente [2]	*impertinent* (also used as a noun)	haz el favor de no contestar así, no seas tan impertinente; el impertinente de la pandilla me sacó de las casillas
inculto [2]	*ignorant* (also used as a noun)	es una inculta, no sabía ni quién era Cervantes; no seas inculta, no silbes/chilles
insolente [2]	*insolent* (also used as a noun)	no me hables así, eres un insolente; llamarla gorda fue un comentario insolente
maleducado [2]	*rude* (often used of children)	no seas maleducado, no apuntes con el dedo
ordinario [2]	*vulgar, rude* (often used as a noun) (does not usually mean *ordinary*)	¿cómo se atreve a hablarme así?, es Ud un ordinario; come con la boca abierta, es muy ordinaria

ramplón [2]	coarse, in bad taste	ese periódico es muy ramplón, sus artículos son de muy mal gusto
tosco [2]	crude, uncouth	era un campesino tosco y sin educación
pelado M [1]	ill-behaved (also used as a noun)	no seas pelada, ven a saludar a mi mamá; tu novio es un pelado, no se despide

---

grupo   group (of people)

lumpen m [3]	drop-outs	el lumpen de Madrid está compuesto por marginados, drogadictos y ladrones
agrupación f [2]	group, concentration, coming together, gathering	se han creado centenares de agrupaciones políticas; se procedió a la agrupación de las tropas
banda f [2]	band, gang	una banda terrorista/musical
bando m [2]	faction (often suggests opposition)	el bando opuesto contradijo abiertamente al primer ministro
clan m [2]	clan	el clan de los García/de los Molina
club m [2]	club (has a sporting connotation)	los club(e)s de fútbol
colectivo m [2]	group, organization	un colectivo de médicos/de ingenieros; se refirió a las relaciones entre el colectivo de inmigrantes de raza negra y ...
comando m [2]	terrorist gang, commando platoon (does not usually mean commando)	un comando terrorista; un comando británico desembarcó en la costa noruega en la segunda guerra mundial; un comando de cinco soldados
congregación f [2]	gathering, congregation (always religious)	una congregación religiosa; la congregación de los fieles (the Catholic Church)
conjunto m [2]	group, ensemble (often has a musical connotation)	un conjunto musical/vocal
corrillo m [2]	small group, huddle	las vecinas habían hecho un corrillo en la esquina
cuadrilla f [2]	group (of friends)	salí anoche con la cuadrilla
dotación f [2]	contingent, complement	han mandado una dotación policial a la zona

escuadrilla f [2]	*squadron*	una escuadrilla de aviones/de barcos
escuadrón m [2]	*squadron* (only used as in the example)	un escuadrón de caballería
grupo m [2]	*group*	un grupo guerrillero/terrorista; un grupo de hombres charlando en una esquina; el profesor dividió la clase en grupos; un grupo de amigos; un grupo de presión; grupo sanguíneo
grupúsculo m [2]	*small group* (usually has a political and pejorative connotation)	un grupúsculo de Herri Batasuna asistió al congreso
hampa f [2]	*underworld*	el hampa de Chicago fue dominada por Al Capone en los años treinta
organización f [2]	*organization*	esta organización se formó para defender los derechos ...
panda f [2]	*bunch, gang* (similar to **pandilla**)	una panda de jóvenes/de delincuentes
partida (de caza) f [2]	*hunting party*	salió la partida de caza al amanecer
plantilla f [2]	*personnel, squad* (in sport, means more than the actual team)	la plantilla de la empresa/de la fábrica/del equipo
secta f [2]	*sect*	una secta religiosa/judía/musulmana
tripulación f [2]	*crew*	la tripulación del barco/del avión
tuna f [2]	(university student) *music group*	la tuna paseaba por las calles de Salamanca tocando zarzuelas
barra f A [2-1]	*gang, bunch*	una barra de amigos
pandilla f [2-1]	*bunch, gang* (similar to **panda**)	acudió una pandilla de jóvenes
basca f [1]	*gang*	alucina, tía, estamos toda la basca sin chapar clavo

guardar
to keep, to put away

conservar 3–2	to preserve, to conserve	la verdura se conserva mejor en la nevera; consérvese frío (in instructions)
retener 3–2	to keep, to retain	retener algo en la memoria; la sal retiene los líquidos; retener parte de la paga en concepto de impuestos
cuidar 2	to keep, to look after	cuida de/a la niña; cuidar de/a un enfermo; si quieres cuidar de tu salud …
guardar 2	to keep, to put away	guarda la llave/el dinero en un lugar seguro; guardar un secreto; guardo un buen recuerdo de aquella época; guardar silencio
proteger 2	to protect	proteger el medio ambiente; ¡Dios te proteja!; hay que proteger a los refugiados
quedarse con 2	to keep	me quedé con todos los caramelos que repartieron y los guardé en mi bolsillo; quédese con el cambio

guardián
guardian, watchman, keeper (see the note below)

carcelero m 2	jailer	el carcelero trajo las llaves
conserje m 2	porter	el conserje de un hotel/de un edificio público
guarda mf 2	guard, keeper (the feminine **guardesa** also exists)	un guarda forestal/rural; un guardacoches/-costas/-espaldas; un guardameta; el guarda de una finca/de un parque/de un museo
guardia mf 2	guard, policeman	un guardia urbano/municipal/civil/forestal/de tráfico; el río ha estado vigilado por dos guardias fronterizos
guardián m 2	guardian, watchman, keeper	el guardián de una finca/de un parque/de un museo/ de un zoológico; los guardianes del orden y de las viejas costumbres
portero m 2	porter, caretaker (usually of a block of flats)	pregunta al portero si no sabes en qué piso vive
sereno m 2	night watchman (**vigilante** may be used here)	el sereno les abrió la puerta a las dos de la madrugada

vigilante mf	*night watchman, vigilante*	puedes dejar el coche en este parking, hay
2		un vigilante; los vigilantes patrullaban el barrio

NB in some cases **guarda, guardia** and **guardián** may be used in the same way. See the examples

---

guerra   war

pugna f	*struggle*	se ha entablado una pugna entre estas dos
3		facciones opuestas
hostilidad f	*hostility* (with the meaning	se han roto/reanudado las hostilidades en la
3–2	of *war* it is usually plural)	zona
combate m	*combat*	los ex combatientes de ambos bandos no
2		olvidarán nunca esos 44 días de combate
conflicto m	*conflict*	un conflicto fronterizo/armado
2		
guerra f	*war*	la guerra estalló en 1936; Gran Bretaña
2		declaró la guerra a Alemania; una guerra civil/ nuclear/psicológica; la guerra fría
lucha f	*struggle*	la lucha contra el cáncer/contra la droga; la
2		lucha de clases; la lucha por la supervivencia

---

gustar   to please

complacer	*to please* (often used in	me complace comunicarles que ...; los Sres
3	formal letters) (same as **ser grato**)	de Meliá se complacen en anunciarles el enlace de su hija Ana con ...
ser grato	*to be pleasing* (same as	me es grato informarle de que/comunicarle
3	**complacer**)	que ...;
gustar de	*to like* (see **gustar**)	gusta de escuchar música clásica
3		
placer	*to please* (same as **dar placer**)	me place mucho poder ayudaros
3		
dar placer	*to give pleasure* (same as	me da placer acogeros
3	**placer**)	
agradar	*to please*	siempre nos agrada vuestra visita; sabes de
3–2		sobra lo mucho que me agrada poder complacerte; no me agrada la idea de ...

embelesar 3–2	*to enchant*	aquella mujer lo había embelesado
regocijar 3–2	*to gladden, to delight*	me regocija ver cómo se divierten los niños
seducir 3–2	*to attract* (does not necessarily mean *to seduce*)	aquella idea me sedujo
apasionar 2	*to excite, to thrill*	la música/la poesía me apasiona; es un tema que me apasiona
apetecer 2	*to appeal*	¿te apetece una copa/tomar algo?
atraer 2	*to attract*	siempre la ha atraído la pintura; no me atrae mucho la idea
cautivar 2	*to captivate*	quedó cautivado por la belleza de aquella mujer
emocionar 2	*to thrill, to excite*	me emocionó la película aquélla
encantar 2	*to delight*	me encanta el pollo; ¿yo, visitaros en San Sebastián? ¡Encantado!
fascinar 2	*to fascinate*	la literatura me fascina
gustar 2	*to please* (often translated by *to like*) (see **gustar de**)	¿te gustan las aceitunas?; no me gusta tener que levantarme tan pronto; me gusta mucho ese chico
dar gusto a 2	*to please* (*someone*) (by doing or saying something)	le dijo que sí para darle gusto
hechizar 2	*to bewitch*	la belleza de aquella dama le hechizó
hipnotizar 2	*to hypnotize*	el colorido del cuadro le hipnotizó
hacer ilusión a 2	*to please greatly, to thrill*	tu llamada/el viaje me hizo mucha ilusión
embobar 2–1	*to fascinate* (suggests *standing gaping*)	me embobé mirando ese cuadro
chiflar 2–1	*to send crazy*	me chifla el ajedrez; le chifla ver el Real Madrid
alucinar 1	*to fascinate*	me alucina cómo juega el delantero aquél

| **molar** [1] | to thrill, to please (usually translated by to like, etc.) (suggests something flashy and modern) | ese jersey que llevas me mola cantidad; tiene una moto que mola cantidad |
| **pasarle a alguien (un restorán)** M [1] | to thrill (= to like very much) (**un restorán** strengthens the expression) | ¡qué buena idea! me pasa (un restorán) |

---

gusto pleasure

agrado m [3]	pleasure (**gusto** and **placer** may be used in the second example)	haz lo que sea de tu agrado; lo haré con agrado; aquella idea no era de su grado
complacencia f [3]	pleasure (suggests satisfaction)	tengo complacencia en poder ayudarles
deleite m [3]	delight	lee a Góngora con deleite
grado m [3]	willingness, pleasure (only used in set expressions)	lo haré de buen grado
antojo m [2]	caprice	hay que satisfacer todos sus antojos; dicen que las mujeres tienen antojos
capricho m [2]	caprice	tiene que satisfacer todos sus caprichos
gusto m [2]	pleasure (see the note below)	tengo el gusto de presentarles al Sr…; lo haré con mucho gusto
placer m [2]	pleasure (is of a higher register than **gusto**) (see the note below)	tengo placer en presentarles a la Sra…; leo a Lorca con placer; lo haré con placer; será un placer poder ayudarte; ha sido un placer conocerte

NB **gusto** may not be used in the last two examples of **placer**. **Placer**, unlike **gusto**, is not used with **mucho**

---

hábil clever, skilful

apto [3–2]	capable	no es apta para ocupar este cargo
diestro [3–2]	clever, skilful	es muy diestra en su oficio; un diestro cirujano
capaz (de) [2]	capable (of)	soy capaz de (hacer) cualquier cosa con tal de no pagar

competente [2]	*competent*	no es competente para hacer este trabajo
hábil [2]	*clever, skilful*	es muy hábil para los negocios/para negociar; deja que arregle él el enchufe, es muy hábil; un hábil cirujano
ingenioso [2]	*ingenious*	el ingenioso hidalgo Don Quijote; es muy ingenioso, ¡se le ocurre cada cosa!; se le ocurrió una idea ingeniosa
inteligente [2]	*intelligent*	va a aprobar sin problemas, es una chica muy inteligente
listo [2]	*clever*	es muy lista en lo que se refiere a los negocios; es muy lista, siempre saca muy buenas notas
mañoso [2]	*skilful* (with one's hands) (similar meaning to **apañado**)	es muy mañosa en casa, sabe arreglar enchufes, grifos …
apañado [2–1]	*handy* (similar meaning to **mañoso**)	no sé cómo me pasaría sin mi marido, es muy apañado para las cosas de la casa

---

habla   language, speech

dialecto m [2]	*dialect*	en el norte de Inglaterra se hablan varios dialectos
habla f [2]	*language, speech* (**lenguaje** may be used in the last two examples)	un país de habla hispana; el habla de los niños; el habla coloquial
idioma m [2]	*language*	una academia de idiomas; habla varios idiomas extranjeros; tiene facilidad para los idiomas; el idioma español
lengua f [2]	*language, tongue* (**idioma** may only be used in the last example)	estudiar una lengua viva/muerta; mi lengua materna es el chino; la lengua española
lenguaje m [2]	(*type of*) *language, speech* (neither **idioma** nor **lengua** may be used in these examples)	el lenguaje de los niños; un lenguaje poético/ científico/coloquial; la adquisición del lenguaje (when a child learns to talk)

---

hablar   to speak, to talk

departir [3]	*to converse*	departía con una colega sobre la moda

disertar 3	*to expound*	el secretario general disertó sobre la revolución tecnológica
conversar 3–2	*to converse*	estuvieron conversando sobre la política actual; en la foto Felipe González conversa con el ministro de Exteriores francés
dialogar 3–2	*to hold talks* (suggests the idea of negotiations)	el Papa dialogó con los representantes de la Santa Sede
perorar 3–2	*to spout* (suggests affectation)	siempre está perorando sobre temas filosóficos
pronunciarse 3–2	*to make a pronouncement*	prefiero no pronunciarme sobre el tema; pronunciarse a favor de/en contra de la resolución
cotorrear 2	*to chatter*	las mujeres estuvieron cotorreando en el salón de belleza
charlar 2	*to chat*	nos quedamos charlando hasta las dos de la madrugada
chismorrear 2	*to gossip* (used less than **cotillear**)	está enterado de todo, no para de chismorrear
hablar 2	*to speak, to talk*	hablas muy bien el ruso; hablar alto/bajo; hablaremos del asunto mañana; hablar de tú/Ud a alguien; estuvimos hablando de todo un poco
platicar M 2	*to chat* (exists in Spain but is R3)	estuve platicando un par de horas con ella
cotillear 2–1	*to gossip* (used more than **chismorrear**)	en la oficina se pasan el día cotilleando
chapurrear 2–1	*to speak badly*	no hablo bien el inglés, sólo lo chapurreo
cantar 1	*to spill the beans* (especially in a police context)	cantó en seguida en cuanto le empezamos a pegar
largar 1	*to spout*	en el interrogatorio de la bofia largó todo lo que sabía sobre el asunto
estar de palique 1	*to chat*	tu madre está de palique con la vecina de arriba
rajar 1	*to chat, to gossip*	las vecinas se pasan todo el día rajando

hacer   to do, to make

confeccionar 3–2	*to make up* (often used of clothes, as in an advert)	se confeccionan trajes a medida; la empresa confecciona unas mil camisas al día
efectuar 3–2	*to carry out* (a more impressive alternative to **hacer**)	se han efectuado numerosas transacciones en la sesión de bolsa; la policía efectuó varias detenciones en la zona
ejecutar 3–2	*to execute, to perform*	sus órdenes fueron ejecutadas al acto; ejecutar una sentencia/una sinfonía
elaborar 3–2	*to elaborate* (suggests *thinking it up, putting it together*), *to develop*	después de elaborar el proyecto, el ingeniero invitó al público a …; elaborar un informe/un proyecto de ley
forjar 3–2	*to forge*	se ha forjado una buena reputación en los negocios; todas estas experiencias han ido forjando su carácter
generar 3–2	*to generate*	un tema que está generando gran interés entre el público; los beneficios generados por el tráfico de drogas; generar nuevos puestos de trabajo; generar entusiasmo/confianza
integrar 3–2	*to make up*	los múltiples aspectos que integran la personalidad del hombre; estos catorce partidos integran la coalición
llevar a cabo 3–2	*to carry out*	llevar a cabo un proyecto; la empresa constructora está llevando a cabo trabajos de limpieza; se llevó a cabo una encuesta/un sondeo para …; según se desprende de las investigaciones llevadas a cabo
perpetrar 3–2	*to perpetrate*	perpetrar un atraco/un atentado/un crimen
plasmar 3–2	*to express, to mould, to shape* (usually has artistic implications)	el pintor plasmó sus sentimientos más profundos en su obra más temprana
cometer 2	*to commit*	cometer un atraco/un error; el crimen cometido el pasado 19 de abril sigue sin esclarecerse
componer 2	*to compose, to make up*	Dvorak compuso una sinfonía cuando estaba en América; más de trescientos objetos componen la gran exposición que acaba de inaugurarse
crear 2	*to create*	Dios creó al hombre; crear un poema/un cuadro; esto crea nuevas dificultades; proponen que se cree una nueva institución; las drogas crean hábito

cumplir 2	to fulfil	cumplieron el servicio militar; cumplir con una orden/con una obligación
establecer 2	to establish	hay que establecer los hechos y las fechas antes de acusar a nadie; habrá que establecer servicios de vigilancia
fabricar 2	to make (used more than to fabricate and usually entails machines)	fabricar sombreros/dulces; 'fabricado en España' (on a label)
formar 2	to form	los jugadores que forman el equipo; formar un gobierno; durante toda la semana se han formado colas; el pianista forma parte de un conjunto musical
gestar(se) 2	to begin to produce (often used reflexively = to be brewing)	la revolución había empezado a gestarse en aquellos años
hacer 2	to do, to make	hacer un pastel/la comida/los deberes; ya le han hecho el contrato; ha hecho un buen trabajo; tuvo que hacer numerosas gestiones para …; hacer daño/el amor/todo lo posible para; hacer una pregunta; haces bien en mandarlo ahora
producir 2	to produce	la región valenciana produce naranjas y arroz; el negocio ha producido importantes beneficios; las lluvias torrenciales siguen produciendo daños irreparables; durante estos años produjo la mayor parte de sus obras; producir una película
realizar 2	to carry out, to realize (used as a more impressive alternative to **hacer**, but the register is not as high as **efectuar**; used more than to realize in this meaning)	están realizando obras en el puerto; realizar un proyecto/un viaje/una operación comercial; estuvo realizando gestiones para su traslado; se están realizando las operaciones de rescate; realizar una encuesta/una prueba; los análisis realizados demuestran que …; por fin logró realizar sus deseos/sueños; realizar una película
tramar 2–1	to be up to	¿qué estarán tramando los niños tanto rato ahí encerrados?

---

hay que   you have to, it is necessary (see the note below)

haber de 3–2	to have to (used less than **tener que**, **hay que**)	he de salir ahora mismo (*I am to leave*)
es menester 3–2	it is essential	es menester hacerlo/que lo hagan

es esencial [2]	*it is essential*	es esencial que no lleguemos tarde
hay que [2]	*to be necessary, to have to*	hay que ser más realista; habrá que decírselo lo antes posible; ha habido que darle cinco puntos en la cabeza
es imprescindible/ indispensable [2]	*it is indispensable/necessary*	es imprescindible/indispensable comprarlo/que lo compremos
es necesario [2]	*it is necessary*	es necesario seguir trabajando/que lo termines lo antes posible
es obligatorio [2]	*it is obligatory*	es obligatorio el cinturón de seguridad/el uso de casco/de gorro en la piscina; no es obligatorio asistir a clase
es preciso [2]	*it is necessary*	es preciso leerlo/que lo lea

NB strictly speaking, the head word should be **haber que** but it does not exist in daily discourse
note also:
deber and its varieties:

debo hacerlo [2]	*I have to do it*
debiera hacerlo [3–2]	*I ought to do it*
debería hacerlo [2]	*I ought to do it*
debiera haberlo hecho [3–2]	*I ought to have done it*
hubiera debido hacerlo [3–2]	*I ought to have done it*
debería haberlo hecho [2]	*I ought to have done it*

NB the order of the above is not according to register but according to complexity
tener and its varieties:

tengo que hacerlo [2]	*I have to do it*
tendría que hacerlo [2]	*I ought to do it*

tenía que haberlo hecho	*I ought to have done it*
2	

NB 1 **no tengo que hacerlo** = *I don't have to do it*
2 whereas **tener que** suggests some private conviction, **deber** suggests a
moral obligation

---

hoja   sheet of paper

pliego m 3–2	*sheet* (usually folded in the middle)	un pliego de papel
cuartilla f 2	*sheet* (of the size of a **pliego**)	tomó unas cuartillas y se dispuso a escribirle
folio m 2	*leaf, sheet* (**hoja** may be used in the first example)	necesito comprar folios para apuntes; el documento consta de cuatro folios
hoja f 2	*sheet of paper* (blank or with words)	déjame una hoja para apuntes; pasar las hojas de un libro; hoja de reclamaciones
página f 2	*page* (sometimes used in the sense of **hoja**)	el libro tiene cien páginas; abran el libro por la página 23; este libro no está completo, faltan páginas
papel m 2	*sheet of paper* (suggests a small piece of paper)	no encuentro el papel donde anoté su teléfono

---

hombre   man

caballero m 3–2	*gentleman*	se comporta como un caballero; es todo un caballero; peluquería/servicio/sección de caballeros
hombrecillo m 3–2	*little chap*	había un hombrecillo recogiendo papeles
hombre m 2	*man*	es un café sólo para hombres; es un hombre de unos cuarenta años
hombrón m 2	*big fellow*	tu hijo está hecho un hombrón
individuo m 2	*character* (may be used pejoratively)	¿quién era ese individuo que iba contigo?; se me acercó un individuo con pintas muy raras
señor m 2	*gentleman* (often used as a form of address)	¿es esto suyo, señor?; ¿qué van a tomar los señores?; mamá, hay un señor en la puerta

señorito m [2]	*young gentleman, master* (in a household) (may suggest *gentleman of leisure* and may have a pejorative connotation)	'el señorito ha salido' dijo el criado; un señorito burgués
forro m M [1]	*good-looking fellow*	es' un forro de viejo (= *a really good-looking fellow*)
macho m [1]	*mate* (only used as a form of address)	oye, macho, ¡no te pases!; pero, ¿tú qué te crees, macho?
mango m M [1]	*good-looking fellow*	¡qué ojos! ese hombre es un mango
menda mf [1]	only used by the person referring to himself/herself, = *yours truly, muggins*	al final le va a tocar hacerlo a menda (= a mí)
tipo m [1]	*bloke* (may be used pejoratively)	el tipo ése es el que me prestó el coche; ese tipo no me gusta nada
tipejo m [1]	*bloke* (used pejoratively)	ese tipejo me da mala espina
tronco m [1]	*mate, friend* (often used when addressing someone)	oye, tronco, vamos a dar un voltio en la moto

hongo   fungus, (edible) mushroom

champiñón m [2]	*mushroom*	el sabor del champiñón es más fino que el de la seta
hongo m [2]	*fungus, (edible) mushroom*	el hongo abarca la seta, el champiñón...; un hongo venenoso
seta f [2]	(large type of) *mushroom* (with a rough taste)	el gusto de la seta es demasiado fuerte para mí; una seta venenosa

honrado   honest (see the notes below)

honorable [3]	*honorable*	es una persona honorable que causa respeto; una conducta honorable
probo [3]	*upright*	un empleado/un juez probo y honesto
honroso [3–2]	*honorable*	la derrota fue honrosa; una distinción honrosa

íntegro [3-2]	*trustworthy*	un empleado/un funcionario íntegro
fiable [2]	*trustworthy* (used for figures, information, etc.)	estos cálculos no son del todo fiables; no hay ninguna prueba/ningún análisis que sea fiable cien por cien
fiel [2]	*faithful*	siempre ha sido fiel a su esposa
honesto [2]	*frank, just*	es una persona muy honesta, no sería capaz de estafarte
honrado [2]	*honest*	es muy honrada, se encontró una cartera en la calle y se la devolvió al dueño
incorruptible [2]	*incorruptible*	un oficial de policía incorruptible
justo [2]	*just*	pronunció una sentencia muy justa; no me parece justo lo que han hecho
leal [2]	*faithful*	un siervo leal a su rey; siempre fue leal a su marido
recto [2]	*correct, upright*	una conducta recta; un juez recto
virtuoso [2]	*virtuous*	una conducta/una mujer virtuosa

NB 1 The difference between **honorable** and **honroso**, apart from their register, is that the former refers to both behaviour and the person while the latter refers only to action or behaviour. **Honorable** refers to a person worthy of honour. **Honroso** suggests an action which invests a person with honour

2 The difference between **honesto** and **honrado** is difficult to establish since **honesto** is ambiguous. **Honesto** suggests both *honest* and *modest*, particularly with respect to female sexual conduct. **Honrado** means *honest* only, and it is preferable, even for a Spaniard, to use **honrado** rather than **honesto** when the idea of *honest* is needed

---

hospital   hospital (see the note below)

centro hospitalario m [3-2]	*hospital* (has an administrative connotation)	se ha anunciado la falta de camas en todos los centros hospitalarios de la zona madrileña
centro de rehabilitación m [3-2]	*physiotherapy unit*	lo único que reclaman los soldados es la creación de centros de rehabilitación
centro de salud m [3-2]	*health centre* (suggests preventive medicine)	construyeron un centro de salud para la prevención de cáncer, enfermedades sexuales, y planificación familiar

centro sanitario m 3–2	*health centre* (often has an official connotation, can be of any size, is a more formal way of referring to **clínica** or **hospital**)	lo ingresaron en el centro sanitario Primero de Octubre en Madrid; el gobierno dará este año mil millones de pesetas a seis centros sanitarios
clínica f 2	*clinic* (usually private)	¿lo van a operar en una clínica o en un hospital?
enfermería f 2	*infirmary*	se cayó jugando al fútbol y tuvo que ir a la enfermería
hospital m 2	*hospital*	estuvo una semana en el hospital pero ya le han dado de alta; un hospital militar
hospital infantil/de maternidad m 2	*children's hospital/maternity unit*	lo ingresaron en el hospital infantil
psiquiátrico m 2	*psychiatric unit/hospital*	pasó casi dos años en un psiquiátrico
residencia sanitaria f 2	*(large) hospital* (which includes all facilities, including medical school)	los heridos fueron ingresados en la residencia sanitaria Virgen del Carmen

NB the use of **centro** in the first four synonyms suggests a formal connotation

---

hostilidad   hostility

animadversión f 3	*ill will, antagonism*	sentía gran animadversión hacia aquella mujer
animosidad f 3	*animosity*	los marginados sienten gran animosidad hacia la policía
antagonismo m 2	*antagonism*	existe un fuerte antagonismo entre los dos líderes
antipatía f 2	*antipathy*	le tiene mucha antipatía a su cuñado
enemistad f 2	*enmity*	existe cierta enemistad entre ellos/entre las dos familias
hostilidad f 2	*hostility*	existía una gran hostilidad entre los dos países vecinos
rivalidad f 2	*rivalry*	siempre ha existido una gran rivalidad entre los dos equipos

huella   trace, (im)print

vestigio m
3–2
vestige
los romanos dejaron numerosos vestigios en España

huella f
2
trace, (im)print
una huella digital/dactilar; dejó sus huellas en la nieve; un hecho que dejará huella en la historia/en la memoria

pisada f
2
footprint
una pisada de elefante

pista f
2
track, clue
una denuncia anónima puso a la policía sobre esta pista; dame una pista, a ver si lo adivino

rastro m
2
trail
siguieron/perdieron el rastro de los ladrones; desaparecieron/huyeron sin dejar rastro

humilde   humble

dócil
2
docile
la vaca es un animal muy dócil

humilde
2
humble
un escritor de origen humilde

modesto
2
modest
es una persona muy modesta, no le gusta destacar

obediente
2
obedient
un alumno obediente

sencillo
2
simple
es una chica muy sencilla, no se pinta ni lleva tacones muy altos

sumiso
2
submissive
un empleado sumiso con sus superiores

hundirse   to sink

naufragar
3
to sink (used figuratively) (see **naufragar** below)
el holding Rumasa naufragó en los años ochenta; estaba totalmente convencido de que el sistema comunista iba a naufragar

sumirse
3
to sink (used figuratively and often as a past participle)
estaba sumido en sus pensamientos; sumido en un profundo sueño/en un mar de dudas; viven sumidos en la ignorancia

hacer agua
3–2
to go down (used literally and figuratively)
al encallar hizo agua; la empresa empezaba a hacer agua

hundirse 3–2	*to collapse* (used figuratively; see **hundirse** below)	el imperio/el negocio/la Bolsa/la empresa se hundió
hundirse 2	*to sink* (used literally; see **hundirse** above)	la embarcación se hundió con el peso de la carga
irse a pique 2	*to go under* (used literally and figuratively)	el ferry se fue a pique; la empresa se está yendo a pique
naufragar 2	*to be shipwrecked* (see **naufragar** above)	Gulliver naufragó en Lilliput
sumergirse 2	*to sink, to go under* (suggests a voluntary action)	el submarino se sumergió antes de que llegara el portaaviones

---

idea   idea

concepción f 3	*conception*	tiene una concepción muy extraña de la vida
concepto m 2	*concept*	el concepto de lo infinito; la tengo en muy buen concepto (*I have a high opinion of her*)
idea f 2	*idea*	no tengo ni idea; no tiene la más mínima idea de cocinar; una idea preconcebida
noción f 2	*notion*	no tiene ni la más mínima noción de matemáticas/de francés
opinión f 2	*opinion* (**concepto** may be used in the first example)	tengo muy buena opinión de él; no comparto su opinión; sondear la opinión pública; en mi opinión
planteamiento m 2	*idea* (suggests the way of presenting an argument)	la izquierda se equivocó en su planteamiento del tema

---

iglesia   church

basílica f 2	*basilica*	la basílica de San Pedro en Roma
catedral f 2	*cathedral*	en cada capital hay una catedral
iglesia f 2	*church*	una iglesia católica/protestante
mezquita f 2	*mosque*	la mezquita de Córdoba

| **sinagoga** f
2 | *synagogue* | mis vecinos judíos van a la sinagoga cada sábado |
| **templo** m
2 | *church, temple* | un templo católico/judío/musulmán |

---

ignorante   ignorant, uninformed (see the note below)

iletrado 3	*illiterate*	gran parte de la población es iletrada
inculto 3–2	*uncultured, ignorant*	es una inculta, no sabe nada de nada/ni quién era Cervantes; no seas inculto, Madrid es la capital de España
profano (en) 3–2	*profane, uninitiated (in)*	soy profano en música/en la materia
analfabeto 2	*illiterate, uninformed*	son gente analfabeta, que nunca ha ido a la escuela; los analfabetos no saben leer
asno 2	*ignorant, stupid (used less than **burro**)*	¡qué asno eres!, no sabes distinguir entre blanco y negro; es un asno, le cuesta mucho leer
ignorante 2	*ignorant, uninformed*	es un hombre ignorante que nunca ha recibido ninguna instrucción; es una ignorante, nunca ha oído hablar de Quevedo
bestia 1	*ignorant, stupid (same as **asno** and **burro** but stronger = dunce)*	es tan bestia que escribe 'beber' con 'v'; eres un bestia, dos y dos son cuatro
burro 1	*ignorant, stupid (used more than **asno**)*	¡qué burra eres!, 'haber' se escribe con 'h'; el burro de la clase no sabe sumar

NB apart from **profano** all the synonyms in this list may be used as an adjective or noun

---

ileso   unharmed

incólume 3	*unharmed*	salió incólume del peligro
indemne 3–2	*safe, unhurt*	el conductor salió indemne del accidente
inmune 3–2	*immune*	ser inmune a una enfermedad

ileso 2	*unharmed*	el coche quedó destrozado pero el conductor resultó ileso; salió ileso del accidente
intacto 2	*intact* (used more of things)	se le cayó el frasco de las manos pero quedó intacto
sano y salvo 2	*safe and sound*	cuando volvieron sanos y salvos del viaje su madre dio un suspiro de alivio
sin un rasguño 2–1	*without a scratch*	salieron del accidente sin un rasguño

---

ilusión   hope, illusion

desvarío m 3–2	*delirium* (used of a sick or mad person)	el enfermo sufría desvaríos
ensueño m 3–2	*dream, fantasy*	se ha comprado una casa de ensueño; su poesía nos transporta a un mundo de ensueño
quimera f 3–2	*chimera*	es una quimera, un sueño imposible
utopía f 3–2	*utopia* (**utopia** is no longer used)	es un ideal que se encuentra sólo en una utopía
alucinación f 2	*hallucination*	la médico dijo que sufría alucinaciones
aspiración f 2	*aspiration*	su aspiración era llegar a ser un gran pianista
delirio m 2	*delirium*	en su delirio confesó que …; tener delirios de grandeza
engaño m 2	*deceit*	fue víctima de un engaño
esperanza f 2	*hope*	tengo esperanzas de que todo salga bien; la esperanza es una virtud
fantasía f 2	*fantasy*	dejar correr la fantasía
ilusión f 2	*hope, illusion* (see the note below)	me hace mucha ilusión viajar/tu visita; no te hagas ilusiones; una ilusión óptica
sueño m 2	*dream*	sus sueños se habían hecho realidad

NB **ilusión** meaning *hope* in the sense of *looking forward to* is much more common than with the meaning of *illusion*

imparcial   impartial

ecuánime
3–2
fair-minded
fue ecuánime con todos los alumnos

imparcial
2
impartial
un juez/un reportaje/una opinión imparcial

justo
2
just
no me parece justo lo que le han hecho

neutral
2
neutral
un árbitro/un país neutral

---

impetuoso   impetuous

acalorado
3–2
heated
un debate acalorado

arrebatado
3–2
impetuous, rash
un temperamento arrebatado

fogoso
3–2
fiery
un temperamento/un caballo fogoso

vehemente
3–2
vehement
palabras vehementes

ardiente
2
ardent
un beso/un temperamento ardiente

brioso
2
spirited, lively
un caballo brioso

caluroso
2
warm, enthusiastic
una acogida calurosa

entusiasta
2
enthusiastic
una acogida entusiasta; es tan entusiasta que podría hacer surf todo el día

impetuoso
2
impetuous
¡qué impetuoso eres! entrar así sin más; un gesto impetuoso; una palabra impetuosa

violento
2
violent
un carácter violento; en varias ciudades hubo violentas manifestaciones

---

importante   important

sustancial
3
substantial
aquel incidente iba a suponer un cambio sustancial en su vida

capital
3–2
capital
las matemáticas son de una importancia capital para la física

clave
3–2

key (a noun which is invariable here)

ocupan puestos clave dentro del Gobierno; es un concepto clave en la obra del autor

considerable
3–2

considerable

el enfermo ha experimentado una mejoría considerable; un asunto de considerable envergadura

relevante
3–2

important, outstanding (rarely means *relevant*)

un escritor de un mérito relevante

significativo
3–2

significant

el hecho de que no haya querido pronunciarse sobre el tema es muy significativo

trascendente
3–2

extremely important (rarely means *transcendent*)

discutieron sobre temas trascendentes para la nación

destacado
2

outstanding (often used in front of the noun) **(sobresaliente** may be used in the last two examples)

éstas son algunas de las noticias más destacadas para hoy; un destacado novelista/miembro del Gobierno; es una de sus obras más destacadas; un alumno destacado

esencial
2

essential

el trabajo es algo esencial para mi vida; has hecho una contribución esencial a la empresa

fundamental
2

fundamental

el inglés es fundamental para un europeo/el comercio

importante
2

important

conoce a mucha gente importante; una contribución muy importante al tema; saber idiomas es muy importante para el trabajo

influyente
2

influential

un grupo/un político muy influyente

principal
2

principal, main (often used in front of the noun)

éste es mi principal objetivo; el tema principal de mi discurso es…; la principal fuente de recursos es la agricultura; las principales ciudades del país

sobresaliente
2

outstanding (**destacado** may be used in the first two examples)

es una alumna sobresaliente; fue uno de los músicos más sobresalientes de su época; no sólo aprobó el examen sino salió también con 'sobresaliente'

valioso
2

valuable

realizó una valiosa contribución al arte

gordo
2–1

important, considerable

está enferma, tiene que ser algo gordo

impuestos tax

tasa f 3–2	*rate*, *tax* (on commercial goods, food, etc.)	el gobierno ha impuesto nuevas tasas en los alimentos
tributo m 3–2	*tribute* (general tax levied by customs)	en tiempos feudales los campesinos pagaban tributos al rey; cada ciudadano tiene que pagar los tributos al estado
arancel m 2	*duty* (usually levied by customs)	los vehículos importados en España pagan un arancel del 17,4 por ciento
carga f 2	*tax*, *charge*	el IVA es otra carga más que tienen que pagar los europeos
contribución (urbana) f 2	*local tax*, *rates* (has recently been replaced by **impuestos sobre bienes inmuebles**)	el plazo para pagar la contribución en el ayuntamiento termina la semana que viene
gravamen m 2	(extra) *tax*	el residente del hotel tiene que pagar un gravamen del dos por ciento
impuesto(s) m(pl) 2	*tax* (the last example is now used instead of **contribución**)	impuesto sobre la renta; me retienen un tanto por ciento del sueldo en concepto de impuestos; artículos exentos/libres de impuestos; impuestos sobre bienes inmuebles (*rates*, *council tax*)
IVA (impuesto sobre el valor añadido) m 2	*VAT* (value added tax)	suben los precios en otro cinco por ciento con el IVA

incluir to include

recabar 3	*to collect together*, *to include* (**abarcar** may be used in 1; **reunir** may be used in 2; **reunir** and **juntar** may be used in 3 but not for **opiniones**)	este artículo recaba (1) todos los aspectos del problema; recabé (2) varios artículos a fin de publicarlos en un número especial; recabar fondos para la Cruz Roja; recabar (3) información/opiniones sobre un tema
abarcar 3–2	*to embrace*, *to include* (**incluir, componerse de** and **constar de** may be used in 1, and **incluir** may be used in 2)	el temario abarca (1) veinte lecciones; el indulto a los militares abarca (2) solamente el aspecto penal; su vida abarca las tres cuartas partes del siglo XIX y todo el primer quinquenio del XX

englobar 3–2	*to bring together, to embrace* (**abarcar** may be used in 1, 2 and 3; **agrupar** may be used in 1 and 3, and **componerse de** may be used in 1 and 2)	la Comunidad Europea engloba (1) a doce países; este partido engloba (2) a varios grupos de extrema izquierda; su obra pictórica engloba (3) las tendencias más dispares
agrupar 2	*to bring together* (**abarcar** and **englobar** may be used in 3, and **componerse de** may be used in 1 and 2)	las Naciones Unidas agrupan (1) a representantes de todos los países del mundo; la agencia agrupa (2) a operadores turísticos de quince países; la asociación agrupa (3) a buena parte de las empresas
componerse (de) 2	*to be composed (of)* (when used in the passive form it may also be followed by **por**; **agrupar** may be used in 2 and 3, and **constar de** may be used in 1)	este piso se compone (1) de diez apartamentos; Estados Unidos se compone (2) de más de cincuenta estados; el rompecabezas se compone de veinte piezas; la comisión está compuesta (3) por representantes de diez países; el agua está compuesta por hidrógeno y oxígeno
comprender 2	*to include, to comprise* (**constar de** may be used in 1)	esta obra comprende (1) cinco tomos; los años comprendidos entre las dos guerras mundiales
consistir (en) 2	*to consist (of)*	para ellos la felicidad consiste en practicar la virtud; el concurso consiste en adivinar …; ¿en qué consiste el juego?
constar (de) 2	*to be made up (of)* (**comprender** and **incluir** may be used in all three examples)	la facultad consta de quince departamentos; una sinfonía suele constar de cuatro movimientos; la obra consta de cinco volúmenes
contener 2	*to contain*	este museo contiene magníficas obras de arte; el decalitro/el barril contiene diez litros; estas galletas contienen harina, azúcar y mantequilla
encerrar 2	*to include, to contain*	su programa político encierra graves contradicciones; este poema encierra un profundo pesimismo; ¿cuál es el mensaje que encierra la novela?
incluir 2	*to include*	esta oferta incluye un regalo para los niños; la profe incluyó demasiados temas en el examen; ¿el desayuno está incluido?; el IVA está/va incluido en el precio

incorporar
2
to incorporate
(**comprender** and
constar de may be used
in 1; **comprender**,
incluir and **contener**
may be used in 2, and
incluir may be used in 3)
el partido incorpora (1) tendencias muy
diversas; dos nuevos países fueron
incorporados a la organización por medio
de este tratado; esta ideología, aunque atea,
incorpora (2) varios elementos religiosos;
incorporar (3) una nueva norma en la
legislación

juntar
2
to collect, to gather
(**recaudar** and **reunir**
may be used in 1, and
reunir may used in 2)
ha conseguido juntar (1) mucho dinero;
juntar (2) más de mil sellos

recaudar
2
to gather, to raise (**juntar**
and **reunir** may be used
in 1)
el político recaudó diez mil votos;
recaudaron (1) varios miles de pesetas;
recaudar fondos

reunir
2
to bring together, to collect
(**juntar** may be used in 1,
and **juntar** and **recaudar**
may be used in 2)
reunió a los estudiantes para explicarles el
programa; si quieres hacer un buen trabajo
tienes que reunir (1) más datos; entre todos
reunieron (2) cien mil pesetas; estos centros
no reúnen las condiciones necesarias para
atender a los enfermos

---

indeciso   indecisive

irresoluto
3
irresolute
estaba irresoluta, sin saber qué camino
tomar

incierto
2
uncertain (not used of a
person)
el futuro de la tierra es incierto

indeciso
2
indecisive
no sé con qué blusa quedarme, estoy
indecisa

inseguro
2
unsure
antes del examen se sentía muy insegura

vacilante
2
hesitant
estaban vacilantes ante una situación tan
espinosa

---

indiferente   indifferent

desganado
3–2
*disinterested, lacking in
interest*
la veo muy desganada, parece haber perdido
el interés por el trabajo

despreocupado
3–2
*unconcerned, unworried,
carefree*
es una persona despreocupada, no le
importan los comentarios de la gente

impasible 3–2	*impassive*	escuchó impasible la sentencia; contempló la escena impasible
imperturbable 3–2	*imperturbable* (same as **inalterable** but is used more)	permaneció imperturbable, como si nada hubiera pasado
inalterable 3–2	*imperturbable* (same as **imperturbable** but is used less)	permaneció inalterable al escuchar la noticia
apático 2	*apathetic*	¡qué mujer más apática!, no parece interesarse por nada
desenfadado 2	*carefree, nonchalant*	el traje le da un aire informal y desenfadado; adoptó un tono familiar y desenfadado
flemático 2	*phlegmatic*	los ingleses tienen fama de ser flemáticos
frígido 2	*frigid* (used of a male or female)	un hombre frígido; una mujer frígida
indiferente 2	*indifferent*	el Gobierno es indiferente a la miseria en que viven estas gentes; me dirigió una mirada indiferente
insensible 2	*insensitive*	es tan insensible que ni siquiera reacciona ante el dolor ajeno; es insensible a las críticas
frío 2–1	*cold*	no me da confianza, es muy fría y calculadora
pasota 2–1	*indifferent* (also used as a noun)	mi hermano es un pasota, no le importa nada; ¿también pasas de ir al cine?, ¡qué pasota te has vuelto!

---

influir (en)   to influence

impactar 3–2	*to have an impact on, to impress* (same meaning as **impresionar**)	la impactó tanto la muerte de su marido que tardó años en recuperarse; le impactó de tal manera Venecia que decidió quedarse a vivir allí
incidir (en) 3–2	*to have a repercussion (on)*	esta medida incidirá en gran manera en el turismo/en la balanza comercial
repercutir (en) 3–2	*to have a repercussion (on)*	la política norteamericana repercute en la economía europea

afectar [2]	*to affect*	su muerte la afectó mucho; el cambio de horario no nos afecta mucho
impresionar [2]	*to impress* (same meaning as **impactar**)	aquella película/aquella noticia me impresionó
influenciar [2]	*to influence* (see the note below)	su obra ha estado influenciada por Rubén Darío
influir (en/sobre) [2]	*to influence* (see the note below)	su padre ha influido mucho en/sobre él; ha influido mucho en/sobre su carácter; esta medida influyó enormemente en/sobre la economía; su música fue influida por Falla

NB **influenciar** has the same meaning as **influir**. **Influenciar** is used transitively, and **influir** may be used transitively or intransitively

---

ingenuidad   ingenuousness, simplicity

candidez f [3–2]	*ingenuousness*	me sorprendió la candidez de su pregunta
candor m [3–2]	*innocence* (does not usually mean *candour*)	todavía conserva el candor de su infancia
credulidad f [2]	*credulity*	su credulidad era tan grande que se dejaba engañar con facilidad
ingenuidad f [2]	*ingenuousness, simplicity* (does not mean *ingenuity*)	la ingenuidad convirtió a Don Quijote en un caballero andante
inocencia f [2]	*innocence*	su inocencia la convirtió en una fácil víctima de engaños
simpleza f [2]	*simplemindedness*	aquella pregunta me pareció de una gran simpleza

---

inmediatamente   immediately (see the note below)

a la mayor brevedad [3]	*as quickly as possible* (often used in letters)	tenga a bien enviarme el pedido a la mayor brevedad
acto continuo/seguido [3]	*forthwith*	colgó el teléfono y acto continuo/seguido se puso a llorar
a renglón seguido [3]	*straight after* (suggests inconsistency)	se disculpó por lo sucedido y, a renglón seguido, comenzó de nuevo a reprocharme que …

seguidamente 3	*forthwith*	dio su teoría y, seguidamente, les expuso sus conclusiones
sin demora 3–2	*without delay*	le dijeron que volverían sin demora; contesté su carta sin demora
al instante 3–2	*immediately*	acudió al instante
al momento 3–2	*immediately*	regresaron al momento con los paquetes
al punto 3–2	*instantly*	le telefoneó al punto para comunicarle lo sucedido
sin tardanza 3–2	*without delay*	acudió a la cita sin tardanza
sin tardar 3–2	*without delay*	cuando llegues llámame sin tardar
en el acto 2	*straight away, there and then*	las víctimas del accidente murieron en el acto
cuanto antes 2	*as soon as possible*	mándanoslo cuanto antes
inmediatamente/ en seguida 2	*immediately*	acudió inmediatamente/en seguida
lo antes posible 2	*as soon as possible*	mandaré la carta lo antes posible
de boleto M 1	*quick sharp*	me salí de boleto
¡cómo vas! M 1	*quick sharp* (used as a follow up to a statement)	¡tómate la sopa! pero ¡cómo vas!
de volada A/M 1	*immediately*	ya se me hizo tarde, si quieres ir conmigo, arréglate de volada (A); vístete de volada, porque voy a llegar tarde (M)

NB many of these synonyms are interchangeable, apart from their register
values and those used in Mexico and Argentina

---

insulto   insult

agravio m 3	*injury, offence*	sufrieron tal agravio que no pudieron sino vengarse
vilipendio m 3	*vilification*	fue víctima de todo tipo de humillaciones y vilipendios

afrenta f 3–2	*affront*	aquellas palabras eran una afrenta a su dignidad
injuria f 3–2	*insult* (does not mean *injury*) (same meaning as **insulto**)	profirió una retahíla de injurias contra los allí presentes
ultraje m 3–2	*outrage*	su conducta fue considerada como un ultraje a las buenas costumbres
insulto m 2	*insult* (same meaning as **injuria**)	le soltó una retahíla de insultos
ofensa f 2	*offence* (**insulto** may be used here)	me ofrecí a pagarlo yo, pero lo tomó como una ofensa

inteligencia   intelligence

intelecto m 3–2	*intellect*	un hombre de un intelecto extraordinario
comprensión f 2	*comprehension*	un texto de difícil comprensión
entendimiento m 2	*understanding*	lo que dices rebasa mi entendimiento
inteligencia f 2	*intelligence*	es un muchacho de una gran inteligencia
materia gris f 1	*grey matter*	a estas horas ya no funciona la materia gris
seso(s) m(pl) 1	*brain(s)* (see comments on **seso** under **cerebro**)	tiene el seso lleno de serrín

inteligente   intelligent

despejado 3–2	*bright*	es una niña despejada, siempre entiende las explicaciones de matemáticas
lúcido 3–2	*lucid*	una escritora/una idea/una mente lúcida
perspicaz 3–2	*keen, shrewd*	es una chica muy perspicaz, captó en seguida el fondo de la cuestión
abusado M 2	*sharp, on the ball*	ten cuidado con el vendedor que es muy abusado
astuto 2	*clever*	un abogado/un animal astuto

avispado 2	*bright, lively*	es muy avispada para los negocios
desenvuelto 2	*confident,* easy in understanding and speech	es una chica muy desenvuelta, sabe cómo tratar con la gente
despierto 2	*lively, awake*	es una muchacha muy despierta, en seguida entiende las explicaciones
espabilado 2	*bright, sharp, alert* (**despabilado** also exists but is used less)	tenías que haber sido más espabilado y no dejar que te quitaran el puesto/que se te adelantara nadie
inteligente 2	*intelligent*	es la chica más inteligente de la clase
listo 2	*intelligent, clever*	es la más lista de todas las alumnas del colegio
vivo 2	*lively, sharp*	es un niño muy vivo; muy vivo de genio; tiene una imaginación muy viva

intención   intention

designio m 3–2	*plan, design*	se cumplieron sus designios: al final su hijo se casó
(con) miras (a) 3–2	*(with a) view (to)*	la policía ha interrogado a algunos testigos con miras a descubrir al autor del crimen
(con) vistas (a) 3–2	*(with a) view (to)*	se celebró una reunión con vistas a zanjar este asunto
ánimo m 2	*purpose* (usually with **con**)	lo hice con ánimo de ayudarla
idea f 2	*idea* (usually with **tener**)	tenía idea de terminarlo hoy
intención f 2	*intention* (**propósito** may be used in the last example)	tengo intención de ir al cine; la intención de los terroristas era destruir todo el edificio; siento haberte ofendido, no era ésa mi intención
plan m 2	*plan, intention*	la lluvia nos ha estropeado los planes; ¿qué plan tienes para esta noche?
propósito m 2	*intention* (**intención** may be used in the first example)	nuestro propósito era escribirle en seguida; tenía el firme propósito de terminar sus estudios
proyecto m 2	*plan*	el proyecto no resultó viable por falta de fondos; RENFE va a hacer efectivo su proyecto de construir ...

intentar

to try

desvelarse por
3–2   *to make a great effort to*   se desveló por hospedar a todo el mundo

esmerarse (en)
3–2   *to strive (to), to make a great effort (to)*   se esmeraron en hacer el trabajo esta vez; se ha esmerado mucho en la comida, está riquísima

hacer por
3–2   *to try to*   haz por acudir más pronto esta tarde

desvivirse
2   *to do one's best*   se desvive por sus hijos/por sus amigos

esforzarse (en/por)
2   *to try hard (to)*   me esforzaré por/en estudiar más; si quieres aprobar, tendrás que esforzarte más

intentar
2   *to try* (**tratar de** and **procurar** may be used in the first two examples)   los ladrones intentaron forzar la cerradura; intenta volver antes de las doce; no logré convencerla pero al menos lo intenté

pretender
2   *to aspire, to try* (does not mean *to pretend*)   pretendía llegar a ser primera ministra; no pretende quedarse a vivir aquí

probar
2   *to try* (has a restricted use)   probaron abrir la lata con un cuchillo

procurar
2   *to attempt, to try* (**intentar** may be used in both examples; **tratar de** may be used in the first)   procura hacerlo mejor/no llegar tarde la próxima vez; procura que no te vea nadie

tratar de
2   *to try to* (**intentar** may be used in both examples)   trata de leerlo todo antes de escribir la composición; trató de ponerse de pie, aunque no lo consiguió

---

intento

attempt

conato m
3   *attempt*   hubo un conato de fuga en la cárcel de Carabanchel

tentativa f
3–2   *attempt* (often a criminal attempt which is unsuccessful)   hubo varias tentativas de fuga/de robo

ensayo m
2   *trial, rehearsal*   los pilotos hicieron un ensayo antes de despegar; hoy es el primer ensayo para la función de Navidad

esfuerzo m
2   *effort*   cuando oyó aquello tuvo que hacer un gran esfuerzo para contenerse; terminar sus estudios le ha costado mucho(s) esfuerzo(s)

intento m
2
attempt
al tercer intento consiguió subir la pared; hizo un intento de suicidio; un intento de robo/de homicidio

intentona f
2
wild attempt, military putsch
el gobierno acabó con la intentona golpista

prueba f
2
test, trial
hicieron muchas pruebas antes de lanzar el satélite; los Estados Unidos realizaron una prueba nuclear en el desierto de Nevada

interés   interest

aplicación f
3–2
application
trabajan con aplicación y siempre consiguen buenos resultados

diligencia f
3–2
diligence
trabajaban con gran diligencia

solicitud f
3–2
care, concern
nos atendieron con gran solicitud

atención f
2
attention
escuchaban a la profesora con mucha atención; presta atención a lo que te voy a decir

curiosidad f
2
curiosity
tengo/siento curiosidad por saber lo que pasó allí

interés m
2
interest
demostraron gran interés por/en la propuesta

interrumpir   to interrupt

truncar
3
to cut off, to truncate (often hopes or illusions)
la noticia truncó sus esperanzas de llegar a ser primer ministro

atajar
3–2
to cut off (sometimes a person who is speaking)
atajaron al orador diciendo que ...; hay que atajar el aumento de la delincuencia juvenil

interceptar
3–2
to intercept
los espías interceptaron una frecuencia de radio; interceptar un satélite

cortar
2
to cut, to sever
sólo hablé con ella dos minutos porque se cortó la comunicación; la relación no funcionaba, así que decidimos cortar por lo sano

interrumpir
2
to interrupt
su llegada interrumpió la conversación; no me interrumpas cuando estoy hablando

romper [2]	*to break (off)*	el Gobierno ha roto las relaciones diplomáticas con Israel
suspender [2]	*to suspend, to cancel*	el partido fue suspendido a causa del mal tiempo

---

intervenir   to intervene, to perform a role (see the note below)

ingerirse en [3]	*to meddle in*	el embajador se ingirió en la política interior de …
inmiscuirse en [3]	*to interfere in*	fue acusado de inmiscuirse en los asuntos internos de este partido
interceder [3]	*to intercede*	Jesucristo intercedió a Dios por todos los hombres
terciar en [3]	*to intervene in, to mediate in*	tuve que terciar en la discusión
entremeterse en [3–2]	*to meddle in*	siempre tiene que entremeterse en todo
interferir (en) [3–2]	*to interfere (in)*	interfirieron (en) la discusión; se interfirieron en la política interior de este país
interponerse (en) [3–2]	*to intervene (in)*	se interpusieron en mis asuntos a pesar de mis protestas
involucrarse (en) [3–2]	*to get involved (in) (often suggests something illegal)*	se vio involucrada en el crimen; el 20 por ciento de la mano de obra está involucrada en la coca
tomar parte (en) [3–2]	*to take part (in)*	tomé parte en el debate
entrometerse (en) [2]	*to meddle (in)*	los periodistas se entrometieron en los asuntos de la actriz; eso a ti no te va ni te viene, así que no te entrometas
intervenir (en) [2]	*to intervene (in), to perform a role*	los socialistas intervinieron en el debate; ¿en cuántas películas has intervenido?
meterse (en) [2]	*to meddle (in)*	el tío ése se mete en todo; siempre se mete donde no le llaman; haz el favor de no meterte en lo que no te importa
mezclarse (en) [2]	*to meddle (in)*	les gusta mezclarse en asuntos ajenos
participar (en) [2]	*to participate (in)*	en la competición participaron dos corredores británicos; la delegación participa en una reunión convocada por …

| **mangonear (en)** 2–1 | *to meddle* (*in*) | mi suegra siempre está mangoneando en nuestros asuntos |
| **meter las narices (en)** 1 | *to poke one's nose* (*into*) | siempre tiene que meter las narices en todo; no metas las narices donde no te llaman |

NB **ingerirse** and **inmiscuirse** are both used with a political connotation, and are very similar to each other. The latter is used more. **Entremeterse, entrometerse, meterse** and **mezclarse** are rarely used with a political connotation

---

intriga   plot, intrigue

confabulación f 3–2	*plot*	tramaron una confabulación para derrocar al Presidente
maquinación f 3–2	*machination, shady dealing*	se urdió una maquinación para usurpar el poder
complot m 2	*plot*	tramaron un complot político contra ...
conspiración f 2	*conspiracy*	se estaba urdiendo una conspiración para derribar el régimen
intriga f 2	*plot, intrigue*	están tramando una intriga contra el rey; intrigas palaciegas
manejo m 2	*intrigue, shady dealings* (*usually used in the plural*)	en este partido hay extraños manejos
maniobra f 2	*manoeuvre, shady dealing*	maniobras políticas dudosas
trama f 2	*plot* (of a novel or play), *scheme*	la trama de esta novela me parece muy complicada

---

inundación   flood

anegación f 3	*flooding* (suggests the process)	la anegación de las tierras perjudicó a los naranjos
avenida f 3–2	*flood*	las frecuentes avenidas del río arrasaron todos los árboles
crecida f 2	*rise in waters, overflow*	la crecida de las aguas/del río provocó inundaciones en la zona

desbordamiento m [2]	*overflow*	las persistentes lluvias ocasionaron el desbordamiento del río
diluvio m [2]	*deluge, flood*	el diluvio universal causó la inundación de la tierra
inundación f [2]	*flood*	el desbordamiento del río ocasionó la inundación de las tierras de cultivo; las lluvias han provocado inundaciones en la región valenciana
riada f [2]	*flood* (also used figuratively)	las riadas arrasaron los campos; una inmensa riada de manifestantes atravesó la ciudad, cantando y gritando

---

invento   invention, discovery

hallazgo m [3–2]	*find*	realizaron un importante hallazgo en la tumba de Tutankhamen
creación f [2]	*creation*	la nueva creación del modista Dior provocó una serie de artículos desfavorables
descubrimiento m [2]	*discovery*	su gran descubrimiento fue la vacuna contra la gripe; el descubrimiento de América
innovación f [2]	*innovation*	una importante innovación tecnológica
invención f [2]	*invention* (see the note below)	la invención del teléfono tuvo lugar en 1876; no te lo creas, es pura invención
invento m [2]	*invention, discovery* (see the note below)	el teléfono fue un invento del siglo XIX

NB **invención** means the process of inventing and the thing invented, while
invento refers exclusively to the thing invented. **Invención** also means a
fabrication in the sense of a lie. **Invento** does not have this meaning

---

ir(se) (a)   to go

dirigirse [3–2]	*to make one's way*	se dirigieron hacia el puente para ver el río
encaminarse [3–2]	*to make one's way*	se encaminaron al/hacia el puerto
acudir [2]	*to go, to come, to turn up*	no pude acudir a la cita/a la reunión; a la ceremonia acudieron destacadas personalidades del mundo literario

desplazarse [2]	*to go, to commute*	por mi trabajo tengo que desplazarme todos los días a Vitoria
ir(se) [2]	*to go* (but often translated by *to come*)	si vas a estar en casa, iré (*I'll come*) a verte luego; un momento que ahora voy; ir en coche/en tren/en bici/en avión; se han ido de paseo/de compras/a cenar/a un restaurante
trasladarse [2]	*to go* (often has the idea of permanency)	se tiene que trasladar a Santander por el trabajo y va a comprar una casa allí
tirar [1]	*to go*	tira para adelante; sigue recto y tira a la izquierda

---

irse (b)   to leave, to go away

ponerse en camino [3–2]	*to set off*	se pusieron en camino muy de madrugada
desertar (de) [2]	*to desert*	el soldado desertó del ejército/desertó
irse [2]	*to leave, to go away* (see note 1 below)	nos vamos a Barcelona en el tren de las ocho; nos vamos de vacaciones en agosto; se fue de casa y no volvió nunca más
ponerse en marcha [2]	*to set off*	los excursionistas se pusieron en marcha más tarde de lo previsto
marcharse [2]	*to go away* (see note 1 below)	me tengo que marchar, que ya es tarde
zarpar [2]	*to set sail*	el barco zarpa a las nueve
poner pies en polvorosa [2–1]	*to show a clean pair of heels* (has a humorous connotation)	los pistoleros atracaron el banco y pusieron pies en polvorosa
levantar el vuelo [2–1]	*to push off*	en cuanto vieron la policía levantaron el vuelo
largarse [1]	*to push off* (see note 2 below)	larguémonos de aquí antes de que llegue la policía; lárgate de aquí inmediatamente
pirarse [1]	*to clear off* (see note 2 below)	bueno, me piro, nos veremos más tarde

| **picárselas/** **tomárselas** A 1 | *to clear off* | bueno, me las pico/tomo |

NB 1 **irse** is used in the same way as **marcharse** except where **irse** is followed by a present participle: **se fueron corriendo**
2 **largarse** is used more than **pirarse** which may not be used in either example of **largarse**. **Largarse** may have a 'tough sounding' ring, associated with a western film or a thriller. **Pirarse** is often used by young people and is never followed by a preposition. **Largarse** may be used in the example for **pirarse**

---

irreligioso   irreligious

descreído 3	*godless, unbeliever*	era una persona descreída, había perdido la fe en Dios
impío 3–2	*impious*	la gente impía no verá el reino de Dios
ateo 2	*atheist*	existe un sinfín de ideologías ateas en el mundo contemporáneo
escéptico 2	*sceptical*	su filosofía de la vida es escéptica
incrédulo 2	*incredulous, unbeliever*	los ateos son incrédulos
irreligioso 2	*irreligious*	es irreligiosa, no tiene fe
irreverente 2	*irreverent*	el robo de la iglesia fue un acto irreverente
laico 2	*lay*	en estos colegios la enseñanza es laica

---

izquierdo   left (side)

siniestra f 3	*left* (only used as a noun), *left hand* (is now disappearing from use)	a la siniestra; escribir con la siniestra
siniestro 2	*left* (used in the expression in the example)	miraba a diestro y siniestro pero no lo encontraba
izquierdo 2	*left* (*side*)	a mano izquierda; cuando llegue a la esquina gire a la izquierda; escribir con la mano izquierda

| **zurdo** [2] | *left-handed* (used as an adjective), *left-handed person* | es zurda; Paul Newman actuó en una película llamada *El Zurdo* (*The Left-handed Gunman*) |

---

jefe   chief, head, boss, owner

poseedor m [3–2]	*owner, holder*	el poseedor del número premiado recibirá …
propietario m [3–2]	*owner*	el propietario de una finca/de un bar/de una empresa/de una casa
dueño y señor m [3–2]	*lord and master* (has an ironical connotation)	es dueño y señor de todas estas tierras
amo m [2]	*owner* (has an old-fashioned connotation)	el amo de la casa/del coche/del bar
armador m [2]	*ship owner*	Onassis fue un famoso armador
cabecilla mf [2]	*ringleader*	los cabecillas de la rebelión fueron ejecutados
cabeza mf [2]	*head*	el padre es el cabeza de familia
cacique m [2]	*local ruler, party boss* (usually has a pejorative connotation)	todas aquellas tierras pertenecían al cacique del pueblo
capo m [2]	*boss, baron* (has an unpleasant gangster connotation, belongs to police argot and newspaper language)	los capos de la droga
caudillo m [2]	*leader, chief* (usually has a military connotation)	Franco fue caudillo durante casi cuarenta años
directivo m [2]	*manager, executive board director*	se reunieron todos los directivos de la empresa; los directivos de un equipo de fútbol
director m [2]	*director, conductor*	el director de la fábrica controlaba la venta de toda la maquinaria; es director de empresa; director de orquesta/de cine
dirigente m [2]	*leader*	la manifestación iba encabezada por los dirigentes sindicales; ha sido arrestado un dirigente terrorista

dueño m 2	owner (usually of a small establishment)	tiene que hablar con el dueño si quiere una reducción; el dueño de la empresa acaba de contratar a dos ingenieros; el dueño de la casa/del bar/del coche
empresario m 2	employer, director (of a firm)	defendió el concepto de la propiedad privada ante una audencia de empresarios inmobiliarios
gobernador m 2	governor	un gobernador militar; el gobernador del Banco de España; un gobernador civil/de una provincia
guía mf 2	guide	el guía les enseñó a los turistas todo París
jefe m 2	chief, head, boss, owner	el jefe del Estado/del Gobierno; fue a hablar con el jefe para pedirle un aumento de sueldo; la Sra Beatriz Moreno es la redactora jefe del periódico
líder mf 2	leader (usually has a political connotation)	el líder del partido comunista/de la oposición
patrón m 2	owner, boss, manager (used less nowadays)	el patrón de una panadería/de una pensión/de una casa de huéspedes
presidente m 2	president, chairman	el presidente/la presidenta del gobierno/del club
responsable mf 2	leader, person in charge (usually followed by **de**)	entre los elegidos figuraba el responsable de la seguridad estatal
jefe m M 1	father (**jefa** may have the meaning of mother in Mexico = R1)	mi jefe no me deja ir al cine
mandamás mf 1	big shot	es una mandamás, siempre quiere que hagamos lo que ella dice; es el mandamás del pueblo

jerga   jargon

germanía f 3	thieves' slang	el Lazarillo hablaba en germanía de los pícaros
argot m 2	slang (the **t** is not pronounced)	el argot juvenil/estudiantil/militar
jerga f 2	jargon (of a professional group)	la jerga de los abogados/de los médicos

lunfardo m [2]	*slang* (of Buenos Aires)	esos pibes hablan lunfardo
vesre m A [2]	*back-slang*	hablar al vesre
caló m [2-1]	*Gipsy/thieves' slang*	no entendí porque hablaban en caló
pochismo m [2-1]	Mexican Spanish with an admixture of American English	cuando habla combina mucho pochismo
cheli m [1]	Madrid *slang* (this slang is used less nowadays)	se hablaba mucho cheli en Vallecas
cheto m A [1]	*slang* used by young, wealthy people	habla muy cheto

---

joya   jewel

alhaja f [3-2]	*jewel* (also used figuratively) (same meaning as **joya**)	lucía una alhaja de gran valor; tengo una chica de la limpieza que es una alhaja
joya f [2]	*jewel* (also used figuratively) (same meaning as **alhaja**)	iba cubierta de joyas desde la cabeza hasta los pies; esta secretaria es una joya

---

juerga   spree, good time (see the note below)

orgía f [3-2]	*orgy*	la fiesta acabó convirtiéndose en una orgía
fiesta f [2]	*party, revelry*	la fiesta duró toda la noche; una fiesta de cumpleaños
guateque m [2]	*party* (often in a private house)	darán un guateque mañana por la noche en su casa
(de) juerga f [2]	*(on a) spree, good time* (the second example is R1)	estuvieron de juerga toda la noche; anoche nos corrimos la gran juerga hasta las cinco
(de) jarana f [2-1]	*(on a) binge*	al salir del examen se fueron de jarana
(de) parranda f [2-1]	*(on a) binge*	estuvieron de parranda por la ciudad
(de) farra f [1]	*(on a) binge*	anoche se fueron de farra y volvieron mamados

(de) marcha f [1]	(*on a*) *binge*	se fueron de marcha el día que acabó el curso
pachanga f M [1]	*binge*	para tu cumpleaños vamos a hacer una pachanga
revén/ reventón m M [1]	= **pachanga**	con el reventón anoche no me dejaron dormir
(de) joda f A [1*]	(*on a*) *spree*	anoche salimos de joda

NB the synonyms preceded by **de** are interchangeable, save for their register value

---

a mi juicio   in my opinion

a mi juicio/mi ver/mi parecer/en mi opinión [2]	*in my opinion*	a mi juicio/mi ver/mi parecer/en mi opinión no tiene razón
personalmente [2]	*personally*	yo, personalmente, diría que …; personalmente, no me parece una buena idea
desde mi punto de vista [2]	*from my point of view*	visto desde mi punto de vista, tiene razón

---

ladrón   thief

cleptómano m [3–2]	*kleptomaniac*	el cleptómano había cometido varios robos en almacenes
atracador m [2]	*hold-up man*	la policía todavía no ha logrado capturar a los atracadores del banco de Vizcaya
carterista mf [2]	*pickpocket*	este mercado está siempre lleno de carteristas
ladrón m [2]	*thief*	los ladrones entraron a robar por la noche
ratero m [2]	(*small-time*) *thief*	un ratero le había birlado la cartera
caco m [2–1]	*sneak thief* (has a humorous connotation)	el caco se coló por la ventana

| **chorizo** m/**mangui** mf [1] | *thief* (often used of a person operating in the street) | ten cuidado con el bolso si vas al mercado, está lleno de chorizos/de manguis; un mangui me choriceó la cartera |
| **chorro** m A [1] | *thief, pickpocket* | el chorro me robó la billetera |

---

lago   lake

alberca f [2]	(large artificial) *pond*	los agricultores usan la alberca para el riego
Albufera f [2]	name of a large freshwater lake south of Valencia	quedan muy pocas barracas en la zona de la Albufera
charco m [2]	*puddle*	¡ten cuidado! ¡no pises el charco!
embalse m [2]	*dam* (applied also to the water but really the wall) (same as **presa**)	es peligroso nadar en el embalse
estanque m [2]	*pond*, stretch of water for sports competitions	hay un estanque en el parque del Retiro de Madrid; han hecho un estanque para competiciones de canoa y kayak
lago m [2]	*lake*	los lagos de Covadonga; el lago de Sanabria
laguna f [2]	*lagoon*	suelo hacer windsurf en las lagunas de Ruidera
pantano m [2]	*natural marsh, swamp, dam, reservoir* (but **embalse** is preferred)	está prohibido bañarse en el pantano
presa f [2]	*dam* (see **embalse**)	construyeron una presa para contener las crecidas del río

---

lápiz   pencil

lapicero m [3–2]	*pencil* (same meaning as **lápiz**)	el examen lo tenéis que escribir con lapicero
birome f A [2]	*biro, ball-point pen*	agarró la birome roja de mi escritorio
bolígrafo m [2]	*ball-point pen*	¿me puedes prestar un bolígrafo rojo?

cera f [2]	*wax crayon*	voy a hacer dibujos con ceras
lápiz m [2]	*pencil* (same meaning as **lapicero**)	¿tienes un lápiz para tomar apuntes?
lápiz de color m [2]	*coloured pencil*	una caja de lápices de colores para pintar
(pluma) estilográfica f [2]	*fountain pen*	una estilográfica siempre parece más elegante que un bolígrafo
rotulador m [2]	*felt-tipped pen*	déjame el rotulador para subrayar
tiza f [2]	*(piece of) chalk*	escribió en la pizarra con (una) tiza
boli m [1]	*ball-point pen*	déjame el boli para escribir la tarjeta
color m [1]	*coloured pencil*	necesito los colores para pintar el dibujo

---

largo   long

dilatado [3]	*long, extensive*	durante aquel dilatado período de tiempo; escribió un dilatado ensayo sobre ...
prolijo [3]	*prolix, long-winded*	un estilo prolijo; una obra prolija
vasto [3]	*vast*	se extendía a nuestros pies una vasta llanura
alargado [3–2]	*lengthy, elongated*	una sombra alargada; algunos tomates tienen forma alargada
extenso [3–2]	*extensive*	una llanura extensa; pronunciar un discurso extenso
prolongado [3–2]	*prolonged*	regresó a su país tras una prolongada ausencia; tras un prolongado silencio
largo [2]	*long* (does not mean *large*)	una calle larga; un viaje largo; tengo treinta años, ¡y largos!; este verano se me ha hecho muy largo

lentamente   slowly

paulatinamente   *slowly, gradually*   el conflicto se extendía paulatinamente al
3   resto del país

pausadamente   *slowly, calmly*   el enfermo respiraba/hablaba pausadamente
3

sosegadamente   *calmly, quietly*   leyeron sosegadamente toda la tarde
3

detenidamente   *thoroughly*   se fijaron detenidamente en las fotos;
3–2   estudió detenidamente la carta

con calma   *calmly*   no te des tanta prisa, hay que hacer las cosas
2   con más calma y sin nerviosismos

despacio   *slowly* (used slightly more   anda/lee más despacio
2   than **lentamente**)

gradualmente   *gradually*   las manifestaciones fueron gradualmente
2   extendiéndose a otras ciudades del país

lentamente   *slowly* (used slightly less   avanzaba lentamente hacia la puerta
2   than **despacio**)

poco a poco   *little by little*   poco a poco todo iba volviendo a la
2   normalidad

tranquilamente   *quietly* (suggests   se marchó tan tranquilamente como si no
2   indifference)   hubiese pasado nada

lento   *slowly*   oye, Papá, conduce más lento
1

tranquilo   *quietly, slowly*   oye, niño, hazlo más tranquilo
1

---

letrero   notice, sign

anuncio m   *advertisement*   puso un anuncio en el periódico para
2   vender el coche; en esta cadena se pasan el
                                                día echando anuncios (on the television)

aviso m   *notice* (often for public   en el ayuntamiento había un aviso al
2   information)   público; la profesora dejó en la puerta un
                                                aviso diciendo …

cartel m   *poster, advertisement* 'No fijar carteles'/'Carteles no' (written on
2   a wall)

cartelera f   board with a list of plays   esta película ya lleva seis meses en cartelera
2   and films, *billboard*

letrero m 2	*notice, sign*	el letrero decía: 'Prohibida la entrada a toda persona ajena a la obra'; a lo lejos se veían los letreros luminosos de las tiendas
pancarta f 2	*placard, banner*	los huelguistas llevaban pancartas en contra de ...
póster m 2	*decorative poster* (in a house or public building)	tiene la habitación llena de pósters
señal de tráfico f 2	*traffic sign*	hay que respetar las señales de tráfico
señalización f 2	*traffic signs*	las señalizaciones que han puesto en esta carretera no son fáciles de entender
tablero m 2	*notice board*	vio el trabajo anunciado en el tablero de anuncios de la Universidad

---

levantar   to lift, to raise, to build

encumbrar 3	*to raise, to exalt* (used figuratively)	el dinero y la fama le habían encumbrado
realzar 3–2	*to heighten* (used figuratively)	aquel vestido realzaba su esbelta figura/su piel morena
alzar 2	*to raise, to lift* (often used in a similar way to **levantar** but not used so much)	alzar el brazo/el cuello de un abrigo; tuvo que alzar la voz; haga el favor de no alzarme el tono
ascender 2	*to promote* (used figuratively)	le ascendieron a general; todavía no le han ascendido, a pesar de los años que lleva trabajando allí
construir 2	*to build* (used more than **edificar** and **levantar** in this meaning)	construir una casa/un puente; si construyen aquí nos van a tapar todo el sol
edificar 2	*to build* (used more than **levantar** and less than **construir** in this meaning)	se están edificando garajes y parkings en la zona; van a edificar en un descampado a pesar de las quejas de los vecinos
elevar 2	*to promote, to raise, to square* (in maths) (with the meaning of *to promote* **elevar** cannot be followed simply by **capitán**)	le elevaron a la categoría de capitán; elevar los precios; elevar al cuadrado

erigir 2	*to erect*	han erigido un monumento al célebre autor; millares de alemanes atravesaron el muro veintiocho años después de que éste fuera erigido
izar 2	*to raise* (a flag)	los soldados izaron la bandera americana al conquistar la isla de Iwojima
levantar 2	*to lift, to raise, to build* (in this third meaning, is of a slightly higher register, and is used less than **construir** or **edificar**)	levantó la mano/la mesa/los ojos; casi no puedo levantar la maleta de tanto que pesa; levantaron un muro de dos metros de altura; levantar un templo/una tapia
subir 2	*to lift, to put up, to take up*	no puedo subirte el brazo que pesa mucho; voy a subir la persiana; el pobre cartero tuvo que subir el paquete al tercer piso; el gobierno subió los precios
aupar 2–1	*to help up* (often used with children)	aupó al niño sobre la pared para que pudiera ver el desfile militar; ¿me aupas, Papá, que no veo?

---

ley   law, rule

canon m 3	*canon*	los cánones literarios/de la moda
fuero m 3	*code of laws*	el fuero de los españoles es una de las siete leyes fundamentales del franquismo
normativa f 3–2	*regulations*	según la normativa vigente los alumnos que no se hayan matriculado dentro de este plazo ...
ordenanza f 3–2	*ordinance* (less important than **ley**)	una ordenanza militar/municipal
precepto m 3–2	*precept*	cumplir con los preceptos establecidos por las autoridades
código m 2	*code*	el código penal/de la circulación; el código napoleónico
estatuto m 2	*statute*	los estatutos del estado; un estatuto de autonomía
ley f 2	*law, rule*	las Cortes votaron una ley contra ...; someterse a la ley; dictar una ley
norma f 2	*norm, rule*	según las normas establecidas por el municipio ...; normas de seguridad/de conducta

regla f 2	*rule*	hay una serie de reglas para rellenar el formulario; las reglas de ortografía; la excepción confirma la regla
reglamento m 2	*ruling, regulations*	el reglamento que rige el funcionamiento de la cámara alta

---

liberar   to free (see note 1 below)

eximir 3	*to exonerate, to free*	ha sido eximida de pagar este impuesto/de esta responsabilidad
emancipar 3–2	*to emancipate*	un plan para emancipar a las mujeres; todos los esclavos fueron emancipados en el siglo diecinueve
libertar 3–2	*to release*	libertaron a cinco de los prisioneros
liberar 2	*to free*	liberaron a todos los presos; la liberaron de su promesa; liberar de una carga/de una obligación; pugnar por liberarse del sistema estalinista
poner en libertad 2	*to set free*	ha sido puesto en libertad provisional
librar 2	*to free* (see note 2 below)	libraron al pueblo de la tiranía; librar de una carga/ de una obligación/del peligro; no consiguieron librarse de ir a la mili; por fin conseguí librarme de él
rescatar 2	*to rescue*	los soldados rescataron a los rehenes
soltar 2–1	*to let go*	los meten en la cárcel y luego en seguida los sueltan

NB 1 **libertar, liberar** and **poner en libertad** are all used for prisoners.
Librar and **liberar** are used figuratively
2 note the idiomatic use of **librarse** which often suggests '*to have a narrow escape*'. Here the register is often lower. **Por suerte no estaba mi madre en casa, ¡de buena me libré!** (R1); **librarse por los pelos** (R1); **por fin conseguí librarme de él** (*got rid of*) = R2–1

---

libre   free

emancipado 3–2	*emancipated*	un esclavo emancipado; una mujer emancipada
exento 3–2	*exempt*	este artículo está exento de impuestos

autonómico [2]	*autonomous* (used of Spanish regions)	el gobierno autonómico de Barcelona; las elecciones autonómicas
autónomo [2]	*autonomous*	un país autónomo
independiente [2]	*independent*	la creación de un estado lituano independiente; siempre ha sido una mujer muy independiente
libre [2]	*free* (note the use of **ser** and **estar** in the second and third examples)	un pueblo libre; eres libre para hacer lo que quieras; hoy no estoy libre para jugar al tenis

libro   book

best seller m [2]	*best seller*	*Lo que el viento se llevó*, novela de Margaret Mitchell y best seller de los años treinta ...
ejemplar m [2]	*copy*	ya se han vendido casi veinte mil ejemplares de esta novela
libro m [2]	*book*	está escribiendo un libro sobre ...; un libro de cuentos; un libro encuadernado/de bolsillo/en rústica
libro de texto m [2]	*text(book)*	todavía no he comprado los libros de texto para este curso
tomo m [2]	*tome, volume* (same as **volumen**)	es una obra de dos tomos
volumen m [2]	*volume* (same as **tomo** but **tomo** may not be used in the second example)	es una obra de tres volúmenes; esta biblioteca tiene cien mil volúmenes

limpiar   to clean

depurar [3–2]	*to cleanse, to purify*	han depurado las aguas del Tajo
asear [2]	*to clean, to tidy up*	asea la habitación, lo tienes todo por medio; aséate un poco antes de salir
barrer [2]	*to sweep*	¿has barrido el suelo?
blanquear [2]	*to whiten, to launder* (may be used figuratively)	este detergente blanquea la ropa como ningún otro; el traficante en drogas transfirió su dinero al extranjero para blanquearlo

desengrasar [2]	*to scour, to remove grease*	¿has desengrasado los fogones?
desinfectar [2]	*to disinfect*	este producto desengrasa y desinfecta; hay que desinfectar la herida antes de poner una venda
enjuagar [2]	*to rinse*	enjuaga los vasos/los platos; enjuagarse la boca
fregar [2]	*to clean* (by rubbing), *to wash up*	hay que fregar los platos/el suelo
frotar [2]	*to rub*	frotó la chaqueta para quitar las manchas
lavar [2]	*to wash* (also used figuratively)	lavar el suelo/las sábanas; lávate la cara/las manos/los dientes; yo me lavo las manos, no quiero saber nada del asunto
limpiar [2]	*to clean*	límpiate los zapatos; tengo que limpiar la casa

---

limpio

clean

curioso [3]	*neat, clean*	ven que te haga las trenzas y así estarás más curiosita
cristalino [3–2]	*crystalline*	el agua pura y cristalina de la fuente
pulcro [3–2]	*clean*	siempre va muy pulcra y muy bien vestida; lleva siempre la ropa muy pulcra
aseado [2]	*clean, tidy*	siempre tiene el cuarto muy aseado; es muy aseada, siempre lo deja todo limpio y en orden
libre [2]	*clean, free* (used figuratively)	está libre de toda sospecha/de toda culpa
limpio [2]	*clean, free* (also used figuratively)	los platos están limpios; siempre tiene la casa muy limpia; ¿a ver si tienes las manos limpias?; tengo la conciencia limpia
puro [2]	*pure*	agua pura; un amor puro

liso   smooth, flat

liso 2	smooth, flat (refers especially to the texture of an object but may also describe a wide area)	era una mujer morena de pelo liso; una superficie/una piel lisa; el pavimento era completamente liso; el mar estaba liso como un plato
llano 2	flat, level (refers especially to a wide expanse of land or earth or sea)	la segunda etapa del Tour discurrió por terreno llano; una carretera llana; el mar estaba llano como la palma de la mano
plano 2	flat, level (very similar to **llano** but when it refers to land or a road, it indicates that there are no pot-holes, for example; **llano** may not be used in the last example)	mire qué plano está hoy el mar; la carretera tiene el piso plano; una carretera plana; para patinar, es preciso que el piso esté plano; tiene los pies planos
suave 2	smooth, even (refers especially to the texture of something and in this meaning is similar to **liso**)	una piel/un tejido suave
terso 2	smooth (refers especially to the skin)	una piel tersa

lista   list

relación f 3	list, record	una relación de alumnos; la relación de los ganadores del concurso/de la oposición
enumeración f 3–2	enumeration	una enumeración de títulos/de nombres/de hechos
índice m 3–2	index, table of contents	el índice de un libro; poner en el índice papal
catálogo m 2	catalogue	un catálogo de libros/de muebles
inventario m 2	inventory	un inventario de objetos robados/de muebles viejos; el inventario de un museo
lista f 2	list	la lista de la compra; una lista de invitados/de boda; mi nombre no aparece en la lista
registro m 2	register	su nombre no aparece en el registro civil

| **repertorio** m [2] | *repertory* | un repertorio de canciones/de obras de teatro |
| **serie** f [2] | *series, serial* | una serie televisiva |

---

loco (a)		mad, mentally ill (see the note below loco (b))
demente [3]	*demented* (also used as a noun)	decía el periódico 'Anda suelto un loco demente'; ese crimen sólo lo pudo cometer un demente
poseso [3]	*possessed* (used more as a noun)	gritaba como un poseso
alienado/ enajenado [3–2]	*insane* (also used as a noun)	los problemas psicológicos de las personas alienadas/enajenadas; tuvieron que meter al alienado/al enajenado en un manicomio
desequilibrado [3–2]	*unbalanced* (also used as a noun)	el ritmo de la vida moderna conduce a posturas desequilibradas en el ser humano; el enfermo está aparte, es un desequilibrado mental
energúmeno [3–2]	*mad(man)* (used as a noun) (often suggests uncontrolled shouting)	gritaba como un energúmeno
maníaco [3–2]	*maniac* (used as a noun)	para haber cometido un crimen así debe de ser un maníaco
perturbado [3–2]	*disturbed*	está perturbado momentáneamente; tiene perturbadas sus facultades mentales
loco [2]	*mad, mentally ill* (also used as a noun)	se volvió loca y tuvieron que meterla en un manicomio; Juana la Loca
lunático [2]	*lunatic* (used more as a noun)	es un lunático, nunca para de hacer locuras
poseído [2]	*possessed* (used as a noun)	forcejeaba como un poseído; *Los Poseídos* de Dostoievski
trastornado [2]	*disturbed*	está trastornada desde que murió su hija
deschavetado M [1]	*unhinged*	el pobre hombre está completamente deschavetado
majareta [1]	*nuts*	ése está majareta, bañándose en el río en pleno invierno
medio tocame un vals A [1]	*mad*	el pobre está medio tocame un vals

loco (b)   mad, crazy, nutty (see the note below)

loco 2–1	*mad, crazy, nutty*	¡estás loca! ¿por qué has hecho esto?; está loco por mí
ido de la cabeza 1	*crazy, off one's head*	se le olvidan las cosas, se va de la cabeza
chalado 1	*nuts* (used as a noun = *mad person, nutter*)	ese chalado conduce a cien kilómetros por hora
mal de la chaveta 1	*crazy*	quiere aprobar dos cursos a la vez, está mal de la chaveta
chiflado 1	*cranky*	los científicos suelen ser chiflados
mochales 1	*crazy, nuts*	¡no me seas mochales!
orate M 1	*screwy* (used as an adjective and a noun) (exists in Spain but is rarely used)	estás orate/eres un orate si crees que voy contigo
rayado A 1	*mad, round the bend*	con los nuevos horarios de trabajo estoy rayada
tocado del ala 1	*crazy*	se ducha a las tres de la madrugada, está totalmente tocado del ala
grillado 1	*bloody crazy*	¿qué coño has hecho? ¡estás grillado!

NB an attempt has been made to differentiate, as far as possible, the literal and
figurative uses of **loco,** although inevitably there is an overlap

---

locución   expression, idiom

máxima f 2	*maxim*	Santa Teresa decía numerosas máximas
dicho m 2	*saying*	los dichos de Cicerón
expresión f 2	*expression*	es una expresión conocida por todo el mundo
frase f 2	*expression* (only used for *expression* as in the first example), *sentence*	una frase hecha; en la escuela nos pusieron cinco frases para analizar
locución f 2	*expression, idiom*	una locución adverbial/prepositiva
modismo m 2	*idiom*	es difícil conocer todos los modismos de una lengua extranjera

| **refrán** m [2] | *saying* (does not mean *refrain*) | los refranes de nuestros abuelos son muy valiosos |
| **sentencia** f [2] | *maxim* | no me explico la moraleja de esta sentencia |

loncha   slice

corte m [2]	*cut*	un corte de carne/de jamón
feta f A [2]	*slice*	una feta de queso/de carne/de jamón
loncha f [2]	*(thin) slice* (may be much thinner than **rodaja** and **tajada**)	una loncha de jamón York/de salchichón
rebanada f [2]	*slice of bread* (in Mexico may suggest sausages, ham, etc.)	una rebanada de pan
rodaja f [2]	*slice* (may be much thicker than **loncha**)	una rodaja de merluza/de limón/de naranja/de salchichón; piña en rodajas
tajada f [2]	*slice* (may be much thicker than **loncha**)	una tajada de melón/de sandía/de queso/de jamón

lugar (a)   place, spot

paraje m [3–2]	*(isolated) spot*	nadie parecía haber penetrado nunca en aquellos parajes desconocidos y salvajes
emplazamiento m [2]	*site*	el emplazamiento del castillo en lo alto de la colina; un emplazamiento arqueológico
localidad f [2]	*spot* (may refer to a town or village)	los hechos se produjeron en la localidad valenciana de Mislata
lugar m [2]	*place, spot* (**sitio** may be used in the first example but not in the second)	es un lugar muy bonito, siempre merendamos allí; el equipo ocupa el segundo lugar en la liga
paradero m [2]	*whereabouts* (often used in the media)	todavía se desconoce el paradero de los dos niños desaparecidos
punto m [2]	*point, spot*	nuestro punto de reunión es esa cafetería
sitio m [2]	*place, spot* (**lugar** may be used in the second example but not in the first)	no encuentro las llaves por ningún sitio; el hotel está en un sitio muy tranquilo

lugar (b)   room, space

cabida f 3–2	*place(s)*	esta clase tiene cabida para veinte alumnos
lugar m 3–2	*room, space* (used less than **sitio** in this meaning)	¿hay lugar para mí aquí?
espacio m 2	*room, space*	los niños tienen mucho espacio para jugar, el jardín es muy grande
plaza f 2	*room, place* (used in set expressions)	un coche de cinco plazas; me quería matricular de francés pero ya no quedaban plazas
sitio m 2	*room* (used more than **lugar** in this meaning)	tendremos que ir en otro coche, en éste no hay sitio para todos

lujo   luxury

suntuosidad f 3	*sumptuousness*	la suntuosidad de los banquetes en el castillo
opulencia f 3–2	*opulence*	vivir en la opulencia
lujo m 2	*luxury*	artículos de lujo; vivir en el lujo; no me puedo permitir ese lujo
riqueza f 2	*richness, riches* (usually used figuratively)	la riqueza del bordado; un texto de una gran riqueza de imágenes

llamada   call

apelación f 3–2	*appeal*	presentar una apelación; un juicio/una condenación sin apelación
aullido m 2	*howl*	los niños saltaban como colegiales, imitando aullidos de animales
convocatoria f 2	*call, notice* (of a meeting or exam)	una convocatoria a la huelga; se presentaron a la convocatoria de septiembre
griterío m 2	*shouting*	se oía el griterío de los chiquillos en el patio
grito m 2	*call, shout*	oí un grito de socorro; dio un grito de horror/de dolor; siempre habla a gritos
llamada f 2	*call* (also used figuratively)	una llamada telefónica/al orden; el capital extranjero ha acudido a la llamada de la industria española

| **llamamiento** m [2] | *call, appeal* | un llamamiento a la huelga/al orden; el alcalde ha hecho un llamamiento a la población para ... |

---

llamar   to call

apelar [3–2]	*to appeal, to call* (used figuratively)	apelar de/contra una sentencia; apeló a la competencia de la jueza para comprobar su inocencia
denominar [3–2]	*to denominate, to call*	dichas plantas son denominadas por los indígenas ...; este muro, al que los berlineses denominaron con el nombre jocoso de 'la muralla de China'
designar [3–2]	*to designate*	los dirigentes tuvieron que designar a un sucesor; los cardenales designaron al obispo de Oviedo como Papa
invocar [3–2]	*to invoke*	invocar a los cielos/a Dios/a la Virgen
bautizar [2]	*to baptize* (also used figuratively)	la bautizaron con el nombre de Dolores; la desaparición del 'telón de acero' como lo bautizó Winston Churchill ...
convocar [2]	*to summons, to call*	los sindicalistas convocaron la huelga/fueron convocados a la huelga; convocar oposiciones/una reunión/una asamblea
gritar [2]	*to shout*	gritaba tan fuerte que se le oía desde la plaza
dar gritos [2]	*to shout, to call out*	daba gritos de dolor
llamar [2]	*to call*	¿cómo te llamas?; oye, Paco, te llaman por teléfono
nombrar [2]	*to name, to appoint*	le nombraron alcalde/jefe del departamento
nominar [2]	*to nominate* (only for an Oscar but more recently, it is starting to be used like **nombrar**, and here = R3–2)	la nominaron para un Oscar; en 1987 fue nominado para dirigir otra empresa
dar voces [2]	*to speak out very loudly*	era imposible oír nada, todo el mundo daba voces

llanura   plain

llano m 3–2	*plain* (same as **llanura** but is used less)	el llano se extendía de las montañas al mar
planicie f 3–2	*plain, flat area*	una vasta planicie se extendía al sur de las estribaciones
vega f 3–2	*plain* (suggests growth, vegetation)	la vega de Aranjuez tiene fama por sus fresas
llanura f 2	*plain* (same as **llano** but is used more)	se desplegaba a nuestros pies una inmensa llanura; la llanura manchega
meseta f 2	*meseta*	la meseta de Castilla

llenar   to fill

henchir 3	*to fill* (often used as a past participle and figuratively)	el ambiente estaba henchido de aromas agradables; estaba henchido de orgullo por los resultados de su hija
saturar 3	*to saturate* (usually used figuratively)	han saturado el mercado de este producto
abarrotar 2	*to cram full* (often used as a past participle)	la sala estaba abarrotada de gente; este baúl está abarrotado de libros
atestar 2	*to cram full* (often used as a past participle)	los cajones estaban atestados de libros y papeles; los bares están a estas horas atestados de gente
cargar 2	*to load*	cargar un barco/una pluma estilográfica; cargaron el camión de carbón
colmar 2	*to overwhelm* (used figuratively)	aquellas palabras la colmaron de felicidad; la anfitriona nos colmó de atenciones
cumplir (con) 2	*to fulfil, to fill*	cumplieron (con) su promesa/(con) su palabra/(con) sus obligaciones
llenar 2	*to fill*	llenó el vaso de agua; volvió a llenar las copas; llenaron el hoyo de tierra
rellenar 2	*to fill in* (a form)	he rellenado el cuestionario/el formulario
atiborrar 2–1	*to stuff* (often used as a past participle)	los cestos estaban atiborrados de naranjas; se atiborró de pasteles

lleno   full

colmado 3–2	*overflowing, overwhelmed* (also used figuratively)	los cestos estaban colmados de fruta; estaba colmada de felicidad
saturado 3–2	*saturated, full*	ya no puedo comer más, estoy saturada
abarrotado 2	*crammed full*	una sala abarrotada de gente; todos los restaurantes estaban abarrotados
atestado 2	*crammed full* (usually followed by **de**)	los restaurantes están atestados de gente
cargado 2	*laden, loaded* (also used figuratively)	iba cargado de maletas; el camión iba muy cargado; está cargada de responsabilidades
completo 2	*full* (used of transport or hotel)	el autobús/el tren/el hotel está completo
lleno 2	*full* (also used figuratively)	el autobús está/va lleno, no cabe nadie más; el salón estaba lleno de gente; lleno de entusiasmo
pleno 2	*full* (suggests *being in the middle of*) (also used figuratively)	en plena calle; en pleno invierno; en pleno verano; estaba en pleno uso de sus facultades
relleno 2	*stuffed*	tomates/pimientos rellenos; aceitunas rellenas de anchoa
repleto 2	*full*	la sala estaba repleta; estoy repleta, he comido demasiado
atiborrado 1	*stuffed full* (not used for people)	el cajón estaba atiborrado (de libros/de ropa)
retacado M 1	*crammed full*	mi maleta está retacada (de ropa)
a tope 1	*full to the top*	el autobús iba a tope

---

llevar   to take, to drive, to carry

conducir 3–2	*to take*	el pastor condujo a las ovejas al redil; la condujo a la sala donde se encontraban los otros invitados
trasladar 3–2	*to take, to transport*	el enfermo fue trasladado al hospital

| **llevar** [2] | *to take, to drive, to carry* (often = *to bring*) | te llevo a la estación si quieres; te lo llevaré a casa esta tarde; nunca llevo dinero encima; llevó el pasaporte en el bolsillo |
| **transportar** [2] | *to transport* | el tren transportaba mercancías de Málaga a Madrid |

---

llorar   to cry, to weep

llorar [2]	*to cry, to weep*	está llorando porque ha perdido su juguete
lloriquear [2]	*to whimper*	deja de lloriquear, que no ha sido nada
sollozar [2]	*to sob*	la pobre sollozaba sentada en un rincón
chillar M [1]	*to cry*	el niño chilló toda la tarde

---

llover   to rain

diluviar [2]	*to deluge, to pour down*	ahora no se puede salir de casa, está diluviando
garuar A [2]	*to drizzle*	ponete el perramus, que garúa
gotear [2]	*to spit with rain*	'¿llueve?' 'No, está goteando'
llover [2]	*to rain*	ha llovido a cántaros toda la noche
lloviznar [2]	*to drizzle*	no vale la pena coger paraguas, sólo está lloviznando

---

lluvia   rain

aguacero m [2]	*short, sharp shower* (may be violent)	nos sorprendió un aguacero en pleno campo y volvimos empapados
calabobos m [2]	*drizzle*	coge el paraguas, es un calabobos
chubasco m [2]	*shower* (used in weather reports)	el hombre del tiempo habló de cielos parcialmente nublados y chubascos

diluvio m 2	*deluge, downpour*	el diluvio acabó con la cosecha
gota fría f 2	*(intense, persistent) deluge*	la gota fría produjo inundaciones en Cataluña
llovizna f 2	*drizzle*	caía una llovizna muy fina
lluvia f 2	*rain*	las lluvias se extendieron hasta el resto de la Península
precipitación f 2	*rainfall* (used in weather reports)	el parte meteorológico anunció precipitaciones
tromba de agua f 2	*cloudburst*	una tromba de agua hizo desbordar el río
chaparrón m 2–1	*shower*	no creo que vuelva a llover, ha sido sólo un chaparrón
chirimiri m 2–1	*fine rain*	cojo solamente un paraguas, no es más que un chirimiri

---

madera   wood (material)

madero m 3–2	*plank*	necesito un madero de dos metros
astilla f 2	*splinter*	se clavó una astilla en el dedo
leña f 2	*kindling wood*	vamos a coger leña para el fuego
madera f 2	*wood*	esta estantería es de madera
tabla f 2	*plank*	una tabla de madera no sirve para practicar el windsurf
viruta f 2	*shaving*	recogieron las virutas en el aserradero

---

madrugada   early morning

| **madrugada** f
2 | *early morning* | volvieron a la una/las dos/tres/cuatro de la madrugada |
| **mañana** f
2 | *morning, early morning* | a la una/las dos/tres/cuatro/once de la mañana |

magulladura   bruise, cuts, scratches (see the note below)

contusión f
`3–2`
bruise (often suggests a blow as well as the bruise)
el futbolista tenía una contusión en la pierna derecha

cardenal m
`2`
bruise
me di un golpe en la pierna y me salió un cardenal

magulladura f
`2`
bruise, cuts, scratches
después del accidente tenía magulladuras por todo el cuerpo

moradura f
`2`
bruise
estaba lleno de moraduras debido a la paliza que le habían dado

**moratón/
moretón** m
`2`
bruise
se cayó y volvió llena de moratones/de moretones

NB few Spaniards see any difference between **cardenal, moradura, moratón** and **moretón** since they all suggest *purple*

malgastar   to waste (see the note below)

disipar
`3`
to dissipate
disipó toda su fortuna/todo su dinero

desaprovechar
`3–2`
to waste (often an opportunity)
no puedo desaprovechar esta oportunidad

dilapidar
`3–2`
to waste (usually money) (does not suggest *dilapidated*)
dilapidó su fortuna en pocos meses

derrochar
`2`
to waste (usually money, energy)
¡qué manera de derrochar energía/el dinero!

desperdiciar
`2`
to waste (usually an opportunity, time)
desperdiciaron la oportunidad/la ocasión; estás desperdiciando el tiempo

despilfarrar
`2`
to waste, to squander (money)
siempre está despilfarrando dinero

malgastar
`2`
to waste (money and time)
malgastó todo su dinero; no malgastes el tiempo

perder
`2`
to waste
deja de perder el tiempo y ponte a trabajar

tirar
`2`
to waste, to throw away
piensa que jugar en la lotería nacional es tirar el dinero

botar M
1

to waste (usually money)

el gobierno botó el dinero en su programa espacial

NB **derrochar, despilfarrar** and **malgastar** are very similar. However, **malgastar** is less strong than the other two

---

malhechor

evildoer, criminal, rogue (see the note below)

sicario m
3

hired gunman

el sicario asesinó al político en pleno día

bellaco m
3–2

rascal, rogue (has a literary connotation)

Cervantes describió el mundo de los bellacos

bribón m
3–2

rascal, rogue (not strong when applied to children)

no te fíes de ese hombre, es un bribón; este bribón se ha comido todos los bombones que quedaban

homicida mf
3–2

murderer

la policía todavía no ha encontrado al homicida

maleante mf
3–2

villain

la jerga de los maleantes

malhechor m
3–2

evildoer, criminal, rogue

este barrio se ha convertido en un nido de malhechores

tunante m
3–2

rogue, rascal (often used of children)

¡no quiero ver a ese tunante merodeando por aquí!

asesino m
2

murderer, assassin (has a wider context than in English)

no se ha encontrado todavía al asesino de la anciana

canalla mf
2

rotter

eres un canalla, ¿cómo le has podido hacer una cosa así a tu madre?

criminal mf
2

criminal (usually a murderer)

un criminal de guerra

culpable mf
2

guilty person

se declaró culpable ante el juez

chantajista mf
2

blackmailer

es un chantajista, pretendía que le diera un millón de pesetas a cambio de guardar mi secreto

delincuente mf
2

offender, criminal (may be of any age)

muchos drogadictos acaban convirtiéndose en delincuentes

encubridor m
2

receiver (of stolen goods), *harbourer*

el encubridor guardó más de seis meses las joyas robadas; los encubridores de los asesinos fueron castigados con penas de ...

forajido m
2
outlaw
la ley del forajido reinaba en el Oeste

gamberro m
2
hooligan, lout
unos gamberros rompieron todos los cristales

gán(g)ster m
2
gangster
Al Capone fue un famoso gángster

granuja mf
2
rogue, rascal (often used of children)
eres un granuja

mafioso m
2
mafioso, member of the mafia
la policía arrestó a dos mafiosos en la Costa del Sol

malvado m
2
villain
es un malvado, prefirió dejarla morir antes que ayudarla

pícaro m
2
rogue (not strong when used of children)
hay un sinnúmero de pícaros en *El Lazarillo de Tormes*; ¡qué pícaro! se cogió el pastel más grande

pillín m/**pillo** m
2
rascal, rogue (not strong; the former has an affectionate connotation)
es un pillín/un pillo, se quería ir sin que yo me diera cuenta

pistolero m
2
gunman
Jessie James fue un famoso pistolero

reo m
2
criminal
el reo fue condenado a muerte

sinvergüenza mf
2
scoundrel, cad (may be strong or weak)
es un sinvergüenza, se marchó de casa, dejándoles sin un duro; la sinvergüenza ésta se ha escondido

violador m
2
rapist
el violador fue condenado a veinte años de cárcel

atorrante mf A
2–1
swindler, thief, rogue
el atorrante de mi marido me dejó sin plata

golfo m
2–1
rascal, loafer, lout, prostitute (often used in the diminutive)
el golfillo ése intentó venderme un reloj robado; ése es un golfo, todo lo que gana lo gasta en bebida

malandra m A
2–1
rogue
ese malandra anduvo robando gallinas

cholo m M
1
lout, layabout (although not strong it may have a racist connotation since the first meaning is half-caste, dark skinned)
mi hijo se ha convertido en un cholo, no sé qué hacer con él

chulo m [1]	*pimp*	un chulo de putas
follonero m [1]	*layabout, mischief maker*	hay unos folloneros armando una bronca en el bar
macarra m [1]	*pimp, lout*	esa zona está llena de putas y macarras; ¡qué pintas de macarra tienes con esos pelos y las muñequeras!
naco m M [1]	*lout, unpleasant person, hooligan*	no lo invites a la fiesta de gala porque es un naco; el naco quebró el vidrio y se escapó

NB although **malhechor** is of a high register it is the frame title because it
has the widest application of all these synonyms

---

manada   pack (of animals)

boyada f [3–2]	*drove of oxen* (not widely used except on farms)	antiguamente había un lugar en los pueblos para resguardar la boyada
hato m M [3–2]	*herd*	un hato de vacas/de caballos/de ovejas/de cabras
parvada f M [3–2]	*flock*	una parvada de aves
torada f [3–2]	*herd of bulls* (not widely used except on farms)	una torada de aproximadamente doscientas cabezas pastaba en la dehesa
vacada f [3–2]	*herd of cows* (not widely used except on farms)	la vacada era conducida al prado por la vaquera
bandada f [2]	*flock*	una bandada de patos/de pájaros
jauría m [2]	*pack* (of hunting dogs)	los cazadores salieron a cazar con la jauría
manada f [2]	*pack* (of animals) (usually wild), *herd*	una manada de lobos/de ciervos/de elefantes
piara f [2]	*herd of pigs*	metieron toda la piara en la pocilga
rebaño m [2]	*flock* (of sheep, goats)	el pastor condujo al rebaño al redil
yeguada f [2]	*herd of mares*	se preparaba una yeguada de pura sangre para la feria de Sevilla

mancha   stain

mácula f 3	*blemish* (used figuratively)	la Virgen está sin mácula
estigma m 3–2	*stigma* (used figuratively)	sus actuaciones criminales son un estigma en la familia
manchón m 3–2	*large stain*	tienes un manchón en la chaqueta
tizne m 3–2	*spot, stain, black residue* (on bottom of frying pans)	tienes un tizne en el pantalón; no logró sacar el tizne con el estropajo
borrón m 2	*stain, blot*	tiene el cuaderno de ejercicios lleno de borrones
lamparón m 2	*large stain* (on clothes; always of grease)	tienes un lamparón en la camisa
mancha f 2	*stain* (also used figuratively)	tengo una mancha en la falda; las manchas de fruta son difíciles de quitar; esa mala relación ha dejado una mancha en mi corazón

manivela   handle

manija f 3	*handle, catch* (often of a window)	cogió la manija de la ventana
agarradero m 3–2	*lever, pretext* (usually used figuratively) (same meaning as **asidero**)	aquel pretexto le sirvió de agarradero para no ir
asidero m 3–2	*lever, pretext* (usually used figuratively) (same meaning as **agarradero**)	aquel pretexto le sirvió de asidero para no ir
empuñadura f 3–2	*handle, hilt* (of a sword)	la empuñadura de un cuchillo/de una espada/de un bastón/de un paraguas
asa f 2	*handle, grip*	el asa de un bolso/de una taza/de una olla/de una cesta
mango m 2	*handle*	el mango de una sartén/de una pala/de un cuchillo/de un martillo
manivela f 2	*handle* (to turn or wind something)	la manivela de un organillo/del gato de un coche
manubrio m 2	*handle*	el manubrio del gato del coche/de un organillo

picaporte m 2	*door handle* (L shaped), *latch*	el picaporte de la puerta
tirador m 1	*handle*	el tirador de una puerta/de un coche/de un cajón

mapa   map

atlas m 2	*atlas*	necesito un atlas para la clase de Geografía
carta f 2	*nautical map, chart*	una carta marina/de navegación
globo terráqueo m 2	*globe*	tenía un globo terráqueo sobre el escritorio
mapa m 2	*map*	el mapa de Europa/de EEUU
mapamundi m 2	*map of the world*	de una de las paredes del aula colgaba un mapamundi
plano m 2	*plan, map of a town*	no sé dónde está la calle ¿tienes un plano?

máscara   mask, disguise

antifaz m 2	*mask* (made up especially of large glasses)	los héroes de los tebeos suelen llevar un antifaz
careta f 2	*mask* (for actors and children) (usually made of cardboard)	los actores de la antigüedad llevaban caretas
disfraz m 2	*disguise* (often covering the whole body), *fancy dress*	un baile de disfraces
máscara f 2	*mask, disguise*	un baile de máscaras; una máscara anti-gas
pasamontañas m 2	*Balaclava helmet*	los terroristas llevaban un pasamontañas
velo m 2	*veil*	el velo le cubría el rostro

masculino   masculine, male

hombruno (a) 3	*like a man* (used of women)	no me gusta esa mujer, es muy hombruna
varonil 3	*manly, virile*	un carácter varonil; una mujerona de aspecto varonil
varón 3–2	*male*	un hijo varón; ¿es varón o hembra?
viril 3–2	*virile*	un hombre/una actitud viril
macho 2	*manly, male, macho*	el perro, ¿es macho o hembra?; representa la típica imagen del macho hispano
masculino 2	*masculine, male*	el género/el artículo masculino

matanza   slaughter

degüello m 3	*slaughter* (usually used as in the example)	entraron a degüello en la ciudad
exterminio m 3–2	*extermination*	el exterminio de una raza
hecatombe f 3–2	*butchery, slaughter* (used figuratively)	el accidente ferroviario fue una verdadera hecatombe
carnicería f 2	*butchery*	la batalla fue una verdadera carnicería
masacre f 2	*massacre* (same as **matanza**)	una masacre siguió a la invasión
matanza f 2	*slaughter* (same as **masacre**)	la matanza de los inocentes; la matanza en la plaza de Tiananmen

matar   to kill

asesinar 3–2	*to kill, to assassinate* (has more than just a political connotation)	el presidente Lincoln fue asesinado por un fanático; el delincuente asesinó a una anciana
ejecutar 3–2	*to execute*	los terroristas amenazaron con ejecutar a los rehenes
escabechar 3–2	*to carve up* (suggests a lot of blood)	los terroristas irrumpieron en el bar y escabecharon a todo el mundo

exterminar [3–2]	*to exterminate*	exterminar las ratas/los mosquitos
acabar con [2]	*to finish, to end, to kill*	sacó el revólver y acabó con ella; decidió acabar con la vida
degollar [2]	*to slaughter* (by slitting the throat)	degollaron al cordero
linchar [2]	*to lynch*	los izquierdistas lincharon a Mussolini
matar [2]	*to kill*	la mató con un cuchillo; les mataron a balazos
rematar [2]	*to finish off, to polish off*	el animal estaba muriendo y ella lo remató
cargarse [1]	*to bump off* (see the note below)	el bandido se lo cargó de un tiro
cepillar(se) [1]	*to bump off* (see the note below)	el alférez (se) los cepillaba uno tras otro
echarse M [1]	*to kill*	lo asaltaron y luego se lo echaron
eliminar [1]	*to eliminate* (see the note below)	el gángster eliminó a sus compinches
liquidar [1]	*to liquidate* (see the note below)	los pistoleros liquidaron al chivato
rajar [1]	*to stab*	sacó la navaja y rajó al otro gamberro

NB **cargarse** and **cepillarse** are of a slightly lower register than **liquidar** which is of a slightly lower register than **eliminar**

---

mediante   by means of

por mediación de [3–2]	*through, by*	se lo mandé por mediación de un amigo; consiguió el trabajo por mediación de su tía
por medio de [3–2]	*through*	consiguió el trabajo por medio de un tío suyo
gracias a [2]	*thanks to*	conseguí el puesto gracias a ella
mediante [2]	*by means of*	consiguió el trabajo mediante mi hermano; esto podría sólo llevarse a cabo mediante la elaboración de un plan que ...

por 2	*through*	me enteré por ella
a través de 2	*by, through*	se lo mandé a través del banco/del correo/de mi hermano; me enteré a través de él

---

médico   doctor (see the note below)

facultativo m 3	*doctor*	el facultativo dio el parte a la familia en la clínica misma
físico m 3	*physician* (but R2 = *physicist*)	Hipócrates fue un gran físico
galeno m 3	(very experienced) *doctor*	era un galeno muy chapado a la antigua
cirujano m 2	*surgeon*	la cirujano le dijo que la operación había sido un éxito
clínico m 2	*clinician, doctor*	según el diagnóstico del clínico
curandero m 2	person with special therapeutic gifts, *healer*	los médicos no pudieron curarla, así que decidió ir a ver a un curandero
doctor m 2	*doctor* (used when addressing a doctor or using his/her name) (has the value of **médico** in Mexico)	me examinó el doctor Bayo; ¿qué piensa Ud, Doctor Fernández?; el doctor me examinó a las diez esta mañana
especialista mf 2	*consultant, specialist*	un especialista del corazón
interno m 2	*house doctor* (in a hospital)	estuvo trabajando como interno en un centro hospitalario de Madrid
médico mf 2	*doctor*	la médico me examinó; es médico de cabecera/de familia (*GP*)
otorrino-laringólogo m 2	*ear, nose and throat specialist* (see the shortened form below)	tiene problemas con el oído y tiene que ver a un otorrinolaringólogo
practicante mf 2	*doctor's assistant*, person between nurse and doctor able to carry out injections, etc	la practicante le puso una inyección
otorrino m 2–1	= **otorrinolaringólogo** (used more for the obvious reason)	tiene problemas con la garganta y tiene que ver a un otorrino

matasanos mf
[1]
quack (has a humorous connotation)
¿qué te ha recetado ahora el matasanos?

NB **facultativa, cirujana, curandera, doctora, interna,
otorrinolaringóloga** and **otorrina** also exist and are used in varying degrees.
For instance, **médica** is used less in large cities where the **la médico** is
preferred. For a discussion of professions and gender see Batchelor and
Pountain, *Using Spanish: A Guide to Contemporary Usage*, Cambridge
University Press, 1992, pp. 161–2

---

medida
measure, step (see the note below)

procedimiento m
[3–2]
procedure
¿cuáles son los procedimientos legales
para ...?

gestión f
[2]
procedure, measure, step (has an administrative connotation)
tuvo que realizar/hacer numerosas gestiones para conseguir su traslado; tras intensas gestiones diplomáticas ...

medida f
[2]
measure, step (has a much more general connotation than **gestión**)
el Gobierno ha tomado/adoptado medidas para ...; medidas para controlar la inflación; un paquete de medidas

paso m
[2]
step
hay que dar todos los pasos necesarios para ...

trámite m
[2]
step, procedure (has an administrative connotation)
iniciaron los trámites para obtener el pasaporte

NB all these synonyms are often used in the plural. Note the verbs used with
gestión, medida and **paso**. For example, **tomar** and **adoptar** are almost
always used with **medida. Realizar** and **hacer** may not be used with
medida, and **tomar** and **adoptar** may not be used with **gestión. Dar** is
almost always used with **paso**

---

mejorar
to improve

reponerse
[3–2]
to improve (used of health)
se repuso lentamente tras la operación

restablecerse
[3–2]
to get better
el enfermo ya está totalmente restablecido

sanar
[3–2]
to heal, to get better
si sigues las indicaciones del médico, sanarás muy pronto

sanear
[3–2]
to improve (often used of an economy)
sanear la moneda/la economía

acondicionar
[2]
to arrange (used of buildings)
la casa del pintor ha sido acondicionada como museo

adelantar [2]	*to progress*	están adelantando mucho en sus estudios; hasta que no hablemos con el jefe no vamos a adelantar nada
sacar adelante [2]	*to help to progress, to promote*	con lo que gana apenas puede sacar adelante a la familia; logró sacar adelante el negocio
salir adelante [2]	*to make progress*	lo único que me interesa es que salgan adelante en su carrera/en la vida
aliviarse [2]	*to get better* (often used of pain)	con el calmante se le alivió un poco el dolor
curar [2]	*to heal*	curar una herida/a un enfermo; esto se cura con penicilina
mejorar [2]	*to improve*	está mejorando el tiempo/su salud; la economía ha mejorado en un cinco por ciento; sigue con su problema de columna vertebral pero va mejorando
perfeccionar [2]	*to perfect*	fue a Irlanda para perfeccionar el inglés
progresar [2]	*to progress*	su salud/la situación económica progresa; sus estudios progresan; el país ha progresado mucho económicamente
prosperar [2]	*to prosper*	el país ha prosperado mucho gracias a la ayuda económica de ...
poner a punto [2]	*to tune* (used of engines)	el mecánico ha puesto a punto el motor del coche
recuperarse [2]	*to get better* (used of health)	se ha recuperado totalmente de su enfermedad

---

mejoría   improvement

mejoramiento m [3-2]	*improvement* (used less than **mejora** and **mejoría**)	se ha producido un mejoramiento en el tiempo/en la salud del enfermo
acondiciona-miento m [2]	*arrangement* (usually used of buildings)	el acondicionamiento de una casa como museo
adelanto m [2]	*progress* (usually used in the plural)	los adelantos de la ciencia/de la civilización
avance m [2]	*advancement*	hay que apoyar el avance social/científico; los avances de la tecnología

mejora f 2	*improvement*	las mejoras obtenidas por el Gobierno; la mejora del nivel de vida rural hace que existan menos personas ...
mejoría f 2	*improvement* (especially used of health)	el enfermo ha experimentado una notable mejoría; una mejoría de la situación económica
perfecciona-miento m 2	*improvement*	hizo un curso en Estados Unidos para el perfeccionamiento del idioma
puesta al día f 2	*bringing up to date*	la puesta al día de un diccionario
puesta a punto m 2	*tuning* (of an engine)	la puesta a punto de un motor
rehabilitación f 2	*renovation* (of a building)	se está llevando a cabo la rehabilitación de varios edificios en la zona

---

mensaje   message

comunicado m 3–2	*communiqué*	un comunicado de prensa
esquela f 3–2	*announcement* in a newspaper referring to someone's death	una esquela de defunción
memorando/ memorándum m 3–2	*memorandum*	el jefe de departamento me mandó un memorando
boletín m 2	*bulletin* (when it refers to the weather, used less than **parte**)	un boletín informativo; un boletín de última hora; el boletín oficial del Estado; el boletín meteorológico
mensaje m 2	*message* (usually written; is of a higher register than **recado**)	me dejaron un mensaje en la portería diciendo ...; le dejé un mensaje en su escritorio
nota f 2	*note*	le dejé una nota en su casilla
parte m 2	*bulletin* (when it refers to the weather, used more than **boletín**)	un parte médico/meteorológico/de guerra
recado m 2	*note, message* (is of a more informal register than **mensaje** and is usually spoken)	pásale el recado y dile que ...; ¿han dejado algún recado para mí?

mentira   lie

doblez f 3–2	*duplicity*	es una persona sincera y sin dobleces
embuste m 3–2	*lie*	es una sarta de embustes
falsedad f 3–2	*falsehood*	se ha demostrado la falsedad de estas declaraciones; fue procesado por falsedad y delito fiscal
patraña f 3–2	*story*	eso que cuentan no es más que una patraña
engaño m 2	*deceit*	fue víctima de un engaño
enredo m 2	*mix-up, maze* (designed to deceive)	si haces negocios con ella, te puedes meter en un enredo
fábula f 2	*fable*	las Fábulas de la Fontaine
farsa f 2	*sham, farce*	en realidad no estaba paralítica, fue todo una farsa
ficción f 2	*fiction, untruth*	todo lo que aparece en la película es ficción; un personaje de ficción
invención f 2	*invention*	no te lo creas, es pura invención
mentira f 2	*lie*	no digas mentiras; siempre está contando mentiras
bulo m 2–1	*hoax*	la historia del divorcio del presidente es un bulo
camelo m 2–1	*fib* (suggests something good which is not good)	esas vacaciones que anuncian no son más que un camelo
chanchullo m 2–1	*fiddle* (often used in politics)	los chanchullos salpican a los políticos de EEUU
bola f 1	*fib*	¡qué bola más gorda me has contado!
cuento m 1	*story, fib* (the example is very common)	que no estás enfermo, niño, eso es todo cuento (*you're putting it on*)
macana f A 1	*fib*	pasa todo su tiempo contando macanas
paparrucha f 1	*fib, hoax*	no te creas lo que dice, son todas paparruchas

piña f M 1	*story, fib*	'fuimos de cacería y matamos un elefante.' 'No, es una piña'
trola f 1	*fib* (used with and by children)	se pasa todo el día contando trolas

---

meter   to put (see the note below)

insertar 3–2	*to insert*	insertar la moneda en la ranura/una cláusula en el tratado
introducir en 3–2	*to put/introduce into*, *to bring in*, *to show in*	introducir una moneda en la ranura/la llave en la cerradura; introducir reformas en la administración
empotrar 2	*to fit* (usually into a wall)	un armario empotrado
encajar (en) 2	*to fit (into)*	la caja no encaja bien en el marco; no logro encajar esta pieza
encerrar en 2	*to put in(to)*, *to enclose*	encerraron al pájaro en la jaula; la encerraron en un manicomio
meter 2	*to put*	mételo en el cajón/en la nevera
poner 2	*to put*	pon la ropa en el armario; puso los libros en la mesa

NB **meter** suggests the idea of *putting in(to)*, while **poner** suggests either *putting*, *putting in(to)* or *putting on*

---

miedo   fear

pavor m 3	*dread*	al verlos acercarse, el pavor se adueñó de él; aquella aparición la llenó de pavor
espanto m 2	*fright, dread*	aquel terrible espectáculo le llenó de espanto
miedo m 2	*fear*	tengo miedo de volver a conducir después del accidente; cuando vi aquello casi me muero de miedo
miedo escénico m 2	*stage fright*	el miedo escénico la paralizó
pánico m 2	*panic*	el pánico se apoderó de la gente; ¡que no cunda el pánico!

susto m [2]	*fright*	¡qué susto me has dado!; ¡me llevé un susto de muerte al oír el ruido …!
temor m [2]	*fear, dread*	el temor de Dios; el temor al castigo; por temor de no llegar a tiempo
terror m [2]	*terror, horror*	una película de terror; con estas bombas los dos terroristas pretenden infundir el terror en la población
canguelo m [1]	*funk, 'willies'*	le entró (un) canguelo antes del examen
mieditis f [1]	*fear*	me está entrando mieditis aguda sólo de pensarlo
julepe m A [1]	*fear, panic*	tengo julepe con el examen
cagazo m A [1*]	*(the) shits*	¡qué cagazo me dio esa película de terror!

tener miedo   to be frightened

amedrentarse [3]	*to get fearful*	se amedrentó en su presencia y no se atrevió a decir nada
achantarse [3–2]	*to cringe* (from fear)	ante el cariz que estaba tomando la situación se achantó
asustarse [2]	*to get frightened*	se asustaron cuando oyeron el ruido
estar atemorizado [2]	*to be frightened*	la población está atemorizada ante esta nueva ola de atentados
cortarse [2]	*to get cold feet*	iba a acusar al dueño pero a última hora se cortó y se fue sin decir nada
espantarse [2]	*to get frightened*	no le cuentes ese chiste que ésa se espanta por nada
coger miedo [2]	*to get frightened*	le ha cogido miedo al maestro
tener miedo [2]	*to be frightened*	tengo miedo a/de los exámenes/fantasmas; tengo miedo de que haga una tontería
temer [2]	*to fear, to be afraid of* (used less than **tener miedo**)	teme mucho a su padre; no temen el peligro; temo que no me va a ser posible
acojonarse [1*]	*to be bloody scared*	¡enfréntate a ellos y no te acojones!

mientras   while

paralelamente [3]	*at the same time*	el gobierno quiere fortalecer sus defensas. Paralelamente, quiere coordinar sus sistemas …
andando el tiempo [3]	*as time went/goes by*	este trabajo ahora te resultará difícil, pero andando el tiempo te irás acostumbrando
por aquel entonces/aquella época/aquellas fechas [3–2]	*at that time, in those days*	por aquel entonces/aquella época/aquellas fechas sus hijos todavía no habían nacido
en tanto que [3–2]	*while* (used of time) (also suggests a contrast)	yo leía el periódico en tanto que ella dormía
al tiempo que [3–2]	*while* (used of time) (also suggests a contrast)	yo trabajaba al tiempo que ella no hacía nada
entretanto [2]	*meanwhile* (same as **mientras tanto**)	está buscando trabajo fijo y entretanto da algunas clases particulares
a medida que [2]	*while*	a medida que pasaban los meses su salud se iba deteriorando
mientras (que) [2]	*while* (when **que** is used a contrast is often indicated)	mientras él cuida a los niños tu puedes ir haciendo la comida; él es español mientras que el resto de la familia son franceses
mientras tanto [2]	*meanwhile* (same as **entretanto**)	toda la familia estaba de vacaciones. Mientras tanto, yo seguía trabajando en Madrid

---

modernizar   to modernize

actualizar [3–2]	*to modernize*	hay que actualizar la enseñanza
revitalizar [3–2]	*to revitalize*	el Ayuntamiento revitaliza el casco urbano
poner al día [2]	*to bring up to date*	están poniendo al día el diccionario de la Real Academia; no sé nada de música moderna, voy a tener que ponerme al día
modernizar [2]	*to modernize*	modernizar un local/un coche/la enseñanza
reacondicionar [2]	*to renovate, to recondition*	han reacondicionado la sala

rehabilitar [2]	*to renovate* (often used of a building)	rehabilitar un edificio
rehacer [2]	*to remake*	he tenido que rehacer el jersey; decidió rehacer su vida y volverse a casar
rejuvenecer [2]	*to rejuvenate*	el tratamiento de belleza la rejuveneció
remozar [2]	*to brighten up* (often used of walls, facades)	han remozado las fachadas de muchos edificios
renovar [2]	*to renovate, to renew*	tengo que renovar mi vestuario/mi pasaporte; le han renovado el contrato
restaurar [2]	*to restore*	restaurar un cuadro/un edificio

mojar   to wet

bañar [2]	*to dip, to immerse*	la cocinera bañó el bizcocho en aceite
calar [2]	*to soak* (often used as a past participle)	estoy calada hasta los huesos
empapar [2]	*to soak* (often used as a past participle)	empapó el algodón en alcohol; llovió tanto que me quedé empapada
humedecer [2]	*to moisten, to dampen*	humedeció la ropa antes de plancharla; tenía los ojos humedecidos de haber llorado
inundar [2]	*to flood* (also used figuratively)	llovió tanto que se inundó la terraza; sus ojos se inundaron de lágrimas
mojar [2]	*to wet* (often used reflexively)	se ha caído el vaso y se ha mojado el suelo; no mojes las galletas en el café
regar [2]	*to water*	tengo que regar las plantas
remojar [2]	*to (leave to) soak*	hay que remojar este pantalón, tiene tantas manchas; remojar los garbanzos/las lentejas
dejar/poner a remojo [2]	*to leave to soak*	puso/dejó a remojo las lentejas/los pantalones

molestar   to trouble, to annoy (see the note below)

disturbar
3
to disturb (used much less than *to disturb*)
el trueno disturbó la tranquilidad de la tarde

importunar
3–2
to pester
siempre me está importunando con sus cartas

incomodar
3–2
to inconvenience
su visita inesperada me incomodó

estorbar
2
to be in the way
¿te estorbo si me quedo aquí en la puerta?; si estorbo me voy

fastidiar
2
to annoy
me fastidia tener que levantarme tan pronto

incordiar
2
to upset, to be a nuisance (often used of children)
a ver si os vais a la cama y dejáis de incordiar; siempre me está incordiando con sus preguntas

molestar
2
to trouble, to annoy
¿le molesta si fumo?; no la molestes ahora que está trabajando; cuando estoy estudiando me molesta cualquier ruido

jorobar
2–1
to bother
me joroba que digas eso

meterse con
2–1
to pick on
deja de meterte con tu hermano

poner nervioso a
2–1
to get on (someone's) *nerves*
me pone nerviosa, siempre está protestando por todo

chinchar
1
to annoy
me chincha tu falta de delicadeza

fregar M
1
to annoy
ya no me estés fregando porque tengo que trabajar

dar guerra
1
to be a nuisance (usually used of children)
estos niños dan mucha guerra

hinchar A
1
to annoy
no hinches, estoy leyendo

dar la lata a
1
to be a nuisance, to annoy
deja de darme la lata con esa historia

marear
1
to bother
no me marees ahora con tus preguntas que estoy trabajando

moler M
1
to keep on and on
el niño muele y muele con que quiere ir al baño

hacer la pascua a [1]	*to get on* (someone's) *nerves*	con este nuevo horario me hacen la pascua
dar el coñazo a [1*]	*to piss off*	siempre me está dando el coñazo con la misma historia
chingar M [1*]	*to piss off*	el vecino no deja de chingar con su escándalo
joder [1*]	*to piss off*	me jode tener que quedarme trabajando hasta tan tarde
hacer la puñeta a [1*]	*to get on* (someone's) *tits*	me hacen la puñeta con ese ruido
putear [1*]	*to bugger around/about*	ese sargento siempre está puteando a los soldados; en este trabajo me putean mucho

NB many of these synonyms are interchangeable, although care needs to be exercised with the register and context. **Fastidiar** is a little stronger and more informal than **molestar**. **Molestar** may be used in the example for **fastidiar** and **fastidiar** may be used in the examples for **molestar**. However, one would hear more readily ¿**te fastidia si fumo**?

---

molesto   annoying, troublesome

enojoso [3–2]	*annoying, awkward*	un asunto enojoso; una situación enojosa; me resulta enojoso tener que …
desagradable [2]	*unpleasant*	una persona/una situación/un olor desagradable
embarazoso [2]	*awkward*	una situación embarazosa; un silencio embarazoso
fastidioso [2]	*annoying* (stronger than **molesto**)	¡qué niño tan fastidioso! no ha dejado de darme la lata toda la mañana
inoportuno [2]	*inconvenient, misplaced*	entró en un momento muy inoportuno; un comentario inoportuno
fuera de lugar [2]	*misplaced*	esos comentarios están fuera de lugar
molesto [2]	*annoying, troublesome* (weaker than **fastidioso**)	¡qué ruido tan molesto!; sus visitas/sus llamadas telefónicas me están resultando molestas
engorroso [2–1]	*bothersome, awkward*	un asunto engorroso; una situación engorrosa; es un bordado/un trabajo muy engorroso, me ha costado mucho de hacer

latoso [2–1]	*trying, annoying*	un niño/un trabajo latoso
fregón M [1]	*bothersome*	no la aguanto, es muy fregona
gacho M [1]	*unpleasant*	no seas gacho, papá, dame permiso de ir al cine; el tiempo estuvo tan gacho que tuvimos que quedarnos todo el tiempo encerrados
hincha A [1]	*bothersome*	esos mosquitos están muy hinchas hoy
muy mala onda M [1]	*unpleasant*	tu jefe es muy mala onda, no te da permiso de ir al cine
puñetero [1*]	*bloody awkward* (also used as a noun)	las matemáticas son muy puñeteras; la puñetera lo está haciendo adrede porque sabe que te molesta

---

montaña
mountain

cordillera f [2]	*range*	la cordillera de los Andes
montaña f [2]	*mountain*	las montañas del norte de España; escalaron la montaña
monte m [2]	*hilly, wooded area* (although sometimes = *mountain*)	me voy a cazar al monte; los montes cantábricos
sierra f [2]	*mountain*	vamos a hacer una excursión a la sierra

---

montón
pile, stack

gavilla f [3–2]	*sheaf*	una gavilla de cereales
alijo m [2]	*cache* (of munitions, drugs)	los aduaneros encontraron un alijo de cocaína
fajo m [2]	*bundle, sheaf* (of banknotes)	un fajo de billetes
montón m [2]	*pile, stack* (does not suggest order) (also used figuratively and here the register is lower)	en el rincón había un montón de basura/de chatarra; tengo montones de amigos/un montón de amigos; había montones de gente/un montón de gente

| **pila** f | *pile* (usually suggests | una pila de sillas/de libros |
| 2 | order) | |

---

morir(se)   to die

| **expirar** | *to expire* | y después de decir estas palabras expiró |
| 3 | | |

| **fenecer** | *to die* (little used) | los viajeros fenecieron en la tempestad |
| 3 | | |

| **perecer** | *to perish* | en el accidente perecieron tres personas |
| 3 | | |

fallecer	*to pass away* (often has an	Dámaso Alonso falleció en la madrugada
3–2	official connotation)	del pasado día veinte y cinco, a los noventa
		y un años

| **agonizar** | *to be dying* | estaba ya agonizando cuando fuimos a verle |
| 2 | | |

morir(se)	*to die* (the non-reflexive is	(se) murió ayer; morir(se) de hambre/de
2	of a higher register than	frío; morir(se) de muerte natural; miles de
	the reflexive) (the last two	niños en el mundo mueren de desnutrición;
	examples are R1)	casi me muero de cansancio/de
		aburrimiento; se me ha muerto mi
		perro/mi madre

| **sonar** A | *to die* (used pejoratively) | ese perro ladra mucho, pronto los vecinos |
| 2–1 | | van a hacerlo sonar |

| **chupar faros** M | *to die* | el vecino chupó faros ayer |
| 1 | | |

| **diñarla** | *to kick the bucket* (now | el pobre desgraciado la diñó ayer |
| 1 | old-fashioned) | |

| **marchar** M | *to die* | '¿qué me cuentas de Antonio?' 'Ya marchó |
| 1 | | en julio' |

| **irse de minero** M | *to die* | todo el mundo se va de minero, no se |
| 1 | | puede evitar |

| **palmarla** | *to kick the bucket* | la palmó ayer, el pobre |
| 1 | | |

| **pelarse** M | *to snuff it* | se peló después del accidente |
| 1 | | |

| **colgar los tenis** M | *to kick the bucket* | su abuelo colgó los tenis el pasado verano |
| 1 | | |

muchedumbre   crowd

horda f 3	*horde*	las hordas de Gengis Khan invadieron toda Asia Central
turba f 3	*mob*	la turba enardecida atacó el palacio presidencial
caterva f 3–2	*mob*	son una caterva de pillos
multitud f 3–2	*crowd*	la multitud fue presa del pánico; la multitud se agolpaba en la puerta de la embajada
tropel m 3–2	*mass* (usually used with **en**)	las tropas avanzaron en tropel; entraron en el estadio en tropel
concentración f 2	*gathering*	hubo una concentración de huelguistas/de manifestantes en la plaza
gentío m 2	*throng* (not necessarily pejorative) (the two adjectives are very typical)	un enorme/un gran gentío se había reunido en la plaza
masas fpl 2	*masses*	la religión es el opio de las masas; las masas populares
muchedumbre f 2	*crowd*	una gran muchedumbre se agolpó en la plaza; la muchedumbre abucheó al Presidente
bola f M 1	*crowd*	una bola de gente se agolpaba cerca del palacio del presidente
raza f M 1	*tons of people*	prepara la comida porque viene la raza

mucho(s)   much, many

legión de (f) 3	*legion of*	una legión de turistas/de mosquitos
múltiple 3–2	*many, multiple*	tengo múltiples ejemplos para ilustrar … ; han surgido múltiples problemas
multitud (de) f 3–2	*multitude (of)*	hay multitud de clubes privados para la práctica del golf
sinfín (de) m 3–2	*endless number (of)*	le cité un sinfín de ejemplos
sinnúmero (de) m 3–2	*countless number (of)*	recibieron un sinnúmero de cartas de protesta/de llamadas telefónicas

abundante [2]	*abundant*	hay abundante comida en la despensa; se cometieron abundantes errores
exageración (de) f M [2]	*great number (of)*	me piden una exageración de requisitos
innumerables [2]	*innumerable*	recibió innumerables visitas
mucho [2]	*much*	le gusta mucho la música clásica; no queda mucho pan/mucha leche
muchos [2]	*many*	hay muchos ciclistas en la carretera
gran número (de) [2]	*a great number (of)*	a la reunión acudió/acudieron gran número de personas
numeroso [2]	*numerous* (often used in the plural)	según numerosas informaciones; a la fiesta acudieron numerosas personalidades; una familia numerosa
barbaridad (de) f [1]	*tons (of)*	una barbaridad de gente/de coches/de jóvenes/de turistas; me gustó una barbaridad
cantidad (de) f [1]	*(very) much/many*	tengo cantidad de amigos; ha pasado cantidad de tiempo desde entonces
chorro (de) m M [1]	*tons (of)*	gané un chorro de dinero en el casino
fangote (de) m A [1]	*tons (of)*	un fangote de guita
horror/horrores (de) (m) [1]	*awfully/masses (of)*	me divertí un horror; había horrores de gente en la calle
mogollón (de) m [1]	*piles (of)*, *lots*	había (un) mogollón de gente en la calle; tengo (un) mogollón de cosas que hacer; me gusta un mogollón
montón (de) m [1]	*stacks (of)*, *much* (also used in the plural)	un montón de gente; tengo montones de libros/de amigos; recibí un montón de regalos; me gusta un montón
chingo (de) m M [1]	*tons (of)*	un chingo de gente/de coches; en la biblioteca hay un chingo de libros

mujer   woman (see also **chica**)

dama f
3–2
lady (suggests a distinguished person)
las damas primero; es toda una dama

fémina f
3–2
woman (often used in a sporting context)
el equipo está compuesto de cinco féminas y dos varones

mujer f
2
woman
la mujer reclama más derechos en una sociedad dominada por los hombres; un creciente número de mujeres insisten en la despenalización del aborto

señora f
2
lady, woman (has a more courteous connotation than **mujer**; suggests a person over thirty)
es una señora de cuarenta años

mina f A
2–1
chick (may have an immoral connotation)
la mina del quinto piso cambia de compañero cada semana

bombón m
1
dish, good-looking woman
la chica aquella es un bombón

cuero/forro/ mango m M
1
well-shaped, attractive woman (these nouns are all masculine despite the meaning)
la vecina es un cuero, tiene mucho sex-appeal; Miss Universo está hecha un mango; la princesa es un forro de vieja (= *a really good-looking chick*)

paica f A
1
woman, dame
al final la paica Rita se casó

percanta f A
1
woman (has an old-fashioned connotation and associations with the tango)
el guapo y la percanta bailaron un tango

---

muy   very (see the note below)

altamente
3–2
highly
una tecnología altamente sofisticada; nuestros productos son altamente recomendados

extremadamente
3–2
extremely
las temperaturas son extremadamente altas en verano

en extremo
3–2
extremely (always used after the adjective)
la chica es guapa en extremo

sumamente
3–2
highly, extremely
estoy sumamente agradecida por su visita; su conferencia ha sido sumamente interesante

muy [2]	*very*	estoy muy contenta; me parece muy bien lo que has hecho
perfectamente [2]	*perfectly*	está perfectamente claro
ultra [2]	*ultra* (attached to a noun or adjective)	ultraderechista/izquierdista; ultraligero/ultramoderno
hiper [1]	*hyper, tremendously*	es hipercaro/hiperbarato
super [1]	*extremely*	la chica ésa es superguapa; esos pantalones son supercaros

Note the following suffix: **ísimo** as in: **buenísimo, feísimo, importantísimo**
Note also the two following prefixes: (a) **requete** as in: **el cocido estuvo requetebueno; ¡qué requeteguapa está!** (b) **rete** as in: **retefeo, retebueno** but these are used much more in Mexico to the exclusion of **requete**. On the other hand **réquete** (note accent) is very common in Argentina, as in **réquete-bueno, réquete-caro** and **réquete-grande. Rete** is hardly ever used in Argentina. In both these prefixes, the effect is one of reinforcement of the adjective

---

navegante   sailor, navigator

lobo de mar m [3–2]	*sea wolf*	es un lobo de mar, ha pasado toda su vida navegando
marinero m [2]	*sailor* (used more generally than **marino**)	los marineros navegaron un año entero
marino m [2]	*sailor, seaman* (often has a naval connotation, i.e. of the navy)	perecieron gran número de marinos en la guerra; es marino mercante
navegante mf [2]	*sailor, navigator*	Vasco de Gama fue un gran navegante

---

necesitar   to need

estar falto de [3]	*to be in need of*	está falta de dinero
precisar [3–2]	*to require*	preciso algunos datos para terminar este artículo; se precisa un director adjunto (in an advert)
requerir [3–2]	*to require*	esta enferma requiere muchos cuidados; las circunstancias lo requieren

hacer falta 2	*to be lacking, to be necessary* (= I/you need, etc.)	me hacen falta varias camisas; ¿te hace falta dinero?; no hace falta que lo hagas en seguida
faltar 2	*to be lacking/missing* (= I/you need, etc.)	aquí faltan dos tenedores; faltan veinte libros en la biblioteca; me va a faltar tiempo para terminar esta composición; a este libro le faltan varias hojas
necesitar 2	*to need*	necesito un bolígrafo para escribir esta postal; ¿necesitas dinero?; el gobierno necesita buscar una solución a la crisis; necesito que me des un consejo

---

negar   to deny

contestar 3	*to contest*	estas ideas están siendo contestadas por los jóvenes
impugnar 3	*to refute, to challenge* (has a legal connotation)	impugnaron la moción en el Parlamento/el fallo
refutar 3	*to refute*	refutar un argumento/una teoría
denegar 3–2	*to deny, to withhold*	le denegaron el permiso; el préstamo le fue denegado
rehusar 3–2	*to refuse*	rehusó la invitación/su ayuda/el derecho de …
contradecir 2	*to contradict*	siempre me estás contradiciendo
llevar la contraria 2	*to take the opposite view*	hablemos de lo que hablemos, siempre me tiene que llevar la contraria
desmentir 2	*to belie, to give the lie to*	estos rumores han sido desmentidos por el Gobierno
negar 2	*to deny*	negó haberlo hecho; no niego que eso sea cierto
rechazar 2	*to reject*	rechazar una propuesta/una idea/un argumento
renegar de 2	*to abjure, to disown*	renegaron de su religión/de su patria/de su familia
resistir 2	*to resist*	resistir la tentación/una invasión

niebla   fog

bruma f 2	*mist* (especially on the sea)	la bruma se disipaba lentamente
calima/calina f 2	*mist, haze* (on land or sea) (**calina** is used more)	no se veía el barco por la calina
neblina f 2	*mist*	la neblina se evaporó al amanecer
niebla f 2	*fog*	la niebla era tan densa que apenas se veía nada
vaho m 2	*steam, mist*	la condensación produce vaho en los cristales

niño   child (see the note below)

pequeño m/**pequeña** f 3–2	*small child*	el pequeño durmió toda la noche
bebé m 2	*(tiny) baby*	el bebé tiene tres meses
menor m 2	*young juvenile* (often has a legal connotation)	esta película no es apta para menores; tribunal para menores
nene m/**nena** f 2	*small child* (used when talking to children about other children)	nene ya va a cumplir un añito; ¿cómo se llama la nena?; ¿le das un besito a la nena?
niño m/**niña** f 2	*child*	venga, niños, a la cama que ya es tarde; tiene dos niños y una niña
párvulo m/ **párvula** f 2	*infant* (often used with reference to school)	todavía está en la clase de párvulos
pibe m A/**piba** f A 2	*child*	pórtate bien, pibe; la maestra cuida a las pibas
beibi m M 2–1	*baby*	parece que el beibi por ahora tiene fiebre
criatura f 2–1	*infant*	la criatura estaba mala toda la noche
crío m/**cría** f 2–1	*kid*	¡estos críos arman un jaleo ... !; se le ha puesto enferma la cría
chavalín m 2–1	*child*	había unos chavalines jugando al fútbol en el parque

chiquillo m/ **chiquilla** f 2–1	*child*	se oía el griterío de los chiquillos en el patio
escuincle m M 1	*kid*	¿por qué estás llorando como un escuincle?
mocoso m 1	*kid* (suggests *snivelling*) (suggests that the child thinks (s)he is older than (s)he is)	no es más que un mocoso y ya se cree que sabe más que todos
nano m/**nana** f 1	*kid* (often used as a form of address)	oye, nano, vete a dormir ya
peque m 1	*toddler* (has a marked affectionate connotation)	¿por qué no llevas a los peques al parque?
pitufo m/**pitufa** f/**pituso** m/**pitusa** f 1	*kid, small child* (like **nano**; often used as a form of address)	¡oye, pitufa/pitusa! que me estás ensuciando todo el suelo

NB all of these synonyms are used affectionately save for **menor, párvulo, escuincle, mocoso**

---

noble   noble (used as an adjective)

hidalgo 3	*gentlemanly, noble*	un comportamiento hidalgo
caballeroso 3–2	*gentlemanly*	un gesto caballeroso; una actitud caballerosa
majestuoso 3–2	*majestic*	un porte majestuoso; el vuelo majestuoso del águila
señorial 3–2	*majestic, aristocratic*	una mansión/una finca/un aspecto señorial
solariego 3–2	*noble, ancestral* (only used for a house)	una casa solariega
aristocrático 2	*aristocratic*	una familia aristocrática; es de origen aristocrático
distinguido 2	*distinguished*	un porte/un aire distinguido; una dama distinguida
noble 2	*noble*	una familia noble; es de origen noble

nombre   name

nombre hipocorístico m [3]	hypocoristic name, nickname	Paco y José son nombres hipocorísticos
sobrenombre m [3–2]	nickname	le dieron el sobrenombre de El Lobo por que se comportaba como una bestia
alias m [2]	alias	Juan José Echevarría, alias 'El Nani'
apellido m [2]	surname	¿cómo se llama de apellido?
apodo m [2]	nickname	les han puesto apodos a todos los profesores del colegio
denominación f [2]	name, designation	el vino de Utiel tiene denominación de origen
mote m [2]	nickname	a la profe de inglés le han puesto el mote 'La Coneja'
nombre m [2]	first name (but may include a surname)	su nombre es Francisco Carvajal; rellene el cupón con su nombre y apellido (instructions)
seudónimo m [2]	pseudonym	Leopoldo Alas tenía el seudónimo de Clarín

nuevo   new

inédito [3–2]	new, unheard of	empresarios y banqueros están unidos en una experiencia inédita; con este descubrimiento se plantean problemas inéditos hasta ahora
novedoso [3–2]	novel	sus investigaciones se revelaron muy novedosas para aquel entonces
nuevo [2]	new	el coche es nuevo; el vestido está casi nuevo, lo he usado un poco; los nuevos ricos
reciente [2]	recent	un diseño reciente; según el parte más reciente su estado continúa siendo grave
último [2]	latest	un modelo de última moda; los últimos datos señalan que …; una noticia de última hora; fue el último en salir

número   number

cifra f 3–2	*figure*	un número de diez cifras
guarismo m 3–2	*digit, figure* (often used in the plural)	los guarismos 7, 9 y 11 son impares
dígito m 2	*digit*	el último dígito tiene una importancia especial
número m 2	*number*	el número veinticinco; fue el número uno en su promoción; el número premiado ha sido el …

obedecer   to obey

acatar 3–2	*to respect*	acatar una ley/una orden
asentir 3–2	*to assent*	asintieron a todo lo que allí se dijo; asintió con la cabeza
aceptar 2	*to accept*	no puedo aceptar esta responsabilidad; aceptó el trabajo/la invitación; no quiso aceptar mis excusas; nunca fue aceptada en la familia
cumplir (con) 2	*to fulfil*	tienes que cumplir con tus obligaciones; no cumplió las órdenes del general
obedecer 2	*to obey*	siempre obedece a su madre
respetar 2	*to respect*	respetar el límite de velocidad; respetaron la decisión/la orden
seguir 2	*to follow, to respect*	hay que seguir el reglamento; siguió las instrucciones al pie de la letra
someterse a 2	*to accept, to submit oneself to*	nunca se sometió a las normas de la sociedad

obligación   obligation

| **compromiso** m
2 | *commitment, obligation* | esta tarde no puedo ir, tengo otro compromiso; puede probar el coche si lo desea sin compromiso |
| **deber** m
2 | *duty* | tengo que cumplir con mi deber; es mi deber decírselo |

deuda f [2]	*debt*	tengo una deuda con ella; estoy en deuda con ella
lazo m [2]	*bond*	ambos países están unidos por fuertes lazos de amistad
obligación f [2]	*obligation*	no tengo obligación de decírselo; obligaciones sociales/matrimoniales; cumplir con/faltar a sus obligaciones
responsabilidad f [2]	*responsibility*	la responsabilidad de los padres es darles una buena educación; ostenta un cargo de gran responsabilidad
vínculo m [2]	*bond*	para la iglesia el vínculo del matrimonio es indisoluble; países unidos por vínculos de amistad

---

obligar   to oblige, to force (see the note below)

forzar [2]	*to force, to oblige*	la forzaron a conducir el coche; se vio forzada a aceptar
hacer [2]	*to make, to oblige*	mi padre me hace fregar los platos todos los días; no me hagas tener que repetírtelo
obligar [2]	*to oblige, to force*	no me obligues a elegir; la obligaron a salir del coche; no estás obligada a hacerlo
presionar [2]	*to pressurize*	el gobierno presionó al sindicato para que negociara con la empresa

NB the first three synonyms are very similar, except that **forzar** is stronger.
Forzar and **obligar** are always followed by **a**

---

obstáculo   obstacle

escollo m [3–2]	*pitfall, stumbling block*	su gobierno ha tropezado con numerosos escollos
impedimento m [3–2]	*impediment*	el único impedimento es el dinero; existe un impedimento para celebrar este matrimonio
barrera f [2]	*barrier*	barreras aduaneras
estorbo m [2]	*obstacle* (often refers to a person)	estaba vieja y enferma y pensaba que no iba a ser más que un estorbo para la familia

inconveniente m 2	*inconvenience, disadvantage*	no tengo ningún inconveniente en mandárselo ahora mismo; mantener la empresa en manos de la familia tiene sus ventajas y sus inconvenientes
obstáculo m 2	*obstacle*	éste es el mayor obstáculo que se nos presenta; queda un obstáculo por vencer, el de la pobreza; una carrera de obstáculos
traba f 2	*obstacle*	le ponen muchas trabas para conseguir el pasaporte; poco a poco han ido desapareciendo las trabas para …

---

ocuparse de to deal with, to take care of

consagrarse a 3	*to devote oneself to*	se consagró al estudio de la literatura; consagró su vida entera al arte
velar por 3–2	*to watch over*	la madre siempre vela por la salud de sus hijos
atender 2	*to look after, to deal with*	el director no va a poder atenderle hasta mañana; ¿qué médico le atendió?; no sabe atender a los invitados; ¿le atienden? (in a shop)
cuidar (de) 2	*to look (after), to take care (of)*	cuido al/del niño durante todo el día; cuidar a/de un enfermo; cuidar la casa; tienes que cuidar más tu salud; tiene la ropa muy cuidada/el coche muy cuidado
dedicarse a 2	*to dedicate oneself to, to take up* (often a profession)	se dedica a la construcción/a la enseñanza/a pintar cuadros; ¿a qué se dedica Vd? (*what do you do for a living?*); estuvo completamente dedicada a sus hijos
encargarse de 2	*to take charge/care of*	tú recoges a los niños y yo me encargo de la comida; déjamelo a mí, de este pillín me encargo yo
mimar 2	*to spoil* (a child)	no mimes tanto al niño, que luego hará lo que le dé la gana
ocuparse de 2	*to deal with, to take care of*	ocúpate del niño/de la comida, yo tengo que salir un momento
vigilar 2	*to watch over, to keep an eye on*	vigila la comida, no dejes que se queme; dos policías vigilaban el edificio/a los detenidos/el coche

ocurrir

to happen, to take place

acaecer ³	*to take place, to happen* (same as **acontecer**)	aquella tarde acaeció que ...
acontecer ³	*to happen* (same as **acaecer**)	por aquel tiempo aconteció que el rey dictó una nueva ley con respecto a ...
verificarse ³	*to take place*	la ceremonia se verificará en la iglesia San Martín
desarrollarse 3–2	*to be held*	el congreso se está desarrollando en Ginebra
disputarse 3–2	*to take place* (with reference to sport)	anoche se disputó un partido entre el Sevilla y el Betis
sobrevenir 3–2	*to happen* (unexpectedly)	por aquellos años sobrevino una guerra que asoló el país
suceder 3–2	*to happen* (**ocurrir** may be used in both examples; **pasar** may be used in the first)	¿cómo ha podido suceder una cosa así?; te voy a describir como sucedió el accidente
transcurrir 3–2	*to take place, to pass* (of time) (**desarrollarse** may be used in the first set of examples)	el partido/la reunión/el viaje transcurrió sin incidente; conforme transcurría el tiempo la chica se ponía más nerviosa
celebrarse ²	*to be held*	la reunión/la boda se celebró el día veinticuatro; en este hotel se celebra un coloquio sobre ...
tener lugar ²	*to take place* (**producirse** may be used in the second example but not the first)	la reunión tendrá lugar el día quince; estos hechos tuvieron lugar en Jaén
ocurrir ²	*to happen, to take place* (**suceder** may be used in all these examples; similarly **pasar** except in the first)	¿cómo ocurrió el accidente?; ¿qué te ocurre?; ocurra lo que ocurra, no debe enterarse; lo más que puede ocurrir es que te despidan
pasar ²	*to happen, to occur* (is of a slightly lower register than **ocurrir** which, with **suceder** may be used in all the examples)	¿qué te pasa?, ¿te encuentras mal?; le ha debido pasar algo, nunca llega tarde; han pasado muchas cosas desde la última vez que nos vimos
producirse ²	*to happen* (used of events and accidents) (**tener lugar** may be used in both examples)	se produjo un accidente en la carretera de ... ; estos hechos se produjeron en la madrugada del ...

| **surgir** [2] | *to arise* (often used with **dificultad** and **problema**) | ha surgido una dificultad de última hora; si te surge algún problema, no dudes en llamarme |
| **montarse** [1] | *to take place, to break out* | se montó una bronca en el bar |

---

odiar

to hate

execrar [3]	*to execrate*	execra la hipocresía/la injusticia
abominar (de) [3–2]	*to abominate* (used more without **de**)	abomina (de) la hipocresía/(de) las prácticas de brujería
detestar [3–2]	*to detest*	detesta la física/la hipocresía/los deportes; detesto a mi cuñado
tener inquina a [3–2]	*to have a grudge against, to dislike*	no le puedo soportar, le tengo inquina
repeler [3–2]	*to repel*	me repelen las arañas, no las soporto
repugnar [3–2]	*to be repugnant*	me repugna ese olor/la violencia/ver tanta hipocresía
aborrecer [2]	*to hate* (less strong than **odiar**)	aborrezco las matemáticas; si sigues atosigándola así va a acabar aborreciéndote
dar asco a [2]	*to fill with disgust*	le da asco el queso/comer caracoles
coger asco a [2]	*to come to loathe*	le he cogido asco a la comida de la pensión
tener asco a [2]	*to loathe*	tengo asco al humo de tabaco
odiar [2]	*to hate* (stronger than **aborrecer**)	odio tener que levantarme temprano; la odio con toda mi alma
tener odio a [2]	*to hate* (the object is always a person)	después de lo que le hizo a mi hija no sabes el odio que le tengo
tener ojeriza a [2]	*to hold it against, to dislike*	no sé por qué le tienes ojeriza, nunca te ha hecho nada
guardar rencor a [2]	*to have a grudge against*	no le guardo rencor por lo que pasó
coger manía a [2–1]	*to come to dislike*	he cogido manía a ese autor, no puedo leer nada suyo

| **tener manía a** 2–1 | *to dislike* | dice que el maestro le tiene manía |
| **cagarse (en)** 1* | *to loathe* | me cago en él, ¡qué putada nos ha hecho! |

---

ofender   to offend

afrentar 3	*to insult* (see the note below)	me afrentó al dudar de mi palabra
agraviar 3	*to wrong*, *to offend* (see the note below)	me están agraviando al no confiar en mí/en mi palabra
dañar 3	*to wound*	aquel incidente iba a dañar su honor/su reputación
injuriar 3	*to insult* (does not mean *to injure*)	se sintió injuriado por aquel gesto de desprecio
difamar 3–2	*to slander*	le acusan de haber difamado al director de la empresa
ultrajar 3–2	*to outrage*	ultrajaron la memoria de sus padres con aquellas palabras insultantes
herir 2	*to hurt*, *to wound*	sus palabras me hirieron profundamente
insultar 2	*to insult*	empezaba a insultarla delante de todos
ofender 2	*to offend* (often used reflexively = *to take offence*)	la has ofendido no invitándola a la fiesta; espero que no te hayas ofendido por lo que te dije antes

NB **afrenta** and **agravio** are more common than their corresponding verbs.
Both verbs suggest a person feeling offended by having his/her sincerity called
into question

---

oferta   offer

ofrecimiento m 3	*offer* (to do something)	gracias por tu ofrecimiento de hospedarla
oferta f 2	*offer*	he recibido varias ofertas de trabajo; una oferta de paz; ¿sigue en pie tu oferta de ayudarme?; esta falda estaba de oferta; oferta especial (sign in a shop)
ofrenda f 2	*offering* (usually has a religious connotation)	en mayo se le hacen ofrendas a la Virgen

oler
to smell

husmear [2]	*to smell (out)* (usually used figuratively)	le sorprendí husmeando en mi bolso/en el cajón; avanzaba lentamente por el callejón, como si husmease el peligro
oler [2]	*to smell*	esta casa huele a flores/a humedad; ¡qué mal huele aquí!
olfatear [2]	*to smell, to sniff* (also used figuratively)	el perro olfateó la caza a tres kilómetros; yo ya me olfateaba que ahí pasaba algo raro

olor
smell

efluvio m [3]	*smell, effluent* (often used in the plural)	los efluvios de la primavera
hediondez f [3]	*stench* (same as **hedor**)	no pudo soportar la hediondez que impregnaba el lugar
hedor m [3]	*stench* (same as **hediondez**)	un hedor insoportable se esparcía en el patio
emanación f [3–2]	*emanation*	una emanación radiactiva/de gas
aroma m [2]	*aroma*	el aroma del café
fragancia f [2]	*fragrance*	la fragancia de las magnolias llenaba la atmósfera
olor m [2]	*smell*	un olor a manzanas/a rosas/a quemado; había olor a cerrado
baranda f A [1]	*stench*	salió del corral y exclamó: ¡qué baranda!
peste f [1]	*stench*	¡qué peste hace aquí!
tufo m/**tufillo** m [1]	*stink, whiff*	no soporto el tufo de la basura; el lugar despedía un tufillo de pólvora quemada

olla
cooking pot

| **cacerola** f [2] | *saucepan* (has a cylindrical shape) | pon las judías en la cacerola |
| **caldera** f [2] | *cauldron* | una caldera de agua hirviendo |

cazo m 2	*saucepan*	calentaron la leche en un cazo
cazuela f 2	*pan* (of earthenware, wide and shallow)	guisó las legumbres en la cazuela
marmita f 2	*cooking pot* (has an old-fashioned connotation) (same as **olla**)	la anciana puso la marmita al fuego
olla f 2	*cooking pot* (usually of metal; tall, rounded with two handles)	el agua hervía en la olla; una olla a/de presión
puchero m 2	*cooking pot* (usually of earthenware; taller than **olla**)	metió los garbanzos en el puchero

---

oprimir (a)   to oppress, to tyrannize

sojuzgar 3–2	*to subdue*	Napoleón sojuzgó a gran parte de Europa; sojuzgar a un pueblo
subyugar 3–2	*to subjugate*	subyugar a un pueblo
agobiar 2	*to oppress, to overwhelm*	estoy agobiado de trabajo; no le agobies con tantas preguntas
apretar 2	*to harass, to press*	el profesor de francés aprieta mucho; ya empieza a apretar el calor; Dios aprieta pero no ahoga (*keep calm, all will come right in the end*)
avasallar 2	*to subdue, to steamroller*	iba por la calle, avasallado; no me dejas hablar, me estás avasallando
dominar 2	*to dominate*	los Nazis querían dominar el mundo entero
esclavizar 2	*to enslave* (also used figuratively)	los romanos esclavizaron a numerosos pueblos en toda la costa mediterránea; vive esclavizado por el alcohol
oprimir 2	*to oppress, to tyrannize* (often used as a past participle)	los pueblos oprimidos de Europa Oriental empezaban a liberarse de la tiranía soviética
someter 2	*to subject, to conquer*	someter a un pueblo/a los rebeldes
tiranizar 2	*to tyrannize*	un país tiranizado por sus vecinos

oprimir (b)   to squeeze, to press (see the note below)

comprimir
3–2
to press down
la ropa estaba comprimida dentro de la maleta

despachurrar
3–2
to crush, to smash
los tomates llegaron todos despachurrados; el pobre niño se quedó despachurrado debajo de todo el mundo

oprimir
3–2
to squeeze, to press (on) (also used figuratively)
oprimir un botón; una lasitud inmensa oprimía su cráneo como un casquete de acero

apachurrar
2
to crush, to smash
me apachurró el dedo con el martillo; íbamos apachurrados en el camión; apachurrar un tomate

apretar
2
to squeeze, to screw down, to tighten (also used figuratively)
aprieta bien el tapón; la apretó contra su pecho; la chica apretó obstinadamente los labios; hay que apretarse el cinturón

espachurrar
2
to crush, to smash
pisé la caja y quedó toda espachurrada; el avión chocó contra el monte y se espachurró/quedó espachurrado; espachurrar un tomate

estrujar
2
to squeeze
estrujar un limón/la ropa mojada; estrujó al chiquillo contra su pecho

exprimir
2
to squeeze
exprimir un limón/un pomelo

sujetar
2
to hold down, to hold on to tightly
sujetó al niño por el brazo para que no cayese

apretujar
2–1
to squeeze very tightly
la niña apretujó la muñeca contra sí; viven apretujados en un pisito

NB **despachurrar, apachurrar** and **espachurrar** are used in the same way except for the register

---

orador   orator, speaker

tribuno m
3
(eloquent, fiery) *speaker*
Unamuno fue un gran tribuno

conversador m
3–2
conversationalist
Oscar Wilde tenía fama de ser un gran conversador

conferenciante mf
2
lecturer, speaker
el conferenciante pronunció un discurso sobre el romanticismo

demagogo m
2
demagogue
aquel político fue un gran demagogo

interlocutor m
2
interlocutor (used much more in Spanish than in English)
no podía ver a su interlocutor (*she couldn't see the person she was talking to*)

locutor m
2
television/radio announcer
es locutora de televisión/de radio

orador m
2
orator, speaker
es un orador muy convincente

ponente mf
2
speaker (at a conference)
había demasiados ponentes en el congreso

predicador m
2
preacher
el predicador pronunció su sermón

charlatán m
2–1
smooth-tongued person, chatterbox
es un charlatán, los remedios que vende no sirven para nada; era una charlatana, siempre estaba hablando en clase

pico de oro m
1
person with the gift of the gab
da gusto oírle hablar, es un pico de oro

---

orden (a)   order, command

decreto m
3–2
decree
el Gobierno ha promulgado un decreto por el cual ...

mandato m
3–2
mandate, order
el jefe le ha dado un mandato urgente

normativa f
3–2
regulations
se han producido algunos cambios en la normativa vigente; según la normativa establecida por la Facultad de Medicina ...

precepto m
3–2
precept
hay que vivir según los preceptos morales de la sociedad

prescripción f
3–2
prescription, order
me quedé en casa por prescripción médica

bando m
2
edict (often in villages)
mediante el bando el alcalde anunció que hay que vacunar todos los perros

consigna f
2
order, instruction (usually given to a sentry)
tenía la consigna de no dejar entrar a nadie

edicto m
2
edict
el gobierno dictó un nuevo edicto

instrucciones fpl [2]	*instructions*	con la lavadora venían las instrucciones; tengo instrucciones de no moverme de aquí
mandamiento m [2]	*commandment* (has a religious connotation)	los diez mandamientos
orden f [2]	*order, command*	obedecer/cumplir/dar una orden; ¡a sus órdenes! (as in the army); las autoridades cambiaron su inicial orden de detención por otra de deportación
regla f [2]	*rule*	reglas para rellenar el formulario; las reglas de ortografía

orden (b)   order, arrangement

concierto m [3–2]	*order, harmony* (has a restricted use)	las sillas estaban colocadas sin orden ni concierto; actuar de concierto con el equilibrio social
gradación f [3–2]	*gradation, pattern*	la gradación de los colores
armonía f [2]	*harmony*	la armonía conyugal/social; vivir en armonía con la naturaleza
disposición f [2]	*arrangement*	la disposición de los muebles/de las sillas/de las camas
equilibrio m [2]	*equilibrium*	esta guerra iba a alterar el equilibrio mundial; el equilibrio social
orden m [2]	*order, arrangement*	el orden del día (i.e. agenda); las tropas mantuvieron el orden; todo está en orden; hace falta alguien que ponga orden en esta casa
proporción f [2]	*balance, proportion*	el escultor tenía gran sentido de la proporción
regla f [2]	*order*	el pasaporte está en regla; no tiene los papeles en regla
relación f [2]	*relation(ship)*	estas palabras no tienen relación entre sí

ordenador   computer (see the note below)

computadora f [3–2]	*computer*	la computadora portátil ha hecho su aparición en el mercado español

calculadora f 2	*(pocket) calculator*	la alumna trajo la calculadora al examen de matemáticas
máquina de calcular f 2	*calculator*	instalaron en la oficina una máquina de calcular
ordenador m 2	*computer*	un ordenador personal; programar un ordenador
procesador (de textos) m/**procesadora (de palabras)** f M 2	*word-processor*	puedo guardarlo, lo pondré en el procesador (de textos)
registradora f 2	*calculating machine* (for a shop)	la chica calculó el importe de la compra con la registradora

NB the common word in Spanish is **ordenador. Computadora** is only occasionally used, and **computador** even less. The latter two often suggest to a Spanish-speaking person a very large computer. Note also that **tratamiento de textos** is *word-processing*

---

oreja   ear

oreja f 2	*ear* (but only the external, visible part)	tiene grandes orejas; recibí un golpe en la oreja
oído m 2	*ear* (refers to the inner ear and also the sense of hearing)	me duelen los oídos; no aguanté el ruido, me tapé los oídos; tener el oído fino; duro de oído; tocar de oído

---

organizar   to organize

concertar 3–2	*to organize, to set up*	concertaron un encuentro/una cita/una entrevista para el día siguiente
coordinar 3–2	*to co-ordinate*	tenemos que coordinar nuestros esfuerzos; su trabajo consiste en coordinar las actividades de …
establecer 3–2	*to establish*	la empresa ha establecido un nuevo sistema de … /una serie de normas para … ; se acaban de establecer las bases de la democracia en el país
estructurar 3–2	*to structure*	la novelista estructura su novela según una serie de pequeños capítulos

metodizar 3–2	to *systematize* (same as **sistematizar**)	tienes que metodizar tus estudios/tu trabajo
planificar 3–2	to *plan* (has an official connotation)	el gobierno está planificando un nuevo sistema de carreteras; se reunieron para planificar la temporada
sistematizar 3–2	to *systematize* (same as **metodizar**)	hay que sistematizar toda esta información
arreglar 2	to *fix*, to *settle*	prefiero arreglar el asunto ahora; arreglar un reloj/una lavadora
componer 2	to *compose*	componer versos/una sinfonía
disponer 2	to *arrange*	dispusieron los muebles de manera que hubiera más espacio
montar 2	to *put on/together*	montar una máquina/un aparato/una estantería
poner en orden 2	to *put in order* (same as **ordenar**)	tengo que poner en orden estos papeles
ordenar 2	to *(put in) order* (same as **poner en orden**), to *tidy*	ordena un poco la habitación, está todo por medio; ordenar un armario/un cajón
organizar 2	to *organize*	están organizando una fiesta para este fin de semana; fueron a Egipto en un viaje organizado (*on a package holiday*)
planear 2	to *plan*	¿tienes algo planeado para este fin de semana?
preparar 2	to *prepare*	está todo preparado para el viaje; tengo que preparar la cena antes de ir al cine
proyectar 2	to *plan* (often followed by an infinitive) (**planear** may be used here)	proyectaban hacer un viaje a Marruecos

---

orgullo   pride (see the note below)

altivez f 3	*loftiness*	siempre trataba/hablaba a sus inferiores con altivez
envanecimiento m 3	*conceit, vanity*	su envanecimiento tras sus triunfos tempranos le granjeó muchas antipatías
altanería f 3–2	*haughtiness*	no soporto su altanería, se cree superior a todos

engreimiento m 3–2	*vanity*	su engreimiento le va a causar problemas con sus compañeros de trabajo
jactancia f 3–2	*boastfulness*	sus jactancias nos tenían hartos
ostentación f 3–2	*ostentation* (often used with **hacer**)	hizo gran ostentación de su poder
vanagloria f 3–2	*vainglory*	todo es pura vanagloria, en realidad no tiene ningún talento
arrogancia f 2	*arrogance*	no soporto la arrogancia con que me habla
desdén m 2	*disdain*	siempre trata con desdén a sus criados; una mirada/un gesto de desdén
orgullo m 2	*pride* (may have a positive connotation), *arrogance*	sintió gran orgullo cuando le dieron el premio a su hijo; si le ofreces dinero, puedes herirle en su orgullo
presunción f 2	*presumptuousness, fatuousness*	no sé a qué viene tanta presunción, al fin y al cabo nunca ha tenido un duro
soberbia f 2	*pride, arrogance*	la soberbia es uno de los pecados capitales; su soberbia la llevaba a humillar a sus criados
vanidad f 2	*vanity*	hizo la solicitud por pura vanidad porque no tenía ninguna posibilidad de conseguir el puesto

NB **altivez, altanería, arrogancia, orgullo** and **soberbia** are very similar except for their register

---

originario de   native of, originating from

autóctono m 3	*autochthonous, native* (used as an adjective and noun)	la población autóctona; los autóctonos de una región
aborigen mf 2	*aborigine* (used as an adjective and noun)	la población aborigen; los aborígenes de Europa
indígena mf 2	*indigenous* (used as an adjective and noun)	la población indígena; los indígenas de Guinea Ecuatorial
nativo m 2	*native* (used as an adjective and noun)	se aprende mejor el idioma hablando con un nativo; la profesora de francés es nativa; la lengua nativa de un país; sus costumbres nativas; su país nativo

natural mf [2]	*native* (always used as a noun followed by **de**)	soy natural de Córdoba pero vivo en Barcelona
originario de [2]	*native of, originating from* (always used as an adjective)	su padre es originario de Buenos Aires
procedente de [2]	*coming from*	el tren procedente de Madrid

---

orinar — to urinate (see the note below)

orinar [3–2]	*to urinate*	se había separado del grupo para orinar entre los tiestos; todavía se orina en la cama
hacer pipí [2–1]	*to wee* (used by and with children)	mamá, quiero hacer pipí; no te hagas pipí encima
hacer pis [2–1]	*to pee, to piddle*	¿quieres hacer pis?; el niño se ha hecho pis encima; me estoy haciendo pis (*I'm dying for a pee*)
mear [1]	*to piss*	espérame un momento que voy a mear; tengo que ir al wáter, me estoy meando (*I'm dying for a pee*)
pishar A [1]	*to pee*	llevá al nene a pishar, no vaya a ser que se haga encima

NB all these verbs are often used reflexively

---

orquesta — orchestra, band

| **banda** f [2] | *band* (wind and percussion instruments) | la banda municipal del pueblo; la banda militar |
| **orquesta** f [2] | *orchestra, band* | la Orquesta Filarmónica de Londres; la orquesta tocaba música de los años sesenta |

---

os — you (plural direct object)

| **las** fpl [2] | *you* (corresponding to **Uds**, referring to females) | yo las veo (a Uds) |
| **les** mpl [2] | *you* (corresponding to **Uds**, referring to males, or males and females) | yo les veo (a Uds) |

| **los** mpl
2 | *you* (corresponding to **Uds**) (some purists prefer **les** although it really depends on the region) | yo los veo (a Uds) |
| **os** mfpl
2 | *you* (object case of **vosotros/vosotras**) (refers to males, or males and females) | yo os veo |

NB **os** is not used in Argentina or Mexico. It is replaced by **los** and **las**. **Vosotros** does not occur there either. **Uds** replaces it. **Te** is used in Argentina and Mexico, while **tú** is less used in Argentina, being replaced by **vos**. **Tú** is used in Mexico. See **te**

---

oscuro   dark

lúgubre 3–2	*dark, gloomy, lugubrious*	un sonido lúgubre; una conversación/una historia lúgubre
tenebroso 3–2	*gloomy* (usually used figuratively)	le habían augurado un tenebroso porvenir
tétrico 3–2	*gloomy, dismal* (used of sounds and places)	un sótano/un pasillo/un sonido tétrico
negro 2	*black, dark* (also used figuratively)	una camisa negra; el cielo se ha puesto muy negro; veo el futuro muy negro; humor negro
oscuro 2	*dark*	está tan oscuro que no veo nada; un vestido verde oscuro; una cámara oscura (to develop photos)
sombrío 2	*sombre, dark, gloomy*	el ladrón se escapó por un pasillo sombrío; no quería volver a aquel lugar abandonado y sombrío

---

otra vez   again (see the note below)

tornar a 3	*to do* (something) *again*	tornó a hablar
nuevamente 3–2	*again*	ha venido nuevamente a visitarnos; hoy está nuevamente con nosotros (said by a television presenter)
una vez más 3–2	*once more*	una vez más está con nosotros (said by a television presenter)

de nuevo 2	*again*	esto está mal, vas a tener que hacerlo de nuevo
otra vez 2	*once again*	lo ha roto otra vez; tuve que hacer el trabajo otra vez
repetir 2	*to repeat*	este ejercicio está mal, tienes que repetirlo; repetir un curso
volver a + infinitive 2	*to do* (something) *again*	volvió a escribir la carta; no lo volveré a tocar más
volver a +infinitive+**de nuevo/otra vez** 2–1	*to do* (something) *again*	el padre enfadado dijo: '¡lo ha vuelto a hacer otra vez!'

NB The above list does not deal strictly with synonyms of **otra vez.** It offers, rather, various ways in which Spanish deals with the idea of *again*

---

pagar   to pay (for)

sufragar 3	*to meet, to defray* (*costs*)	la empresa le sufragó todos los gastos de la estancia
tributar 3	*to pay* (usually taxes)	recibió una carta de Hacienda instándole a tributar los impuestos
abonar 3–2	*to pay for*	abonó la cuenta de la librería/el recibo del teléfono; abonaron el billete con una tarjeta de crédito
amortizar 3–2	*to pay off* (a debt)	amortizar una póliza de seguros/una deuda/un préstamo
remunerar 3–2	*to remunerate, to pay*	este trabajo no está muy bien remunerado
compensar 2	*to compensate* (has a wider connotation than **indemnizar**)	la compañía le compensó por el robo; la compensé por todo el trabajo que había hecho para mí
costear 2	*to pay for* (expenses)	sus padres le costearon los estudios/los gastos de la carrera
desembolsar 2	*to pay out*	tuve que desembolsar dinero para un billete de ida y vuelta; han tenido que desembolsar bastante dinero para pagarle el piso al hijo
indemnizar 2	*to compensate* (often used in insurance)	el seguro le indemnizó por los daños recibidos

liquidar [2]	to liquidate, to pay off (same as **saldar**)	liquidaron la deuda
pagar [2]	to pay (for)(also used figuratively)	pagaron tres mil pesetas al relojero por el Seiko; pagar al contado/a plazos; esta ronda la pago yo; esto lo vas a pagar caro
recompensar [2]	to reward	la recompensaron por haber encontrado al gato perdido
reembolsar [2]	to reimburse	todos los gastos le serán reembolsados
saldar [2]	to pay, to settle (an account) (same as **liquidar**)	saldar una cuenta/una deuda
subvencionar [2]	to subsidize	el estado subvenciona gran número de actividades culturales
garpar A [1]	to fork out	hay que garpar la cuenta de la luz
rascarse el bolsillo [1]	to dig deep (in one's pocket)	siempre tiene que rascarse el bolsillo mi madre

---

pájaro   bird

| **ave** f [2] | bird (has a technical connotation and suggests large birds) | el águila real es una ave rapaz; el estudio de las aves en zoología; ave de presa; ave del paraíso |
| **pájaro** m [2] | (small) bird (also used figuratively) | se despertó con el canto de los pájaros; matar dos pájaros de un tiro |

---

palabra   word

vocablo m [3–2]	word, term (has a technical connotation) (used more than **voz**)	es un vocablo de origen griego
voz f [3–2]	word, term (used less than **vocablo**)	es una voz de origen árabe
palabra f [2]	word	es una palabra muy coloquial
término m [2]	term	es un término utilizado en el lenguaje técnico

palabrota
swear word

leperada f M
[2]
    swear word   no digas leperadas enfrente de papá

palabrota f
[2]
    swear word (same meaning as **taco**)   y, al decir esto, soltó una palabrota y golpeó en la mesa con el puño cerrado

peladez f M
[2]
    vulgar word   dijo una peladez y su madre se ofendió

taco m
[1]
    swear word (same meaning as **palabrota**)   ¡qué ordinario es!, siempre está soltando tacos

paliza
hiding, beating, spanking

azotaina f
[2]
    spanking   vete a la cama o te daré una azotaina

paliza f
[2]
    hiding, beating, spanking   unos gamberros le dieron una paliza y le dejaron en la acera; su madre le dio una buena paliza

zurra f
[2]
    smack (given to a child)   si no te callas te voy a dar una zurra

palo m
[2–1]
    spanking   no vuelvas a hacer eso o llevarás/te daré un palo

golpiza f M/**guamiza** f M/**madriza** f M
[1]
    thrashing   por no pagar mi deuda, me dieron una golpiza/una guamiza/una madriza

chinga f M
[1*]
    bloody good hiding   me pusieron una chinga que hasta sangre me sacaron

palo
stick

báculo m
[3]
    staff, crozier   el báculo del obispo

bastón m
[2]
    walking stick   los ciegos usan un bastón blanco

bate de béisbol m
[2]
    baseball bat   los gamberros rompieron los cristales con bates de béisbol

batuta f
[2]
    conductor's baton   la batuta del director de orquesta

cayado m [2]	*crook*	el cayado del pastor
garrote m [2]	*club*	rompieron la ventana con un garrote; el viejo se apoyaba en un garrote
palo m [2]	*stick*	cogió un palo para defenderse; usó dos palitos para hacer las piernas de la muñeca
porra f [2]	*truncheon*	el policía le golpeó con la porra
tranca f [2]	*cudgel, bar* (for securing doors and windows)	le atacó con una tranca; echó la tranca a la puerta
vara f [2]	*rod* (has a more refined connotation than **palo**)	derribaban nueces con una vara

---

parar (a)   to stop (used transitively)

detener [3–2]	*to stop* (**parar** may be used in the first example but not in the second)	los bomberos tuvieron que detener todos los coches; tenemos que detenerla antes de que cometa un disparate
inmovilizar [3–2]	*to immobilize*	la policía inmovilizó la manifestación; me quedé inmovilizado al oír el ruido
paralizar [3–2]	*to paralyze*	me quedé paralizada cuando me anunciaron la noticia; la huelga dejó paralizado a casi todo el país
frenar [2]	*to brake, to stop*	frenó el coche de golpe; frenar la inflación
levantar [2]	*to end, to stop* (a session)	los diputados levantaron la sesión a las cinco; ¡se levanta la sesión! (said in a court of law)
parar [2]	*to stop* (**detener** may be used in both examples)	paró el coche al llegar al semáforo; paró la pelota con el pie
suspender [2]	*to suspend* (often used as a past participle)	suspender una función de teatro; el partido fue suspendido a causa de la lluvia
cortar por lo sano [1]	*to stop* (with extreme measures)	la relación no funcionaba, así que decidimos cortar por lo sano

parar(se) (b)   to stop (used intransitively)

cesar 3–2	*to cease*	por fin cesó la lluvia; no cesó de llover en toda la tarde; han cesado los combates en la zona
detenerse 3–2	*to stop* (**parar** and **pararse** may be used in both examples) (see the note below)	al ver a la niña se detuvo en seco; el coche se detuvo en seco
hacer un alto 2	*to make a stop* (often followed by **en el camino**)	hicieron un alto en el camino
hacer escala 2	*to stop over* (in a ship, but especially in a plane)	el avión hizo escala en Caracas para repostar
frenar 2	*to brake*	frené para evitar al peatón; frenar en seco
parar 2	*to stop* (see the note below)	el tren para en todas las estaciones; el tren (se) paró súbitamente; el conductor (se) paró en seco; tuve que parar(me) porque estaba agotado; no podía parar de reír

NB **parar** and **pararse** are sometimes interchangeable. However, the reflexive lends more emphasis. When vehicles, trains etc stop regularly in pre-established places, only **parar** is permissible. **Detener** would never be used in these cases. **Parar** and **pararse** are interchangeable when a person or vehicle suddenly stops. **Detenerse** may be used here. **Detenerse** may not be used for *to stop doing something* as in the last example of **parar**

parecido   similar

parejo 3	*similar*	han adoptado actitudes parejas
afín 3–2	*related, similar*	un diccionario de ideas afines; palabras/lenguas afines
análogo 3–2	*analogous*	son palabras de significado análogo
paralelo 3–2	*parallel*	sus vidas corren paralelas; ideas paralelas
similar 3–2	*similar* (used less than **parecido**)	su producto es similar al de Gran Bretaña y Francia juntas
sinónimo 3–2	*synonymous*	estas palabras son sinónimas

equivalente [2]	*equivalent*	esa suma es equivalente a lo que invertí en el coche
gemelo [2]	*twin*	hermanos gemelos; son almas gemelas
idéntico [2]	*identical*	este motor es idéntico al suyo; es idéntico a su padre
igual [2]	*same*	estos zapatos son iguales que los míos; las dos casas son iguales pero la nuestra tiene sótano
mismo [2]	*same* (always preceded by a definite article)	tenemos los mismos intereses; llegó el mismo día que yo; contestaron todos al mismo tiempo
parecido [2]	*similar* (used more than **similar** and **semejante**)	la otra empresa tiene un sistema parecido; aunque este coche es parecido al tuyo, no es exactamente igual
semejante [2]	*similar* (used less than **parecido**)	los dos hermanos son muy semejantes; son ideas semejantes

---

pared   wall

malecón m [2]	*sea wall, jetty*	el malecón protegía al pueblo de inundaciones
mampara f [2]	*partition, screen*	una mampara separaba el restaurante de la cafetería
muralla f [2]	*big walls* (often has a historic connotation)	las murallas de Avila; la muralla china
muro m [2]	*wall* (not in a house)	se construyó un muro para impedir el avance de las olas; el muro de Berlín
pared f [2]	*wall* (often for a house; not in a garden for instance)	las paredes de esta casa no son espesas, se oye perfectamente a los vecinos
tabique m [2]	*thin wall, partition*	hicieron dos habitaciones construyendo un tabique
tapia f [2]	*wall* (in a garden or field)	tuve que saltar la tapia para coger la pelota; se subió a la tapia del cementerio

parra grapevine

cepa f [2]	*stock, trunk of vine*	¿cuándo se poda la cepa?
parra f [2]	*grapevine* (which climbs up a wall)	la parra trepaba por la pared
vid f [2]	*vine*	el cultivo de la vid; se cultiva la vid en algunas regiones mediterráneas

particular private, personal, intimate (see the note below)

íntimo [2]	*intimate, private*	asuntos/amigos íntimos; prendas íntimas
particular [2]	*private, personal, intimate*	un asunto particular; una clase/una casa particular
personal [2]	*personal*	una carta/un asunto personal; tengo interés personal en el asunto; ha dejado el trabajo por motivos personales
privado [2]	*private*	un asunto privado; una carta privada; no te metas en mi vida privada

NB **particular** and **privado** are difficult to separate. However, **privada** is not
used with **clase**, and **particular** is not used with **propiedad,** or **vida**

partir to split, to crack

hender [3]	*to split*	hendió la tabla con su espada
agrietar [2]	*to crack* (used more reflexively)	el muro se agrietó con el paso del tiempo
cascar [2]	*to crack, to split* (often used as a past participle but not when used of nuts)	el plato que compré estaba cascado; estos huevos están todos cascados; cascar una nuez
partir [2]	*to split, to crack*	partir una nuez/el pan; se ha partido un diente; la taza se partió en dos
rajar [2]	*to split, to slice into pieces* (but the pieces are not completely separated), *to crack*	rajar un melón; no eches agua hirviendo que rajarás el vaso/que se puede rajar el vaso
rasgar [2]	*to tear*	rasgó el sobre y sacó la carta; se me rasgó el vestido

paseo   walk, outing

caminata f ⬚2	*long walk, hike*	una caminata por la sierra
excursión f ⬚2	*excursion, trip*	se fueron de/hicieron una excursión a la montaña/a la sierra; este domingo me voy de excursión con el colegio
paseo m ⬚2	*walk, outing*	dimos un paseo por la playa; dar un paseo en coche/a caballo/en bicicleta
vuelta f ⬚2	*stroll, walk, short trip* (in a car), *ride* (on a bicycle or with other forms of transport)	dieron una vuelta por la ciudad; fuimos a dar una vuelta en coche/en bici
garbeo m ⬚2-1	*stroll, walk, trip* (like **vuelta**)	vamos a dar un garbeo por la Concha
rol m M ⬚1	*walk*	vamos a darnos un rol por el centro
(tirar) rostro M ⬚1	(*to go for a*) *walk* (with the idea of doing something, for example looking for girls or boys)	vamos a tirar rostro a la avenida principal
voltio m ⬚1	*stroll, short trip* (on a bicycle)	¿tú vienes a dar un voltio con nosotros?; me voy a dar un voltio en la bici

pastilla   pill, tablet (see the note below)

comprimido m ⬚3-2	*pill, tablet*	tómese un comprimido después de cada comida; 'veinte comprimidos' (on a bottle)
gragea f ⬚3-2	*pill* (often sugar-coated) (used in prescriptions)	tómese esta medicina en grageas; este envase contiene veinte grageas
cápsula f ⬚2	*capsule*	ha de tomar una cápsula cada cuatro horas
pastilla f ⬚2	*pill, tablet*	se tomó una pastilla porque le dolía la cabeza; disuelve la pastilla en un vaso de agua
píldora f ⬚2	*pill*	se toma píldoras para los nervios; se está tomando la píldora anticonceptiva

NB **comprimido, gragea, pastilla** and **píldora** are all very similar except for their register. The first two have a technical connotation while the last is the usual term for *the pill*

pecado

sin, wrongdoing

caída f 3	*fall*	la caída del hombre según la Biblia
culpa f 2	*blame, guilt*	siempre le echa la culpa de todo a su hermano; tú tienes la culpa de todo; no ha sido culpa mia
falta f 2	*fault, lack*	cometer una falta; toda falta merece perdón; eso es una falta de respeto; falta personal (*foul* in sport)
pecado m 2	*sin, wrongdoing*	los siete pecados cardinales; cometer un pecado mortal/venial/grave; el pecado original
vicio m 2	*vice*	el vicio de la bebida/del tabaco; tiene el vicio de morderse las uñas

pecho

breast (of a woman)

seno m 3–2	*breast, bosom* (often used in the plural; has an elegant and literary connotation)	se adivinaba la forma de sus senos bajo su blusa transparente
mama f 2	*breast* (often has a medical association when singular)	cáncer de mama
pecho m 2	*breast* (has a sensual connotation when plural)	tiene unos pechos muy bonitos; le está dando de pecho al bebé; tiene mucho/poco pecho; a lo hecho, pecho (*we just have to make the best of it*)
delantera f 1	*boobs*	esa morena tiene más delantera que el Real Madrid (a Madrid football team)
domingas fpl 1	*boobs* (has a humoristic connotation)	con ese escote se te ven todas las domingas
pechuga f 1	*boobs*	¡menuda pechuga tiene la tía!
teta f 1	*breast, tit* (R1 or R1★ according to the context)	con ese bañador se te ven todas las tetas; ¡vaya tetas tiene la tía!
cantimploras fpl 1*	*tits, knockers*	con esas cantimploras no pasa ni por la puerta
chichis fpl M 1*	*tits, boobs*	las conejitas de *Playboy* tienen muy bonitas chichis

melones mpl 1*	*tits, knockers*	¡vaya par de melones que tiene la rubia!
tetorras fpl 1*	*tits, knockers*	¿te has fijado qué delgada está y qué tetorras tiene?

---

pedir   to ask (for)

demandar 3	*to demand, to request*	demandar información/explicaciones sobre ...
implorar 3–2	*to implore*	imploraron a Dios que no los castigase
mendigar 3–2	*to beg* (used literally)	ese señor suele mendigar en la Plaza Mayor
requerir 3–2	*to require*	este enfermo requiere muchos cuidados
rogar 3–2	*to request, to beg* (in formal letters (R3) the **que** may be omitted)	se ruega a los señores viajeros que se abstengan de fumar; le ruego que no les castigue/les perdone; le ruego tenga a bien enviarme ...
solicitar 3–2	*to request, to apply for*	solicitar una entrevista/un permiso de residencia; solicité un puesto de profesor; escribió solicitando información sobre un préstamo
encargar 2	*to order* (something collected later), *to entrust with*	encargué una tarta para diez personas; me han encargado de organizar el viaje
exigir 2	*to demand*	le exigieron una respuesta/indemnización; exigió que se lo devolviera inmediatamente
pedir 2	*to ask (for)*	estos niños siempre están pidiendo dinero; había un pobre pidiendo limosna; ¿cuánto te han pedido por el coche?; les pedí que no salieran; déjalo en paz, te lo pido por favor
postular 2	*to ask for money* (for example, in the street)	los niños postulaban para el cáncer/la Cruz Roja en la avenida
postularse A 2	*to apply for* (a post), *to present oneself for* (the second meaning is used in Mexico as well, particularly in politics)	me postulé para un cargo de investigador; el candidato del partido socialista se postuló para la presidencia

preguntar [2]	*to ask a question, to ask (about)*, *to ask for* (a person)	¿qué te han preguntado en el examen?; pregunta el precio; me preguntó la hora; hay alguien en la puerta que pregunta por ti; pregúntale cómo se llama
reclamar [2]	*to claim, to demand*	reclamaron el dinero debido; un delincuente reclamado por la justicia; todos reclaman la creación de un estado independiente
reivindicar [2]	*to lay claim to* (often has a political connotation)	los sindicalistas reivindicaron sus derechos; la población reivindicó sus libertades en la calle
hacer una solicitud [2]	*to make an application*	hizo una solicitud para el puesto de profesor de idiomas
suplicar [2]	*to beg*	le suplicaron que les perdonase; te lo suplico, no dejes que se marche
limosnear M [2–1]	*to ask for* (has a pejorative connotation)	nos vino a limosnear el carro
mangar/ manguear A [2–1]	*to scrounge*	me mangó/mangueó plata
gorrear/ gorronear [1]	*to scrounge* (**gorronear** is used more than **gorrear**)	siempre que viene me gorronea algo; Pedro siempre está gorreándome cigarrillos

---

pelar   to peel

descascarillar [3–2]	*to peel* (used of a wall) (often used as a past participle)	la pared está descascarillada
descortezar [3–2]	*to strip bark off*	descortezar un árbol
mondar [3–2]	*to peel* (fruit and vegetables)	mondar patatas/una naranja/una manzana
desplumar [2]	*to pluck* (feathers)	desplumar una gallina
pelar [2]	*to peel* (see **pelar** below)	pelar patatas/una naranja/una manzana
podar [2]	*to lop off* (from a tree), *to prune*	podar un árbol

| **rascar** [2] | *to scrape (off)* | rascar la pintura/la pared |
| **pelar** [2–1] | *to peel* (used of human skin) (see **pelar** above) | se me ha pelado la nariz/la espalda (por el sol); tiene toda la espalda pelada |

---

pelea   fight, struggle, argument

contienda f [3]	*contest, fight, conflict*	una contienda electoral; el país se había mantenido neutral en la contienda
lid f [3]	*fight, battle* (used literally)	había luchado en numerosas lides y batallas
pendencia f [3]	*fight, quarrel* (used literally and figuratively)	Don Quijote iba de pendencia en pendencia
pugna f [3]	*struggle* (often used figuratively)	la pugna por la libertad
altercado m [3–2]	*altercation* (often suggests words)	tuvo un altercado con uno de sus clientes
gresca f [3–2]	*fight, quarrel*	andar a la gresca (*to look for a fight*)
trifulca f [3–2]	*dispute, quarrel* (suggests noise)	se armaban a veces en la taberna trifulcas considerables
batalla f [2]	*battle*	durante la guerra se libraron sangrientas batallas; una batalla campal
combate m [2]	*combat, fight* (often used in the plural)	se han recrudecido los combates en la zona
discusión f [2]	*argument*	tuve una fuerte discusión con él
disputa f [2]	*dispute* (always suggests words)	tuvo una disputa política con él; una disputa fronteriza
lucha f [2]	*struggle, fight* (used literally and figuratively)	lucha libre; la lucha contra el cáncer/por la libertad; la lucha de clases
pelea f [2]	*fight, struggle, argument* (used literally and figuratively)	recibió un golpe en una pelea; una pelea de gallos; ha vuelto a tener una pelea con su suegra
riña f [2]	*quarrel, fight* (used literally and figuratively)	afortunadamente salió ileso de la riña; una riña callejera; son muchos hermanos y siempre hay riñas entre ellos

alboroto m 2–1	*racket, riot*	los alumnos de la clase de al lado están armando un alboroto tremendo
camorra f 2–1	*quarrel, dispute*	armar camorra; este tío está buscando camorra
jaleo m 2–1	*scrap* (involving noise), *racket*	se armó tal jaleo que tuvieron que llamar a la policía; ¡qué jaleo están armando estos niños!
bronca f 1	*quarrel, fight*	anoche se armó/se montó una bronca en el bar
follón m 1	*scrap* (involving noise)	se armó un follón increíble a la salida del estadio y tuvieron que llamar a la policía
pelotera f 1	*scrap, set-to, row*	se armó una pelotera cuando entraron en el bar
putiza f M 1*	*brawl*	anoche hubo una putiza entre borrachos

---

pelo

hair

cabellera f 3–2	*hair, locks* (has a literary connotation)	la princesa se peinaba la preciosa cabellera
cabello(s) m(pl) 3–2	*hair, locks* (used invariably in singular and plural) (has a technical or literary connotation)	tenía el cabello/los cabellos como el oro; champú para cabello(s) seco(s)/graso(s)
vello m 3–2	*body hair*	hay varios productos para eliminar el vello
cana f 2	(*one*) *white/grey hair*	me están saliendo canas; ¡tengo una cana!
mechón m 2	*lock of hair*	su amante le dio un mechón de cabellos
melena f 2	*loose flowing hair, mane* (of a horse)	se cepilló la melena porque se había enredado con el viento
pelo m 2	(*a single*) *hair*	voy a la peluquería a cortarme el pelo; tiene el pelo blanco; ¡qué asco! ¡me encontré un pelo en la sopa!
greña(s) f(pl) 2–1	*mop of hair* (usually used in the plural)	¡quítate esas greñas de la cara!
pelambrera f 2–1	*big mop*	¡a ver si vas a que te corten esa pelambrera!

pelos mpl   *(unkempt) hair*   ¡llevaba unos pelos ... !; ¡ven que te peine
2–1   esos pelos!

---

pelota   ball, football

esférico m   *(foot) ball*   introdujo el esférico en la portería con la
3   cabeza

bala de cañón f   *cannon ball*   dispararon varias balas de cañón contra las
2   murallas

balón m   *large ball*   un balón de fútbol/de baloncesto/de
2   voleibol

bola f   *(small) ball, marble* (used los niños hacían bolas de nieve; hizo una
2   less than **canica**)   bola de chicle; con una sola bola derribó
                                                           todos los bolos; una bola de billar

canica f   *marble* (used more than   el niño jugaba a las canicas
2   **bola**)

ovillo m   *ball* (always of wool)   un ovillo de lana
2

pelota f   *ball, football*   el tenista recogió la pelota; los niños
2   jugaban a la pelota en la calle; paró la
                                                           pelota con el pie

---

pensar   to think

concebir   *to conceive*   concebir una idea/un plan; no puedo
3–2   concebir la vida sin ella

ensimismarse   *to be absorbed* (often used papá está ensimismado en sus estudios, no le
3–2   as a past participle)   molestéis

idear   *to conceive* (**concebir** may ideó un plan para ...
3–2   be used here)

recapacitar   *to reflect* (before acting) no te lances a hacerlo sin pensar, recapacita
3–2

recogerse   *to meditate* (has a religious después de cenar, las religiosas se recogieron
3–2   connotation and suggests   en sus cuartos
                             withdrawing from other
                             people)

cavilar   *to ponder*   me he pasado todo el día cavilando sobre el
2   viaje/ cómo solucionar el problema de la
                                                           estancia

considerar [2]	*to consider*	he estado considerando la posibilidad de … ; le ruego que considere mi oferta/mi sugerencia
discurrir [2]	*to ponder, to mull over*	el profesor nos puso un problema de matemáticas para discurrirlo; no digas que no sabes la respuesta, discurre un poco
meditar [2]	*to meditate*	el arte de meditar es un tipo de yoga
pensar [2]	*to think* (see the note below)	hay que pensarlo bien antes de ir; pensándolo bien, sería mejor si … ; estoy pensando en mis vacaciones; estoy pensando cuál será la mejor manera de … ; pienso que es la mejor película
razonar [2]	*to reason*	es preciso razonarlo antes de llegar a una conclusión
reflexionar [2]	*to reflect*	reflexiona sobre lo que te acabo de decir antes de … ; reflexiona sobre los peligros del poder
dar vueltas a [2]	*to turn over* (in one's mind)	deja de darle vueltas a esa idea
calentarse la cabeza [2–1]	*to think* (a great deal), *to rack one's brains*	no te calientes tanto la cabeza, ya se nos ocurrirá algo mejor
estrujarse los sesos [2–1]	*to rack one's brains*	por más que te estrujes los sesos no vas a dar con la solución del problema
carburar [1]	*to think* (often used in the negative; suggests a failure to think correctly)	¡no carburas!, se puede calcular fácilmente; el estudiante no carburaba para el examen; mi cerebro no carbura

NB **pensar de que** is becoming increasingly common but is considered incorrect by many Spanish speakers

pequeño   small (see note 1 below)

diminuto [3–2]	*diminutive, tiny* (see **diminuto** below)	en la distancia los coches parecían diminutos
menudo [3–2]	*small, tiny, slight* (has a literary connotation)	caía una lluvia menuda; tiene unas manos blancas y menudas
minúsculo [3–2]	*minute*	caían gotas de agua minúsculas

achaparrado [2]	*stunted, small and squat* (used of a person)	un hombre achaparrado
bajo [2]	*small* (see note 2 below)	esta mesa/esta silla es demasiado baja para trabajar; es más bajo que su novia
chaparro M [2]	*short, small* (used much more than **pequeño** in Mexico)	en la familia de los hermanos yo soy la más chaparra
chico [2]	*small, tiny* (used much more than **pequeño** in Mexico) (both examples are Mexican)	una mesa chica; es demasiado chico para ir al cine
enano [2]	*dwarf*	el Bonsai es un árbol enano
mínimo [2]	*minimal*	tu rendimiento en el trabajo es mínimo; no tiene ni la más mínima idea
pequeño [2]	*small* (see note 2 below)	un niño pequeño; una casa/una ciudad pequeña; viven en una pequeña aldea
bajito [2-1]	*small*	es gordo y bajito
diminuto [2-1]	*tiny* (used in a colloquial way) (see **diminuto** above)	no sé cómo puedes trabajar con esa mesa diminuta

NB 1 the diminutives **ito** and **ecito** which may replace **pequeño**: **casita, cochecito**
2 **bajo** refers to size while **pequeño** refers more to age when used of a person

---

perderse   to get lost

extraviarse [3-2]	*to get lost*	no nos extraviemos cuando volvamos a casa; se ofrece una recompensa a quien encuentre a la gata extraviada
confundirse [2]	*to go wrong, to take the wrong route*	nos confundimos y nos metimos por donde no era
desorientarse [2]	*to lose one's bearings*	como no llevaban brújula se desorientaron; estoy desorientada, no sé cómo volver
desviarse [2]	*to go off the right path, to make a detour*	si la llevo a casa me tengo que desviar mucho
perderse [2]	*to get lost*	se perdieron en la selva del Amazonas
depistarse [2-1]	*to take the wrong route*	me depisté y me metí por otra calle

pedir perdón   to apologize (see the note below)

presentar sus   *to present one's apologies*   presentó sus excusas ante el director
excusas
3

pedir disculpas   *to apologize*   quisiera pedir disculpas por mi tardanza
3–2

disculparse   *to apologize*   quisiera disculparme por mi tardanza; se
3–2   disculpó por no haber podido despedirse

pedir excusas   *to apologize*   pidió excusas por el error
3–2

excusarse   *to apologize*   se excusó por no haber podido asistir a la
3–2   reunión

pedir perdón   *to apologize*   no seas tan orgullosa, ¿por qué no le pides
2   perdón?; os pido perdón por el tiempo que
                                                      he tardado en ...

sentir   *to regret*   siento lo que ha pasado, no era mi intención
2   ofenderle; lo siento mucho, no se volverá a
                                                      repetir

NB apart from **sentir** all these synonyms are very similar, given the register
variations

perdonar   to pardon, to excuse

condonar   *to condone, to forgive* (often   el tribunal decidió condonarle la deuda
3   a debt)

dispensar   *to forgive, to excuse* (often   dispénseme por llegar tarde/por haberle
3   used in the imperative)   molestado; ¡Ud dispense!

exculpar   *to exonerate*   el tribunal le exculpó del crimen
3

eximir   *to excuse* (often from a   ha sido eximida de esta responsabilidad
3   responsibility)

amnistiar   *to amnesty*   varios de los militares condenados ya han
3–2   sido amnistiados por el Presidente

disculpar   *to excuse, to forgive*   le ruego disculpe las molestias; disculpe mi
3–2   retraso/mi tardanza

indultar   *to pardon* (has a legal   el presunto asesino fue indultado por el
3–2   connotation)   Presidente

perdonar [2]	*to pardon, to excuse*	perdone, pero yo creo que tiene razón la chica; perdona un momento, ¿te puedo hacer una pregunta?; perdone las molestias; no te perdono que hayas contestado así a tu madre

---

perezoso

lazy (see the note below)

indolente [3]	*indolent*	el cabo fumaba con gesto indolente
haragán [3–2]	*lazy*	es un haragán, no quiere estudiar ni trabajar
ocioso [3–2]	*unoccupied, idle*	ha estado ociosa todo el fin de semana, no había nada que hacer
holgazán [2]	*lazy*	no seas holgazán y ve a ayudar a tu madre
perezoso [2]	*lazy*	ya sabes lo perezoso que soy para las cartas; es muy perezosa, le cuesta un montón ponerse a hacer los deberes
vago [2]	*lazy*	eres una vaga, no has dado golpe en todo el día
dormilón [2–1]	*dozy*	¡venga, dormilón, levántate que ya es tarde!
gandul [2–1]	*lazy*	es un gandul, no se hace ni la cama
(hecho un) fiaca A [1]	*lazy*	no he hecho nada. Estoy hecho un fiaca; ¡no seas fiaca!
ganso [1]	*lazy (suggests stupidity)*	la gansa de tu hermana todavía tiene el trabajo a medio hacer; ¡qué gansa estoy últimamente! no tengo ganas de hacer nada
güevón/huevón M [1]	*lazy, idle*	nunca hace nada, es muy huevón
remolón [1]	*lazy (used with **hacerse**)*	no te hagas la remolona y ponte a estudiar

NB all these synonyms may be used as an adjective or noun

periódico   newspaper

gaceta f 3–2	*gazette*	una gaceta literaria
matutino m 3–2	*morning paper*	¿a qué hora sale el matutino esta mañana?
rotativo m 3–2	*newspaper*	el rotativo de la mañana traía la noticia en primera plana
vespertino m 3–2	*evening paper*	una edición extra del vespertino aparecerá a las siete
cómic m 2	*comic*	a los niños les gustan los cómics
diario m 2	*daily*	leía el diario mientras desayunaba
dominical m 2	*Sunday (paper)*	el dominical es mucho más espeso que el diario
periódico m 2	*newspaper*	lo vi en un anuncio del periódico; un periódico de economía/de deporte
revista f 2	*review*	una revista de cotilleo
semanario m 2	*weekly*	*Cambio 16* es un semanario
tebeo m 2	*comic*	me encanta leer tebeos de Zipi y Zape

peripecias   adventures, ups and downs

avatares mpl 3–2	*adventures* (stresses difficulties), *ups and downs*	hay que afrontar los avatares de la vida; en este capítulo relata los avatares de la población civil durante la guerra
correrías fpl 3–2	*trips*, *travels* (has a roguish or rascally connotation) (same meaning as **andanzas**)	las correrías del Lazarillo de Tormes
vicisitudes fpl 3–2	*vicissitudes* (more emphatic than **avatares**)	no se pueden prever todas las vicisitudes de la vida
altibajos mpl 2	*ups and downs*	la empresa/nuestra relación ha tenido sus altibajos, pero parece que ahora todo marcha bien

andanzas fpl [2]	*deeds, adventures* (same meaning as **correrías**)	las andanzas de los héroes de la picaresca
aventuras fpl [2]	*adventures*	las aventuras de Marco Polo
complicaciones fpl [2]	*complications*	es una operación sencilla si no surgen complicaciones; abandonamos la empresa, se presentaron demasiadas complicaciones
peripecias fpl [2]	*adventures, ups and downs*	me contó las peripecias que les ocurrieron durante el viaje
vaivenes mpl [2]	*ups and downs*	son los vaivenes de la vida

---

perjudicial   harmful, injurious

deletéreo [3]	*deleterious* (usually used of gases) (also used figuratively)	gases deletéreos; ejercer una influencia deletérea
nocivo [3–2]	*harmful, noxious*	un gas nocivo; estos animales son nocivos para las cosechas; fumar tanto/beber tanto es nocivo para la salud; ejerce una influencia nociva en él
pernicioso [3–2]	*pernicious* (used more figuratively)	comer tanta grasa es pernicioso para la salud; una influencia perniciosa
dañino [2]	*harmful, poisonous* (often used of animals) (also used figuratively)	el zorro es un animal dañino; una serpiente dañina; el poder dañino del tabaco
perjudicial [2]	*harmful, injurious* (used literally and figuratively) (**nocivo** may be used in the first set of examples)	beber tanto/fumar tanto es perjudicial para el organismo; esta huelga puede resultar perjudicial para los estudiantes
venenoso [2]	*poisonous*	una serpiente venenosa; setas venenosas

---

permiso   permit

| **permiso de conducción** m [3–2] | *driving licence* (as written on a driving licence) | suelo usar 'permiso de conducir' y no 'permiso de conducción' |
| **carné/carnet** m [2] | *licence, identity card* | un carné de conducir/de identidad/de estudiante |

licencia f [2]	*licence*	una licencia de caza/de pesca; hay que obtener una licencia fiscal para abrir una tienda; una licencia de conducir (R3–2)
pasaporte m [2]	*passport*	no tenía el pasaporte en regla
pase m [2]	*free pass*	me dieron un pase para ir al circo/a la discoteca; un pase para el autobús (for pensioners)
permiso m [2]	*permit*	un permiso de conducir/de acampada/de trabajo/de residencia
tarjeta de residencia f [2]	*residence permit*	a todos los obreros extranjeros se les exige una tarjeta de residencia
vale m [2]	*warrant, free pass* (for a show)	tengo un vale para el circo/para la discoteca
visa f [2]	*visa* (used less in Spain than in Argentina and Mexico)	voy a checar (M) mi visa antes de visitar Argelia
visado m [2]	*visa*	para visitar ciertos países es necesario tener un visado

---

personaje   character, personage

figura f [2]	*figure*	es una destacada figura de la política alemana
héroe m [2]	*hero*	El Cid es un gran héroe de la literatura española
heroína f [2]	*heroine*	Ana Karenina es una heroína de Tolstoi
persona f [2]	*person*	es una persona muy importante; me gusta como persona, pero no como jefe
personaje m [2]	*character, personage* (in a literary work)	esta novela destaca por el agudo análisis psicológico de los personajes
personalidad f [2]	*personality*	a la cena asistieron destacadas personalidades del mundo literario
protagonista mf [2]	*protagonist, main character/person*	el protagonista de una obra literaria; los principales protagonistas de la cumbre de paz

pesado   tedious, annoying

fastidioso   *tiresome, irksome*   fue muy fastidioso tener que ir al médico
3–2

aburrido   *boring*   una conferencia/una película aburrida; ¡qué
2   hombre más aburrido! no sabe hablar de
                                               nada

molesto   *troublesome, tedious*   fue muy molesto tener que leer el libro
2

pelma(zo)   *tiresome (more emphatic*   ¡qué pelmazo es! ¡siempre está haciendo
2   *with **zo**) (also used as a* preguntas!
                  noun)

pesado   *tedious, annoying*   qué pesada es esta niña, siempre está
2   preguntando; no te pongas pesado, ya te he
                                               dicho que no puedes salir; cuidar a un niño
                                               pequeño todos los días es muy pesado

ser una lata *to be a trial/pain*   es una lata tener que levantarme a las seis
2–1

latoso   *tiresome*   por culpa del dolor de muelas se puso
2–1   latosa; estos ejercicios son muy latosos

plomo m   *trial, pain*   esta tía es un plomo, siempre me está dando
1   el coñazo

ser un rollo *to get on* (someone's) *wick* la conferencia/la película fue un rollo; este
1   libro que estoy leyendo es un verdadero
                                               rollo

coñazo   *dreadfully boring* (also used las clases de física son un auténtico coñazo;
1*   as a noun = *pain in the*   ¡qué coñazo eres, chaval!
                  arse)

piedra   stone

canto m   *stone, boulder, pebble*   un canto rodado; caminaba entre los cantos
3–2   pulidos por el agua

guijarro m   *pebble*   el chico resbaló entre los guijarros
3–2

lápida f   *commemorative stone*   una lápida conmemorativa/sepulcral
3–2

adoquín m   *cobblestone*   los ciclistas no están contentos porque van a
2   poner adoquines en esa calle

china/ita f [2]	*small pebble*	los niños tiraban chinitas al agua
piedra f [2]	*stone*	no os tiréis piedras que os podéis hacer daño; te vas a cortar los pies con las piedras; una piedra preciosa
piedrecita f [2]	*small stone*	se me ha metido una piedrecita en el zapato
pedrusco m [2–1]	*rough stone*	le tiró un pedrusco y casi le abrió la cabeza

---

pierna   leg

anca f [2]	*frog's leg*	no le gustan las ancas de rana
pata f [2]	*leg* (of an animal or insect), *leg* (of a piece of furniture) (*see* **pata** below)	a la silla le falta una pata; cogió el insecto por una pata
pierna f [2]	*leg* (of a human being)	me he roto la pierna; voy a salir a estirar las piernas un poco
gamba f [2–1]	*leg* (often used in the plural)	la chica esa tiene lindas gambas
cacha f [1]	*leg of human* (often used in the plural)	¡vaya cachas tiene la tía/el tío!
pata f [1]	*leg* (of a human being) (see **pata** above)	se cayó y se rompió la pata
taba f A [1]	*leg* (often used in the plural)	¡mové las tabas!

---

pinchar   to puncture, to prick

aguijonear [3–2]	*to goad* (an animal)	el muchacho aguijoneaba a las vacas
espolear [2]	*to spur* (*on*)	espoleó con firmeza al caballo
morder [2]	*to bite* (used of a snake)	una serpiente me ha mordido el brazo
picar [2]	*to sting, to bite*	me pican los ojos; me ha picado un mosquito en el brazo

pinchar
2
to puncture, to prick

se me ha pinchado una rueda; cuidado que las espinas pinchan

---

pisar   to tread on

hollar
3
to walk/tread on

aquellos parajes nunca habían sido hollados por el hombre

apretar
2
to press down (often with the hand)

apretó el tapón de la botella

estrujar
2
to squeeze

estrujó la ropa para sacar el agua

pisar
2
to tread on

perdón, te he pisado el pie; pisar la uva; prohibido pisar el césped (on a sign)

pisotear
2
to trample on (also used figuratively)

tiró las flores al suelo y las pisoteó; signos de una huida: hierba pisoteada, huellas de talones…; con esta nueva medida se están pisoteando nuestros derechos

---

pobre   poor (see the note below)

indigente
3
indigent

un inmigrante de familia indigente

menesteroso
3
needy

una familia menesterosa; recogían ropa para ayudar a los menesterosos

mísero
3
destitute, wretched

una familia mísera

desvalido
3–2
destitute

la iglesia auxilia a los desvalidos

miserable
3–2
wretched (does not mean *miserable* in the sense of sad)

una casa/una familia miserable

desamparado
2
abandoned, helpless

este establecimiento acogía a los niños desamparados; su deber como cristiano era proteger a los desamparados

necesitado
2
needy

una familia necesitada; la Iglesia socorre a los necesitados

pobre
2
poor

una familia pobre; son muy pobres, apenas ganan vivir; los barrios más pobres; la parroquia recoge ropa para los pobres

fregado   *cleaned out*   ando bien fregado/bien prángana, no tengo
M/prángana M   ni un quinto
1

pelado   *broke*   estoy pelada, no me queda ni un duro
1

NB **menesteroso, desvalido, desamparado, necesitado** and **pobre** are
used as adjectives and nouns

---

poder   power

potestad f   *authority*   potestad marital/paternal
3

señorío m   *authority* (suggests land   su señorío no era discutido en aquellas
3   and nobility)   tierras

hegemonía f   *hegemony*   la hegemonía militar y política de España en
3–2   el siglo de oro

omnipotencia f   *omnipotence*   la omnipotencia de Dios
3–2

poderío m   *power*   el poderío económico/militar del país
3–2

autoridad f   *authority*   esa orden me parece un abuso de autoridad
2

dominación f   *domination*   España sufrió la dominación francesa en el
2   siglo diecinueve

imperio m   *empire*   la reina Victoria extendió su imperio a la
2   India

jurisdicción f   *jurisdiction*   el juez rechazó el caso alegando que no
2   pertenecía a su jurisdicción

mando m   *authority, command*   tiene grandes dotes de mando
2

poder m   *power, authority*   el poder de la Iglesia; su llegada al poder en
2   1985; los militares lograron hacerse con el
                                       poder; el poder adquisitivo

potencia f   *power, strength* (suggests   Estados Unidos es una gran potencia
2   much more physical   económica/militar; la potencia de un
                     power than **poder**)   motor/de un coche/de una moto

soberanía f   *sovereignty*   España ejerció su soberanía sobre las
2   colonias americanas; la soberanía de la
                                       imaginación en la creación artística

| **superpotencia** f [2] | *superpower* | afirmó que las dos superpotencias tienen que adaptarse a la distensión |
| **supremacía** f [2] | *supremacy* | la supremacía militar de un país |

---

poema   poem

épica f [2]	*epic*	la épica medieval
epopeya f [2]	*epic poem*	Virgilio escribió la epopeya *La Eneida*
poema m [2]	*poem* (see the note below)	el poema *Las Mocedades del Cid*
poesía f [2]	*poem* (see the note below)	el niño leyó una poesía sobre un pájaro
soneto m [2]	*sonnet*	los sonetos de Garcilaso de la Vega

NB for most Spanish-speaking people **poema** and **poesía** are the same.
However, **poema** may be long or short while **poesía** is only short. The latter
also means *poetry* as in **la poesía de Lorca**

---

policía   policeman (see the note below)

agente mf [2]	*policeman* (but only when the person concerned has already been referred to)	el policía corrió detrás del delincuente que … El agente disparó dos veces
detective m [2]	*detective*	es detective privado
guardia civil m [2]	*civil guard*	un guardia civil de tráfico
judiciales mpl M [2]	(*secret*) *police*	los judiciales encontraron las armas
policía m [2]	*policeman* (when used in the feminine = *police woman*) (see note below)	había un policía dirigiendo el tráfico; los huelguistas se enfrentaron a los policías anti-disturbios; un policía nacional
vigilante (jurado) m [2]	*vigilante*, member of private force recognized by the state in Spain	los vigilantes protegen los edificios de la universidad
bofio m [1]	*copper*	¡cuidado que vienen los bofios!

cana m A [1]	*policeman*	hay un cana dirigiendo el tráfico; los canas están buscando al ladrón
chota f M [1]	*police force*	la chota se lo llevó
madero m [1]	*policeman* (with a brown uniform)	los maderos metieron leña en la manifestación de ayer
marrón m [1]	same as **madero**	los marrones dispersaron a los manifestantes
perjudiciales mpl M [1]	(*secret*) *police force* (a corruption of **judiciales**)	los perjudiciales se llevaron a los miembros de la banda
pitufo m M [1]	*copper*	el pitufo de la patrulla nos multó el domingo
poli m [1]	*copper* (see the note below)	le acaba de detener un poli
tamarindo m M [1]	*traffic cop*	los tamarindos del centro son muy corruptos

NB besides **chota, policía** and **poli** also mean *police force* and here they are feminine

---

político   politician

canciller m [2]	*member of an embassy, chancellor*	se reunieron los cancilleres de los países centroamericanos; el canciller federal alemán
diplomático m [2]	*diplomat*	la diplomática presentó sus cartas credenciales al rey
diputado m [2]	*member of parliament*	en las pasadas elecciones salió elegida diputada por Córdoba
estadista m/**hombre de estado** m [2]	*statesman*	no sólo fue poeta sino también un gran estadista/un gran hombre de estado
parlamentario m [2]	*parliamentarian*	los parlamentarios votaron hoy la ley de …
político m [2]	*politician*	el político pronunció un discurso sobre …

poner   to put

emplazar ⃞3	*to site*	el capitán emplazó la artillería en la colina; emplazaron la feria en el parque
acomodar ⃞3–2	*to settle*	acomodó al enfermo en la cama/a la familia en un piso; se acomodó en un sillón
apostar ⃞3–2	*to post* (often used as a past participle)	había dos soldados/policías apostados a la entrada
disponer ⃞3–2	*to arrange, to place*	dispusieron los muebles de manera que hubiera más espacio
establecer ⃞3–2	*to establish*	han establecido el campamento base a dos mil metros
situar ⃞3–2	*to situate*	el escritor sitúa la acción en …
colocar ⃞2	*to place* (suggests greater care than **poner**)	colocó el jarrón en el centro de la mesa/el libro en la estantería; colocaron la bomba en la planta baja del edificio
implantar ⃞2	*to establish*	los japoneses están implantando nuevas industrias en Inglaterra; se había implantado la nueva costumbre de …
instalar ⃞2	*to install, to settle*	instalaron la televisión en el salón; todavía no nos han instalado el teléfono; se acaban de instalar en el nuevo piso
meter ⃞2	*to put* (always *to put into*) (**poner** may be used in both examples)	mete el libro allí en el cajón/la ropa en el armario
poner ⃞2	*to put* (*in* or *on*)	pon las tazas en el fregadero; puso el libro en la mesa/la ropa en la estantería; pon mi nombre en la lista también

---

premio   prize

galardón m ⃞3–2	*prize* (has an artistic or scientific connotation)	después de recibir el galardón pronunció un discurso
accésit m ⃞2	*consolation prize* (the plural is with or without the **s**)	hubo un premio de quinientas mil pesetas y cuatro accésit(s) de cien mil cada uno
copa f ⃞2	*cup*	el Bayern se llevó la copa de Europa; la copa del Rey (like the FA cup)
medalla f ⃞2	*medal*	ganó la medalla de oro/de plata/de bronce en los Juegos Olímpicos

premio m [2]	*prize*	ha ganado/le ha sido concedido el Premio Nobel; se ha llevado el primer premio del concurso
recompensa f [2]	*reward*	recibieron cien mil dólares como recompensa
trofeo m [2]	*trophy*	la copa de Europa es un trofeo muy conocido

---

preocupar   to worry

desasosegar [3]	*to disturb, to make (someone) uneasy* (the noun is used more)	la desasosegaba el pensar que hubiera podido ocurrirle algo a su hijo
turbar [3]	*to disturb*	la noticia de su desaparición la turbó
inquietar [3–2]	*to worry*	la falta de noticias/su tardanza empezó a inquietarle
intranquilizar [3–2]	*to cause disquiet*	el contenido de la carta la intranquilizó
perturbar [3–2]	*to perturb*	un ruido misterioso perturbó la tranquilidad de la casa
alarmar [2]	*to alarm*	la escasez de agua empezó a alarmar a la población
estresar [2]	*to cause stress* (**estrés** and **estresante** are used more)	las grandes ciudades me estresan mucho
obsesionar [2]	*to obsess*	la obsesionaba la idea de perder su trabajo
preocupar [2]	*to worry* (does not mean *to preoccupy*)	me preocupa mucho su salud/que no hayan llegado todavía; éste es el tema que más preocupa a los dirigentes

---

preparación   preparation (see the note below)

preparación f [2]	*preparation*	la preparación del libro/del proyecto le llevó un año; es la encargada de la preparación de la comida
preparativos mpl [2]	*preparation(s)*	están muy ocupados con los preparativos de la boda/del viaje; el sargento ultimaba sus preparativos de evacuación de la aldea

NB **preparación** means *the action of preparing* while **preparativos** means *the things that are done to prepare something*

preparado   ready, prepared (see the note below)

aparejado
⯀3⯀
prepared (often used of things)
estaba todo aparejado para la marcha

dispuesto
⯀2⯀
prepared (suggests willingness to do something)
si los profesores no están dispuestos a impartir más clases ... ; no estoy dispuesta a pagarle más/a hacer lo que me pide

listo
⯀2⯀
ready (used with **estar** in this meaning)
la comida está lista; estoy lista para salir; ya lo tenemos todo listo para la boda/para el viaje

preparado
⯀2⯀
prepared (is of a slightly higher register than **listo**)
la comida está preparada; todavía no estoy preparada para salir; ¡preparados, listos, ya! (*on your marks, get set, go!*)

NB **listo** and **preparado** are very similar to each other. **Listo** may be used in the examples for **preparado** and vice versa. However, **listo** may not be used in **está muy bien preparada para el examen**

---

tener presente   to realize, to bear in mind

apercibirse de
⯀3–2⯀
to notice
entraron en la habitación sin apercibirse de que había gente dentro

tomar conciencia de
⯀3–2⯀
to take cognizance of, to become aware of
la población ha de tomar conciencia de los problemas medioambientales

percatarse de
⯀3–2⯀
to notice, to take heed of
no se habían percatado del peligro; no me había percatado de su presencia

reparar en
⯀3–2⯀
to notice
no había reparado en lo viejo y demacrado que estaba

hacer caso a/de
⯀2⯀
to pay attention (see the note below)
¿por qué no haces caso a tu madre?; haz caso de lo que te digo

caer en la cuenta de
⯀2⯀
to realize
no había caído en la cuenta del peligro/de que era extranjero

darse cuenta de
⯀2⯀
to realize
¿no te das cuenta de que le estás haciendo mucho daño?; perdone, no me había dado cuenta de que estaba esperando

tener en cuenta
⯀2⯀
to bear in mind
hay que tener en cuenta que él es cinco años más joven; éste es un aspecto importante a tener en cuenta

fijarse (en)
⯀2⯀
to notice, to pay attention (to)
fíjate bien cuando escribes, no hagas faltas de ortografía; ¿te has fijado en las pintas que tiene?; ¡fíjate cómo ha crecido el niño!

| **tener presente** 2 | *to realize, to bear in mind* | hay que tener presentes todos estos factores; tenga presente que la realidad social es compleja y cambiante |

NB when **hacer caso** is followed by a person, **a** is used. When it is followed by a thing, **de** is used

---

preso   prisoner

cautivo m 3–2	*captive*	pusieron en libertad a los cautivos
presidiario m 3–2	*convict*	dos presidiarios se evadieron ayer del centro penitenciario de …
recluso m 3–2	*prisoner* (used in the media)	la mayoría de los reclusos han decidido abandonar la huelga de hambre
reo m 3–2	*prisoner* (accused of a crime during a trial)	el reo fue condenado a cadena perpetua; un reo de muerte
condenado m 2	*condemned prisoner*	el condenado fue indultado un día antes de su ejecución
detenido m 2	*detainee* (initially held for a short period)	hubo diez detenidos después de la redada
interno mf 2	*internee*	el interno lleva más de cinco años en la Modelo de Barcelona
preso m 2	*prisoner* (see the note below)	se han escapado cuatro presos de la cárcel Modelo de Barcelona
prisionero m 2	*prisoner* (see the note below)	los dos países van a cambiar los prisioneros de guerra; estuvo durante veinte días prisionero de los secuestradores
rehén m 2	*hostage*	tienen a cinco personas como rehenes

NB **preso** suggests lawful imprisonment whereas **prisionero** suggests unlawful capture. **Prisionero** would not be used in the example for **preso** and the latter would not be used in the examples for **prisionero**

---

presumir   to be conceited, to show off

| **ensoberbecerse** 3 | *to become conceited/arrogant* | desde que tiene ese empleo tan importante se ha ensoberbecido |
| **envanecerse** 3 | *to become conceited* | se envanece de ser hija de un director de banco |

gloriarse 3	*to boast* (used less than **vanagloriarse**)	se gloría de los éxitos que ha conseguido
engreírse 3–2	*to become conceited* (more emphatic than **presumir**)	se ha engreído mucho desde el éxito de su última película
jactarse 3–2	*to boast*	se jacta de su talento musical
pavonearse 3–2	*to strut about, to swagger*	iba pavoneándose por las calles con su vestido nuevo
darse tono 3–2	*to show off*	se da mucho tono desde que ha empezado a ganar tanto dinero
vanagloriarse 3–2	*to boast* (used more than **gloriarse**)	se vanagloria de haber conseguido el cargo por influencia
hacer alarde de/alardear de 2	*to boast* (**alardear** is used less than **hacer alarde**)	hace alarde/alardea de su fortuna
fanfarronear 2	*to show off*	anda fanfarroneando por el barrio con su cochazo
presumir 2	*to be conceited, to show off* (less emphatic than **engreírse**)	presume de listo/de guapo; ya se ha comprado otro vestido, ¡cómo le gusta presumir!; presume de saber mucho de ordenadores
darse humos 2–1	*to think a lot of oneself*	¡mira los humos que se da desde que se ha convertido en el ama de todo esto!
chulearse 1	*to swank, to show off*	siempre se está chuleando de sus buenas notas
farolear 1	*to swank, to show off*	ya está ése faroleando con su moto nueva/con su nueva conquista
pegarse el moco 1	*to swank*	me jode el gachó ése, se pega tanto el moco

---

prever   to foresee

anticiparse a 3–2	*to anticipate* (same as **adelantarse** except for the register)	anticiparse a los sucesos/a su época/a una desgracia; iba a responder yo pero él se me anticipó
augurar 3–2	*to augur*	su profesora le auguró un porvenir brillante; esas nubes no auguran nada bueno
conjeturar 3–2	*to conjecture*	la economista conjeturó el desarrollo industrial en los próximos años

presagiar `3-2`	to presage (often has a negative idea)	esta serie de huelgas ya presagiaban el fin del régimen
adelantarse a `2`	to anticipate, to get in before (same as **anticiparse**, except for the register)	Picasso se adelantó a su época; adelantarse a los acontecimientos; íbamos a pagar nosotros pero él se nos adelantó
adivinar `2`	to guess	por sus palabras adivinaron que no volvería; ¿a qué no adivinas lo que ha pasado?
predecir `2`	to predict	una bruja me predijo el futuro
presentir `2`	to have a presentiment	presiento que va a pasar algo malo; en cierto modo presentía su muerte
prevenir `2`	to forestall, to anticipate	seguramente no nos harán falta mantas, pero más vale prevenir; más vale prevenir que curar
prever `2`	to foresee	la salida está prevista para las cinco; es difícil prever cómo va a evolucionar la situación; el ministro tiene previsto permanecer en la isla hasta …
pronosticar `2`	to forecast	el hombre del tiempo pronostica temperaturas muy suaves para mañana; si pudieras pronosticar los resultados de la quiniela, te harías rico
tener una corazonada `2-1`	to have a hunch	seguro que van a ganar, tengo una corazonada; tengo la corazonada de que me tocará la primitiva esta semana
olerse `1`	to have a hunch/feeling (often has a negative and unpleasant idea)	me huelo que aquí pasa algo raro

---

primero   first

primero `3`	first (the register is high when it follows the noun; see **primero** below)	la causa primera
inicial `3-2`	initial	las autoridades cambiaron su inicial orden de detención por otra de deportación
primitivo `3-2`	first, original (see **primitivo** below)	la edición primitiva; el proyecto primitivo; lo puso en su sitio primitivo
primordial `3-2`	primordial	es un tema de una importancia primordial

original 2	*original*	el modelo original; el cuadro/el texto/la película no se conserva en versión original; el pecado original
primero 2	*first* (see **primero** for use in a higher register)	el primer hombre fue Adán; es la primera vez que vengo; fue el primero en llegar a la meta; los tres primeros chicos; el Primer Ministro
primitivo 2	*primitive* (see **primitivo** above)	el hombre primitivo
principal 2	*main* (used regularly before and after the noun)	el principal actor; el actor principal; el principal motivo; el motivo principal
prioritario 2	*having priority*	el objeto prioritario del Gobierno es … ; éste es un asunto/un tema prioritario en el orden del día

---

principio   beginning

génesis f 3	*genesis* (see **Génesis** below)	la génesis de una obra literaria
iniciación f 3–2	*initiation*	su iniciación en las ciencias ocultas
inicio m 3–2	*commencement*	este acontecimiento es el inicio de una nueva etapa en la vida nacional chilena; el inicio de las hostilidades/del curso
preámbulo m 3–2	*preamble*	hay que leer el preámbulo antes de empezar el estudio
apertura f 2	*opening*	la apertura del local/del teatro tuvo lugar el … ; la apertura de Las Cortes
comienzo m 2	*commencement* (is of a slightly higher register than **principio**)	al comienzo de su carrera hizo un discurso brillante sobre..; dio comienzo a su alocución diciendo que …
debut m 2	*debut*	hizo su debut en el cine con la película … ; con este partido hace su debut en el fútbol
estreno m 2	*first showing, first using, first wearing* (of something)	el estreno de la película/de la obra/del traje
Génesis m 2	*Genesis* (see **génesis** above)	el Génesis es el primer libro de la Biblia
inauguración f 2	*inauguration, opening*	la inauguración de un local/de un cine

introducción f [2]	*introduction*	todavía le falta escribir la introducción del libro/de su tesis
lanzamiento m [2]	*launching*	el lanzamiento de un programa/de una campaña/de un producto
nacimiento m [2]	*birth, source*	el nacimiento de un río/de una nación; es ciego de nacimiento
obertura f [2]	*overture*	la obertura de Guillermo Tell
origen m [2]	*origin*	el origen de las hostilidades; el origen de la vida/de una palabra; es de origen humilde
prefacio m [2]	*preface*	el prefacio de un estudio/de un libro
principio m [2]	*beginning* (used more than **comienzo**)	al principio de la clase el profesor pasó lista; a principios de mes/de año/de enero/de siglo

prisa   haste, speed

apresuramiento m [3]	*haste*	no entiendo su apresuramiento por acabar con sus estudios
aceleración f [2]	*acceleration*	la aceleración de un coche/de las negociaciones de paz
prisa f [2]	*haste, speed*	¡no tengas tanta prisa!; siempre va con prisa; tienen prisa por terminar el trabajo
rapidez f [2]	*speed*	hicieron aquel trabajo con una rapidez sorprendente
velocidad f [2]	*speed*	la velocidad de la luz; el tren había alcanzado la velocidad de ... ; sobrepasar el límite de velocidad; iba a toda velocidad

de prisa   quickly

con prontitud [3]	*promptly*	entregó el recado con prontitud
apresuradamente [3–2]	*hurriedly*	hizo los deberes apresuradamente; recogió la mesa apresuradamente
velozmente [3–2]	*quickly*	el caballo galopaba velozmente

en un abrir y cerrar de ojos/en un santiamén 2	*in a jiffy*	encontró la solución del problema en un abrir y cerrar de ojos/en un santiamén
precipitadamente 2	*hastily*	no hay que tomar las decisiones precipitadamente
de prisa/deprisa 2	*quickly*	hazlo de prisa que se está haciendo tarde
a toda prisa 2	*at top speed*	salió de casa a toda prisa
rápidamente 2	*rapidly*	limpió rápidamente la habitación; le escribió rápidamente unas líneas
rápido A 2	*quickly* (note that **rápido** is R1 in Spain; see **rápido** below)	hacelo rápido
aprisa 2–1	*quickly*	¡aprisa! que se está haciendo tarde
apurado M 2–1	*quick(ly)*	este trabajo lo hizo muy apurado
a todo correr/meter 2–1	*at top speed*	salió de casa a todo correr; salió con la moto a todo meter
a toda castaña 1	*at top speed* (usually on the road)	iban a toda castaña por la carretera principal
a toda marcha 1	*at top speed*	tuve que terminar el trabajo a toda marcha
en un periquete 1	*in a trice*	se comió la cena en un periquete
rápido 1	*quick(ly)*	¿no puedes hacerlo más rápido?; ¡rápido!, que se está haciendo tarde
al tiro A 1	*quick sharp*	hacelo al tiro
de volada M 1	*at the double*	vístete de volada porque voy a llegar tarde

---

profesor   teacher

| **docente** mf 3–2 | *teacher* (used in the media) (same as **enseñante**) | los docentes reclaman un aumento de sueldo |

enseñante mf
3–2
teacher (used in the media) (same as **docente**)
los enseñantes de los colegios privados han decidido ir a la huelga

catedrático m
2
teacher (holding a senior teaching post in an **Instituto**), *university professor* (holding a chair)
un catedrático de instituto/de universidad

director m
2
headteacher
el director te está esperando en su despacho; es directora de un colegio de niñas

director/jefe de estudios m
2
director of studies, tutor, supervisor
tuvo que consultar a su director/jefe de estudios varias veces antes de decidirse

maestro m
2
primary school teacher
es maestro en una escuela primaria

profesor m
2
teacher (from secondary school upwards; see **profesor** below)
un profesor universitario/de universidad; un profesor de instituto

profesor m M
2
primary school teacher (see **profesor** above)
la profesora tenía cuarenta niños en su clase; el niño debe pedirle permiso al profesor para ir al baño

titular m
2
(university) lecturer
el departamento de química tiene un catedrático y cinco titulares

tutor m
2
tutor (used increasingly)
tengo que consultar con mi tutor

universitario m
2
university teacher
los universitarios se manifestaron por la falta de recursos

señorita f
2–1
primary school mistress
¿qué te ha enseñado la señorita hoy?; señorita, ¿puedo ir al servicio?

profe mf
1
teacher
la profe nos ha dado un montón de ejercicios para mañana

---

programa   (television/radio) programme

espacio m
3–2
television/radio programme
señoras y señores, a partir de ahora podrán ver los siguientes espacios ...

anuncio m
2
television advertisement
en esta cadena siempre están echando anuncios

emisión f
2
broadcast
en la emisión de sobremesa podrán ver Uds ... ; una emisión radiofónica en directo/en diferido

programa m [2]	*programme*	esta tarde echan/dan un programa sobre ...
serial m [2]	*serial* (same as **serie**)	un serial radiofónico/televisivo
serie f [2]	*serial, series* (same as **serial**)	una serie televisiva/radiofónica/de televisión/de radio
spot m [2]	*television advertisement*	no me gusta el spot de TV sobre la leche
telenovela f [2]	*soap opera*	después de las noticias echan una telenovela todos los días
transmisión f [2]	*transmission, broadcast*	la transmisión del partido se realizará en directo/en diferido
culebrón m [1]	*soap opera* (especially from Latin America)	por las tardes echan uno de esos culebrones mexicanos

---

progreso

progress

desenvolvimiento m [3–2]	*development*	el desenvolvimiento de la novela es tan complicado que resulta imposible ...
adelanto m [2]	*progress* (often used in the plural)	los últimos adelantos en la biotecnología; este modelo está dotado de los últimos adelantos técnicos
avance m [2]	*progress* (often used in the plural)	la academia se comprometió a premiar los avances en genética y física atómica; el sida continúa su avance incontenible
desarrollo m [2]	*development*	el desarrollo económico/industrial de un país
evolución f [2]	*evolution*	resulta muy difícil prever la evolución política en Europa Oriental
marcha f [2]	*development*	la marcha de los acontecimientos históricos; la buena marcha de un negocio
progreso m [2]	*progress* (often used in the plural)	esta alumna ha hecho muchos progresos a lo largo del año; el atleta ha hecho progresos extraordinarios tras su larga enfermedad

prohibido

prohibited, illegal (see the note below)

ilícito 3–2	*illicit*	un amor ilícito
indebido 3–2	*wrongful, improper*	es una persona muy prudente, nunca hace/dice nada indebido
ilegal 2	*illegal*	es ilegal defraudar a Hacienda; un acto ilegal
ilegítimo 2	*illegitimate*	un hijo ilegítimo
prohibido 2	*prohibited, illegal*	está terminantemente prohibido fumar

NB in public places the infinitive with a negative is very common: **no fumar**; **no pisar el césped**; **no fijar carteles**; note also: **carteles no**

promedio

average

a razón de 3–2	*at the rate of*	pagan a razón de veinte libras la hora
goal average m 2	*goal average* (used in sport, especially football)	¿cuál es el goal average del Sevilla?
media f 2	*average* (same as **promedio**)	hicimos una media de sesenta kilómetros por hora; los alumnos tuvieron una media de siete sobre diez; al final del curso sacan la media de todos los exámenes
término medio m 2	*middle course, mean, happy medium*	por término medio, gana unas mil libras al mes; tienes que decidirte, no hay término medio
promedio m 2	*average* (same as **media**)	venden un promedio de cien coches a la semana; los trabajadores ganaban un promedio de cien mil pesetas al mes; en el examen los alumnos tuvieron un promedio de siete y medio sobre diez

proteger

to protect

abrigar 3–2	*to shelter*	la cueva los abrigó del frío/del viento
salvaguardar 3–2	*to safeguard*	salvaguardar los intereses de una nación

acoger 2	*to welcome, to give refuge*	el huérfano fue acogido por la familia
defender 2	*to defend*	defender una ciudad/una idea/la democracia; siempre han defendido sus intereses
encubrir 2	*to hide away, to shelter* (often has an illegal connotation)	encubrieron al ladrón que se había escapado de la cárcel
esponsorizar 2	*to sponsor* (used less than **patrocinar**)	la atleta fue esponsorizada por una compañía de seguros
patrocinar 2	*to sponsor* (used more than **esponsorizar**)	la empresa patrocina un programa de televisión
proteger 2	*to protect*	proteger el medio ambiente; ¡qué Dios te proteja!

---

prudente   prudent, wise

circunspecto 3	*circumspect*	actuar de manera circunspecta
mesurado 3	*measured*	habló de manera mesurada, sin dejarse llevar por los sentimientos
cauteloso 3–2	*wary*	debes ser cautelosa y decírselo de manera que no se ofenda
cuerdo 3–2	*sensible, prudent*	una persona cuerda; un consejo cuerdo
reservado 3–2	*reserved*	es muy reservado, nunca cuenta nada de su vida privada
discreto 2	*discreet*	una persona muy discreta
moderado 2	*moderate*	adoptar una actitud/una política moderada
precavido 2	*cautious, forewarned* (see the note below)	menos mal que fuimos precavidos y cogimos el paraguas
prevenido 2	*cautious* (see the note below)	tiene muy mal genio, te lo digo para que vayas prevenido
previsor 2	*provident, cautious* (see the note below)	es muy previsora, siempre lleva dinero encima

| **prudente** [2] | *prudent, wise* | es un conductor muy prudente; es muy prudente, nunca dice más de lo que debe decir |
| **sensato** [2] | *sensible* | un comportamiento sensato; una opinión/una persona sensata |

NB there is little difference between **precavido, prevenido** and **previsor** but neither **previsor** nor **precavido** may be used in the example for **prevenido**

---

público   public, spectators, audience

concurrencia f [3–2]	*crowd* (a gathering to witness or see something), *audience*	la concurrencia aplaudió a la pianista
asistencia f [2]	*audience* (only means *assistance* in a higher register)	la asistencia fue numerosa; no hubo mucha asistencia
asistentes mpl [2]	*audience, spectators*	entre los asistentes al acto se encontraba el famoso actor …
audiencia f [2]	*audience* (usually for television and radio)	la audiencia de la Televisión Española
auditorio m [2]	*audience* (for hearing something)	el auditorio permaneció en silencio mientras que la pianista tocaba …
espectadores mpl [2]	*spectators, viewers*	los espectadores de televisión
oyentes mpl [2]	*listeners*	la Radio Nacional tiene el mayor número de oyentes de España
público m [2]	*public, spectators, audience*	el público aplaudió emocionado a los actores
telespectadores mpl [2]	*televiewers*	se calcula que el partido fue seguido por unos diez millones de telespectadores

---

pueblo   town

| **urbe** f [3] | *metropolis, capital* | las grandes urbes ejercían sobre ella una atracción especial; Toledo es una urbe histórica |
| **metrópoli** f [3–2] | *metropolis* | cada fin de semana la gente se escapa de las grandes metrópolis para disfrutar … |

villa f 3–2	*city* (often used of Madrid)	el alcalde de la Villa de Madrid
aldea f 2	*village, hamlet*	nacieron en una aldea de Guadarrama, pero es muy pequeña y no recuerdo su nombre
capital f 2	*capital*	Moscú es la capital de Rusia; ¿vives en la provincia de Murcia o en la capital?
capital de provincia f 2	*capital* (of a Spanish Province)	Barcelona es una capital de provincia; Bilbao es capital de provincia (Vizcaya)
caserío m 2	*hamlet*	cuando era pequeña solía vivir en un caserío en medio del campo
centro urbano m 2	*town, city* (does not mean *town centre*)	vivir en el campo es más agradable que en los centros urbanos
ciudad f 2	*city, town* (any **capital de provincia**, big or small)	una ciudad de dos millones de habitantes; se está creando un exceso de ciudades-dormitorio alrededor de Madrid
población f 2	*town* (but the first meaning is *population*)	es una pequeña población sin mucho interés turístico; una población de la provincia de Tarragona
poblado m 2	*village* (the example is very common)	un poblado indio
pueblecito m 2	*village*	nací en un pueblecito de Asturias que forma parte ahora de Oviedo
pueblo m 2	*town* (any town or city which is not a **capital de provincia**), *village*	en agosto hay fiestas en muchos pueblos de España
urbanización f 2	*housing estate*, (newly developed) *residential area*	abundan las urbanizaciones en toda la costa mediterránea

---

desde el punto de vista ...   from the ... point of view (see the note below)

desde la/una óptica ... 3	*in a ... perspective*	desde la/una óptica política
en el ámbito de ... 3–2	*in the ... field*	en el ámbito de la salud/de la educación/de la política
desde la/una perspectiva ... 3–2	*in a ... perspective*	desde la/una perspectiva socio-económica

en la vertiente... 3–2	*on the ... plane*	en la vertiente filosófica/política
en el campo... 2	*in the ...field*	en el campo académico/militar
a nivel... 2	*on the ... level*	a nivel político/literario/económico; a nivel de gobierno
en el/un plano... 2	*on a ... plane*	en el/un plano humano/gubernamental
desde el/un punto de vista... 2	*from the ... point of view*	desde el/un punto de vista arquitectónico

NB a good number of these expressions are interchangeable, except for their register

---

que whom (relative pronoun referring to a person)

al cual 3	*whom*	llegó una persona a la cual/un hombre al cual nadie esperaba
a quien 3–2	*whom*	la escritora a quien critican en este artículo; ésos son los hombres a quienes vi esta mañana
al que 2	*whom* (is of a slightly higher register than **que**)	allí estaba su padre al que/su madre a la que hacía tiempo no veía
que 2	*whom, who*	ése es el chico que te presenté el otro día

---

quedar to remain, to stay

permanecer 3–2	*to remain*	el rey permaneció cuatro días en las Islas Baleares
restar 3–2	*to remain* (= *to be/have left*)	restan sólo cuatro horas para la llegada del ministro; ... y en los dos años y medio que le restan de mandato ...
faltar 2	*to remain* (= *to be/have left*)	falta poco tiempo para su regreso; faltan pocos minutos para que termine el partido
quedar 2	*to remain, to stay* (often = *to have left*)	se quedó inmóvil/ pálida; ahí quedó la conversación; me quedan diez mil pesetas/dos horas

quejarse   to complain

clamar 3	to clamour	clamar venganza/por injusticia
plañir 3	to wail, to mourn	un grupo de mujeres plañía alrededor del muerto
gemir 3–2	to groan	gimieron de dolor
lamentar 3–2	to regret	lamento haberla ofendido
lamentarse 3–2	to lament	el poeta se lamenta de su mala suerte; un gran porcentaje de maestros se lamentan de que su profesión y su labor son mal interpretadas
querellarse 3–2	to complain, to file a complaint (always has a legal connotation)	se querellaron contra el dueño de la finca
gruñir 2	to grunt, to moan (often used of an animal) (see **gruñir** below)	el animal gruñía de dolor
protestar 2	to protest, to grumble	¡qué niño tan pesado!, siempre está protestando; deja de protestar y haz lo que te dice tu madre
quejarse 2	to complain	tengo un trabajo muy bueno, no me puedo quejar; siempre se está quejando, nunca parece estar contento con nada
rechistar 2	to complain (often used with **sin**)	se lo comió todo sin rechistar
gruñir 2–1	to grumble (same meaning as **refunfuñar**) (see **gruñir** above)	siempre estás gruñendo, pareces una vieja
refunfuñar 2–1	to grumble (often suggests someone old and crotchety) (same meaning as **gruñir**)	el abuelo no para de refunfuñar

quemar   to burn

| **abrasar** 3–2 | to burn up (used figuratively when reflexive) | las llamas lo abrasaron todo; abrasarse de amor/ira |

arder 3–2	to burn (used figuratively) (see **arder** below)	ardía en deseos de verla; arder de ira
arder 2	to burn (used literally) (see **arder** above)	este fin de semana han ardido doscientas hectáreas de bosque
asar 2	to roast (used literally) (see **asarse** below)	pollo asado; patatas asadas
calcinar 2	to burn to a cinder (often used as a past participle)	a raíz del accidente murieron calcinados; se veía la collada amarilla y calcinada por el fuego
carbonizar 2	to burn to a cinder (often used as a past participle)	murieron carbonizados en el accidente
encender 2	to light up (also used figuratively)	encendió un cigarro/una vela; tenía las mejillas encendidas
prender fuego (a) 2	to set fire (to)	los niños prendieron fuego a la leña
incendiar 2	to set fire to	el pirómano incendió el bosque
incinerar 2	to incinerate	los cadáveres fueron incinerados
prenderse 2	to catch fire	se le prendió el vestido en la hoguera
quemar 2	to burn	¡he quemado el pan!; quemó la moqueta con el cigarro; está quemando la madera; ¡cuidado que te vas a quemar!; no nos quemamos vivos de milagro
tostar 2	to toast (also used figuratively)	hay que tostar el pan; me gusta el pan tostado; le encanta tostarse al sol
achicharrar 2–1	to burn up (often used reflexively and of the sun = to roast)	¡qué calorazo! me estoy achicharrando
asarse 2–1	to roast (used figuratively) (see **asar** above)	abre la ventana, me estoy asando
pegar fuego (a) 2–1	to set fire (to)	pegó fuego a la casa

querer (a)   to like, to love

amar 3–2	*to love* (used less than **querer**) (used in songs, poems, films, etc.)	la ama apasionadamente; amar a Dios
apasionarse por 3–2	*to be passionate about*	se apasiona por la música
adorar 2	*to adore*	adorar a Dios; adora a su esposa
desvivirse por 2	*to be fond of* (so that you do your utmost for someone)	se desvive por sus hijos
encariñarse con 2	*to grow fond of*	se ha encariñado mucho con el perro/con ese chico/con el bebé
idolatrar 2	*to idolize*	idolatran a su profesora
querer 2	*to like, to love*	quiero mucho a mis padres; la quiere con locura

---

querer (b)   to wish, to want (see the note below)

anhelar 3–2	*to long to/for* (same as **ansiar**)	anhelaba aprobar los exámenes/llegar al estrellato; anhelaba una vida tranquila y sin sobresaltos
ansiar 3–2	*to long to/for* (same as **anhelar**)	el abogado ansiaba abandonar su trabajo, le agobiaba defender causas que no le interesaban; ansiaba la paz y la tranquilidad
desear 3–2	*to desire*	¿qué desea Ud comprar, señor?; si la señora no desea nada más, me retiro (said by a maid)
tener voluntad (de) 3–2	*to want* (suggests *to be well intentioned*), *to have the will*	tengo voluntad de aprender a conducir pero mi padre no quiere; este alumno tiene voluntad, pero no ha conseguido aprobar
antojarse 2	*to feel like* (suggests a strong desire)	siempre hace lo que se le antoja; se le ha antojado comprarse un coche nuevo
apetecer 2	*to feel like*	¿te apetece otro filete/ir al cine?
entrar ganas de 2	*to want (to), to feel like*	me entraron ganas de llorar/de darle una bofetada

tener ganas de 2	*to feel like, to long for*	tengo ganas de comer/de darme un chapuzón; tengo ganas de volver/de verte/de leer su libro
pretender 2	*to seek, to try (to do)*	pretendía convencerme de su buena voluntad; no sé qué pretende con esa actitud
querer 2	*to want, to wish*	quiero ir a la playa; la invité al cine pero no quiso venir; no quisiera ser importuno pero …

NB note the following uses of **querer**, etc. with the subjunctive: **quiero que vengas; quisiera que vinieras; pretendo que lo hagas ahora; tengo ganas de que se vaya.** Many of the verbs listed above function in this way

---

quitar   to take away, to remove

extirpar 3	*to extirpate, to remove (usually has a medical connotation)*	el cirujano le extirpó un riñón/las amígdalas
arrebatar 3–2	*to snatch, to tear (from)*	le arrebataron el bolso de un tirón; amenazó a la víctima con una navaja y trató de arrebatarle cincuenta mil pesetas
confiscar 3–2	*to confiscate (often has a legal connotation)*	los aduaneros confiscaron dos kilos de heroína; vive en una casa que fue confiscada tras la revolución
erradicar 3–2	*to eradicate*	éste era un mal social que había que erradicar
retirar 3–2	*to remove, to withdraw (the last two examples are R2)*	haga el favor de retirar los platos/los cubiertos de la mesa; Paca, puede Vd retirarse ahora, ya la llamaré luego si la necesito; retira lo que has dicho inmediatamente o no te vuelvo a hablar; este país se negó a retirar sus tropas de la frontera
arrancar 2	*to pull out, to extract, to tear out*	arrancar una planta/un diente; el viento arrancó de cuajo un montón de árboles; pude arrancarle la promesa de que …
eliminar 2	*to eliminate*	este detergente elimina por completo la suciedad; los reformistas se empeñaron en eliminar la hegemonía del partido único
llevarse 2	*to take away/off*	llévate esta silla de aquí que me molesta; una pulmonía se lo llevó al otro mundo

quitar 2	*to take away, to remove*	quítate de ahí que no me dejas pasar; quita los libros de la mesa que voy a limpiar; no he podido quitar la mancha; ¿quién me ha quitado el lápiz?
sacar 2	*to take out, to withdraw, to remove*	sacó un pañuelo del bolsillo; sacó una pistola; ¿has sacado dinero del banco?; le sacaron una muela
suprimir 2	*to suppress*	suprimió un párrafo del escrito; suprimir un detalle/un obstáculo/una dificultad

quizá perhaps

acaso 3–2	*perhaps*	acaso ella lo sepa; ¿acaso piensas que pueda tenerlo él?
pudiera ser 3–2	*it could be*	pudiera ser que no lo haya/hubiera visto
a lo mejor 2	*probably, perhaps*	a lo mejor está allí
posiblemente 2	*possibly* (usually used at the beginning of a sentence)	posiblemente vendrá/venga la semana que viene
probablemente 2	*probably* (usually used at the beginning of a sentence)	probablemente vendrá/venga
quizá(s) 2	*perhaps* (used more than **tal vez**)	quizá(s) vuelva mañana
tal vez 2	*perhaps* (used less than **quizá(s)**)	tal vez vengan esta tarde
igual 1	*perhaps*	igual no lo sabe/viene mañana
chance M 1	*perhaps* (often followed by **y**)	chance y te lo consiguen/y llegan mañana; '¿irás mañana?' 'Chance'

rabia anger, rage

| **vehemencia** f 3 | *vehemence* | habló/se expresó con vehemencia |
| **encarnizamiento** m 3–2 | *rage, fury* (often used in the example) | lucharon con encarnizamiento |

enfado m 3–2	*anger*	le causó enfado su actitud grosera
arranque m 2	*fit of anger/jealousy* (same as **arrebato**)	en un arranque de celos/de envidia le pegó una bofetada
arrebato m 2	*wild impulse* (same as **arranque**)	estrelló el libro contra la pared en un arrebato de cólera
cólera f 2	*wrath, anger*	su mirada mostraba cólera; al oír aquello no pudo contener su cólera/montó en cólera
furia f/**furor** m 2	*fury* (**furia** is used more than **furor** which is of a slightly higher register)	gritaba con furia/con furor; el chiquillo le mordió con furia/con furor
ira f 2	*wrath, anger*	la ira de Dios; *Las Uvas de la ira* de Steinbeck; le dio una bofetada en un acceso de ira
irritación f 2	*irritation*	'¡bah! Ya sé que nada de eso te interesa', dijo simulando irritación
rabia f 2	*anger, rage* (same meaning as **coraje**)	¡qué rabia! ahora no podemos salir porque está lloviendo; reventar de rabia; me da rabia leer tales mentiras
coraje m 2–1	*anger* (same meaning as **rabia**)	me da coraje que le hayan dado el puesto a ella, no se lo mereció
mufa f A 2–1	*nuisance, anger*	¡qué mufa! llueve de nuevo
bronca f A 1	*pain, anger*	¡qué bronca! el vaso está roto
chinche f A 1	*anger*	se agarró una chinche bárbara cuando se enteró del engaño; Papá está con chinche porque chocó el coche
muina f M 1	*anger*	me da una muina que me contestes mal

rascar   to scratch, to scrape

almohazar 3–2	*to currycomb*	almohazar a un caballo
rasguñar 3–2	*to scratch* (usually used reflexively)	se rasguñó las piernas/la piel con las zarzas
arañar 2	*to scratch* (usually suggests nails)	el gato arañaba la madera/me ha arañado

cepillar [2]	*to brush*	cepillar un abrigo/los zapatos; cepillarse el pelo
escarbar (en) [2]	*to scratch* (often in the ground) (also used figuratively)	el perro escarbaba (en) la tierra; escarbar en una herida; es mejor no escarbar en esa herida, lo pasado pasado está
fregar [2]	*to scrub, to clean* (used for washing the dishes)	tengo que fregar el suelo/los platos
frotar [2]	*to rub, to scrub* (stronger than **fregar**)	esto hay que lavarlo sin frotar; frotarse las manos
limar [2]	*to file, to smooth away* (also used figuratively)	limar la madera; limarse las uñas; tuvieron que limar las asperezas para evitar cualquier posible enfrentamiento
rascar [2]	*to scratch, to scrape*	no te rasques, que luego será peor; se rascaba la cabeza insistentemente
raspar [2]	*to scrape, to file, to smooth down*	para quitar la pintura hay que rasparla con un formón/con una paleta
restregar [2]	*to rub* (may suggest much greater vigour than **frotar**)	me he pasado toda la mañana restregando el suelo, pero no sale la mancha

---

rato   while

trecho m [3–2]	*while*	me esperaron largo trecho
instante m [2]	*instant*	por un instante pensé que era ella; me está haciendo preguntas a cada instante
intervalo m [2]	*interval*	el hombre del tiempo anunció intervalos nubosos en el norte
lapso m [2]	*lapse*	un lapso de tiempo; este largo lapso sin síntomas favorece la difusión del virus
momento/ momentito m [2]	*moment*	¿puedes esperar un momento?; vivieron momentos de angustia; un momentito que en seguida termino
rato/ratito m [2]	*while*	estuvimos un rato/un ratito en su casa y volvimos en seguida; pasamos un rato muy agradable con ellos
santiamén m [2–1]	*jiffy*	hizo los ejercicios en un santiamén

periquete m
[1]

jiffy

lavé los platos/se comió la cena en un periquete

---

raya																line, stroke, mark, parting

línea f
[2]

line

una línea curva/recta; trazó una línea sobre el papel; la línea del horizonte

raya f
[2]

line, stroke, mark, parting (in hair) (may suggest less care and order than **línea)**

lo tachó con una raya; esta hoja está llena de rayas; lleva la raya del pelo torcida

recta f
[2]

straight line (used in sport and geometry)

una recta tiene dos direcciones; la atleta llegó a la recta final; estamos llegando a la recta final de nuestro programa

renglón m
[2]

(written) line

al escribirlo a máquina me salté un renglón; leer entre renglones

---

razonamiento																reasoning (see the note below)

argumentación f
[3-2]

line of reasoning

no puedo seguirle, es una argumentación muy complicada

raciocinio m
[3-2]

reason(ing) (same meaning as **razonamiento)**

es una situación muy complicada. Hay que afrontarla con raciocinio

argumento m
[2]

argument, reasoning

este argumento no me convence, no me parece válido

razonamiento m
[2]

reasoning (same meaning as **raciocinio)**

este razonamiento no tiene ni pies ni cabeza

NB **argumento** suggests a single idea or statement whereas the other synonyms suggest a full development of ideas

---

en realidad																in reality, in truth

en rigor
[3]

strictly speaking

en rigor, no tiene fundamento para afirmarlo

ciertamente
[3-2]

certainly

no estaba ciertamente entre los más listos de la clase

efectivamente/en efecto
[3-2]

sure enough

dijo que regresaría y, efectivamente/en efecto regresó

en esencia 3–2	*in essence*	supongo que, en esencia, tiene razón
obviamente 3–2	*obviously*	dijo que lo haría pero, obviamente, se ha olvidado
a decir verdad 3–2	*in truth*	a decir verdad el accidente ocurrió de otra manera
en verdad 3–2	*in truth*	en verdad os digo que no logro entender por qué …
sin duda alguna/sin ninguna duda 2	*without doubt*	es, sin duda alguna/sin ninguna duda, uno de los escritores más brillantes de su época
de hecho 2	*in fact*	prometieron pagarlo pero no sabemos si de hecho …
en realidad 2	*in reality, in truth* (see the note below)	me aseguraron que lo leerían pero en realidad …
realmente 2	*really, in fact* (see the note below)	no sé si realmente tiene razón
seguramente 2	*in fact, surely* (often involves a negative idea)	dijo que lo haría pero, seguramente, no lo ha hecho
verdaderamente 2	*truly, really* (**realmente** may be used in both examples)	es verdaderamente tonto; lo que has dicho es verdaderamente importante

NB **en realidad** and **realmente** are often interchangeable but their position within a sentence is often different. Consider the two examples: **en realidad no sé si tiene razón; estos hechos son realmente importantes para comprender**

---

rebelarse   to rebel

insurreccionarse 3	*to rise in revolt*	las colonias se insurreccionaron
alzarse 3–2	*to rebel* (used figuratively; see below for the literal use) (**rebelarse** and **levantarse** may also be used here)	la protagonista se alza contra los dictados sociales
alzarse 2	*to rise up* (used literally; see above for the figurative use) (**levantarse** may be used here)	el ejército se ha alzado en armas contra el gobierno

amotinarse [2]	*to mutiny*	la tripulación/la tropa se amotinó contra el capitán
desobedecer [2]	*to disobey*	desobedecieron a la profesora/su madre
levantarse [2]	*to rise up* (**alzarse** may be used in both examples; **rebelarse** may be used in the second example)	el pueblo se levantó contra el invasor/contra el gobierno; levantarse contra una injusticia
protestar [2]	*to protest*	los manifestantes protestaron contra esta nueva medida tomada por el gobierno
rebelarse [2]	*to rebel* (**alzarse** and **levantarse** may be used in the last two examples)	se rebeló contra su padre; el pueblo se rebeló contra las autoridades; la protagonista de la novela se rebela contra una sociedad represiva
sublevarse [2]	*to revolt*	el pueblo se sublevó contra el tirano

---

rebelión   rebellion (see the note below)

insurrección f [3–2]	*uprising* (used of part of an army, a colony or a territory)	la insurrección de la facción más liberal del ejército
pronunciamiento m [3–2]	*uprising* (always has a military connotation)	un pronunciamiento militar
putsch m [3–2]	*putsch* (always has a military connotation)	el putsch de los coroneles
sedición f [3–2]	*sedition*	los soldados fueron condenados por sedición
sublevación f [3–2]	*uprising, revolt*	las autoridades pidieron ayuda del exterior para reprimir la sublevación militar; una sublevación en una cárcel
alzamiento m [2]	*(military) uprising*	el alzamiento militar del 18 de julio; nadie descarta una dura represión a los alzamientos nacionalistas
golpe de estado m [2]	*coup d'état*	dieron un golpe de estado que pondría fin al gobierno de …
levantamiento m [2]	*(military) uprising*	el levantamiento militar tuvo lugar en las Canarias

motín m 2	*mutiny*	un motín naval; hubo un motín en el cuartel/en la cárcel
rebelión f 2	*rebellion*	la rebelión de las masas; la rebelión militar había sido sofocada
revolución f 2	*revolution*	la revolución industrial/francesa/bolchevique
revuelta f 2	*revolt*	hubo varias revueltas en los pueblos lejanos de la capital

NB **sublevación** has a much wider connotation than **pronunciamiento,
alzamiento** and **levantamiento** for it is not necessarily military whereas the
latter three usually are. These three may all be used in the first example for
sublevación

---

recepción   reception (see the note below)

acogida f 2	*welcome, greeting*	le dispensaron una calurosa acogida; su propuesta tuvo muy buena acogida
bienvenida f 2	*welcome*	me dieron la bienvenida
recepción f 2	*reception* (often suggests a ceremony)	una recepción calurosa; los reyes acudieron a la recepción en la embajada
recibimiento m 2	*reception* (all three other synonyms may be used here)	me tributaron un cordial/un caluroso recibimiento

NB all four synonyms are sometimes interchangeable as in: **le dispensaron
una calurosa acogida/bienvenida/recepción/un caluroso recibimiento**

---

rechazar   to reject

declinar 3	*to decline*	declinar una responsabilidad/una invitación
derogar 3	*to repeal*	derogar una ley
refutar 3	*to refute*	no es cierto que los científicos coincidan en refutar esta teoría
desechar 3–2	*to reject* (suggests scorn)	desecharon la propuesta/la oferta/su ayuda
rehusar 3–2	*to refuse*	rehusé la invitación/la oferta; rehusó contestar las preguntas de los periodistas

repudiar [3–2]	*to repudiate*	repudiar una doctrina
desaprobar [2]	*to disapprove (of)*	yo desapruebo la división sexista del trabajo; sus padres no desaprueban este matrimonio
descartar [2]	*to reject, to discard*	es imposible descartar la teoría de la evolución; no se descarta esta posibilidad
despedir [2]	*to dismiss* (a worker)	la empresa ha despedido a cien obreros
negarse a [2]	*to refuse to*	se negó a venir
oponerse a [2]	*to oppose, to refuse*	se opusieron a la sugerencia/al proyecto/a negociar
rechazar [2]	*to reject*	rechazaron la invitación/la idea/la opinión/la propuesta/el proyecto
renegar de [2]	*to renounce, to abjure*	renegar de su fe/de su doctrina/de sus amigos/de su patria
renunciar a [2]	*to renounce* (always followed by **a**)	renunciaron al proyecto/al viaje/al puesto
repeler [2]	*to repel*	las arañas me repelen

---

reemplazar — to replace

relevar [3–2]	*to relieve*	el ministro fue relevado de sus funciones/de su cargo
suplir [3–2]	*to replace*	el Sr González suplió al Sr Salinas durante su ausencia
usurpar [3–2]	*to usurp*	el príncipe usurpó el trono de su hermano el rey
reemplazar [2]	*to replace* (see the note below)	fue reemplazada por otra intérprete; esta cadena televisiva ha sido reemplazada por otra privada
suplantar [2]	*to supplant*	el espía suplantó a la empleada en la empresa; un anglicismo ha suplantado la palabra española

sustituir
2

to replace, to substitute (the formula is *to replace by*, not *to substitute for*) (see the note below)

sustituyeron la palabra **correr** por la palabra **andar**; dieron un golpe de estado para sustituir al secretario general

NB **reemplazar** and **sustituir** are frequently interchangeable as in: **en la segunda parte del partido dos jugadores fueron reemplazados/sustituidos**

---

reforzar   to strengthen

vigorizar
3

to strengthen, to give vigour (to)

tomaban vitaminas para vigorizar su cuerpo

afianzar
3–2

to consolidate

la conferencia me permitió afianzar mis ideas sobre ... ; su éxito le ha afianzado en su puesto

consolidar
3–2

to strengthen, to consolidate

consolidar los cimientos de un edificio; consolidaron su amistad invitando a sus familias a una fiesta

potenciar
3–2

to strengthen

potenciar el desarrollo de la industria/de la economía

revitalizar
3–2

to revitalize

revitalizar la economía/el interés por el teatro

fortalecer
2

to strengthen

el ejercicio físico fortalece el cuerpo; los rebeldes siguen fortaleciéndose en la sierra

reforzar
2

to strengthen

reforzaron el ejército con otros dos batallones/la vigilancia policial; esta evidencia refuerza la idea de que ...

resucitar
2

to resuscitate

el municipio está resucitando la industria constructora/la economía; resucitar las antiguas tradiciones

---

refugiado   refugee

apátrida mf
3–2

stateless person

durante la segunda guerra mundial hubo numerosos apátridas judíos

desterrado m
3–2

exile

Unamuno se reunía con otros desterrados de su país en París

expatriado m
3–2

expatriate

durante los años veinte se reunían en París gran número de expatriados americanos e irlandeses

proscrito m [3-2]	*exile*	Victor Hugo, célebre proscrito bajo el reinado de Louis Philippe ...
deportado m [2]	*deportee*	muchos deportados franceses murieron en los campos de concentración
desplazado m [2]	*displaced person* (often used with **persona**)	estas personas desplazadas vivían en condicionas infrahumanas
emigrante mf [2]	*emigrant*	en Argentina hay varias colonias de emigrantes españoles
exiliado m [2]	*exile*	durante la Guerra Civil algunos exiliados españoles viajaron a Francia
inmigrante mf [2]	*immigrant*	Estados Unidos acogió a millones de inmigrantes en el siglo diecinueve
refugiado m [2]	*refugee*	éste es un país que siempre ha acogido a refugiados políticos

refugio   shelter

hospicio m [3-2]	*poor house, orphanage*	los hospicios albergaban a peregrinos y mendigos; pasó su infancia en un hospicio
orfelinato m [3-2]	*orphanage*	había pasado su niñez en un orfelinato
abrigo m [2]	*shelter* (used literally and figuratively)	pasamos la noche al abrigo de una cueva; el cura les ofreció abrigo contra la persecución de ...
amparo m [2]	*protection* (used figuratively)	recibieron amparo de las hermanas Carmelitas
asilo m [2]	*shelter, asylum* (used literally and figuratively), *old people's residence*	metieron a la anciana en el asilo; los refugiados pidieron asilo político
cobijo m [2]	*shelter* (used literally)	se puso a llover y buscaron cobijo en una cueva
orfanato m [2]	*orphanage*	había pasado su niñez en un orfanato
protección f [2]	*protection*	buscaron protección en la embajada soviética
refugio m [2]	*shelter* (used literally and figuratively)	un refugio subterráneo/de montaña; al final de sus días buscó refugio en la religión

regalo   present, gift

dádiva f 3	*gift*	el rey concedió a esta orden religiosa numerosos privilegios y dádivas
gracia f 3	*favour*, *gift* (from an important person)	el rey le concedió esta gracia; no le fue concedida la gracia del indulto
merced f 3	*favour*	hágame la merced de aceptar esta invitación
presente m 3	*present*	los Reyes Magos ofrecieron al niño Jesús tres presentes
agasajo m 3–2	*lavish treatment*	a su llegada fue objeto de numerosos obsequios y agasajos
obsequio m 3–2	*gift* (more delicate and courteous then **regalo**)	tenga a bien aceptar ese pequeño obsequio
aguinaldo m 2	*New Year gift, Christmas box*	le di el aguinaldo al portero
don m 2	*gift* (used figuratively and sometimes ironically) (same as **talento)**	tiene un don para la pintura; tiene el don de presentarse en el momento más oportuno
donación f 2	*donation*, (act of) *donating*	mediante varias donaciones el museo ha podido adquirir … ; hizo donación de sus bienes a esta institución
donativo m 2	*donation* (to a charity)	hizo un donativo de diez mil dólares a la clínica; los fieles depositaron sus donativos en la bandeja
regalo m 2	*present, gift*	le hicieron un regalo a su hija para su cumpleaños
talento m 2	*talent* (same as **don**)	tiene un gran talento artístico; no tiene talento para la música

regañar   to scold, to reprimand

amonestar 3	*to admonish*	el cura, desde lo alto de su púlpito, amonestó a los fieles
reprender 3–2	*to reprimand*	la madre le reprendió por haber roto las tazas
sermonear 3–2	*to sermonize*	papá, deja de sermonearme, ya sé lo que tengo que hacer

regañar [2]	*to scold, to reprimand* (is of a higher register than **reñir**)	la maestra siempre me está regañando por hablar en clase
reñir [2]	*to scold* (is of a lower register than **regañar**)	no la riñas, lo ha hecho sin querer
retar A [2]	*to scold*	no te comas las uñas que papá te va a retar
echar un sermón a [2-1]	*to give a talking to*	me echaron un sermón por no haber ido a clase
echar una bronca/un puro/un rapapolvo a [1]	*to give a rollicking to*	me echaron una bronca/un puro/un rapapolvo por llegar tarde a casa

---

región   region

área f [2]	*area*	una área de descanso; área de servicios; el área metropolitana de Londres; área de castigo (*penalty area*)
barrio m [2]	*district* (in a large town)	el barrio gótico en Barcelona; el barrio del Carmen en Valencia; un barrio obrero/típico
comarca f [2]	*area, district* (which includes a number of towns and villages but is smaller than **región**)	hay unas seis poblaciones en esta comarca
comunidad f [2]	*area, community* (see the note below)	las comunidades autónomas; la comunidad valenciana
distrito m [2]	*district*	un distrito postal
país m [2]	*country*	el país vasco; tuvo que exiliarse de su país
parte f [2]	*part, district*	la parte vieja de San Sebastián
provincia f [2]	*province*	es de un pueblo de la provincia de Salamanca
región f [2]	*region* (see the note below)	esta región es famosa por sus vinos

término   *municipal district* (suggests   el término municipal de Atienza
municipal m   administration)
[2]

tierra f   *area*   la chica es de mi tierra; heredaron unas
[2]   tierras muy extensas

zona f   *area* (used more than *zone*)   la zona de las marismas es muy peligrosa;
[2]   aquella zona de la playa es muy agradable;
                                                           una zona afectada por la sequía

NB **la región valenciana/andaluza/catalana,** etc. have been replaced by **la
comunidad valenciana,** etc.

---

relacionar   to relate, to link

enlazar   *to connect* (often used of   este tren enlaza con un autobús que va al
[3–2]   transport)   aeropuerto; los ingenieros enlazaron el
                                                           puerto con el canal por medio de ...

vincular   *to link* (used figuratively)   la UGT está vinculada con el PSOE; se ha
[3–2]   descubierto que estaba vinculada con la
                                                           Mafia

conectar   *to connect* (often used of   hay que conectar estos dos hilos; conectar
[2]   electrical goods or   un aparato a la red eléctrica; estos dos
                       apparatus) (also used   asesinatos están conectados; conectamos
                       figuratively)   ahora con nuestro corresponsal en Nueva
                                                           York

empalmar   *to connect*   han empalmado esta autopista con la que va
[2]   a Barcelona

enchufar   *to plug in, to connect*   enchufa la radio/la televisión/la lámpara
[2]

relacionar   *to relate, to link*   esta palabras están relacionadas; la policía
[2]   piensa que estos hechos están relacionados;
                                                           la prensa ha relacionado su nombre con la
                                                           famosa actriz ...

---

religioso   religious

pío   *pious*   una obra pía; es una mujer muy pía
[3]

beato   *sanctimonious* (usually has a   va a la iglesia todos los días, es muy beata
[2]   pejorative connotation)

devoto   *devout, devoted, religious*   es devota de la Virgen/del Carmen; una
[2]   imagen devota

piadoso 2	*pious*	reza todas las noches, es muy piadoso
religioso 2	*religious*	no recibió ninguna educación religiosa; pertenece a una familia muy religiosa

---

rentable profitable

remunerador 3	*remunerative*	el negocio no resultó ser muy remunerador
beneficioso 2	*beneficial*	esta inversión puede ser más beneficiosa si se evita el impuesto; este largo período de descanso ha resultado beneficioso para su salud
fructífero 2	*fruitful*	ha sido un trabajo/un viaje muy fructífero
productivo 2	*productive*	una operación/una inversión productiva; tierras/acciones productivas
provechoso 2	*advantageous, beneficial*	el viaje me ha resultado muy provechoso; estas clases me han resultado muy provechosas
rentable 2	*profitable* (often suggests money)	un negocio rentable; este tren turístico ha resultado muy rentable
ventajoso 2	*advantageous*	una operación ventajosa; unas circunstancias muy ventajosas

---

reparar to repair, to mend

arreglar 2	*to mend, to repair* (used more than **reparar**)	tienen que venir a arreglar el televisor/la lavadora; tengo que llevar el reloj/los zapatos a arreglar
remendar 2	*to mend, to darn*	remendar pantalones/calcetines/zapatos
reparar 2	*to repair, to mend* (used less than **arreglar**)	reparar un motor/un reloj
apañar 2–1	*to mend, to patch up*	su madre le apañó los pantalones

repentinamente   suddenly (see the note below)

improvisadamente `3–2`	*in an improvised way*	montaron la obra improvisadamente
súbitamente/de súbito `3–2`	*suddenly*	entraron súbitamente en la habitación
inesperadamente `2`	*unexpectedly*	llegaron inesperadamente
de la noche a la mañana `2`	*overnight*	cogió una reputación mundial de la noche a la mañana
precipitadamente `2`	*suddenly, hastily*	salieron precipitadamente del local
de pronto `2`	*suddenly*	de pronto se quedó aturdido; de pronto empezó a llover
repentinamente/ de repente `2`	*suddenly*	murió repentinamente/de repente
de golpe `2–1`	*suddenly*	cerró la puerta de golpe; le soltaron la noticia de golpe
en seco `2–1`	*suddenly* (often used of a vehicle)	el coche se paró en seco para evitar el choque

NB **súbitamente/de súbito/de pronto/repentinamente** and **de repente**
are frequently interchangeable, given the register differences

---

repentino   sudden

inopinado `3–2`	*unexpected*	una respuesta/una llegada/una visita inopinada
insospechado `3–2`	*unsuspected*	un regreso insospechado
súbito `3–2`	*sudden* (same as **repentino** apart from the register)	nos sorprendió su súbito regreso
fortuito `2`	*fortuitous*	un encuentro fortuito
imprevisto `2`	*unforeseen*	una llegada/una contestación imprevista
inesperado `2`	*unexpected*	una respuesta inesperada; un éxito inesperado

| **repentino** [2] | *sudden* (same as **súbito** apart from the register) | su muerte repentina causó gran dolor en la familia; un cambio repentino del tiempo/de las temperaturas |

---

repetir   to repeat (see the note below)

desdoblar [3]	*to double, to make two of, to divide* (often used reflexively)	la personalidad del héroe se desdobla
reincidir [3–2]	*to relapse, to backslide*	son muchos los delincuentes que vuelven a reincidir
reiterar [3–2]	*to reiterate* (suggests insistence)	el ministro reiteró la necesidad de …
copiar [2]	*to copy*	copié el poema en una cartulina
duplicar [2]	*to duplicate, to double*	la empresa duplicó su producción; mándamelo por duplicado
repetir [2]	*to repeat*	tuvieron que repetir (el) curso; por favor, repita la frase
reproducir [2]	*to reproduce*	reproducir una pintura/una idea

NB note the prefix **re** with numerous verbs, and **volver** + infinitive

recaer [2]	*to fall ill again*	la enferma ha recaído/ha vuelto a recaer
reconstruir [2]	*to rebuild*	después del bombardeo tuvieron que reconstruir el pueblo
recrear [2]	*to recreate*	el artista recrea el mundo a su manera; en sus cuadros recrea la sociedad de su tiempo
rehacer [2]	*to remake*	después de aquel fracaso amoroso tuvo que rehacer su vida; he tenido que rehacer el jersey
releer [2]	*to re-read*	tuvo que releerlo porque no lo había entendido bien
volver a hacer algo [2]	*to do something again*	perdió el libro y tuvo que volver a comprar un segundo ejemplar

reprimir   to repress, to hold back

atenuar 3–2	*to attenuate, to soften*	atenuar los efectos del alcohol/de un desastre
dominar 3–2	*to dominate, to overcome*	no pudo dominar sus pasiones/sus instintos
mitigar 3–2	*to mitigate*	mitigar el dolor/los efectos de una droga
moderar 3–2	*to moderate, to restrain* (used literally and figuratively)	moderar la marcha/el paso/el tono de voz; modérate, no tienes por qué hablarme de esa manera
paliar 3–2	*to palliate*	le pusieron una inyección para paliar el dolor; paliar los efectos de la sequía; los agricultores han pedido al Gobierno medidas urgentes para paliar esta situación
refrenar 3–2	*to curb, to restrain*	refrenar sus pasiones
sofocar 3–2	*to put down* (used figuratively; see **sofocar** below)	las tropas fieles sofocaron la sublevación
contener 2	*to contain*	contuvo el impulso de pegarle; el gobierno no pudo contener la revuelta; no contestes así, tienes que contenerte
reprimir 2	*to repress, to hold back*	el ejército reprimió la rebelión; no pudo reprimir el impulso de darle un beso
sofocar 2	*to smother* (used literally; see **sofocar** above)	los bomberos sofocaron el incendio

---

resaltar   to stress, to highlight (see the note below)

acentuar 3–2	*to accentuate*	la guerra civil acentúa esta desesperada situación económica
poner énfasis en 3–2	*to emphasize*	la escritora puso énfasis en este punto de su discurso
enfatizar 3–2	*to emphasize*	la profesora enfatizó la importancia de los estudios
hacer hincapié en 3–2	*to stress*	el ministro hizo hincapié en la necesidad de fomentar el ahorro

poner de manifiesto 3–2	*to show*	estas imágenes ponen de manifiesto la dramática situación que está atravesando el país
realzar 3–2	*to enhance, to heighten*	el bonito traje realza su figura
poner de relieve 3–2	*to throw into relief*	el fracaso de la empresa ha puesto de relieve la necesidad de atraer más inversiones del extranjero
destacar 2	*to emphasize, to highlight*	el Presidente ha destacado la importancia de … ; entre las noticias más importantes del día cabe destacar …
insistir 2	*to insist*	no hace falta que insistas, no lo pienso hacer; insistí en la necesidad de … ; insistí en que volviera antes de las cuatro
recalcar 2	*to stress*	recalqué la importancia de …
resaltar 2	*to stress, to highlight*	en su mensaje resaltó la voluntad del Gobierno de … ; el maquillaje hacía resaltar sus facciones
subrayar 2	*to underline*	el Papa subrayó las dificultades socio-económicas que atraviesa este país
machacar (sobre) 2–1	*to keep hammering away (on)*	se pasó todo el día machacando sobre ese tema/ese asunto; tienes que machacar las matemáticas

NB **poner énfasis, enfatizar, hacer hincapié en, destacar, insistir, recalcar, resaltar** and **subrayar** are frequently interchangeable

---

resolver   to solve (see the note below)

decidir 3–2	*to decide*	estos hechos decidieron el futuro del país
salvar 3–2	*to solve, to get over* (only used with **obstáculo**)	tuvo que salvar varios obstáculos para llevar a término el plan
solventar 3–2	*to resolve* (see the note below)	la organización intenta solventar el problema del hambre; solventar una dificultad/una crisis/una disputa/un contencioso
zanjar 3–2	*to clear up* (often used as a past participle)	considero que este asunto está zanjado/que esta cuestión está zanjada

adivinar [2]	to guess	¿a qué no adivinas a quién he visto?
resolver [2]	*to resolve* (see the note below)	no pudo resolver este problema; ¿me puedes ayudar a resolver una duda?
saldar [2]	*to settle* (usually accounts, debts)	te debo algo, vamos a mi casa y saldaremos cuentas/deudas
solucionar [2]	*to solve* (see the note below)	solucionar un asunto/un problema/una duda
liquidar [2–1]	*to clear up*	el asunto está liquidado
salir [2–1]	*to solve, to turn out*	no me sale este problema/este ejercicio; ¿qué tal te ha salido el examen?

NB **solventar, resolver** and **solucionar** are sometimes interchangeable.
Solucionar may be used in the examples for **resolver** and vice versa, except
that **solucionar** is preferred with **asunto**

---

resonar   to resound

reverberar [3–2]	*to reverberate*	el sonido de la guitarra reverberó durante largo espacio de tiempo
doblar [2]	*to toll*	las campanas están doblando a muerto/a misa; *Por quién doblan las campanas* de Hemingway
hacer eco [2]	*to echo*	sus gritos hacían eco en el valle
repicar [2]	*to ring, to peal* (suggests a merry tone)	a lo lejos se oía repicar las campanas
resonar [2]	*to resound*	el eco resonó en la cueva; la voz del profesor resonaba en el aula
retumbar [2]	*to boom* (stronger than **resonar**)	el sonido del trueno retumbó en la habitación
tintinear [2]	*to jingle, to tinkle*	las copas tintineaban en la bandeja

---

resto   rest, remainder

restante m [3–2]	*rest, remainder* (when used in the singular is preceded by **lo**)	tuve que dejar los restantes libros en casa de mi amiga; lo restante viene explicado en el segundo capítulo

demás m [2]	*rest, remainder* (when used in the singular is preceded by **lo**)	he escrito diez cartas y las demás las escribo mañana; ¿dónde están los demás (alumnos)?; come lo que quieras y lo demás lo metes en el frigorífico
otros mpl [2]	*others*	¿dónde están los otros (estudiantes)?
resto m [2]	*rest, remainder*	te doy la mitad del dinero hoy y el resto mañana; el resto de la gente no vendrá a la fiesta

---

resultado   result

balance m [3–2]	*balance (sheet)*	hizo un balance de hechos favorables y desfavorables de la situación económica
fruto m [3–2]	*fruit*	éste ha sido el fruto de su dura labor
saldo m [3–2]	*settlement, balance, result* (usually has a financial connotation)	en esta operación bancaria, el saldo es a favor del cliente; el saldo del accidente fue de tres muertos y diez heridos
secuela f [3–2]	*sequel* (often used in the plural)	las secuelas del terremoto/de la guerra
consecuencia f [2]	*consequence* (often used in the plural)	las consecuencias de la guerra/de la inundación
efecto m [2]	*effect*	el efecto del bombardeo fue desastroso; los efectos de la inflación
resultado m [2]	*result*	obtuvieron buenos resultados en los exámenes; ¿cuál fue el resultado del partido de fútbol?
salida f [2]	*outcome, solution* (usually to a difficult situation)	no le veo salida a este problema/a esta situación

---

retiro   retirement, withdrawal

abstracción f [3–2]	*engrossment*	su abstracción era imperturbable
apartamiento m [3–2]	*seclusion*	los frailes vivían en un apartamiento total del mundo
recogimiento m [3–2]	*seclusion* (has a religious connotation)	las religiosas vivían en un gran recogimiento

retraimiento m 3–2	*shyness*	su retraimiento le impedía expresar sus sentimientos
aislamiento m 2	*isolation*	conoce a poca gente, vive en un completo aislamiento
alejamiento m 2	*withdrawal*	su alejamiento de la política se produce en unos momentos …
clausura f 2	*monastic life*	son monjas de clausura
encierro m 2	*confinement*	me voy a volver loca, no puedo soportar este encierro
retiro m 2	*retirement, withdrawal*	fuimos de retiro espiritual el fin de semana

---

retraso   delay

demora f 3–2	*delay*	le pedí que me lo mandase y lo hizo sin demora
atraso m 2	*delay, backwardness* (**retraso** may be used in both examples)	llevo mucho atraso en mi trabajo; la pobreza y el atraso económico se extienden por toda la región
retraso m 2	*delay* (suggests time or mental capacity) (**atraso** may not be used in these examples)	el tren llegó con un retraso de diez minutos/con retraso; llevaba un retraso de una hora; retraso mental
tardanza f 2	*delay*	su tardanza en contestarme me enfadó; le ruego disculpe mi tardanza

---

retroceder   to withdraw, to go backwards

recular 3	*to withdraw*	recularon ante el peligro; reculó unos metros
dar marcha atrás 2	*to go backwards* (used literally and figuratively)	al dar marcha atrás chocó con un poste; hay que seguir adelante y no dar marcha atrás
echarse atrás 2	*to back out* (only used figuratively)	si aceptas el trabajo luego no debes echarte atrás
replegarse 2	*to withdraw, to fall back* (used of troops)	las tropas se replegaron para contraatacar
retroceder 2	*to withdraw, to go backwards*	no retrocedieron ante el peligro; retrocedió unos pasos

reunirse   to meet, to gather together, to (re)unite

congregarse [3]	*to gather together*	los industriales se congregaron en el salón de actos
agolparse [3–2]	*to crowd together* (suddenly)	una gran multitud se había agolpado frente a la embajada
apiñarse [3–2]	*to crowd, to press together*	la gente se apiñaba en las puertas de las tiendas
agruparse [2]	*to group together* (often used as a past participle)	los alumnos están agrupados de acuerdo con la edad
amontonarse [2]	*to pile up* (usually used of things)	en esta última semana se me ha amontonado el trabajo; libros viejos se habían amontonado en el rincón
concentrarse [2]	*to come together* (suggests disorder as in a demonstration)	más de mil personas se concentraron en la plaza para protestar contra …
juntarse [2]	*to join/get together*	se juntaron todos para hacer una fiesta
reunirse [2]	*to meet, to gather together, to (re)unite*	los estudiantes se reunieron en el aula; se reunió con ellas a las ocho; en Navidades toda la familia se reunió en Málaga

revisión   revision, check-up

chequeo m [3–2]	(medical) *check-up*	te tienes que someter a un chequeo médico
indagación f [3–2]	*investigation* (has a legal connotation)	las indagaciones realizadas por la policía fueron satisfactorias
análisis m [2]	*analysis, test*	hizo un análisis de la situación; un análisis de sangre/de orina
cacheo m [2]	*frisking, searching*	en el cacheo la policía encontró una papelina de heroína
encuesta f [2]	*enquiry*	realizaron una encuesta judicial
examen m [2]	*examination* (usually has a medical connotation)	realizó un minucioso examen del paciente
inspección f [2]	*inspection*	inspección sanitaria; inspección técnica de vehículos (ITV = *MOT*)

investigación f 2	*investigation, research*	llevar a cabo una investigación científica; su confesión dio un nuevo giro a las investigaciones de la justicia sobre ...
prueba f 2	*trial, check through/up*	prueba de embarazo/del sida; le hicieron la prueba de la alcoholemia
reconocimiento m 2	*medical examination, reconnaissance*	un reconocimiento médico/del terreno; un avión de reconocimiento
registro m 2	*search, inspection* (usually of a car or building)	los policías procedieron al registro del coche/del local/de la habitación
revisada f M 2	*revision, check–up* (as common in Mexico as **revisión**)	dale una revisada a mi trabajo antes de que lo entregue
revisión f 2	*revision, check–up*	una revisión dental/del coche/de las cuentas; revisión médica
test m 2	*(medical) test*	un test de embarazo/de alcoholemia

---

rezar   to pray

orar 3	*to pray* (always used intransitively)	los peregrinos oraban ante el Muro de las Lamentaciones; los fieles oraban en la iglesia
rezar 2	*to pray*	rezar el rosario/el padrenuestro; pasaron días enteros rezando para que no le pasara nada a su hija

---

rico   rich (see the note below)

pudiente 3	*wealthy* (suggests power)	la familia Kennedy es muy pudiente
acaudalado 3–2	*wealthy*	una persona/una familia acaudalada
acomodado 3–2	*wealthy*	una persona/una familia acomodada
adinerado 3–2	*well-off*	una persona/una familia adinerada
opulento 3–2	*opulent*	lleva una vida muy opulenta
rico 2	*rich*	un industrial muy rico

ricachón 2–1	*well-heeled* (has a pejorative connotation) (used as a noun)	ese tío es un ricachón
bacán A 1	*loaded*	¡qué bacán! compró otra casa
forrado 1	*loaded*	está forrada de pasta/de millones; los dueños de ese restaurante están forrados
montado en el dólar 1	*swimming in it*	ése está montado en el dólar, tiene varios apartamentos y restaurantes en Marbella
podrido de dinero 1	*rolling in money, stinking rich*	acaba de comprarse un Rolls, debe de estar podrido de dinero
platudo A 1	*well-off*	se necesita ser platudo para viajar tanto

NB There is little difference between **acaudalado, acomodado** and **adinerado**

---

río $\qquad$ river

riachuelo m 3–2	*brook*	por el prado discurría un riachuelo
acequia f 2	*irrigation channel/reservoir*	las acequias sirven para regar los campos
afluente m 2	*tributary*	el Misuri es un afluente del Misisipí
curso de agua m 2	*water course, river*	hay una abundancia de cursos de agua que pasan por el delta
arroyo m 2	*stream* (often in mountains)	llenaron sus cantimploras con el agua del arroyo
canal m 2	*canal*	construyeron un canal para transportar las mercancías
cauce m 2	*river bed*	el cauce del río Tajo
manantial m 2	*spring*	agua de manantial
río m 2	*river*	¿dónde desemboca/nace el río Ebro?
torrente m 2	*torrent*	bajaba un torrente de agua de las montañas

rival   rival

adversario m 3–2	*adversary*	su adversario se defendió con valentía; un adversario político
contendiente mf 3	*contestant*	los contendientes llegaron puntualmente al terreno de juego
oponente mf 3–2	*opponent*	su oponente luchó hasta el final; el régimen utiliza la religión para evitar oponentes a derecha y a izquierda
competidor m 2	*competitor* (in sport and commerce)	había diez competidores en la carrera; son nuestros principales competidores en el mercado
concursante mf 2	*competitor* (as in a television game)	el concursante que más puntos consiga se llevará un premio de cien mil pesetas
contrario m 2	*opponent, opposite side*	los contrarios jugaron a la defensiva
contrincante mf 2	*opponent*	fue contrincante suyo en la lucha por la presidencia
enemigo m 2	*enemy*	los enemigos atacaron por mar
opositor m 2	*candidate* (in a competitive exam)	hubo treinta opositores para la plaza de director
rival m 2	*rival*	siempre había sido su rival

robar   to steal, to rob, to burgle

hurtar 3	*to steal* (often has a legal connotation)	fue acusado de haber hurtado joyas por valor de … ; no hurtarás (commandment)
sustraer 3	*to steal*	a la víctima le fue sustraído el pasaporte
apropiarse de 3–2	*to appropriate*	se ha apropiado de lo que no le pertenece
desvalijar 3–2	*to burgle, to rifle*	entraron los ladrones y desvalijaron el piso
estafar 2	*to steal* (*from*) (by cheating) (usually suggests money)	le estafaron cien mil pesetas; ten cuidado que no te estafen, no son gente de fiar
robar 2	*to steal, to rob, to burgle*	le robaron el bolso en el mercado; robar un banco; me entraron a robar en casa

quitar [2]	*to take away, to steal* (often used by children)	mamá, Miguel me ha quitado el bolígrafo; le quitaron la cartera en el mercado
sisar [2–1]	*to steal* (especially what maids keep from shopping money)	la criada le sisó a la señora lo que le sobraba de la compra
afanar [1]	*to steal* (suggests clearing everything)	entraron en el piso y lo afanaron todo
birlar [1]	*to swipe, to nick*	le han birlado la cartera
currar A [1]	*to swindle*	me curró con el cambio
chorar [1]	*to nick*	le choraron la radio del coche
choricear [1]	*to nick*	le choricearon el monedero en el mercado
chorrear A [1]	*to nick, to rip off*	me chorrearon la lapicera; el vendedor me chorreó. Me cobró de más
limpiar [1]	*to clean right out*	le limpiaron todo lo que llevaba encima
mangar [1]	*to swipe*	me mangaron el bolso en la avenida
timar [1]	*to swindle* (usually suggests money)	¿te han cobrado diez mil pesetas?, pues te han timado; en el restaurante nos timaron cinco libras
transar M [1]	*to swipe, to trick*	el ladrón le transó el radio; mi socio me transó y quebró la compañía
chingar M [1*]	*to steal, to nick*	le chingaron todo su dinero

---

roca   rock

peñasco m [3–2]	*crag, rock*	el peñasco se desplomó sobre la cabaña
risco m [3–2]	*crag*	desde el risco se divisaba una bonita vista
peña f [2]	*rock*	el pueblo es tan hermoso como las peñas que lo circundan a su alrededor
peñón m [2]	*rock* (often suggests a landmark)	el peñón de Gibraltar/de Ifach (Calpe, province of Alicante)

picacho m	*peak* (suggests something awe-inspiring)	unos picachos impresionantes
[2]		
pico m	*peak*	los Picos de Europa están en el norte de España
[2]		
roca f	*rock*	la barca chocó contra las rocas; para llegar a la cumbre, había que subir cuatrocientos peldaños excavados en la roca
[2]		

---

rodear   to surround, to put round

abrazar	*to embrace, to go round*	las murallas abrazaban la ciudad
[3]		
ceñir	*to encircle*	el río ciñe el pueblo; las murallas ceñían la ciudad
[3]		
circundar	*to encircle*	el pueblo es tan bello como las peñas que lo circundan; el sol circundaba los objetos de luces y sombras
[3]		
circunscribir	*to circumscribe, to limit*	sus actividades se circunscriben a este campo
[3]		
circunvalar	*to surround, to go round*	la carretera circunvala el casco antiguo
[3–2]		
cercar	*to surround* (usually with a fence)	antes de construir la casa cercaron el terreno con unas vallas altísimas
[2]		
delimitar	*to demarcate* (used literally and figuratively)	delimitar un terreno con vallas; hay que delimitar bien el tema antes de tratarlo
[2]		
rodear	*to surround, to put round*	los jardines rodean la finca; rodearon el huerto con tapias; le rodeó la cintura con sus brazos; la policía los tenía rodeados
[2]		

---

ropa   clothes

atuendo m	*apparel, clothes*	ese atuendo no me parece muy adecuado para la ceremonia
[3–2]		
indumentaria f	*clothes* (may be used pejoratively = *get-up*)	llevaba una indumentaria bastante extraña; ¿a dónde vas con esa indumentaria?
[3–2]		
prenda f	*article of clothing* (of a delicate kind) (used in adverts)	con este detergente puede Vd lavar hasta las prendas más delicadas; prendas interiores
[3–2]		

vestiduras fpl 3–2	*clothing, apparel* (worn by a priest at official ceremonies = *vestments*)	las vestiduras sacerdotales; la actitud del Gobierno era para rasgarse las vestiduras (*would make you tear your hair out*)
ropa f 2	*clothes* (includes towels, sheets, tablecloths)	tengo que lavar/planchar la ropa; ropa de invierno/de verano/de cama
traje m 2	*dress, suit* (usually a set or a single piece; may suggest elegance)	llevaba el traje típico de la región; traje de chaqueta/de noche/de novia/de gitana/de baño/de luces (*bullfighter's costume*)
vestido m 2	*dress*	no sé qué vestido ponerme; no te manches el vestido nuevo
trapos mpl 2–1	*clothes, rags*	todo lo que tengo son trapos, quiero ropa nueva; le gustan mucho los trapos (*clothes*)
vestimenta f 2–1	*clothes, togs* (may be used pejoratively)	¿sales a la calle con esa vestimenta?
pingos mpl 1	*clothes* (may be used pejoratively), *gladrags*	¡jolín! no encuentro mis pingos

---

ruido (a)   noise

algazara f 3	*uproar* (suggests excitement)	en la fiesta había mucha algazara
bara(h)únda f 3	*uproar*	en aquella bara(h)únda apenas podía oír lo que me decía
alboroto m 2	*uproar, brawl*	se armó un tremendo alboroto en la calle
bullicio m 2	*bustle, hubbub*	no le gusta el bullicio de las grandes ciudades
escándalo m 2	*uproar* (stresses shouting)	armaron tal escándalo que se enteraron los vecinos de lo que pasó
estrépito m 2	*din* (same as **estruendo**)	los libros se vinieron al suelo produciendo un enorme estrépito
estruendo m 2	*din* (same as **estrépito**)	el tren produjo un tremendo estruendo al pasar por allí
murmullo m 2	*buzz, whispering* (of the wind = R3)	se oían murmullos de voces en el pasillo; el murmullo del viento
ruido m 2	*noise*	los vecinos de arriba siempre están haciendo/metiendo ruido; no puedo soportar este ruido tan infernal

sonido m 2	*sound* (more pleasant than **ruido**)	la guitarra produce un sonido muy agradable; percibió el sonido de pasos en el pasillo
tumulto m 2	*tumult*	había un gran tumulto de gente; de repente se encontró en medio de un tumulto de pitos de automóviles
barullo m 2–1	*din, racket* (does not suggest shouting or fighting)	con este barullo no se puede estudiar
bochinche m A 2–1	*racket*	baja la radio, hace mucho bochinche
gresca f 2–1	*din, uproar* (same as **jaleo**)	no estaban contentos con el servicio y armaron gresca
jaleo m 2–1	*din, row* (same as **gresca**)	armaron un jaleo tal que los vecinos tuvieron que llamar a la policía
follón m 1	*din, row*	¡qué follón se armó durante la fiesta/el partido de fútbol!
pedo m M 1	*din*	no dormí anoche, hubo mucho pedo

ruido (b)   noise (with specific associations)

crujido m 2	*creaking, crunching*	el crujido de los huesos/de los árboles; se sobresaltó al oír el crujido del suelo/de la grava
cuchicheo m 2	*whispering*	se oía el cuchicheo de los alumnos
chasquido m 2	*crack, crunch* (suggests a sharp sound)	el chasquido de un látigo; la silla/la rama se rompió con un chasquido
chirrido m 2	*creaking, squeaking, screech*	el chirrido de la puerta/de las bisagras/de los frenos
ruido m 2	*noise*	el ruido del motor/del trueno/de los coches
rumor m 2	*(constant low) noise*	afuera se oía un rumor de voces; a lo lejos se percibía el rumor del agua/de la cascada
runrún m 2	*buzz of conversation*	en la habitación de enfrente se oía un continuo runrún

susurro m 2	*whispering* (when used figuratively the register is higher)	apenas se oía el susurro de sus voces en la sala; el susurro del viento/del agua
tictac m 2	*tick-tock*	Martín oía el tictac del reloj en el vestíbulo
zumbido m 2	*buzz*	el zumbido de la abeja/del mosquito; se oía el zumbido de un motor

---

rural   rural

agreste 3–2	*rural*	un paisaje/una escena rural
labriego 3–2	*peasant*	un hogar labriego; una casa labriega
pastoril 3–2	*pastoral*	una escena pastoril
agrícola 2	*agricultural*	una economía agrícola
aldeano 2	*rustic* (**pueblerino** may be used in the second example)	costumbres aldeanas; es bastante aldeana en la forma de pensar
campesino 2	*peasant, of the countryside*	costumbres campesinas; la vida campesina
campestre 2	*rustic, rural*	una merienda/una escena/un paisaje campestre
pueblerino 2	*rural, of the countryside* (often used pejoratively) (**aldeano** may be used in the second example)	son gente muy pueblerina; tiene ideas muy pueblerinas
rural 2	*rural*	una finca/una economía rural
rústico 2	*rustic*	tiene unos modales muy rústicos
silvestre 2	*wild*	una planta/una flor/una fruta silvestre

saber   to know (how)

conocer [2]	*to know, to be acquainted, to meet* (for the first time)	conoces a mi primo?; ¿dónde os conocisteis?; conoce a ese escritor; no conozco París/todas sus novelas; la conozco sólo de vista
poder [2]	*to be* (physically) *able, can*	sé conducir pero ahora no puedo porque me he roto el brazo; sabe nadar pero no podría nadar cien metros; ¿cómo has podido hacerle una cosa así?
saber [2]	*to know* (how)	sé bailar/tocar la guitarra/nadar; ¿sabes griego?; ¿sabías que se han divorciado?; ¿sabrás volver a casa?; me lo sé de memoria; no me supe la lección

sabroso   tasty

gustoso [3–2]	*tasty, savoury* (same as **sabroso**, except for the register)	el conejo era muy gustoso; un vino gustoso; el laurel es muy gustoso; es una especia gustosa
suculento [3–2]	*succulent*	una comida suculenta
apetitoso [2]	*appetizing* (usually suggests something visual)	la comida tenía un aspecto apetitoso
delicioso [2]	*delicious*	una salsa/una comida deliciosa; un vino delicioso
rico [2]	*nice, tasty* (does not mean *rich* in this context)	la tarta estaba riquísima; ¡qué rica está la salsa!
sabroso [2]	*tasty* (same as **gustoso**, except for the register)	una comida/una salsa sabrosa; un vino sabroso

saciarse   to have enough

saturarse [3–2]	*to be saturated, to have reached saturation point* (often used as a past participle)	estoy saturado de tanta lectura/de tanto trabajo
empacharse [2]	*to have indigestion* (through eating too much)	no comas tantos pasteles, que te vas a empachar
hartarse [2]	*to fill oneself up, to have enough*	comieron/bebieron hasta hartarse

saciarse 2	*to have enough*	bebieron/comieron hasta saciarse
atiborrarse 1	*to stuff oneself with* (same as **atracarse**)	se atiborraron de bombones/de pasteles
atracarse de 1	*to stuff oneself with* (same as **atiborrarse**)	se atracaron de pasteles/de chocolate
cebarse 1	*to eat* (a lot and often), *to keep packing it away*	¡qué manera de cebarse! ya es el tercer filete que se come

---

sagrado   sacred, holy

sacro 3	*sacred, holy* (has a restricted use)	la historia Sacra; la Sacra Faz
sacrosanto 3	*sacrosanct* (often used pejoratively)	el cuerpo sancrosanto de Jesús; la palabra de los médicos es sacrosanta
bendito 2	*blessed*	pan/vino/un libro bendito
consagrado 2	*consecrated*	pan/vino consagrado; una iglesia consagrada
sagrado 2	*sacred, holy* (see the note below)	la Sagrada Biblia; las Sagradas Escrituras; el Sagrado Corazón de Jesús; la historia Sagrada; la Sagrada Familia
santo 2	*sacred, holy* (see the note below)	la Tierra/la Semana Santa; el Espíritu Santo; la Santa Faz; el Santo Oficio; el Padre Santo/el Santo Padre; la Santa Sede; la Santa Iglesia Católica; una guerra santa; ha ido a Tierra Santa
venerado 2	*venerated*	un santo muy venerado

NB although **sagrado** and **santo** are often translated in the same way, they are rarely found in the same contexts

---

salida   departure

partida f 3	*departure* (often for a long time)	su partida la dejó triste
marcha f 3–2	*going away* (usually translates as a verb)	¿para cuándo es la marcha?; nos sorprendió su marcha repentina

| **ida** f
2 | *going away* (usually translates as a verb) | la vuelta siempre se hace más larga que la ida; a la ida pasaremos por tu casa; un billete de ida y vuelta |
| **salida** f
2 | *departure* (also used of trains, etc.) | la salida está prevista para el día quince; el tren tiene su salida a las diecisiete horas; una salida masiva de vehículos |

---

salud   health

| **salud** f
2 | *health* | ¿cómo está tu madre de salud?; se preocupa mucho por la salud de sus pacientes; estos residuos suponen un grave peligro para la salud pública |
| **sanidad** f
2 | *health* (has a wider application than **salud**, suggesting cleanliness and hygiene) | el Ministerio de Sanidad; la sanidad de la nación; las medidas de sanidad no son suficientes como para … ; hay que incrementar los servicios sociales, especialmente en lo relativo a sanidad |

---

salvaje   wild

selvático 3	*wild* (often replaced by **de la selva**)	una planta/una fruta selvática; un animal selvático
salvaje 2	*wild* (used of animals)	un animal salvaje
silvestre 2	*wild* (used of plants)	una planta/una fruta silvestre

---

sano   healthy

bien 2	*well, in good health*	tiene ochenta años pero está muy bien de salud
bueno 2	*fine*	ha estado dos días en cama pero ahora ya está buena
en (plena) forma 2	*in (good) shape*	la semana pasada, no me encontraba bien, pero ahora estoy en (plena) forma; tienes que hacer más ejercicio para estar en forma
saludable 2	*healthy* (often used of food, sport)	practicar un deporte es muy saludable; condiciones/alimentos saludables; un clima saludable

sano 2	*healthy* (for the body and mind)	un cuerpo/un clima sano; una vida/una comida sana

---

seco dry

agostado 3	*parched*	una vegetación agostada; flores agostadas por el sol
desecado 3	*dessicated, dried up*	un terreno desecado
árido 3–2	*arid* (used figuratively; see **árido** below)	la lectura de su obra me ha resultado muy árida
marchito 3–2	*withered* (used figuratively; see **marchito** below)	su rostro ya estaba marchito por los años
árido 2	*arid* (used literally; see **árido** above)	un terreno árido
deshidratado 2	*dehydrated*	un cuerpo deshidratado
liofilizado 2	*dehydrated* (used of food such as potatoes)	los alimentos liofilizados están de moda; café liofilizado
marchito 2	*withered* (used literally; see **marchito** above)	una flor/una planta marchita
reseco 2	*very dry, dried out* (much stronger than **seco**)	tengo la piel/la boca reseca; tengo los labios resecos; la parda y reseca llanura de Castilla
seco 2	*dry* (less strong than **reseco**)	un clima seco; la tierra está seca; dame una toalla seca

---

secreto secret (used as an adjective)

soterrado 3	*hidden*	esta organización ha despertado soterradas críticas en el mundo del arte
furtivo 3–2	*furtive*	le echó una mirada furtiva; se enjugó una lágrima furtiva
recóndito 3–2	*hidden, recondite* (the second example is of a slightly higher register)	un lugar recóndito; en lo más recóndito de su corazón
solapado 3–2	*secret, furtive*	fue siempre una personalidad solapada, se mantuvo diez años en el Gobierno sin llegar a afiliarse a ningún partido

clandestino [2]	*clandestine, hidden*	una reunión/una publicación clandestina
confidencial [2]	*confidential*	una carta confidencial
enigmático [2]	*enigmatic*	un mensaje enigmático; una sonrisa enigmática
secreto [2]	*secret*	se escapó por una puerta secreta; le mandaron una carta secreta; una sociedad secreta; la policía secreta

---

seguir   to follow

cursar [3]	*to follow* (an academic course)	cursar estudios universitarios
acosar [3–2]	*to harass*	está acosando continuamente a la chica; acosar a un deudor
proseguir (con/en) [3–2]	*to go on* (*with*), *to continue* (**con** is used more than **en**)	prosiguió sus estudios de medicina; prosiguieron su camino; todavía prosiguen con/en las tareas de rescate
acorralar [2]	*to track down, to corner*	la policía tenía acorralado al asaltante
cazar [2]	*to hunt* (*down*) (the second example is of a slightly lower register)	salieron por la mañana a cazar perdices; la policía ya ha cazado al ladrón
continuar [2]	*to continue*	continuaron el trabajo por la noche; a la mañana siguiente continuaron con las tareas de rescate; mañana continuaremos estudiando/con este tema
ir detrás de [2]	*to go behind* (used literally; see **ir detrás** below)	fue detrás de él y lo siguió hasta su casa
perseguir [2]	*to pursue, to chase*	perseguir a un ladrón; perseguir la fama/la gloria
seguir [2]	*to follow*	hay que seguir las flechas; siga por aquí todo recto y luego … ; noté que alguien me venía siguiendo; está siguiendo un curso de francés; no siguió mi consejo
suceder [2]	*to succeed*	el rey Enrique sucedió a su hermano en el trono

| **ir detrás de** 2–1 | *to follow* (used figuratively; see **ir detrás de** above) | todas las chicas del pueblo van detrás de él |
| **pisar los talones a** 2–1 | *to follow in hot pursuit, to be on* (someone's) *tail* (often used with **venir**) | el corredor británico le venía pisando los talones; la policía les venía pisando los talones |

---

según (a)   according to (used as a preposition)

a tenor de 3	*according to, on the lines of*	construyeron el edificio a tenor del proyecto del arquitecto
con arreglo a 3–2	*in agreement with* (**de acuerdo con** and **conforme a** may be used here)	con arreglo a la constitución, se procedió a la amnistía para todos …
de acuerdo con 2	*in accordance with, according to*	de acuerdo con el convenio decidimos proseguir de la manera siguiente; el Pontífice, que de acuerdo con el portavoz de la Santa Sede, se ha expresado con absoluta libertad
conforme a 2	*in agreement with*	conforme a sus instrucciones, fueron despedidos de la organización
según 2	*according to* (**de acuerdo con** may not be used here)	según mi amigo, el tren no sale antes de las ocho; entonces, según tú, no me puedo fiar de nadie
siguiendo 2	*following*	siguiendo su consejo, decidí regresar antes de lo previsto

---

según (b)   as (used as a conjunction) (see the note below)

conforme 3–2	*just as, as*	te cuento el accidente conforme yo lo vi; una parte del pelotón siguió el sendero izquierdo, conforme había indicado el sargento; iba escribiendo conforme yo le dictaba
tal cual/como 3–2	*such as*	me lo describieron tal cual/como ocurrió
como 2	*as*	te lo describo como ocurrió
a medida que 2	*as*	su angustia aumentaba a medida que iban pasando las horas

según   *as*   lo hice según me indicó Vd; según
2   avanzaba iban apareciendo más obstáculos

NB **a medida que** always has a temporal meaning. **Conforme** and **según**
may have a temporal meaning. All three are interchangeable except for the
register of **conforme**, when they refer to time

---

seguramente   surely

ciertamente   *certainly* (used much less   ciertamente se puede hacer de esta manera
3   than *certainly*)

sin disputa   *without dispute*   es sin disputa el mejor nadador de ...
3

incontestable-   *incontestably*   es incontestablemente el autor de estos
mente   poemas
3

infaliblemente   *infallibly*   siempre da infaliblemente en el blanco
3

a buen seguro   *surely*   ne se oía ningún ruido, mi padre estaría, a
3   buen seguro, durmiendo

indudablemente   *indubitably*   es, indudablemente, el mejor jugador del
3–2   equipo

sin duda   *without doubt*   'tiene razón.' 'Sí, sin duda (alguna)/sin
(alguna)/sin   ninguna duda'
ninguna duda
2

seguramente   *surely*   seguramente vendrá mañana; vendrá
2   mañana, seguramente

de seguro   *surely*   de seguro que no vendrá
2

---

señal   sign, trace

hito m   *boundary mark, landmark*   un hito kilométrico; este hecho marcará un
3–2   (also used figuratively)   hito en la historia

impronta f   *stamp, impression* (used   el violinista dejó una impronta duradera en
3–2   figuratively)   el público

indicio m   *indication, sign*   entonces se empezaban a manifestar los
3–2   primeros indicios de la crisis

distintivo m [2]	*distinctive sign*	la rosa es el distintivo del equipo inglés
huella f [2]	*trace, mark, print*	siguieron las huellas del ladrón; había dejado las huellas de sus pasos en la arena; una huella dactilar/digital
indicación f [2]	*indication*	me dio algunas indicaciones sobre cómo llegar hasta aquí
marca f [2]	*mark*	el golpe le dejó una marca en la cara
muestra f [2]	*sign, indication*	no daba muestras de cansancio
rastro m [2]	*trail, trace*	siguieron el rastro del ladrón; no había rastro de los niños por ninguna parte
señal f [2]	*sign, trace (see the note below)*	la herida no le había dejado señal; una señal de tráfico; hizo la señal de la cruz; nos hizo una señal con el dedo
señas fpl [2]	*address, indications, distinguishing mark, signs*	dame las señas de su casa; señas personales; con las señas que me has dado no tendré problemas en encontrar la casa; le hizo señas para que se acercara; hablar por señas (as with a deaf person)
signo m [2]	*sign, mark (see the note below)*	esto es un signo más de su locura; la llegada de las golondrinas es el signo de la primavera; los signos de puntuación; los signos del Zodíaco
síntoma m [2]	*symptom*	el agotamiento físico es uno de los síntomas de esta enfermedad

NB although **señal** and **signo** are frequently translated by *sign* they are rarely used in the same contexts

---

serie
series

letanía f [3]	*long list (of something boring and unpleasant = litany)*	aquella letanía de nombres parecían no acabarse nunca; una letanía de quejas
rosario m [3]	*string*	sufrieron un rosario de desdichas
encadenamiento m [3–2]	*linking, string*	un encadenamiento de ideas

retahíla f 3–2	*string* (often of insults)	soltó una retahíla de injurias/de insultos
sarta f 3–2	*row*, *string* (of insults, stupid statements)	soltó una sarta de insultos/de disparates/de preguntas/de mentiras
serie f 2	*series*	me hizo una serie de preguntas; una serie de acontecimientos
sucesión f 2	*succession*	una sucesión de desgracias/de números/de acontecimientos
traca f 2	*string of fireworks*	la traca empezó a arder

---

severo   severe

draconiano 3	*draconian*	el gobierno pretende promulgar leyes draconianas; adoptar medidas draconianas
adusto 3–2	*stern* (same as **áspero** but not used of the climate)	Unamuno tenía un aspecto puritano y adusto
áspero 3–2	*surly*, *stern*, *harsh* (same as **adusto** but see note to **adusto**)	una persona áspera; un clima/un carácter áspero
drástico 3–2	*drastic*	adoptar medidas drásticas; el drástico golpe antiinflacionario del presidente hizo temblar al país
férreo 3–2	*iron* (often used with **disciplina**)	están sometidos a una disciplina férrea
inflexible 3–2	*inflexible*	sus ideas son inflexibles, no se le puede convencer de nada; sigue inflexible en su posición
monástico 3–2	*monastic*	lleva una vida monástica
austero 2	*austere*	un hombre de costumbres austeras; el edificio tenía un aspecto austero; escribe con un estilo/un lenguaje austero
duro 2	*hard*	no seas tan duro con tus hijos/tus alumnos; lanzó un duro plan económico
estricto 2	*strict*	una profesora/una medida estricta
frugal 2	*frugal*	una comida frugal

rígido 2	*rigid*	una persona/una mentalidad rígida; ideas rígidas
riguroso 2	*rigorous, severe* (same as **severo**)	un clima/un padre riguroso; adoptar medidas rigurosas
severo 2	*severe* (same as **riguroso**)	un padre/un invierno severo; condiciones/medidas severas; el gobierno anunció un severo plan para contener los precios

---

significado · meaning

significación f 3	*significance*	mi elección como presidenta pudo tener una significación especial
acepción f 3–2	*meaning* (of a word or group of words)	esta palabra tiene cinco acepciones
sentido m 2	*meaning, sense*	¿cuál es el sentido de esta expresión?; intentaba encontrar un sentido a aquella guerra
significado m 2	*meaning*	no entiendo el significado de esta palabra; es difícil penetrar el verdadero significado de esta novela
valor m 2	*value*	estas afirmaciones no tienen ningún valor si no las avalas con los datos

---

silbar · to whistle

abuchear 2	*to whistle, to boo*	el público abucheó al árbitro
chiflar 2	*to hiss, to boo*	los hinchas chiflaron al portero por perder un gol
pitar 2	*to whistle* (with a whistle)	el árbitro pitó gol/falta
silbar 2	*to whistle* (only with the mouth)	el amo silbaba a su perro

---

silla · chair

| **poltrona** f 3–2 | *(very comfortable) armchair* | después de comer se arrellanó en la poltrona |

asiento m 2	*seat*	el asiento del coche/del tren; toma asiento, por favor
banco m 2	*bench*	estaba sentada en un banco del parque leyendo el periódico
banqueta f 2	(long, comfortable) *bench*	las banquetas del restaurante
butaca f 2	*armchair*, seat in a cinema or theatre (has an older connotation than **sillón**)	se sentó en la butaca; una butaca de platea; una butaca de palco; no te sientes allí, es la butaca de papá
diván m 2	*divan* (same as **sofá** but used less)	se tendió en el diván
hamaca f 2	*deck chair*, *sun bed* (of plastic or wood) (does not unfold completely like **tumbona**)	en la playa se pueden alquilar hamacas
mecedora f 2	*rocking chair*	acunaba al bebé en la mecedora
puf m 2	*pouf*	no puedo sentarme en el puf, tengo problemas de columna
silla f 2	*chair*	había cuatro sillas alrededor de la mesa; una silla (*high chair*) para el bebé; una silla de ruedas
sillón m 2	*armchair* (has a more modern connotation than **butaca** which may not be used in the last example)	siéntate en el sillón, estarás más cómoda; un tresillo tiene un sofá y dos sillones
sofá m 2	*sofa*	un sofá de dos/tres plazas; un sofá-cama
taburete m 2	*stool*	un taburete de piano
tresillo m 2	*three-piece suite*	nos hace falta un tresillo para la sala
tumbona f 2	*easy chair*, *chaise longue* (unfolds to a horizontal position, unlike **hamaca**; often found by swimming pools)	había varias tumbonas alrededor de la piscina

sincero

sincere

llano 3–2	*open, natural*	una persona muy llana; un trato muy llano
abierto 2	*open, honest*	tiene una personalidad muy abierta
campechano 2	*frank* (used of a person who does not stand on ceremony)	es un hombre campechano, no se anda con ceremonias ni cumplidos
cordial 2	*cordial, friendly*	gracias por su cordial invitación; nos dispensaron una cordial bienvenida
franco 2	*frank*	había entre ellos una franca amistad; para ser franco te diré que …
honrado 2	*honest*	un hombre honrado a carta cabal; es muy honrada, se encontró una cartera en la calle y se la devolvió al dueño
leal 2	*loyal*	el siervo era leal a su señor
sencillo 2	*straightforward, simple*	viste/ha decorado el piso de manera muy sencilla; un estilo muy sencillo
sincero 2	*sincere*	los unía una sincera amistad; sé sincera y dime lo que realmente piensas

sobrar

to remain, to be left over

restar 3–2	*to be left over*	dos millones es todo lo que resta de su capital
faltar 2	*to remain*	falta media hora para la llegada; me falta leer dos capítulos para terminar la novela
quedar 2	*to be left, to have left*	me quedan dos mil pesetas; le queda poco tiempo para terminar el trabajo; le quedan aún por cumplir cuatro meses de cárcel
sobrar 2	*to remain, to be left over* (suggests an excess)	nos sobró mucha comida; me ha sobrado dinero/tiempo

sociedad

society, group

círculo m 3–2	*group, circle*	un círculo de lectores

cofradía f 3–2	*guild*	las cofradías de artesanos de la Edad Media
corporación f 3–2	*corporation*	una corporación financiera
gremio m 3–2	*guild, union*	el gremio de los carpinteros/de los albañiles
asociación f 2	*association*	se trata de una asociación con fines benéficos/culturales
casino m 2	*men's club*	los ancianos se reúnen en el casino para jugar al dominó
club m 2	*club*	un club de atletismo
comunidad f 2	*community*	una comunidad agraria/religiosa
peña f 2	*club, society* (for recreational purposes)	una peña futbolística/taurina
sindicato m 2	(trades') *union*	sindicatos y empresarios han pactado recortar el subsidio de paro; el sindicato de los estudiantes
sociedad f 2	*society, group*	la sociedad de los francmasones; la Sociedad Protectora de Animales

---

solitario   solitary

abandonado 2	*abandoned*	un niño/un perro abandonado; la aldea había quedado prácticamente abandonada
aislado 2	*isolated*	no le gusta vivir en el campo, se siente muy aislada; cortaron el acceso terrestre a Berlín y los tres sectores occidentales quedaban así aislados
desamparado 2	*abandoned* (only used of persons)	en este convento se acogía a niños desamparados
desierto 2	*deserted*	en invierno el pueblo se queda desierto; a esas horas las calles estaban desiertas
incomunicado 2	*cut off, incommunicado*	el pueblo quedó incomunicado varios días a causa de la nieve; el preso está incomunicado
solitario 2	*solitary*	Unamuno tenía siempre un aspecto solitario; todo el pueblo parecía solitario, condenado a una despoblación total

solo [2]	*lonely, on his/her own*	desde que murió su mujer se siente muy solo; no tiene familia ni amigos, está sola en el mundo; me da miedo salir sola de noche

---

sombrero   hat

boina f [2]	*beret*	la boina es típica del País Vasco
capelo m [2]	*cardinal's cap*	el capelo cardinalicio
gorra f [2]	*cap* (with a peak)	una gorra de béisbol
gorro m [2]	*cap* (without a peak)	un gorro para nadar; llevaba un gorro de lana
montera f [2]	*cloth cap, bull-fighter's cap*	el torero se quitó la montera
sombrero m [2]	*hat*	el sombrero estaba colgado en la percha; se puso el sombrero y se fue; un sombrero de copa/de fieltro/de paja/de tres picos; un sombrero hongo
cachucha f M [2–1]	*cap* (with a peak)	el basebolista se quitó la cachucha

---

sonido hecho por animales   animal noise (the following are not synonyms) (see the note below)

balido m [2]	*bleating*	se oían los balidos de las ovejas
bramido m [2]	*trumpeting, roar*	el toro daba bramidos de dolor
graznido m [2]	*cawing*	el graznido del grajo
ladrido m [2]	*bark*	le asustaron los ladridos del perro
maullido m [2]	*miaow*	se oían los maullidos de los gatos en el patio
mugido m [2]	*mooing*	el mugido de las vacas
piar m [2]	*chirping*	se despertó con el piar de los pájaros

rebuzno m 2	*braying*	los rebuznos del burro
relincho m 2	*neighing*	oyeron el relincho de un caballo en el establo
rugido m 2	*roar*	el rugido del tigre/del león

NB the verbal form **balar, bramar,** etc. may be used as a synonym of the plural of the noun as in: **se oía el balar de las ovejas.** The register is a little higher when the verb is used. The only verb that sounds odd is **ladrar,** and **los ladridos** is used much more

---

soportar (a)   to bear, to put up with (used figuratively)

sobrellevar 3–2	*to endure*	sobrellevó con entereza la muerte de su esposo
aguantar 2	*to put up with, to be able to stand*	no aguanto ese ruido/a mi sobrino; he aguantado mucho tiempo bajo el agua; el ministro no pudo aguantar la presión
bancar A 2	*to put up with* (often used in the negative)	no banco el clima en Inglaterra
pasar 2	*to spend*	pasé muy mal/muy bien la estancia en el hospital
resistir 2	*to resist, to be able to stand*	no resisto mucho tiempo bajo el agua; no puedo resistir a las personas dominantes y agresivas como ella
soportar 2	*to bear, to put up with*	no soporto el ruido de esa radio; ¡qué mujer tan quisquillosa, no la puedo soportar!; en política hay que soportar muchas cosas
sufrir 2	*to suffer, to put up with*	no puedo sufrir que te traten así; ¡qué mujer más impertinente! no la puedo sufrir
tolerar 2	*to tolerate*	no voy a tolerar que me chille y que me hable así; el Gobierno ya no puede tolerar esta situación
tragar 1	*to swallow, to stand*	es un arrogante, no me lo puedo tragar

---

soportar (b)   to bear, to support (used literally)

| **aguantar**
 2 | *to bear, to support* | esta estantería no aguanta mucho peso |

llevar 2	*to carry*	llevaba dos maletas muy pesadas
resistir 2	*to take, to bear*	la silla/la tabla no resistió el peso y se rompió
soportar 2	*to bear, to support* (**sostener** may be used in the second example)	el muro no pudo soportar la presión del agua; unas sólidas vigas soportan el techo
sostener 2	*to support, to hold* (**soportar** may be used in the first example)	unas gruesas columnas sostenían el edificio; ¿puedes sostenerme el bolso un momento?

---

subir
to climb, to go up, to raise

ascender 3–2	*to rise* (used more figuratively), *to promote, to go up*	ascendió a presidente; la ascendieron a jefa de departamento; los gastos ascienden a dos millones de pesetas; al ascender por la vertiente, aminoraron el paso
elevarse 3–2	*to rise (up)* (also used figuratively)	el avión se elevó por los aires; de la chimenea se elevaba un penacho de humo negruzco; el precio del petróleo se ha elevado por encima de veinte dólares por barril
escalar 2	*to scale*	escalar una montaña; escalaron la pared/el muro para penetrar por la ventana
montar 2	*to get on*	se cayó al intentar montar el caballo
remontar 2	*to go (back) up to* (the second example must be reflexive)	no es difícil remontar la corriente; hay que remontarse al siglo catorce para ...
subir 2	*to climb, to go up, to raise*	subir las escaleras; subieron al autobús; el camino iba subiendo por el bosque hasta llegar a la cascada; le han subido el sueldo; los precios siguen subiendo; el niño se subió a la silla
trepar 2	*to climb* (when it is used of a human being, it suggests hands as well as feet)	la ardilla trepa por los árboles; los soldados treparon a lo alto del collado; la hiedra trepa por las paredes

---

suceso
event

evento m 3	*event*	el gran evento de la temporada ciclista será la Vuelta a España

acontecimiento m [2]	*event, happening*	su nacimiento fue un gran acontecimiento para la familia
hecho m [2]	*fact, event*	la policía está intentando esclarecer los hechos
incidente m [2]	*incident*	se produjo un grave incidente en el estadio
suceso m [2]	*event* (when it is used in the plural, it often refers to the page in newspapers reporting crimes and accidents)	la muerte del primer ministro ha sido el suceso más relevante del año; lo leí en la página de los sucesos

---

sucio   dirty

inmundo [3–2]	*foul* (also used figuratively)	el hospital era un edificio inmundo, sucio y maloliente; ¿cómo ha podido casarse con un hombre tan inmundo?
nauseabundo [3–2]	*nauseous*	un olor/un gas nauseabundo
repugnante [3–2]	*repugnant* (also used figuratively)	un olor repugnante; ¿quién ha podido cometer un acto tan vil y repugnante?
repulsivo [3–2]	*repulsive* (also used figuratively)	la vieja tenía un aspecto repulsivo; un crimen/un asesinato repulsivo
asqueroso [2]	*foul* (stronger than **sucio**) (also used figuratively)	¿qué han hecho los perros allí? es asqueroso; las calles estaban asquerosas; es un asqueroso matón
contaminado [2]	*polluted*	el aire está contaminado; el agua está contaminada
mugriento [2]	*grimy* (suggests grease, layers of dirt)	el suelo estaba mugriento; la cocina/la ropa estaba mugrienta
sucio [2]	*dirty* (also used figuratively)	tienes las manos sucias, ve a lavártelas; los váteres están sucios; no me gusta su juego sucio; negocios sucios
roñoso [2–1]	*filthy, grimy*	esos zapatos dan asco, están roñosos
cerdo m [1]	*filthy pig* (used as a noun) (same as **puerco**)	¡eres un cerdo, lávate las manos!
cochambroso [1]	*filthy*	es un cuartucho cochambroso, prefiero vivir al aire libre

cochino [1]	*dirty* (also used as a noun) (less strong than **guarro** and **marrano**)	tiene el cochino vicio de hurgarse la nariz; ¡no toques eso, cochino!
con grela A [1]	*dirty, filthy*	yo no lo toco, está con grela
guarro [1]	*dirty, filthy* (also used as a noun) (slightly stronger than **cochino**)	es un guarro, nunca limpia la casa
marrano [1]	*dirty* (also used as noun) (slightly stronger than **cochino**)	qué marrana es, nunca se lava
puerco [1]	*foul* (stronger than **marrano** and **guarro**; same as **cerdo**) (also used as a noun)	eres un puerco/¡qué puerco eres! no comas con las manos
zarrapastroso [1]	*dirty, unkempt* (used of a person)	va siempre tan zarrapastroso, parece que no tenga madre
mierdoso [1*]	*mucky, bloody filthy*	no acabo de entender cómo se pone tan mierdoso este crío; lleva la ropa siempre toda mierdosa

---

sueldo   salary, wages

retribución f [3]	*pay* (does not mean *retribution*)	han subido las retribuciones de los jueces en un quince por ciento
asignación f [3–2]	*salary, allocation of money* (as in *pocket money*)	si acepta Vd el empleo recibirá una asignación mensual de ... ; la asignación semanal le cuesta a papá un dineral
honorarios mpl [3–2]	*fees*	el médico/el abogado cobra honorarios muy altos
nómina f [3–2]	*pay*	la mayor parte de los empleados tienen las nóminas domiciliadas (*are paid by banker's order*)
jornal m [2]	*daily wage*	ganaba un jornal de once mil pesetas al día
paga f [2]	*pay*	la mitad de la paga se me va en alquiler; en julio y Navidades se cobra la paga extraordinaria
pago m [2]	*pay(ment)* (refers to the action of paying)	mañana es día de pago; pago al contado; hay que efectuar el pago por adelantado

raya f M
2
wages, pay (usually for humble work)
hay que ir por la raya; la raya se da a peones en el campo

salario m
2
salary, wages (used in more formal contexts than **sueldo**)
el salario base/mínimo/semanal/mensual

sueldo m
2
salary, wages (used in less formal contexts than **salario**)
con su sueldo apenas les llega para vivir; ahora que entran dos sueldos en casa vivimos más desahogados

---

suelo   floor, ground, land

acera f
2
pavement
se recomienda a los peatones que circulen por la acera

área f
2
area
el área de este terreno es de doscientos metros cuadrados; un área de servicio/de descanso (on the motorway)

asfalto m
2
asphalt (by extension the *covered area* of a road)
una carrera sobre asfalto (not across country)

calzada f
2
roadway
el coche se salió de la calzada

descampado m
2
waste land
hay varias familias gitanas viviendo en el descampado

firme m
2
(surface of a) roadway
el firme está lleno de baches; 'Firme inestable' (on a road sign)

hanegada f
2
six acres approximately (but varies considerably from region to region)
su padre tiene veinte hanegadas de tierra

hectárea f
2
hectare (two acres approximately)
tiene una finca de unas doscientas hectáreas

parcela f
2
piece of land (for building or growing things; bigger than **solar**)
compró una parcela para construir un chalet; se ha comprado una parcela de campo

pavimento m
2
all the ground covered, inside and out, with concrete, tiles, asphalt, etc., *surface*
han construido la planta baja pero el pavimento está por hacer; el pavimento de la carretera está en mal estado

piso m
2
floor, surface (of a road)
ten cuidado, no vayas a resbalar, el piso está mojado; cuidado, hay muchos baches en el piso

solar m 2	*piece of land* (which has or will have a building; smaller than **parcela**)	me compré un solar para construir una casa
suelo m 2	*floor, ground, land* (**terreno** and **tierra** may be used in the third example) (also used figuratively)	no es fácil limpiar el suelo de la cocina; resbaló y se cayó al suelo; el precio del suelo está muy elevado en esta zona; tengo la moral por los suelos
superficie f 2	*surface*	una superficie de quinientos metros cuadrados
terreno m 2	*piece of land* (less well defined than **parcela**)	me he comprado un terreno en Mallorca; el Ayuntamiento ha vendido sus terrenos a la empresa
tierra f 2	*land* (often used in the plural)	tienen unas tierras muy extensas en Córdoba; es amo y señor de estas tierras

---

sufrir   to suffer

penar 3	*to be in torment, to purge*	las almas penan en el infierno; las almas penan sus pecados en el purgatorio; los delincuentes penan sus crímenes en la cárcel
doler 2	*to be painful*	me duele una muela
estar enfermo 2	*to be ill*	no puede salir, está enferma
sentirse/ encontrarse mal 2	*to feel unwell*	me siento/me encuentro mal, voy al médico
padecer 2	*to suffer* (same as **sufrir** but not always interchangeable) (**sufrir** may be used in 1, 2 and 3)	padecer una enfermedad; estos enfermos padecen (1) el llamado estrés postraumático; padece (2) de los nervios; padece del corazón; ha padecido (3) mucho en esta vida/durante la guerra
sufrir 2	*to suffer* (**padecer** may be used in the last two examples)	sufrió una grave herida en el campo de batalla; sufrieron daños psicológicos; ha sufrido un accidente/un contratiempo; sufre de dolores estomacales; su marido la ha hecho sufrir mucho
estar malo 2–1	*to be unwell*	hoy no salgo, estoy mala

sumario   summary

sinopsis f
`3`
synopsis
¿sería Vd tan amable de ofrecernos una sinopsis de su trabajo?

compendio m
`3–2`
compendium
el estudiante hizo un compendio de las leyes referentes al tema

extracto m
`3–2`
extract
encabezando el artículo hay un extracto de la materia

recopilación f
`3–2`
compilation, summary
una recopilación de poemas; el libro es una recopilación de artículos literarios

síntesis f
`3–2`
synthesis
hazme una síntesis del libro

esquema m
`2`
outline
este texto es difícil, un esquema te ayudará a entenderlo

resumen m
`2`
resumé, summary (see the note below)
esta lección es muy larga, voy a hacer un resumen; he aquí un resumen de las noticias más importantes del día

sumario m
`2`
summary (see the note below)
hay un sumario de los artículos en la portada de la revista

NB **sumario** is of a slightly higher register than **resumen**, because it has legal associations as well. **Sumario** would never replace **resumen** in: **los estudiantes se hacen resúmenes de las lecciones**

suministrar   to supply

aprovisionar (de/con)
`3`
to supply (*with*) (suggests bulk) (same meaning as **abastecer**)
el gobierno aprovisionó al ejército de/con municiones/víveres

abastecer (de)
`3–2`
to supply (*with*) (suggests bulk) (same meaning as **aprovisionar**)
abastecieron de víveres la plaza fuerte; abastecer de agua a un pueblo

distribuir
`3–2`
to distribute (see the note below)
distribuyó entre los estudiantes todos los folletos con miras a ... ; distribuir el correo

facilitar
`3–2`
to supply, to provide (often data, means) (often used in newspapers)
¿me puedes facilitar datos/información sobre ... ?; es importante que el Gobierno facilite los medios necesarios para ...

proveer
`3–2`
to provide, to supply (often used as an infinitive or past participle)
se encargan de proveer de víveres y medicamentos la población; salieron del pueblo, provistos de comida, tienda ...

suministrar [3–2]	*to supply* (**facilitar** may be used in the second example)	los soldados suministraron agua/comida a la población; esta información nos ha sido suministrada por ...
repartir [2]	*to distribute, to deliver, to hand out* (see the note below)	repartir el correo/la leche; repartir los premios; repartía octavillas en la calle; repartieron la herencia entre los tres hermanos
repostar [2]	*to fill* (with petrol or kerosene)	detuvo el coche para repostar; el avión aterrizó para repostar; 'No reposte con luces encendidas' (on a sign)

NB **distribuir** and **repartir** are very similar in meaning but are not always found in the same contexts. They may both be used for letters but one may only say **repartir la leche** for example. Again they may both be used for handing out leaflets, as in the examples

---

superar	to surpass, to beat, to overcome (see the note below)	
eclipsar [3]	*to eclipse* (**superar** may be used here)	su belleza era tal que eclipsaba a todas las demás
aventajar [3–2]	*to beat, to gain an advantage*	aventaja a todos en el trabajo/en los estudios
exceder [3–2]	*to exceed, to exaggerate* (**sobrepasar** and **superar** may be used in the second example)	el agua excede del límite; los ingresos exceden a los gastos en un millón de pesetas; no te fíes de ellos, siempre se exceden en los precios
predominar (sobre) [3–2]	*to prevail* (*over*)	en el cuadro predominan los tonos azules; esta idea predomina sobre todas las otras
batir [2]	*to beat* (a record) (**superar** may be used here)	ha batido todos los récords
mejorar [2]	*to improve*	ha mejorado de posición social; esta novela mejora a la anterior
rebasar [2]	*to surpass, to go beyond* (**superar** may be used in the first two examples; **traspasar** may be used in the last two examples)	la temperatura rebasa los cuarenta grados; con toda la lluvia el agua rebasa los límites de seguridad; su desvergüenza rebasa todos los límites
sobrepasar [2]	*to exceed, to surpass* (**superar** may be used in all examples; **exceder** may be used in the last two)	la temperatura sobrepasa los treinta grados; su precio sobrepasa los dos mil dólares; los gastos sobrepasan a todos los cálculos; la realidad sobrepasa a todas las hipotesis

superar
2

to surpass, to beat, to overcome (**batir** may be used in the first example)

el atleta superó el récord mundial de los cinco mil metros; superaron todas las pruebas/dificultades; la época del colonialismo está superada; este producto se supera cada día; esta novela supera con creces a todas las anteriores

traspasar
2

to go beyond

traspasar un límite/la barrera de los cuarenta grados/ de los cuarenta años

NB while **rebasar** and **sobrepasar** are used with nouns like **barrera** and **límite**, and expressions like **los cuarenta grados** or **los dos mil dólares**, **traspasar** is limited to **barrera** or **límite**. **Exceder** often needs the preposition **a** or **de** while **sobrepasar** may be used with or without **a**. **Superar** is always used transitively and has a wider meaning than the other synonyms for it suggests *to conquer, to leave behind* or *to improve*, as well as *to go beyond*

---

tacaño   mean, stingy (see the note below)

mezquino
3–2

mean (with money; see **mezquino** below)

es tan mezquino que no te prestaría dinero aunque te viera necesitado

miserable
3–2

mean (with money; see **miserable** below)

¡qué hombre tan miserable! por no gastar es capaz de no tener con qué vestirse

avaro
2

mean, greedy

el viejo avaro atesoraba todo el dinero que ganaba; es tan avaro que sería incapaz de darte nada

mezquino
2

mean (used of a character; see **mezquino** above)

es tan mezquina que sería capaz de traicionar a su madre

miserable
2

mean (used of a character; see **miserable** above)

¿cómo ha podido acusarte?, es un miserable

pesetero
2

money-grubbing

es muy pesetero, siempre busca las ofertas

tacaño
2

mean, stingy

su padre es tan tacaño que no le deja ir al cine por no gastar

agarrado
2–1

mean, grasping

no esperes que te deje dinero con lo agarrado que es

codo M
2–1

mean (sometimes used as a noun) (used more than **amarrado** and **apretado**)

es un codo, únicamente dio cinco mil pesos; los de Monterey tienen fama de ser codos

roñoso
2–1

stingy, greedy

¡qué roñoso! sólo compró una botella de vino para todos

amarrado M
1

tight-fisted (used less than **codo**)

es bien amarrado, nunca da nada a su hijo

apretado M [1]	*tight-fisted* (used less than **codo**)	no seas apretado, préstame diez mil pesos
gandalla m M [1]	*tight-fisted person* (often used as a noun)	es un gandalla, no me pagó la entrada del cine
rácano/rata [1]	*stingy* (*so and so*) (**rata** has both a masculine and feminine form here)	eres un rata/un rácano, tío, no dejas nada; esa tía es una rata

NB **Tacaño** is less strong than **avaro, mezquino** and **miserable**

---

también $\qquad$ also

por añadidura [3–2]	*besides, in addition* (suggests *and if this weren't enough*)	está enfermo y por añadidura su mujer le ha abandonado
asimismo [3–2]	*also, too*	asimismo, el Ministro habló hoy de …
es más [3–2]	*what is more*	le gusta el tenis, es más, juega bien
además [2]	*besides*	hizo todo el trabajo, y además se leyó todos los libros; no tengo ganas de ir al cine, además ya he visto la película
por lo demás [2]	*apart from that*	el fin de semana, voy al cine, a la playa … Por lo demás, no me dedico a ninguna otra actividad
igualmente [2]	*also, same to you*	'¡qué te diviertas!' '¡Igualmente!'
también [2]	*also*	llovió y tronó también
tampoco [2]	(*n*)*either* (used after a negative)	no me gusta esta película. Tampoco me gustó la novela

---

tapar $\qquad$ to cover/wrap up

ocultar [3–2]	*to hide* (also used figuratively)	se ocultaron entre los matorrales; me está ocultando algo/la verdad
abrigar [2]	*to cover/wrap up* (with clothes)	abrígate bien, hace mucho frío
cubrir [2]	*to cover* (*up*)	cubrieron la comida con un trapo para que no acudieran las moscas; cubrir el pastel con/de una capa de chocolate

tapar
2

to cover/wrap up (also used figuratively)

taparon el agujero con un corcho; tápate bien que hace un frío que pela; con la fábrica de coches intentaban tapar sus negocios fraudulentos

---

tarde   evening

crepúsculo m
3

twilight

adoro ver las tonalidades del crepúsculo

anochecer m
3–2

evening, nightfall (suggests a later time than **atardecer**)

los pastores volvían al anochecer

atardecer m
3–2

evening

me gusta pasear al atardecer

caída de la noche f
3–2

nightfall

hay que volver a la caída de la noche

ocaso m
3–2

setting, decline (used figuratively)

el ocaso del occidente/de un imperio/de la familia Kennedy

noche f
2

night

llegó a las ocho/nueve de la noche

puesta del sol f
2

sunset

voy a ver la puesta del sol

tarde f
2

evening (8.00 p.m. would be **tarde** for some but not for others; see **noche**)

a las dos/tres … siete de la tarde

---

tartamudear   to stammer, to stutter

balbucir
3

to stutter, to babble (like a baby) (same meaning as **balbucear**)

la niña balbucía torpemente unas cuantas palabras

farfullar
3–2

to splutter, to jabber

farfulló unas palabras que no pude entender

mascullar
3–2

to mumble (suggests grumbling)

masculló una maldición

balbucear
2

to stutter, to babble (like a baby) (same meaning as **balbucir**)

'no he sido yo', balbuceó el muchacho

hablar entre dientes 2	*to speak indistinctly*	no hables entre dientes que no entiendo lo que dices
tartamudear 2	*to stammer, to stutter*	se puso nervioso y empezó a tartamudear
chapurrear 1	*to speak badly* (i.e. foreign languages)	no ha aprendido mucho inglés, sólo chapurrea cuatro palabras/lo chapurrea

---

te · you (direct object) (see the note below)

la 2	*you* (corresponds to female Ud)	yo la veo (a Ud)
le 2	*you* (corresponds to male Ud)	yo le veo (a Ud)
lo 2	*you* (corresponds to male Ud)	yo lo veo (a Ud)
te 2	*you* (2nd person sing.)	yo te veo

NB as a direct object **le** is used more than **lo**, although it is a regional question. **Lo** is used in all Spanish America instead of **le**. Some Spanish-speaking people use both invariably. The Spanish Academy recommends **lo**, and would reserve **le** as the indirect object. See also **os** for discussion of **te**, etc. in Argentina and Mexico

---

tejido · cloth, material

bayeta f 2	*floor cloth*	limpió el suelo con la bayeta
gamuza f 2	*chamois leather, duster*	la gamuza se usa para limpiar el coche; quitó el polvo de la estantería con la gamuza
material m 2	*material, cloth* (very similar to **tela**)	me gusta mucho el material de tu pantalón
paño m 2	*cloth* (for cleaning or drying) (same as **trapo** in some contexts)	¿tienes un paño para limpiar el suelo?; pasó un paño húmedo por la mesa; un paño de cocina (*tea-towel*)
rodilla f 2	*rough cloth* (for cleaning)	voy a limpiar el suelo con la rodilla
tejido m 2	*cloth* (often finer than **tela**), *material*	esta casa vende tejidos de alta calidad

tela f
2
cloth, material (less fine than **tejido**) (similar to **material**)
el vestido está hecho de una tela muy bonita; una tela estampada

trapo m
2
tea-towel, duster (same as **paño** in some contexts)
necesito un trapo para secar los platos; un trapo de cocina (*tea-towel*); un trapo de polvo

---

tema   subject, theme

tópico m
3–2
topic
discutieron sobre el tópico de la economía mundial

argumento m
2
plot (in a novel, play or film)
me gusta la novela pero no me convence el argumento

asunto m
2
affair, business, matter
es un asunto muy complicado, no se va a solucionar fácilmente; tengo que llegar al fondo de este asunto

cuestión f
2
question
el líder ha hecho de la cuestión el tema central de su campaña

materia f
2
matter, subject
tienes que profundizar más en esta materia si quieres publicar el libro; un hombre muy ducho en la materia

tema m
2
subject, theme (used much more than *theme*)
el Presidente habló en primer lugar sobre el tema del desempleo; éstos fueron los principales temas tratados en el debate; no entiendo mucho del tema

tesis f
2
thesis
sería muy difícil defender esa tesis; una tesis doctoral

---

temblar   to tremble, to shake

estremecerse
3–2
to shake, to shudder (as a result of being startled or from cold)
estremecerse de miedo/de frío; una extraña inquietud le hizo estremecerse; se estremecieron al oír aquellas palabras amenazadoras

sobresaltarse
2
to startle
al oír el ruido se sobresaltó

temblar
2
to tremble, to shake
temblar de frío/de miedo; el chico temblaba como un flan; la tierra empezó a temblar

tiritar
2
to shiver (with cold)
acércate al fuego, estás tiritando (de frío)

temerario

rash (see the note below)

imprudente [2]	*imprudent*	un conductor/un comentario imprudente
impulsivo [2]	*impulsive*	es muy impulsiva, siempre actúa antes de reflexionar
incauto [2]	*unwary*	no seas tan incauta y ten cuidado con que no te engañen
inconsciente [2]	*thoughtless*	es un inconsciente conduciendo
irreflexivo [2]	*thoughtless*	un acto irreflexivo; una persona irreflexiva
temerario [2]	*rash*	un conductor/un juicio temerario
alocado [2–1]	*wild, crazy*	es un joven alocado, no sabe lo que quiere todavía en esta vida
atolondrado [2–1]	*reckless, thoughtless*	no seas atolondrado e intenta hacer las cosas despacio; ¡qué atolondrado es!, siempre olvida algo

NB apart from **impulsivo** and **temerario** all these synonyms may be used as adjectives or nouns

tensión

tension

tirantez f [3]	*tension* (often has a political connotation)	la tirantez de las relaciones entre estos dos países podría provocar ...
crispación f [3–2]	*tension, nervousness*	el pueblo siente gran crispación ante esta nueva ola de atentados
estrés m [2]	*stress*	el estrés es uno de los causantes de los problemas del corazón
tensión f [2]	*tension*	las tensiones nacionalistas han vuelto a resurgir en la zona; la tensión arterial

terraza

terrace

azotea f [2]	*flat roof*	voy a subir la ropa a la azotea
balcón m [2]	*balcony*	tienen muchas plantas en el balcón
terraza f [2]	*terrace*	tomaban café en la terraza del hotel

terreno   field, ground (for sport)

campo m [2]	*field*, *course*	un campo de fútbol/de golf
cancha f [2]	*pitch*, *ground*, *court* (used especially in Spanish America)	una cancha de fútbol/de baloncesto/de tenis
pista f [2]	*track*, *ground*, *court*	una pista de atletismo/de tenis/de automovilismo/de baloncesto
terreno m [2]	*field*, *ground* (restricted to certain contexts)	el terreno de juego; es más fácil jugar en terreno propio que en el del contrario

terrible   terrible, awful

dantesco [3]	*Dantesque*	una masacre dantesca
aterrador [3–2]	*terrifying*	la película fue realmente aterradora
espeluznante [3–2]	*horrifying*	una muerte/una historia espeluznante; un asesinato espeluznante
horrendo [3–2]	*horrendous* (same as **horroroso**) (see the note below)	el cadáver presentaba un aspecto horrendo
horroroso [3–2]	*dreadful*, *terrifying* (same as **horrendo**) (see the note below)	había cometido un crimen horroroso
pavoroso [3–2]	*frightening*, *terrifying*	un espectáculo pavoroso
terrorífico [3–2]	*terrifying*, *awful*	el bombardeo/el accidente fue terrorífico
catastrófico [2]	*catastrophic*	los resultados del terremoto fueron catastróficos
espantoso [2]	*terrifying*	fue un accidente espantoso, hubo más de cuarenta víctimas
horrible [2]	*horrible*	fue horrible verle abandonado así; he tenido una pesadilla horrible; el príncipe ha criticado la horrible arquitectura de una época utilitaria
horripilante [2]	*terrifying* (see the note below)	la película tiene unas escenas horripilantes

terrible   *terrible, awful*   sufrieron un accidente terrible
2

NB there is little difference between **horrendo, horroroso** and **horripilante**
when they mean *terrifying*. The first two also mean *rotten* or *bad* as in: **la
película me pareció horrenda/horrorosa**

---

testarudo   stubborn (see the note below)

contumaz 3	*stubborn* (suggests perversity)	sigue en su actitud contumaz, negándose a reconocer que está en un error
pertinaz 3	*obstinate*	continúa pertinaz en su error
porfiado 3	*stubborn* (suggests persistency)	su carácter era duro y porfiado
tenaz 3	*tenacious* (used of things; see **tenaz** below)	luchó con todas sus fuerzas contra la enfermedad, con un tenaz apego a la vida
inflexible 3–2	*inflexible*	es una persona inflexible, no vas a poder hacerle cambiar de opinión
tenaz 3–2	*tenacious* (used of a person; see **tenaz** above)	es una persona tenaz, nunca cede
obstinado 2	*obstinate, stubborn*	es muy obstinado, cuando se empeña en algo es difícil hacerle cambiar de idea
terco 2	*stubborn* (the example is a set expression)	es terca como una mula
testarudo 2	*stubborn*	no seas tan testarudo y haz caso de lo que te digo; es muy testarudo, no vas a poder convencerle
tozudo 2–1	*stubborn*	no le harás cambiar de opinión, es muy tozudo
cabezota 1	*stubborn*	¡qué cabezota eres!, te he dicho que así no lo vas a poder hacer

NB **obstinado, terco, testarudo, tozudo** and **cabezota** are the same except
for their registers

---

tienda   shop (see the note below)

comercio m 3–2	*shop*	tiene un comercio en la Gran Vía; mañana los comercios permanecerán abiertos todo el día

establecimiento (comercial) m 3–2	*establishment, shop* (when out of context the adjective is necessary)	los propietarios de este establecimiento presentaron una denuncia a … ; los establecimientos comerciales permanecerán cerrados todo el día de mañana
expendeduría f 3–2	*tobacconist's shop* (often used in signs)	una expendeduría de tabaco
tienda de abarrotes f M 2	*general store, grocer's*	¿tú crees que yo encuentre una lata de sardinas en la tienda de abarrotes?
gran área f 2	*shopping centre*	desaparecen las pequeñas tiendas con la llegada de las grandes áreas
bazar m 2	*bazaar*	me compré un reloj en el bazar
bodega f 2	*wine shop*	el vino sale más barato en una bodega que en otras tiendas
boutique m 2	*boutique*	un boutique de moda
centro comercial m 2	*shopping centre*	este centro comercial incluye varios pequeños comercios
economato m 2	*company store, shop* (in an institution)	el economato de la compañía/del camping
estanco m 2	*tobacconist's shop*	fue al estanco a comprar sellos/tabaco
estanquillo m M 2	*small shop, stall*	compré esta antena de segunda mano en el estanquillo
hipermercado m 2	*hypermarket*	en un hipermercado puedes comprar de todo
kiosko m 2	*kiosk*	fue al kiosko a comprar el periódico
negocio m 2	*shop*	tiene un negocio en la calle Cervantes
puesto m 2	*stall*	un puesto de fruta/de periódicos
gran superficie f 2	*shopping centre*	las grandes superficies comerciales se comen al pequeño comerciante
supermercado m 2	*supermarket*	la comida resulta más barata en el supermercado
tabacos mpl 2	*tobacconist's*	el letrero decía 'Tabacos'

tienda f 2	*shop*	la mayoría de las tiendas cierran a las ocho
tienda de ultramarinos f 2	*grocer's shop* (also used as a sign)	es propietario de una tienda de ultramarinos; 'Ultramarinos'
changarro m M 2–1	*small shop* (selling poor quality goods)	compré el radio en el changarro de la esquina; puedes comprar cereal en cualquier changarro

NB **comercio, negocio** and **tienda** are the same except that the first is of a
higher register and the last is most common. The first two also mean *business*.
Note also a large range like the following:
carnicería = *butcher's*
panadería = *baker's*
mercería = *haberdasher's*
heladería = *ice-cream shop/parlour*

---

tímido   timid, shy

asustadizo 3–2	*sheepish, easily frightened*	es muy asustadiza, se sobresalta por nada
reservado 3–2	*reserved*	nunca expresa sus opiniones, es muy reservada
retraído 3–2	*timid, withdrawn*	es difícil llegar a conocerle bien, es muy retraído
cohibido 2	*fearful, inhibited* (see the note below)	estaba/se encontraba muy cohibido en la reunión
tímido 2	*timid, shy*	es un poco tímida, nunca hace preguntas a la profesora/nunca habla con los chicos
vergonzoso 2	*shy, bashful*	es muy vergonzoso, siempre se esconde cuando hay visitas

NB **cohibido** expresses a state as opposed to the permanent characteristic of a
person. It is therefore used with **estar,** not **ser**

---

tirarse   to jump, to dive, to throw oneself (see the note below)

abalanzarse 3–2	*to spring forward, to rush*	el policía se abalanzó sobre el ladrón
arrojarse 3–2	*to throw oneself, to rush*	el suicida se arrojó por la ventana; se arrojó al agua para salvar al niño; el perro se arrojó sobre él

precipitarse 3–2	*to jump, to throw oneself, to rush*	se precipitaron al agua para evitar el incendio; la gente se precipitó hacia la puerta de salida
aventarse M 2	*to throw oneself*	se quiso suicidar aventándose de la azotea
darse un chapuzón 2	*to have a dip*	¡qué calor hace! voy a darme un chapuzón
echarse 2	*to dive, to throw oneself*	se echó al río desde el puente; los ladrones se echaron sobre él
lanzarse 2	*to jump, to launch oneself (may be used figuratively)*	se lanzaron del avión en paracaídas; se lanzó al río para salvar a su hermana; decidió lanzarse a la política
saltar 2	*to dive, to jump*	el nadador saltó desde una altura de cinco metros; el suicida saltó desde un séptimo piso
tirarse 2	*to jump, to dive, to throw oneself*	se tiró del tren cuando estaba en marcha; tirarse de pie/de cabeza a la piscina; el suicida se tiró al tren (under the train)
zambullirse 2	*to dive, to have a dip*	se zambulleron al agua desde el muelle; ¡qué calor hace! voy a zambullirme en el agua

NB **abalanzarse** suggests *to spring*, even upwards, and is not used like **arrojarse** where water is concerned. **Arrojarse** suggests a downward movement. **Precipitarse** often suggests a movement towards an object, as in the second example. **Abalanzarse** may be used here

tocar   to touch

pulsar 3–2	*to touch, to press (also used figuratively = to sound)*	pulsar un timbre/una tecla; pulsar la opinión pública
acariciar 2	*to caress (the second example is of a higher register)*	la niña acariciaba al perro; una suave brisa le acariciaba el rostro
manosear 2	*to fiddle, to mess about with, to handle (less strong than **sobar**)*	¡deja de manosear el vestido! lo vas a ensuciar
palpar 2	*to feel*	el ciego avanzaba hacia la puerta palpando los muebles
rozar 2	*to touch lightly*	las ramas rozaban el agua; la piedra pasó rozándole la cara

| **tocar**
2 | *to touch* | no lo toques, está caliente; cuando tocas el timbre la puerta se abre automáticamente |
| **sobar**
2–1 | *to handle, to finger, to paw* (stronger than **manosear**) | estás ensuciando la tela sobándola así; ¡mira cómo baila! no hace más que sobar a las chicas |

---

tontería   stupid remark/act

nadería f 3	*pointless remark*	han reñido por una nadería
majadería f 3–2	*silly remark/act*	es un insensato, no hace más que decir/hacer majaderías
necedad f 3–2	*silly remark/act*	decir/hacer una necedad
payasada f 3–2	*stupid, ridiculous act* (as of a clown)	se pasa todo el día haciendo payasadas
sandez f 3–2	*stupid remark*	lo que acabas de decir es una sandez
bobada f 2	*silly remark/act*	no digas bobadas, claro que vendrá; deja de hacer bobadas y ponte a trabajar
disparate m 2	*silly remark/act*	¡no digas disparates! ¿cómo va a ser eso verdad?; salir ahora con este tiempo es un disparate
ridiculez f 2	*ridiculous thing*	es una ridiculez que nos quieran hacer pagar tanto por eso
tontería f 2	*stupid remark/act*	decir/hacer una tontería; no digas tonterías, ¡claro que te van a aceptar!

---

tonto   silly, stupid (person) (see the note below)

cándido 3–2	*simple* (does not mean *candid*)	es muy cándida, todo se lo cree/se deja engañar muy fácilmente
majadero 3–2	*foolish, stupid* (person)	sólo a un majadero como él se le ocurriría hacer eso
necio 3–2	*silly, ignorant* (person) (may suggest presumptuousness)	es un necio, se las quiere dar de sabihondo; ¡qué idea más necia!
panoli 3–2	*chump, idiotic* (person)	el muy panoli se dejó engañar en seguida

alelado [2]	*stupid* (suggests bewilderment)	cuando oyó aquello se quedó alelado
bobo / bobalicón [2]	*silly* (person) (the second is more pejorative than the first)	este chico es tan bobo/bobalicón que se cree cualquier
cabeza dura M [2]	*silly, stupid*	es muy cabeza dura, no le entra nada
cretino [2]	*cretin(ous)*	¡qué cretino es! ¿cómo ha podido perder esa ocasión?
estúpido [2]	*stupid* (person)	cuando habla salta a la vista que es una estúpida, no dice más que tonterías
idiota [2]	*idiotic* (person)	¿cómo me voy a creer eso?, ¿te crees que soy idiota?
imbécil [2]	*imbecilic, imbecile*	no seas imbécil, si lo dejas así, lo van a encontrar
tarado A [2]	*stupid* (person)	¡qué película tarada!; ¡no seas tarado!, poné el vaso en su lugar
tonto [2]	*silly, stupid* (person)	¡qué tonto! ¿por qué no vino antes?
baboso M [2-1]	*stupid* (person)	¡qué baboso! nunca lo hace bien
menso M [2-1]	*stupid, dopey*	¡qué menso, tiraste la leche!
lelo [1]	*stupid, stunned*	pareces lelo, a ver si miras por dónde vas
memo [1]	*silly* (person)	¿qué idea se le ha ocurrido ahora al memo ése?
gilipollas [1*]	*bloody foolish*	él es gilipollas, no entiende nada de nada
pendejo M [1*]	*bloody stupid* (person)	vino a mi casa y el muy pendejo no pudo entrar ni con la llave; eres un pendejo, ¿Cómo fuiste a perder el libro?

NB **bobo** and **tonto** are similar although the former is less strong. **Idiota** and **imbécil** are much stronger than **tonto**

tormenta storm

tempestad f 3–2	*storm* (often at sea)	la tempestad arrastró los restos del naufragio a la orilla
ventisca f 3–2	*snowstorm*	los montañeros tuvieron que volver al refugio a causa de la ventisca
borrasca f 2	*storm* (usually at sea)	el hombre del tiempo anunció una borrasca en el norte
ciclón m 2	*cyclone*	el ciclón lo arrasó todo
granizada f 2	*hailstorm*	la granizada destrozó las cosechas
huracán m 2	*hurricane*	el huracán ha causado numerosos estragos en la región
nevada f 2	*snowstorm*	cayó una nevada tan fuerte que dejó incomunicados varios pueblos
racha f 2	*gust, squall* (used pleonastically with **viento**)	una racha de viento hizo volar los papeles del escritorio
ráfaga f 2	*gust, squall*	una ráfaga de viento hizo llegar su velero en primera posición
temporal m 2	*storm* (often at sea)	el fuerte temporal hizo naufragar el barco; un temporal de nieve
tormenta f 2	*storm* (often with thunder and lightning)	la tormenta asustó a los niños
vendaval m 2	*gale*	el vendaval impidió a los pescadores salir al mar

tormento torment

suplicio m 3–2	*punishment, torment* (also used figuratively)	el suplicio de Tántalo/de Prometeo; es un suplicio tener que escucharla
calvario m 2	*calvary* (also used figuratively)	el calvario de Cristo; fue un verdadero calvario esperar toda la noche
castigo m 2	*punishment*	le impusieron un castigo ejemplar por su mala conducta
martirio m 2	*martyrdom* (also used figuratively)	el martirio de San Sebastián; aquellos años que pasó a la espera de noticias fueron un verdadero martirio

pena f [2]	*punishment* (also used figuratively)	ha sido condenado a pena de muerte; sufrir las penas del infierno
tormento m [2]	*torment* (also used figuratively)	sometían a tormento a los esclavos; no puedo soportar más este tormento, he de averiguar qué ha pasado
tortura f [2]	*torture*	denunciaron la tortura de su compañera

---

torpe   clumsy, awkward, useless

inhábil [3]	*awkward*	es muy inhábil con sus manos
desmañado [3-2]	*clumsy* (with one's hands)	no sé coser, soy muy desmañada
inútil [2]	*useless*	soy totalmente inútil para los trabajos manuales/para las matemáticas; ¡qué inútil es!, no sabe ni hacer una tortilla
torpe [2]	*clumsy, awkward, useless*	¡qué torpe es! ya ha vuelto a romper otro vaso/no sabe ni cambiar una bombilla
patoso [2-1]	*clumsy*	¡qué patoso eres! siempre lo tienes que romper todo
gaznápiro [1]	*clumsy, doltish* (used more as a noun)	no entiendo al gaznápiro ése, lo rompe todo

---

trabajar   to work

atarearse [2]	*to be busy at work* (usually used as a past participle)	no te puedo ayudar ahora, estoy muy atareado
estudiar [2]	*to study*	está estudiando para los exámenes finales
faenar [2]	*to fish* (used of professional fishermen)	los pesqueros apresados faenaban en aguas marroquíes
laburar A [2]	*to work*	me voy a laburar, se me hace tarde
trabajar [2]	*to work*	he trabajado todo el día; trabajar como un condenado
empollar [2-1]	*to swot*	ahora está de exámenes y se pasa el día empollando

currar [1]	to slog away, to labour	se pasa todo el día currando y gana una miseria; esta tarde no puedo salir que tengo que currar
chambear M [1]	to work	voy a chambear de las nueve a las cuatro
pencar [1]	to slog away	mi hermano ya ha encontrado un curro, pero tiene que pencar mucho

trampa   trap

tramoya f [3–2]	scheme, plot	todo fue una tramoya para enredarla en el negocio
ardid m [2]	ruse, device	se valieron de un ardid para engañarla
cinco m M [2]	trap (also used figuratively)	le hicieron/pusieron un cinco; hay que poner un cinco al coyote cerca del gallinero
emboscada f [2]	ambush	el pelotón cayó en una emboscada
ratonera f [2]	mousetrap, trap (also used figuratively)	cogí un ratón en la ratonera; sin darse cuenta se había metido en una ratonera
trampa f [2]	trap (also used figuratively)	le tendieron una trampa; cayeron en la trampa; poner una trampa

tranquilidad   tranquillity

quietud f [3]	quietness	le gustaba sentir sobre sí la quietud serena del valle
sosiego m [3–2]	quietness, calm	había un sosiego en el ambiente que invitaba a descansar
calma f [2]	calm	tienes que tomar las cosas con calma; el mar estaba en calma
paz f [2]	peace	se fue a vivir al campo en busca de paz y tranquilidad
serenidad f [2]	serenity	a pesar de las dificultades no perdió en ningún momento la serenidad
tranquilidad f [2]	tranquillity	se tomó la mala noticia con mucha tranquilidad; me dijo con toda tranquilidad que no pensaba venir

tren   train

AVE f 2	*HST* (high speed train)	el AVE (Alta Velocidad Española) alcanza los doscientos cincuenta kilómetros por hora
convoy m 2	*convoy*	un convoy militar
correo m 2	*mail train*	el correo es muy lento porque para en todas las estaciones
expreso m 2	*express* (but paradoxically now *slow train*)	el expreso de Madrid llegó con retraso como siempre
ómnibus m 2	(slow) *local train*	cogieron el ómnibus para ir a la ciudad
rápido m 2	*express* (see the note to **expreso**) (a **rápido** is faster than an **expreso**)	el rápido llevó un retraso de dos horas
Talgo m 2	(special) *luxury train*	el Talgo es el tren más cómodo de España
tren m 2	*train*	¿a qué hora sale el tren?; el tren llevaba un retraso de media hora; pusieron un tren de cercanías

triste   sad

apesadumbrado 3	*grieved, afflicted* (same as **apesarado**)	el poeta romántico no tiene siempre un aspecto apesadumbrado
apesarado 3	*grieved, afflicted* (same as **apesadumbrado**)	un aspecto apesarado
abatido 3–2	*depressed, dejected* (same meaning as **hundido**)	estaba muy abatida por este nuevo fracaso
acongojado 3–2	*distressed, anguished*	estaba acongojada por la noticia de su desaparición
afligido 3–2	*sad, grieved*	está muy afligido, no le han nombrado director del instituto
apenado 3–2	*grieved, sad*	la noticia de su enfermedad la dejó muy apenada
lúgubre 3–2	*mournful, dull*	una habitación lúgubre; ¡qué idea/qué historia tan lúgubre!

deprimido [2]	*depressed*	está muy deprimida, hace ya cuatro meses que está en el paro
desconsolado [2]	*disconsolate*	está desconsolada porque su novio la ha dejado
hundido [2]	*dejected* (same meaning as **abatido**)	el anuncio de los resultados la dejó muy hundida
melancólico [2]	*melancholy*	esta música me pone muy melancólico; una canción melancólica
pesimista [2]	*pessimistic*	es muy pesimista, nunca mira el buen lado de las cosas
triste [2]	*sad*	estaba muy triste porque había suspendido los exámenes
tristón [2-1]	*sad, melancholy*	cuando habla de su familia siempre se pone muy tristón
chípil M [1]	*sad* (has an affectionate connotation)	mi primo está chípil por la llegada de su nuevo hermano
down M [1]	*down, fed-up* (anglicism but is very common among young educated people)	el chico está muy down, le han suspendido en casi todos sus exámenes; el invierno me pone muy down

tristeza   sadness

abatimiento m [3-2]	*depression* (stronger than **depresión**)	aquel fracaso le produjo un inmenso abatimiento
aflicción f [3-2]	*affliction*	sintió una gran aflicción al enterarse de su muerte repentina
congoja f [3-2]	*distress, anguish*	la congoja del hombre ante la muerte
pesadumbre f [3-2]	*grief*	la pesadumbre del poeta al ver partir a su amante
pesar m [3-2]	*grief*	sentía un gran pesar por aquella pérdida
depresión f [2]	*depression* (less strong than **abatimiento**)	se está tomando tranquilizantes para combatir la depresión
desconsuelo m [2]	*distress, anguish*	el desconsuelo de la madre ante la enfermedad de su hijo
dolor m [2]	*pain, grief, sorrow*	la viuda no podía disimular su dolor

melancolía f 2	*melancholy*	aquellos pensamientos la llenaron de melancolía
morriña f 2	*home-sickness*	la morriña que siente el viajero por su patria
pena f 2	*grief*	una alma en pena; me da pena verle tan triste; le encontré un poco pálido como si le agobiase una pena profunda
tristeza f 2	*sadness*	aquellas palabras la llenaron de tristeza

---

trozo   piece, part

retazo m 3	*fragment, patch of cloth* (same meaning as **retal**)	el retazo de tela era tan pequeño que no servía para nada
fragmento m 3–2	*fragment*	se conservan sólo algunos fragmentos del libro; captó sólo algunos fragmentos de la conversación
mendrugo m 3–2	*piece of bread*	el mendigo se sacó un mendrugo de pan del bolsillo
migajas fpl 2	*bits, leavings, scraps*	la pobre mujer a veces no tenía para comer más que las migajas que recogía del suelo
parcela f 2	*plot of land*	una parcela de cultivo
parte f 2	*part, piece*	una parte de la comarca; dividió el pastel en cinco partes
pedazo m 2	*piece* (often same as **trozo** which may not be used in the last two examples)	dame un pedazo de pan/de pastel/de tela/de papel; el jarrón se cayó al suelo y se hizo pedazos; ese hombre es un pedazo de pan (*a very nice person*)
pieza de recambio f 2	*spare part* (for anything)	me hace falta una pieza de recambio para el carburador
porción f 2	(individual) *portion*	guardó una porción de la tarta en el armario
retal m 2	*remnant of cloth* (same meaning as **retazo**)	le hizo una camisita al niño con unos retales que le habían sobrado del vestido
sección f 2	*department, section*	trabaja en la sección de perfumería; esta sección del edificio está destinada a las oficinas

tramo m	*section*, *length* (of a road)	el tramo norte de la autopista/de la vía férrea
2		
trozo m	*piece*, *part* (often same as **pedazo** but see **pedazo**)	un trozo de pan/de pastel/de papel/de tela
2		
cacho m	*piece* (usually of something to eat) (the diminutive is often used)	un cacho de pan; dame un cachito de pastel
1		
chusco m	*hunk of bread* (often associated with soldiers)	el soldado se comió su chusco y su plato de cocido
1		

---

tumba   tomb

sepulcro m	*sepulchre*	el santo sepulcro
3–2		
fosa (común) f	(*public*) *grave*	como la familia no tenía dinero, le enterraron en la fosa común
2		
mausoleo m	*mausoleum*	el mausoleo de Napoleón/de Lenin
2		
nicho m	*tomb* (set in a wall)	metieron el ataúd en el nicho
2		
panteón m	*pantheon*	fue enterrado en el panteón familiar
2		
tumba f	*tomb*	la tumba de Tutankhamen
2		

---

turno   turn, round

ronda f	*round*	mañana dará comienzo la segunda ronda de negociaciones; ¿tú pagas esta ronda, no?
2		
turno m	*turn*, *round* (see the note below)	trabajar por turnos; hoy me toca hacer el turno de noche; por fin nos ha llegado el turno de pagar
2		
vez f	*turn* (the second example is of a higher register)	hablar a su vez; todavía no te ha llegado la vez
2		

NB one may also say **ahora es mi turno de pagar**, but this is of a higher register than **ahora me toca a mí**

unión
union, bond, relation

ligadura f 3	*bond*, *link* (see the note below)	consiguió deshacer sus ligaduras y escapar; la protagonista no logra librarse de las ligaduras sociales de su clase
atadura f 3–2	*bond*, *tie*, *obligation* (see the note below)	deshizo sus ataduras y se escapó; quería vivir libre y sin ataduras
nexo m 3–2	*connection*, *link*	nuestro nexo de unión es únicamente el trabajo
vinculación f 3–2	*link*, *relationship*	fue detenido por su vinculación con el grupo terrorista
vínculo m 3–2	*link*, *union*	el vínculo de unión entre Europa y América está acrecentándose; el vínculo matrimonial
conexión f 2	*connection* (used of the radio, television; used also figuratively) (**relación** may be used in the second example)	no entiendo lo que dices, la conexión es mala; la conexión entre el partido socialista y los sindicatos
empalme m 2	*connection* (used of electrical apparatus and trains)	el electricista hizo un empalme para alargar el cable; hay un empalme que sale a las ocho horas
enlace m 2	(train) *connection*	hay un enlace a las veinte horas treinta y llegas a las …
fusión f 2	*fusion*, *merging*	la fusión de dos compañías
lazo m 2	*bond*	los dos países están unidos por estrechos lazos de amistad; la protagonista sirve de lazo de unión entre el pueblo y la burguesía
relación f 2	*relation* (**conexión** may be used in the first example)	no hay ninguna relación entre estos hechos; tiene muy buenas relaciones con los García
unión f 2	*union*, *bond*, *relation*	nuestra unión se fue estrechando cada vez más; la unión hace la fuerza (*unity is strength*)

NB **ligadura** and **atadura** are often interchangeable, and are used literally and figuratively, although the latter use is more common in both cases

---

unirse (a)
to join

agregarse (a) 3	*to add* (*to*) (**sumarse** and **añadirse** may be used here)	a estos intranquilizantes números se agrega la expansión del sida

coligarse 3	*to band together*	las dos naciones se coligaron contra el adversario
asociarse (a/con) 3–2	*to associate (with)*	las dos compañías se asociaron; se asoció a/con la compañía
incorporarse a 3–2	*to join* (an organization or movement)	se incorporaron al ejército/al movimiento; fue uno de los últimos países en incorporarse al Mercado Común
ligarse 3–2	*to join, to bind oneself* (often used as a past participle) (see **ligar** below)	quedaron ligados por aquella promesa inquebrantable
sumarse a 3–2	*to join, to add to* (**agregarse** and **añadirse** may be used in the second example)	los huelguistas se sumaron a la comitiva a fin de entregar su petición al ayuntamiento; a este problema se suma el aumento de la contaminación en esta zona
vincularse (a) 3–2	*to bind oneself (to), to join*	debes vincularte a esa secta; las dos familias quedaron vinculadas por ese casamiento
afiliarse (a) 2	*to become affiliated (to)*	se afiliaron al partido comunista
aliarse (a) 2	*to ally oneself (to)*	estos dos partidos decidieron aliarse de cara a las elecciones generales
añadirse a 2	*to add to* (**agregarse** and **sumarse** may be used here)	al aumento de los precios se tiene que añadir el problema acuciante del desempleo
confederarse 2	*to form a confederation*	los estados se confederaron para formar una nación mucho más potente
enlazarse (con) 2	*to link, to connect*	esta idea se enlaza con la otra; las dos familias se enlazaron por la boda de …
fusionarse (con) 2	*to fuse (with), to join*	el banco español se fusionó con un banco extranjero
juntarse (con) 2	*to join, to associate (with)*	no me gustan esos amigos con quienes te juntas
unirse (a) 2	*to join, to associate (with)*	se unieron contra el enemigo común; varios países se unieron a este proceso de democratización; unirse en matrimonio
liarse con 2–1	*to form a liaison with, to get hitched to*	se lió con una chica
ligar (con) 1	*to pick a girl/boy up, to drag* (see **ligarse** above)	pasa todo su tiempo ligando/ligando con chicas

usar   to use, to wear

valerse de
3
to avail oneself of, to use (same meaning as **servirse de**)
se valió de su ingenio para escapar; se valió de una navaja para atacar a su enemigo

acogerse a
3–2
to avail oneself of, to resort to (often a law or measure)
el terrorista decidió abandonar la organización y acogerse a las medidas de reinserción social

blandir
3–2
to use (here used figuratively) (often used with **argumento**)
empezó a blandir aquel poderoso argumento contra su rival

emplear
3–2
to use, to employ
esa palabra no se emplea; no me gustaría tener que emplear la fuerza; no sé qué sistema emplear para hacerlo todo tan de prisa

esgrimir
3–2
to use (has a very restricted use; often used with **argumento** and same as **blandir** here)
es el único argumento que esgrime contra ellos; es la única razón que esgrime contra ellos

gastar
3–2
to use, to wear
gasta gafas/sombrero/camisas de seda

servirse de
2
to use (same meaning as **valerse de**) (also used figuratively)
se sirvió de su astucia para conseguir el empleo; se está sirviendo de esa excusa para hacer que vuelva con ella

usar
2
to use, to wear
usa gafas/sombrero; uso zapatos de goma cuando llueve; esa palabra no se usa; ni siquiera sabe usar los cubiertos para comer

utilizar
2
to use, to utilize (also used figuratively) (used more than *to utilize*)
hay que utilizar esta herramienta; utilizaron los cubos para vaciar el agua; no se da cuenta de que le están utilizando

---

vacaciones   holiday(s)

asueto m
3
day off
tomé tres días de asueto

conmemoración f
2
commemoration
la conmemoración de la batalla de San Quintín

feria f
2
fair (often associated with a holiday)
la feria fue emplazada a las afueras de la ciudad

festejos mpl
2
festivities
los festejos del pueblo siguen hasta domingo

festival m [2]	*festival*	un festival de música/de cine
festividad f [2]	*festivity*, (religious) *feast day*	la festividad de la Inmaculada Concepción se celebra el ocho de diciembre
día festivo m [2]	*holiday* (a single day), *non-working day*	este autobús no circula los domingos y (días) festivos
fiesta f [2]	*holiday*, *festivities* (see the note below)	este mes hay dos días de fiesta; las fiestas del pueblo/de San Isidro (en Madrid)
puente m [2]	*long week-end*	aprovechamos el puente del Pilar para ir a Zaragoza
vacaciones fpl [2]	*holidays*	las vacaciones de verano; estuvimos de vacaciones en Grecia
veraneo m [2]	*summer holiday*	me voy de veraneo mañana y vuelvo a fines de mes; ¿dónde has pasado el veraneo este año?
verbena f [2]	*open air celebration* (and dance)	fueron a la verbena a bailar; esta noche hay verbena en el pueblo

NB when **fiesta** means *festivities*, as in the second example, it is always used in the plural. The first example suggests a holiday, usually of short duration. **Fiestas** may combine the two as in **las fiestas navideñas**. Sunday is usually considered as a **fiesta**

---

valorar   to value

apreciar [2]	*to appreciate* (often used with **saber**)	no supieron apreciar sus cualidades como escritor
calificar [2]	*to qualify* (often followed by **de**)	estos comentarios han sido calificados de escandalosos
cotizar [2]	*to value* (often used as a past participle)	la piel de este animal está muy cotizada; es la cantante/la pianista más cotizada de Méjico
estimar [2]	*to esteem, to respect*	la estimo mucho como amiga/como profesora
evaluar [2]	*to evaluate*	el ministro se negó a evaluar la situación tras la huelga de celo; la oleada de júbilo puede convertirse en franca preocupación cuando se evalúe la magnitud del problema
tachar [2]	*to qualify, to call* (always followed by **de**) (suggests an unfavourable idea)	fue tachado de egoísta

| **valorar** [2] | *to value* | la educación se valora mucho en este país; los profesores valoran mucho a este estudiante |

---

vasco   Basque

euskera m [2]	*Basque language*	no entiendo el euskera
vasco m [2]	*Basque, Basque language*	el vasco es una lengua difícil; los vascos forman una raza muy distinta; el país/el problema vasco
vascongado [2]	*Basque* (usually applied to the four Basque provinces)	las provincias vascongadas
vascuence m [2]	*Basque language* (used less than **euskera)**	no hablo el vascuence

---

vaso   (drinking) glass

jícara f [3–2]	*cup* (for drinking chocolate) (of earthenware)	le sirvió el chocolate en la jícara
bol m [2]	*bowl*	un bol de café
copa f [2]	*wine glass* (with stem)	una copa de vino/de champán
copita f [2]	(small liquor) *glass* (with a stem)	una copita de coñac/de whisky
taza f [2]	*cup*	una taza de café/de té
tazón m [2]	*mug, bowl* (has the shape of a large, bulky cup)	un tazón de leche/de caldo/de sopa/de consomé
vaso m [2]	(*drinking*) *glass*	un vaso de vino/de leche/de agua; romper un vaso; el insulto fue la gota que colmó el vaso
jarra f [2–1]	*mug* (of beer) (a litre)	¿me pones una jarra?
tanque m [2–1]	*tankard, mug* (of beer) (half a litre)	un tanque de cerveza

a veces   sometimes, occasionally

de cuando en   *from time to time*   íbamos al teatro de cuando en cuando
cuando
3–2

intermitentemente   *intermittently*   llovía intermitentemente
3–2

a intervalos   *at intervals*   se oía a intervalos el susurro del viento; se
3–2   producían interferencias a intervalos

por momentos   *at times*   por momentos parecía estar muy
3–2   preocupado

de vez en cuando   *from time to time*   me visitaban de vez en cuando
2

a menudo   *often*   suele venir a menudo por aquí
2

(muy) de tarde en   *(very) occasionally*   voy al cine sola (muy) de tarde en tarde
tarde
2

a veces   *sometimes, occasionally* (see   a veces yo iba solo; a veces salían a comer
2   the note below)   fuera

algunas veces   *a few times, sometimes* (see   he viajado en avión algunas veces
2   the note below)

NB **a veces** and **algunas veces** are not quite the same. The second is much
more specific and suggests *a few times* so that **a veces** could not replace the
example for **algunas veces**

---

vehículo   vehicle

automóvil m   *motor car*   es necesario asegurar un automóvil; el
3–2   parque nacional de automóviles

turismo m   *saloon car* (often has an   el accidente se produjo al chocar un camión
3–2   official connotation)   contra un turismo

auto m A   *car* (**auto** exists in Spain   se ha comprado un auto nuevo
2   but is rarely used, and is
    out-of-date)

autobús m   (local) *bus*   suelo coger el autobús a las ocho
2

autocar m   *coach* (usually for long   fueron a Francia en autocar
2   distances)

camión m
2
lorry (in Mexico **camión** also has the meaning of *bus*)
el camión iba muy cargado; un camión cisterna; aquí viene el camión de las nueve

camioneta f
2
van (see the note below)
la camioneta del panadero

carro m A M
2
car (used in most of Spanish America and largely replaces **coche**, although **coche** is common in Mexico)
sé manejar un carro

coche m
2
car
alquilaron un coche para el fin de semana; ¿sabes conducir un coche?; un coche deportivo; un coche de carreras

colectivo m A
2
bus
el colectivo estaba lleno

furgón m
2
(large) *van*
un furgón de correos

furgoneta f
2
van (see the note below)
el albañil metió todas sus herramientas en la furgoneta; me lo cargo todo en la furgoneta

guagua f
2
bus (often used in the Canaries)
cogí la guagua para ir a Las Palmas

ranchera f
2
estate car, station wagon
se puede llevar un montón de cosas en una ranchera

todo terreno m
2
Land-rover (used invariably)
con los todo terreno puedes pasar por bosques, barro …

vehículo m
2
vehicle
el vehículo en el que viajaba el terrorista chocó con otro en un peligroso cruce

cacharro m
1
jalopy
¡a qué velocidad va este cacharro!

lata f
1
old crock
¿cuántos años tiene esta lata?

lechera f
1
police van (because it is cream coloured)
las lecheras de la policía empezaron a llegar a la manifestación

NB **camioneta** and **furgoneta** are both vans but the first is open at the back while the second is enclosed, as with a post van

venir de   to come from

oriundo de ③	*native of, coming from* (used of a person)	el poeta es oriundo de Galicia
proceder de ③	*to proceed from, to come from*	la escritora procede de Madrid; esta palabra procede del latín
originarse en ③–②	*to originate from*	este término se origina en la Edad Media; el movimiento se originó en la época romántica; esta enfermedad se originó en Africa
ser originario de ③–②	*to be a native of*	es originario de Lisboa
derivar de ②	*to derive from*	esta palabra se deriva del griego; su enemistad deriva de un malentendido que hubo entre ellos
descender de ②	*to descend from*	desciende de una familia aristocrática
procedente de ②	*coming from* (especially used of trains)	el tren procedente de Málaga lleva un retraso de … ; la carne procedente de este país está sometida a un control sanitario
resultar de ②	*to result from*	de aquella amistad no podía resultar nada bueno
ser de ②	*to come / be from*	soy de Venuezuela
venir de ②	*to come from*	este café viene de Colombia; su mala conducta viene de su educación

ventana   window

claraboya f ②	*fanlight* (same as **tragaluz**)	hay una claraboya en la buhardilla
cristal m ②	*window pane*	unos gamberros rompieron todos los cristales
escaparate m ②	*shop window*	salieron a mirar escaparates
ojo de buey m ②	*porthole*	el camarote tiene dos ojos de buey
parabrisas m ②	*windscreen, rear window* (in a car)	el atracador rompió el parabrisas delantero/trasero

tragaluz m 2	*fanlight* (same as **claraboya**)	el pasillo estaba muy oscuro a pesar del tragaluz
ventana f 2	*window*	abre la ventana, por favor, hace mucho calor
ventanal m 2	(big) *window*	el parador tiene unos ventanales colosales
ventanilla f 2	*car window* (**ventana** may not be used here)	puedes subir la ventanilla, hace frío
vidriera f 2	*stained-glass window*	una preciosa vidriera adorna la catedral
vidrio m M 2	*window* (of a car)	el naco quebró todos los vidrios del coche; baja el vidrio porque hace mucho calor

---

ver   to see (see the note below)

avistar 3	*to descry* (suggests precision)	avistaron una isla a lo lejos
otear 3	*to descry* (suggests less precision than **avistar**)	oteaba el horizonte desde su ventana
percibir 3	*to perceive*	percibieron el humo a lo lejos; percibió, en un recodo del camino, a dos chicos que desaparecieron en seguida
reparar en 3	*to notice, to observe*	había tanta gente que no reparó en ella; reparar en un error
atisbar 3–2	*to catch a glimpse of* (also used figuratively = *to make out*)	le pareció atisbar un barco en el horizonte; no se atisban soluciones a este problema
contemplar 3–2	*to contemplate*	en el patio, cuatro mujeres entretienen la tarde contemplando el paisaje y tomando el sol
divisar 3–2	*to glimpse, to see afar off*	divisaron las tropas enemigas al otro lado del bosque; allí, sobre las copas de los árboles, se divisaba una gran porción del valle
entrever 3–2	*to glimpse* (also used figuratively)	tras las cortinas se entreveían las luces del puerto; era difícil entrever el final que iba a tener aquella historia
visionar 3–2	*to view* (usually for the first time and with a technical, critical eye)	en el Festival de Cine de Cannes se visionaron cuarenta y dos películas

vislumbrar 3–2	*to glimpse* (also used figuratively)	vislumbró un barco en la lejanía; cuando se construyó el muro de Berlín, se puso en marcha un proceso cuyo fin no éramos capaces de vislumbrar
espiar 2	*to spy on*	tenía la impresión de que los niños le espiaban desde el bosque
mirar 2	*to look (at)*	pasó toda la tarde mirando por la ventana; no quería mirar por encima de la pared en el caso de que me vieran; mirar la televisión
ojear 2	*to look at, to eye* (suggests a superficial glance; do not confuse with **hojear**)	ojeó la revista/el libro
ver 2	*to see*	le vi esta mañana pero no pude hablar con él; no veo bien sin gafas; lo vi de cerca/de lejos; está viendo la tele
echar una mirada / un vistazo 2	*to glance, to take a look*	eché una mirada/un vistazo al periódico; echa un vistazo a la nevera a ver qué falta de comida
visualizar 2	*to visualize*	mientras leía la novela, era capaz de visualizar todo lo que ocurría en la historia
fisgar 1	*to watch, to eye*	él fisgaba lo que ocurría en la casa de enfrente
guipar 1	*to see*	no guipo ni una (*I can't see anything*)

NB **divisar, entrever** and **vislumbrar** are very similar to each other for they all suggest *to catch a glimpse of*. **Divisar** also means *to see far off*, and in this meaning it is similar to **avistar** and **otear**

---

verdadero   real, true

fidedigno 3–2	*reliable* (**fiable** may be used in all but the first example)	la noticia es totalmente fidedigna; según fuentes fidedignas … ; datos fidedignos; cifras fidedignas
genuino 3–2	*genuine*	un vino genuino de la Rioja; el príncipe está demostrando un genuino interés en el bienestar de la nación
verídico 3–2	*true, believable*	un relato verídico; una historia verídica
auténtico 2	*authentic, real* (also used figuratively) (**verdadero** may be used in the last example)	una perla/una joya auténtica; un retrato auténtico; es de seda auténtica; este trabajo es un auténtico chollo

fiable 2	*reliable* (**fidedigno** may be used here)	estas cifras/estos datos no son fiables
puro 2	*pure* (used in restricted contexts; **puro** is always used before the noun with this meaning)	es la pura verdad
real 2	*real*	la película se basa en hechos y personajes reales; el ejército de Roma representaba una amenaza real para sus enemigos
verdadero 2	*real*, *true* (**auténtico** may be used in the second example)	es una verdadera dama; una historia verdadera; esta cuestión se ha convertido en un verdadero problema
cien por cien 1	*hundred per cent*	es cien por cien algodón

NB note the use of **de ley** in **es oro/plata de ley** = *it's real gold/silver*

---

verdura   vegetable

hortaliza f 2	*vegetable*, *garden produce*, any vegetable growing in a **huerto**, (often used in the plural) (has a text-book connotation)	en la región murciana las hortalizas son el cultivo predominante
legumbre f 2	*vegetable* (often associated with *pod*)	garbanzos, judías, lentejas y guisantes son todos legumbres
verdura(s) f(pl) 2	*vegetable(s)*, *greens* (used indifferently in the singular and plural)	debes comer más verdura(s); el médico le ha puesto a un régimen de verdura(s)

---

vestir(se)   to dress, to get dressed

ataviarse 3	*to dress up*	se atavió con su mejor traje/con sus mejores galas
engalanarse 3–2	*to deck oneself out*	la novia se engalanó para la ceremonia; todo el pueblo se ha engalanado para las fiestas
arreglarse 2	*to get dressed* (but includes hair, make-up, etc.)	siempre tarda horas en arreglarse
ponerse 2	*to put on*	se puso el mejor vestido

| **vestir(se)** 2 | to dress, to get dressed (see the note below) | es muy elegante, (se) viste muy bien/con estilo; vístete de prisa que salimos en seguida; aún viste el uniforme verde oliva que algún oficial le ha regalado |

NB **vestir** is of a slightly higher register than **vestirse** as in: **viste con mucha elegancia**. It also means *to wear*, as opposed to *to get dressed*

---

viaje   journey

periplo m 3	(long) journey	Marco Polo hizo un gran periplo por la China; hicieron un gran periplo a través del Sahara
crucero m 2	cruise	me voy a ir de crucero por el Caribe
expedición f 2	expedition	una expedición al Himalaya
gira f 2	tour (of an actor, a singer or any important person)	el cantante/la compañía/el Presidente hizo una gira por Sudamérica
peregrinación f 2	pilgrimage	hicieron una peregrinación a Santiago de Compostela
viaje m 2	journey	me voy a hacer un viaje por América; un viaje de novios; ¡buen viaje!; un viaje organizado (package holiday)

---

víctima   victim

damnificado m 3–2	victim, injured person (who has suffered material, physical injury) (often used in the plural)	tras las inundaciones, los damnificados reclamaron ayuda al gobierno
perjudicado m 3–2	victim, injured person (who has suffered harm which is not usually physical) (often used in the plural)	el abogado de los perjudicados intentó conseguir las mayores indemnizaciones posibles para sus clientes; los perjudicados en estos casos suelen ser los niños; salió perjudicado del negocio
siniestrado m 3–2	injured person (often used in the plural)	sobrevivieron muy pocos de los siniestrados
herido m 2	injured person	en el siniestro hubo ocho muertos y veintidós heridos; hay varios heridos de gravedad; los heridos fueron trasladados a varios centros sanitarios de la ciudad; resultó herido a consecuencia del accidente

| **víctima** f [2] | *victim* (see the note below) | murió víctima de un atentado terrorista; fue víctima de un robo; son víctimas del hambre/de la violencia; en la catástrofe hubo unas cincuenta víctimas mortales |

NB in an accident, **víctima** usually suggests a person who dies as in: **hubo tres víctimas y cuatro heridos graves**

---

vidrio   glass (material) (see the note below)

| **cristal** m [2] | *glass, crystal* | no andes descalzo, hay cristales rotos; una figura / una copa / un frasco de cristal |
| **vidrio** m [2] | *glass* (**vidrio** refers to the actual raw material) | ten cuidado, no te vayas a cortar con los vidrios; se hacen botellas/vasos con vidrio; fibra de vidrio; un florero de vidrio; ¡aprovechemos el vidrio! el vidrio no es basura (on a bottle bank container) |

NB the above is merely a rough guide. The only clear distinction is that
cristal can be more refined and can therefore have the meaning of *crystal*.
However, it should be noted that in Spanish American **cristal** always means
crystal. Thus in Spanish American one would readily say: **rompió los vidrios
de la ventana**, whereas Peninsular Spanish would require **cristales** here

---

viejo   old (person)

decrépito [3]	*decrepit*	ya está viejo y decrépito
vetusto [3]	*very old, ancient* (often used of buildings)	un edificio/un barrio vetusto; Santillana del Mar es un pueblo vetusto
caduco [3–2]	*out of date*	valores caducos; costumbres caducas; una civilización/una teoría caduca
obsoleto [3–2]	*obsolete*	una ley/una máquina/una ordenanza obsoleta; este sistema de educación se está quedando obsoleto; un régimen obsoleto que no se corresponde con las exigencias de la sociedad
acabadón M [2]	*old, worn-out*	el traje ya está acabadón
anciano [2]	*old, aged* (used more as a noun) (has a more polite connotation than **viejo**)	una residencia de ancianos
antediluviano [2]	*antediluvian* (used figuratively)	sus costumbres son antediluvianas; tiene una lavadora antediluviana; utilizan métodos antediluvianos

anticuado
2

antiquated

una expresión / una palabra que se ha quedado anticuada; es muy anticuada en la manera de pensar

antiguo
2

(very) old, (older than **viejo***) (when preceding the noun it may mean* **former** *as in the last example)*

el autor nació en una casa de la antigua calle de San Martín; construyeron el parador en el emplazamiento de un antiguo castillo en el centro-cuidad; venta de libros / de muebles antiguos; mi antiguo profesor de francés

añejo
2

old (often used of wine)

un vino añejo; costumbres/tradiciones añejas

arcaico
2

archaic

una palabra/una costumbre arcaica; el Ayuntamiento, con su arcaico escudo en el frontis ...

caducado
2

out of date (often used of a passport, identity card or driving licence)

el pasaporte está caducado

desfasado
2

behind the times, antiquated

está muy desfasada, no sabe nada de música moderna; una teoría desfasada

(persona) de edad
2

elderly (person), (most polite of all the terms referring to old people; has a euphemistic connotation)

se debe tener más consideración a las personas de edad

(persona) mayor f
2

elderly (person) (more polite than **viejo** *and* **anciano***; often used in the plural; may also mean* **adult***; often used when speaking to a child)*

a las personas mayores se les debe tener más respeto; haz el favor de no contestar así a las personas mayores

pasado de moda
2

out of fashion

ese vestido/ese peinado está pasado de moda

remoto
2

remote

en épocas remotas

vejestorio m
2

old chap, gaffer, (often used as a noun and frequently pejorative)

está hecho un vejestorio, no le apetece salir; ¡cómo se ha podido casar con ese vejestorio!

vejete m
2

old person, gaffer (used as a noun) (suggests affection)

es un vejete encantador

veterano m
2

veteran

un club de veteranos de guerra; es un periodista veterano que publicaba sus primeros artículos en 1940

viejo	old (*person*), (used as	aunque el partido cuenta sólo dos años de
2	adjective or noun) (is	existencia es de los más viejos de la
	often pejorative or	oposición; tengo que comprarme otra
	impolite when used as a	gabardina, ésta está muy vieja; su abuelo es
	noun)	más viejo que Matusalén; la vieja ésta tiene
		unas manías … ; un viejo gruñón

| **betabel** M | old | mi abuelito ya está betabel |
| 2–1 | | |

| **jovato** m A | old (*person*) | mi abuelo es un jovato macanudo |
| 2–1 | | |

| **ruco** M | old (*person*), *worn out* | tu papá ya se ve ruco; mi tío ya no puede |
| 2–1 | | subir las escaleras, ya está ruco |

---

viento   wind

| **céfiro** m | *zephyr* | el céfiro le acariciaba el rostro |
| 3 | | |

aire m	*air, wind* (more common	el aire del mar es húmedo; hace un tiempo
2	in Mexico than Spain	bochornoso, no hay aire
	with this meaning)	

| **brisa** f | *breeze* | la brisa marina |
| 2 | | |

| **cierzo** m | *north wind* | el cierzo es un viento desgradable |
| 2 | | |

| **corriente** f | *draught* | cierra la puerta que hay corriente |
| 2 | | |

galerna f	(strong) *north-west wind*	es difícil hacer windsurf cuando sopla la
2	(common on the North	galerna
	coast of Spain)	

| **huracán** m | *hurricane* | el Caribe sufre constantemente el efecto de |
| 2 | | los huracanes |

| **levante** m | *east wind* (has a | el levante trae altas temperaturas |
| 2 | geographical connotation) | |

| **poniente** m | *west wind* (has a | el poniente suele traer lluvia |
| 2 | geographical connotation) | |

| **siroco** m | *sirocco* (south-east wind) | el siroco sopla del desierto y puede ser |
| 2 | | sofocante |

| **torbellino** m | *whirlwind* | el torbellino se llevó casas, coches … |
| 2 | | |

vendaval m [2]	*strong wind*	el techo se vino abajo con el vendaval
viento m [2]	*wind*	hace/sopla un viento muy fuerte; tener viento en popa/en contra

---

vino

wine

champaña f [3–2]	*champagne (same as* **champán** *except for the register)*	¿has puesto la champaña en la nevera?
cava f [2]	*sparkling wine, Spanish champagne*	hoy brindaremos con cava
champán m [2]	*champagne (same as* **champaña** *except for the register)*	bebimos champán para celebrarlo
jerez m [2]	*sherry*	en las vacaciones que pasamos en Andalucía bebimos mucho jerez
moscatel [2]	*sweet wine, moscatel*	¿te apetece una copita de moscatel?
vino m [2]	*wine*	vino de mesa; los señores van a tomar el vino de la casa; vino de garrafa
vino blanco m [2]	*white wine*	no olvides que con el pescado va bien el vino blanco
vino dulce m [2]	*sweet wine*	acompañaremos el postre con un vino dulce
(vino) rosado m [2]	*rosé wine (of a slightly lower register when* **rosado** *alone is used)*	con merluza puedes tomar vino blanco o, a lo mejor, vino rosado; ¿quieres rosado o tinto?
(vino) tinto m [2]	*ordinary red wine (of a slightly lower register when* **tinto** *alone is used)*	chuleta a la brasa y vino tinto son el menú del día; un chato de vino tinto; ¡un tinto! (in a bar)
tintorro m [1]	*plonk*	anoche cogió una borrachera de tintorro

---

vivo

living, alive, live

viviente [3–2]	*living (used in set expressions) (the last example is of R1)*	un organismo/un ser viviente; se lo ha contado a todo bicho viviente

vivo	*living, alive, live*	la policía le sigue buscando porque sabe que
2		está vivo; un ser/un organismo vivo; los
		vivos y los muertos; lenguas vivas; un
		espectáculo en vivo; de milagro no nos
		quemamos vivos

volver   to return

retornar	*to return* (**retorno** is used	los veraneantes retornan de sus vacaciones
3	much more)	
regresar	*to return* (is of a slightly	regresaron a casa porque ya se les hacía
2	higher register than	tarde; regresó a su país tras veinte años de
	volver)	exilio
volver	*to return* (is of a slightly	suelo volver a casa a las nueve de la noche;
2	lower register than	todavía no ha vuelto de su viaje; ¿han
	regresar)	vuelto tus padres?

volverse   to turn (round)

arremolinarse	*to swirl*	el agua se arremolinaba; las hojas se
3–2		arremolinaban
virar	*to veer* (used of a ship)	el barco viró para entrar en el puerto
3–2		
girar	*to turn*	el tiovivo giraba rápidamente; cuando
2		llegue al final de la calle, gire a la derecha;
		girar la manivela
girarse	*to turn round*	cuando la llamé se giró
2		
dar un giro	*to make/take a turn* (often	la situación política del país ha dado un giro
2	used figuratively)	de 180 grados
hacer un giro	*to turn round*	es difícil hacer un giro en un windsurf
2		
hacer una pirueta	*to pirouette*	el caballo/el bailarín hizo una pirueta
2		
revolverse	*to toss and turn* (in bed)	se revolvía en la cama, sin poder dejar de
2		pensar en ello
volver	*to turn* (often used of parts	volver la cabeza/la espalda
2	of the body)	
volverse	*to turn* (round)	se volvió para ver quién la llamaba;
2		vuélvete que me voy a vestir

dar la vuelta 2	*to go round* (on one occasion)	dar la vuelta al mundo/a la esquina/a la manzana
dar una vuelta 2	*to go for a walk* (with the obvious idea of coming back to the same place)	¿te vienes a dar una vuelta?; fueron a dar una vuelta por el parque/por la ciudad
dar vueltas 2	*to go round* (suggests the idea of *continuing to go round*), *to turn over* (an idea)	estaba dando vueltas mientras esperaba; me pasé la mañana dando vueltas buscándolo; el tiovivo daba vueltas y vueltas sin parar; deja de dar vueltas a la misma idea

---

vuelta   return

retorno m 3–2	*return*	el retorno de las vacaciones siempre produce enormes atascos; su retorno a la presidencia del país se produce en unos momentos en que ...
regreso m 2	*return* (same as **vuelta** but is of a higher register)	el regreso está previsto para el día veinticuatro; ya está de regreso de sus vacaciones; a su regreso del exilio fundó un nuevo partido
vuelta f 2	*return* (same as **regreso** but is of a lower register)	¿para cuándo es la vuelta?; estar de vuelta; un billete de ida y vuelta; la vuelta de la primavera siempre me da gran placer; ya hablaremos a la vuelta (de las vacaciones); se ha producido una vuelta a las antiguas tradiciones

---

wáter   toilet, loo

excusado m 3	*toilet* (is now out of date)	'¿dónde está Antonio?' 'Fue al excusado'
retrete m 3–2	*lavatory* (now becoming out of date as with *lavatory*) (also used in the plural) (see the note below)	¿dónde están los retretes?
aseo(s) m(pl) 2	*toilet* (also used in signs)	se ha pasado media hora encerrada en el aseo
baño m 2	*bathroom* (as with *bathroom*, **baño** is a euphemism)	voy al baño
caballeros mpl 2	*Gentlemen* (only used in signs)	'Caballeros'

lavabos mpl 2	*toilet* (also used in signs)	¿dónde están los lavabos?
sanitario(s) m(pl) M	*toilet* (used in the singular or plural)	¿dónde está(n) el (los) sanitario(s)?, por favor
señoras fpl 2	*Ladies* (used in signs)	'Señoras'
servicio(s) m(pl) 2	*toilet* (also used in signs)	voy al servicio; ¿dónde están los servicios?; algunos bares no tienen servicios
toilette(s) m(pl) A 2	*toilet*	¿dónde está(n) el (los) toilette(s)?
WC 2	*WC* (only used in signs)	'WC'
Sr Roca 2–1	*loo* (**Roca** is a ubiquitous brand in Spain; has a humorous connotation)	voy a visitar al Sr Roca
wáter m 1	*toilet, loo*	el wáter olía mal; la tapa/la cadena del wáter
cagadero m 1*	*shit house, bogs*	el cagadero de la estación olía que apestaba
meadero m 1*	*bogs*	tengo que ir al meadero

NB not all Spaniards agree that **retrete** is becoming out of date or indeed that it is R3/2

---

yacimiento   layer, bed, seam

estamento m 3–2	*layer, stratum* (used figuratively)	los estamentos sociales
estrato m 3–2	*stratum* (also used figuratively)	un estrato geológico; los estratos sociales
filón m 3–2	*seam*	un filón de oro
capa f 2	*layer* (also used figuratively)	una capa geológica; esto necesita una capa de pintura; recubrir la tarta de una capa de chocolate; el suelo estaba cubierto de una capa de nieve/de hojas secas; las distintas capas sociales

mano f
2
layer of paint (usually a second one)
dar una segunda mano de pintura

yacimiento m
2
layer, bed, seam
un yacimiento de platino/de oro/de carbón; un yacimiento petrolífero

Index of Spanish items with frame titles

Spanish–Spanish

abajo, echar	**derribar**	abuchear	**silbar**
abajo, venirse	**caer(se)**	abulia	**desgana**
abalanzarse	**tirarse**	abundancia	**abundancia**
abandonado	**descuidado/ solitario**	abundancia, en	**abundancia, en**
		abundante	**fértil/mucho(s)**
abandonar	**dejar** (a)	abundantemente	**abundancia, en**
abandono	**descuido**	aburrido	**pesado**
abaratar	**bajar**	aburrir	**aburrir**
abarca	**calzado**	abusado	**inteligente**
abarcar	**incluir**	abusar	**exagerar**
abarrotado	**lleno**	abyecto	**bajo**
abarrotar	**llenar**	acabadón	**viejo**
abarrotes, tienda de	**tienda**	acabar	**acabar/matar**
abastecer	**suministrar**	academia	**colegio**
abatido	**triste**	acaecer	**ocurrir**
abatimiento	**depresión/tristeza**	acalorado	**animado/caliente/ impetuoso**
abatir	**derribar/desanimar**		
abdomen	**barriga**	acallar	**calmar**
aberración	**fallo**	acampada	**camping**
abertura	**agujero**	acariciar	**tocar**
abierto	**sincero**	acarrear	**causar**
abismo	**barranco**	acaso	**quizá**
abofetear	**golpear**	acatar	**obedecer**
abogado	**abogado**	acatarrarse	**constipado**
abogar	**defender**	acaudalado	**rico**
abolengo	**ascendencia**	acceder	**aceptar**
abolir	**anular**	accesible	**accesible**
abominar	**odiar**	accésit	**premio**
abonar	**pagar**	acceso	**crisis/entrada**
abordar	**empezar**	accidentado	**agreste/animado**
aborigen	**originario**	accidental	**casual**
aborrecer	**odiar**	accidente	**accidente**
aborto	**fracaso**	aceite	**combustible**
abrasar	**quemar**	aceleración	**prisa**
abrazar	**rodear**	acelerar	**apresurarse**
abreviar	**disminuir**	acelerar la marcha/el paso	**apresurarse**
abrigar	**proteger/tapar**		
abrigo	**abrigo/refugio**	acentuar	**resaltar**
abrogar	**anular**	acepción	**significado**
abrumar	**aburrir**	aceptación	**acuerdo**
abrupto	**agreste**	aceptar	**aceptar/obedecer**
absoluto	**entero**	acequia	**río**
abstenerse	**abstenerse**	acera	**suelo**
abstracción	**retiro**	acercar(se)	**acercar**
absurdo	**absurdo**	acertado	**apropiado**

afanar	**robar**	agravarse	**decaer/**
afección	**enfermedad**		**empeorar(se)**
afectar	**conmover/influir**	agraviar	**ofender**
afecto	**afecto**	agravio	**insulto**
afectuoso	**amable**	agredir	**atacar**
afianzar	**reforzar**	agregado	**ayudante**
afición	**afición/deseo**	agregarse	**unirse**
aficionado	**entusiasta**	agreste	**agreste/rural**
afilado	**agudo**	agrícola	**rural**
afiliarse	**unirse**	agricultor	**agricultor**
afín	**parecido**	agrietar	**partir**
afirmar	**afirmar**	agrupación	**grupo**
aflicción	**ansiedad/tristeza**	agrupar	**incluir**
afligido	**triste**	agruparse	**reunirse**
aflorar	**aparecer**	agua, curso de	**río**
afluente	**río**	agua, hacer	**hundirse**
afrenta	**insulto**	aguacero	**lluvia**
afrentar	**ofender**	aguantar	**soportar** (a, b)
Africa Austral	**Africa del Sur**	agudeza	**agudeza**
Africa del Sur	**Africa del Sur**	agudo	**agudo/astuto**
afrontar	**afrontar**	aguijonear	**animar/pinchar**
afueras	**alrededores**	aguinaldo	**regalo**
agacharse	**agacharse**	agujero	**agujero**
agarradero	**manivela**	ahí	**allá**
agarrado	**tacaño**	ahínco	**afición/empeño**
agarrar una	**emborracharse**	ahondar	**examinar**
castaña/una		ahora, (por)	**ahora**
cogorza/una		ahorrar	**ahorrar**
curda/una		ahuyentar	**dispersar**
mierda/una		airarse	**enfadarse**
trompa		aire	**aspecto/viento**
agarrar(se)	**coger**	airoso	**elegante**
agasajo	**regalo**	aislado	**solitario**
agazaparse	**agacharse**	aislamiento	**retiro**
agenda	**cuaderno**	ajuar	**equipaje**
agente	**empleado/espía/**	ajustado	**estrecho**
	policía	ajustarse	**adaptarse**
agitación	**ansiedad/**	ala, tocado del	**loco** (b)
	desasosiego/	alabar	**alabar**
	emoción	alambrada	**barrera**
agitado	**animado**	alameda	**bosque**
agobiar	**aburrir/oprimir** (a)	alarde	**alarde**
agolparse	**reunirse**	alarde, hacer	**presumir**
agonizar	**morir(se)**	alardear	**presumir**
agostado	**seco**	alargado	**largo**
agotado	**cansado**	alargarse	**agrandarse**
agraciado	**bonito**	alaridos, dar	**gritar**
agradable	**agradable**	alarmar	**asustar/**
agradar	**gustar**		**preocupar**
agradecer	**agradecer**	alba	**amanecer**
agradecido, estar	**agradecer**	albarán	**billete/factura**
agradecimiento	**gratitud**	alberca	**lago**
agrado	**gusto**	albergar	**alojar**
agrandar(se)	**agrandar(se)/**	albergue	**alojamiento**
	ensancharse	alborada	**amanecer**

alboroto	**desorden/pelea/ ruido** (a)
Albufera	**lago**
alcaldía	**ayuntamiento**
alcanzable	**accesible**
alcanzar	**conseguir/ganar**
alcázar	**castillo**
alcoba	**cuarto**
alcohol de quemar	**combustible**
alcurnia	**ascendencia**
aldea	**pueblo**
aldeano	**rural**
aleccionar	**educar**
aledaño	**cercano**
aledaños	**alrededores**
alegrarse	**alegrarse**
alegre	**alegre/borracho**
alejado	**alejado**
alejamiento	**retiro**
alelado	**tonto**
alentar	**animar**
alfombra	**alfombra**
alforja	**bolsa**
algazara	**ruido** (a)
álgido	**frío**
álgido, punto	**cima**
alhaja	**joya**
alianza	**boda/convenio**
aliarse	**unirse**
alias	**nombre**
aliciente	**encanto**
alienado	**loco**
aliento	**aliento**
aligerar	**apresurarse**
aligerar la marcha/el paso	**apresurarse**
alijo	**montón**
alimentar	**alimentar**
alimenticio, producto	**comida** (a)
alimento	**comida** (a)
alineación	**equipo**
aliñar	**adornar**
alistarse	**apuntarse**
aliviar	**calmar**
aliviarse	**mejorar**
alma	**fantasma**
almacenar	**acumular**
almohazar	**rascar**
almorzar	**comer**
almuerzo	**comida** (b)
alocado	**temerario**
alocución	**discurso**
alojamiento	**alojamiento**
alojar	**alojar**
alpargata	**calzado**
alquería	**finca**
alrededor de	**cerca de**
alrededores	**alrededores**
altamente	**muy**
altanería	**orgullo**
alteración	**desasosiego/ emoción**
alterado	**desordenado**
alterar	**conmover/falsificar**
altercado	**disputa/pelea**
alternativa, (tomar la)	**empezar**
altibajos	**peripecias**
altivez	**orgullo**
altivo	**arrogante**
alto	**descanso**
alto, hacer un	**parar(se)** (b)
alto, lo	**cima**
altozano	**colina**
alucinación	**ilusión**
alucinante	**admirable/enorme**
alucinar	**gustar**
aludir	**decir**
alumbrar	**encender** (b)
alumbrarse	**emborracharse**
alzamiento	**rebelión**
alzar	**levantar**
alzar(se)	**estar/rebelarse**
allá	**allá**
allanar	**aplastar**
allegado	**familiar**
allegar	**cobrar**
allí	**allá**
amabilidad, tendría Ud la	**favor, por**
amabilidad, tenga la	**favor, por**
amable	**amable**
amaestrar	**educar**
amainar	**disminuir**
amanecer	**amanecer**
amañar	**falsificar**
amar	**querer** (a)
amarrado	**tacaño**
amarrar	**atar**
amasar	**acumular/ahorrar**
ambición	**deseo**
ambientado, estar	**estar**
ambiente	**cuarto/ambiente**
ámbito, en el	**punto de vista, desde el**
amedrentar	**asustar**
amedrentarse	**miedo, tener**
ameno	**agradable**
América del Sur	**América del Sur**
América Latina	**América del Sur**
americana	**abrigo**

apartamento	**casa**	apretar el paso	**apresurarse**
apartamiento	**retiro**	apretujar	**oprimir** (b)
apartarse	**dejar** (a)	aprieto	**apuro**
apasionado	**entusiasta**	aprisa	**prisa, de**
apasionamiento	**afición/pasión**	aprisco	**establo**
apasionante	**emocionante**	aprobación	**acuerdo**
apasionar	**gustar**	aprobar	**aceptar/conseguir**
apasionarse	**querer** (a)	aprobar, no	**fracasar**
apatía	**desgana**	apropiado	**apropiado**
apático	**indiferente**	apropiado, ser	**adaptarse**
apátrida	**refugiado**	apropiarse	**coger/robar**
apearse	**bajar**	aprovisionar	**suministrar**
apechugar	**afrontar**	aproximadamente	**cerca de**
apego	**afecto**	aproximar(se)	**acercar**
apelación	**llamada**	apto	**apropiado/hábil**
apelar	**llamar**	apuntar	**afirmar**
apellido	**nombre**	apuntarse	**apuntarse**
apenado	**triste**	apunte	**bosquejo**
apercibirse	**presente, tener**	apurado	**prisa, de**
aperitivo	**comida** (b)	apurarse	**apresurarse**
apertura	**agujero/principio**	apuro	**apuro**
apesadumbrado	**triste**	árabe	**árabe**
apesadumbrar	**aburrir**	arancel	**impuesto**
apesarado	**triste**	arañar	**rascar**
apetecer	**gustar/querer** (b)	arbolado	**bosque**
apetito	**deseo**	arboleda	**bosque**
apetitoso	**agradable/sabroso**	arca	**armario**
apilar	**acumular**	arcaico	**viejo**
apiñarse	**reunirse**	arcén	**borde**
apisonar	**aplastar**	arcón	**armario**
aplacar	**calmar**	arder	**quemar**
aplanar	**aplastar**	ardid	**astucia/trampa**
aplastar	**aplastar**	ardiente	**caliente/impetuoso**
aplaudir	**alabar**	ardor	**empeño**
aplazar	**aplazar**	arduo	**difícil**
aplicación	**cuidado/interés**	área	**región/suelo**
apocado	**cobarde**	área, gran	**tienda**
apoderarse	**coger**	arenga	**discurso**
apodo	**nombre**	argot	**jerga**
apogeo	**cima**	argumentación	**razonamiento**
apolillar	**dormir**	argumento	**razonamiento/**
aporrear	**golpear**		**tema**
aposento	**cuarto**	árido	**estéril/seco**
aposta	**adrede**	arista	**esquina**
apostar	**poner**	aristocrático	**noble**
apoyar	**afirmar/ayudar**	armador	**jefe**
apoyo	**ayuda**	armario	**armario**
apreciar	**valorar**	armonía	**orden** (b)
aprehender	**coger**	aroma	**olor**
aprendiz	**aprendiz**	arqueado	**curvo**
apresuradamente	**prisa, de**	arrabales	**alrededores**
apresuramiento	**prisa**	arrancar	**quitar**
apresurarse	**apresurarse**	arranque	**rabia**
apretado	**estrecho/tacaño**	arrasador	**admirable**
apretar	**oprimir** (a, b)/**pisar**	arrasar	**derribar/devastar**

atento	**amable**	aullido	**llamada**
atenuar	**reprimir**	aumentar	**agrandarse**
ateo	**irreligioso**	aumento	**aumento**
aterrador	**terrible**	aupar	**levantar**
aterrorizar	**asustar**	aurora	**amanecer**
atesorar	**ahorrar**	auscultar	**examinar**
atestado	**lleno**	austero	**severo**
atestar	**llenar**	auténtico	**admirable/cierto/**
atiborrado	**lleno**		verdadero
atiborrar	**llenar**	auto	**vehículo**
atiborrarse	**saciarse**	autobús	**vehículo**
ático	**buhardilla**	autocar	**vehículo**
atinado	**apropiado**	autóctono	**originario**
atinar	**conseguir +**	automóvil	**vehículo**
	infinitive	autonómico	**libre**
atisbar	**ver**	autónomo	**libre**
atlas	**mapa**	autopista	**camino**
atmósfera	**ambiente**	autor	**escritor**
atolondrado	**temerario**	autoridad	**poder**
atolladero	**apuro/dificultad**	autorizar	**dejar** (b)
atorrante	**malhechor**	autovía	**camino**
atosigar	**aburrir**	auxiliar	**ayudante/ayudar**
atracador	**ladrón**	auxilio	**ayuda**
atracarse	**comer/saciarse**	avalar	**confirmar**
atracción	**encanto**	avance	**aumento/mejoría/**
atracón	**comida** (b)		progreso
atractivo	**atractivo/bonito/**	avaro	**tacaño**
	encanto	avasallar	**oprimir** (a)
atraer	**gustar**	avatares	**peripecias**
atrancar	**cerrar**	ave	**pájaro**
atrapar	**coger**	AVE	**tren**
atrás, dar	**retroceder**	avecinarse	**acercar**
marcha/echarse		avenida	**camino/inundación**
atrasar	**aplazar**	aventado	**atrevido**
atraso	**retraso**	aventajar	**superar**
atravancado	**atrevido**	aventarse	**atreverse/tirarse**
atravesar	**cruzar**	aventurado	**atrevido**
atrayente	**atractivo**	aventurarse	**atreverse**
atreverse	**atreverse**	aventuras	**peripecias**
atrevido	**atrevido/descarado**	aventurero	**atrevido**
atrevimiento	**atrevimiento**	averiguar	**averiguar**
atrición	**arrepentimiento**	aversión	**asco**
atropellar	**derribar**	avezado	**experimentado**
atuendo	**ropa**	avidez	**deseo**
aturdido	**confundido**	avisar	**avisar**
aturdir	**conmover**	aviso	**letrero**
audacia	**atrevimiento**	avispado	**inteligente**
audaz	**atrevido**	avistar	**ver**
audiencia	**público**	avituallar	**alimentar**
auditar	**averiguar**	avivar	**animar**
auditorio	**público**	axiomático	**evidente**
auge	**aumento/cima**	ayuda	**ayuda**
augurar	**prever**	ayuda de cámara	**criada**
aula	**cuarto**	ayuda, prestar	**ayudar**
aullar	**gritar**	ayudante	**ayudante**

ayudar	**ayudar**	barbaridad	**disparate/mucho(s)**
ayuntamiento	**ayuntamiento**	¡barbaridad, qué!	**¡Dios mío!**
azar	**azar**	bárbaro	**admirable/¡Dios**
azotaina	**paliza**		**mío!/fiero**
azotar	**golpear**	¡bárbaro, qué!	**¡Dios mío!**
azote	**golpe**	barbear	**alabar**
azote, dar un	**golpear**	barca/barcaza/barco/	**barco**
azotea	**cabeza/terraza**	barquichuela	
azulejo	**baldosa**	barra	**grupo**
		barraca/barracón	**cabaña**
baboso	**tonto**	barranca/o	**barranco**
bacán	**rico**	barreño	**cubo**
bacilo	**bacilo**	barrer	**limpiar**
bacteria	**bacilo**	barrera	**barrera/obstáculo**
báculo	**palo**	barricada	**barrera**
bache	**agujero**	barriga	**barriga**
bachicha	**gordo**	barrio	**región**
bagaje	**equipaje**	barro	**barro**
bahía	**golfo**	bártulos	**cosa**
baile	**baile**	barullo	**ruido** (a)
bajada	**cuesta**	basca	**grupo**
bajar(se)	**bajar/decaer**	base	**base**
bajito	**pequeño**	basílica	**iglesia**
bajo	**bajo/debajo**	basto	**grosero**
	de/pequeño	bastón	**palo**
bala de cañón	**pelota**	basura/basurero	**basura**
balance	**resultado**	bata	**abrigo**
balido	**sonido hecho por**	batalla	**disputa/pelea**
	animales	bate de béisbol	**palo**
balbucear/balbucir	**tartamudear**	batir	**superar**
balcón	**terraza**	batuta	**palo**
balda	**estantería**	baúl	**caja**
baldosa	**baldosa**	bautizar	**llamar**
baldosín	**baldosa**	bayeta	**tejido**
balón	**pelota**	bazar	**tienda**
ballet	**baile**	bazofia	**comida** (a)
bancar	**soportar** (a)	beato	**religioso**
bancarrota	**fracaso**	bebé	**niño**
banco	**silla**	beber	**beber**
banda	**grupo/orquesta**	bebido	**borracho**
bandada	**manada**	beibi	**niño**
bandeja	**cubo**	bellaco	**malhechor**
bandera	**bandera**	bello	**bonito**
banderín	**bandera**	bendito	**sagrado**
banderola	**bandera**	beneficio	**beneficio**
bando	**grupo/orden** (a)	beneficioso	**rentable**
banqueta	**silla**	beneplácito	**acuerdo**
banquete	**comida** (b)	benévolo	**amable**
bañar	**mojar**	beodo	**borracho**
baño	**wáter**	berrear	**gritar**
bar	**café**	berretín	**afecto**
baranda	**olor**	best seller	**libro**
bara(h)únda	**ruido** (a)	bestia	**animal/ignorante**
barba, hacer la	**alabar**	betabel	**viejo**
barbacoa	**comida** (b)	bichi	**desnudo**

bueno, dar el visto	**dejar** (b)	cacharro	**cosa/vehículo**
bufete	**cuarto**	cachear	**examinar**
bufonada	**broma**	cacheo	**revisión**
buhardilla	**buhardilla**	cachivache	**cosa**
bulevar	**camino**	cacho	**trozo**
bulín/bulo	**casa**	cachondearse	**burlarse**
bulo	**mentira**	cachondo	**cómico/erótico**
bullicio	**ruido** (a)	cachucha	**sombrero**
bungalow	**casa**	cadena	**empresa/fila**
buque	**barco**	caducado	**viejo**
burdo	**grosero**	caduco	**viejo**
burlar	**engañar**	caer	**convenir**
burlarse	**burlarse**		(b)**/entender**
burrada	**disparate**	caer(se)	**caer(se)**
burro	**burro/ignorante**	caer en desuso	**decaer**
busarda	**barriga**	café	**café**
busca de, en	**búsqueda**	cafetería	**café**
buscar	**buscar/golpear**	cafetín	**café**
búsqueda	**búsqueda**	cafúa	**cárcel**
butaca	**silla**	cagada	**excremento/fallo**
		cagadero	**wáter**
cabalgadura	**caballo**	cagado	**cómico**
cabalgata	**desfile**	cagar	**defecar/estropear**
caballería	**caballo**	cagarla	**confundirse/**
caballeriza	**establo**		**estropear**
caballero	**hombre**	cagarruta	**excremento**
caballeros	**wáter**	cagarse	**odiar**
caballeroso	**noble**	cagazo	**miedo**
caballito	**caballo**	cagón/cagueta	**cobarde**
caballo	**caballo**	caída	**fracaso/pecado**
cabaña	**cabaña**	caída de la noche	**tarde**
cabecilla	**jefe**	caja	**caja/envoltura**
cabellera	**pelo**	cajón	**caja**
cabello(s)	**pelo**	cajón, de	**evidente**
caber	**entrar**	cajuela	**caja**
cabeza	**cabeza/jefe**	cala	**golfo**
cabeza dura	**tonto**	calabobos	**lluvia**
cabeza, calentarse la	**pensar**	calar	**mojar**
cabeza, ido de la	**loco** (b)	calcar	**copiar**
cabeza, meter en la	**convencer**	calcinar	**quemar**
cabezada, echar una	**dormir**	calculadora	**ordenador**
cabezota	**testarudo**	calcular	**calcular**
cabida	**lugar** (b)	calcular, máquina de	**ordenador**
cabildo	**ayuntamiento**	caldeado	**caliente**
cabizbajo	**desalentar**	caldera	**olla**
cabrearse	**enfadarse**	calderilla	**dinero**
cabuz	**culo**	caldo	**caliente**
caca	**excremento**	calentarse la cabeza	**pensar**
caca, hacer	**defecar**	caleta	**golfo**
cacerola	**olla**	calidad	**clase**
cacique	**jefe**	cálido	**caliente**
caco	**ladrón**	caliente	**caliente**
cacucha	**sombrero**	calificar	**valorar**
cacha	**pierna**	calima/calina	**niebla**
cachada	**broma**	calma	**tranquilidad**

calma, con	lentamente	candente	caliente
calmante	droga	candidez	ingenuidad
calmar	calmar	cándido	tonto
caló	jerga	candor	ingenuidad
caluroso	caliente/impetuoso	canguelo	miedo
calvario	tormento/dolor	canica	pelota
calzada	suelo	canijo	débil/viejo
calzado	calzado	canino	diente
callado	callado	canjear	cambiar
calle (peatonal)	camino	canoa	barco
callejear	andar	canon	fórmula/ley
callejón (sin salida)	camino	canónigo	clérigo
callejuela	camino	cansado	cansado
cama	cama	cansar	aburrir
camandulero	bonito	cantante/cantaor	cantante
cámara oscura	cuarto	cantar	cantar/hablar
cámara, ayuda de	criada	cantatriz	cantante
camarada	amigo	cantidad	mucho(s)
camarera	criada	cantimplora	botella
camarote	cuarto	cantimplora(s)	pecho
camastro	cama	cantina	café
cambiante	cambiante	canto	borde/piedra
cambiar	cambiar	cantón	casa
camelo	mentira	cantor	cantante
camerino	cuarto	canturrear	cantar
caminante	caminante	cañada/cañón	desfiladero
caminar	andar	caos	desorden
caminata	paseo	caótico	desordenado
camino	camino	capa	abrigo/yacimiento
camino, ponerse en	irse (b)	capaz	hábil
camión/camioneta	vehículo	capazo	bolsa
camorra	pelea	capelo	sombrero
campamento	camping	capellán	clérigo
campana/illa	campana	capital	bienes/dinero/
campechano	sincero		importante/
campeonato	concurso		pueblo
campera	abrigo	capo	jefe
campesino	agricultor/rural	capricho	capricho/deseo/
campestre	rural		gusto
campiña	campo	caprichoso	cambiante
camping	camping	cápsula	pastilla
campo	campo/terreno	cara	cara/descaro
campo, en el	punto de vista,	cara, dar la	afrontar
	desde el	cara, echar en	acusar
camuflar	esconder	cara, hacer/plantar	afrontar
cana	cárcel/pelo/policía	cara, verle la	engañar
canal	río	carabina	fusil
canalizar	encaminar	carácter	carácter
canalla	malhechor	caradura	atrevimiento/
canasta	bolsa		descaro
canasto	bolsa	caradurez	descaro
cancelar	anular	¡caramba!	¡Dios mío!
canciller	político	caravana	embotellamiento/
cancha	terreno		fila
canchero	astuto	¡caray!	¡Dios mío!

conserje	**guardián**	contusión	**magulladura**
conservar	**guardar**	convalidar	**confirmar**
considerable	**importante**	convencer	**convencer**
considerar	**pensar**	convencimiento	**fe**
consigna	**orden** (a)	conveniente	**apropiado**
consiguiente, por	**consiguiente, por**	convenio	**convenio**
consistente	**duro**	convenir	**convenir** (a, b)
consistir	**incluir**	conversación	**conversación**
consolidar	**fijar/reforzar**	conversador	**orador**
conspiración	**intriga**	conversar	**hablar**
constar	**incluir**	convertir	**cambiar**
constatar	**averiguar**	convertirse	**convertirse**
constipado	**constipado**	convicción	**fe**
constiparse	**constipado**	convocar	**llamar**
construcción	**edificio**	convocatoria	**examen/llamada**
construir	**levantar**	convoy	**tren/fila**
consumado	**entero**	cónyuge	**esposa**
consumir	**beber/comer**	coñazo	**pesado**
contabilizar	**calcular**	coñazo, dar el	**molestar**
contactar	**contacto, ponerse en**	¡coño!	**¡Dios mío!**
contacto	**espía**	cooperativa	**empresa**
contacto, lente de	**gafas**	coordinadora	**comisión**
contacto, ponerse en	**contacto, ponerse en**	coordinar	**organizar**
		copa	**premio/trofeo/vaso**
contado, (pagar al)	**dinero**	copa, sombrero de	**sombrero**
contaminado	**sucio**	copiar	**copiar/engañar/repetir**
contaminar	**ensuciar**		
contar	**calcular/contar**	copioso	**fértil**
contemplar	**ver**	copista	**escritor**
contencioso	**dificultad**	copita	**vaso**
contener	**incluir/reprimir**	coraje	**fuerza/rabia**
contenerse	**abstenerse**	corazón	**dedo**
contento	**alegre/borracho**	corazonada, tener una	**prever**
contestar	**contestar/negar**		
contienda	**disputa/pelea**	corcel	**caballo**
contendiente	**rival**	corcho	**envoltura**
contiguo	**cercano**	cordial	**agradable/amable/sincero**
contingente	**casual**		
continuación, a	**después**	cordialidad	**afecto**
continuar	**seguir**	cordillera	**montaña**
contorno(s)	**alrededores**	córner	**esquina**
contradecir	**negar**	corporación	**sociedad**
contradictorio	**contrario**	correccional	**cárcel**
contrariado	**disgustado**	corregir	**cambiar**
contrariedad	**apuro/decepción**	correo	**tren**
contrario	**contrario/rival**	correr	**apresurarse**
contratar	**apuntarse**	correr, a todo	**prisa, de**
contratiempo	**accidente/apuro**	correrías	**peripecias**
contrato	**convenio**	corresponder	**corresponder/convenir** (b)
contribución	**impuesto**		
contrición	**arrepentimiento**	corriente	**viento**
contrincante	**rival**	corriente, poner al	**avisar**
control	**examen**	corrillo	**grupo**
controlar	**dirigir**	corroborar	**confirmar**
contumaz	**testarudo**	corromper	**falsificar**
		cortante	**agudo**

dedo corazón	**dedo**	demora, sin	**inmediatamente**
dedo gordo	**dedo**	demorar	**aplazar**
dedo índice	**dedo**	demostrar	**demostrar**
dedo meñique	**dedo**	demudar	**cambiar**
dedo del pie	**dedo**	denegar	**negar**
dedo pulgar	**dedo**	denominación	**nombre**
deducir	**calcular**	denominar	**llamar**
defecar	**defecar**	denonado	**atrevido**
defecto	**defecto**	dentro de	**en**
defender	**defender/proteger**	denuedo	**atrevimiento**
defenderse	**arreglárselas**	denunciar	**acusar/denunciar**
deficiencia	**defecto/falta**	deparar	**dar**
déficit	**falta**	departir	**hablar**
definitiva, en	**fin, por**	dependiente/a	**ayudante/empleado**
deformar	**falsificar**	deportado	**refugiado**
deformidad	**defecto**	deposición	**excremento**
defraudar	**decepcionar/**	depre	**depresión**
	engañar	depresión	**depresión/tristeza**
degenerar	**decaer/**	deprimido	**triste**
	empeorar(se)	de prisa	**prisa, de**
degollar	**matar**	depurar	**limpiar**
degüello	**matanza**	derivar	**venir de**
dejadez	**descuido/desgana**	derogar	**anular/rechazar**
dejado	**decuidado**	derramar	**dispersar**
dejar	**dejar** (a, b)	derrengado	**cansado**
delante de	**delante de**	derribar	**derribar**
delante, ir	**adelantarse**	derrocar	**derribar**
delantera	**pecho**	derrochar	**malgastar**
delatar	**denunciar**	derrotar	**ganar**
delator	**espía**	derruir	**derribar**
delegación	**comisión**	derrumbar	**derribar**
delegado	**enviado**	derrumbarse	**caerse**
deleitarse	**alegrarse**	desacelerar	**decaer**
deleite	**afición/gusto**	desacierto	**fallo**
deleitoso	**agradable**	desacuerdo	**desacuerdo**
deletéreo	**perjudicial**	desafortunado	**desgraciado**
delgado	**delgado**	desagradable	**molesto**
deliberadamente	**adrede**	desahuciado	**enfermo**
deliberar	**decidir**	desalentar	**desanimar**
delicado	**débil**	desaliento	**decepción/**
delicioso	**agradable/sabroso**		**depresión**
delimitar	**rodear**	desaliñado	**descuidado/**
delincuente	**malhechor**		**desordenado**
delirio	**ilusión**	desamparado	**pobre/solitario**
delito	**delito**	desandar	**andar**
demacrado	**débil/delgado**	desanimar	**desanimar**
demagogo	**orador**	desánimo	**decepción/**
demandar	**pedir**		**depresión**
demás	**resto**	desaparecer	**desaparecer**
demás, por lo	**también**	desaprobar	**rechazar**
demasía, en/con	**abundancia, en**	desaprovechar	**malgastar**
demasiado	**abundancia, en**	desarreglado	**desordenado**
demente	**loco** (a)	desarreglo	**desorden**
demoler	**derribar/destrozar**	desarrollar	**fomentar**
demora	**retraso**	desarrollarse	**ocurrir**

detallista	**comerciante**
detectar	**encontrar(se)**
detective	**policía**
detener	**parar** (a)
detenerse	**parar(se)** (b)
detenidamente	**lentamente**
detenido	**preso**
detenimiento	**cuidado**
deteriorar	**daño,**
	hacer/estropear
deteriorarse	**decaer/empeorar**
determinación	**empeño**
determinar	**causar/convencer/**
	decidir/fijar
detestar	**odiar**
detrás de, ir	**seguir**
detrito/us	**basura**
deuda	**obligación**
deudo	**familiar**
devaluar	**bajar**
devastación	**destrucción**
devastar	**devastar**
devengar	**cobrar**
devolver	**devolver**
devorar	**comer**
devoto	**entusiasta/religioso**
día	**día**
día, poner al	**modernizar**
diáfano	**claro**
diagrama	**bosquejo**
dialecto	**habla**
dialogar	**hablar**
diálogo	**conversación**
diario	**periódico**
dibujo	**bosquejo**
dicho	**locución**
dichoso	**alegre**
diente	**diente**
dientes, hablar entre	**tartamudear**
diestro	**experimentado/**
	hábil
difamar	**ofender**
diferencia	**diferencia**
diferente	**distinto**
diferir	**aplazar**
difícil	**difícil**
dificultad	**apuro/dificultad**
dificultar	**complicar**
dificultoso	**difícil**
difuminarse	**desaparecer**
difundir	**dispersar**
¡digas, no me!	**¡Dios mío!**
dígito	**número**
dilapidar	**malgastar**
dilatado	**largo**

dilatarse	**agrandarse/**
	ensancharse
diligencia	**cuidado/empeño/**
	interés
dilucidar	**aclarar**
diluviar	**llover**
diluvio	**inundación/lluvia**
dimes y diretes	**chisme**
diminuto	**pequeño**
dinamismo	**fuerza**
dineral	**dinero**
dinero	**dinero**
diñarla	**morir(se)**
¡Dios mío!	**¡Dios mío!**
diploma	**certificado**
diplomático	**político**
diputación	**ayuntamiento**
diputado	**enviado/político**
dirección	**dirección**
directivo	**jefe**
director/jefe de	**jefe/profesor**
estudios	
dirigente	**jefe**
dirigir	**dirigir/educar/**
	encaminar
dirigirse	**ir(se)** (a)
dirimir	**anular**
discernimiento	**agudeza**
díscolo	**desobediente**
disconformidad	**desacuerdo**
discordancia	**desacuerdo**
discordante	**distinto**
discordia	**desacuerdo**
discreído	**irreligioso**
discrepancia	**diferencia**
discrepante	**distinto**
discreto	**callado/prudente**
disculpar	**perdonar**
disculparse	**perdón, pedir**
disculpas, pedir	**perdón, pedir**
discurrir	**pensar**
discurso	**discurso**
discusión	**conversación/pelea**
disecar	**cortar**
diseminar	**dispersar**
diseño	**bosquejo**
disensión	**desacuerdo**
disentimiento	**desacuerdo**
diseño	**dibujo**
disertación	**discurso**
disertar	**hablar**
disfraz	**máscara**
disfrazar	**esconder**
disfrutar	**alegrarse/divertirse**
disfunción	**fallo**

disgustado	**disgustado**	documentación	**documentación**
disgustarse	**enfadarse**	documentos	**documentación**
disimular	**esconder**	dolencia	**enfermedad**
disipar	**malgastar**	doler	**sufrir**
disiparse	**desaparecer**	dolor	**dolor/tristeza**
disminuir	**decaer/disminuir**	domar	**educar**
dispar	**distinto**	domicilio	**casa**
disparar	**echar**	dominación	**poder**
disparatado	**absurdo**	dominar	**ganar/oprimir**
disparate	**disparate/tontería**		**(a)/reprimir**
disparidad	**diferencia**	domingas	**pecho**
disparo	**disparo**	dominical	**periódico**
dispendioso	**caro**	don	**regalo**
dispensar	**perdonar**	donación	**regalo**
dispersar	**dispersar**	donaire	**encanto**
disponer	**organizar/poner**	donar	**dar**
disponerse	**decidir**	donativo	**regalo**
disposición	**carácter/**	doncella	**criada/chica**
	colocación/orden	dormilón	**perezoso**
	(b)	dormir	**dormir**
dispuesto	**preparado**	dormitorio	**cuarto**
disputa	**disputa/pelea**	dotación	**grupo**
disputa, sin	**seguramente**	dotar	**dar**
disputarse	**ocurrir**	down	**triste**
distante	**alejado**	draconiano	**severo**
distinguido	**elegante/famoso/**	dramático	**emocionante**
	noble	dramaturgo	**escritor**
distinguirse	**destacar(se)**	drástico	**severo**
distintivo	**señal**	droga	**droga**
distinto	**distinto**	ducho	**experimentado**
distraerse	**divertirse**	duda	**duda**
distribuir	**suministrar**	duda (alguna), sin	**realidad,**
distrito	**región**	(ninguna)	**en/seguramente**
disturbar	**molestar**	dudar	**dudar**
disturbio	**desorden/**	dueño	**jefe**
	desasosiego	dulce	**agradable/amable/**
diva	**cantante**		**dócil**
diván	**silla**	dulce, vino	**vino**
divergencia	**diferencia**	duplex	**casa**
diversidad	**diferencia**	duplicación	**aumento**
diverso	**distinto**	duplicar	**repetir**
divertido	**alegre/cómico**	duplicar(se)	**agrandar(se)**
divertirse	**alegrarse/divertirse**	durante	**durante**
divisar	**ver**	duro	**difícil/dinero/duro/**
divisas	**dinero**		**severo**
divulgar	**decir/dispersar**		
doblado	**curvo**	ebrio	**borracho**
doblar	**doblar/resonar**	eclesiástico	**clérigo**
doblegar	**doblar**	eclipsar	**superar**
doblez	**mentira**	eco, hacer	**resonar**
docente	**profesor**	economato	**tienda**
dócil	**dócil/humilde**	economizar	**ahorrar**
docto	**entendido**	ecuánime	**imparcial**
doctor	**médico**	echar	**despedir/echar**
doctrina	**fe**	echar(se)	**acostarse/matar**

enajenado	**loco** (a)	enemistad	**hostilidad**
enano	**pequeño**	energía	**fuerza**
enardecer	**animar**	enérgico	**fuerte**
encabezar	**encaminar**	energúmeno	**loco** (a)
encabronarse	**enfadarse**	enfadado	**disgustado**
encadenamiento	**serie**	enfadarse	**enfadarse**
encadenar	**atar**	enfado	**rabia**
encajar	**adaptarse/convenir**	énfasis, poner	**resaltar**
	(b)**/meter**	enfatizar	**resaltar**
encaminar	**encaminar**	enfermedad	**enfermedad**
encaminarse	**ir(se)** (a)	enfermería	**hospital**
encantado	**alegre**	enfermizo	**débil/enfermo**
encantador	**atractivo**	enfermo	**enfermo/sufrir**
encantar	**gustar**	enfermo, estar	**sufrir**
encanto	**encanto**	enfrentarse	**afrontar**
encapricharse	**empeñarse**	enfrente de	**delante de**
encararse	**afrontar**	enfurecerse	**enfadarse**
encargado	**empleado**	engalanar	**adornar**
encargar	**pedir**	engalanarse	**vestirse**
encargarse	**ocuparse**	engancharse	**apuntarse**
encariñarse	**querer** (a)	engañar	**engañar**
encarnizamiento	**rabia**	engaño	**ilusión/mentira**
encarrilar	**encaminar**	englobar	**incluir**
encausado	**acusado**	engordar	**agrandar(se)**
encausar	**acusar**	engorroso	**molesto**
encauzar	**encaminar**	engrandecer	**agrandar(se)/**
encender	**encender** (a,		**alabar**
	b)**/quemar**	engreimiento	**orgullo**
encerrar	**incluir/meter**	engreírse	**presumir**
encierro	**retiro**	engullir	**comer(se)**
encinar	**bosque**	enigmático	**secreto**
enclenque	**débil**	enjuagar	**limpiar**
encogerse	**agacharse**	enjuto	**delgado**
encolerizarse	**enfadarse**	enkilombado	**desordenado**
encomiar	**alabar**	enlace	**boda/unión**
encontrado	**contrario**	enlazar	**relacionar**
encontrar(se)	**encontrar(se)/estar**	enlazarse	**unirse**
encoraginarse	**enfadarse**	enmarañar	**complicar**
encorvado	**curvo**	enmascarar	**esconder**
encrucijada	**cruce**	ennegrecer	**ensuciar**
encubridor	**malhechor**	ennegrecerse	**convertirse**
encubrimiento	**delito**	enojado	**disgustado**
encubrir	**esconder/proteger**	enojarse	**enfadarse**
encuentro	**entrevista**	enojoso	**molesto**
encuerado	**desnudo**	enorme	**enorme**
encuesta	**revisión**	enquilombado	**desordenado**
encuesta,	**averiguar**	enredador	**malhechor**
hacer/realizar una		enredar	**engañar**
encumbrar	**alabar/levantar**	enredar(se)	**complicar**
enchincharse	**enfadarse**	enredo	**dificultad/mentira**
enchufar	**ayudar/encender**	enrevesado	**difícil**
	(b)**/relacionar**	enrolarse	**apuntarse**
enchufe	**ayuda**	enroñar	**ensuciar**
endeble	**débil**	enroscado	**curvo**
enemigo	**rival**	ensalzar	**alabar**

ensanchar(se)	agrandar(se)/	equipaje	equipaje
	ensancharse	equipo	equipo
ensanche	aumento	equivalente	parecido
ensayo	intento	equivocación	fallo
enseñante	profesor	equivocarse	confundirse
enseñanza	educación	era	época
enseñar	demostrar/educar	erigir	levantar
enseñorearse	coger	erótico	erótico
enseres	equipaje	erudición	conocimiento
ensimismarse	pensar	erudito	entendido
ensoberbecerse	presumir	erradicar	quitar
ensuciar	ensuciar	errar	andar/confundirse
ensueño	ilusión	error	defecto/fallo
entablar	empezar	esbelto	delgado
entender	entender	esbirro	espía
entendido	entendido	esbozo	bosquejo
entendimiento	inteligencia	escabechar	matar
enterado	entendido	escabroso	agreste
enterar	avisar/decir	ecabullirse	escapar(se)
enterarse	averiguar	escala, hacer	parar(se) (b)
entereza	fuerza	escalar	subir
enternecer	conmover	escalera	escalón
entero	entero	escalinata	escalón
enterrar	enterrar	escalón	escalón
entonces, por aquel	mientras	escándalo	ruido (a)
entorpecer	complicar	escapar(se)	escapar(se)
entrada	billete/entrada	escaparate	ventana
entrar	entrar/empezar	escapatoria	escapatoria
entrar ganas	querer (b)	escape	escapatoria
entregar	dar	escape, a	prisa, de
entremeterse	intervenir	escaramuza	disputa
entretanto	mientras	escarbar	rascar
entretenerse	divertirse	escarmiento	castigo
entretenido	alegre	escarnecer	burlarse de
entrever	entender/ver	escarpado	agreste
entrevista	conversación/	escasez	falta
	entrevista	escéptico	desconfiado/
entrometerse	intervenir		irreligioso
enturbiar	ensuciar	esclarecer	aclarar
entusiasmo	afición/empeño	esclavizar	oprimir (a)
entusiasta	entusiasta/	escoger	elegir
	impetuoso	escolarización	educación
enumeración	lista	escolarizar	educar
envanecerse	presumir	escollo	obstáculo
envanecimiento	orgullo	escombrera	basura
envase	botella/envoltura	escombros	basura
enviado	enviado	esconder	esconder
enviar	enviar	escondido	escondido
enviar a paseo	despedir	escopeta	fusil
envoltura	envoltura	escritor	escritor
épica/epopeya	poema	escritorio	cuarto
epístola	carta	escritura	certificado
época	época	escrupulosidad	cuidado
época, por aquella	mientras	escrupuloso	cuidadoso
equilibrio	orden (b)	escuadrilla	grupo

escuadrón	**grupo**	esquela	**carta/mensaje**
escuálido	**delgado**	esquema	**bosquejo/sumario**
escuchimizado	**delgado**	esquilar	**cortar**
escudriñar	**buscar/examinar**	esquina	**esquina**
escuela	**colegio**	esquivar	**escapar(se)/evitar**
escuincle	**niño**	establecer	**fijar/hacer/**
escurrirse	**escapar(se)**		**organizar/poner**
esencia, en	**realidad, en**	establecimiento	**tienda**
esencial	**hay que/**	establo	**establo**
	importante	estacada	**barrera**
esfera	**esfera**	estación	**época**
esférico	**pelota**	estación de servicio	**gasolinera**
esforzarse	**intentar**	estadio	**fase**
esfuerzo	**intento**	estadista	**político**
esfumarse	**desaparecer**	estado, hombre de	**político**
esgrimir	**usar**	estafar	**engañar/robar**
esmerado	**cuidadoso**	estallar	**explotar**
esmerarse	**intentar**	estamento	**yacimiento**
esmero	**cuidado**	estanco	**tienda**
esmirriado	**débil**	estandarte	**bandera**
eso, por	**consiguiente, por**	estanque	**lago**
eso de, a	**cerca de**	estanquero	**comerciante**
espabilado	**inteligente**	estanquillo	**tienda**
espabilarse	**apresurarse/**	estante	**estantería**
	arreglárselas	estantería	**estantería**
espacio	**lugar** (b)/**programa**	estar	**convenir** (b)/**estar**
espachurrar	**oprimir** (b)	estatuto	**ley**
espada	**espada**	estera/illa	**alfombra**
espantar	**asustar**	estéril	**estéril**
espantarse	**miedo, tener**	estigma	**mancha**
espanto	**miedo**	estilo	**forma**
espantoso	**terrible**	estilo, por el	**así**
esparcir	**dispersar**	estilográfica, (pluma)	**lápiz**
especial	**extraño**	estimar	**calcular/valorar**
especialista	**conocedor/médico**	estimular	**animar**
especie	**clase**	estirpe	**ascendencia**
espectacular	**emocionante**	estómago	**barriga**
espectáculo	**espectáculo**	estoque	**espada**
espectadores	**público**	estorbar	**molestar**
espectro	**fantasma**	estorbo	**obstáculo**
espejuelos	**gafas**	estrafalario	**absurdo/extraño**
espeluznante	**terrible**	estrago(s)	**destrucción**
esperanza	**ilusión**	estragos, causar/hacer	**devastar**
espetar	**contestar**	estrambótico	**extraño**
espía	**espía**	estratagema	**astucia**
espiar	**ver**	estrato	**yacimiento**
espigado	**delgado**	estratosférico	**admirable**
espinoso	**difícil**	estrecho	**estrecho**
espíritu	**fantasma**	estrella	**actor/azar**
espléndido	**generoso**	estrellarse	**caer(se)**
esplendoroso	**brillante**	estremecerse	**temblar**
espolear	**animar/pinchar**	estrenar	**empezar**
esponsorizar	**proteger**	estreno	**principio**
esposa	**esposa**	estrépito	**ruido** (a)
espuerta	**bolsa**	estrés	**tensión**

estresar	**preocupar**
estricto	**severo**
estropear	**estropear/daño, hacer**
estructurar	**organizar**
estruendo	**ruido** (a)
estrujar	**oprimir** (b)**/pisar**
estrujarse los sesos	**pensar**
estuche	**funda**
estudiar	**trabajar**
estupefaciente	**droga**
estupendo	**admirable**
estupidez	**disparate**
estúpido	**tonto**
etapa	**fase**
etiqueta	**billete**
eufórico	**alegre**
euskera	**vasco**
evadirse	**escapar(se)**
evaluar	**valorar**
evasión	**escapatoria**
evento	**suceso**
eventual	**casual**
evidenciar	**demostrar**
evidente	**claro/evidente**
evitar	**escapar(se)/evitar**
evocar	**acordarse**
evolución	**progreso**
exacto	**cuidadoso**
exageración	**mucho(s)**
exagerar	**exagerar**
exaltación	**emoción**
exaltar	**alabar**
examen	**examen/revisión**
examinar	**examinar**
exceder	**superar**
excederse	**exagerar**
excepcional	**excepcional**
excesivo	**enorme**
exceso, en	**abundancia, en**
excitación	**emoción**
excitante	**emocionante**
exclamar	**decir**
excremento	**excremento**
exculpar	**perdonar**
excursión	**paseo**
excusado	**wáter**
excusarse	**perdón, pedir**
excusas, pedir	**perdón, pedir**
excusas, presentar sus	**perdón, pedir**
execrar	**odiar**
exento	**libre**
exequias	**funeral**
exhaustivo	**cuidadoso**
exhausto	**cansado**

exhibición	**exposición**
exhibir	**demostrar**
exhortar	**animar**
exigir	**pedir**
exiliado	**refugiado**
eximir	**liberar/perdonar**
existir	**estar**
éxito, no tener	**fracasar**
éxodo	**escapatoria**
expandirse	**agrandar(se)/ ensancharse**
expansión	**aumento**
expatriado	**refugiado**
expectación	**afición**
expectativa	**afición**
expedición	**viaje**
expedir	**enviar**
expendeduría	**tienda**
experimentado	**experimentado**
experto	**conocedor**
expirar	**acabar/morir(se)**
explayarse	**ensancharse**
explicar	**aclarar/decir**
explicitar	**aclarar**
explorar	**averiguar/buscar**
explosión, hacer	**explotar**
explosionar	**explotar**
explotación	**empresa**
explotar	**explotar**
exponer	**demostrar**
exposición	**exposición**
expresar	**decir**
expresión	**locución**
expreso	**tren**
exprimir	**oprimir** (b)
expulsar	**despedir**
exquisito	**agradable**
extenderse	**agrandar(se)/ ensancharse**
extenso	**largo**
extenuado	**cansado**
exterior	**aspecto**
exterminar	**matar**
exterminio	**matanza**
extirpar	**quitar**
extra	**actor**
extracción	**ascendencia**
extracto	**sumario**
extranjero	**extranjero**
extraño	**excepcional/ extranjero/ extraño**
extraordinario	**excepcional**
extrarradio	**alrededores**
extravagante	**absurdo/extraño**

extraviarse	**perderse**	fascinar	**gustar**
extremadamente	**muy**	fase	**fase**
extremar	**exagerar**	fastidiar	**molestar**
extremo	**borde/fin**	fastidioso	**molesto/pesado**
extremo, en	**muy**	fatal	**fatal**
exuberancia	**abundancia**	fatídico	**fatal**
		fatigado	**cansado**
fabricar	**hacer**	favor, hágame el	**favor, por**
fábula	**mentira**	favor, por	**favor, por**
faca	**cuchillo**	favorable	**apropiado**
fácil	**fácil**	favorecer	**ayudar/fomentar**
facilitar	**suministrar**	favorito	**favorito**
factura	**factura**	faz	**cara**
facultativo	**médico**	fe	**fe**
facundia	**elocuencia**	fecundo	**fértil**
facha	**aspecto**	fecha	**época**
fachada	**aspecto**	fechas, por aquellas	**mientras**
faenar	**trabajar**	fechoría	**delito**
fajo	**montón**	feliz	**alegre**
falda	**cuesta**	felpudo	**alfombra**
falsear	**engañar/falsificar**	fémina	**mujer**
falsedad	**mentira**	fenecer	**morir(se)**
falsificación de	**delito**	fenomenal, pasarlo	**divertirse**
moneda		feraz	**fértil**
falsificar	**copiar/engañar/**	feria	**vacaciones**
	falsificar	feroz	**fiero**
falta	**defecto/falta/**	férreo	**severo**
	pecado	ferry	**barco**
falta, hacer	**necesitar**	fértil	**fértil**
falto, estar	**necesitar**	fertilidad	**abundancia**
faltar	**fracasar/necesitar/**	fervor	**empeño**
	quedar/sobrar	festejos	**vacaciones**
fallar	**decidir/fracasar**	festival	**vacaciones**
fallecer	**morir(se)**	festividad	**vacaciones**
fallido	**fracasar**	festivo, día	**vacaciones**
fallo	**defecto/fallo**	feta	**loncha**
fama	**fama**	fiable	**honrado/verdadero**
familia	**ascendencia/clase**	fiaca	**perezoso**
familiar	**familiar**	ficción	**mentira**
famoso	**famoso**	fichar	**apuntarse**
fan	**entusiasta**	fidedigno	**verdadero**
fanático	**entusiasta**	fiel	**cuidadoso/honrado**
fanfarronear	**presumir**	fieltro, sombrero de	**sombrero**
fango	**barro**	fiera, ponerse hecho	**enfadarse**
fangote	**mucho(s)**	una	
fantasía	**capricho/ilusión**	fiero	**fiero**
fantasma	**fantasma**	fiesta	**juerga/vacaciones**
fantástico	**admirable**	figura	**personaje**
fardón	**atractivo**	figurante	**actor**
farfullar	**tartamudear**	fijar	**fijar/prohibido**
farolear	**presumir**	fijarse	**presente, tener**
faros, chupar	**morir(se)**	fila	**fila**
farra	**juerga**	filing	**emoción**
farsa	**mentira**	filón	**yacimiento**
fascinante	**atractivo**	fin	**fin**

fuego, pegar/prender	**encender (a)/quemar**
fuel	**combustible**
fueloil	**combustible**
fuero	**ley**
fuerte	**castillo/duro/fuerte**
fuerza	**fuerza**
fuga	**escapatoria**
fugarse	**escapar(se)**
fugaz	**corto**
fulgurante	**brillante**
fumar, no	**prohibido**
función	**cargo/espectáculo**
funcionario	**empleado**
funda	**envoltura/funda**
fundamental	**importante**
fundamento	**base**
funeral	**funeral**
funerales	**funeral**
funesto	**fatal**
furgón/furgoneta	**vehículo**
furia	**rabia**
furioso, ponerse	**enfadarse**
furor	**rabia**
furtivo	**escondido/secreto**
fusil	**fusil**
fusil ametrallador	**fusil**
fusión	**unión**
fusionarse	**unirse**
fustigar	**golpear**
futuro	**futuro**
gabán	**abrigo**
gabinete	**cuarto**
gaceta	**periódico**
gachí	**chica**
gacho	**molesto**
gachó	**chico**
gafas	**gafas**
gala	**alarde**
gala de, hacer	**demostrar**
galán	**actor**
galardón	**premio**
galardonado	**ganador**
galeno	**médico**
galerna	**viento**
gallardo	**elegante**
galleta	**golpe**
galleta de tráfico	**embotellamiento**
gallina	**cobarde**
gama	**colección**
gamba	**pierna**
gamberro	**malhechor**
gamuza	**tejido**
gana(s)	**afición**

gana, de mala	**desgana**
ganadero	**agricultor**
ganador	**ganador**
ganancia	**beneficio**
ganar	**cobrar/conseguir/ ganar**
ganas, entrar/tener	**querer (b) + infinitive**
gandalla	**tacaño**
gandul	**perezoso**
gán(g)ster	**malhechor**
ganso	**enorme/perezoso**
garantizar	**afirmar**
garbeo	**paseo**
garboso	**elegante**
garganta	**desfiladero**
garpar	**pagar**
garra	**andrajo**
garrafa	**botella**
garrafal	**enorme**
garrote	**palo**
garuar	**llover**
gas	**combustible**
gasoil	**combustible**
gasóleo	**combustible**
gasolina	**combustible**
gasolina, puesto de	**gasolinera**
gasolinera	**gasolinera**
gastar	**usar**
gasto	**coste**
gato	**empleado**
gavilla	**montón**
gazapo	**fallo**
gaznápiro	**torpe**
gaznate, remojar el	**beber**
gélido	**frío**
gemelo	**parecido**
gemir	**quejarse**
genealógico, árbol	**ascendencia**
general, en	**generalmente**
general, por regla	**generalmente**
generalmente	**generalmente**
generar	**hacer**
género	**clase**
generoso	**generoso**
génesis/Génesis	**principio**
genial, pasarlo	**divertirse**
genio	**carácter**
gentío	**muchedumbre**
genuino	**verdadero**
germanía	**jerga**
germen	**bacilo**
germinar	**brotar**
gestar	**hacer**
gestión	**medida**

gestionar	**dirigir**	gran área/superficie	**tienda**
gesto	**gesto**	grande, pasarlo en	**divertirse**
gigantesco	**enorme**	grandilocuencia	**elocuencia**
gilipollas	**tonto**	grandioso	**enorme**
gilipollez	**disparate**	granel, a	**abundancia, en**
giñar	**defecar**	granizada	**tormenta**
gira	**viaje**	granja	**finca**
girar(se)	**volverse**	granjearse	**conseguir**
girar la cara	**golpear**	granjero	**agricultor**
giro, dar/hacer un	**volverse**	granuja	**malhechor**
glacial	**frío**	gratitud	**gratitud**
globo	**esfera**	grato	**agradable/atractivo**
globo terráqueo	**esfera/mapa**	grato, ser	**gustar**
gloria	**fama**	gravamen	**impuestos**
gloriarse	**presumir**	graznido	**sonido hecho por**
glorieta	**cruce**		**animales**
glorioso	**famoso**	grela, con	**sucio**
glotón	**glotón**	gremio	**sociedad**
goal average	**promedio**	greñas	**pelo**
gobernador	**jefe**	gresca	**disputa/pelea/ruido**
gobernar	**dirigir**		**(a)**
golfo	**golfo/malhechor**	grieta	**agujero**
golpazo	**golpe**	grillado	**loco** (b)
golpe(cito)	**golpe**	gripe	**constipado**
golpe de estado	**rebelión**	gritar	**gritar/llamar**
golpe, dar un	**golpear**	griterío	**llamada**
golpe, de	**repentinamente**	grito	**llamada**
golpear	**golpear**	gritos, dar	**llamar**
golpetear	**golpear**	grosero	**grosero**
golpiza	**paliza**	grueso	**gordo**
gorda, hacer la vista	**caso, no hacer**	gruñir	**quejarse**
gordinflón	**gordo**	grupo	**grupo**
gordo	**gordo/importante**	grupúsculo	**grupo**
gordo, dedo	**dedo**	guacarear(se)	**devolver**
gorgoritos, hacer	**cantar**	guagua	**vehículo**
gorjear	**cantar**	guamiza	**paliza**
gorra	**sombrero**	guantazo, dar un	**golpear**
gorro	**sombrero**	guapo	**bonito**
gorrear	**pedir**	guarache	**calzado**
gorronear	**pedir**	guarda	**guardián**
gota fría	**lluvia**	guardar	**guardar**
gotear	**llover**	guardar rencor	**odiar**
gozar	**alegrarse/divertirse**	guardería infantil	**colegio**
gracia	**broma/encanto/**	guardia/guardián	**guardián**
	regalo	guardia civil	**policía**
gracias a	**mediante**	guarecer	**defender**
gracias, dar las	**agradecer**	guarismo	**número**
gracioso	**alegre/cómico/**	guarrazo, darse un	**caer(se)**
	elegante	guarro	**sucio**
gradación	**orden** (b)	guasa	**broma**
grada/gradería/	**escalón**	guasearse	**burlarse**
graderío		guateque	**juerga**
grado	**escalón/gusto**	guay	**agradable**
gradualmente	**lentamente**	guay, pasarlo	**divertirse**
gragea	**pastilla**	guerra	**disputa/guerra**

guerra, dar	molestar
güevada	disparate
güevón	perezoso
guía	jefe
guiar	encaminar
guijarro	piedra
guillotinar	cortar
guiñapo(s)	andrajo
guipar	ver
guiri	extranjero
guisa	forma
guita	dinero
gustar	gustar
gusto	afición/gusto
gusto, dar	gustar
gustoso	sabroso
habano	cigarro
haber	estar/hay que
hábil	hábil
habilidad	astucia
habitación	cuarto
habitualmente	generalmente
habla	habla
habladurías	chisme
hablar	hablar
hablar entre dientes	tartamudear
hacer	hacer/intentar/ obligar
hacer algo, volver a	repetir
hacer caso, no	caso, no hacer
hacer explosión	explotar
hacer un giro	volverse
hacer llegar	enviar
hacer una pirueta	volverse
hacer trampa	engañar
hacer la vista gorda	caso, no hacer
hacerse	convertirse
hacerse con	coger
hacia	cerca de
hacienda	bienes/finca
hachich/hachís	droga
hado	azar
halagar	alabar
hálito	aliento
hall	entrada
hallar(se)	encontrar(se)
hallarse	estar
hallazgo	invento
hamaca	cama/silla
hambre	deseo
hampa	grupo
hanegada	suelo
haragán	perezoso
harapo(s)	andrajo

harbano	comerciante
hartar	aburrir
hartarse	saciarse
hastiar	aburrir
hatillo	bolsa
hato	manada
hay que	hay que
hayada	bosque
hecatombe	matanza
heces fecales	excremento
hectárea	suelo
hechizar	gustar
hechizo	encanto
hecho	suceso
hecho, de	realidad, en
hediondez/hedor	olor
hegemonía	poder
heladera	frigorífico
heladería	tienda
helado	frío
hembra	chica
henchir	llenar
hendedura/hendidura	agujero
hender	partir
heredad	bienes
herencia	bienes
herido	víctima
herir	ofender/daño, hacer
hermano	clérigo
hermoso	bonito
héroe/heroína	personaje
heroína	droga
herradura, camino de	camino
heterogéneo	distinto
hidalgo	noble
hielera	frigorífico
hierba, no pisar la	prohibido
hilera	fila
hincapié, hacer	resaltar
hincha	entusiasta/molesto
hinchar	molestar
hincharse	ensancharse
hinchársele a alguien los cojones	enfadarse
hiper	muy
hipermercado	tienda
hipnotizar	gustar
hipocorístico, nombre	nombre
hirviendo	caliente
hispano	América del Sur
HispanoAmérica	América del Sur
hispanoamericano	América del Sur
histrión	actor

impartir	**dar**	incomodar	**molestar**
impasibilidad	**desgana**	incomodarse	**enfadarse**
impasible	**indiferente**	incómodo	**molesto**
impavidez	**atrevimiento**	incompatible	**contrario**
impedimento	**obstáculo**	incomunicado	**solitario**
imperfección	**defecto**	inconsciente	**temerario**
imperio	**poder**	inconsecuente	**cambiante**
imperioso	**arrogante**	inconstante	**cambiante**
impertinente	**grosero**	incontestable	**evidente**
imperturbable	**indiferente**	incontestablemente	**seguramente**
impetuoso	**impetuoso**	inconveniente	**obstáculo**
impío	**irreligioso**	incordiar	**molestar**
implantar	**poner**	incorporar	**incluir**
implicar	**acusar**	incorporarse	**unirse**
implorar	**pedir**	incorruptible	**honrado**
importante	**importante**	incrédulo	**desconfiado/**
importe	**coste**		**irreligioso**
importunar	**molestar**	increíble	**admirable**
imprescindible	**hay que**	incrementar(se)	**agrandarse**
impresión	**emoción**	incremento	**aumento**
impresionante	**emocionante**	incriminar	**acusar**
impresionar	**conmover/influir**	incuestionable	**cierto/evidente**
impreso	**folleto**	inculpado	**acusado**
imprevisto	**excepcional/**	inculpar	**acusar**
	repentino	inculto	**grosero/ignorante**
improductivo	**estéril**	incumbir	**corresponder**
impronta	**señal**	incumplir	**fracasar**
improvisadamente	**repentinamente**	indagación	**revisión**
imprudente	**temerario**	indagaciones, hacer	**averiguar**
impuesto(s)	**impuestos**	indagar	**averiguar/buscar**
impugnar	**negar**	indebido	**prohibido**
impulsar	**animar/fomentar**	indecisión	**duda**
impulsivo	**temerario**	indeciso	**indeciso**
imputar	**acusar**	indemne	**ileso**
inadvertencia, (por)	**descuido**	indemnización	**compensación**
inalterable	**indiferente**	indemnizar	**pagar**
inasequible	**caro**	independiente	**libre**
inaudito	**excepcional**	indicación	**señal**
inauguración	**principio**	indicado	**apropiado**
incautar	**coger**	indicar	**demostrar**
incauto	**temerario**	índice	**lista**
incendiar	**encender**	índice, dedo	**dedo**
	(a)/quemar	indicio	**señal**
incendio	**fuego**	indiferencia	**descuido/desgana**
incentivar	**animar**	indiferente	**indiferente**
incentivo	**encanto**	indígena	**originario**
incertidumbre	**duda**	indigente	**pobre**
incidente	**suceso**	indignarse	**enfadarse**
incidir	**influir**	indigno	**bajo**
incierto	**indeciso**	indisciplinado	**desobediente**
incinerar	**quemar**	indiscutible	**cierto**
incitar	**animar**	indispensable	**hay que**
inclinación	**afecto/cuesta**	indispuesto	**enfermo**
incluir	**incluir**	individuo	**hombre**
incólume	**ileso**	índole	**cáracter/clase**

indolencia	**desgana**	inmediaciones	**alrededores**
indolente	**perezoso**	inmediatamente	**inmediatamente**
indomable	**fiero**	inmenso	**enorme**
indómito	**fiero**	inmigrante	**refugiado**
inducir	**convencer**	inmiscuirse	**intervenir**
indudable	**cierto/evidente**	inmovilizar	**parar** (a)
indudablemente	**seguramente**	inmueble	**edificio**
indultar	**perdonar**	inmundicias	**basura**
indumentaria	**ropa**	inmundo	**sucio**
inédito	**nuevo**	inmune	**ileso**
ineficaz	**estéril**	innegable	**cierto/evidente**
inesperadamente	**repentinamente**	innovación	**invento**
inesperado	**excepcional/**	innumerables	**mucho(s)**
	repentino	inocencia	**ingenuidad**
inestable	**cambiante**	inopinado	**excepcional/**
inevitable	**fatal**		**repentino**
infaliblemente	**seguramente**	inoportuno	**molesto**
infame	**bajo**	inquietar	**preocupar**
infancia, jardín de	**colegio**	inquietud	**ansiedad/**
infarto (de	**crisis**		**desasosiego**
miocardio)		inquina, tener	**odiar**
infausto	**fatal**	inquirir	**buscar**
infecundo	**estéril**	insatisfecho	**disgustado**
infelicidad	**desgracia**	inscribirse	**apuntarse**
infeliz	**desgraciado**	inseguridad	**desasosiego/duda**
infiltrado	**espía**	inseguro	**indeciso**
inflarse	**ensancharse**	insensible	**indiferente**
inflexible	**severo/testarudo**	insertar	**meter**
influenciar	**influir**	insertarse	**entrar**
influir	**influir**	insigne	**famoso**
influyente	**famoso/importante**	insistencia	**empeño**
informar	**avisar/decir**	insistir	**empeñarse/resaltar**
informarse	**averiguar**	insolente	**descarado/grosero**
infortunado	**desgraciado**	insólito	**excepcional**
infortunio	**desgracia**	insospechado	**excepcional/**
infructuoso	**estéril**		**repentino**
infundir ánimo/valor	**animar**	inspección	**revisión**
ingeniárselas	**arreglárselas**	inspeccionar	**examinar**
ingenioso	**agudo/hábil**	instalación	**colocación**
ingente	**enorme**	instalar	**poner**
ingenuidad	**ingenuidad**	instante	**rato**
ingerir	**comer**	instante, al	**inmediatamente**
ingerirse	**intervenir**	instituto	**colegio**
inglesa, a la	**así**	instrucción	**educación**
ingresar	**entrar**	instrucciones	**orden** (a)
ingreso	**entrada**	instruido	**entendido**
inhábil	**torpe**	instruir	**educar**
inhumano	**fiero**	insubordinado	**desobediente**
inhumar	**enterrar**	insuficiencia	**falta**
iniciación	**principio**	insuficiente	**estéril**
inicial	**primero**	insultar	**ofender**
iniciar	**empezar**	insulto	**insulto**
inicio	**principio**	insurrección	**rebelión**
injuria	**insulto**	insurreccionarse	**rebelarse**
injuriar	**ofender**	intacto	**entero/ileso**

integral	**entero**	investigaciones, hacer	**averiguar**
integrar	**hacer**	investigador	**científico**
integrarse	**entrar**	investigar	**averiguar/buscar**
íntegro	**entero/honrado**	invocar	**llamar**
intelecto	**inteligencia**	involucrarse	**convertirse/**
inteligencia	**inteligencia**		**intervenir**
inteligente	**hábil/inteligente**	ir	**convenir** (b)/**estar**
intención	**intención**	ir(se)	**ir(se)** (a)
intencionadamente	**adrede**	ir a peor	**empeorar**
intentar	**intentar**	ir de mal en peor	**empeorar**
intento	**intento**	ira	**rabia**
intentona	**intento**	irse	**irse** (b)
interceder	**intervenir**	irse a pique	**caerse**
interceptar	**interrumpir**	irracional	**absurdo**
interés	**afición/interés**	irreflexivo	**temerario**
interferir	**intervenir**	irreligioso	**irreligioso**
interino	**empleado**	irresolución	**duda**
interior de, en el	**en**	irresoluto	**indeciso**
interlocutor	**orador**	irreverente	**irreligioso**
intermitentemente	**veces, a**	irritación	**rabia**
interna	**criada**	irritarse	**enfadarse**
internarse	**entrar**	irrumpir	**entrar**
interno	**médico/preso**	itinerario	**dirección**
interponerse	**intervenir**	ITV	**revisión**
interpretación	**actuación**	IVA	**impuestos**
intérprete	**actor**	izar	**levantar**
interrumpir	**interrumpir**	izquierdo	**izquierdo**
intervalo	**rato**		
intervalos, a	**veces, a**	jaca	**caballo**
intervención	**discurso**	jactancia	**alarde/orgullo**
intervenir	**coger/intervenir**	jactarse	**presumir**
interviú	**conversación/**	jalar	**comer**
	entrevista	jaleo	**pelea/ruido** (a)
intimidar	**asustar**	jamelgo	**caballo**
íntimo	**particular**	jarana	**juerga**
intranquilidad	**ansiedad/**	jardín de infancia	**colegio**
	desasosiego	jarra	**vaso**
intranquilizar	**preocupar**	jauría	**manada**
intrepidez	**atrevimiento**	jefa	**jefe**
intrépido	**atrevido**	jefe	**cabeza/jefe**
intriga	**intriga**	jefe de estudios	**profesor**
introducción	**principio**	jerez	**vino**
introducir	**meter**	jerga	**jerga**
introducirse	**entrar**	jeta	**cara**
inundación	**inundación**	jetear	**dormir**
inundar	**mojar**	jícara	**vaso**
inusitado	**excepcional**	jirón	**andrajo**
inútil	**estéril/torpe**	¡jo!	**¡Dios mío!**
invalidar	**anular**	jocoso	**cómico**
invención	**invento/mentira**	joda	**broma/juerga**
inventario	**lista**	joder	**daño, hacer/**
invento	**invento**		**destrozar/**
inverso	**contrario**		**¡Dios mío!/**
inversor	**comerciante**		**molestar**
investigación	**búsqueda/revisión**	joderse	**empeorar(se)**

jodido	difícil/enfermo
jofaina	cubo
¡jolín!/¡jolines!	¡Dios mío!
jornada	día
jornal	sueldo
jorobar	molestar
jota	baile
jovato	viejo
joven	chica/chico
jovial	alegre
joya	joya
joyero	caja
judiciales	policía
juego	actuación
juerga	juerga
jugada, hacer una mala	engañar
jugar una mala pasada	engañar
juicio, a mi	juicio, a mi
julepe	miedo
jullarse	escapar(se)
jungla	bosque
junta	comisión
juntar	acercar/incluir
juntarse	reunirse/unirse
jurado, vigilante	policía
jurisdicción	poder
jurista	abogado
justificar	defender
justo	estrecho/honrado/ imparcial
kilo	dinero
kilombo	desorden
kiosko	tienda
la	te
la americana/inglesa, a	así
labia	elocuencia
labor	empleo
laborioso	difícil
laburar	trabajar
laburo	empleo
labrador	agricultor
labriego	agricultor/rural
lacónico	corto
lacra	defecto
ladera	cuesta
ladino	astuto
ladrar	gritar
ladrido	sonido hecho por animales
ladrón	ladrón

lago	lago
laguna	fallo/lago
laico	irreligioso
lamentarse	quejarse
lamparón	mancha
lana	dinero
lancha	barco
languidez	depresión
lanzamiento	disparo/principio
lanzar	echar/empezar
lanzarse	tirarse
lapicero	lápiz
lápida	piedra
lapidario	corto
lápiz	lápiz
lápiz de color	lápiz
lapso	rato
lapsus	fallo
largar	hablar
largarse	irse (b)
largo	largo
largo de, a lo	durante
larguirucho	delgado
las	os
lastimar	daño, hacer
lastrar	comer
lata	bote/vehículo
lata, dar la	molestar
lata, ser una	pesado
LatinoAmérica	América del Sur
latinoamericano	América del Sur
latoso	molesto/pesado
lavabos	wáter
lavar	limpiar
laya	clase
lazo	obligación/unión
le	te
leal	honrado/sincero
leche	azar/suerte
leche, (mala)	carácter
lechera	vehículo
leches	disputa
lecho	cama
legado	enviado
legalizar	dejar (b)
legar	dar
legión	mucho(s)
legumbre	verdura
lejano	alejado
lejos	aspecto
lelo	tonto
lengua(je)	habla
lentamente	lentamente
lente	gafas
lente (de contacto)	gafas

lunático	cambiante/loco (a)
lunfardo	jerga
lupa	gafas
lustroso	brillante
luz	dinero
luz, arrojar	aclarar
luz verde, dar	convenir (a)/dejar (b)
llama	fuego
llamada	llamada
llamamiento	llamada
llamar	llamar
llamarada	fuego
llamativo	atractivo
llano	liso/llanura/ sincero
llanura	llanura
llegar a	conseguir + infinitive
llegar a su fin	acabar
llegar a ser	convertirse
llegar, hacer	enviar
llenar	llenar
lleno	lleno
llevar	llevar/soportar (b)
llevar a cabo	acabar/hacer
llevar la contraria	negar
llevar una castaña/una cogorza/una curda/una mierda/un pedo/una trompa	borracho
llevarse	quitar
llorar	llorar
lloriquear	llorar
llover	llover
llovizna	lluvia
lloviznar	llover
lluvia	lluvia
macana	mentira
macanudo	agradable
macarra	malhechor
macizo	fuerte
mácula	mancha
macuto	bolsa
machacar	aplastar/golpear/ resaltar
macho	hombre/masculino
madera	madera
madero	madera/policía
¡Madonna, a la!	¡Dios mío!
¡madre mía!	¡Dios mío!

madre, de puta	admirable/ emocionante
madre, pasarlo de puta	divertirse
madriza	paliza
madrugada	amanecer/ madrugada
maestro	profesor
mafioso	malhechor
magnánimo	generoso
magnate	comerciante
magulladura	magulladura
mahometano	árabe
majadería	tontería
majadero	tonto
majareta	loco (b)
majestuoso	noble
mal	desgracia/ enfermedad/ enfermo
mal de la chaveta	loco (b)
mal, sentirse/ encontrarse	sufrir
mal en peor, ir de	empeorar
mala onda	molesto
mala pata, tener	azar
malandra	malhechor
maleante	malhechor
malecón	pared
maleducado	grosero
malestar	desasosiego
maletero	caja
malgastar	malgastar
malhadado	desgraciado
malhechor	malhechor
malhumorado	disgustado
malo	enfermo
malo, estar	sufrir
malograr	fracasar
malogro	fracaso
maltratar	daño, hacer/estropear
malucho	enfermo
malvado	malhechor
mama	pecho
mamado	borracho
mampara	pared
mamporra	golpe
manada	manada
manantial	río
manar	aparecer/brotar
mancillar	ensuciar
mancha	mancha
manchar	ensuciar
manchón	mancha

mandamás	**jefe**
mandamiento	**orden** (a)
mandar	**enviar**
mandar a paseo	**despedir**
mandato	**orden** (a)
mando	**poder**
manejar	**conducir/dirigir**
manejo	**intriga**
manera	**forma**
manera, a su/de esta	**así**
mangar	**robar**
mangar/manguear	**pedir**
mango	**hombre/** **manivela/mujer**
mangonear	**intervenir**
mangui	**ladrón**
manía, coger/tener	**odiar**
maníaco	**loco** (a)
manifestar	**avisar/decir/** **demostrar**
manifestarse	**aparecer**
manifiesto	**claro**
manifiesto, poner de	**resaltar**
manija	**manivela**
maniobra	**intriga**
manipular	**dirigir**
manivela	**manivela**
mano	**yacimiento**
mano, dar/echar una	**ayudar**
manosear	**tocar**
manotazo	**golpe**
mansión	**casa**
manso	**dócil**
mantener	**afirmar/defender**
manubrio	**manivela**
mañana	**futuro/madrugada**
mañana, de la noche a la	**repentinamente**
mañoso	**hábil**
mapa	**mapa**
mapamundi	**mapa**
maquiavelismo	**astucia**
máquina de calcular	**ordenador**
maquinación	**intriga**
maravilloso	**admirable**
marca	**señal**
marcha	**juerga/progreso/** **salida**
marcha, a toda	**prisa, de**
marcha, ponerse en	**irse** (b)
marcha, puesta en	**colocación**
marcha atrás, dar	**retroceder**
marchar	**andar/morir(se)**
marcharse	**irse** (b)
marchito	**seco**

marear	**molestar**
margen	**borde**
maría	**droga**
mariachi	**cantante**
marijuana	**droga**
marinero	**navegante**
marino	**navegante**
marmaja	**dinero**
marmita	**olla**
marrano	**sucio**
marrar	**fracasar**
marrón	**policía**
marrullería	**astucia**
martirio	**tormento**
más, es	**también**
más tarde	**después**
masacre	**matanza**
masas	**muchedumbre**
máscara	**máscara**
masculino	**masculino**
mascullar	**tartamudear**
masía	**casa/finca**
masticar	**comer**
matamil	**admirable**
matanza	**matanza**
matar	**matar**
matasanos	**médico**
mate	**cabeza**
matemático	**científico**
materia	**tema**
materia gris	**cerebro/** **inteligencia**
material	**tejido**
materno, hospital	**hospital**
matiz	**color**
matricularse	**apuntarse**
matrimonio	**boda**
matungo	**caballo**
matutino	**periódico**
maullido	**sonido hecho por** **animales**
mausóleo	**tumba**
máxima	**locución**
mayor, persona	**viejo**
mayorista	**comerciante**
mazazo	**golpe**
meadero	**wáter**
mear	**orinar**
mecedora	**silla**
mecha, a su	**admirable**
¡mecha, a su!	**¡Dios mío!**
mechón	**pelo**
medalla	**premio**
media	**promedio**
mediación de, por	**mediante**

mirada, echar una	ver	mono	bonito
mirar	ver	montado en el dólar	rico
miras a, con	intención	montaña	montaña
miserable	bajo/pobre/tacaño	montar	conducir/
mísero	pobre		organizar/subir
misionero	enviado	montarse	ocurrir
misiva	carta	monte	bosque/montaña
mismo	parecido	montera	sombrero
mitigar	reprimir	montículo	colina
mitote	chisme	montón	montón/mucho(s)
moco, pegarse el	presumir	monumental	enorme
mocoso	niño	moqueta	alfombra
mochales	loco (b)	morada	casa
mochila	bolsa	moradura/moratón	magulladura
moda	fama	mordaz	agudo
moda, pasado de	viejo	morder	pinchar
modales	actitud	mordisquear	comer
modelo	fórmula	moretón	magulladura
modelos, desfile de	exposición	morfar	comer
modelos, pase de	exposición	morfi	comida (a)
moderado	prudente	morfina	droga
moderar	calmar/reprimir	morir(se)	morir(se)
modernizar	modernizar	morisco/moro	árabe
modesto	humilde	morral	bolsa
modificar	cambiar	morriña	tristeza
modismo	locución	morro	atrevimiento
modo	forma	morrocotudo	enorme
modo, a su/de este	así	mosca, soltar la	dinero
mofarse	burlarse	moscatel	vino
mofletudo	gordo	mosqueado	disgustado
mogollón	dificultad/mucho(s)	mostrar	demostrar
moisés	cama	mote	nombre
mojar	mojar	motel	alojamiento
molar	gustar	motín	rebelión
moler	aplastar/molestar	motivar	animar/causar
molestar	molestar	motivo	causa
molestarse	enfadarse	motivo de, con	causa de, a
molestia	dolor	motora	barco
molesto	molesto/pesado	mover las tabas	apresurarse
molido	cansado	moverse	apresurarse
molón	atractivo	movido	animado
mollera	cabeza	móvil	causa
momentáneo	corto	moza	criada/chica
momentito	rato	mozalbete	chico
momento	época/rato	mozárabe	árabe
momento, al	inmediatamente	mozo	chico
momento, de/por el	ahora	mucama	criada
momentos, por	veces, a	muchacha	criada/chica
mona, irle a alguien	fracasar	muchacho	chico
como la		muchedumbre	muchedumbre
monástico	severo	mucho(s)	mucho(s)
mondar	pelar	mudable	cambiante
moneda	dinero	mudar	cambiar
money	dinero	mudéjar	árabe
monje	clérigo	mudo	callado

pesar	calcular/tristeza	pique, irse a	caer(se)/hundirse
pescar	coger	piragua	barco
pescuezo, retorcer el	golpear	pirarse	irse (b)
pesetero	tacaño	piripi	borracho
pesimista	triste	pirueta, hacer una	volverse
pesquisa	búsqueda	pis, hacer	orinar
pesquisar	buscar	pisada	huella
peste	olor	pisar	aplastar/pisar/
petates	cosa		prohibido
petitero	bonito/elegante	pisar los talones	seguir
petróleo	combustible	piscolabis	comida (b)
petrolero	barco	pishar	orinar
piadoso	religioso	piso	casa/suelo
piar	sonido hecho por	pisotear	aplastar/pisar
	animales	pista	camino/huella/
piara	manada		terreno
piba	chica/niña	pistola	fusil
pibe	chico/niño	pistolero	malhechor
picacho	roca	pitar	silbar
picadillo, hacer	golpear	pitillo	cigarro
picapleitos	abogado	pitorrearse	burlarse
picaporte	manivela	pitufo	niño/policía
picar	aplastar/comer/	pituso	niño
	pinchar	pizca	cosecha
picardía	astucia	placentero	agradable/atractivo
pícaro	astuto/malhechor	placer	gustar/gusto
picárselas	irse (b)	placer, dar	gustar
pico	cima/roca	plagiar	copiar
pico de oro	orador	plan	intención
picos, sombrero	sombrero	plan de, en	así
de tres		planchar la oreja	dormir
piedra/piedrecita	piedra	planear	organizar
pierna	pierna	planeta	esfera
pieza de recambio	trozo	planicie	llanura
pifiada	defecto	planificar	organizar
pifiarla	confundirse	plano	bosquejo/mapa/liso
pila	montón	plano, en el	punto de vista,
píldora	pastilla		desde el
pilotar	conducir	plantado, dejar	dejar (a)
pillar	coger/encontrar(se)	plantar cara	afrontar
pillín/pillo	astuto/malhechor	planteamiento	idea
pimpollo	chica	plantilla	equipo/grupo
pináculo	cima	plañir	quejarse
pinar	bosque	plasmar	hacer
pinchar	pinchar	plata	dinero
pingo	caballo	plática	conversación
pingos	ropa	platicar	hablar
pinta	aspecto/cara	platudo	rico
pintura	cuadro	playera	calzado
piña	mentira	plaza	lugar (b)
pío	religioso	plaza fuerte	castillo
piola	astuto	plegar	doblar
piolada	astucia	plenario	entero
pipa, pasarlo	divertirse	plenitud	abundancia
pipí, hacer	orinar	pleno	lleno

pliego	**hoja**	porfiado	**testarudo**
plisar	**doblar**	pornográfico	**erótico**
plomo	**pesado**	porqué	**causa**
pluma	**lápiz**	porquería	**basura**
(pluma) estilográfica	**lápiz**	porra	**palo**
plusvalía	**aumento/beneficio**	porrazo	**golpe**
población	**pueblo**	porrazo, darse un	**caer(se)**
poblado	**pueblo**	porrillo, a	**abundancia, en**
pobre	**estéril/pobre**	porro	**droga**
pocilga	**establo**	porrón	**botella**
poco a poco	**lentamente**	porta(a)viones	**barco**
pochismo	**jerga**	portal	**entrada**
podar	**cortar/pelar**	portazo	**golpe**
poder	**poder/saber**	porte	**aspecto**
poderío	**poder**	portentoso	**admirable**
podrido de dinero	**rico**	portero	**guardián**
poema	**poema**	porvenir	**futuro**
poesía	**poema**	posada	**alojamiento**
poeta	**escritor**	posaderas	**culo**
policía/poli	**policía**	poseedor	**jefe**
político	**político**	poseído	**loco** (a)
poltrona	**silla**	posesiones	**bienes**
polvo, hecho	**cansado**	poseso	**loco** (a)
polvorosa, poner pies en	**irse** (b)	posible, lo antes	**inmediatamente**
		posiblemente	**quizá**
pollita	**chica**	posición	**actitud**
pollo	**chico**	posponer	**aplazar**
pomada, hacer	**destrozar**	póster	**letrero**
pomada, hecho	**cansado**	postergar	**aplazar/caso, no hacer**
pompis	**culo**		
ponente	**orador**	posterior a	**después de**
poner	**encender (b)/meter/poner**	posteriori, a	**después**
		posteriormente	**después**
poner los cuernos	**engañar**	postre, a la	**fin, por**
poner énfasis	**resaltar**	postular(se)	**pedir**
poner fin/término a	**acabar**	postura	**actitud**
poner pies en polvorosa	**irse** (b)	potencia	**fuerza/poder**
		potenciar	**reforzar**
poner a punto	**mejorar**	potente	**fuerte**
ponerse	**convertirse/ empezar/vestirse**	potestad	**poder**
		potra	**azar**
ponerse en camino	**irse** (b)	potro	**caballo**
ponerse furioso/negro/ hecho una furia	**enfadarse**	practicante	**médico**
		pradera/prado	**campo**
		prángana	**pobre**
poniente	**viento**	preámbulo	**principio**
popó	**excremento**	precario	**cambiante**
popularidad	**fama**	precarización	**duda**
poquita cosa	**débil**	precavido	**prudente**
por	**causa de, a/ durante/ mediante**	preceder	**adelantarse**
		precepto	**ley/orden** (a)
		precio	**coste**
por ello	**consiguiente, por**	precioso	**bonito**
porción	**trozo**	precipicio	**barranco**
porche	**entrada**	precipitación	**lluvia**

precipitadamente	prisa, de/	prevenir	avisar/prever
	repentinamente	prever	prever
precipitarse	tirarse	previamente	antes
precisar	afirmar/necesitar	previsor	prudente
preciso	cuidadoso/hay que	primero	primero
preclaro	famoso	primitivo	primero
predecir	prever	primordial	primero
predicador	orador	primoroso	bonito
predilección	afecto	principal	importante/
predilecto	favorito		primero
predominar	superar	principiante	aprendiz
prefacio	principio	principiar	empezar
preferido	favorito	principio	principio
preferir	elegir	pringar	ensuciar
pregonar	avisar	priori, a	antes
preguntar	pedir	prioritario	primero
premio	premio	prisa	prisa
prenda	ropa	prisa, darse	apresurarse
prenderse	quemar	prisa, de/a toda	prisa, de
prender fuego	encender	prisión	cárcel
	(a)/quemar	prisionero	preso
preocupación	desasosiego	prismáticos	gafas
preocupar	preocupar	privado	particular
preparación	preparación	privarse	abstenerse
preparado	preparado	probablemente	quizá
preparar	organizar	probar	demostrar/
preparativos	preparación		examinar/
presa	lago		intentar
presagiar	prever	problema	dificultad
presagio	predicción	problemática	dificultad
prescindir	abstenerse	probo	honrado
prescripción	orden (a)	procedente	originario/venir de
presencia	aspecto	proceder	venir de
presenciar	asistir	procedimiento	medida
presentarse	aparecer/asistir	procesado	acusado
presente	regalo	procesador(a) de	ordenador
presente, estar	asistir	textos/palabras	
presente, tener	presente, tener	procesar	acusar
presentir	prever	procesión	desfile
preservar	defender	proclamar	avisar
preservativo	funda	procurador	abogado
presidente	jefe	procurar	intentar
presidiario	preso	procurarse	conseguir
presidio	cárcel	prodigalidad	abundancia
presionar	obligar	prodigar	dar
preso	preso	prodigioso	admirable
prestación	actuación	pródigo	generoso
prestar	dar	producir	causar/hacer
prestigioso	famoso	producirse	ocurrir
presumir	presumir	productivo	fértil/rentable
presunción	orgullo	profano	ignorante
presupuestar	calcular	profe	profesor
pretender	intentar/querer (b)	proferir	decir
pretexto	causa	profesión	empleo
prevenido	prudente	profesor	profesor

puré, hacer	**destrozar**	ranchera	**vehículo**
puré, hecho	**cansado**	ranchero	**agricultor**
puro	**cigarro/claro/**	rancho	**cabaña/comida**
	limpio/		**(a)/finca**
	verdadero	rapapolvo, echar un	**regañar**
puro, echar un	**regañar**	rápidamente	**prisa, de**
pusilánime	**cobarde**	rápidez	**prisa**
puta, de la gran	**enorme**	rápido	**prisa, de/tren**
puta, de la san	**admirable**	raquítico	**débil**
puta madre, de	**admirable/**	raro	**excepcional/**
	emocionante		**extraño**
puteado	**disgustado**	rascacielos	**edificio**
putear	**molestar**	rascar	**pelar/rascar**
putiza	**pelea**	rascarse el bolsillo	**pagar**
putsch	**rebelión**	rasgar	**destrozar/partir**
		rasguñar	**rascar**
que	**que**	rasguño, sin un	**ileso**
que, al	**que**	raspar	**rascar**
quebrada	**desfiladero**	rastro	**huella/señal**
quebradero de cabeza	**dificultad**	rata	**tacaño**
quebrantar	**destrozar**	ratero	**ladrón**
quebrar	**destrozar**	ratificar	**confirmar**
quedar	**convenir**	rato/ratito	**rato**
	(a, b)/quedar/	rato, al poco	**desde**
	sobrar	rato, dentro de un	**desde**
quedar(se)	**convertirse/estar**	ratonera	**trampa**
quedarse con	**elegir/engañar/**	raya	**raya/sueldo**
	guardar	rayado	**loco** (b)
quejarse	**quejarse**	rayo	**chispa**
quejoso	**disgustado**	raza	**muchedumbre**
quejumbroso	**disgustado**	razón	**causa**
quemar	**quemar**	razón de, a	**promedio**
querellarse	**quejarse**	razonamiento	**razonamiento**
querer	**querer** (a, b)	razonar	**pensar**
quiebra	**fracaso**	re-	**repetir**
quien, a	**que**	reacondicionar	**modernizar**
quietud	**tranquilidad**	real	**cierto/verdadero**
quilombo	**desordenado**	realidad, en	**realidad, en**
quimera	**fantasma/ilusión**	realizar	**hacer**
químico	**científico**	realizar una encuesta	**averiguar**
quitar	**quitar/robar**	realmente	**realidad, en**
quizá(s)	**quizá**	realzar	**levantar/resaltar**
		reanimar	**animar**
rabia	**rabia**	rebajar	**bajar**
rácano	**tacaño**	rebanada	**loncha**
raciocinio	**razonamiento**	rebaño	**manada**
racha	**tormenta**	rebasar	**superar**
radiante	**brillante**	rebelarse	**rebelarse**
ráfaga	**tormenta**	rebelde	**desobediente**
raíz de, a	**después de**	rebelión	**rebelión**
rajado	**cobarde**	rebuscado	**difícil**
rajar	**hablar/matar/partir**	rebuscar	**buscar**
rajarse	**escapar(se)**	rebuzno	**sonido hecho por**
rampa	**cuesta**		**animales**
ramplón	**grosero**	recabar	**incluir**

ronda	camino/turno	salir	aparecer/brotar/
roñoso	sucio/tacaño		resolver
ropa	ropa	salir adelante	mejorar
ropero	armario	salita	cuarto
rosado, vino	vino	salón	cuarto
rosario	serie	salpicar	ensuciar
rostro	cara	saltar	tirarse
rostro, tirar	paseo	salud	salud
rotativo	periódico	salud, centro de	hospital
rotonda	cruce	saludable	sano
rotulador	lápiz	salvaguardar	proteger
rozar	tocar	salvaje	fiero/salvaje
ruco	viejo	salvar	cruzar/resolver
rugido	sonido hecho por	salvo, sano y	ileso
	animales	sanar	mejorar
ruido	ruido (a, b)	sanatorio, centro	hospital
ruin	bajo	sanción	castigo
ruina	destrucción/fracaso	sancionar	confirmar
rumbo	dirección	sandalia	calzado
rumboso	generoso	sandez	disparate/tontería
rumor	chisme/ruido (b)	sandwich	comida (b)
runrún	ruido (b)	sanear	mejorar
rural/rústico	rural	sangre	ascendencia
ruta	camino	sanidad	salud
rutilante	brillante	sanitario(s)	wáter
		sano	sano
saber	conocimiento/	sano y salvo	ileso
	saber	sano, cortar por lo	parar (a)
saber, hacer	avisar	santiamén	rato
sable	espada	santiamén, en un	prisa, de
sabiduría	conocimiento	santo	sagrado
sabio	entendido	sardana	baile
sabotear	daño, hacer	sarta	serie
sabroso	agradable/sabroso	satírico	agudo
sacar	cobrar/conseguir/	satirizar	burlarse
	quitar	saturado	lleno
sacar adelante	mejorar	saturar	llenar
sacerdote	clérigo	saturarse	saciarse
saciarse	saciarse	sazonar	adornar
saco	abrigo/bolsa	sección	trozo
sacro/sacrosanto	sagrado	seccionar	cortar
sagacidad	agudeza/astucia	seco	delgado/seco
sagaz	agudo/astuto	seco, en	repentinamente
sagrado	sagrado	secretaría	cuarto
sajar	cortar	secreto	escondido/secreto
sala	cuarto	secta	grupo
sala de estar	cuarto	secuaz	entusiasta
salado	caro	secuela	resultado
salario	sueldo	secundar	ayudar
saldar	pagar/resolver	sed	deseo
saldo	resultado	sedante	droga
salero	encanto	sedición	rebelión
salida	escapatoria/	seducir	gustar
	resultado/salida	seductor	atractivo
salida del sol	amanecer	segar	cortar

siniestro	**accidente/ izquierdo**	soltura	**elocuencia**
sinnúmero de	**mucho(s)**	solucionar	**resolver**
sino	**azar**	solventar	**resolver**
sinónimo	**parecido**	sollozar	**llorar**
sinopsis	**sumario**	sombrero	**sombrero**
sinsabor	**decepción**	sombrío	**oscuro**
síntesis	**sumario**	someter	**oprimir** (a)
síntoma	**señal**	someterse	**obedecer**
sinvergüenza	**malhechor**	somnífero	**droga**
siroco	**viento**	sonado	**famoso**
sírvase	**favor, por**	sonaja	**campana**
sirvienta	**criada**	sonajero	**campana**
sisar	**robar**	sonar	**morir(se)**
sistematizar	**organizar**	sondear	**averiguar**
sitio	**lugar** (a, b)	sondeo, hacer/realizar un	**averiguar**
sito	**estar**		
situado	**estar**	soneto	**poema**
situar	**poner**	sonido	**ruido** (a)
sobar	**dormir/tocar**	sonido hecho por animales	**sonido hecho por animales**
soberanía	**poder**		
soberbia	**orgullo**	sopapo	**golpe**
soberbio	**arrogante**	sopesar	**calcular**
sobrar	**sobrar**	soplo	**aliento**
sobras	**basura**	soplón	**espía**
sobre	**cerca de**	soportar	**soportar** (a, b)
sobretodo	**abrigo**	sorber	**beber**
sobrecoger	**asustar**	sorprendente	**admirable**
sobrellevar	**soportar** (a)	sortear	**evitar**
sobrenombre	**nombre**	sosegadamente	**lentamente**
sobrepasar	**superar**	sosegado	**dócil**
sobresaliente	**famoso/importante**	sosegar	**calmar**
sobresalir	**destacar(se)**	sosiego	**tranquilidad**
sobresaltar	**asustar**	sostener	**afirmar/decir/ defender/ soportar** (b)
sobresaltarse	**temblar**		
sobrevenir	**ocurrir**		
socarrón	**astuto**	sotana	**abrigo**
sociedad	**empresa/sociedad**	soterrado	**secreto**
socio	**ayudante**	spot	**programa**
socorrer	**ayudar**	suave	**dócil/liso**
socorro	**ayuda**	suavizar	**disminuir**
sofá	**silla**	subida	**cuesta**
sofocar	**reprimir**	subir	**levantar/subir**
sojuzgar	**oprimir** (a)	súbitamente/súbito, de	**repentinamente**
solapado	**secreto**		
solar	**suelo**	súbito	**repentino**
solariego	**noble**	sublevación	**rebelión**
soler	**generalmente**	sublevarse	**rebelarse**
solicitar	**pedir**	subrayar	**resaltar**
solicitud	**interés**	suburbios	**alrededores**
solicitud, hacer una	**pedir**	subvencionar	**pagar**
sólido	**fuerte**	subyugar	**oprimir** (a)
solitario	**solitario**	suceder	**ocurrir/seguir**
solo	**solitario**	sucesión	**serie**
soltar	**liberar**	sucesivo, en lo	**después**
		suceso	**suceso**

tardanza	**retraso**	terco	**testarudo**
tardanza, sin/tardar, sin	**inmediatamente**	terminar	**acabar**
		terminar, para	**fin, por**
tarde	**tarde**	término	**fin/palabra**
tarde, más	**después**	término, poner	**acabar**
tarde en tarde, de	**veces, a**	termo	**botella**
tarea	**empleo**	terráqueo, globo	**esfera/mapa**
tarjeta de residencia	**permiso**	terraza	**terraza**
tarrina	**bote**	terreno	**suelo/terreno**
tarro	**bote**	terrible	**terrible**
tartamudear	**tartamudear**	terror	**miedo**
tasa	**impuestos**	terrorífico	**terrible**
tasca	**café**	terso	**liso**
taza/tazón	**vaso**	tesina	**composición**
te	**os/te**	tesis	**composición/tema**
tebeo	**periódico**	tesón	**empeño/fuerza**
técnico	**conocedor**	test	**examen/revisión**
tejido	**tejido**	testa	**cabeza**
tela	**dinero/tejido**	testarudo	**testarudo**
telenovela	**programa**	teta	**pecho**
telescopio	**gafas**	tetorras	**pecho**
telespectadores	**público**	tétrico	**oscuro**
tema	**tema**	tía	**chica**
temblar	**temblar**	tibio	**caliente**
temer	**miedo, tener**	ticket	**billete**
temerario	**temerario**	tictac	**ruido** (b)
temeridad	**atrevimiento**	tiempo	**época**
temor	**miedo**	tiempo, andando el	**mientras**
temperamento	**carácter**	tiempo, tomar el	**burlarse**
tempestad	**tormenta**	tiempo que, al	**mientras**
templar	**calmar**	tienda	**tienda**
temple	**carácter**	tiento	**cuidado**
templo	**iglesia**	tierra	**región/suelo**
temporada	**época**	Tierra	**esfera**
temporal	**corto/tormenta**	tieso	**frío**
tenacidad	**empeño/fuerza**	tildar	**acusar**
tenaz	**testarudo**	timar	**engañar/robar**
tendero	**comerciante**	tímido	**tímido**
tenderse	**acostarse**	tinglado	**dificultad**
tendido	**cama/escalón**	tinte	**color**
tenebroso	**oscuro**	tintinear	**resonar**
tener una castaña/una cogorza/una curda/una mierda/un pedo/una trompa	**borracho**	tinto, vino	**vino**
		tintorro	**vino**
		tío	**chico**
		tipa/tipeja	**chica**
		tipejo	**hombre**
tener que	**hay que**	tipo	**clase/hombre**
tenga a bien	**favor, por**	tirado	**fácil**
tenis, colgar los	**morir(se)**	tirador	**manivela**
tenor de, a	**según** (a)	tiranizar	**oprimir** (a)
tensión	**tensión**	tirantez	**tensión**
tentativa	**intento**	tirar	**derribar/echar/ ir(se) (a)/malgastar**
tentempié	**comida** (b)		
teporocho	**borracho**		
terciar	**intervenir**	tirar para arriba, para	**abundancia, en**

tirar rostro	**paseo**	trabas, poner	**complicar**
tirarse	**tirarse**	trabajador	**empleado**
tiritar	**temblar**	trabajar	**trabajar**
tiro	**disparo**	trabajo	**composición/**
tiro, al	**prisa, de**		**empleo**
¡tiró, que lo!	**¡Dios mío!**	trabajoso	**difícil**
titipuchal	**enorme**	trabar	**empezar**
titubear	**dudar**	traca	**serie**
titular	**profesor**	traficante	**comerciante**
título	**certificado**	tráfico, galleta de	**embotellamiento**
tiza	**lápiz**	tragaldabas	**glotón**
tizne	**mancha**	tragaluz	**ventana**
Tizona/tizona	**espada**	tragar	**aceptar/comer/**
tocar	**corresponder/tocar**		**soportar** (a)
tocar a su fin	**acabar**	tragón	**glotón**
todo terreno	**vehículo**	traición, alta	**delito**
todo, después de	**fin, por**	traicionar	**denunciar/engañar**
toga	**abrigo**	traje	**ropa**
toilette(s)	**wáter**	trama	**intriga**
tolerar	**dejar** (b)/**soportar**	tramar	**hacer**
	(a)	trámite	**medida**
tomar	**beber/coger**	tramo	**trozo**
tomar el tiempo	**burlarse**	tramoya	**trampa**
tomar parte	**interrumpir**	trampa	**trampa**
tomárselas	**irse** (b)	trampa, hacer	**engañar**
tomo	**libro**	tranca	**palo**
tonalidad	**color**	trancazo	**accidente**
tono	**color**	trance	**dificultad**
tono, darse	**presumir**	tranquilamente	**lentamente**
tontería	**disparate**	tranquilidad	**tranquilidad**
tonto	**tonto**	tranquilizante	**droga**
topar(se)	**encontrar(se)**	tranquilizar	**calmar**
tope	**cima**	tranquilo	**dócil/lentamente**
tope, a	**lleno**	transar	**robar**
tópico	**tema**	transatlántico	**barco**
topo	**espía**	transbordador	**barco**
torada	**manada**	transcurrir	**ocurrir**
torbellino	**viento**	transcurso de, en el	**durante**
tormenta	**tormenta**	transeúnte	**caminante**
tormento	**tormento**	transformar	**cambiar**
tornadillero/a	**cantante**	transformarse	**convertirse**
tornar a	**otra vez**	transitar	**cruzar**
tornarse	**convertirse**	transitorio	**corto**
torpe	**torpe**	transmisión	**programa**
torpedear	**destrozar**	transmutar	**cambiar**
torre	**edificio**	transparente	**claro**
torrente	**río**	transportar	**llevar**
tórrido	**caliente**	trapo	**andrajo/tejido**
torta	**golpe**	trapos	**ropa**
tortura	**tormento**	tras	**después de**
tosco	**grosero**	trascendente	**importante**
tostar	**quemar**	trasero	**culo**
total	**entero/fin, por**	trasladar	**llevar**
tozudo	**testarudo**	trasladarse	**irse** (a)
traba	**apuro/obstáculo**	traspasar	**cruzar/superar**

vacilación	**duda**
vacilante	**indeciso**
vacilar	**dudar**
vagabundo	**caminante**
vago	**perezoso**
vaho	**niebla**
vaina	**funda**
vaivenes	**peripecias**
vale	**acuerdo, de/billete/ permiso**
valer	**caso, no hacer/ ganar/fracasar**
valerse	**usar**
valiente	**atrevido**
valioso	**importante**
valor	**significado**
valorar	**valorar**
vals, medio tocame un	**loco** (a)
valuar	**valorar**
valla	**barrera**
vallado	**barrera**
vanagloria	**orgullo**
vanagloriarse	**presumir**
vanidad	**orgullo**
vano	**estéril**
vapor	**barco**
vapulear	**golpear**
vaquería	**establo**
vara	**palo**
variable	**cambiante**
variante	**camino**
variar	**cambiar**
varón	**chico/masculino**
varonil	**masculino**
vas, cómo	**inmediatamente**
vasco/vascongado/ vascuence	**vasco**
vaso	**vaso**
vasto	**largo**
veces, a/algunas	**veces, a**
vecino	**cercano**
vega	**llanura**
vehemencia	**rabia**
vehemente	**impetuoso**
vehículo	**vehículo**
vejestorio	**viejo**
vejete	**viejo**
velar	**cuidar/ocuparse**
veleidoso	**cambiante**
velero	**barco**
velo	**máscara**
velocidad	**prisa**
velozmente	**prisa, de**
vello	**pelo**

vencer	**acabar/ganar**
vendaval	**tormenta/viento**
vendedor	**comerciante**
vendimia	**cosecha**
venenoso	**perjudicial**
venerado	**sagrado**
venideros, tiempos	**futuro**
venir	**convenir** (b)/**venir**
venir de	**venir de**
venta	**alojamiento**
ventajoso	**rentable**
ventana/ventanilla	**ventana**
ventisca	**tormenta**
ventura	**azar**
ver	**ver**
verle la cara a alguien	**engañar**
ver, a mi	**juicio, a mi**
veraneo	**vacaciones**
verbena	**vacaciones**
verdad, a decir	**realidad, en**
verdad, en	**realidad, en**
verdaderamente	**realidad, en**
verdadero	**cierto/verdadero**
verde	**erótico**
verde, dar luz	**convenir** (a), **dejar** (b)
verdura(s)	**verdura**
vereda	**camino**
vergonzoso	**tímido**
vericueto	**camino**
verídico	**cierto/verdadero**
verificarse	**ocurrir**
verja	**barrera**
versado	**entendido**
vertedero	**basura**
vertidos	**basura**
vertiente	**cuesta**
vertiente, en la	**punto de vista, desde el**
vespertino	**periódico**
vesre	**jerga**
vestíbulo	**entrada**
vestido	**ropa**
vestiduras	**ropa**
vestigio	**huella**
vestimenta	**ropa**
vestirse	**vestirse**
veterano	**viejo**
vetusto	**viejo**
vez	**turno**
vez, otra/una vez más	**vez, otra**
vía	**camino**
viaje	**viaje**
viajero/a	**caminante**

viboreo	chisme
vicio	defecto/pecado
vicisitudes	peripecias
víctima	víctima
vid	parra
vidriera	ventana
vidrio	ventana/vidrio
viejo	viejo
viento	viento
vientre	barriga
vientre, hacer de	defecar
vigilante	guardián
vigilante (jurado)	policía
vigilar	cuidar/ocuparse
vigorizar	reforzar
vigoroso	fuerte
vil	bajo
vilipendio	insulto
villa	pueblo
vinculación	unión
vincular	atar/relacionar
vincularse	unirse
vínculo	obligación/unión
vino	vino
violación	delito
violador	malhechor
violento	impetuoso
virar	cambiar/volverse
viril	masculino
virtuoso	honrado
virus	bacilo
viruta	madera
visa	permiso
visado	permiso
visible	evidente
visión	fantasma
visionar	ver
vislumbrar	ver
vísperas de, en	antes
vista gorda, hacer la	caso, no hacer
vistas a, con	intención
vistazo, echar un	ver
visto bueno, dar el	convenir (a)/dejar (b)
visualizar	ver
vituallas	comida (a)
vivas, en carnes	desnudo
víveres	comida (a)
vivienda	casa
viviente	vivo
vivir	estar
vivo	inteligente/vivo
vocablo	palabra

voces, dar	llamar
vociferar	gritar
volada, de	inmediatamente/ prisa, de
voltio	paseo
voluble	cambiante
volumen	libro
voluntad	fuerza
voluntad, tener	querer (b)
volver	volver
volver(se)	convertirse/ volverse
volver a	vez, otra
volver a hacer	repetir
vomitar	devolver
voz	palabra
vuelta	paseo/vuelta
vuelta, dar la/una	volverse
vueltas, dar	pensar/volverse
vulnerar	daño, hacer
wáter/WC	wáter
yacimiento	yacimiento
yantar	comer/comida (a)
yate	barco
yegua	caballo
yeguada	manada
yermo	estéril
zafio	grosero
zafra	cosecha
zagal	chico
zaguán	entrada
zambullirse	tirarse
zamparse	comer
zanjar	decidir/resolver
zapateado	baile
zapatilla	calzado
zapato	calzado
zarpar	irse (b)
zarrapastroso	sucio
zócalo	base
zona	región
zoólogo	científico
zorete	excremento
zorro	astuto
zozobra	ansiedad
zueco	calzado
zumbido	ruido (b)
zurdo	izquierdo
zurra	paliza
zurrar	defecar/golpear

Index of Argentinian items with frame titles

Argentinian–Spanish

Adán y sin la hoja, como	**desnudo**	croqueta	**cerebro**
adición	**factura**	culo	**azar**
ambiente	**cuarto**	culo parado	**arrogante**
anteojos	**gafas**	currar	**robar**
apolillar	**dormir**		
apurarse	**apresurarse**	chacarero	**agricultor**
atorrante	**malhechor**	chantada	**descaro**
auto	**vehículo**	cheto	**jerga**
		chimento	**chisme**
		chinche	**rabia**
bacán	**rico**	chismosear	**curiosear**
bachicha	**gordo**	chorrear	**robar**
bancar	**soportar** (a)	chorro	**ladrón**
baranda	**olor**	chupado	**borracho**
¡bárbaro!	**¡Dios mío!**	chupar(se)	**beber**
barra	**grupo**	chupar las medias	**alabar**
berretín	**afecto**	churro	**atractivo**
birome	**lápiz**	chusmear	**curiosear**
biyuya	**dinero**		
bochinche	**ruido** (a)	dar una mano	**ayudar**
boleto	**billete**	desbolado	**desordenado**
bolsa, hacer	**destrozar**	desbole	**desorden**
bolsa, hecho	**cansado**	desmadre, hecho un	**desordenado**
boludez	**disparate**	despelotado	**desordenado**
bronca	**rabia**	despelote	**desorden**
bulín/bulo	**casa**	despiolado	**desordenado**
busarda	**barriga**	despiole	**desorden**
cachada	**broma**	embolar	**aburrirse**
cafúa	**cárcel**	emputecido	**disgustado**
cagazo	**miedo**	enchincharse	**enfadarse**
caldo	**caliente**	enkilombado/ enquilombado	**desordenado**
camandulero	**bonito**		
campera	**abrigo**	enroñar	**ensuciar**
cana	**cárcel/policía**	escritorio	**cuarto**
canchero	**astuto**		
caradurez	**descaro**	fangote	**mucho(s)**
cargada	**broma**	feta	**loncha**
carro	**vehículo**	fiaca	**perezoso**
catrera	**cama**		
cobre	**dinero**	galleta de tráfico	**embotellamiento**
cófrade	**amigo**	garpar	**pagar**
colectivo	**vehículo**	garuar	**llover**
conchabarse	**apuntarse**	gran puta, de la	**enorme**
conchabo	**empleo**	grela, con	**sucio**

Index of Mexican items with frame titles

Mexican–Spanish

abarrotes, tienda de	**tienda**
abusado	**inteligente**
acabadón	**viejo**
amarrado	**tacaño**
apretado	**tacaño**
apurado	**prisa, de**
apurarse	**apresurarse**
arriba, para tirar para	**abundancia, en**
arriba, patas para	**desordenado**
atravancado	**atrevido**
aventado	**atrevido**
aventarse	**atreverse/tirarse**
baboso	**tonto**
bandeja	**cubo**
barba, hacer la	**alabar**
barbear	**alabar**
beibi	**niño**
betabel	**viejo**
bichi	**desnudo**
bola (de gente)	**muchedumbre**
boleto	**billete**
boleto, de	**inmediatamente**
botana	**broma/comida** (a)
botanear	**comer**
botar	**malgastar**
bote	**cárcel**
broncón	**apuro**
broncota	**dificultad**
cabeza dura	**tonto**
cabuz	**culo**
cachucha	**sombrero**
cagado	**cómico**
cajuela	**caja**
camión	**vehículo**
cantón	**casa**
cantor	**cantante**
carro	**vehículo**
cigarro	**cigarrillo**
cinco	**trampa**
codo	**tacaño**
coete	**borracho**
colgar los tenis	**morir(se)**

¡cómo vas!	**inmediatamente**
compa(dre)	**amigo**
congestionamiento	**embotellamiento**
consultar	**examinar**
covacha	**cabaña**
coyón	**cobarde**
cuaco	**caballo**
cuarto	**cuarto**
cuate	**amigo**
cubeta	**cubo**
cuentear	**engañar**
cuero	**mujer**
chamaca	**chica**
chamaco	**chico**
chamarra	**abrigo**
chamba	**empleo**
chambear	**trabajar**
chance	**quizá**
chanclas, hasta las	**borracho**
changarro	**tienda**
chaparro	**pequeño**
chava	**chica**
chavalo	**chico**
chavo	**chico**
checar	**averiguar**
chévere	**admirable**
chichis	**pecho**
chido	**admirable/bonito**
¡Chihuahua, ah!	**¡Dios mío!**
chillar	**llorar**
chinga	**paliza**
chingada, de la	**bajo**
chingadazo	**golpe**
chingar	**engañar/ganar/ molestar/robar**
chingo	**mucho(s)**
chingón	**agradable/molesto**
chípil	**triste**
chiripazo	**azar**
cholo	**malhechor**
chorro	**mucho(s)**
chota	**policía**
chupar(se)	**beber**

pizca	**cosecha**	tamarindo	**policía**
platicar	**hablar**	tambo	**cárcel**
pochismo	**jerga**	tendido	**cama**
prángana	**pobre**	tenis, colgar los	**morir(se)**
procesadora (de palabras)	**ordenador**	teporocho	**borracho**
		tienda de abarrotes	**tienda**
profesor	**profesor**	tirar para arriba, para	**abundancia, en**
putiza	**pelea**	tirar rostro	**paseo**
		titipuchal	**enorme**
ranchero	**agricultor**	transar	**robar**
rancho	**finca**	tronarla	**fracasar**
rascacielos	**edificio**		
raya	**sueldo**	¡uta!	**¡Dios mío!**
raza	**muchedumbre**		
recámara	**cuarto**	vaciado	**cómico**
refri	**frigorífico**	valer	**fracasar**
regarla	**confundirse/ fracasar**	valerle a alguien	**no tener en cuenta/no hacer caso de**
reprobar	**fracasar**		
restorán, pasarle a alguien un	**gustar**	¡vas, cómo!	**inmediatamente**
		verle la cara a alguien	**engañar**
retacado	**lleno**	viboreo	**chisme**
revén/reventón	**juerga**	vidrio	**ventana**
revisada	**revisión**	volada, de	**inmediatamente/ prisa, de**
rol	**paseo**		
rostro, tirar	**paseo**	volver el estómago	**devolver**
ruco	**viejo**		
		zorro	**astuto**
sanitario(s)	**wáter**	zurrar	**defecar**
sueño, dar	**aburrir**		

Index of English items with frame titles

English–Spanish

advantage, to take	**exagerar**	aid, to	**ayudar**
advantageous	**rentable**	ailing	**enfermo**
adventures	**peripecias**	ailment	**enfermedad**
adventurous	**atrevido**	air	**aspecto/viento**
adversary	**rival**	aircraft carrier	**barco**
adverse	**contrario**	alarm, to	**asustar/preocupar**
adversity	**desgracia**	alcohol test	**revisión**
advertisement	**letrero**	alert	**inteligente**
advertisement,	**programa**	alias	**nombre**
television		alive	**vivo**
afar off, to see	**ver**	all in	**cansado**
affable	**amable**	all right	**acuerdo, de**
affair	**tema**	all things considered	**fin, por**
affect, to	**conmover/influir**	all, after	**fin, por**
affection	**afecto**	alley-way	**camino**
affectionate	**amable**	alliance	**boda/convenio**
affiliated, to become	**unirse**	allocation	**sueldo**
affirm, to	**afirmar**	allow, to	**confirmar/dejar** (b)
afflicted	**triste**	allude, to	**decir**
affliction	**ansiedad/**	allure	**encanto**
	enfermedad/	ally oneself, to	**unirse**
	tristeza	alms, to ask for	**pedir**
afford, to	**dar**	along, to get	**arreglárselas**
affront	**insulto**	along, to go	**cruzar**
afraid of, to be	**miedo, tener**	also	**también**
Africa, South	**Africa del Sur**	altar piece	**cuadro**
Africa, Southern	**Africa del Sur**	alter, to	**cambiar**
African, South	**Africa del Sur**	alter the nature of, to	**falsificar**
after	**después de**	altercation	**disputa/pelea**
after, immediately	**después/después de**	amass, to	**acumular/ahorrar**
after, straight	**inmediatamente**	amazing	**admirable**
afternoon snack	**comida** (b)	ambassador	**enviado**
afterwards	**después**	ambassadorial	**enviado**
again	**otra vez**	delegation	
again, to do	**repetir**	ambition	**deseo**
again, to fall ill	**repetir**	ambush	**trampa**
age	**época**	America, Hispano-	**América del Sur**
aged	**viejo**	/Latin/South	
agent	**empleado**	American, Latin/	**América del Sur**
agent, (secret)	**espía**	South/Spanish	
agitation	**ansiedad/**	American way, in the	**así**
	desasosiego/	amnesty, to	**perdonar**
	emoción	amount	**coste**
agree, to	**aceptar/convenir**	amputate, to	**cortar**
	(a, b)	amuse oneself, to	**divertirse**
agreeable	**agradable**	amusing	**alegre/cómico**
agreed	**acuerdo, de**	anaesthetic	**droga**
agreement	**acuerdo/convenio/**	analogous	**parecido**
	convenir (a, b)	analysis	**revisión**
agreement, to be in/	**convenir** (a)	analysis, in the final	**fin, por**
come to an		anarchic	**desordenado**
agreement with, in	**según** (a)	anarchy	**desorden**
agricultural	**rural**	ancestral	**noble**
ahead, to go	**adelantarse**	ancestry	**ascendencia**
aid	**ayuda**	ancient	**viejo**

Andalusia, large estate in	**finca**	apparel	**ropa**
anger	**rabia**	apparition	**fantasma**
anger, fit of	**rabia**	appeal	**llamada**
angle	**esquina**	appeal, to	**gustar/llamar**
angry	**disgustado**	appear, to	**aparecer**
angry, to become/get	**enfadarse**	appear on the surface, to	**aparecer**
anguish	**ansiedad/tristeza**	appearance	**aspecto/cara**
anguished	**triste**	appetite	**deseo**
animal	**animal**	appetizing	**agradable/sabroso**
animal noise	**sonido hecho por animales**	applaud, to	**alabar**
animal, dung of large	**excremento**	application	**cuidado/interés**
animal, leg of	**pierna**	application, to make an	**pedir**
animal, wild	**animal**	apply for, to	**pedir**
animals, droppings of small	**excremento**	appoint, to	**llamar**
animals, food for	**comida** (a)	appointment	**entrevista**
animals, pack of	**manada**	appreciate, to	**valorar**
animals, to train	**educar**	appreciation	**aumento/beneficio**
animated	**animado**	apprehend, to	**coger**
animosity	**hostilidad**	apprentice	**aprendiz**
annex	**cercano**	approachable	**accesible**
annihilation	**destrucción**	appropriate	**apropiado**
announce, to	**avisar/decir**	appropriate, to	**coger/robar**
announcement	**mensaje**	approval	**acuerdo**
announcer, radio/television	**orador**	approval, to give (one's)	**convenir** (a)**/dejar** (b)
annoy, to	**explotar/molestar**	approve, to	**aceptar**
annoyed	**disgustado**	approximately	**cerca de**
annoyed, to become	**enfadarse**	Arab(ic)	**árabe**
annoying	**molesto/pesado**	Aragonese dance	**baile**
annul, to	**anular**	archaic	**viejo**
anorak	**abrigo**	archbishop	**clérigo**
answer, to	**contestar**	arched	**curvo**
answer for another, to	**afrontar**	ardent	**caliente/impetuoso**
antagonism	**hostilidad**	ardour	**empeño**
antagonistic	**contrario**	arduous	**difícil**
antediluvian	**viejo**	area	**región/suelo**
anthology	**colección**	area, flat	**llanura**
anticipate, to	**adelantarse/prever**	area, hilly, wooded	**montaña**
antipathy	**hostilidad**	area, neighbouring/ outlying/ surrounding	**alrededores**
antiquated	**viejo**	area, newly developed residential	**pueblo**
antithetic	**contrario**		
anxiety	**ansiedad/ desasosiego**	area, wooded	**bosque**
apartment	**casa**	argument	**pelea/ razonamiento**
apathetic	**indiferente**	arid	**estéril/seco**
apathy	**desgana**	arise, to	**aparecer/brotar/ ocurrir**
apex	**cima**		
apogee	**cima**	aristocratic	**noble**
apologies, to present	**perdón, pedir**	armchair	**silla**
apologize, to	**perdón, pedir**	aroma	**olor**

arouse, to	**animar**
arrange, to	**dirigir/organizar/**
	mejorar/poner
arrangement	**convenio/orden**
	(b)/mejoría
array, to	**adornar**
arrest, cardiac	**crisis**
arrogance	**orgullo**
arrogant	**arrogante**
arrogant, to become	**presumir**
arse	**culo**
arse, pain in the	**pesado**
article of clothing	**ropa**
artifice	**astucia**
artist	**actor**
as	**así/según** (b)
as, just/as, such	**según** (b)
aside, to move	**dejar** (a)
ask about, to	**pedir**
ask for alms, to	**pedir**
ask a question, to	**pedir**
aspect	**aspecto**
asphalt	**suelo**
aspiration	**deseo/ilusión**
aspire, to	**intentar**
ass	**burro**
assassin	**malhechor**
assassination	**delito**
assassinate, to	**matar**
assault, to	**atacar**
assent	**acuerdo**
assent, to	**convenir**
	(a)/obedecer
assert, to	**confirmar/decir**
assign, to	**encaminar**
assimilate, to	**entender**
assist, to	**ayudar/defender**
assistance	**ayuda**
assistant	**ayudante**
assistant, doctor's	**médico**
associate	**ayudante**
associate with, to	**unirse**
association	**sociedad**
assuage, to	**calmar**
assure, to	**afirmar/confirmar**
astonishing	**admirable**
astuteness	**astucia**
asylum	**refugio**
atheist	**irreligioso**
atlas	**mapa**
atmosphere	**ambiente**
attaché	**ayudante**
attachment	**afecto**
attack	**crisis**
attack, heart	**crisis**

attack, to	**atacar**
attainable	**accesible**
attempt	**intento**
attempt, to	**intentar**
attempt, wild	**intento**
attend, to	**ayudar**
attention	**cuidado/interés**
attention, to pay	**presente, tener**
attention, to pay no	**caso, no hacer**
attentive	**amable**
attenuate, to	**reprimir**
attitude	**actitud**
attitude of 'could not	**desgana**
care less'	
attorney	**abogado**
attract, to	**gustar**
attraction	**afecto/encanto**
attractive	**atractivo/bonito**
attractiveness	**encanto**
audacious	**atrevido**
audacity	**atrevimiento**
audience	**público**
audit, to	**averiguar**
augur, to	**prever**
austere	**severo**
authentic	**admirable/cierto/**
	verdadero
author	**escritor**
authority	**poder**
authorize, to	**dejar** (b)
autochthonous	**originario**
automatic rifle	**fusil**
autonomous	**libre**
avail oneself, to	**usar**
avenue	**camino**
average	**promedio**
average, goal	**promedio**
aversion	**asco**
avidity	**deseo**
avoid, to	**escapar(se)/evitar**
awake	**inteligente**
award, to	**dar**
aware, to become	**presente, tener**
away, to drop	**decaer**
away, to move	**dejar** (a)
awful	**terrible**
awfully	**mucho(s)**
awesome	**mucho**
awkward	**difícil/**
	molesto/torpe
awkward situation	**apuro**
axiomatic	**evidente**
babble, to	**tartamudear**
babe	**chica**

baby	**niño**	barbecue	**comida** (b)
bacillus	**bacilo**	barbed wire	**barrera**
back room (of shop)	**cuarto**	barefoot	**desnudo**
back out, to	**retroceder**	barge	**barco**
back up, to	**ayudar**	bark	**sonido hecho por**
backing	**ayuda**		**animales**
back-slang	**jerga**	bark, to strip	**pelar**
backslide, to	**repetir**	baron	**jefe**
backwardness	**retraso**	barren	**estéril**
bacterium	**bacilo**	barricade	**barrera**
bad food	**comida** (a)	barrier	**barrera/obstáculo**
bad luck	**azar**	barrister	**abogado**
bad taste, of	**grosero**	base/basis	**base**
bad to worse, to go	**empeorar**	bash	**golpe**
from		bashful	**tímido**
bad-tempered	**disgustado**	bashing	**paliza**
badly, to talk	**hablar/tartamudear**	basilica	**iglesia**
bag	**bolsa**	basket	**bolsa**
bag for sewing	**bolsa**	basket, large	**bolsa**
materials		Basque	**vasco**
bag, saddle/sponge/	**bolsa**	Basque flag	**bandera**
toiletry		Basque language	**vasco**
baggage	**equipaje**	bat, baseball	**palo**
bait	**encanto**	bath, small metal	**cubo**
baker's	**tienda**	bathroom	**wáter**
Balaclava helmet	**máscara**	baton, conductor's	**palo**
balance	**orden** (b),	battle	**disputa/pelea**
	resultado	bawl, to	**gritar**
balcony	**terraza**	bay	**golfo**
ball	**pelota**	bazaar	**tienda**
ball, cannon	**pelota**	be, to	**estar**
ball, large	**pelota**	be situated, to	**estar**
ball, on the	**inteligente**	be up to, to	**hacer**
ballet	**baile**	beach	**borde**
balloon	**esfera**	bear, to	**soportar** (a, b)
ball-point pen	**lápiz**	bear in mind, to	**cuenta, tener en**
ballsed-up, to get	**empeorar**	bear witness, to	**cuenta, tener en**
balls-up	**fallo**	bearing	**aspecto**
balls-up, to make a	**confundirse**	bearings, to lose one's	**perderse**
band	**grupo/orquesta**	beat, to	**ganar/golpear/**
band together, to	**unirse**		**superar**
baneful	**fatal**	beating	**paliza**
bang of door	**golpe**	beautiful	**bonito**
bang, to	**golpear**	because of	**causa de, a**
bang into, to	**encontrar(se)**	become, to	**convenir**
bang with cudgel, to	**golpear**		(b)**/convertirse/**
bank of river	**borde**		**empezar**
bankruptcy	**fracaso**	become obsolete, to	**decaer**
banner	**bandera/letrero**	becoming, to end up	**convertirse**
banquet	**comida** (b)	bed	**cama/yacimiento**
baptize, to	**llamar**	bed,	**cama**
bar	**café/escalón/palo**	rickety/marriage	
bar, low class	**café**	bed, river	**río**
bar, to	**cerrar**	bed, sun-	**silla**
barbarous	**fiero**	bed, to go to	**acostarse**

bedeck, to	**adornar**	big window	**ventana**
bedroom	**cuarto**	big, very	**enorme**
bedroom, hotel	**cuarto**	bigger, to get	**agrandarse/**
bedsitter	**casa**		**ensancharse**
beech wood/grove	**bosque**	bigger, to make	**agrandar**
before	**antes/delante de**	bill	**factura**
before, to go/to put	**adelantarse**	billboard	**letrero**
beforehand	**antes**	billet doux	**carta**
beg, to	**pedir**	bind, to	**atar**
begin, to	**empezar**	bind oneself, to	**unirse**
beginner	**aprendiz**	binge	**juerga**
beginning	**principio**	binoculars	**gafas**
behaviour	**actitud**	biologist	**científico**
behind	**culo**	bird	**pájaro**
behind, to go	**seguir**	biro	**lápiz**
belie, to	**negar**	birth	**principio**
belief	**fe**	bishop	**clérigo**
believable	**verdadero**	bit tight, a	**estrecho**
bell	**campana**	bite, to	**pinchar**
bell round the neck	**campana**	bits	**trozo**
of cows, goats, etc.		biting	**agudo**
bell, small/very	**campana**	black	**oscuro**
small/small hand		blacken, to	**ensuciar**
bells, Hell's!	**¡Dios mío!**	blackmail	**delito**
belly	**barriga**	blackmailer	**malhechor**
belongings,	**cosa/equipaje**	blame	**pecado**
(personal)		blame, to	**acusar**
below	**debajo de/después**	blarney	**elocuencia**
belting, right	**golpe**	bleating	**sonido hecho por**
bench	**silla**		**animales**
bend, round the	**loco** (b)	blemish	**defecto/mancha**
bend, to	**doblar**	blessed	**sagrado**
beneath	**debajo de**	blind drunk	**borracho**
beneficial	**rentable**	blind eye, to turn a	**caso, no hacer**
benefit	**beneficio**	block, large/tower	**edificio**
benevolent	**amable**	block, stumbling	**obstáculo**
bent	**curvo**	block, to	**cerrar**
bent (on), to be	**empeñarse**	block up, to	**cerrar**
bequeath, to	**dar**	bloke	**chico/hombre**
beret	**sombrero**	blood	**ascendencia**
berth	**cama**	bloody awkward	**molesto**
besides	**también**	bloody crazy	**loco** (b)
best seller	**libro**	bloody exciting	**emocionante**
best, to do one's	**intentar**	bloody filthy	**sucio**
betray, to	**denunciar/engañar**	bloody foolish	**tonto**
better, to get	**mejorar**	bloody funny	**cómico**
bewilder, to	**conmover**	bloody Hell's bells!	**¡Dios mío!**
bewildered	**confundido**	bloody obvious	**evidente**
bewitch, to	**gustar**	bloody stupid	**disparate**
big clumsy shoe	**calzado**	act/remark	
big fellow	**hombre**	bloody terrific	**admirable**
big meal	**comida** (b)	bloody angry, to get	**enfadarse**
big mop	**pelo**	bloody scared, to be	**miedo, tener**
big shot	**jefe**	bloomer	**defecto**
big wall(s)	**pared**	blot	**defecto/mancha**

bridle path	camino	bump on head	golpe
brief	corto	bump into, to	encontrar(se)
briefcase	bolsa	bump off, to	matar
bright	brillante/claro/	bunch	grupo
	inteligente	bundle	bolsa/montón
brighten up, to	modernizar	bungalow	casa
brilliant	brillante	bunk	cama
bring, to	llevar	burble, to	cantar
bring to a close, to	acabar	burden, to	aburrir
bring up to date, to	modernizar	bureau	cuarto
bring down, to	bajar	burglary	delito
bring face to face, to	afrontar	burgle, to	robar
bring in, to	meter	burk	tonto
bring to mind, to	acordarse	burn (up), to	quemar
bring nearer, to	acercar	burn to a cinder, to	quemar
bring together, to	acercar/incluir/	burning	caliente
	juntar	burns, anything that	combustible
bring up, to	educar	burst of flames	fuego
bringing up to date	colocación/mejoría	burst, to	explotar
broadcast	programa	burst into, to	entrar
broadcast, to	echar	bury, to	enterrar
brochure	folleto	bus	vehículo
broke	pobre	bus, handle in	manivela
broken-down	desordenado	business	empresa/tema/
broken-down horse	caballo		tienda
broken-down house	cabaña	businessman/woman	comerciante
brook	río	bustle	ruido (a)
brother	clérigo	busy	animado
bruise	magulladura	busy at work, to be	trabajar
brush, to	rascar	butcher's	tienda
brute	animal	butchery	matanza
brutish	fiero	buttocks	culo
bucket	cubo	buzz	ruido (a, b)
bucket, to kick the	morir(se)	buzz of conversation	ruido (b)
bud, to	aparecer	by	mediante
budget, to	calcular	by, to get	arreglárselas
Buenos Aires, slang	jerga	bye-byes, to go	dormir
of		bypass	camino
buffet	café		
buffoonery	broma	cabin	cabaña/cuarto
bugger	molestar	caca	excremento
about/around, to		caca, to go to	defecar
bugger up, to	daño, hacer/	cache	montón
	destrozar/	cad	malhechor
	estropear	café	café
buggered up	enfermo	café, small	café
build, to	levantar	calculate, to	calcular
building	colocación/edificio	calculating machine	ordenador
building, high	edificio	calculator	ordenador
bulletin	mensaje	call	llamada
bull-fighter, to	empezar	call, telephone	conversación
become a qualified		call, to	llamar/valorar
bull fighter's cap	sombrero	call off, to	anular
bulls, herd of	manada	call out, to	llamar
bully, to	asustar	calm	dócil/tranquilidad

calm (down), to	**calmar**		carefulness	**cuidado**
calmly	**lentamente**		careless	**descuidado/ desordenado**
calvary	**dolor/tormento**			
camouflage, to	**esconder**		carelessness	**descuido**
camp	**camping**		caress, to	**tocar**
camp bed	**cama**		caretaker	**guardián**
camp site	**camping**		carpet	**alfombra**
camp, children's	**camping**		carpeting, wall-to-wall	**alfombra**
camping	**camping**			
can	**bote/caja/saber**		carriage-way, dual	**camino**
can you?	**favor, por**		carrier, aircraft	**barco**
can, petrol	**caja**		carry, to	**llevar/soportar** (b)
canal	**río**		carry out, to	**acabar/hacer**
cancel, to	**anular/interrumpir**		carry out an opinion poll, to	**averiguar**
candidate in competitive examination	**rival**		carry to extreme, to	**exagerar**
			cars, long succession of	**embotellamiento**
canine	**diente**			
cannon ball	**pelota**		carton	**botella**
canoe	**barco**		carve up, to	**matar**
canoe, narrow	**barco**		case	**envoltura/funda**
canon	**clérigo/fórmula/ ley**		case, jewel	**caja**
			cash, to pay	**dinero**
canvas	**cuadro**		cassock	**abrigo**
canyon	**desfiladero**		cast, to	**echar**
cap	**envoltura**		castle	**castillo**
cap with(out) peak	**sombrero**		Catalan dance	**baile**
cap, bull-fighter's	**sombrero**		catalogue	**colección/lista**
cap, cardinal's	**sombrero**		Catalonia, farm in	**finca**
cap, cloth	**sombrero**		catastrophic	**terrible**
capable	**hábil**		catch	**manivela**
cape	**abrigo**		catch, to	**coger/encontrar**
capital	**bienes/dinero/ importante/ pueblo**		catch fire, to	**quemar**
			category	**clase**
			cathedral	**iglesia**
caprice	**capricho/deseo/ gusto**		cattle breeder	**agricultor**
			cauldron	**olla**
capricious	**cambiante**		cause	**causa**
capsule	**pastilla**		cause, to	**causar**
captivate, to	**gustar**		cause havoc, to	**devastar**
captive	**preso**		cause to disappear, to	**dispersar**
car	**vehículo**		caution	**cuidado**
car ferry	**barco**		cautious	**prudente**
car window	**ventana**		cavalcade	**desfile**
car, estate	**vehículo**		cave in, to	**caer(se)**
car, saloon	**vehículo**		cavity	**agujero**
caravan	**fila**		cawing	**sonido hecho por animales**
card, identity	**documentación**			
cardiac arrest	**crisis**		cease, to	**parar(se)** (b)
cardinal's cap	**sombrero**		celebration, open air	**vacaciones**
care	**cuidado/interés**		celebrity	**fama**
care, to take	**ocuparse**		cellar, owner of wine	**comerciante**
carefree	**indiferente**		cellar, wine	**café**
careful	**cuidadoso**		centre, civic	**ayuntamiento**
careful, to be	**cuidar**		centre, detention	**cárcel**

centre, health — **hospital**
centre, shopping — **tienda**
ceremony, wedding — **boda**
certain — **cierto**
certainly — **realidad, en/seguramente**
certificate — **certificado**
certify, to — **afirmar**
chain — **empresa/fila**
chain, to — **atar**
chair — **silla**
chair, deck — **silla**
chair, rocking — **silla**
chairman — **jefe**
chaise longue — **cama/silla**
chalet — **casa**
chalk — **lápiz**
challenge, to — **negar**
chambermaid — **criada**
chamois leather — **tejido**
champagne, (Spanish) — **vino**
championship — **concurso**
chance — **azar/casual**
chance, by — **casual**
chancellor — **político**
change, small — **dinero**
change, to — **cambiar/ convertirse/ falsificar**
changeable/changing — **cambiante**
changing room — **cabaña**
channel, irrigation — **río**
channel, to — **encaminar**
chaos — **desorden**
chaotic — **desordenado**
chap — **chico**
chap, little — **hombre**
chap, old — **viejo**
chaplain — **clérigo**
character — **carácter/hombre/ personaje**
character, main — **personaje**
charge — **impuestos**
charge, person in — **empleado/jefe**
charge, to — **acusar**
charge, to take — **ocuparse**
charger — **caballo**
charm — **encanto**
charming — **atractivo**
charismatic — **atractivo**
chart — **mapa**
chase, to — **seguir**
chase away, to — **dispersar**
chasm — **barranco**
chat(ter) — **conversación**

chat(ter), to — **hablar**
chatterbox — **orador**
cheaper, to make — **bajar**
cheat, to — **engañar**
cheating, to steal by — **robar**
check, to — **averiguar/ examinar**
check up/through — **revisión**
cheek — **atrevimiento/culo/ descaro**
cheeky — **descarado/descaro**
cheerful — **alegre**
chemist — **científico**
cherish, to — **alojar**
chest — **armario/caja**
chest of drawers — **armario**
chest, large — **armario/caja**
chew, to — **comer**
chic — **bonito**
chick — **chica/mujer**
chicken — **cobarde**
chief — **jefe**
child — **niño**
child, small — **niño**
child's rattle — **campana**
children's camp — **camping**
children's hospital — **hospital**
chimera — **fantasma/ilusión**
chirping — **sonido hecho por animales**
choice, multiple — **examen**
choose, to — **elegir**
Christmas box — **regalo**
chubby — **gordo**
chump — **tonto**
church — **iglesia**
cigar(ette) — **cigarro**
cigarette end — **cigarro**
cinch — **fácil**
cinder, to burn to a — **quemar**
circle — **sociedad**
circumscribe, to — **rodear**
circumspect — **prudente**
citadel — **castillo**
city — **pueblo**
civic centre — **ayuntamiento**
civil guard — **policía**
civil servant — **empleado**
claim, to (lay) — **pedir**
clamour, to — **gritar/quejarse**
clan — **grupo**
clandestine — **secreto**
clank, to — **crujir**
clarify, to — **aclarar**
class — **clase**

commando platoon	**grupo**
commemorate, to	**acordarse**
commemoration	**vacaciones**
commemorative stone	**piedra**
commence, to	**empezar**
commencement	**principio**
comment, to	**decir**
commit, to	**hacer**
commit a further/second offence, to	**repetir**
committee	**comisión**
committee, coordinating	**comisión**
commitment	**apuro/obligación**
communicate, to	**avisar/contacto, ponerse en**
communiqué	**mensaje**
community	**región/sociedad**
commute, to	**cambiar/ir(se)** (a)
companion	**amigo/esposa**
company store	**tienda**
company, insurance	**empresa**
compare, to	**afrontar**
compendium	**sumario**
compensate, to	**pagar**
compensation	**compensación**
competent	**hábil**
competition	**concurso**
competitive examination	**concurso/examen**
competitive examination, candidate in	**rival**
competitor	**rival**
compilation	**colección/sumario**
complain, to	**quejarse**
complaining	**disgustado**
complaint, to file a	**quejarse**
complement	**grupo**
complete(d)	**entero**
complete, to	**acabar**
complicate, to	**complicar**
complicated	**difícil**
complication	**dificultad**
complications	**peripecias**
compose, to	**hacer/organizar**
composed, to be	**incluir**
comprehension	**inteligencia**
comprise, to	**incluir**
compunction	**arrepentimiento**
compute, to	**calcular**
computer	**ordenador**
comrade	**amigo**
conceal, to	**esconder**
concealed	**escondido**
concede, to	**dar**
conceit	**orgullo**
conceited, to be(come)	**presumir**
conceive, to	**pensar**
concentration	**grupo**
concept	**idea**
conception	**idea**
concern	**empresa/interés**
concert	**convenio**
concise	**corto**
conclude, to	**acabar/fin, por**
conclusion	**fin**
condemned prisoner	**preso**
condom	**funda**
condone, to	**perdonar**
conduct	**actitud**
conduct, to	**dirigir/encaminar**
conductor	**jefe**
conductor's baton	**palo**
confederation, to form a	**unirse**
confer, to	**dar**
conference	**conversación**
conference, speaker at	**orador**
confidant	**amigo**
confidence	**fe**
confidence, lack of	**duda**
confident	**inteligente**
confidential	**secreto**
confinement	**retiro**
confines	**borde**
confirm, to	**confirmar/decir**
confiscate, to	**coger/quitar**
conflict	**guerra/pelea**
conflicting	**contrario**
confront, to	**afrontar**
confuse, to	**complicar/engañar**
confused	**confundido/ desordenado**
confused, to get	**confundirse**
confusion	**desorden/dificultad**
congestion	**embotellamiento**
congregation	**grupo**
conjecture, to	**calcular/prever**
conjectures, to make	**calcular**
connect, to	**contacto, ponerse en/relacionar/ unirse**
connecting road	**cruce**
connection	**ayuda/unión**
connoisseur	**conocedor**

defend, to	defender/proteger	depression	depresión/tristeza
defendant	acusado	deprive oneself, to	abstenerse
defer, to	aplazar	derive from, to	venir de
deficiency	defecto/falta	descend, to	bajar/decaer/venir (de)
deficit	falta		
defile	desfiladero	descry, to	ver
defined, well	claro	desert, to	irse (b)
deform, to	falsificar	deserted	solitario
deformity	defecto	design	bosquejo/intención
defraud, to	engañar	designate, to	llamar
defray (costs), to	pagar	designation	nombre
defy, to	afrontar	desire	afición/capricho/ deseo
degenerate, to	decaer/empeorar		
degree	escalón	desire, to	querer (b)
dehydrated	seco	desist, to	dejar (a)
dejected	triste	despatch, to	comer/enviar
dejection	decepción/ depresión	despicable	bajo
		despondency	decepción/ depresión
delay	retraso		
delay, without	inmediatamente	dessicated	seco
delay, to	aplazar	destabilized	desordenado
delegate	enviado	destination	fin
delegation	comisión	destiny	azar
delegation, ambassadorial	enviado	destitute	pobre
		destroy, to	destrozar
deleterious	perjudicial	destruction	destrucción
deliberate, to	decidir	detailed	cuidadoso
deliberately	adrede	detainee	preso
delicate	bonito/débil	detect, to	encontrar(se)
delicious	agradable/sabroso	detective	policía
delight	afición/gusto	detention centre	cárcel
delight, to	gustar	deteriorate, to	daño, hacer/ decaer/empeorar
delight, to take	alegrarse		
delighted	alegre	determination	empeño
delightful	agradable	determine, to	causar/convencer/ decidir/fijar
delirium	ilusión		
deliver, to	golpear/ suministrar	determined	atrevido
		detest, to	odiar
delivery note	billete	detour, to make a	perderse
deluge	inundación/lluvia	devalue, to	bajar
deluge, to	llover	devastate, to	derribar/devastar
demagogue	orador	devastation	destrucción
demand, to	pedir	develop, to	fomentar/hacer
demarcate, to	rodear	developed residential area, newly	pueblo
demolish, to	derribar/destrozar		
demonstrate, to	demostrar	development	aumento/progreso
demoralize, to	desanimar	device	trampa
denominate, to	llamar	devolve upon, to	corresponder
denounce, to	acusar/denunciar	devote oneself, to	ocuparse
deny, to	negar	devoted	religioso
department	trozo	devotee	entusiasta
departure	escapatoria/salida	devour, to	comer
deportee	refugiado	devout	religioso
depress, to	desanimar	diagram	bosquejo
depressed	triste	dialect	habla

disseminate, to	**dispersar**	dominate, to	**ganar/oprimir**
dissension/dissent	**desacuerdo**		**(a)/reprimir**
dissertation	**composición**	domination	**poder**
dissimilar	**distinto**	donate, to	**dar**
dissipate, to	**desaparecer/**	donating/donation	**regalo**
	malgastar	donkey	**burro**
distance covered	**dirección**	door handle	**manivela**
distant	**alejado**	door mat	**alfombra**
distinct	**distinto**	door way	**entrada**
distinguished	**bonito/elegante/**	door, bang of	**golpe**
	famoso/noble	dopey	**tonto**
distinguished, to be	**destacar(se)**	double, at the	**prisa, de**
distress	**tristeza**	double, to	**agrandar(se)/**
distressed	**triste**		**repetir**
distribute, to	**suministrar**	doubling	**aumento**
district	**región**	doubt	**duda**
district, municipal	**región**	doubt, to	**dudar**
distrustful	**desconfiado**	doubt, without	**realidad,**
disturb, to	**conmover/**		**en/seguramente**
	molestar/	dough	**dinero**
	preocupar	down	**triste**
disturbance	**ansiedad/**	down, to break	**hacer daño**
	desasosiego/	down, to get	**bajar**
	desorden/	down, to go	**decaer**
	emoción	down, to knock	**echar**
disturbed	**animado/loco** (a)	down, to let	**decepcionar**
disunity	**desacuerdo**	down, upside	**desordenado**
ditch	**agujero**	downs, ups and	**peripecias**
diva	**cantante**	downpour	**lluvia**
divan	**silla**	downward slope	**cuesta**
dive (into water), to	**echar/tirarse**	dozy	**perezoso**
divergency/diversity	**diferencia**	dozy, to become	**dormir**
diverse	**distinto**	draconian	**severo**
diversion	**camino**	drag, to	**unirse**
divide, to	**repetir**	drain	**escapatoria**
divulge, to	**decir/dispersar**	dramatic	**emocionante**
do, to	**hacer**	dramatist	**escritor**
do again, to	**otra vez/repetir**	drastic	**severo**
do one's best, to	**intentar**	draught	**viento**
do without, to	**abstenerse**	draw out, to	**cobrar**
docile	**dócil/humilde**	drawers, chest of	**armario**
doctor, house	**médico**	drawing	**bosquejo**
doctor, very	**médico**	drawing, rough	**bosquejo**
experienced		dread	**ansiedad/miedo**
doctor's assistant	**médico**	dreadful	**terrible**
doctrine	**fe**	dream	**ilusión**
documents, personal	**documentación**	dress	**ropa**
dodge	**astucia**	dress, fancy	**máscara**
dodge, to	**escapar(se)/**	dress, to	**vestirse**
	evitar	dress up, to	**vestirse**
dogs, pack of	**manada**	dressed, to get	**vestirse**
doll up, to	**adornar**	dressing gown	**abrigo**
dolly-bird	**chica**	dressing room	**cuarto**
doltish	**torpe**	dribble, to	**evitar**
domestic heating fuel	**combustible**	dried out	**seco**

embarrassing	**molesto**
embassy, member of	**político**
embellish, to	**adornar**
embrace, to	**incluir/rodear**
embroil, to	**complicar**
emergency	**emergencia**
emigrant	**refugiado**
eminence	**colina**
emit, to	**echar**
emotion	**emoción**
emotional upheaval	**emoción**
emphasize, to	**resaltar**
empire	**poder**
employ, to	**usar**
employee	**empleado**
employer	**jefe**
empty	**estéril**
emulate, to	**copiar**
enchant, to	**gustar**
enchantment	**encanto**
encircle, to	**rodear**
enclose, to	**meter**
enclosure with fence	**barrera**
encounter, to	**encontrar(se)**
encourage, to	**animar/fomentar**
encouragement	**comida** (a)
end	**borde/fin**
end, cigarette	**cigarrillo**
end, in the	**fin, por**
end, to	**acabar/fin, por/matar/parar** (a)
end, to come to an	**acabar**
end to, to put an	**acabar**
end up, to	**acabar**
end up becoming, to	**convertirse**
ending	**fin**
endless number	**mucho(s)**
endow, to	**dar**
endure, to	**soportar** (a)
enemy	**rival**
energetic	**fuerte**
energy	**fuerza**
English way, in the	**así**
engrossment	**retiro**
enhance, to	**resaltar**
enigmatic	**secreto**
enjoy (oneself), to	**alegrarse/divertirse**
enlarge, to	**agrandar(se)**
enlargement	**aumento**
enlightened	**entendido**
enlist, to	**apuntarse**
enmity	**hostilidad**
enough, and if this weren't	**también**

enough, sure	**realidad, en**
enormous	**enorme**
enquire, to	**buscar**
enquiry	**revisión**
enrol, to	**apuntarse**
ensemble	**grupo**
enslave, to	**oprimir** (a)
entail, to	**causar**
entangle, to	**complicar**
enter, to	**entrar**
entertain oneself, to	**divertirse**
entertaining	**alegre**
enthusiasm	**afición/empeño**
enthusiast	**entusiasta**
enthusiastic	**impetuoso**
entire	**entero**
entomb, to	**enterrar**
entourage	**desfile**
entrance	**entrada**
entrust with, to	**pedir**
entry	**entrada**
enumeration	**lista**
environs	**alrededores**
envoy	**enviado**
ephemeral	**corto**
epic (poem)	**poema**
epistle	**carta**
epoch	**época**
equilibrium	**orden** (b)
equip, to	**dar**
equivalent	**parecido**
era	**época**
eradicate, to	**quitar**
erase, to	**borrar**
erect, to	**levantar**
erotic	**erótico**
err, to	**confundirse**
error	**defecto/fallo**
erudite	**entendido**
erudition	**conocimiento**
escape (route)	**escapatoria**
escape, to	**escapar(se)**
escape, to have a narrow	**liberar**
essay, school/student	**composición**
essence, in	**realidad, en**
essential	**importante**
essential, to be	**hay que**
establish, to	**averiguar/fijar/hacer/organizar/poner**
establishment	**tienda**
estate	**bienes/finca**
estate car	**vehículo**
estate, housing	**pueblo**

fable	**mentira**	farmhouse in Catalonia	**casa/finca**
facade	**aspecto**	farmhouse around Valencia	**cabaña/casa**
face	**aspecto/cara**	farm, large	**finca**
face, slap in	**golpe**	farm land, stretch of	**campo**
face, to	**afrontar**	farmstead	**finca**
face, to slap in	**golpear**	fascinate, to	**gustar**
face to face, to bring	**afrontar**	fascinating	**atractivo**
facing	**delante de**	fascination	**encanto**
facility of speech	**elocuencia**	fashion	**fama**
fact	**suceso**	fashion show	**exposición**
fact, in	**realidad, en**	fast one, to pull a	**engañar**
faction	**grupo**	fasten, to	**cerrar**
factual	**cierto**	fat	**gordo**
faculty office	**cuarto**	fatal	**fatal**
fad	**capricho**	fate	**azar**
fade (away), to	**desaparecer**	fateful	**fatal**
fail to	**fracasar/hundirse**	father	**jefe**
fail, not to	**fracasar**	fatter, to get/make	**agrandar(se)**
fail to fulfil, to	**fracasar**	fatuousness	**orgullo**
failure	**defecto/falta/ fallo/fracaso**	fault	**defecto/fallo/ pecado**
failure, financial	**fracaso**	favour	**regalo**
faint, to	**desmayarse**	favour, to	**ayudar/fomentar**
fair	**vacaciones**	favourable	**apropiado**
fair-minded	**imparcial**	favoured/favourite	**favorito**
faith	**fe**	fear	**miedo**
faithful	**cuidadoso/ honrado**	fear, to	**miedo, tener**
fake, to	**copiar/falsificar**	fearful	**cobarde/tímido**
fall	**fracaso/pecado**	fearful, to be	**miedo, tener**
fall, to	**caer(se)**	fearlessness	**atrevimiento**
fall back, to	**retroceder**	feast day	**vacaciones**
fall headlong, to	**caer(se)**	features	**actuación**
fall ill again, to	**repetir**	fecal matter	**excremento**
falsehood	**mentira**	fecund	**fértil**
falsify, to	**copiar/engañar/ falsificar**	fed-up	**triste**
fame	**fama**	federation, to form a	**unirse**
family	**ascendencia/clase**	feeble	**débil**
family relation	**familiar**	feed, to	**alimentar**
famous	**famoso**	feel, to	**estar/tocar**
fan(atic)	**entusiasta**	feel around, to	**buscar**
fancy dress	**máscara**	feel like, to	**querer** (b)
fang	**diente**	feeling, any strong	**emoción**
fanlight	**ventana**	feeling, to have a	**prever**
fantastic	**admirable**	fees	**factura/sueldo**
fantasy	**capricho/ilusión**	feet, to get cold	**miedo, tener**
far away	**alejado**	fellow	**chico/hombre**
far, to go too	**exagerar**	fellow pupil/student	**amigo**
farce	**mentira**	fellow, big	**hombre**
far-fetched	**difícil**	felt-tipped pen	**lápiz**
farm in Aragon/Catalonia	**finca**	female	**chica**
farmer	**agricultor**	fence	**barrera**
farmhand	**agricultor**	fence, barbed wire	**barrera**
		fence, enclosure with	**barrera**

ferocious	**fiero**	fire, large	**fuego**
ferry boat	**barco**	fire, to	**animar/despedir**
ferry, car	**barco**	fire, to catch	**quemar**
fertile	**fértil**	fire, to set	**encender**
fertility	**abundancia**		**(a)/quemar**
fervour	**afición/empeño**	fireworks, string of	**serie**
festival	**vacaciones**	firm	**duro/empresa**
festivity	**vacaciones**	firmness	**empeño/fuerza**
feud	**disputa**	first	**primero**
fib	**mentira**	first aid kit	**bolsa**
fickle	**cambiante**	first name	**nombre**
fiction	**mentira**	first showing/	**principio**
fiddle	**mentira**	using/wearing	
fiddle with, to	**tocar**	first time, to put on	**empezar**
field	**campo/terreno**	for	
field, in the	**punto de vista,**	fish, to	**trabajar**
	desde el	fist, blow with	**golpe**
fields, sown	**campo**	fit(ting)	**apropiado**
fierce	**fiero**	fit	**crisis**
fiery	**fiero/impetuoso**	fit of anger	**rabia**
fiery speaker	**orador**	fit, to	**adaptarse/convenir**
fight	**disputa/pelea**		**(b)/meter**
fighting spirit	**fuerza**	fit into, to	**entrar/meter**
figure	**personaje/número**	five peseta coin	**dinero**
file	**fila**	fix	**apuro**
file, to	**rascar**	fix, to	**fijar/organizar**
file a complaint, to	**quejarse**	flag	**bandera**
fill, to	**llenar**	flag of convenience	**bandera**
fill in, to	**llenar**	flag, Basque	**bandera**
fill oneself, to	**saciarse**	flag, small	**bandera**
fill with petrol, to	**suministrar**	flagstone	**baldosa**
filth	**basura**	flair	**agudeza**
filthy	**sucio**	flame	**fuego**
filthy pig	**sucio**	Flamenco singer	**cantante**
final analysis, in the	**fin, por**	flames, burst of	**fuego**
finally	**fin, por**	flaming mad, to get	**enfadarse**
finalize, to	**acabar**	flare-up	**fuego**
finance, to	**fomentar**	flash of lightning	**chispa**
financial failure	**fracaso**	flashing	**brillante**
financier	**comerciante**	flashy	**atractivo/bonito**
find	**invento**	flask	**botella**
find, to	**averiguar/**	flask, Thermos	**botella**
	encontrar(se)	flat	**casa/liso**
find oneself, to	**estar**	flat area	**llanura**
find out, to	**averiguar**	flat roof	**terraza**
fine	**acuerdo, de/**	flat, council	**casa**
	agradable/	flat, to roll	**aplastar**
	bonito/castigo/	flatten, to	**aplastar**
	sano	flatter, to	**alabar**
fine rain	**lluvia**	flay, to	**golpear**
fine breeding, of	**elegante**	flee, to	**escapar(se)**
finger	**dedo**	fleece, to	**cortar**
finger, to	**tocar**	fleeting	**corto**
finish (off), to	**acabar/matar**	flick-knife	**cuchillo**
fire	**fuego**	flight	**escapatoria**

flight of steps	**escalón**	form, incorrect	**defecto**
flip-flop	**calzado**	form, to	**hacer**
flock	**manada**	form a federation, to	**unirse**
flood(ing)	**inundación**	form a liaison, to	**unirse**
flood, to	**mojar**	former	**viejo**
floor	**suelo**	formula	**fórmula**
floor cloth	**tejido**	fort	**castillo**
floor tile	**baldosa**	forthwith	**inmediatamente**
flu	**constipado**	fortress	**castillo**
fluke	**azar**	fortuitous	**casual/repentino**
fluky	**casual**	fortune	**azar/bienes/dinero**
fog	**niebla**	fortune, good	**azar**
foil	**espada**	foster, to	**fomentar**
fold, to	**doblar**	foul	**bajo/defecto/sucio**
folding bed	**cama**	foul-mouthed	**descarado**
follow, to	**copiar/entender/**	foundation	**base**
	obedecer/seguir	founder, to	**caer(se)**
follow in hot pursuit, to	**seguir**	fountain pen	**lápiz**
		foxy	**astuto**
follower	**entusiasta**	fragile	**débil**
following	**después de/según**	fragment	**trozo**
	(a)	fragrance	**olor**
fond of women	**erótico**	frail	**débil**
fond of, to be/grow	**querer** (a)	frank	**honrado/sincero**
fondness	**afecto/deseo**	fraud	**delito**
food	**comida** (a, b)	free	**libre/limpio**
food for animal	**comida** (a)	free pass	**permiso**
food product	**comida** (a)	free, to (set)	**liberar**
food, lousy	**comida** (a)	freezer	**frigorífico**
food, soldier's	**comida** (a)	freezing	**frío**
food, to supply with	**alimentar**	frenzy	**afición**
foolish act/remark	**disparate**	fresh	**descarado/frío**
foolish, (bloody)	**tonto**	fresh water lake	**lago**
foot in it, to put one's	**confundirse**	south of Valencia	
		fresher	**aprendiz**
football	**pelota**	fridge	**frigorífico**
footprint	**huella**	friend	**amigo/hombre**
footwear	**calzado**	friendliness	**afecto**
for	**durante**	friendly	**amable/sincero**
force, member of national/private police	**policía**	friendship	**afecto**
		frigid	**indiferente**
		fright, (stage)	**miedo**
force, to	**obligar**	fright, to give a	**asustar**
forecast, to	**prever**	frighten, to	**austar**
foreign(er)	**extranjero**	frightened, easily	**tímido**
foresee, to	**prever**	frightened, to be	**miedo, tener**
forest	**bosque**	frightening	**terrible**
forestall, to	**adelantarse/prever**	frisk, to	**examinar**
forewarned	**prudente**	frisking	**revisión**
forge, to	**engañar/falsificar/**	frivolous	**cambiante/erótico**
	hacer	frog leg	**pierna**
forgive, to	**perdonar**	from	**desde**
fork	**cruce**	from, to be	**venir de**
fork out, to	**dinero/pagar**	front of, in	**delante de**
form	**folleto**	frost-bitten	**frío**

give direction, to	**encaminar**	go beyond, to	**superar**
give a fright, to	**asustar**	go to caca, to	**defecar**
give funds, to	**dar**	go deeply into, to	**entrar/examinar**
give green light, to	**convenir** (a)/**dejar** (b)	go down, to	**bajar/decaer/ hundirse**
give a hand, to	**ayudar**	go too far, to	**exagerar**
give more importance, to	**adelantar**	go off the right path, to	**confundirse/ perderse**
give an incentive, to	**animar**	go on with, to	**seguir**
give off, to	**echar**	go round, to	**rodear/volverse**
give an opinion, to	**decir**	go to the toilet, to	**defecar**
give a packet, to	**golpear**	go under, to	**hundirse**
give pleasure, to	**gustar**	go up, to	**subir**
give refuge, to	**proteger**	go to wee wee, to	**orinar**
give rise to, to	**causar**	go wrong, to	**perderse**
give a rollicking, to	**regañar**	go, to let	**liberar**
give a spiel, to	**discurso**	go ahead, to give the	**dejar** (b)
give a talking to, to	**regañar**	goad, to	**animar/pinchar**
give up, to	**abstenerse/dar**	goal	**fin**
give vigour, to	**reforzar**	goal average	**promedio**
give a wallop, to	**golpear**	gobble up, to	**comer**
glacial	**frío**	godless	**irreligioso**
gladden, to	**gustar**	goggles	**gafas**
gladrags	**ropa**	going away	**salida**
glance, to	**ver**	good fun	**broma**
glass	**vaso/vidrio**	good fortune	**azar**
glass, magnifying	**gafas**	good grief	**¡Dios mío!**
glass jar with long spout, wine	**botella**	good-looking	**bonito**
		good-looking fellow	**hombre**
glass with stem, wine	**vaso**	good-looking girl	**chica**
glasses	**gafas**	good luck	**azar**
gleaming	**brillante**	good-natured	**amable**
glibness	**elocuencia**	good time	**juerga**
glimpse, to	**entender/ver**	good treatment	**regalo**
globe	**esfera/mapa**	good health/shape, in	**sano**
gloomy	**oscuro**	good time, to have a	**divertirse**
glorious	**famoso**	goods	**equipaje**
glory	**fama**	goods and chattels	**equipaje**
glossy	**brillante**	gorge, narrow	**desfiladero**
glowing	**caliente**	gossip(ing)	**chisme**
gluttonous	**glotón**	gossip, to	**hablar**
gnash, to	**crujir**	govern, to	**dirigir**
go, to	**convertirse/ir(se)** (a)	governor	**jefe**
		gown	**abrigo**
go along/ over/through, to	**cruzar**	graceful	**bonito/elegante**
		gracefulness	**encanto**
go along, to	**asistir**	gracious	**elegante**
go away, to	**irse** (b)	gradation	**orden** (b)
go back up, to	**subir**	grade	**escalón**
go backwards, to	**retroceder**	gradient	**cuesta**
go from bad to worse, to	**empeorar**	gradually	**lentamente**
		grandiloquence	**elocuencia**
go to bed, to	**acostarse**	grant, to	**dar**
go before, to	**adelantarse**	grape harvest	**cosecha**
go behind, to	**seguir**	grapevine	**parra**

grasping	**tacaño**	guardian	**guardián**
grass	**espía**	guerrilla war	**guerra**
grateful, to be	**agradecer**	guess, to	**prever/resolver**
gratitude	**gratitud**	guest-house	**alojamiento**
grave	**agujero/tumba**	guide	**jefe**
grease, to make dirty with	**ensuciar**	guide, to	**encaminar**
		guild	**sociedad**
grease, to remove	**limpiar**	guillotine, to	**cortar**
great	**admirable/ agradable**	gully	**desfiladero**
		guilt	**fallo/pecado**
great number	**mucho(s)**	guilty person	**malhechor**
great, disproportionately/ whacking	**enorme**	guise	**forma**
		gulf	**golfo**
		gun	**fusil**
great effort, to make a	**intentar**	gun, machine	**fusil**
		gun, sub-machine	**fusil**
greatly, to please	**gustar**	gunman	**malhechor**
greed	**deseo**	gunman, hired	**malhechor**
greedy	**glotón/tacaño**	gurgle, to	**cantar**
green light, to give	**convenir** (a)/**dejar** (b)	gush out/forth, to	**aparecer/brotar**
		gust	**tormenta**
greens	**verdura**	gut	**barriga**
greeting	**recepción**	guts, to loathe s.o.'s	**odiar**
grey hair	**pelo**	guy	**chico**
grey matter	**cerebro/ inteligencia**	guzzle, to	**beber**
grief	**dolor/tristeza**	haberdasher's	**tienda**
grieved	**triste**	habitually	**generalmente**
grimace	**gesto**	hack down, to	**cortar**
grimy	**sucio**	hailstorm	**tormenta**
grind, to	**aplastar**	hair	**pelo**
grip	**manivela**	hair not on head	**pelo**
grip, to	**coger**	hair, lock/mop of	**pelo**
groan, to	**quejarse**	hair, white/grey	**pelo**
ground	**suelo/terreno**	half, better	**esposa**
ground, to raze to the	**derribar**	half-caste	**malhechor**
		hall(way)	**entrada**
group	**grupo/sociedad**	hall of residence for students	**casa**
group, small	**grupo**		
group, small political	**grupo**	hall, county/ town	**ayuntamiento**
group, university student music	**grupo**	hallucination	**ilusión**
		halt	**descanso**
group together, to	**reunirse**	hamlet	**pueblo**
grove	**bosque**	hammer away, to	**aplastar**
grove, pine/poplar	**bosque**	hammering away, to keep	**resaltar**
grow, to	**agrandar(se)**		
growing	**colocación**	hammock	**cama**
growth	**aumento**	hand, helping	**ayuda**
grub	**comida** (a)	hand, left	**izquierdo**
grudge, to have a	**odiar/quejarse**	hand, to give a	**ayudar**
grumble, to	**quejarse**	hand in/over, to	**dar**
grunt, to	**quejarse**	hand out, to	**golpear/ suministrar**
guarantee, to	**afirmar/confirmar**		
guard	**guardián**	handbag, lady's	**bolsa**
guard, civil	**policía**	handle	**manivela**

handle, door	**manivela**	have a	**divertirse**
handle, to	**dirigir/tocar**	good/tremendous	
hand-out	**folleto**	time, to	
handy	**hábil**	have to do, to	**hay que**
hapless	**desgraciado**	havoc	**destrucción**
happen, to	**ocurrir**	havoc, to cause	**devastar**
happening	**suceso**	hay, to hit the	**dormir**
happy	**alegre**	hawker	**comerciante**
happy medium	**promedio**	haze	**niebla**
happy, to be	**alegrarse**	head	**cabeza/jefe**
harangue	**discurso**	head, lump on	**golpe**
harass, to	**aburrir/oprimir**	head, off one's head	**loco** (b)
	(a)/**seguir**	head, to	**encaminar**
harbour, to	**esconder**	head, to put it into	**convencer**
harbourer	**malhechor**	s.o.'s	
hard	**difícil/duro/severo**	headache	**dificultad**
hard shoulder	**borde**	headteacher	**profesor**
hardened	**experimentado/**	heal, to	**mejorar**
	testarudo	healer	**médico**
harm	**destrucción**	health	**salud**
harm, to	**daño, hacer**	health centre	**hospital**
harmful	**perjudicial**	health, in good	**sano**
harmony	**orden** (b)	healthy	**sano**
harsh	**severo**	heap, slag	**basura**
harvest, to	**acumular**	hearing	**tribunal**
harvest(ing)	**cosecha**	heart attack	**crisis**
hashish	**droga**	heated	**animado/caliente/**
haste	**prisa**		**impetuoso**
hastily	**prisa, de/**	Heavens!	**¡Dios mío!**
	repentinamente	heavy	**caro/gordo**
hat, bowler/felt	**sombrero**	heavy breathing	**aliento**
hate, to	**odiar**	hectare	**suelo**
haughtiness	**orgullo**	hectic	**animado**
haughty	**arrogante**	hedge	**barrera**
haul down, to	**bajar**	heed, to (take)	**presente, tener**
haunches, to sit on	**agacharse**	heels, to show a clean	**irse** (b)
one's		pair of	
have done, I ought to	**hay que**	hefty great person	**gordo**
have afternoon snack,	**comer**	hegemony	**poder**
to		height	**colina**
have breakfast/a	**comer**	heighten, to	**levantar/resaltar**
nosh, to		held, to be	**ocurrir**
have enough, to	**saciarse**	hell, (bloody)!	**¡Dios mío!**
have a narrow	**liberar**	hell's bells!	**¡Dios mío!**
escape, to		helluva row	**disputa**
have a hunch/	**prever**	helmet, Balaclava	**máscara**
presentiment, to		help	**ayuda**
have indigestion, to	**saciarse**	help, daily/home	**criada**
have a nap, to	**dormir**	help, to	**ayudar/defender**
have a quick one, to	**beber**	help up, to	**levantar**
have reached	**saciarse**	helper	**ayudante**
saturation point, to		helping hand	**ayuda**
have a repercussion, to	**influir**	helpless	**pobre**
have sent, to	**enviar**	herd of bulls/cows/	**manada**
have s.o. on, to	**engañar**	mares/pigs	

hundred fold, to increase	agrandarse	image	fantasma
hunger	deseo	imbecilic	tonto
hunk of bread	trozo	imitate, to	copiar
hunt (down), to	seguir	immediately (after)	después/ inmediatamente
hunting party	grupo	immense	enorme
hurdle	barrera	immerse, to	mojar
hurricane	tormenta/viento	immigrant	refugiado
hurriedly	prisa, de	immobilize, to	parar (a)
hurry, to	apresurarse	immune	ileso
hurt, to	daño, hacer/ofender	impact	golpe
		impact, to have an	influir
hut	cabaña/casa	impair, to	daño, hacer
hynotize, to	gustar	impartial	imparcial
hypermarket	tienda	impassive	indiferente
hypocoristic name	nombre	impassiveness	desgana
		impediment	obstáculo
ice-box	frigorífico	impel, to	animar
ice-cream parlour/shop	tienda	imperfection	defecto
		imperious	arrogante
icy	frío	impertinent	grosero
idea	idea/intención	imperturbable	indiferente
identical	parecido	impetuous	impetuoso
ideal	apropiado	impious	irreligioso
identity card	documentación/ permiso	implicate, to	acusar
		implore, to	pedir
ideology	fe	importance, to give more	adelantarse
idiom	locución		
idiot, stupid	animal	important, (extremely)	importante
idiotic	tonto		
idiotic act/remark	disparate	imposing	enorme
idle	perezoso	impound, to	coger
idolize, to	querer (a)	impress, to	conmover/influir
ignorant	grosero/ignorante/ tonto	impression	emoción/señal
		impressive	emocionante
ignore, to	caso, no hacer	imprint	huella
ill	enfermo	impromptu speech	discurso
ill, mentally	loco (a)	improper	prohibido
ill, terminally	enfermo	impropriety	descaro
ill, to be	sufrir	improve, to	fomentar/mejorar/ superar
ill again, to fall	repetir		
ill-behaved	grosero	improvement	mejoría
ill-fated	desgraciado/fatal	improvised way, in an	repentinamente
illegal/illegitimate/ illicit	prohibido		
		imprudent	temerario
illiterate	ignorante	impudence	descaro
ill-mannered	grosero	impulse, wild	rabia
illness	enfermedad	impulsive	temerario
illogical	absurdo	impute, to	acusar
ill-omened	fatal	in	en
ill-treat, to	daño, hacer	inadvertence	descuido
illuminate, to	encender (b)	inauguration	agujero/principio
illusion	ilusión	inauspicious	fatal
illustrious	famoso	incentive	encanto
ill-will	hostilidad	incentive, to give	animar

insufficient	**estéril**	irresolution	**duda**
insult	**insulto**	irreverent	**irreligioso**
insult, to	**ofender**	irrigation channel	**río**
insurance company	**empresa**	irritated, to become	**enfadarse**
intact	**entero/ileso**	irritation	**rabia**
integrated, to be	**entrar**	isolated	**alejado/solitario**
intellect/intelligence	**inteligencia**	isolation	**retiro**
intelligent	**hábil/inteligente**	issue, contentious	**dificultad**
intention	**intención**	itch	**deseo**
intentionally	**adrede**	itinerary	**dirección**
intercede, to	**intervenir**		
intercept, to	**interrumpir**	jabber, to	**tartamudear**
interest	**afecto/afición**	jacket, shower-proof	**abrigo**
interest, lacking in	**indiferente**	jacket, sports	**abrigo**
interest, to lack	**decaer**	jailer	**guardián**
interest, to lose	**caso, no hacer**	jalopy	**cosa/vehículo**
interfere, to	**intervenir**	jam	**azar**
interlocutor	**orador**	jam, to	**complicar**
intermittently	**veces, a**	jam, traffic	**embotellamiento**
internee	**preso**	jar	**bote**
interrupt, to	**interrumpir**	jar with spout, wine	**botella**
interval	**rato**	jargon	**jerga**
intervals, at	**veces, a**	jealousy, fit of	**rabia**
intervene, to	**intervenir**	jest	**broma**
interview	**conversación/**	jetty	**pared**
	entrevista	jewel	**joya**
interview, job	**entrevista**	jewel case	**caja**
intimate	**particular**	jiffy	**rato**
intimidate, to	**asustar**	jiffy, in a	**prisa, de**
intrepid	**atrevido**	jilt, to	**dejar** (a)
intrepidity	**atrevimiento**	jingle, to	**resonar**
intrigue	**intriga**	job	**empleo**
introduce into, to	**meter**	job interview	**entrevista**
introduction	**principio**	jocular	**cómico**
invalid, to become	**acabar**	join, to	**acercar/unirse**
invalidate, to	**anular**	join together, to	**reunirse**
invention	**invento/mentira**	joint	**droga**
inventory	**lista**	joke/joking	**broma**
inverse	**contrario**	joke, coarse	**broma**
investigate, to	**averiguar/buscar**	joke about, to	**burlarse**
investigation	**búsqueda/revisión**	journal	**periódico**
investor	**comerciante**	journey	**dirección/viaje**
invigilate, to	**cuidar**	journey, (long)	**viaje**
invisible, to make	**desaparecer**	jovial	**alegre**
invoice	**billete/factura**	joyous	**alegre**
invoke, to	**llamar**	judgement, lacking	**temerario**
involve, to	**complicar**	in	
involved	**difícil**	judgement, to make	**decidir**
involved, to get	**intervenir**	a	
irate, to become	**enfadarse**	jug	**cárcel**
irksome	**pesado**	jug, earthenware	**botella**
iron	**severo**	jump, to	**tirarse**
irrational	**absurdo**	jungle	**bosque**
irreligious	**irreligioso**	junk, piece of	**cosa**
irresolute	**indeciso**	junta	**comisión**

jurisdiction	**poder**
just	**honrado/imparcial**
just as	**según** (b)
just right	**estrecho**
justify, to	**defender**
jutting part	**esquina**
juvenile, young	**niño**
keen	**inteligente**
keen on, to become very	**empeñarse**
keenness	**agudeza/deseo**
keep, to	**guardar**
keep an eye on, to	**ocuparse**
keep hammering away, to	**resaltar**
keep on and on, to	**molestar**
keep packing it away, to	**saciarse**
keep up to date, to	**avisar**
keeper	**guardián**
kerosene, to fill with	**suministrar**
key	**importante**
kick, to	**echar**
kick out, to	**despedir**
kick the bucket, to	**morir(se)**
kid	**niño**
kill, to	**matar**
kind	**amable/clase**
kindly	**favor, por**
kindly, would you?	**favor, por**
kindling wood	**madera**
kiosk	**tienda**
kip down, to	**acostarse**
kit, first aid	**bolsa**
kleptomaniac	**ladrón**
knapsack	**bolsa**
knife	**cuchillo**
knife with curved blade	**cuchillo**
knife, flick	**cuchillo**
knock back, to	**beber/comer**
knock down, to	**derribar**
knock over, to	**derribar**
knockers	**pecho**
knoll	**colina**
knot, to	**atar**
knotty	**difícil**
know, to	**averiguar/saber**
know, to let	**avisar**
known, well	**famoso**
knowledge	**conocimiento**
label	**billete**
label, to	**acusar**

laborious	**difícil**
labour, to	**trabajar**
labourer	**agricultor**
lack	**falta/pecado**
lack of safety	**desasosiego**
lack interest, to	**decaer**
lack of will, chronic	**desgana**
lacking in judgement	**temerario**
lacking, to be	**necesitar**
laconic	**corto**
lacuna	**fallo**
lad	**chico**
laden	**lleno**
ladies	**wáter**
lady	**mujer**
lady, young	**chica**
lady's handbag	**bolsa**
lagoon	**lago**
lake	**lago**
lake south of Valencia	**lago**
lament, to	**quejarse**
lance, to	**cortar**
land	**suelo**
landmark	**señal**
land, piece of	**suelo**
Land-rover	**vehículo**
lane	**camino**
language	**habla**
language, Basque	**vasco**
language, type of	**habla**
languor	**depresión**
lanky	**delgado**
lapidary	**corto**
lapse	**descuido/fallo/ rato**
large ball	**pelota**
large basket	**bolsa**
large block	**edificio**
large boat	**barco**
large bottle	**botella**
large box	**caja**
large chest	**caja**
large estate in Andalusia	**finca**
large farm	**finca**
large fire	**fuego**
large freshwater lake south of Valencia	**lago**
large hospital	**hospital**
large plastic water container	**botella**
large pond	**lago**
large slab	**baldosa**
large stain	**mancha**

large type of mushroom	**hongo**	leftovers	**basura**
large animal, dung of	**excremento**	leg of animal/frog/ human/insect/ piece of furniture	**pierna**
lass	**chica**		
last, at	**fin, por**	leg, to pull s.o.'s	**burlarse**
latch	**manivela**	legalize, to	**dejar** (b)
later, (a little)	**después**	legate	**enviado**
later, ten/fifteen minutes	**después**	legion	**mucho(s)**
		leisure, gentleman of	**hombre**
latest	**nuevo**	length	**trozo**
Latin America(n)	**América del Sur**	length, to speak at	**ensancharse**
laugh at, to	**burlarse**	lengthen, to	**agrandarse**
laughable	**cómico**	lengthy	**largo**
launch	**disparo**	lens	**gafas**
launch, to	**echar/empezar/ tirarse**	lens, contact	**gafas**
		lessen, to	**disminuir**
launching	**principio**	let, to	**dejar** (b)
lavatory	**wáter**	let down	**fracaso**
launder, to	**limpiar**	let down, to	**decepcionar**
lavish	**generoso**	let go, to	**liberar**
lavish treatment	**regalo**	let know, to	**avisar**
lavish, to	**dar**	lethargic, sad and	**triste**
lavishness	**abundancia**	letter	**carta**
law	**ley**	letter announcing death	**carta**
laws, code of	**ley**		
lawyer	**abogado**	letters, man/woman of	**escritor**
lawyer's office	**cuarto**		
lay	**irreligioso**	level	**liso**
lay claim, to	**pedir**	level, on the	**punto de vista, desde el**
lay waste, to	**devastar**		
layabout	**malhechor**	level, to make	**aplastar**
layer	**yacimiento**	lever	**manivela**
layout	**colocación**	lewd	**erótico**
lazy (and stupid)	**perezoso**	liaison, to form a	**unirse**
lead, to	**encaminar**	liberal	**generoso**
leader	**jefe**	libertine	**erótico**
leading actor	**actor**	libidinous	**erótico**
leaf	**hoja**	licence	**permiso**
leaflet	**folleto**	lid	**envoltura**
learned	**entendido**	lie	**mentira**
learning	**conocimiento**	lie, to give the	**negar**
leather wine bottle	**botella**	lie down, to	**acostarse**
leave, to	**dejar** (a)/**irse** (b)	life, monastic	**retiro**
leave in the lurch, to	**dejar** (a)	lift, to	**levantar**
leave to soak, to	**mojar**	light, giving off	**brillante**
leavings	**trozo**	light, to	**encender** (a)
lecture	**conversación**	light, to give the green	**convenir** (a)/**dejar** (b)
lecture room	**cuarto**		
lecturer	**orador/profesor**	light, to set	**encender** (a)
left	**izquierdo**	light, to shed	**aclarar**
left hand	**izquierdo**	light, to turn on	**encender** (b)
left-handed (person)	**izquierdo**	light shoe for beach	**calzado**
left side	**izquierdo**	light up, to	**encender** (b)/**quemar**
left, to be/have	**quedar/sobrar**		
left over, to be	**sobrar**	lightning	**corto**

lightning, flash of	chispa
like, to	gustar/querer (a)
like, to feel	querer (b)
like a man	masculino
liking	afición/deseo
limit(s)	borde
limit, to	rodear
limit oneself, to	adaptarse
line	fila/raya
line on corner	esquina
line of reasoning	razonamiento
line, finishing	fin
line, straight	raya
lineage	ascendencia
line-up	equipo
liner	barco
lines of, on the	según (a)
link	unión
link, to	atar/relacionar/ unirse
linking	serie
liquidate, to	matar/pagar
list	lista/serie
list of plays/films, board with	letrero
listeners	público
litany	serie
litre bottle	botella
little by little	lentamente
little horse	caballo
little later	después
little on, with	desnudo
live	vivo
live, to	estar
liveliness	color
lively	alegre/animado/ erótico/ impetuoso/ inteligente
lively, to look	apresurarse/ arreglárselas
living	vivo
living room	cuarto
load, to	llenar
loaded	lleno/rico
loafer	malhechor
loathe, to (come to)	odiar
loathe s.o.'s guts, to	odiar
loathing	asco
local train	tren
local ruler	jefe
locate, to	encontrar(se)
lock(s)	pelo
lock of hair	pelo
lodging house	alojamiento
lodgings	alojamiento
lodgings, board and	alojamiento
loft	buhardilla
loftiness	orgullo
lolly	dinero
lonely	solitario
long	largo
long journey	viaje
long list	serie
long walk	paseo
long week-end	vacaciones
long-winded	largo
long-winded speech	discurso
long for/to, to	querer (b)
longer, to get	agrandarse
longing	deseo/empeño
longue, chaise	silla
loo	wáter
look	aspecto
look, to take a	ver
look after, to	cuidar/guardar/ ocuparse
look around, to	buscar/curiosear
look at, to	ver
look for (with care), to	buscar
look lively, to	apresurarse/ arreglárselas
loophole	fallo
loose flowing hair	pelo
lop, to	cortar/pelar
lord and master	jefe
lorry	vehículo
lose, to	bajar
lose one's bearings, to	perderse
lose consciousness, to	desmayarse
lose one's cool/temper, to	enfadarse
lose interest, to	caso, no hacer
loss	fracaso
lost, to get	perderse
lots of	abundancia, en/mucho(s)
lout	malhechor
love	afecto
love, to	querer (a)
lovely	agradable/bonito
lover	entusiasta
low	bajo
low class bar	café
low ridge	colina
low noise, constant	ruido
lower, to	bajar
loyal	sincero
lucid	agudo/inteligente

maternity unit	**hospital**	mess	**desorden/dificultad**
mathematician	**científico**	mess, right	**desorden**
matter	**tema**	mess about with, to	**tocar**
matter, fecal	**excremento**	mess up, to	**confundirse/**
matter, grey	**cerebro/**		**ensuciar/**
	inteligencia		**estropear/**
mausoleum	**tumba**		**fracasar**
maxim	**locución**	message	**mensaje**
mayor's office	**ayuntamiento**	messed up	**desordenado**
maze	**mentira**	messenger	**enviado**
meadow	**campo**	metallic water bottle	**botella**
meal	**comida** (b)	metamorphosis, to	**convertirse**
meal, big	**comida** (b)	undergo a	
meal, evening	**comida** (b)	method	**forma**
meal, snack before	**comida** (b)	methylated spirits	**combustible**
mean	**promedio/tacaño**	metropolis	**pueblo**
meanderings	**camino**	Mexican Spanish	**jerga**
meaning	**significado**	with admixture of	
means of, by	**mediante**	American English	
meanwhile	**mientras**	miaow	**sonido hecho por**
measure	**medida**		**animales**
measure, to	**calcular**	microbe	**bacilo**
measured	**prudente**	middle course	**promedio**
medal	**premio**	middle of, to be in	**lleno**
meddle, to	**intervenir**	mild	**agradable/dócil**
mediate, to	**intervenir**	mince, to	**aplastar**
medical examination	**revisión**	mincemeat of, to	**golpear**
meditate, to	**pensar**	make	
medium, happy	**promedio**	mind	**cerebro**
meek	**dócil**	mind, of opposite	**contrario**
meet, to	**encontrar(se)/**	mind, state of	**carácter**
	pagar/reunirse	mind, strength of	**fuerza**
meet for the first	**saber**	mind, to bear in	**presente, tener**
time, to		mind, to bring to	**acordarse**
meeting	**entrevista**	mind, to come to	**acordarse**
meeting, notice of	**llamada**	one's	
mega	**enorme**	mind, to turn over in	**pensar**
melancholy	**triste(za)**	one's	
member of embassy/	**político**	minimal	**pequeño**
parliament		minor mishap	**accidente**
member of the mafia	**malhechor**	minute	**pequeño**
member of	**enviado**	miraculous	**admirable**
parliament		mischief maker	**malhechor**
member of	**policía**	misdeed	**delito**
private/national		misfortune	**desgracia**
police force		mishap (minor)	**accidente/apuro**
memorandum	**composición/**	misplaced	**molesto**
	mensaje	misprint	**fallo**
men's club	**sociedad**	miss	**defecto**
mend, to	**reparar**	miss, to	**confundirse/**
mention, to	**decir**		**fracasar**
merchant	**comerciante**	missing, to be	**necesitar**
merging	**unión**	missionary	**enviado**
merry	**borracho**	missive	**carta**
meseta	**llanura**	mist	**niebla**

mist, sea	**niebla**	motive	**causa**
mistake	**defecto/fallo**	motor car	**vehículo**
mistake, to make a	**confundirse**	motorway	**camino**
mistreat, to	**estropear**	mould, to	**hacer**
mistress, primary	**profesor**	mount	**caballo**
school		mountain	**montaña**
mitigate, to	**reprimir**	mounted procession	**desfile**
mix with, to	**contacto, ponerse**	mourn, to	**quejarse**
	en	mournful	**triste**
mixture of colours	**color**	mousetrap	**trampa**
mix-up	**mentira**	move, to	**cambiar/**
moan, to	**quejarse**		**conmover/**
moat	**agujero**		**convertirse**
mob	**muchedumbre**	move away, to	**dejar** (a)
model	**fórmula**	move on, to get a	**apresurarse**
moderate	**prudente**	move up, to	**acercar**
moderate, to	**calmar/reprimir**	movement	**gesto**
modernize, to	**modernizar**	moving	**emocionante**
modest	**honrado/humilde**	mow, to	**cortar**
modest hotel	**alojamiento**	Mozarab(ic)	**árabe**
modify, to	**cambiar**	much	**mucho(s)**
moisten, to	**mojar**	much talked of	**famoso**
molar	**diente**	much, too	**abundancia, en**
mole	**espía**	muck	**basura**
moment	**época/rato**	muck around, to	**molestar**
moment, for the	**ahora**	mucked up	**desordenado**
moment, unhappy	**decepción**	mucky	**sucio**
momentary	**corto**	mud	**barro**
monastic	**severo**	muddle	**desorden/**
monastic life	**retiro**		**dificultad**
money, (to give)	**dinero**	muddle, to	**complicar**
money, to ask for	**pedir**	muddy, to	**ensuciar**
money, pocket	**sueldo**	Mudejar	**árabe**
money-grubbing	**tacaño**	mug	**cara/vaso**
monk	**clérigo**	muggins	**hombre**
monumental	**enorme**	mull over, to	**pensar**
moo(ing)	**sonido hecho por**	multinational	**empresa**
	animales	multiple	**mucho(s)**
mood	**carácter**	multiply, to	**agrandar(se)**
Moor(ish)	**árabe**	multitude	**mucho(s)**
moor, to	**atar**	mumble, to	**tartamudear**
mop of hair	**pelo**	municipal district	**región**
more, what is	**también**	murder	**delito**
morning	**madrugada**	murderer	**malhechor**
morning paper	**periódico**	mushroom, (edible)	**hongo**
morning, early	**amanecer/**	mushroom, large	**hongo**
	madrugada	type of	
morphine	**droga**	music student group,	**grupo**
moscatel	**vino**	university	
Moses basket	**cama**	Muslim	**árabe**
mosque	**iglesia**	must, I/you/he, etc.	**hay que**
MOT	**revisión**	mutinous	**desobediente**
motel	**alojamiento**	mutiny	**rebelión**
motion, setting in	**colocación**	mutiny, to	**rebelarse**
motivate, to	**animar/causar**	my word!	**¡Dios mío!**

nab, to	coger/encontrar(se)	nerve	atrevimiento/
nag	caballo		fuerza
nail, to	fijar	nerves, to get on	molestar
naked	desnudo	s.o.'s	
name	nombre	nervousness	desasosiego/tensión
name, first	nombre	netting, wire	barrera
name, hypocoristic	nombre	neutral	imparcial
name, nick	nombre	neutralize, to	anular
name, to	llamar	new	nuevo
nap, to have a	dormir	newspaper	periódico
narcotic	droga	next	cercano
narrate, to	contar	nibble, to	comer
narrow	estrecho	nibbles	comida (b)
narrow gorge	desfiladero	nice	agradable/amable/
narrow escape, to	liberar		sabroso
have a		nice-looking	atractivo/bonito
nasty temperament	carácter	nick	cárcel
national team	equipo	nick, to	robar
national police force,	policía	nickname	nombre
member of		night(fall)	tarde
native	originario/	night watchman	guardián
	venir de	noble	noble
native of, to be a	venir de	noise	ruido (a, b)
natural	sincero	noise, animal	sonido hecho por
natural marsh	lago		animales
nature, precarious	duda	noise, constant low	ruido (b)
nature of, to alter	falsificar	nomad(ic)	caminante
naughty	astuto	nominate, to	llamar
nauseous	sucio	nonchalant	indiferente
nautical map	mapa	nonsensical	absurdo
navigate, to	conducir	non-working day	vacaciones
navigator	navegante	norm	ley
nearby	cercano	normally	generalmente
nearer, to bring	acercar	north(-west) wind	viento
nearly	cercano	nose about, to	curiosear
neat	cuidadoso/limpio	nose into, to poke	buscar/intervenir
neatness	cuidado	one's	
necessary, to be	hay que	nosh, to have a	comer
necessity	falta	notable	famoso
neck, to wring s.o.'s	golpear	note	carta/mensaje
need	falta	note, delivery	billete
need, to (be in)	necesitar	notebook	cuaderno
needy	pobre	nothing, to come to	fracasar
neglect	descuido	notice	letrero/llamada
neglect, to	caso, no hacer	notice board	letrero
neglected	desordenado	notice, to	averiguar/
negligence	descuido/fallo		entender/
negligent	descuidado		presente,
negotiate, to	cruzar		tener/ver
negotiation	conversación	notify, to	avisar
neighbouring	cercano	notion	idea
neighbouring areas	alrededores	notorious	famoso
neighing	sonido hecho por	nourish, to	alimentar
	animales	novel	nuevo
neophyte	aprendiz	novelist	escritor

novice	**aprendiz**
now	**ahora**
now, for	**ahora**
noxious	**perjudicial**
nuisance	**rabia**
nuisance, to be a	**molestar**
number	**número**
number, countless	**mucho(s)**
number, cushy	**empleo**
number, endless	**mucho(s)**
number, a great	**mucho(s)**
numbers, to increase in	**agrandarse**
numerous	**mucho(s)**
nuncio	**enviado**
nursery school	**colegio**
nut	**cabeza/cerebro**
nuts/nutter/nutty	**loco** (b)
obedient	**dócil/humilde**
obese	**gordo**
obey, to	**obedecer**
object(ive)	**fin**
obligation	**obligación/unión**
obligatory, it is	**hay que**
oblige, to	**obligar**
obliging	**amable**
observe, to	**ver**
obsess, to	**preocupar**
obsolete	**viejo**
obsolete, to become	**decaer**
obstacle	**apuro/obstáculo**
obstinate	**testarudo**
obstruct, to	**cerrar**
obstruction, to free from	**aclarar**
obtain, to	**conseguir/ganar**
obvious	**claro/evidente**
obviously	**realidad, en**
occasion, to	**causar**
occasion of, on the	**causa de, a**
occasionally, (very)	**veces, a**
occult	**escondido**
occupation	**empleo**
occur, to	**ocurrir**
odd	**absurdo/ excepcional/ extraño**
odds and ends	**cosa**
off	**delante de**
off, to call	**anular**
off, to get	**bajar**
off, to put	**aplazar**
off colour	**enfermo**
offence	**delito/insulto**

offence, to commit a second	**repetir**
offence, to take	**ofender**
offend, to	**ofender**
offender	**malhechor**
offer, to	**dar**
offer(ing)	**oferta**
office	**cuarto**
office worker	**empleado**
office, faculty	**cuarto**
office, lawyer's	**cuarto**
office, secretaries'	**cuarto**
often	**veces, a**
oil	**combustible**
oil, crude	**combustible**
OK	**acuerdo, de**
old, (very)	**viejo**
old broken down boat	**barco**
old crock	**vehículo**
old person, very	**viejo**
omnipotence	**poder**
once again/more	**otra vez**
open	**sincero**
open-air celebration	**vacaciones**
opening	**agujero/principio**
opera singer	**cantante**
opera, soap	**programa**
opinion	**idea**
opinion, in my	**juicio, a mi**
opinion, to give an	**decir**
opponent	**rival**
opportune	**apropiado**
oppose, to	**rechazar**
opposing	**contrario**
opposite	**contrario/delante de**
opposite side	**rival**
opposite view, to take	**negar**
oppress, to	**oprimir** (a)
opt, to	**elegir**
opulence	**abundancia/lujo**
opulent	**rico**
oration	**discurso**
orator	**orador**
orbit, putting into	**colocación**
orchestra	**orquesta**
order	**clase/orden** (a, b)
order, to	**decir/pedir**
ordinance	**ley**
ordinary red wine	**vino**
organization	**grupo**
organize, to	**organizar**
orgy	**juerga**

part, jutting	**esquina**	peel, to	**pelar**
part, spare	**trozo**	peeved	**disgustado**
part, to take	**intervenir**	pen	**lápiz**
participate, to	**intervenir**	pen, ball-point/	**lápiz**
participation	**discurso**	fountain/felt-	
parting	**raya**	tipped	
partition	**pared**	penalty	**castigo**
partner	**ayudante/esposa**	penance	**arrepentimiento**
party	**juerga**	pencil	**lápiz**
party boss	**jefe**	pencil, coloured	**lápiz**
party, hunting	**grupo**	penetrate, to	**entender/entrar**
pass	**desfiladero/permiso**	penetrating	**agudo**
pass, free	**permiso**	penetration	**agudeza**
pass, to	**aceptar/conseguir/**	penitence	**arrepentimiento**
	ocurrir	penitentiary	**cárcel**
pass away, to	**morir(se)**	penknife	**cuchillo**
pass over, to	**cruzar/caso, no**	pennant	**bandera**
	hacer	penpusher	**empleado**
passer-by	**caminante**	penthouse	**buhardilla**
passing	**corto**	penury	**falta**
passion	**afición**	people, tons of	**muchedumbre**
passionate, to be	**querer** (a)	perceive, to	**ver**
passport	**permiso**	perfect, to	**acabar/mejorar**
pastoral	**rural**	perfectly	**muy**
patch of cloth	**trozo**	perform, to	**hacer**
patch up, to	**reparar**	perform a role, to	**intervenir**
patent	**claro**	performance	**actuación/**
path	**camino**		**beneficio/**
path, bridle	**camino**		**espectáculo**
path, to go off the	**perderse**	performer	**actor**
right		perhaps	**quizá**
pattern	**fórmula/orden** (b)	period	**época/fase**
pavement	**suelo**	periphery	**alrededores**
paunch	**barriga**	perish, to	**morir(se)**
pause	**descanso**	perjury	**delito**
paw, to	**tocar**	permission	**acuerdo/permiso**
pay(ment)	**sueldo**	permit	**permiso**
pay, to	**dar**	permit, residence	**permiso**
pay attention, to	**presente, tener**	permit, to	**dejar** (b)
pay no attention, to	**caso, no hacer**	pernicious	**perjudicial**
pay off/for, to	**pagar**	perpetrate, to	**hacer**
peace	**tranquilidad**	perplexed	**confundido**
peak	**cima/roca**	perplexity	**duda**
peak, cap with(out)	**sombrero**	persist, to	**empeñarse**
peal, to	**resonar**	persistence	**empeño**
peasant	**agricultor/rural**	persistent deluge	**lluvia**
pebble	**piedra**	person(age)	**personaje**
pebble, small	**piedra**	person in charge	**empleado/jefe**
pedagogy	**educación**	person temporarily	**empleado**
pedestal	**base**	occupying a post	
pedestrian	**caminante**	person with gift of	**orador**
pedestrian precinct	**camino**	the gab	
pedigree	**clase**	person with special	**médico**
pedlar	**comerciante**	therapeutic gifts	
pee, to	**orinar**	person, dishy	**atractivo**

person, displaced	**refugiado**	piece of gossip	**chisme**
person, guilty	**malhechor**	piece of junk	**cosa**
person, hefty great	**gordo**	piece of land	**suelo**
person, ignorant	**animal**	piece of work	**composición**
person, indifferent	**indiferente**	piece, altar	**cuadro**
person, injured	**víctima**	pieces, to slice into	**partir**
person, main	**personaje**	pig, filthy	**sucio**
person, old	**viejo**	pigs, herd of	**manada**
person, stateless	**refugiado**	pig-headed	**testarudo**
person, unpleasant	**malhechor**	pile	**montón**
person, very fat	**gordo**	pile up, to	**acumular/**
person, young	**chico**		**reunirse**
personal	**particular**	piles of	**mucho(s)**
personal belongings	**equipaje**	pilgrim	**caminante**
personal documents	**documentación**	pilgrimage	**desfile/viaje**
personality	**carácter/personaje**	pill	**pastilla**
personally	**juicio, a mi**	pill, sleeping	**droga**
personnel	**grupo**	pilot, to	**conducir**
perspective, in a ...	**punto de vista,**	pimp	**malhechor**
	desde el	pine grove	**bosque**
perspicacious	**astuto**	pinnacle	**cima**
perspicacity	**agudeza**	pious	**religioso**
persuade, to	**convencer**	pirouette, to	**volverse**
pertinent	**apropiado**	piss, to	**orinar**
perturb, to	**preocupar**	piss off, to	**molestar**
peseta coin, five	**dinero**	pissed	**borracho**
pesetas	**dinero**	pissed off	**disgustado**
pesetas, one million	**dinero**	pistol	**fusil**
pesetas, thousand	**dinero**	pit	**agujero**
pessimistic	**triste**	pitch	**terreno**
pester, to	**molestar**	pitfall	**obstáculo**
petrol	**combustible**	placard	**letrero**
petrol can	**caja**	placate, to	**calmar**
petrol pump station	**gasolinera**	place	**lugar** (a, b)
petrol, to fill with	**suministrar**	place where town	**ayuntamiento**
petroleum	**combustible**	council used to	
phantom	**fantasma**	meet	
phase	**fase**	place, to	**fijar/poner**
phizog	**cara**	place, to take	**ocurrir**
phlegmatic	**indiferente**	placing	**colocación**
physician	**médico**	plagiarize, to	**copiar**
physicist	**científico/médico**	plain	**llanura**
physiognomy	**aspecto/cara**	plaintive	**disgustado**
physiotherapy unit	**hospital**	plan	**bosquejo/**
pick, to	**coger**		**intención/mapa**
pick on, to	**molestar**	plan, to	**organizar**
pick up a boy/girl,	**unirse**	plane, on the ...	**punto de vista,**
to			**desde el**
pickle, to	**adornar**	planet	**esfera**
pickpocket	**ladrón**	plank	**madera**
picture	**cuadro**	plastic (bowl)	**cubo**
piddle, to	**orinar**	platoon, commando	**grupo**
piece	**trozo**	play	**actuación**
piece of bread	**trozo**	play a dirty trick, to	**engañar**
piece of cloth	**andrajo**	plead (for), to	**defender**

pleasant	agradable/ atractivo/fácil	policeman with brown uniform	policía
pleasantry	broma	polish, to	educar
please	favor, por	polish off, to	matar
please, to	gustar	politician	político
pleasing	agradable	poll, to carry out an opinion	averiguar
pleasing, to be	gustar		
pleasure	afición/gusto	pollute, to	ensuciar
pleasure, to give	gustar	polluted	sucio
pleasure, to take	alegrarse/ divertirse	pond, (large)	lago
		ponder, to	pensar
pleat, to	doblar	pony	caballo
plenary	entero	poor	estéril/pobre
plenitude	abundancia	poor horse	caballo
plimsoll	calzado	poor house	refugio
plinth	base	poplar grove	bosque
plonk	vino	popularity	acuerdo/fama
plot	intriga/tema/ trampa	porch	entrada
		pornographic	erótico
plot of land	trozo	pornography	basura
ploughman	agricultor	porter	chico/guardián
pluck, to	pelar	porthole	ventana
plug in, to	encender (b)/relacionar	portion	trozo
		position	actitud/empleo
plump	gordo	positioning	colocación
pocket money	sueldo	possessed	loco (a)
pocket, to	cobrar	possession, to take	coger
pod	funda	possessions	bienes
podgy	gordo	possibilities	actuación
poem	poema	possible, as quickly/soon as	inmediatamente
poet	escritor		
point	lugar	possibly	quizá
point of view, from my	juicio, a mi	post	cargo/empleo
		post, teacher holding senior teaching	profesor
point of view, from the	punto de vista, desde el		
point, (sharp)	fin	post, to	poner
point, at this	ahora	poster	letrero
point, culminating	cima	poster, decorative	letrero
point, highest	cima	posteriori, a	después
point, top	cima	posting	empleo
point out, to	afirmar/avisar/ decir/demostrar	postpone, to	aplazar
		posture	actitud
pointless remark	tontería	pot	bote
poisonous	perjudicial	pot, cooking	olla
poke into, to	curiosear/ intervenir	pothole	agujero
		pothole in road	agujero
poke one's nose into, to	buscar	pots and pans	cosa
		pouf	silla
police search	búsqueda	pound, to	aplastar/golpear
police van	vehículo	pour, to	echar
police, secret	policía	pour down, to	llover
police force, member of national/private	policía	pour (out), to	brotar/dispersar
		power	fuerza/poder
		powerful	fuerte
policeman	guardián/policía	prairie	campo

praise, to	**alabar**	primitive/primordial	**primero**
praise to the skies, to	**alabar**	principal	**importante**
pray, to	**rezar**	print	**señal**
preacher	**orador**	priori, a	**antes**
preamble	**principio**	priority, having	**primero**
precarious	**cambiante**	prison	**cárcel**
precarious nature	**duda**	prisoner	**preso**
precede, to	**adelantarse**	prisoner condemned	**preso**
precept	**ley/orden** (a)	for serious crime	
precinct, pedestrian	**camino**	private	**particular**
precipice	**barranco**	private mansion	**casa**
precise	**cuidadoso**	private school	**colegio**
predict, to	**prever**	private police force,	**policía**
preface	**principio**	member of	
prefer, to	**elegir**	prize, (consolation)	**premio**
preferred	**favorito**	prize winner	**ganador**
premises	**edificio**	probably	**quizá**
preoccupy, to	**preocupar**	problem	**dificultad**
preparation(s)	**preparación**	procedure	**medida**
preparation, final	**colocación**	proceed from, to	**venir de**
prepare, to	**decidir/organizar**	procession	**desfile**
prepared	**preparado**	procession, mounted	**desfile**
presage, to	**prever**	processor, word	**ordenador**
prescription	**fórmula/orden** (a)	proclaim, to	**avisar**
presence	**aspecto**	procure, to	**conseguir**
present	**regalo**	prodigious	**admirable**
present, at	**ahora**	produce, to	**causar/hacer**
present, to	**dar/empezar**	produce, to begin to	**hacer**
present, to be	**asistir**	product, food	**comida** (a)
present apologies, to	**perdón, pedir**	production, theatrical	**colocación/**
present oneself, to	**aparecer/**		**espectáculo**
	asistir/pedir	productive	**fértil/rentable**
presentiment, to have	**prever**	profane	**ignorante**
a		profession	**empleo**
preserve, to	**guardar**	professor, university	**profesor**
president	**jefe**	profile, to stand out in	**destacar(se)**
press, to	**animar/oprimir** (a,	profit	**beneficio**
	b)**/tocar**	profitable	**rentable**
press (down), to	**oprimir** (b)**/pisar**	profusion	**abundancia**
press together, to	**reunirse**	programme,	**programa**
pressurize, to	**obligar**	(television/radio)	
prestigious	**famoso**	progress	**aumento/mejoría/**
presume upon, to	**exagerar**		**progreso**
presumptuousness	**orgullo**	progress, to	**mejorar**
pretext	**causa/manivela**	progress, to	**mejorar**
pretty	**bonito**	make/help to	
prevail, to	**superar**	prohibited	**prohibido**
previously	**antes**	project	**composición**
price	**coste**	proliferation	**abundancia/**
price tag	**billete**		**aumento**
prick, to	**pinchar**	prolific	**fértil**
pride	**orgullo**	prolix	**largo**
priest	**clérigo**	prolonged	**largo**
priest, parish	**clérigo**	promote, to	**animar/fomentar/**
primary school	**profesor**		**levantar/**
teacher			**mejorar/subir**

rehearsal	**intento**	report	**composición**
reimburse, to	**pagar**	report, to	**acusar/denunciar**
reiterate, to	**repetir**	repose	**descanso**
reject, to	**negar/rechazar**	representative	**empleado/enviado**
rejoice, to	**alegrarse**	repress, to	**reprimir**
rejuvenate, to	**modernizar**	reprimand, to	**regañar**
relapse, to	**repetir**	reproach, to	**acusar**
relate, to	**contar/decir/**	reproduce, to	**copiar/repetir**
	relacionar	repudiate, to	**rechazar**
related	**parecido**	repugnance	**asco**
relation(ship)	**orden** (b)**/unión**	repugnant	**sucio**
relation, (family)	**familiar**	repugnant, to be	**odiar**
relaxation	**descanso**	repulsion	**asco**
release, to	**echar/liberar**	repulsive	**sucio**
relevant	**apropiado**	reputable/reputed,	**famoso**
reliable	**verdadero**	highly	
relieve, to	**calmar/reemplazar**	reputation	**fama**
religious	**religioso**	request, to	**pedir**
reluctantly	**desgana**	require, to	**necesitar/pedir**
remain, to	**estar/quedar/sobrar**	re-read, to	**repetir**
remainder	**resto**	rescind, to	**anular**
remains	**basura**	rescue, to	**liberar**
remake, to	**modernizar/repetir**	research	**búsqueda/revisión**
remark,	**disparate/tontería**	research, to (do)	**buscar/investigar**
foolish/stupid		researcher	**científico**
remarkable	**excepcional**	reserved	**callado/prudente/**
remember, to	**acordarse**		**tímido**
remit, to	**enviar**	reservoir	**lago/río**
remnant	**trozo**	residence	**casa**
remorse	**arrepentimiento**	residence, old	**refugio**
remote	**alejado/viejo**	people's	
remove, to	**quitar**	residence for	**casa**
remove grease, to	**limpiar**	students, hall of	
remunerate, to	**pagar**	residential area,	**pueblo**
remunerative	**rentable**	newly developed	
rendez-vous	**entrevista**	residue	**basura**
rendition	**actuación**	residue, black	**mancha**
renew, to	**modernizar**	resign oneself, to	**convenir** (a)
renounce, to	**abstenerse/dejar**	resist, to	**negar/soportar** (a)
	(a)**/rechazar**	resistant	**duro/fuerte**
renovate, to	**modernizar**	resolute	**atrevido**
renovation	**mejoría**	resolve, to	**decidir/resolver**
renown	**fama**	resort to, to	**usar**
renowned	**famoso**	resound, to	**resonar**
repair, to	**reparar**	respect, to	**obedecer/valorar**
repeal, to	**anular/rechazar**	respiration	**aliento**
repeat, to	**otra vez/repetir**	resplendent	**brillante**
repel, to	**odiar/rechazar**	responsibility	**cargo/empleo/**
repentance	**arrepentimiento**		**obligación**
repercussion, to have	**influir**	responsibility, to be	**corresponder**
a		s.o.'s	
repertory	**lista**	responsible, to make	**acusar**
replace, to	**reemplazar**	rest	**descanso/resto**
replenish oneself, to	**comer**	restore, to	**modernizar**
reply, to	**contestar**	restlessness	**desasosiego**

room, changing	**cabaña**	sabotage, to	**daño, hacer**
room, to have enough	**entrar**	sabre	**espada**
		sack	**bolsa**
rope-soled sandal	**calzado**	sack, to	**despedir**
rosé wine	**vino**	sacred/sacrosanct	**sagrado**
rotter	**malhechor**	sad	**triste**
round	**turno**	saddle bag	**bolsa**
round, to go/put	**rodear**	sadness	**tristeza**
roundabout	**cruce**	safe (and sound)	**ileso**
rough	**agreste/grosero**	safeguard, to	**proteger**
rough cloth	**tela**	safety, lack of	**desasosiego**
rough drawing	**bosquejo**	sail, to set	**irse** (b)
rough stone	**piedra**	sailing boat	**barco**
rough track	**camino**	sailor	**navegante**
round the bend	**loco** (b)	salary	**sueldo**
route	**camino/dirección**	salesman/woman	**empleado**
route, to take the wrong	**perderse**	saloon car	**vehículo**
		same	**parecido**
row	**disputa/fila/ pelea/ruido (a)/serie**	same to you	**también**
		same time, at the	**mientras**
		sample	**revisión**
row, helluva	**disputa**	sanctimonious	**religioso**
rows	**escalón**	sanction	**confirmar/castigo**
royal palace	**castillo**	sanction, to	**castigar**
rub, to	**frotar/limpiar/ rascar**	sandal	**calzado**
		sandal, rope-soled	**calzado**
rub out, to	**borrar**	sandwich	**comida** (b)
rubbish (dump)	**basura**	satchel	**bolsa**
rubble	**basura**	satirical	**agudo**
rucksack	**bolsa**	satirize, to	**burlarse**
rude	**grosero**	saturate, to	**llenar**
rugged	**agreste**	saturated	**lleno**
ruin	**destrucción/fracaso**	saturated, to be	**saciarse**
ruin, to	**cortar/destrozar/ estropear**	saturation point, to have reached	**saciarse**
ruined, to be	**caer(se)**	saucepan	**olla**
rule/ruling	**ley/orden** (a)	saucepan, small	**olla**
rule, as a general	**generalmente**	savage	**fiero**
rule, to	**dirigir**	save (up), to	**ahorrar**
ruler, local	**jefe**	savoury	**sabroso**
rummage, to	**buscar**	say, to	**decir**
rumour	**chisme**	say!, you don't	**¡Dios mío!**
run, to	**dirigir/encaminar**	saying	**locución**
run away, to	**escaparse(se)**	scabbard	**funda**
run into, to	**encontrar(se)**	scale, to	**subir**
run the risk, to	**atreverse**	scamp	**malhechor**
run up against, to	**encontrar**	scan, to	**averiguar**
rung	**escalón**	scandal	**chisme**
rural	**rural**	scarcity	**falta**
ruse	**trampa**	scare (away), to	**asustar**
rush, to	**tirarse**	scared, to be bloody	**miedo, tener**
rush at, to	**atacar**	scathing	**agudo**
rustic	**rural**	scatter, to	**dispersar**
rustle, to	**crujir**	sceptical	**desconfiado/ irreligioso**
rut	**agujero**		

sloppiness	descuido	snowstorm	tormenta
slovenly	descuidado	snuff it, to	morir(se)
slow local train	tren	so	consiguiente, por
slowly	lentamente	soak, to	mojar
slums	alrededores	soak, to leave to	mojar
sly	astuto/secreto	soap opera	programa
smack	paliza	sob, to	llorar
small	pequeño	social worker	ayudante
small boat	barco	society	empresa/sociedad
small café	café	sock	golpe
small child	niño	sofa	silla
small cover	funda	soft	fácil
small flag	bandera	soft soap, to	alabar
small group	grupo	soften, to	reprimir
small hand bell	campana	soldier's food	comida (a)
small hill	colina	solicitor	abogado
small horse	caballo	solid	fuerte
small house	casa	solitary	solitario
small mat	alfombra	solution	escapatoria/
small metal bath	cubo		resultado
small pebble/stone	piedra	solve, to	resolver
small saucepan	olla	sombre	oscuro
small thesis	composición	sometimes	veces, a
small wine glass with	vaso	son	chico
stem		sonnet	poema
small wood	bosque	soon	después
small animals,	excremento	soon as possible, as	inmediatamente
excrement of		soothe, to	calmar
small vessel, any	barco	sorrow	tristeza
smash (up), to	destrozar/oprimir	sort	clase
	(b)	sort oneself out, to	arreglárselas
smart	astuto/atractivo	sort out, to	golpear
smarten up, to	adornar	soul	fantasma
smear, to	ensuciar	sound	ruido (a)
smell	olor	sound, safe and	ileso
smell (out), to	oler	sound, to	examinar
smooth	liso	sound out, to	averiguar
smooth away/down,	rascar	source	principio
to		South	Africa del Sur
smooth-tongued	orador	Africa(n)/Southern	
person		Africa	
smother, to	reprimir	South America(n)	América del Sur
snack	comida (b)	sovereignty	poder
snack before meal	comida (b)	sow, to	dispersar
snack,	comida (b)	sown fields	campo
afternoon/mid-		sozzled, to be	borracho
morning		sozzled, to get	emborracharse
snack, to have an	comer	space	lugar (b)
afternoon/a mid-		Spanish American	América del Sur
morning		spank	golpe
snatch away, to	quitar	spank, to	golpear
sneak thief	ladrón	spanking	paliza
sneak away, to	escapar(se)	spare part	trozo
sniff, to	curiosear/oler	spark	chispa
snoop, to	buscar/curiosear	sparkling	brillante

star	**actor**	stop over, to	**parar(se)** (b)
stare, to	**fijar**	stop up, to	**cerrar**
starkers	**desnudo**	stop with extreme	**parar** (a)
start, to	**empezar**	measures, to	
startle, to	**asustar/temblar**	stopper	**envoltura**
state, to	**afirmar/decir**	store, (general)	**tienda**
stateless person	**refugiado**	store of institution	**tienda**
statement, stupid	**disparate**	store, company	**tienda**
state-run hotel	**alojamiento**	store, to	**acumular/ahorrar**
statesman	**político**	stories, to tell	**engañar**
station wagon	**vehículo**	storm	**tormenta**
station, petrol/service	**gasolinera**	story	**mentira**
statute	**ley**	stout	**fuerte**
stay, to	**quedar**	straight after/away	**inmediatamente**
steal, to	**robar**	straight line	**raya**
steam	**niebla**	straightforward	**sincero**
steam boat	**barco**	strange	**excepcional/**
steam up, to	**ensuciar**		**extraño**
steamed up, to get	**enfadarse**	stranger	**extranjero**
steamroller, to	**oprimir** (a)	stratagem	**astucia**
steed	**caballo**	stratum	**yacimiento**
steep	**agreste**	stream	**colección/fila/río**
stench	**olor**	street	**camino**
step	**medida**	stress	**tensión**
step(s)	**escalón**	stress, to	**resaltar**
steps, flight of	**escalón**	stress, to cause	**preocupar**
steps, to retrace	**andar**	strength	**fuerza/poder**
sterile	**estéril**	strength of mind	**fuerza**
stern	**severo**	strengthen, to	**reforzar**
stick	**palo**	stretch of water	**lago**
stick, walking	**palo**	stretch, to	**ensancharse**
stick, to	**fijar**	stretch out, to	**acostarse/**
stiff with cold	**frío**		**agrandarse**
stigma	**mancha**	strict	**severo**
stimulate, to	**animar**	strictly speaking	**realidad, en**
sting, to	**pinchar**	strike, to	**golpear**
stingy	**tacaño**	strike up, to	**empezar**
stink	**olor**	string	**colección/fila/serie**
stinking rich	**rico**	strings, to pull	**ayudar**
stock	**ascendencia**	strip off bark, to	**pelar**
stock of vine	**parra**	strive, to	**intentar**
stockade	**barrera**	stroke	**raya**
stolen goods, receiver	**malhechor**	stroll	**paseo**
of		stroll, to	**andar**
stolen goods,	**delito**	stroll around, to	**andar**
receiving of		strong	**duro/fuerte**
stomach	**barriga**	strong north west	**viento**
stone,	**piedra**	wind	
commemorative/		strong feeling, any	**emoción**
small/tough		stronger, to get	**agrandar(se)**
stone, flag/paving	**baldosa**	stronghold	**castillo**
stool	**excremento/silla**	structure, to	**organizar**
stoop, to	**agacharse**	struggle	**disputa/guerra/**
stop, to	**parar(se)** (a, b)		**pelea**
stop, to make a	**parar(se)** (b)	strut about, to	**presumir**

stubborn	**testarudo**	suit, to	**convenir** (b)
stubbornly, to cling	**empeñarse**	suitable	**apropiado**
stuck up	**arrogante**	suitable, to be	**adaptarse**
student essay	**composición**	suite, three piece	**silla**
student, fellow	**amigo**	sully, to	**ensuciar**
student music group,	**grupo**	sum up, to	**fin, por**
university		summary	**sumario**
studies, director of	**profesor**	summer holidays	**vacaciones**
study	**cuarto**	summit	**cima**
study, to	**trabajar**	summons to	**examen**
stuff, to	**llenar**	examination	
stuff oneself, to	**saciarse**	summons, to	**llamar**
stuffed	**lleno**	sumptuousness	**lujo**
stumbling block	**obstáculo**	Sunday (paper)	**periódico**
stunned	**tonto**	sunrise	**amanecer**
stunning	**admirable**	sunset	**tarde**
stunted	**débil/pequeño**	super	**admirable/**
stupendous	**admirable**		**agradable**
stupid	**ignorante/tonto**	supernumerary	**actor**
stupid act	**disparate/tontería**	supermarket	**tienda**
stupid statement	**disparate/tontería**	superpower	**poder**
stupid, lazy and	**perezoso**	supervise, to	**cuidar/educar**
stutter, to	**tartamudear**	supervisor	**profesor**
sty	**establo**	supplant, to	**reemplazar**
style	**forma**	supplies	**comida** (a)
style (of), in the	**así**	supply (with), to	**suministrar**
stylish	**atractivo**	supply with food, to	**alimentar**
subdue, to	**oprimir** (a)	support	**ayuda**
subject	**tema**	support, to	**afirmar/ayudar/**
subject, to	**oprimir** (a)		**decir/**
subjugate, to	**oprimir** (a)		**defender/**
sub-machine gun	**fusil**		**soportar** (b)
submissive	**humilde**	supporter	**entusiasta**
submit oneself, to	**obedecer**	suppress, to	**anular/borrar/**
subsidize, to	**pagar**		**quitar**
substantial	**importante**	supremacy	**poder**
substitute, to	**reemplazar**	sure	**cierto**
subtle	**agudo**	sure enough	**realidad, en**
subtlety	**agudeza**	surely	**realidad,**
succeed, to	**conseguir/seguir**		**en/seguramente**
successful, not to be	**fracasar**	surface (of road)	**suelo**
succession	**serie**	surface, to	**aparecer**
succession of cars,	**embotellamiento**	surface, to appear on	**aparecer**
long		surgeon	**médico**
succulent	**sabroso**	surly	**severo**
such as	**según** (b)	surname	**nombre**
suck up, to	**beber**	surpass, to	**superar**
sudden	**repentino**	surprising	**admirable**
suddenly	**repentinamente**	surround, to	**rodear**
suffer, to	**soportar** (a)/	surrounding area	**alrededores**
	sufrir/tormento	survey, to make a	**averiguar**
suffering	**dolor/enfermedad**	suspend, to	**anular/**
sugar beet harvest	**cosecha**		**interrumpir/**
suit, in one's birthday	**desnudo**		**parar** (a)
suit, not to	**fracasar**	suspicious	**desconfiado**

underworld	grupo	unsuspected	excepcional/
undisciplined	desobediente		repentino
undo, to	destrozar	untamed	fiero
undoubted	evidente	untangle, to	aclarar
unease/uneasiness	ansiedad/	untidiness	descuido
	desasosiego	untidy	desordenado
uneasy, to make	preocupar	untruth	mentira
unequal	distinto	unusual	excepcional
uneven	agreste/distinto	unwary	temerario
unexpected	excepcional/	unwell	enfermo
	repentino	unwell, to be/feel	sufrir
unexpectedly	repentinamente	unwillingly	desgana
unfavourable	contrario	unworried	indiferente
unfolding	aumento	unworthy	bajo
unforeseen	excepcional/	up, to make	hacer
	repentino	up to, to be	hacer
unfortunate	desgraciado	upheaval, emotional	emoción
unhappiness	desgracia	upright	honrado
unhappy	desgraciado/	uprising	rebelión
	disgustado	uproar	desorden/ruido (a)
unhappy moment	decepción	ups and downs	peripecias
unharmed	ileso	upset	apuro/desasosiego/
unhealthy	débil		desorden(ado)/
unheard of	excepcional/nuevo		emoción/
unhinged	loco (a)		enfermo
unhurt	ileso	upset, to	conmover/
uninformed	ignorante		molestar
uninitiated	ignorante	upset, to become	enfadarse
union	boda/sociedad/	upsurge	aumento
	unión	urge	afición/deseo
unit, maternity/	hospital	urge, sudden	deseo
physiotherapy/		urge, to	animar
psychiatric		urgency	emergencia
unite, to	reunirse	urinate, to	orinar
university professor	profesor	use by	comer
university student	grupo	use, to	usar
music group		useless	estéril/torpe
university teacher	profesor	using of an article of	principio
unkempt	descuidado/	clothing, etc., first	
	desordenado/	usually	frecuentemente
	sucio	usurp, to	reemplazar
unknown	extraño	utilize, to	usar
unlucky	desgraciado/fatal	utopia	ilusión
unmake, to	destrozar	utter, to	decir
unoccupied	perezoso		
unpleasant	molesto	vain	estéril
unpredictable	cambiante	vainglory	orgullo
unproductive	estéril	validate, to	confirmar
unquestionable	cierto/evidente	valuable	importante
unruly	fiero	value	significado
unruly person	malhechor	value, added	aumento
unseemly	atrevido	value, to	valorar
unstable	cambiante	value, to reduce	bajar
unsuccessful	fracasar	van	vehículo
unsure	indeciso	van, large	vehículo

van, police	**vehículo**	vision	**fantasma**
vanish, to	**desaparecer**	visualize, to	**ver**
vanity	**orgullo**	volume	**libro**
vapour	**aliento**	vomit, to	**devolver**
variable	**cambiante**	voting slip	**billete**
vary, to	**cambiar**	voucher	**billete**
vast	**largo**	vulgar	**grosero**
VAT	**impuestos**	vulgar word	**palabrota**
veer, to	**cambiar/volverse**		
vegetable	**verdura**	wage earner	**empleado**
vehemence	**rabia**	wage, daily	**sueldo**
vehement	**impetuoso**	wages	**sueldo**
vehicle	**vehículo**	wagon, station	**vehículo**
veil	**máscara**	wail, to	**quejarse**
venerated	**sagrado**	wake of, in the	**después de**
venture, to	**atreverse**	walk	**paseo**
verandah	**entrada**	walk, long	**paseo**
versed, well	**entendido/ experimentado**	walk, to	**andar**
		walk, to go for a	**volverse**
very	**muy**	walk all over, to	**aplastar**
very famous	**famoso**	walk on, to	**aplastar/pisar**
very light	**ligero**	walk more quickly, to	**apresurarse**
very much	**mucho(s)**		
vessel	**barco**	walking stick	**palo**
vessel, any small	**barco**	wall	**pared**
vestibule	**entrada**	wall in garden	**pared**
vestige	**huella**	wall to wall carpeting	**alfombra**
vestments	**ropa**		
veteran	**viejo**	wall, big/thin	**pared**
vexed	**disgustado**	wall, sea	**pared**
vice	**defecto/pecado**	wall up, to	**cerrar**
vicissitudes	**peripecias**	wallop	**golpe**
victim	**víctima**	wallop, to give a	**golpear**
view, from my point of	**juicio, a mi**	wander, to	**andar**
		wane, to	**decaer**
view, to	**ver**	wangle, to	**arreglárselas**
view, to take the opposite	**negar**	want, not to	**abstenerse**
		want, to	**querer** (b)
view to, with a	**intención**	war	**disputa/guerra**
viewers	**público**	wardrobe	**armario**
vigilante	**guardián/policía**	wariness	**cuidado**
vigorous	**fuerte**	warm	**caliente/impetuoso**
vigour, to give	**reforzar**	warmhearted	**agradable**
vile	**bajo**	warn, to	**avisar**
vilification	**insulto**	warrant	**permiso**
village	**pueblo**	wary	**prudente**
villain	**malhechor**	wash (up), to	**limpiar**
villainy	**delito**	washbasin	**cubo**
vine	**parra**	waste	**basura**
violent	**impetuoso**	waste land	**suelo**
virile	**masculino**	waste, to	**fracasar/malgastar**
virtuous	**honrado**	waste, to lay	**devastar**
virus	**bacilo**	waste opportunity, to	**fracasar/malgastar**
visa	**permiso**	wasted away	**débil/delgado**
visible	**evidente**	watch, to	**ver**

watch over, to	**cuidar/ocuparse**	wet, to	**mojar**
watchman	**guardián**	wet one's whistle, to	**beber**
watchman, night	**guardián**	whacked	**cansado**
water bottle	**botella**	whacking great	**enorme**
water, stretch of	**lago**	what is more	**también**
water, to	**mojar**	wheedling ways	**astucia**
water lake south of	**lago**	whereabouts	**lugar** (a)
Valencia, fresh		whiff	**olor**
water course	**río**	while	**mientras/rato**
waters, rise in	**inundación**	whim	**capricho/deseo**
wax crayon	**lápiz**	whimper, to	**llorar**
way	**camino/forma**	whip, to	**golpear**
way, in the American	**así**	whirlwind	**viento**
way, in the English	**así**	whispering	**ruido** (a, b)
way, in his/her	**así**	whistle, to	**silbar**
way, in an	**así**	whistle, to wet one's	**beber**
improvised		white hair	**pelo**
way, in this	**así**	white wine	**vino**
way, to be in the	**molestar**	whiten, to	**limpiar**
way, to clear the	**aplastar**	who(m)	**que**
way, to make one's	**ir(se)** (a)	whole	**entero**
ways, Machiavellian	**astucia**	wholesaler	**comerciante**
ways, wheedling	**astucia**	wick, to get on s.o.'s	**pesado**
wayfarer	**caminante**	widen, to	**agrandar(se)/**
weak	**débil**		**ensancharse**
weaken, to	**decaer**	widening	**aumento**
weakness	**defecto/fallo**	wife	**esposa**
wealth	**bienes**	wild	**agreste/extraño/**
wealthy	**rico**		**rural/salvaje/**
wear, to	**usar, vestirse**		**temerario**
wearing, first	**principio**	wild attempt	**intento**
weary, to	**aburrir**	wild impulse	**rabia**
WC	**wáter**	will (power)	**fuerza**
wedding (ceremony)	**boda**	will, chronic lack of	**desgana**
wee, to	**orinar**	will, ill	**hostilidad**
week-end, long	**vacaciones**	will, to have the	**querer** (b)
weekly	**periódico**	willingness	**gusto**
weep, to	**llorar**	willies	**miedo**
weigh, to	**calcular**	wily	**astuto**
weigh down/upon, to	**aburrir**	win, to	**cobrar/conseguir/**
welcome	**agradable/**		**ganar**
	recepción	wind	**viento**
welcome, to	**aceptar/proteger**	wind, east/	**viento**
welcoming	**agradable/amable**	north/west/strong	
well	**agujero/sano**	wind up, to put	**asustar**
well defined	**claro**	windscreen	**ventana**
well educated	**entendido**	window	**ventana**
well heeled	**rico**	window pane	**ventana**
well informed	**entendido**	window, big	**ventana**
well known	**famoso**	window, car	**ventana**
well off	**rico**	window, stained glass	**ventana**
well versed	**entendido/**	windscreen	**ventana**
	experimentado	wine cellar	**café**
well intentioned, to	**querer** (b)	wine shop	**tienda**
be		wine, red	**vino**